U0948432

会计审计实务前沿专题研究

2021

中审众环会计师事务所（特殊普通合伙）技术部
绍兴杭州湾会计学院有限责任公司技术中心

◎编著

中国财经出版传媒集团
中国财政经济出版社

图书在版编目(CIP)数据

计学精要.2021/中审众环会计师事务所(特殊普通合伙)技术部,绍兴杭州湾会计学院有限责任公司技术中心编著.--北京:中国财政经济出版社,2022.1(2022.5重印)

ISBN 978-7-5095-4798-4

Ⅰ.①计… Ⅱ.①中… ②绍… Ⅲ.①企业管理-会计制度-研究-中国 Ⅳ.①F279.23

中国版本图书馆CIP数据核字(2021)第255563号

责任编辑:孙 琛　　责任校对:张 凡
封面设计:陈宇琰　　责任印制:党 辉

计学精要2021
JIXUE JINGYAO 2021

中国财政经济出版社 出版

URL:http://www.cfeph.cn
E-mail:cfeph @cfemg.cn

社址:北京市海淀区阜成路甲28号　邮政编码:100142
营销中心电话:010-88191522
天猫网店:中国财政经济出版社旗舰店
网址:https://zgczjjcbs.tmall.com
北京时捷印刷有限公司印刷　各地新华书店经销
成品尺寸:180mm×255mm　16开　45.25印张　844 000字
2022年1月第1版　2022年5月北京第2次印刷
定价:128.00元
ISBN 978-7-5095-4798-4
(图书出现印装问题,本社负责调换,电话:010-88190548)
本社质量投诉电话:010-88190744
打击盗版举报热线:010-88191661　QQ:2242791300

编委会

序 | PREFACE

党中央高度重视注册会计师行业发展，习近平总书记多次对行业发展作出重要批示指示，要求会计审计机构增强自律性、公正性和专业化水平，有效发挥财会监督作用。

2021年国务院办公厅印发《关于进一步规范财务审计秩序 促进注册会计师行业健康发展的意见》(国办发〔2021〕30号)(以下简称“30号文件”)，明确要求诚信为本、质量为先，全面提升注册会计师行业服务国家建设能力。

如何提升审计质量，服务国家建设？30号文件指出，“重在练内功”。即完善审计准则体系和职业道德规范体系，改进审计程序，增强审计独立性，提高应对财务舞弊的执业能力，加强会计师事务所一体化管理。

“兵马未动，粮草先行。”专业机构提升审计质量，关键在于加强专业研究，统一技术标准，形成事务所统一的针对重大会计和审计问题的技术立场，有利于事务所提升整体职业判断能力和专业服务能力。我欣慰地看到《计学撮要》出版十周年之际，其技术团队不忘初心，出版第五本出版物《计学精要2021》。

正如我在“关于注册会计师在会计审计实务中的主体地位”中提到的，会计审计准则与实务之间，会计审计的本质是职业判断，而会计审计准则，则是会计审计职业作为一个集体作出的判断。这一表述清楚地阐明了会计审计准则与实务的关系，即会计审计人员是会计审计实务的主体，会计审计准则要体现千百万会计审计人员的经验和实践，会计审计实务同样要依赖于会计审计人员的职业判断。离开了会计审计人员的职业判断和经验总结，会计审计工作，就成了无源之水。

《计学精要2021》及《计学撮要》系列出版物把注册会计师们对会计实务问题的思考、认识和判断整理出来，既作为自己的执业指南，又提供给广大同行参考，包括会计审计准则制定机构参考，为会计审计人员发挥职业主体精神、积极主动地思考专业问题、自觉地进行职业判断开了一个好头。

《计学精要2021》体现了专业机构对实务问题的严谨研究态度、职业判断的严密逻辑和对经济交易实质的专业思考。这些专业研究成果发挥了注册会计师行业维护市场经济秩序和社会公众利益、提升会计信息质量和经济效率的重要作用。

另外，"关于国际会计审计准则在中国落地生根"。中国会计审计准则国际趋同，不仅是中国会计审计职业的大事件，也是中国社会主义市场经济体制建设的重大成果。如何巩固和光大国际趋同成果，把会计审计准则体系转化成千百万会计审计人员的自觉实践，把会计审计准则国际趋同成果转化成会计审计信息质量成果，是我们当前推进会计审计准则全面持续趋同题中的应有之义。要实现以上"两个转化"，涉及国际会计审计准则落地生根的问题。

不同的国家，有不同的交易形式、交易类型、交易组合。国际会计准则是以发达市场体系的交易形式、交易类型、交易组合为背景写的。确切地说，主要是以英美国家为背景写的。同样是发达国家，交易形式、交易类型、交易组合也有不同；而在中国这样的发展中国家和新兴市场，交易形式、交易类型、交易组合的差异就更大了。找到不同交易形式、交易类型、交易组合中的经济实质，更是正确贯彻国际会计准则要求的前提条件。

所以，要实现前述的"两个转化"、落地生根的目标，就应当在吃透国际会计审计准则核心要求的基础上，在交易实质的把握上，下更大的功夫。把握交易实质，既应当是我们完善会计审计准则体系、实现全面持续趋同的目标应当重点关注的问题，也是包括注册会计师在内的千百万会计审计人员遵循会计审计准则、开展会计审计工作应当重点关注的领域。《计学精要2021》的前言，把会计审计准则落地作为编书的目标之一，让我们看到了注册会计师们对会计审计准则国际趋同认识上的深化和作出的努力。

陈毓圭

2021年11月

编者序 | PREFACE

注册会计师的独立审计鉴证服务已经扩展到经济领域的各个层面，成为社会主义市场经济体制社会监督体系的重要组成部分，是完善市场经济体制、维护社会公众利益、推动经济健康发展的专业技术力量。

2021年国务院办公厅印发《关于进一步规范财务审计秩序 促进注册会计师行业健康发展的意见》(国办发〔2021〕30号)(以下简称“30号文件”)，明确提出了规范财务审计秩序，促进注册会计师行业健康发展的总体要求、工作原则、具体措施。30号文件明确要求诚信为本、质量为先，以全面提升注册会计师行业服务国家建设能力为目标，紧抓质量提升主线，守住诚信操守底线。

中审众环会计师事务所(以下简称“中审众环”)贯彻30号文件精神，落实高质量发展的要求，确定本所“质量至上、推动专业化发展”的目标。“工欲善其事，必先利其器。”质量至上、专业先行，审计机构应立足于专业化发展，提升专业技术水平，提高服务国家建设能力。专业技术发展是实现专业化发展的新引擎，专业化发展需要以加强专业技术研究、提升专业技术水平为保障。专业服务能力是树立行业权威、增强客户信任的重要基石，中审众环的战略发展目标决定了专业技术发展的方向，以专业技术研究为指针引领业务专业化发展。2019年瑞华技术团队加入，进一步增强了我们的技术实力，提升了品牌和影响。着眼于全所未来发展，确立在北京成立管理总部的战略决策。

注册会计师的独立审计鉴证服务，在维护市场经济秩序和社会公众利益、提升会计信息质量和经济效率等方面，发挥了重要的作用，特别是在国有企业改革以及证券市场的发展完善等领域。资本市场注册制改革要求各市场参与主体归位尽责，发行人是信息披露的第一责任人，中介机构应切实承担对发行人信息披露的把关责任。近年来会计准则、审计准则修订，部分准则的内在理念及具体规则做了不同程度的调整，准则体系及信息披露规则日趋复杂。原则导向的准则对职业判断能力提出挑战。

新形势下，加强专业技术研究势在必行。特别是对具有普遍性、通用性的专业技术问题，定期整理和归纳研究，形成全所统一的针对重大会计、审计专业问题的技术立场，有利于事务所提升整体职业判断能力和专业技术水平。专业研究将理论探索的前沿和实务执业的难点，转化为可落地、可应用、可操作的专业技术标准，让技术研究成为专业化发展、助力客户可持续发展和服务国家建设的动力源。

另外，我国市场经济面临转型，各种创新交易模式日趋复杂，如何基于实务特定的交易环境，实质重于形式地运用职业判断，准确把握交易实质，更是我们努力解决的准则落地问题。注册会计师行业的精髓在于职业判断，《计学精要2021》致力于相关会计和审计实务问题的研究和探讨，为行业提供专业引领的作用。

各位同仁，让我们立足长远、持续推动专业技术发展，以专业研究引领业务发展，以专业化发展汇聚人才合力，质量至上，行稳致远！

中审众环会计师事务所（特殊普通合伙）

2021年11月

前言 | FOREWORD

2019—2021年，我们专业研究坚持不懈。值《计学撮要》出版十周年之际推出《计学精要2021》是对2021年1月1日开始全面实施的新企业会计准则及相关规定的研究成果和实务问题的分析探讨。全书包括四大专题：

专题Ⅰ“新租赁准则操作指南与实务案例解析”，在对新租赁准则的内容进行系统阐述的基础上，重点探讨：新租赁准则的衔接要点、不同衔接方案的差异及选择；确认和计量使用权资产和租赁负债涉及的租赁期、增量借款利率、租赁付款额等重要因素的判断和确定；新冠肺炎疫情相关租金减让的特殊处理等内容。

专题Ⅱ“新收入准则实务案例解析”包括两部分：一是新收入准则实务案例解析，主要以新收入准则中的各个知识点为结构框架，汇集了我们在实务中遇到的相关典型案例；二是以部分上市公司2020年财务报告和IPO企业执行新收入准则的财务报告作为样本，以行业为口径进行汇总、摘录及简要分析，重点关注了可能受新收入准则影响较大的、实务中存在不同处理方法的行业中的一些特定交易事项。

专题Ⅲ“新金融工具准则相关会计处理”，以准则体系中的重要领域为结构框架，结合准则规定、监管规定阐述了我们对准则的理解，对实务中相关的常见问题进行探讨。这些重要领域包括金融资产的分类、预期信用损失的计提、金融负债与权益工具的划分、金融资产转移能否终止确认和公允价值的计量和披露等。

专题Ⅳ“社会资本方对政府和社会资本合作（PPP）项目合同的会计处理”，从适用《企业会计准则解释第14号》的PPP项目合同范围出发，至具体的会计处理原则、首次执行的衔接规定，直至最终的列报和披露等方面进行阐述，同时对实务中社会资本方比较关心的问题进行探讨。

本书这四个专题的内容旨在帮助市场主体和业界人士及时掌握新准则的规定、

恰当理解准则的要旨并最终正确执行新准则，做好新旧准则衔接的平稳过渡。在各专题中，我们采用了200余案例对准则规定进行解释，力图通过案例在准则规定和具体实务之间架起一座逻辑推理的桥梁，帮助读者解决准则落地执行中的实务问题。

由于编者水平有限，本书内容如有不当之处，敬请各位读者指正。

《计学精要2021》编委会

2021年11月

目录 | CONTENTS

专题Ⅱ

新收入准则实务案例解析 277

专题Ⅰ

新租赁准则操作指南与实务案例解析

引　言

2018年12月14日，财政部发布了《关于修订印发〈企业会计准则第21号——租赁〉的通知》(财会〔2018〕35号)(以下简称“新租赁准则”或“CAS 21”)，并要求于2019年1月1日起分批实施。除了少数境外上市公司应于2019年1月1日起执行新租赁准则之外，其他执行企业会计准则的所有企业(包含纯A股上市公司和非上市公司)均应在2021年1月1日起执行新租赁准则。值市场中绝大多数主体首次执行新租赁准则之际，我们编写本专题，旨在帮助市场主体和业界人士及时掌握新租赁准则的规定、恰当理解准则的要旨并最终正确执行新租赁准则，做好新旧准则衔接的平稳过渡。本专题主要包括以下六章内容。

第一章：新租赁准则整体内容概述。本章中，我们对新租赁准则的内容进行了完整、系统的介绍。本章是整个专题的基础，内容包括租赁准则的修订背景和主要变化、租赁的定义和准则的适用范围、租赁的识别、分拆和合并等以决定租赁的会计处理单元、在新准则下承租人、出租人分别的会计处理、售后租回交易的处理以及新准则实施安排等内容。

第二章：新租赁准则的生效日期及衔接规定。由于新租赁准则提供了相当复杂的衔接规定，企业(尤其是承租人)在首次执行新租赁准则时面临多种衔接方案可供选择，也面临多项可供选择的实务变通，因此了解这些衔接方案的差异所在及不同方案造成的财务影响对企业可能意义重大。

第三章：租赁期。新租赁准则下，租赁期的确定影响着使用权资产和租赁负债的初始计量及使用权资产的折旧年限和租赁负债的未确认融资费用的摊销期限，进而影响着企业的资产规模、资产负债率、租赁总费用、利润总额等一系列财务数据和关键财务指标。因此，在该章中，我们对新租赁准则有关确定租赁期的相关规定、实务中常见合同条款在新租赁准则下如何确定其租赁期，以及租赁期的确定对企业财务报表的影响等内容进行讨论。

第四章：增量借款利率。增量借款利率是新租赁准则引入的一个新概念。考虑到：(1)并非所有的租赁中承租人均能获得租赁内含利率；(2)首次执行日采用简化的追溯调整法时，将不可避免地要确定首次执行日的增量借款利率，因此，增量借款利率的确定将是新租赁准则下几乎每个承租人必须执行的工作。此外，增量借款利率并非可直接观察到的结果，因此承租人需考虑所处的经济环境、融资规模、抵押性质、融资期限、自身信用等诸多因素以确定增量借款利率。这意味着有关增量借款利率的确定将是一项复杂的工作。基于这些原因，该章中我们讨论了确定增量借款利率时应考虑的因素，确定增量借款利率的思路，并指出了实务中承租人在确定增量借款利率时常见的误区。

第五章：租赁付款额。新租赁准则规定，于租赁期开始日，承租人应以当日尚未支付的租赁付款额的现值来计量租赁负债。故而，判断合同约定的金额支付中哪些项目应纳入租赁负债的初始计量、哪些项目应排除在外，就成为影响租赁负债、使用权资产的计量金额的关键因素之一。本章讨论了合同中常见的付款项目应纳入"租金"（租赁付款额）的范围，哪些租赁付款额应纳入租赁负债的初始计量，未纳入的付款项目应如何处理，租赁因为发生变更、选择权的重估、挂钩的指数或比率发生变化等情形导致的租赁付款额变动如何影响承租人的后续计量等事项。

第六章：新冠肺炎疫情相关租金减让。财政部于2020年6月24日发布了《新冠肺炎疫情相关租金减让会计处理规定》（财会〔2020〕10号），就疫情引发的租金减让对承租人和出租人提供了可供选择的简化处理方法。该简化处理方法具有以下特点：（1）既不同于原租赁准则对租金减免的处理规定，又不同于新租赁准则对租金减免的处理规定；（2）自2020年1月1日起因疫情引发的租金减让可适用该简化方法，施行日跨越大部分企业对租赁准则进行新旧转换的时点；（3）因疫情持续，财政部2021年6月2日再次发布了财会〔2021〕9号文延长该简化方法的适用期间至2022年6月30日。前述特点使得该简化方法的适用范围、具体执行等工作具有值得关注的若干细节，在本章中我们予以详细论述。

在前述各章中，我们采用了上百个案例以对准则规定进行生动的解释。其中，一小部分案例是我们吸纳了准则制定机构出版的刊物中的案例；一部分案例是基于我们对准则的专题研究成果编写的，以帮助读者更加精准而便捷地理解准则的要旨；另一部分案例是来源于我们日常工作中关注到的实务问题，力图通过这些案例在准则规定和具体实务之间架起一座逻辑推理的桥梁，尽可能地消除和澄清准则在实务中理解和执行的困惑，以帮助读者解决准则在落地执行中的实务问题。

第一章 新租赁准则整体概述

1.1 修订背景和主要变化

1.1.1 修订背景

1.1.1.1 解决原租赁准则实施中存在的问题

根据《企业会计准则第21号——租赁（2006年）》（原租赁准则），承租人和出租人在租赁开始日，应当根据与资产所有权有关的全部风险和报酬是否转移，将租赁分为融资租赁和经营租赁。对于融资租赁，承租人应当在资产负债表中确认租入资产和相关负债（入表）；对于经营租赁，承租人在资产负债表中不确认其取得的资产使用权和租金支付义务（不入表）。由于经营租赁未纳入承租人的资产负债表，导致其财务报表无法全面反映因租赁交易取得的权利和承担的义务，而融资租赁与经营租赁会计处理的差异以及明线划分标准的存在，为实务中构建交易以符合特定租赁的定义创造了动力和机会，从而导致经济实质相同的交易会计处理迥异，降低了财务报表的可比性。因此，需对原租赁准则进行修订和完善。

1.1.1.2 与《国际财务报告准则第16号——租赁》趋同

2016年1月，国际会计准则理事会（IASB）发布了《国际财务报告准则第16号——租赁》（IFRS 16），自2019年1月1日起实施。该准则的核心变化是，取消承租人关于融资租赁与经营租赁的分类，要求承租人对所有租赁（选择简化处理的短期租赁和低价值资产租赁除外）确认使用权资产和租赁负债，并分别确认折旧和利息费用。在出租人方面，该准则基本沿袭了现行《国际会计准则第17号——租赁》（IAS 17）的会计处理规定，但改进了出租人的信息披露内容，要求出租人披露对其保留的有关租赁资产的权利所采取的风险管理战略、为降低相关风险所采取的措施等。

1.1.2 主要变化

1.1.2.1 承租人会计处理由双重模型改为单一模型

原租赁准则要求以风险和报酬转移为基础将租赁划分为融资租赁与经营租赁，对经营租赁承租人不确认相关资产和负债。为解决融资租赁与经营租赁的明线划分及会计处理迥异带来的实务问题，新租赁准则取消了承租人的融资租赁与经营租赁分类，要求承租人对除短期租赁和低价值资产租赁以外的所有租赁确认使用权资产和租赁负债，并分别确认折旧和利息费用，即采用与原准则下融资租赁会计处理类似的单一模型（见1.4）。

这一变化是新租赁准则相较于原准则最为核心的变化，也是实务中影响面最广的变化，对于承租人而言，该变化可使其提供一份更透明的资产负债表。

同时，新租赁准则进一步完善了可变租赁付款额、租赁发生变更等情形的会计处理，并对短期租赁和低价值资产租赁的识别判断及会计处理作出了相应规定。

1.1.2.2 完善租赁的识别、分拆及合并等相关原则

在原租赁准则下经营租赁与购买服务的会计处理方法类似，即使未准确区分也不会造成会计处理结果的重大差异。而修订后的新准则要求承租人在资产负债表中确认经营租赁的相关权利和义务，从而使得租赁与服务的会计处理产生较大差异，在此背景下，准确识别租赁成为需厘清的重要问题。为此，新准则对租赁的识别以及租赁与服务的区分制定了相关指导原则（见1.3.1），对同时包含多项单独租赁、同时包含租赁和非租赁部分的合同的分拆及合同对价分摊、租赁的合并等作出了规定（见1.3.2）。

1.1.2.3 改进出租人的租赁分类原则及相关会计处理

新租赁准则总体上继承了原准则中有关出租人的会计处理规定，即保留了融资租赁与经营租赁的双重模型。在分类方面，新租赁准则强调了要依据交易的实质，而非合同的形式，有关融资租赁与经营租赁分类的规定更原则化，并增加了可能导致租赁被分类为融资租赁的其他判断迹象。同时，根据承租人会计处理的变化，调整了转租出租人对转租赁进行分类和会计处理的有关规定。此外，根据实务需要，增加了对生产商或经销商作为出租人的融资租赁的会计处理规定（见1.5）。

1.1.2.4 调整售后租回交易会计处理并与新收入准则衔接

根据《企业会计准则第14号——收入》2017年的修订，新租赁准则对售后租回交易的会计处理进行了相应调整。即，按照《企业会计准则第14号——收入（2017年修订）》（新收入准则，或CAS 14）评估售后租回交易中的资产转让是否满足销售的条件，根据满足条件与否分别进行不同的会计处理（见1.6）。

1.1.2.5 完善与租赁有关的列示和信息披露要求

在承租人方面，新租赁准则根据会计处理模型的变化，对租赁相关的使用权资产、租赁负债、折旧和利息、现金流出等在财务报表中的列示作出了明确规范，并在原准则的基础上对租赁相关的信息披露作了进一步调整完善（见1.4.4）。在出租人方面，新租赁准则主要增加了部分信息披露要求，包括出租人对其所保留的租赁资产相关权利进行风险管理的情况，融资租赁的销售损益、融资收益、与未纳入租赁

投资净额的可变租赁付款额相关的收入，经营租赁的租赁收入、与不取决于指数或比率的可变租赁付款额相关的收入等（见1.5.4）。

1.1.3 对承租人的主要影响

1.1.3.1 对财务报表及主要财务指标的影响

（1）对资产负债表的影响：规模膨胀、资产负债同时增加。

由于承租人需要确认经营租赁的使用权资产和租赁负债，势必造成资产、负债规模的膨胀，根据国际会计准则理事发布的IFRS 16影响分析示例，对某航空公司资产负债表的影响如表1–1所示。

表1–1 对资产负债表的影响示例

资产负债表项目	原租赁准则	新租赁准则
流动资产小计	21 152	21 152
固定资产	27 886	27 886
租赁资产	**12 030**	**25 430**
其他	9 114	8 952
非流动资产小计	49 030	62 268
资产合计	70 182	83 420
借款	9 430	9 430
租赁负债	**10 516**	**25 277**
其他负债	34 818	34 818
负债合计	54 764	69 525
所有者权益	15 418	13 895
负债及所有者权益合计	70 182	83 420

（2）对利润表的影响：租赁总费用前高后低，EBITDA上升。

承租人会计处理改为单一模型后，租赁总费用为“使用权资产的折旧费用+租赁负债的利息费用”，由于通常情况下，使用权资产按直线法计提折旧（见1.4.2.1），而负债利息则由于租金的逐期支付而降低，因此造成租赁总费用在整个租赁期内前高后低。EBITDA指标计算时不扣除利息、折旧及摊销，因此，在整个租赁期内该指标相比原租赁准则下更优。根据IFRS 16影响分析示例，对该示例的航空公司利润表的影响如表1–2所示。

表1-2　对利润表的影响示例

利润表项目	原租赁准则	新租赁准则
主营及其他业务收入	67 272	67 272
营运成本（除折旧及摊销）	**（60 893）**	**（58 340）**
EBITDA	**6 379**	**8 932**
折旧及摊销	**（3 908）**	**（5 674）**
营运利润	2 471	3 258
财务费用净额	**（865）**	**（1 656）**
税前利润	1 606	1 602
所得税	（285）	（285）
净利润	1 321	1 317

（3）此外，新租赁准则还将改变并优化现金流量表，使得经营性现金流量净额增加。

原租赁准则下，承租人支付的经营租赁租金通常计入经营性现金流出；新租赁准则下纳入租赁负债计量的付款划分为筹资活动的现金流出，因此使得企业经营活动现金流量净额增加，而筹资活动现金流量净额减少。

1.1.3.2　主要影响行业

表1-3　新租赁准则主要影响行业

行业	主要租赁业务
零售业	零售企业的商场、店铺、仓库、货车等主要经营所需资产多是租赁而来，尤其是物业租赁，通常是采用原准则下的经营租赁模式。例如，华联综超（SH.600361）截至2020年年底在营门店共173家，其中自有物业门店4家，租赁物业门店169家；永辉超市（SH.601933）截至2020年年底在营门店共1 017家，其中自有物业门店12家，租赁物业门店1 005家①
航空业	航空租赁的标的物主要为飞机、发动机、模拟器、特种设备以及航材设备等。而且，在航空租赁中，原准则下的经营租赁和融资租赁并重
船舶业	船舶业与航空业均具有资金密集的特点，船舶业的租赁标的物主要为商船、海工装备、冷链物流、远洋渔业、港口等
电信业	电信企业的通信铁塔、传输设施及线路、营业网点租赁等
金融业	金融业为承租人时主要是营业网点、ATM机场地租赁，但金融业以出租人开展的租赁业务同样值得关注
石油业	石油企业租赁钻井平台、机械设备、加油站等

① 数据来自上市公司公开的年度报告、年度审计报告等。

当然，受新租赁准则影响较大的行业或市场主体可能并不仅限于表1–3所述行业内的主体，而是根据企业自身生产经营过程中对所使用资产的租赁依存度而定。如果经营所用资产租赁而来的越多，则新租赁准则对其影响越大；相关租赁合约的期限越长，新租赁准则对其影响越大。

1.2 租赁的定义和准则适用范围

1.2.1 租赁的定义

租赁，是指在一定期间内，出租人将资产的使用权让与承租人以获取对价的合同（CAS 21：2，指新租赁准则第二条，下同）。该定义包含以下两项核心要素：

（1）租赁标的物是特定的已识别资产；

（2）标的物的使用权让与承租人，即承租人可以控制该已识别资产的使用。而“控制”已识别资产的使用是指有权获得在使用期间内因使用已识别资产所产生的几乎全部经济利益，并有权在该使用期间主导已识别资产的使用（CAS 21：5）。

由于新租赁准则下几乎所有的租赁（符合条件的短期租赁和低价值租赁除外）均纳入承租人资产负债表处理，因此关于租赁的识别、明确租赁与服务之间的划分非常重要且涉及大量的职业判断，我们在1.3.1节中详细说明。

1.2.2 准则适用范围

以下各项不适用租赁准则（CAS 21：3）：

（1）承租人通过许可使用协议取得的电影、录像、剧本、文稿等版权、专利等项目的权利，以出让、划拨或转让方式取得的土地使用权，适用《企业会计准则第6号——无形资产》（无形资产准则）；

（2）出租人授予的知识产权许可，适用《企业会计准则第14号——收入》（收入准则）；

（3）勘探或使用矿产、石油、天然气及类似不可再生资源的租赁；

（4）承租人承租生物资产；

（5）采用建设经营移交等方式参与公共基础设施建设、运营的特许经营权合同。

注意

（1）CAS 21：3（1）规范了承租人角度对新租赁准则与无形资产准则的界限，其中以下两点需注意：

①由于我国土地实行社会主义公有制，即国家所有制和集体所有制两种具体形式，因此，如果甲企业以出让、划拨或转让方式取得的土地使用权，对于取得的土地使用权作为“无形资产”处理，在该类方式下，甲企业通常可以就取得的土地使

用权办理《国有土地使用证》或《不动产权证书》。而假定甲企业将其以出让、划拨或转让的方式取得的土地使用权以签订租赁协议的方式交给乙企业使用一段时间，则乙企业对取得该期间内该地块的使用权，应适用租赁准则进行处理；

②排除在租赁准则之外的限于承租人通过许可使用协议取得的“电影、录像、剧本、文稿等版权、专利等”这几类特定项目的权利，对于其他无形资产项目的租赁的准则适用问题，可能会产生一些争议。IFRS 16第4段允许承租人也“可以”适用租赁准则，CAS 21也并未明确将其排除在租赁准则范围之外。“租赁”和“许可使用协议”两者之间的界限并不清晰，详细分析见【例1-1】。

【例1-1】（无形资产、许可使用协议和可产生特许权使用费的资产）

问题

如何区分一项无形资产租赁业务是适用《企业会计准则第21号——租赁》还是《企业会计准则第6号——无形资产》？

分析

这一问题由来已久，在原租赁准则下就已存在。原租赁准则第三条规定：“电影、录像、剧本、文稿、专利和版权等项目的许可使用协议，适用《企业会计准则第6号——无形资产》”，而新租赁准则第三条规定：“承租人通过许可使用协议取得的电影、录像、剧本、文稿等版权、专利等项目的权利，适用《企业会计准则第6号——无形资产》”。租赁准则的修订就此处仅涉及文字性修改，内容并未发生实质性的变化。

无形资产准则第二条规定不适用该准则的项目包括：作为投资性房地产的土地使用权，企业合并中形成的商誉，石油天然气矿区权益。其中并未将“电影、录像、剧本、文稿等版权、专利等项目的许可使用协议”排除于该准则的规范范围之外。

企业会计准则体系下，无论是租赁准则还是无形资产准则，均未对“许可使用协议”作出明确的界定，从而导致新旧租赁准则和无形资产准则均未能对“无形资产许可使用协议”和“租赁”之间如何划分给出明确的界定，尽管这两者在经济实质上可能是类似的。另外，租赁准则明确规定不属于其适用范围的“电影、录像、剧本、文稿等版权、专利等项目的权利”仅是无形资产的特定种类，租赁准则并未明确将所有的无形资产租赁均排除出其适用范围。对于前述特定种类之外的其他无形资产的租赁的准则适用，会计准则也未提供明确的观点。

参照国际财务报告准则体系下的相关规定，《国际会计准则第38号——无形资产》(IAS 38)第2段指出:“本准则适用于无形资产的会计处理,但是属于其他国际财务报告准则规范范围内的无形资产除外”(This standard shall be applied in accounting for intangible assets, except intangible assets that are within the scope of another Standard.)。

IAS 38第3段对第2段的上述意思进行了强调,进一步指出:“如果其他国际会计准则对某特定类型的无形资产作了规范,那么企业应运用该项准则而不是本准则。例如,本准则不适用于以下项目:……(3)属于《国际会计准则第17号——租赁》范围内的租赁;……”(If another Standard prescribes the accounting for a specific type of intangible asset, an entity applies that Standard instead of this Standard. For example, this Standard does not apply to... leases that are within the scope of IAS 17, Leases.)。即,国际财务报告准则体系下,虽然并未就“许可使用协议”作出明确界定,但是IAS 38将所有“租赁协议”均排除在其适用范围之外。而IFRS 16第3段第(5)项中明确承租人通过许可使用协议取得的属于IAS 38范围内的诸如电影、录像、剧本、文稿、专利、版权等项目的权利不适用租赁准则;IFRS 16第4段允许承租人将第3(5)段所述项目以外的无形资产的租赁采用租赁准则进行处理,但是IFRS 16第4段并没有强制要求。

根据上述规定,我们认为,在修订后的租赁准则框架下,准则详细地对租赁的识别进行阐述(见1.3.1),并在CAS 21:6和应用指南中明确对已识别资产“物理可区分”的原则。即,我们倾向于租赁适用转移资产使用权的协议。该资产的使用从产能实现上是排他的(如果仅转移部分产能,则该被部分转移的产能应当是明确可识别的,即特定部分),该已识别资产由承租人使用时,则其他方无法通过使用该已识别资产(或该已识别资产的特定部分)获益。如果一项资产许可使用协议授予被许可方的权利与无形资产(如电影、录像、版权或专利权等)相关,标的资产很容易被复制,且复制品与标的资产通常不具有实质性的差异,可实现几乎同等的产能,或者虽然仅实现部分产能,但该部分产能对应标的资产的可识别的特定组成部分,此时,则不适用《企业会计准则第21号——租赁》,而适用《企业会计准则第6号——无形资产》。

我们认为上述原则不仅适用于CAS 21:3(1)或IFRS 16:3(5)所列举的特定类别的资产许可使用协议,也可以将其扩展应用于其他无形资产的租赁。

(2)出租人授予的知识产权许可,适用CAS 14,应按照CAS 14:36-37条的规定进行处理,对于“知识产权许可”的识别,我们认为前述【例1-1】该知识产权许可的使用是否排他、是否容易复制的标准依然适用。

（3）勘探或使用矿产、石油、天然气及类似不可再生资源的租赁，不适用租赁准则，而适用《企业会计准则第27号——石油天然气开采》。

（4）承租人承租生物资产，不适用租赁准则，而适用《企业会计准则第5号——生物资产》（生物资产准则）。但需要注意的是，《企业会计准则讲解（2010）》第六章中对需要计提折旧的生产性生物资产的范围明确为“以融资租赁租入的生产性生物资产和以经营租赁方式租出的生产性生物资产，应当计提折旧；以融资租赁租出的生产性生物资产和以经营租赁方式租入的生产性生物资产，不应计提折旧”。该处理原则其实是根据原租赁准则下承租人的租赁分类不同而采取的不同处理方法，因此在租赁准则修订后，对生物资产的租赁目前存有两种观点：

①由于新租赁准则取消了承租人的租赁分类，因此对于生物资产的租赁，承租人对租入的生产性生物资产也须按照新租赁准则的理念“入表”，仅是在确认和计量租赁生物资产形成的资产和负债时采用“生物资产”等科目；

②《企业会计准则讲解（2010）》第六章的规定并未因新租赁准则的发布而作废，且新租赁准则依然保留了租赁分类测试的相关规定。因此，作为生产性生物资产的承租人仍然可以按照该规定处理，即对生产性生物资产的融资租赁“入表”，而对经营租赁“不入表”。

（5）采用建设经营移交等方式参与公共基础设施建设、运营的特许经营权合同，企业应适用《企业会计准则解释第14号》中“关于社会资本方对政府和社会资本合作（PPP）项目合同的会计处理”的规定。由于符合《企业会计准则解释第14号》规定的特许经营权合同，已经明确社会资本方对项目资产通过“金融资产”或“无形资产”模式进行处理，因此其确认和计量等均被排除在租赁准则之外。在【例1-2】中，我们讨论了租赁、PPP会计处理以及无形资产准则之间的适用问题。

【例1-2】广告经营权应作为租赁还是特许经营权的判断

问题

公司取得政府授权在有限的时间范围内使用广告位经营权或者租赁其他公司LED特定时间段用于经营户外广告所支付的授权使用费或租赁费应该如何核算？

背景

A公司属传播与文化产业，主要从事户外电子广告媒体的运营业务（LED户外广告）。A公司的LED户外广告经营模式分为两种，一种自建自用自营，另一种是租赁有相关资质公司的屏或者取得相关资质授权自建屏经营。后一种取得对方公司授权在有限的时间范围内使用广告经营权，分为以下几种情况：

（1）政府市容市政部门授权使用；

（2）受让显示屏的广告经营权；

（3）承包对方公司广告播放时间；

（4）广告阵地使用权；

（5）户外媒体场地租赁；

（6）合作经营，独家代理。

由于播放户外广告，需要取得设置许可证和广告发布许可证，对方公司或政府机关取得设置许可证，将已经建好的LED屏租赁给A公司使用，或者由A公司建屏，取得租赁权经营后双方分成。上述协议中A公司都是承租一方，支付租赁费后经营。上述协议涉及租用或承包LED屏的广告播放时间的，租用或承包经营期限长短不一，有3年、5年、6年等多种情况，但通常仅涉及该期限内该LED屏的50%亮屏时间，而不是全部。

分析

根据CAS 21：3（5）的规定，采用建设经营移交等方式参与公共基础设施建设、运营的特许经营权合同，不适用租赁准则。本例中，若合同对方为政府方（含政府授权或指定的PPP项目实施机构），由于建设广告屏及广告运营不属于公共基础设施的建设运营范畴，通常情况下，广告的运营、收费等也不受政府方控制，A公司作为广告运营方在运营期间也并非政府方的代表，因此不满足《企业会计准则解释第14号》中的“双控制”或“双特征”的条件，A公司该业务并不适用《企业会计准则解释第14号》的规定。若合同对方不是政府方，比如为一般的商业企业，则A公司该业务也不适用《企业会计准则解释第14号》的规定。综上，A公司对经营权的处理主要应考虑适用租赁准则或无形资产准则。

（1）如果A公司与对方签订的合同是户外广告点位的特许经营权合同。该合同的标的并不是现有的LED屏的使用权，而是授予A公司在特定区域、特定期限内按照特定要求设置户外广告设施的权利，并拥有相关的广告发布经营自主权。基于其标的并不是特定的资产，而是一项权利的授予，因此不适用租赁准则。该合同所授予的特许经营权符合《企业会计准则第6号——无形资产》第三条对“可辨认性”判断标准的规定之（二），即“源自合同性权利或其他法定权利，无论这些权利是否可以从企业或其他权利和义务中转移或者分离”，因而符合该条对“无形资产”的定义，即“企业拥有或者控制的没有实物形态的可辨认非货币性资产”。同时，该项特许经营权也符合该准则第四条对确认无形资产应满足条件的规定（与该无形资产有关的经济利益很可能流入企业，且该无形资产的成本能够可靠地计量），因此可以确认为一项“无形资产——特许经营权”。该特许经营权是使用寿命有限的无形资产，应在合同约定的特许经营权有效期限内按直线法摊销。

（2）如果A公司为租用对方现有LED屏的特定亮屏时间用于广告发布的合同。则双方签订的合同的履行依赖于特定的已识别资产（对方所有的特定LED屏的指定亮屏时间）；并且A公司可以在相关法律法规和合同的框架内主导其所承包的广告时间，并获取使用承包的广告时间的几乎所有经济利益，因此符合《企业会计准则第21号——租赁（2018年修订）》规定的租赁的定义（见2.1及3.1）。因而该项交易中存在租赁安排，应按照《企业会计准则第21号——租赁（2018年修订）》的规定进行会计处理。此种合同安排下的标的资产实质上是LED屏的特定亮屏时间的使用权，并不是无形资产的特许使用，因此不属于《企业会计准则第6号——无形资产》的规范范围。

1.3 租赁的识别、分拆与合并

1.3.1 识别租赁

在合同开始时，企业应当评估合同是否是租赁或者是否包含租赁。如果合同让渡了在一定期间内控制一项或多项已识别资产使用的权利以换取对价，则该合同为租赁或者包含租赁。除非合同条款发生变化，企业无需重新评估合同是否为租赁或者包含租赁（CAS 21：4）。

为确定合同是否让渡了在一定期间内控制已识别资产使用的权利，企业应当评估合同中的客户是否有权获得在使用期间内因使用已识别资产所产生的几乎全部经济利益，并有权在该使用期间主导已识别资产的使用（CAS 21：5）。

评估合同是否是租赁或者是否包含租赁时，应根据合同安排的商业实质而不是法律形式，因此，可能会出现以下情形：

（1）某些合同安排不符合租赁法律形式、但符合准则中租赁的定义；

（2）并非所有包含租赁法律形式的交易都满足准则中租赁的定义。

1.3.1.1 已识别资产

1.3.1.1.1 判断合同是否包含已识别资产

构成租赁的前提必须是合同标的是特定的已识别资产。已识别资产通常由合同明确指定，也可以在资产可供客户使用时隐性指定（CAS 21：6）。

【例1-3】合同是否指定已识别资产——明确指定或隐含指定

背景

某航空租赁公司（供应方）有5架飞机，每架飞机有唯一编号，自01至05。该供应方拥有的飞机情况在行业内属于公开信息，客户均知情。

情形1：客户与供应方签订合同使用其中一架飞机，合同中明确了为编号03那架飞机。

情形2：客户与供应方签订合同使用5架飞机，合同并没有约定飞机的型号、编号等。

情形3：客户与供应方签订合同使用其中1架飞机，合同没有指定编号，供应方拥有的5架飞机中任意一架都可以执行合同约定的执飞任务。

分析

情形1：合同明确指定了编号为03的特定飞机，该03号飞机为已识别资产。

情形2：合同虽未明确指定使用的飞机编号，但由于双方都知晓该供应方有且仅有编号01至05的5架飞机，因此，该合同的标的已隐含指定为编号01至05的特定5架飞机。

情形3：由于合同未明确租赁的是哪架飞机，供应方可安排其拥有的任意一架飞机执行合同安排，该合同并未指定已识别资产。（该合同安排下，客户的目的仅是购买运输服务，即无论供应方提供哪架飞机，只要在合同约定的时间、航线等完成特定运输任务即可。因此，即使合同的法律形式为“租赁合同”，但实际该合同并不包含租赁。）

1.3.1.1.2　实质性替换权

某些情况下，即使合同已对资产进行指定，如果资产的供应方在整个使用期间拥有对该资产的实质性替换权，则该资产不属于已识别资产。同时符合下列条件时，表明供应方拥有资产的实质性替换权：

（1）资产供应方拥有在整个使用期间替换资产的实际能力（例如，客户无法阻止供应方替换资产，且用于替换的资产是供应方易于取得或者可在合理期间内取得的）；

（2）资产供应方通过行使替换资产的权利将获取经济利益（即替换资产的预期经济利益将超过替换资产所需的成本）。

如果供应方仅在特定日期或者特定事件发生当日或之后拥有替换资产的权利或义务，则供应方的替代权不具有实质性，因为供应方没有在整个使用期间替换资产的实际能力。在资产运行不佳或进行技术升级的情况下，供应方因修理和维护而替换资产的权利或义务并不妨碍客户拥有使用已识别资产的权利。如果资产位于客户所在地或其他位置，则替换所需成本通常高于资产位于资产供应方所在地时的成本，因而更可能超过替换资产所能获取的利益。企业难以确定供应方是否拥有对该资产的实质性替换权的，应当视为供应方没有对该资产的实质性替换权（CAS 21：6）。

【例1-4】实质性替换权

背景

情形1：客户与货运商（供应方）签订合同取得十节特定类型火车车厢五年的使用权。合同指定了具体的火车车厢，客户决定何时何地使用这些车厢以及使用其运输什么货物。但合同明确规定客户不能运输特定类型的货物（如爆炸物）。不使用时，车厢存放在客户处。客户可将车厢用于其他目的（如存储）。若某个车厢需要保养或维修，供应方应以同类型的车厢进行替换。否则，除非客户违约，供应方在五年期内不得收回车厢。

情形2：客户与供应方的合同要求供应方在五年时间内按照规定的时间表使用指定类型的火车车厢运输指定数量的货物，该指定的时间表和货物数量相当于客户在五年中使用十节火车车厢。供应方有大量类似车厢可用于履行合同要求。车厢不运输货物时，存放在供应方处。

情形3：客户与供应方签订了使用某被明确指定的一架飞机的两年期合同。合同详细规定了飞机的内部和外部规格。在两年期内，允许供应方随时替换飞机，且在飞机出现故障时必须替换飞机。替换的飞机须符合合同中规定的内部和外部规格。在供应方的机队中配备符合客户要求规格的飞机涉及高昂的成本。

分析

情形1：该合同存在特定十节火车车厢，合同明确指定了这些车厢。车厢一旦被交付给客户，仅在需要保养或维修时方可替换，因此供应方并不拥有在整个使用期间替换资产的实际能力。

情形2：该合同中用于运输货物的火车车厢不是已识别资产。供应方拥有替换火车车厢的实质性权利。因为：

（1）在整个使用期间，供应方有实际能力替换每节车厢，用于替换的车厢是供应方易于获得的，且无需客户批准即可替换。

（2）供应方可通过替换车厢获取经济利益，替换车厢的相关成本极小。因为车厢存放在供应方处，且供应方有大量类似车厢。供应方之所以能够通过替换此类性质的车厢获益，是因为替换使供应方能够使用已位于任务所在地的车厢或车头来执行任务（如起点附近的铁路货场的任务），或利用因客户未使用而闲置的车厢。

由于供应方可以选择使用哪些车厢来进行每次特定运输，并可以获得使用火车车厢所产生的几乎全部经济利益，故供应方主导火车车厢和车头的使用，对客户方而言，该合同不包含已识别资产，客户仅购买供应方提供的货运能力（即购买服务）。

情形3：该合同存在已识别资产。合同明确指定了飞机，尽管供应方可替换飞机，但因为配备另一架符合合同要求规格的飞机涉及高昂的成本，因此预计供应方不会因替换飞机获得经济利益，供应方的替换权不具有实质性。

判断供应方是否拥有对合同标的资产的实质性替换权，可参照图1–1的流程。

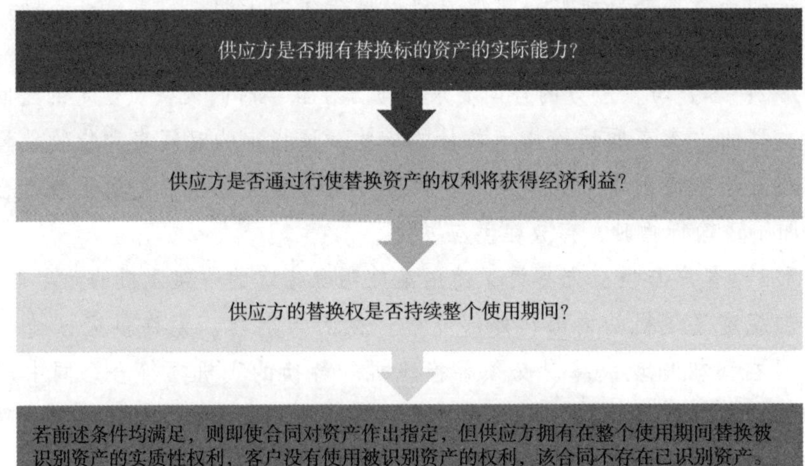

图1–1　供应方是否拥有实质性替换权的判断流程

1.3.1.1.3　合同标的为资产的组成部分

由于客户通常在较大资产层面作出有关资产使用的决策，如果该资产的某部分产能或其他部分在物理上不可区分，则客户不太可能有权控制该部分产能的使用。因此，如果资产的部分产能与资产本身在物理上可区分（例如，建筑物的一层），则该部分产能属于已识别资产。如果资产的某部分产能或其他部分在物理上不可区分（例如，光纤电缆或管道的部分容量），则该部分不属于已识别资产，除非其实质上代表该资产的全部产能，从而使客户获得几乎所有因使用资产所产生的经济利益的权利。

【例1-5】合同标的为资产的组成部分时是否为已识别资产

背景

情形1：A软件公司（客户）与某写字楼所有者（供应方）签订了一栋写字楼中的某一层的使用合同，合同期限3年。

情形2：B餐饮公司（客户）与某房地产所有者（供应方）签订了在某写字楼内一层大厅使用某处空间供B公司移动餐车销售商品的3年期合同，如大厅内开展其他活动，B公司需按照供应方的安排调整餐车停放位置。

情形3：C外贸公司（客户）与某通讯公司（供应方）签订了使用光缆的部分容量（约占总容量的30%）用于信息传输的合同，合同期限3年。

分析

情形1：由于合同标的写字楼的某一层具有“物理上可区分”的特征，客户可以对该楼层的使用作出决策，因此合同存在已识别资产。

情形2：由于合同约定的大厅某处空间不具备“物理上可区分”的特征，且B公司需按照供应方要求停放餐车位置，即所占用空间不固定可被供应方替换，因此合同不包含已识别资产。

情形3：鉴于合同标的“光缆的部分容量”在物理上不可区分，因此合同不包含已识别资产。但是，若合同约定使用的容量代表该光缆的几乎全部产能时（例如，假定根据商业惯例，光缆容量使用的最小单元为全部容量的10%，该合同约定使用该光缆的95%的容量，则剩余的5%无法再单独提供给其他客户使用），从而使客户获得几乎所有因使用该光缆所产生的经济利益的权利，则该合同包含了已识别资产——该条光缆。

通常情况下，企业根据合同标的资产物理上是否可明确区分来判断合同是否存在已识别资产并不困难，如合同标的为建筑物等。但对于某些领域，如当合同标的为技术资产（例如，卫星、通讯容量、传输线路、数据存储等）的组成部分时，这一判断可能较为复杂。

1.3.1.2　控制已识别资产的使用

为了评估一项合同是否让渡在一定期间内控制使用已识别资产的权利，企业应当评估在整个使用期间客户是否拥有以下两种权利：

（1）基本获取使用已识别资产带来的所有经济利益的权利；

（2）主导已识别资产的使用的权利。

1.3.1.2.1　有权获得因使用已识别资产所产生的几乎全部经济利益

在评估是否有权获得因使用已识别资产所产生的几乎全部经济利益时，企业应当在约定的客户可使用资产的权利范围内考虑其所产生的经济利益（CAS 21：7）。

客户可以采取多种方式从使用资产中获取经济利益（例如通过使用、持有或转租赁资产），它们包括使用资产带来的主要产出和副产品，以及使用资产带来的可与第三方的商业交易实现的其他经济利益。在评估合同是否赋予客户从使用该资产获取几乎全部经济利益的权利时，应考虑上述所有利益。

拟考虑的经济利益是在客户使用资产权利的规定范围内其所产生的经济利益。例如：

（1）如果合同规定，在使用期间，汽车仅限于在某一特定区域使用，则企业只需要考虑在该区域内使用汽车所产生的经济利益；

（2）如果合同规定，在使用期间，客户仅可在特定里程范围内驾驶汽车，则企业只需要考虑在允许的里程范围内使用汽车所产生的经济利益。

【例1-6】判断客户在使用期间是否有权获得因使用已识别资产所产生的几乎全部经济利益

背景

情形1：某零售企业（客户）与房地产所有者（供应方）签订合同，在5年期内使用某商场地下一层。合同约定年定额租金200万元，零售企业可自主决定该标的资产的使用方式和使用目的。

情形2：某零售企业（客户）与房地产所有者（供应方）签订合同，在5年期内使用某商场地下一层。合同约定年度租金由以下两部分构成：（1）定额租金100万元；（2）零售企业当年营业额的0.5%。

情形3：某物业公司（客户）与房地产所有者（供应方）签订合同，在5年期内使用某栋写字楼。合同约定，除双方约定的特定单元留作物业公司自用外，其余单元均由物业公司自主对外招租。其余单元可整体或分别出租，物业公司应付供应方的租金为当年物业公司对外出租收入的80%。

分析

情形1：客户通过使用该标的资产而获取了已识别资产在使用期内的几乎全部经济利益，与标的资产使用带来的收益和风险几乎全部由客户来承担。

情形2：客户主导已识别资产的使用方式和使用目的，并通过使用该标的资产获取了已识别资产在使用期内的几乎全部经济利益。合同规定客户应向供应方支付因使用资产所产生的一部分现金流量（0.5%）作为对价，作为对价支付的这些现金流量应视为客户因使用资产而获得的经济利益的一部分。

情形3：客户使用该标的资产而产生的现金流量中80%需向供应方支付，可能导致一种理解“意味着客户仅获取使用该写字楼20%的现金流量流入”，从而认定“客户并未获取已识别资产在使用期内的几乎全部经济利益、与标的资产使用带来的收益和风险几乎全部仍由供应方来承担”这一结论。但此处需要明确的是，这一结论已被推翻。

《CAS 21应用指南2019》中明确“如果合同规定客户应向资产供应方或另一方支付因使用资产所产生的部分现金流量作为对价，该现金流量仍应视为客户因使用资产而获得的经济利益的一部分。例如，如果客户因使用零售区域需向供应方支付零售收入的一定比例作为对价，该条款本身并不妨碍客户拥有获得使用零售区域所产生的几乎全部经济利益的权利。因为零售收入所产生的现金流量是客户使用零售区域而获得的经济利益，而客户支付给零售区域供应方的部分现金流量是使用零售区域的权利的对价。”因此，在情形3下，物业公司将对外收取对价的80%支付给供应方，仍然是物业公司将对外收取对价的100%作为其自身主导写字楼的使用而获得的经济利益，同时，支付给供应方的80%是其因使用该写字楼而向供应方支付的对价。物业公司仍然取得了写字楼在使用期内的几乎全部经济利益。这一结论在2021年3月2日财政部会计司发布的《租赁准则实施问答》中进一步得到确认：

问：某租赁合同约定，承租人租赁设备用于生产A产品，租赁期为5年，每年的租赁付款额按照设备当年运营收入的80%计算，于每年末支付给出租人。假定不考虑其他因素，承租人应当如何基于该租赁合同对租赁负债进行初始计量和后续计量?

答：根据租赁准则第十七条、第十八条、第二十四条并参照相关应用指南，租赁负债应当按照租赁期开始日尚未支付的租赁付款额的现值进行初始计量。取决于指数或比率的可变租赁付款额是租赁付款额的组成部分。未纳入租赁负债计量的可变租赁付款额，即并非取决于指数或者比率的可变租赁付款额，应当在实际发生时计入当期损益，但按照《企业会计准则第1号——存货》等其他准则规定应当计入相关资产成本的，从其规定。

按照上述租赁合同约定，租赁付款额按照设备年运营收入的一定比例计算，属于可变租赁付款额，但该可变租赁付款额取决于设备的未来绩效而不是指数或比率，因而不纳入租赁负债的初始计量。在不存在其他租赁付款额的情况下，该租赁合同的租赁负债初始计量金额为0。后续计量时，承租人应将按照设备运营收入80%计算的可变租赁付款额计入A产品成本。

在该问答中，虽然财政部会计司回应的是租赁负债的计量问题，但是计量的前提是认定该合同构成一项租赁。即该合同满足“客户方有权获得租赁资产在使用期内的几乎全部经济利益”这一条件。

1.3.1.2.2 有权主导已识别资产的使用

存在下列情况之一的，可视为客户有权主导已识别资产在整个使用期间内的使用（CAS 21：8）：

（1）客户有权在整个使用期间主导已识别资产的使用目的和使用方式。供应方来决定标的资产的使用目的和使用方式时，不属于租赁。例如航空的湿租业务，如果机组人员只是执行客户的命令，由客户方决定起飞时间、航线安排等，说明客户有权在整个使用期间主导已识别资产的使用目的和使用方式，合同包含租赁；如果是供应方的机组人员决定起飞时间、航线安排等，那就不属于租赁，而属于客户购买航空运输服务。

合同可能存在一些包含保护性权利的条款和条件，旨在保护供应方在标的资产或其他资产中的权益、保护供应方的工作人员、或者确保供应方遵守法律或法规。举例来说，合同可：①规定资产使用的最大数量或限制客户可使用资产的地点或时间，②要求客户遵守特定的操作管理，或者③要求客户在变更资产使用方式时通知供应方。保护性权利通常对客户使用权的范围作出限定，但是保护性权利单独不足以否定客户拥有主导资产使用的权利。

（2）已识别资产的使用目的和使用方式在使用期开始前已预先确定，并且客户有权在整个使用期间自行或主导他人按照其确定的方式运营该资产，或者客户设计了已识别资产并在设计时已预先确定了该资产在整个使用期间的使用目的和使用方式。

如果有关资产使用目的和使用方式的决策是事先确定的，则确定客户是否有权利主导已识别资产使用的方式将会改变。在这种情况下，如果客户在整个使用期间有资产运营权，或者可以通过预先确定资产在整个使用期间的使用目的和使用方式而设计资产，则客户仍然可以主导资产的使用。在上述任一情况下，客户控制超出典型的供应或服务合同中的客户权利的使用权（即客户所拥有的权利超出单纯订购和接收资产产出的权利），客户有权作出（或在设计时已经作出）影响在整个使用期间使用资产产生的经济利益的决策。

合同规定在约定期间使用卡车车队，并指出卡车的使用目的和使用方式（例如，将岩石从指定的采石场运送到碎石机处），合同双方已在租赁期开始日前就这些事项达成一致，且不能改变。在这种情况下，客户有权在整个使用期间运营卡车，虽然客户无法改变卡车的使用目的和使用方式，但是有权主导卡车的使用。相比之下，如果供应方是运营商，则客户没有权利主导卡车的使用，因而不构成租赁。

【例1-7】判断客户是否有权主导已识别资产的使用

背景

情形1：客户与供应方签订了一份合同，购买明确指定的一家电厂未来十年生产的全部电力。合同规定客户有权获得该电厂生产的全部电力（即供应方不能使用该电厂履行其他合同）。客户向供应方发出关于电力交付数量和时间安排的指令。若电厂不为该客户生产电力，将停止运行。供应方按照行业认可的运营实务负责电厂的日常运营和维护。

情形2：客户与供应方签订了一份合同，购买明确指定的一家电厂未来十年生产的全部电力。合同规定供应方自主安排电力生产事宜，合同期内该电厂生产的全部电力均提供给该客户。

情形3：客户与供应方签订了一份合同，购买明确指定的一家电厂未来十年生产的全部电力。该电厂为供应方所有，不能通过其他资产向客户供应该电力。电厂是由客户在建设之前设计的，客户聘请了专家协助确定电厂的选址以及将使用设备的工程。供应方负责按照客户的规格建造电厂，并负责其运行和维护。不存在关于是否发电以及发电的时间和发电量的相关决定，因为该项资产的设计已经预先确定了这些决定。

情形4：客户与供应方签订了一份合同，购买明确指定的一家电厂未来十年生产的全部电力。该电厂为供应方所有，并由供应方运营。供应方不能通过其他资产向客户供应该电力。合同规定了整个使用期内该电厂的发电数量和时间安排，非特殊情况（例如紧急情况）不可变动。供应方按照行业认可的运营实务负责电厂的日常运营和维护。在与客户签订合同几年前建设电厂时，供应方对该电厂进行了设计，客户未参与该设计。

分析

情形1：合同包含租赁。客户拥有电厂10年的使用权。理由：

（1）该合同中存在已识别资产，因为合同明确指定了该电厂，且供应方无权替换被指定的电厂。

（2）客户有权主导电厂的使用，客户就电厂的使用目的和使用方式作出相关决定，因为客户有权决定整个使用期内电厂是否发电、发电的时间和发电量（即发电的时间安排和数量）。因为已经禁止供应方将电厂用于其他用途，客户关于发电的时间安排和数量的决策实际上决定了电厂的发电时间以及是否发电。尽管电厂的运营和维护对于电厂的有效使用必不可少，但供应方在这些方面的决定并未赋予其主导电厂使用目的和使用方式的权利。因此，供应方在使用期内不能控制电厂的使用。相反，供应方的决定取决于客户关于电厂使用目的和使用方式的决定。

（3）客户有权获得在10年使用期内使用电厂所产生的几乎全部经济利益（参见1.3.1.2.1）。客户拥有电厂的专属使用权，客户有权获得该电厂在整个10年使用期内生产的全部电力。

情形2：该合同不包含租赁。合同中该电厂是已识别资产，但客户不控制电厂的使用，原因在于客户无权改变供应方关于电厂使用的相关决策，客户无权在10年使用期内主导电厂的使用目的或使用方式，客户的权利仅限于与供应方签订的合同中规定的电厂产出。

情形3：该合同包含租赁，客户拥有电厂10年的使用权。理由：

（1）合同存在已识别资产，合同明确指定了该电厂，且供应方无权替换被指定的电厂。

（2）客户有权主导电厂的使用。客户和供应方均不决定使用期内电厂的使用目的和使用方式，因为这些决定在该资产的设计中已预先确定（即电厂的设计实际上已将整个使用期内关于电厂使用目的和使用方式的相关决策纳入了该资产的程序中）。客户不负责电厂的运营，电厂的运营由供应方作出决定。但是，客户对电厂的设计赋予了客户主导电厂使用的权利。因为电厂的设计已预先确定了整个使用期内该资产的使用目的和使用方式，客户对设计的控制实质上与客户控制这些决定并无差别。

（3）客户有权获得在10年使用期内使用电厂所产生的几乎全部经济利益（参见1.3.1.2.1）。客户拥有电厂的专属使用权，客户有权获得该电厂在整个10年使用期内生产的全部电力。

情形4：该合同不包含租赁。合同中存在已识别资产，因为合同明确指定了该电厂，且供应方无权替换被指定的电厂。但是，客户并不拥有控制电厂使用的权利，因为客户无权主导电厂的使用，也无权主导电厂的使用目的和使用方式。电厂的使用目的和使用方式（即是否发电、发电的时间和发电量）在合同中已预先确定。客户无权变更使用期内电厂的使用目的和使用方式。在使用期内，客户没有关于电厂使用的其他决策权（例如，客户不运营电厂），且并未参与电厂的设计。供应方通过决定电厂的运营和维护方式，成为使用期内唯一可就电厂作出决定的一方。

1.3.1.3 识别租赁的流程

由于新租赁准则下，承租人会计处理由双重模型改为单一模型。一方面，承租人对原准则下的两类不同租赁的会计处理均纳入同一套模式体系中，不再存在实质性的差异；另一方面，原经营租赁项下使用权资产和租赁负债的确认和计量又放大了租赁和服务的会计处理差异（原租赁准则下经营租赁和接受服务的会计处理差异不明显）。因此，在修订后的租赁准则执行后，承租人需要作出判断的重要领域——资产负债表内/表外测试，由原租赁准则下的租赁分类的测试改为了识别租赁。

识别租赁的流程，即上述判断合同是否包含已识别资产、客户是否有权获得在使用期间内因使用已识别资产所产生的几乎全部经济利益、并有权在该使用期间主导已识别资产的使用的流程，总结如图1-2所示：

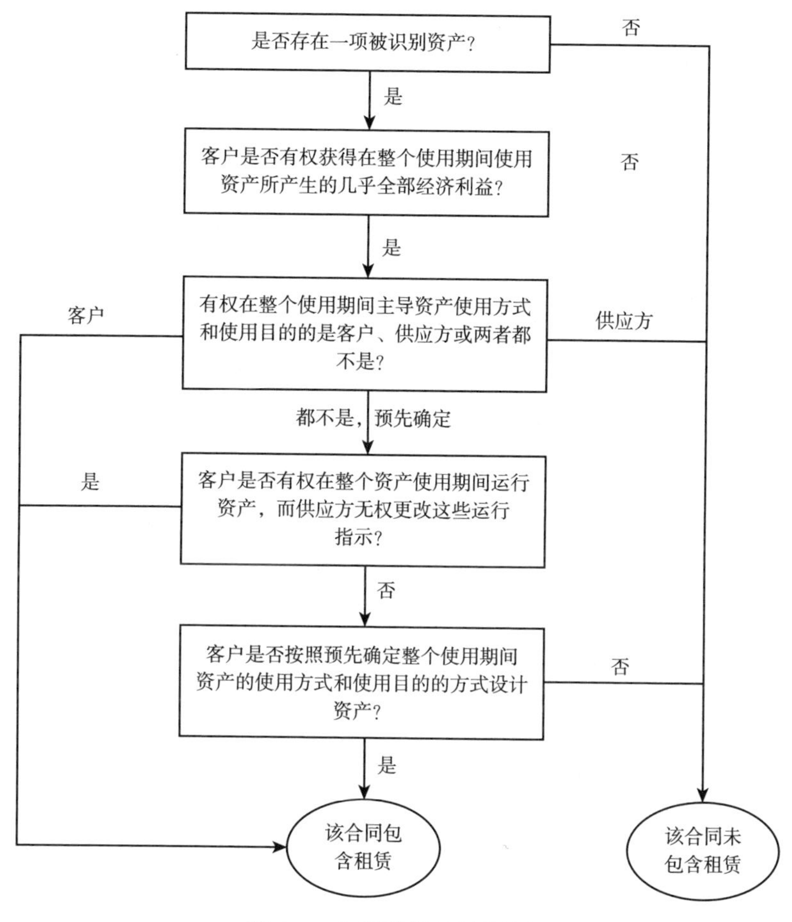

图1-2　识别租赁的判断流程

1.3.1.4　合营安排的特殊考虑

接受商品或服务的合同由合营安排或合营安排的代表签订时，企业评估合同是否包含一项租赁时，应将整个合营安排视为该合同中的客户，评估该合营安排是否在使用权期间有权控制已识别资产的使用。

【例1-8】识别租赁对合营安排的特殊考虑

问题

如背景资料所述，A公司对分摊的公用资产（220kV变升压站）投资款应如何进行处理？

背景

A公司经营范围为发电以及相关产品的开发和生产经营。A公司于2×18年4月与B公司、C公司签订《某220千伏变升压站投资分摊协议》（本例中简称《三方协议》）。《三方协议》约定该220千伏变升压站由B公司建设，A、C两家公司共同使用，《三方协议》还约定了三方的投资分摊范围、投资分摊原则、投资分摊基数、权属、各方权利及义务等内容。主要条款摘录如下：

（1）整体资产无法分割转移，此次分摊资产归建设方B公司所有。

（2）在A、C两方按协议约定时点向B公司支付投资分摊价款后，关于该220千伏变升压站资产的一切事宜均由A、C两方协商一致确定，如有必要B公司应予以配合。

（3）A公司需要向B公司支付分摊的3/7投资款金额共计3 600万元，C公司需要向B公司支付分摊的4/7投资款金额共计4 800万元。

（4）A公司、C公司支付分摊投资款后一次性按照各自风场接入的容量获得所分摊变升压站部分资产永久使用权和支配权。

B公司将该220千伏变升压站中部分资产明细价值合计数凑够分摊金额向A公司开具相应的增值税专用发票，即A公司收到的发票是部分资产的采购发票。

分析

尽管《三方协议》约定，变升压站资产所有权归建设方B公司所有，A公司和C公司按照各自接入的容量拥有部分资产的“永久使用权和支配权”，但是同时协议规定，关于资产的一切事宜均由A、C两方共同协商一致决定，因此有关变升压站所有资产的使用实际上是A和C共同来主导。

但是，A公司和C公司没有哪一方能够单独控制变升压站资产整体（该整体不可分割），说明A公司支付的对价目的是获取所有与变升压站相关资产的部分产能的永久使用权，使用对象是与升压站相关的所有资产，并非发票开具的部分资产。因此A公司对该变升压站整体或取得发票对应的部分资产不具有控制权，A公司不能将其支付的分摊投资款确认为自身的固定资产。

在新租赁准则下，需要考虑该项安排是否构成租赁或者包含租赁。根据新租赁准则的规定，构成租赁或者包含租赁的一项基本条件是存在“已识别资产”。如果资产的某部分产能或其他部分在物理上不可区分，则该部分不属于已识别资产，除非其实质上代表该资产的全部产能，从而使客户获得因使用该资产所产生的几乎全部经济利益。

就本案例而言，如果以A公司自身作为客户方角度来进行分析：该变升压站由B公司建设所有，A、C两家公司共同使用，即A公司承担部分建设成本的目的是获取其部分产能，以供其风场所发电力并入电网。但协议并未约定其中某一台或某几台特定设备的使用权排他地归属于A公司。由于A公司所使用的设备与其他合作方所使用的设备在物理上不可区分，且不代表该变升压站的几乎全部产能，因此本案例类似于【例1–5】中的“情形3”，不存在已识别资产。相应地，A公司出资参与该变升压站的建造以获取其部分产能的安排，A公司自身作为客户方时不构成且不包含租赁。

但是，当接受商品或服务的合同由合营安排或合营安排的代表签订时，新租赁准则要求应将整个合营安排视为该合同中的客户。本案例中的《三方协议》，对A和C公司而言构成一项合营安排（属于共同经营），A、C两方共同控制该变升压站的全部资产和全部产能的使用。以该项合营安排作为客户方按照1.3.1.1节至1.3.1.3节的分析，该合营安排与B公司之间分摊投资款的约定构成了一项租赁。则A公司应根据《企业会计准则第40号——合营安排》第十五条关于合营方应当确认“按其份额确认共同持有的资产”的规定，将该“三方协议”支付的“分摊投资款”作为租赁付款进行处理，计入“使用权资产”。

1.3.1.5　识别租赁的综合判断案例

鉴于新租赁准则下租赁资产和负债是否“入表”的界限在于合同是否为租赁或包含租赁，因此识别租赁环节对承租人（不构成租赁时的客户方）而言非常重要，实务中，我们注意到在很多不同的业务模式下，可能合同形式与租赁并无关系且形式多样，但新准则下均需考虑是否属于租赁。【例1–9】至【例1–13】阐明了我们对这些业务模式下的观点。

1.3.1.5.1　购买交通运输服务与运输工具租赁的判断

【例1–9】

问题

航运业的期租或程租业务按照“交通运输服务”缴纳增值税，新租赁准则下，客户方是否应将期租或程租作为购买服务合同，将光租作为租赁进行处理？

背景

航运业有关定义：

光租：指远洋运输企业将船舶在约定的时间内出租给他人使用，不配备操作人员，不承担运输过程中发生的各种费用，只收取固定租赁费的业务。

期租：指远洋运输企业将配备有操作人员的船舶交给他人使用一定期限，租期内听候承租方调遣，不论是否经营，均按天向承租方收取租赁费，发生的固定费用均由船东负担的业务。期租业务中船东负责配备船员，负担船舶修理及船舶备品备件费用。

程租：是指远洋运输企业为租船人完成某一特定航次的运输任务并收取租赁费的业务。租入方从起运港开始租用船舶，直到卸载港。程租通常以航次为单位，由船东支付船舶的运营费用（佣金、港口和燃油）。

航运业的增值税处理：根据财政部国家税务总局《关于全面推开营业税改征增值税试点的通知》（财税〔2016〕36号）附件1《营业税改征增值税试点实施办法》的规定，水路运输的程租、期租业务，属于水路运输服务，作为交通运输服务缴纳增值税，并不属于“现代服务业——有形动产租赁”。

分析

根据CAS 21：2规定，租赁，是指在一定期间内，出租人将资产的使用权让与承租人以获取对价的合同。

《CAS 21应用指南2019》中进一步指出，一项合同要被分类为租赁，必须要满足三要素：一是存在一定期间；二是存在已识别资产；三是资产供应方向客户转移对已识别资产使用权的控制。

从租赁的定义和期租业务相关合同条款上看，期租业务（航空湿租与水路期租同理）首先有约定的一定期间；其次，期租业务的履行依赖某个特定船舶（一般在协议中规定船名等）；且在该约定的期间内，船舶及出租人配备的人员均听从承租人的调遣，出租人不对租赁期间相关船舶及人员进行管理，而是由承租人主导、相关配备人员按照承租人的指令运营该特定船舶。因此，期租业务符合租赁的定义。

而运输业务提供的是一项运输服务，无论承运人使用哪个具体运输工具（在合同规定类别范围内），配备何种人员，只要将货物运输至目的地即认为合同履行完毕，整个运输过程由承运人进行管理和控制，即运输合同的履行通常并不依赖于特定资产，也没有把特定资产的使用权转移给合同对方。

通过上面的分析，可以看出，运输业务与期租业务有本质的区别。期租业务符合新租赁准则中租赁的定义，因此，航运企业应将期租业务取得的使用权资产和承担的租赁负债纳入资产负债表中（符合1.3.3节豁免情形选择简化处理的除外）。

需要注意的是：

（1）期租业务实际上包含了船舶租赁和购买所配备人员的有关服务这两部分业务，前者属于租赁准则的规范范围，而后者属于收入准则所规范的服务范畴。按照新租赁准则的规定，承租人对这两部分应当按照各自的单独价格的相对比例予以分拆，将租赁部分确认为使用权资产和租赁负债；承租人也可以选择不拆分，将合同中包含的两部分合并按照租赁进行处理。但对于出租人而言，其必须将租赁部分和非租赁部分进行拆分，租赁部分按照新租赁准则的规定确认租赁收入；而提供服务部分按照新收入准则的规定确认收入（这部分劳务收入通常应在一段时间内，即租赁期内分期确认）。

（2）若期租的租赁期限不超过12个月，根据CAS 21：32的规定，承租人可以选择不确认使用权资产和租赁负债。

（3）会计处理与税收处理属于两个不同体系，会计处理通常强调“实质重于形式”，而税收处理在某些情况下更依赖于合同的法律形式，因此两者之间的处理可能并不一致，而该不一致的结果也是合理的。因此，期租业务按照“交通运输服务”缴纳增值税，并不妨碍按照CAS 21的规定识别其中的租赁并将租赁有关权利和义务“入表”的会计处理。

（4）航空业的干租可比照前述“光租”、湿租可比照前述“期租”或“程租”进行处理。

1.3.1.5.2　合同能源管理项目的处理原则

【例1-10】

问题

合同能源管理项目中的节能服务公司应采取何种模式进行会计处理？

背景

合同能源管理（EMC）是近年来比较创新的业务模式，其业务特点大致为：节能服务公司与客户（用能单位）签定合同，向用能单位提供节能设备，并负责设备的运行维护。在合同期内，用能单位基于产生的节能效益按约定比例支付给节能服务公司。节能服务公司在合同期内享有节能设备的所有权，合同期满后设备的所有权无偿转移给用能单位。

根据《国务院办公厅转发发展改革委等部门关于加快推行合同能源管理促进节能服务产业发展意见的通知》（国办发〔2010〕25号）提供的信息，“合同能源管理是发达国家普遍推行的、运用市场手段促进节能的服务机制。节能服务公司与用户签订能源管理合同，为用户提供节能诊断、融资、改造等服务，并以节能效益分享方式回收投资和获得合理利润，可以大大降低用能单位节能改造的资金和技术风险，充分调动用能单位节能改造的积极性，是行之有效的节能措施。我国20世纪90年代末引进合同能源管理机制以来，通过示范、引导和推广，节能服务产业迅速发展，专业化的节能服务公司不断增多，服务范围已扩展到工业、建筑、交通、公共机构等多个领域。2009年，全国节能服务公司达502家，完成总产值580多亿元，形成年节能能力1 350万吨标准煤，对推动节能改造、减少能源消耗、增加社会就业发挥了积极作用”。

分析

对于目前的“节能效益分享型”合同能源管理（EMC）业务，我们认为，节能服务公司可以选择以下两种会计模式之一对其进行会计处理：

（1）按照CAS 21进行处理的“租赁模式”；

（2）参照《企业会计准则解释第14号》第一条处理的“PPP模式”。

原因如下：

CAS 21：3（5）明确采用建设经营移交等方式参与公共基础设施建设、运营的特许经营权合同，不适用租赁准则。而对于以建设经营移交方式参与公共基础设施建设、运营的特许经营权合同，在现行准则体系下，主要是基于《企业会计准则解释第14号》第一条“关于社会资本方对政府和社会资本合作（PPP）项目合同的会计处理”的规定进行处理。

一般情况下，EMC合同中多数包含“运营期结束后项目财产无偿转让给甲方（用能单位），乙方（节能服务公司）应保证项目财产正常运行”“未经甲方同意，乙方不得将项目财产进行抵押、转让或其他资本运作”“项目改进、拆除或其他实质性变动需经甲方书面同意”“甲方有监督检查项目建设运营”等条款，因此可以判断与建设资产（节能设施）的使用由甲方主导，甲方作为合同授予方控制了该安排结束时该设施上的重大剩余权益。据此，节能服务公司在节能收益分享期内对所建造的相关设施本身的权利很可能受到严格的限制，因此相关设施本身不应确认为节能服务公司自身的固定资产。尽管节能服务合同授予方可能是企业而不是“政府及其有关部门或政府授权进行招标的企业”，也没有设立单独的项目公司，所建造的标的也不是公共基础设施，但是相关合同对节能服务公司的经济影响与典型的PPP合同完全一致，这些差异只是形式上的，不影响对交易经济实质的判断（即均是合同授予方控制标的资产）。因此，绝大部分EMC合同均可参照PPP模式核算。

但需要注意的是，由于《企业会计准则解释第14号》将适用范围限定在符合“双特征”和“双控制”条件的PPP方式，由于合同能源管理不属于传统意义上的PPP模式（合同授予方为政府，标的为公共基础设施），因此企业既可以参照适用《企业会计准则解释第14号》，也可以判断为不适用《企业会计准则解释第14号》，而适用租赁准则。

对于某一特定的节能服务公司而言，无论选择其中哪一种会计模式，一旦选择就应当成为节能服务公司的一项会计政策，应当一贯地运用于所有同类或类似交易的会计处理，不得随意变更（但一般理解，租赁模式比较适合于在后续合同期间无需发生大额后续服务成本的项目）。在财务报表附注中，应当对其所采用的会计政策作出充分披露。对于租赁模式，应注意区分该租赁的性质是融资租赁还是经营租赁；对于PPP模式，要注意区分所形成的是金融资产还是无形资产。

（1）租赁模式下的处理。由于合同能源管理交易依赖于特定资产（节能设备及依附于该设备的专有技术等），且授予用能单位对该资产使用的控制权，所以符合CAS 21所规定的识别一项交易安排中是否包含租赁成份的判断指引，可运用“租赁模式”进行会计处理。

如果采用租赁模式，则应按照CAS 21：35的要求，依据“租赁资产所有权有关的几乎全部风险和报酬是否已经转移给承租人（用能单位）”为标准，将该项租赁区分为融资租赁或者经营租赁。如果每年可得到的金额已经固定下来，与实际节能效益无关，或者虽然采用节能效益分成的方式，但可对合同期间的可获得的分成收益作出可靠的估计（实际与预计之间的偏差很小），则说明出租人（节能服务公司）已经把该租赁资产（节能设备）所有权有关的几乎全部风险和报酬转移给承租人（用能单位），该租赁应归类为融资租赁；如果采用节能效益分成的方式，且无法对预计合同期间可获得的分成收益作出合理估计的，则属于经营租赁。

在约定保底收益或者事实上存在固定付款额的情况下，应根据该保底收益金额或固定付款额是否足以保证节能服务公司收回绝大部分投资额和节能效益分享期内应由节能服务公司承担的运维成本，来分析其所有权上的主要风险和报酬的享有、承担和转移情况。如果保底收费额或固定付款额可以确保节能服务公司收回节能服务设施的投资成本和节能效益分享期内应由节能服务公司承担的运维成本，则标的资产所有权上的主要风险和报酬已经转移给用能单位，节能服务公司应作为融资租赁处理；反之，则说明标的资产所有权上的主要风险和报酬尚未转移给用能单位，节能服务公司应作为经营租赁处理。

（2）PPP模式下的处理。可将项目保底收入中用于回收投资成本和获取融资收益的部分（近似于很多PPP项目中的可用性服务费）按照一定的折现率折现后确定属于金融资产的部分，节能服务设施的现销价格超过金融资产公允价值的部分应属于无形资产部分。

（3）关于EMC业务在现金流量表的列报。关于EMC业务在现金流量表中的列报，应根据会计处理是采用租赁模式还是PPP模式，予以相应考虑：

①如果确定采用经营租赁模式，则：公司初始建设时，计入“购建固定资产、无形资产和其他长期资产支付的现金”项目；投入运营取得收入时，计入“销售商品、提供劳务收到的现金”项目；投入运营发生的维护等费用，计入“购买商品、接受劳务支付的现金”项目；合同期满处置时，计入“处置固定资产、无形资产和其他长期资产收回的现金净额”。

②如果选择采用PPP会计模式，则在建造期间应确认建造服务收入，此时的购建支出实际上是为了提供建造服务而发生的，属于营业成本，所以建议按其性质分别列报为“购买商品、接受劳务支付的现金”或者“支付的其他与经营活动有关的现金”。

1.3.1.5.3　提供数据处理终端的业务处理

【例1–11】

问题

A公司提供数据处理终端是否属于租赁业务？应该如何进行会计处理？

背景

A公司有一项业务系为各商户安装刷卡终端，商户一次性支付服务费（含数据处理服务费）给A公司，收取的该服务费可覆盖终端的成本。同时，以后期间按照结算额的一定比例收取交易手续费。根据合同的规定，刷卡终端所有权属于A公司，A公司负责对终端的维修、保养等工作。

分析

（1）交易是否包含租赁。根据CAS 21：2规定：租赁，是指在一定期间内，出租人将资产的使用权让与承租人以获取对价的合同。

《CAS 21应用指南2019》中进一步指出，一项合同要被分类为租赁，必须要满足三要素：一是存在一定期间；二是存在已识别资产；三是资产供应方向客户转移对已识别资产使用权的控制。

首先，本案例的交易安排中，双方约定以后期间按照结算额的一定比例收取交易手续费，该期间是明确存在的；其次，该刷卡终端构成了已识别资产，且由于其使用期间内是放置在客户处，A公司作为供应方通常不具有实质性替换权；最后，根据合同约定，刷卡终端所有权属于A公司，A公司负责对终端的维修、保养等工作，但其使用权由客户控制。综上所述，该交易安排中包含刷卡终端的租赁。

（2）租赁的分类。新租赁准则仍然保留了出租人对租赁的分类，且仍是以是否实质转移了标的资产所有权有关的几乎全部风险和报酬为分类的界限。主要的判断依据是在合同约定的租赁期限内，A公司能否通过收取金额固定的费用（相当于租金，可能一次收取或者分次收取）收回该等终端设备的成本。如果通过合同约定的固定收费已经基本可以收回设备成本，则该项租赁属于融资租赁；如果通过合同约定的固定收费尚不足以收回设备的成本，而是通过在后续提供数据传输、耗材配送等相关服务时通过提升该等后续服务的价格赚取利润以收回设备投资，则该项租赁属于经营租赁。

本交易中，由于初始一次性收取的服务费（实际是租金+服务费）已覆盖了刷卡终端的成本，表明刷卡终端的价值已通过服务费基本收回，与刷卡终端所有权有关的几乎全部风险已转移，因此A公司应该将该交易作为融资租赁进行处理。

（3）具体的会计处理。对于非生产商或经销商出租人发生的融资租赁业务，根据《CAS 21应用指南2019》八、（二）“出租人对融资租赁的会计处理”有关规定，在租赁期开始日，出租人应当对融资租赁确认应收融资租赁款，并终止确认融资租赁资产。出租人对应收融资租赁款进行初始计量时，金额应当为未担保余值和租赁期开始日尚未收到的租赁收款额之和按照租赁内含利率折现的现值，并将融资租赁资产公允价值与账面价值的差额计入“资产处置损益”。

而对于生产商或经销商出租人的融资租赁（本案例中的A公司就属于这种情况），在租赁期开始日，出租人应当按照租赁资产公允价值与租赁收款额按市场利率折现的现值两者孰低确认收入，并按照租赁资产账面价值扣除未担保余值的现值后的余额结转销售成本。

生产商或经销商出租人为取得融资租赁发生的成本，应当在租赁期开始日计入当期损益。

本案例中，A公司在将终端交付给商户时，具体会计处理为：

借：应收账款/银行存款等（租赁收款额按市场利率折现的现值）

贷：主营业务收入（租赁资产公允价值与租赁收款额按市场利率折现的现值两者孰低）

应交税费——应交增值税（销项税额）或待转销项税额（按税法规定应计算的已产生或暂未未产生增值税纳税义务的销项税额）

借：主营业务成本

贷：库存商品（按设备账面价值减去未担保余值的现值）

另外需要注意的是：本案例中收取的服务费涵盖了终端的价值和后续期间的数据处理服务费（仅指固定部分，不含以后期间按照结算额收取的交易手续费，下同）。根据CAS 21及其应用指南规定，应分拆其中包含的租赁和服务成分，分别按照租赁和收入准则进行会计处理。对于已收取的价款中对应服务的部分，应予以递延（确认为合同负债），后续提供相关数据处理服务时按照新收入准则的相关规定确认收入。对于将于未来期间分期收取的服务价款，不应纳入租赁应收款的初始计量金额。

本案例还有一项特殊之处在于：所有租金均在开始时一次性收取，A公司并不向商户提供融资，因此A公司没有融资收入。因此，尽管应当适用租赁准则处理该项交易，但从账务处理的效果（对财务状况、经营成果的影响）而言，实质上与商品销售无本质区别。

1.3.1.5.4 投资建设并使用产品生产线，期满生产线无偿移交给产品购买方的业务处理

【例1–12】

问题

基于背景资料所述，B公司投资建设并用于生产甲产品的生产线设备，合同期满后无偿移交给甲产品购买方A公司的安排是否属于租赁？A公司应如何处理该业务？

背景

A公司与B公司就甲产品生产项目签订合同，B公司负责全额投资（3 800万元）建设专用于生产甲产品的生产线，由A公司提供相关技术设计方案。生产线建成投产后，B公司对A公司供应甲产品，合同期为10年，同时约定合同顺利履行完毕之后，该生产线有关设备的所有权将无偿转让给A公司。

合同对甲产品的供应量作出了约定：A公司对B公司的甲产品最低月接收量不得低于10 000吨，并按照350元/吨结算；如果A公司对B公司的甲产品接收量低于10 000吨/月时，需对B公司进行相应补偿。合同期内B公司不得将甲产品提供给其他方，如未经A公司同意将甲产品销售给第三方，需向A公司进行补偿。B公司每月根据结算金额给A开具增值税专用发票。预计A公司会持续经营且每月购买甲产品数量高于保底数量。

分析

（1）交易是否包含租赁。根据CAS 21：2的规定：租赁，是指在一定期间内，出租人将资产的使用权让与承租人以获取对价的合同。《CAS 21应用指南2019》中进一步指出：一项合同要被分类为租赁，必须要满足三要素：一是存在一定期间；二是存在已识别资产；三是资产供应方向客户转移对已识别资产使用权的控制。

在判断客户是否控制已识别资产的使用权时，应当评估客户是否有权获得在使用期间因使用已识别资产所产生的几乎全部经济利益，并有权在该使用期间主导已识别资产的使用。按照CAS 21：8的规定，存在下列情形之一的，可视为客户有权主导对已识别资产在整个使用期间的使用：

①客户有权在整个使用期间主导已识别资产的使用目的和使用方式；

②已识别资产的使用目的和使用方式在使用期间前已预先确定，并且客户有权在整个使用期间自行或主导他人按照其确定的方式运营该资产，或者客户设计了已识别资产（或资产的特定方面）并在设计时已预先确定了该资产在整个使用期间的使用目的和使用方式。

评估一项合同是否为租赁或者包含租赁可参考1.3.1.3节的流程图（图1–2），逐次分析如下：

①本案例的交易安排中，该生产线属于一项已识别资产；

②该生产线使用期间的几乎全部经济利益，在“A公司对B公司的甲产品承诺最低月接收量”且“合同期内B公司不得将甲产品提供给其他方”的约定下由A公司来享有或承担；

③在判断哪一方能够主导整个使用期间内该生产线的使用方式和使用目的时，与生产线有关的主要决策通常有：a.关于产品的决策，也就是决定生产什么；b.产量和品种的决策，选定了产品之后，就要决定生产多少，即对产品的品种、各个品种的产量及总产量作出决定；c.生产过程的决策，即决定生产过程和工艺路线，决定是自制还是外购零部件，决定作业设计。这些决定对投资、设备、劳动力、技术、库存等决策有很大影响。

本案例中，预先设定了该生产线只能生产甲产品，且每一期间的生产量和合同期内的生产总量取决于A公司的需求量。由于初始设计时由A公司来提供该生产线的技术设计方案，表明A公司也已预先决策了该生产线在合同期内的主要生产过程和工艺路线的选择。综上分析，虽然形式上是由B公司使用该生产线生产甲产品，但是事实上A公司主导了该生产线使用的主要决策。

④综上所述，该合同中包含租赁。

（2）具体的会计处理。A公司应对B公司投资的生产线作为使用权资产进行核算。合同约定的投资额3 800万元即为该使用权资产的公允价值，依照B公司投资该生产线的内含利率或A公司的增量借款利率同时根据10年期的年金现值系数计算每年（或每月）应分摊的租金；以后每月购买甲产品时，首先冲抵分摊的租金，剩余金额扣除进项税额后作为原材料成本入账；使用权资产参照自有固定资产的折旧政策计提折旧。

确认资产时（即B公司将该资产建造完毕，开始为A公司生产产品时）：

借：使用权资产　　3 800（注：此处假定不考虑增值税进项税额）

　　租赁负债——未确认融资费用

　　贷：租赁负债——租赁付款额　　　　　　折算的每期租金 × 期数

每月购买甲产品时：

借：原材料——甲产品

　　应交税费——应交增值税（进项税额）

　　租赁负债——租赁付款额

　　贷：应付账款——乙公司

每月计提折旧、租赁负债的利息分摊等，按常规方法处理。但需注意的是，使用权资产的折旧费用应分配至采购的甲产品成本，而不是当期损益。

注意

【例1–12】体现出，不仅合同形式为购买服务的合同可能包含租赁，甚至某些形式为“购买商品”的合同，也可能包含租赁。

1.3.1.5.5　转让标的公司股权后一定期间再回购标的公司全部资产的业务处理

【例1–13】

问题

如背景资料所述，A公司用持有的C公司股权偿还债务，同时约定若干年后可以以确定金额回购C公司全部资产时，该业务应该如何进行处理？

背景

A公司2×11年以前是B公司最大客户，从2×11年下半年开始，受行业环境影响，A公司经营十分困难，财务状况恶化，截至2×11年年末，A公司共欠B公司货款约1.41亿元。经双方于2×12年11月底协商，A公司以其持有的C公司100%股权抵偿应付B公司1.06亿货款，冲抵之后，A公司尚欠B公司3 500万元待以后期间偿还。

2×12年12月，A公司又与B公司签订资产回购协议，回购协议主要条款如下：

（1）回购标的：回购时C公司拥有的运行状态正常的某光伏电站5MW的全部资产。

（2）回购价格：回购标的在C公司的账面净值，即当前估值人民币1.06亿元减去每年520万元的资产折旧×年限。

（3）回购方式：在2×12年11月起6年内（至2×18年11月止），A公司可以选择是否购买回购标的；在2×18年11月至2×18年年底前期间，如B公司选择要求A公司购买回购标的，A公司有义务向B公司购买回购标的。

C公司系2×10年新建的一家从事光伏发电的企业，目前装机容量为5MW，电站从2×11年7月28日开始并网发电，年发电量约500万度。C公司资产主要是固定资产和土地。

分析

在本案例中，根据背景提供的相关资料，B公司从债务人A公司受让C公司全部股权，并约定在未来6年时间内A公司有权提出回购，期满时B公司有权要求对方回购，回购价格按照“当前估值人民币1.06亿元减去每年520万元的资产折旧×年限”计算，即回购价格为回购标的在C公司的账面净值。

据此，双方签订的协议安排的履行依赖于特定资产（C公司运营的光伏电站）；并且C公司依法办理变更登记后，B公司即成为C公司的股东，按章程规定主导C公司有关资产的使用方式和使用目的，并且享有和承担使用期间C公司的利润与亏损，因而满足CAS 21：2规定的租赁的定义。因而，应当认为该股权转让及回购协议中存在租赁安排，A公司与B公司均应考虑按照CAS 21的规定进行会计处理。（根据新收入准则第三十八条关于售后回购交易的安排，当A公司享有回购权利且回购价格低于原售价的，也应作为租赁处理。此时，虽然B公司名义上取得了对C公司的所有权，但由于A公司保留了对C公司相关资产的回购权利，使得B公司并未取得对C公司相关资产的控制权，仅享有一定期间内使用C公司相关资产的权利。）

即该交易的经济实质是：

（1）A公司将C公司的股权提供给B公司作为履行其1.06亿元还款义务的质押物；

（2）同时，A公司与B公司达成一项租赁安排，B公司以租赁方式运营C公司的光伏电站，每年固定租金为520万元，该项租金可以与上述1.06亿元欠款部分抵销。

根据对交易经济实质的上述判断，我们建议对本案例的基本处理原则如下：

（1）除了协议中明确约定日后偿还的3 500万元以外，B公司应收A公司原先的1.06亿元应收款项虽然形式上以C公司的股权抵偿，但就经济实质而言，C公司的股权仅仅是履行该项债务的担保物。根据《企业会计准则第37号——金融工具列报（2017年修订）》第三十三条关于"无追索权金融负债与作为其担保品的金融资产或其他资产"的情形"通常认为不满足本准则第二十八条所列条件，不得抵销相关金融资产和金融负债"的规定，原先的1.06亿元应收款项B公司不能终止确认。

（2）虽然在法律形式上，B公司拥有C公司的全部股权，但是如前面所分析的，就经济实质而言，B公司仅仅是基于租赁关系获取了一定年限内的使用权，并未承担或享有其剩余净资产上的主要风险和报酬，因此B公司在持有C公司股权内不能控制C公司，不能将其作为子公司纳入合并报表。但是，C公司在此期间的经营收入、成本（即利用租赁方式租入的使用权资产从事经营活动的损益）均应纳入B公司的合并利润表。

同时，B公司在个别报表层面应在取得对C公司资产使用权之日作为租赁期开始日，将6年每年租金520万元按照租赁期开始日的承租人（B公司）增量借款利率予以折现，以该现值确认为"使用权资产"和"租赁负债"。在租赁关系存续期间，对使用权资产按照直线法计提折旧，对租赁负债按照折现率计算确定利息支出，同时按照净额结算的约定于每个资产负债表日同步冲减租赁负债和对A公司的应收款项。

（3）后续租赁关系存续期间，由于该项应收账款是有担保的，因此在对该项应收款项计提坏账准备时，应考虑该项担保事项的影响，与另外的3 500万元无担保应收账款分别归属于不同的信用风险组合。在考虑该1.06亿元的预期信用损失问题时，应关注的因素包括但不限于：作为担保物的光伏电站的运营盈亏情况和A公司的现金流量状况（用以衡量6年期满后履行回购义务的能力）等。如果预计A公司届时很可能无力回购C公司股份（因而B公司最终很可能会取得对C公司的控制权）的，则还应考虑C公司的净资产价值情况。

（4）由于在6年期间内，作为承租人的B公司不能提出提前解除租约，因此如果该光伏电站经营状况不佳，则B公司需要按照《企业会计准则第8号——资产减值》的规定对使用权资产计提减值准备。该减值准备一经计提，不得转回。

（5）如果在租赁期内A公司回购了C公司的股权，则相当于其归还了欠款。根据《企业会计准则第23号——金融资产转移（2017年修订）》第十二条等相关规定，应收账款余额应相应终止确认，相关的应收款项终止确认损益计入回购当期的损益。同时，租赁业务终止,B公司应终止确认使用权资产和租赁负债，差额也应计入当期损益。

（6）如果在租赁期内双方均未提出回购C公司的股权，则补充协议结束时（2×18年12月），B公司取得对C公司的控制权，C公司自该日起纳入B公司合并报表范围，同时B公司终止确认与A公司相关的该笔应收款项。此时，该合并事项按照非同一控制下企业合并处理，合并成本为届时的该部分应收款项账面价值，即1.06亿元减去累计的租金和坏账准备。

注意

【例1-13】提示我们，租赁可能还会出现在某些投资合同中，例如，在投资方判断应否将被投资方纳入合并范围时可能会出现是否包含租赁的判断。

证监会会计部发布的《监管规则适用指引——会计类第1号》在对“控制的判断”中提及了企业在判断对受托经营的业务（即标的公司）是否拥有控制时需关注对标的公司拥有权力的认定，并举例了这一情形：“部分委托经营协议中约定，标的公司进行重大资产购建、处置、重大投融资行为等可能对标的公司价值具有重大影响的决策时，需经委托方同意。这种情况下，受托方不具有主导对标的公司价值产生重大影响的活动的权力，不应认定受托方对标的公司拥有权力。”但是，在这种情况下，标的公司的重大资产作为可明确识别的资产，在名义上的受托经营期间内，企业作为受托运营方虽然无权对标的公司现有重大资产进行处置，但却可以决定其在受托经营期间的使用，且受托经营期间的利润或亏损通常主要由受托方享有或双方按比例分成等方式，受托方可能有权获得因使用标的公司的重大资产所产生的几乎全部经济利益。因此，如果受托方不能控制标的公司，则其很有可能构成了对标的公司资产的租赁。承包经营情况下也是同理，承包人也需考虑是否实质上构成了租赁。

1.3.1.6　识别租赁的重估

除非合同条款和条件发生变化，企业无需重新评估合同是否为租赁或者是否包含租赁。

1.3.2 租赁分拆与合并

1.3.2.1 租赁分拆

1.3.2.1.1 租赁部分与非租赁部分的分拆

对于合同中包含的租赁部分与非租赁部分（例如航空湿租、船舶期租、房屋租赁+物业管理、商场租赁+安保服务、其他租赁+服务模式等），承租人可选择的分拆方式为：

（1）将各个租赁部分与非租赁部分分拆，租赁部分适用租赁准则，非租赁部分适用其他相关准则；

（2）采用简化处理。即不分拆，合并按照租赁准则进行处理。

作为一项实务变通，承租人可以按照租赁资产的类别选择简化处理，即不分拆租赁组成部分和非租赁组成部分，而是将各个租赁组成部分和与其相关的非租赁组成部分作为单一的租赁组成部分进行会计处理。但合同中包含的按照《企业会计准则第22号——金融工具确认和计量》（新金融工具确认和计量准则，或CAS 22）应分拆的嵌入衍生工具，承租人不能采用这一实务变通，衍生工具部分必须分拆。

同时，该项实务变通的分拆选择权是就承租人而言的，出租人必须对合同中的租赁部分与非租赁部分根据新收入准则关于交易价格分摊的规定分摊合同对价，对租赁部分按照CAS 21进行处理，对非租赁部分按照收入准则进行处理。

在分拆合同包含的租赁和非租赁部分时，承租人应当按照各租赁部分单独价格及非租赁部分的单独价格之和的相对比例分摊合同对价（CAS 21：11）。需要注意，是按照单独的公允价格比例分拆，并非合同价格。

实务中，在很多领域可能会涉及合同同时包含租赁部分和非租赁部分的情形，【例1-14】与【例1-15】列示了这一情形不同的具体场景。

【例1-14】承租显示屏设备并支付数据传输服务费的处理

问题

基于背景资料信息，A公司对承租显示屏设备并支付数据传输服务费的业务应如何进行处理？

背景

A公司经营出租车显示屏广告业务。与B通讯公司签署如下协议：

协议约定，B公司出资购进2 000台出租车显示屏设备，移交给A公司使用。双方签约十年，从协议第五年起，设备所有权归A公司。B公司享有收取数据通讯费的权利，其中第1—4年按照1 920元/台/年收取；第5—10年按照720元/

台/年收取。不附该服务条款的正常数据通讯费为240元/台/年，远低于其协议约定的720元至1 920元。

上述协议，不因为出租设备损坏或报废而终止。即无论上述设备是否在运营中损坏，十年协议的数据通讯费要保证执行。该合同在该10年期限内属于不可撤销合同。此类移动显示屏通常的使用寿命为5年。

分析

对A公司而言，该交易应当可以分解为两个组成部分：（1）以租赁的方式取得显示屏设备；（2）获取未来10年内的数据通讯服务。这两者并非不可分割的组成部分，因为市场上对显示屏和数据传输服务都有多个提供商，且显示屏和数据传输服务之间并不存在一一对应关系（例如，显示屏并未被设置为只能接受B公司提供的数据传输服务）。所以，应当把合同约定的未来现金流量（第1—4年1 920元/台/年；第5—10年720元/台/年）按照适当的基础分拆到这两个组成部分，分别按各自适用的原则处理。

对于租赁部分，A公司应在租赁期开始日对未来需要支付的租金折现，将其现值计入"使用权资产"的初始计量金额，同时将未折现的未来需支付的租金计入"租赁负债——租赁付款额"，将折现息部分计入"租赁负债——未确认融资费用"。

对于未来应支付的数据通讯费，A公司可以选择与租金一并纳入租赁付款额并相应计算使用权资产和租赁负债；A公司也可选择拆分租金部分和数据通讯服务部分，仅将租金部分确认使用权资产和租赁负债，数据通讯费在接受服务当期确认为成本费用。

本案例中，由于显示屏的寿命短于数据通讯服务期限，因此，承租人至少应将租赁期限外的后5年的数据通讯服务的对价进行分拆，也可以选择将租赁与10年的数据通讯服务进行分拆。因正常数据通讯费为240元/台/年，而该合同是按照第1—4年按照1 920元/台/年收取、第5—10年按照720元/台/年收取。故，A公司应根据显示屏设备的市场价格、不附带数据传输服务的设备租赁费用和同类设备出租方的租赁内含利率或A公司的增量借款利率等因素，合理确定按照本合同的付款时间安排下公允的租金价格，将合同约定的每期支付款项按照该公允租金与数据通讯费240元/年之间进行分摊。

假定合同约定价格即为租赁和数据通讯服务两部分公允价值的合计，则：

情形1：A公司仅拆分后5年的数据通讯服务时，则应将第1—4年1 920元/台/年、第5年720元/台/年、第6—10年480元/台/年的付款均纳入租赁付款额，并据此确定租赁负债的初始计量金额，并相应计算使用权资产的初始计量金额。在前5年，A公司不单独列示数据通讯服务，而是通过使用权资产折旧与租赁负债的利息费用这两部分体现租赁和服务的总费用，后5年每年在接受数据通讯服务的当期确认240元的成本费用。

情形2：A公司拆分10年的数据通讯服务时，则应将第1—4年1 680元/台/年、第5—10年480元/台/年的付款均纳入租赁付款额，并据此确定租赁负债的初始计量金额，并相应计算使用权资产的初始计量金额。整个10年的合同期内，A公司每年在接受数据通讯服务的当期确认240元的成本费用。

【例1-15】租赁农村集体土地的租赁费及管护费的处理

背景

A公司租用某行政村的11.29亩的土地作为金银花种植示范基地，租期为2×09年7月1日至2×19年6月30日，年租金为每亩地476元，每亩年管护费为240元。A公司对租赁农村集体土地的租赁费及管护费应如何进行处理?

分析

由于新租赁准则取消了原准则下承租人对经营租赁和融资租赁的分类，要求承租人采用统一的会计处理模型，对所有租赁（短期租赁和低价值资产租赁除外）确认使用权资产和租赁负债。因此，A公司应在租赁期开始日对未来需要支付的租金折现，将其现值计入“使用权资产”的初始计量金额，同时将未折现的未来需支付的租金计入“租赁负债——租赁付款额”，将折现息部分计入“租赁负债——未确认融资费用”。

对于未来应支付的管护费，A公司可以选择与租金一并纳入租赁付款额并相应纳入使用权资产和租赁负债初始计量；A公司也可选择拆分租金部分和管护服务部分，仅将租金部分确认使用权资产和租赁负债，管护费在接受管护服务当期确认为成本费用。

A公司还应判断合同约定的该管护费和租金的定价各自是否公允，若不公允，应将租金+管护费合同的总价按照租金和管护服务各自的单独售价的相对比例分摊租金价格和管护服务价格，按照分摊后的结果，选择拆分或不分拆租赁与管护服务，并相应按照前一段所述原则进行处理。

1.3.2.1.2　多项单独租赁的分拆

合同中同时包含多项单独租赁的，承租人和出租人应当将合同予以分拆，并分别各项单独租赁进行会计处理（CAS 21：9）。

如果同时满足以下两项条件，使用已识别资产的权利为一项单独租赁（CAS 21：10）：

（1）承租人能够从单独使用标的资产或将其与易于获得的其他资源一起使用中获益。易于获得的资源是指（出租人或其他供应方）单独销售或租赁的商品或服务，或者承租人已（从出租人或从其他交易或事件）获得的资源；

（2）该资产与合同中的其他资产不存在高度依赖或关联关系。

承租人不租赁标的资产的决定不会对承租人使用合同中的其他标的资产的权利产生重大影响，这一事实表明标的资产与该等其他标的资产不存在高度依赖或关联关系。租赁分拆的处理思路如图1–3所示：

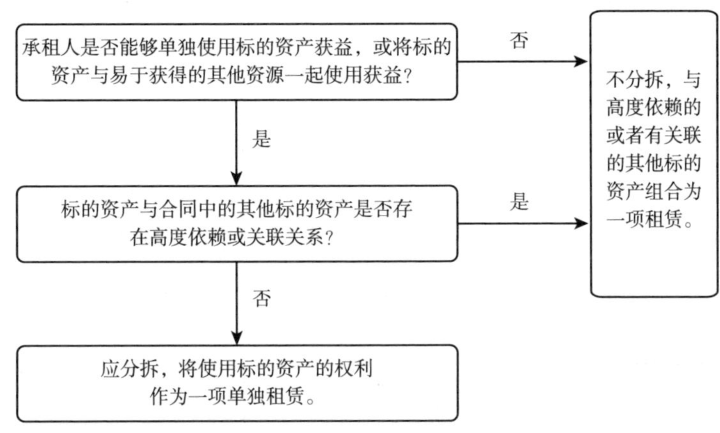

图1–3　租赁分拆的流程

【例1–16】多项单独租赁的分拆

背景

情形1：某公司（客户）从供应方处租赁了大量的电子设备，合同包含5 000台电脑（原值约4 000元每台），500台小型打印机（原价约1 000元每台）。

情形2：某公司（客户）与供应方签订三年期租赁合同，租赁物包括服务器（原值约20万元），增加服务器容量的单独组件（原值约1 000元每件），这些组件是根据承租人需要陆续添加到大型服务器以增加服务器存储容量的。

分析

情形1：合同中每台电脑、每台打印机构成单独的一项租赁。原因在于：

（1）由于合同标的资产每台电脑、每台小型打印机承租人均能够单独使用，或将其与已与获得的其他资源一起使用获益（例如，承租人可以容易地将打印机连接其租赁或购买的其他电脑使用）；

（2）这些电脑和打印机之间既非彼此高度依赖，也非彼此高度关联。对每一台电脑或打印机而言，承租人是否从出租人处租赁其他电脑或打印机的决定不会对承租人使用该台电脑或打印机的获利能力产生重大影响。

情形2：合同中该单独组件不构成一项单独租赁。原因在于：每个组件都与服务器的其他部分高度相关。承租人若不租赁服务器就不会租赁这些组件。

1.3.2.2　租赁合并

企业与同一交易方或其关联方在同一时间或相近时间订立的两份或多份包含租赁的合同，在满足下列条件之一时，应当合并为一份合同进行会计处理：

（1）该两份或多份合同基于总体商业目的而订立并构成一揽子交易，若不作为整体考虑就无法理解其总体商业目的；

（2）该两份或多份合同中的某份合同的支付对价取决于其他合同的价格或履行情况；

（3）该两份或多份合同让渡的资产使用权合起来构成一项单独租赁。

租赁合并的原则与新收入准则的合同合并原则一致，思路见图1–4。

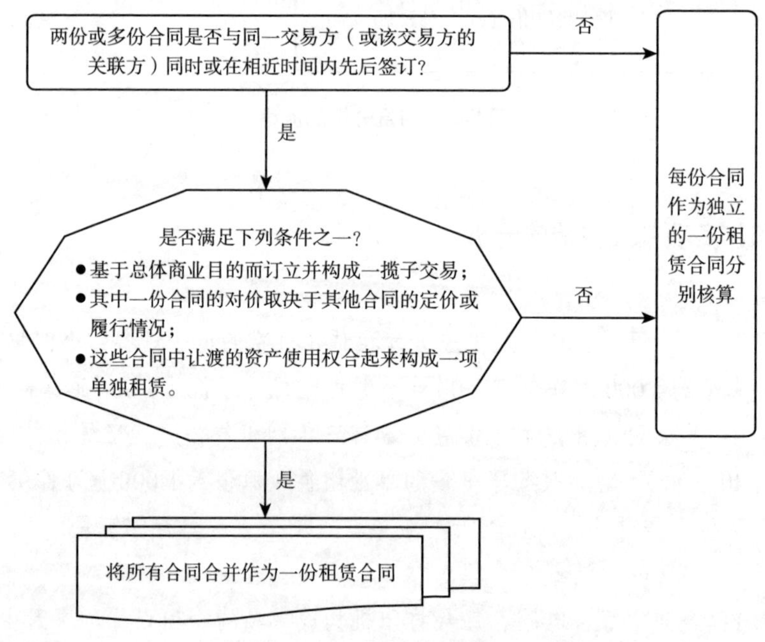

图1–4　租赁合并的流程

【例1-17】租赁合并

背景

情形1：某公司（客户）与房地产所有者（供应方）签订了三份房屋租赁合同，租赁期分别为2×19年1月1日至2×19年12月31日、2×20年1月1日至2×20年12月31日、2×21年1月1日至2×21年12月31日，三份合同标的房屋相同，租金与市场价格基本一致。客户于2×19年1月至2月期间对该租赁房屋进行了装修，装修费用约等同于年租金。

情形2：某公司（客户）从供应方处租赁了大量的电子设备，租赁范围包含5 000台电脑（原值约4 000元每台），500台小型打印机（原价约1 000元每台）。客户与供应方就每件租赁标的分别签订了5 000份电脑租赁合同（每份合同对价相同）与500份小型打印机租赁合同（每份合同对价相同）。

分析

情形1：该三份房屋租赁合同应合并为一项单独租赁。本案例中，承租人和出租人在同一时间签订针对同一特定已识别资产的三份租赁合同，且该三份合同基于总体商业目的作为一揽子交易而订立，若不作为整体考虑就无法理解其总体商业目的。理由是，承租人于2×19年1月至2月期间投入重大资金（相对合同租金、市场租金而言）对该租赁房屋进行装修，装修费用等于年租金，若单独看租期为2×19年度的租赁合同，意味着承租人花费了2倍于市场价格的金额租赁该房屋，且实际使用期间至多只有10个月，该安排单独来看是不具备商业合理性的。

情形2：该多份合同应将每份合同作为一项单独租赁分别核算。该多份合同的租赁标的之间具有物理上之独立性，且每份合同的价格公允、不取决于其他合同价格，每份合同的租赁标的可单独使用或将其与已与获得的其他资源一起使用获益，每份合同标的之间既非彼此高度依赖，也非彼此高度关联，因此不满足租赁合并的条件。

1.3.2.3 租赁的会计处理单元

企业应基于单项租赁应用新租赁准则进行会计处理。为便于实务操作，如果企业能够合理预计，将新租赁准则规定应用于具有类似特征的租赁组合与应用于该组合中的各单项租赁相比，不会对财务报表产生显著不同的影响，则企业可将新租赁准则应用于该租赁组合。此时，企业应当采用能够反映该组合规模和构成的估计和假设。

1.3.3 豁免情形

承租人可以不确认使用权资产和租赁负债的情形（CAS 21：32）：

（1）短期租赁（租赁期不超过12个月）；

（2）低价值资产租赁。

需要注意：

（1）包含购买选择权的租赁不属于短期租赁（CAS 21：30）（即使该行权价格是一个公允价格）。

（2）承租人在租赁期开始日应评估（见1.4.1.1）是否合理确定将行使续租或者将不行使终止租赁选择权，根据评估结果确定的租赁期若不超过12个月，才可选择不确认使用权资产和租赁负债。

（3）低价值资产租赁是指单项标的资产在全新时价值较低的租赁（通常应低于人民币40 000元）。低价值资产租赁的判定仅与资产的绝对价值有关，不受承租人规模、性质或其他情况影响（CAS 21：31）。低价值是指标的资产价值，并非租金价格。低价值资产还应当同时符合下列条件：

①承租人可从单独使用该资产或将其与易于获得的其他资源一起使用中获利；

②该资产与其他资产不存在高度依赖或高度关联关系。

承租人转租或预期转租租赁资产的，则原租赁不属于低价值资产租赁。

承租人选择是否就短期租赁和低价值资产租赁不确认使用权资产和租赁负债时，短期租赁按照租赁资产的类别作出选择；低价值资产租赁按照每项租赁作出选择。

承租人选择不确认使用权资产和租赁负债的短期租赁，发生租赁变更或者因租赁变更之外的原因导致租赁期发生变化的，承租人应当将其视为一项新租赁进行会计处理（CAS 21：34）。

【例1-18】确认豁免

接前述【例1-16】和【例1-17】对各情形下是否符合豁免确认的条件进行分析：

【例1-16】情形1：承租人可以选择不确认使用权资产和租赁负债。原因是每一项单独租赁的资产原值均低于5 000元（5 000元为目前实务中多数企业确认固定资产的单位金额下限，且低于《CAS 21 应用指南2019》中提供的低价值资产的参考标准40 000元），构成了低价值资产租赁。

【例1-16】情形2：承租人不可以豁免确认使用权资产和租赁负债。虽然该单独组件在单独考虑时可能符合低价值资产租赁的条件，但因为该类组件的使用与服务器的其他部分高度相关，因此应将租赁标的服务器和组件合并作为一项租赁考虑，该项租赁的标的资产则不属于低价值资产。

【例1–17】情形1：承租人不可以豁免确认使用权资产和租赁负债。虽然每一份合同的租赁期均不超过12个月，但由于三份合同基于总体商业目的作为一揽子交易而订立，因此，三份合同应合并为一项租赁，实质为承租人与出租人就该特定房屋签订了一份3年期的租赁合同，该项租赁不属于短期租赁。

【例1–17】情形2：承租人可以选择不确认使用权资产和租赁负债。与上述对于【例1–16】情形1所分析的理由一致。

在实务中，承租人可能为了达到豁免条件而将租约的租期分拆签订合同、将高价值资产分拆签订合同，因此关于租赁分拆、合并的判断有时会与是否属于豁免情形一并考虑。

承租人如果选择豁免确认使用权资产和租赁负债，则应将租赁付款额在整个租赁期内按直线法或另一种更能代表承租人受益模式的系统方法确认为租赁费用，这与原租赁准则下的经营租赁会计模式基本一致。

1.4 承租人的会计处理

1.4.1 承租人的初始确认和计量

租赁期开始日，承租人应当对租赁确认使用权资产（承租人根据1.3.3节选择豁免的情形除外）。使用权资产，是指承租人可在租赁期内使用租赁资产的权利（CAS 21：14）。使用权资产应当按照成本进行初始计量（CAS 21：16）。该成本包括：

使用权资产＝	租赁负债的初始计量金额
	+租赁期开始日或之前已支付的款项
	–已享受的租赁激励（出租人向承租人提供的优惠）
	+初始直接费用（达成租赁发生的增量成本）
	+复原或恢复成本（类似固定资产的弃置义务）

使用权资产的成本构成中，初始直接费用是指承租人为了达成租赁而发生的增量成本，其定义与新收入准则的“合同取得成本”基本一致，即若企业不取得该租赁则不会发生的成本。例如，为达成某房屋租赁，承租人委托某代理机构寻找合适的标的房屋时，在达成租约后需向代理机构支付的中介费用。复原或恢复成本，包括拆卸及移除租赁资产、复原租赁资产所在场地或将租赁资产恢复至租赁条款约

定状态预计将发生的成本，但属于为生产存货而发生的，适用《企业会计准则第1号——存货》。复原或恢复成本应当按照《企业会计准则第13号——或有事项》进行确认和计量。

租赁期开始日，承租人应当对租赁确认租赁负债（承租人根据1.3.3节选择豁免的情形除外），租赁负债应当按照租赁期开始日尚未支付的租赁付款额的现值进行初始计量（CAS 21：17）。

$$租赁负债=\sum \frac{第n期未付的租赁付款额}{(1+折现率)^{n}}$$

需要注意的是，使用权资产和租赁负债均应在租赁期开始日确认。不同于租赁开始日（租赁协议日与租赁各方就主要租赁条款和条件作出承诺日中的较早者），租赁期开始日是指出租人提供租赁资产使其可供承租人使用的起始日期。在租赁期开始日之前，承租人未获得控制和使用标的资产的权利，出租人也尚未履行合同。尽管承租人自租赁开始日起可能有以支付租赁付款额换取使用权资产的权利和义务，但在资产可供其使用之前，承租人不太可能有义务支付租赁付款额。因此，新准则要求承租人在租赁期开始日，就其在租赁期内使用标的资产的权利确认为一项资产，同时就其支付租赁付款额的义务确认一项负债。

在某些租赁安排中，承租人需要在租赁开始日之前向出租人缴付一定的租赁保证金或押金，如果租赁合同约定该类保证金或押金抵付未来租赁期内应付的租金，则其属于租金的一部分，作为“租赁开始日或之前已支付的款项”计入使用权资产价值；确认租赁负债时，未付的租赁付款额应是扣减该类保证金或押金后的未付净额。如果租赁合同约定该类保证金或押金在租赁结束时返还给承租人，则该保证金或押金不属于租金的一部分，应单独确认为一项金融资产，承租人确认使用权资产时不应包含该类保证金或押金（但如果该类保证金或押金不计利息的，则根据新金融工具确认和计量准则的规定，其初始计量时的公允价值即折现值将小于其名义本金，此时其折现的影响金额重大时需计入使用权资产的成本，即就其折现的影响借记“使用权资产”，贷记“未实现融资收益”）（详见本专题5.1.6节）。

从使用权资产和租赁负债的计算公式可知，租赁付款额和折现率为确定使用权资产和租赁负债金额的主要输入值。其中，租赁付款额的确定又取决于租赁期及每期租金的安排。租赁期、折现率与租赁付款额这三个对承租人会计处理结果影响重大的重要参数，在1.4.1节我们对其要点进行了阐述，更详细的说明见本专题第三章至第五章。

1.4.1.1　租赁期

租赁期包括不可撤销期间和选择权覆盖期间。

租赁期=	不可撤销期间
	+续租选择权涵盖期间（如果承租人合理确定会行权）
	+终止租赁选择权涵盖期间（如果承租人合理确定不会行权）

租赁期自租赁期开始日起计算，并包括出租人为承租人提供的免租期。在租赁期开始日，承租人应评估是否合理确定将行使续租或购买标的资产的选择权，或者将不行使终止租赁选择权。承租人考虑是否行使这些选择权应基于产生经济激励的所有相关事实和情况，包括自租赁期开始日至选择权行使日之间的事实和情况的预期变动。需考虑的因素包括但不限于以下方面：

（1）选择权期间的合同条款和条件（与市价相比），例如：

①选择权期间的租金金额；

②可变付款额或其他或有款项的金额，如因终止租赁罚款和担保余值导致的应付款项；

③初始选择权期间后可行使选择权的条款和条件（例如，续租期结束时可按低于市价的价格行使购买选择权）。

（2）在合同期内进行或预期进行的重大租赁资产改良，在可行使续租选择权、终止租赁选择权或者购买标的资产选择权时，预期能为承租人带来重大经济利益；

（3）与终止租赁相关的成本，例如谈判成本、迁移成本、鉴别适合承租人需求的其他标的资产所发生的成本、将新资产融入承租人运营所发生的整合成本以及终止租赁罚款和类似成本（包括将标的资产恢复至合同规定的状态或将其归还至合同规定的地点相关的成本）；

（4）该标的资产对承租人运营的重要程度，例如，考虑标的资产是否为一项专门资产，标的资产位于何地以及是否可获得适合的替换资产等；

（5）与行使选择权相关的条件（即仅在满足一项或多项条件时方可行使选择权），以及满足这些条件的可能性。

通常情况下，租赁的不可撤销期限越短，承租人行使续租选择权或不行使终止租赁选择权的可能性就越大。因为不可撤销期限越短，获取替代资产的相关成本就相应地越高。

承租人评估是否合理确定行使或不行使选择权时，其以往使用特定类型资产（租赁或自有）的通常期限及其相关经济原因可提供有用信息。例如，承租人通常在特定时期内使用特定类型的资产，或承租人时常对特定类型标的资产的租赁行使选择权，则承租人应考虑以往做法的经济原因，以评估是否合理确定对此类资产的租赁行使选择权。

在租赁期开始日之后，发生重大事件或重大情况变化时，如果重大事件或重大变动在承租人控制范围内，且影响承租人是否合理确定将行使之前在确定租赁期时未考虑的选择权或者不行使之前在确定租赁期时已考虑的选择权，则承租人应重新评估租赁期（CAS 21：15）。重大事件或情况变化的示例包括：

（1）在租赁期开始日未预计到的重大租赁资产改良，在可行使续租选择权、终止租赁选择权或购买标的资产选择权时，预期将为承租人带来重大经济利益；

（2）在租赁期开始日未预计到的标的资产重大改动或定制化调整；

（3）转租赁开始日，标的资产的转租期超出之前确定的租赁期；

（4）承租人作出的与是否行使选择权直接相关的经济决策（例如，决定续租互补性资产、处置可供选择的资产或处置包含使用权资产的业务部门）。

【例1–19】租赁期是否包含选择权涵盖期间？

背景

情形1：承租人就某栋建筑物的某一层与出租人签订了为期10年的租赁合同，年度租金为固定金额50万元。承租人有5年的续租选择权，续租期间年度租金为租赁标的届时市场租金的50%。

情形2：承租人就某栋建筑物的某一层与出租人签订了为期10年的租赁合同，年度租金为固定金额50万元。承租人有5年的续租选择权，续租期间年度租金按照市场价格确定，续租期满后，承租人可以选择以1元的价格购买租赁标的。

情形3：承租人就某机械设备与出租人签订了3年期的租赁合同，年度租金50万元。承租人在实际租赁期满1年后可以提出提前终止租赁合约，若承租人行使提前终止权，则需补偿出租人机械设备进出场的运输转移费用及机械在施工现场进行安装、拆卸费、调试费、材料费等合计80万元。

（承租人考虑行使或者不行使这些选择权应基于产生经济激励的所有相关事实和情况，本例中假定除了案例中提及的事项外，其他相关事实或情况并未提供与案例所涉情形相反的证据，且所涉情形中提供的激励或惩罚对承租人而言是重大的。）

分析

情形1：由于选择权期间的租金仅为市场租金的50%，该项选择权期间的租赁激励安排使得承租人有重大经济动因选择行使续租选择权，因此，租赁期应包含续租选择权涵盖期间。

情形2：虽然续租选择权期间年度租金仍然按照市场价格确定，并未形成明显的租赁激励，但由于续租期满后，承租人可享有以1元名义价格购买租赁标的物的权利，该项选择权提供的激励使得承租人可合理确定将会选择行使续租选择权进而可以获得1元留购权，因此，租赁期应包含续租选择权涵盖期间。

情形3：由于提前终止租赁相关的成本对承租人而言是高昂的，承租人行使终止租赁选择权对其而言是不经济的，因此合理预估其不会行使终止租赁选择权，该终止租赁选择权涵盖期间应包含在租赁期内。

对于仅出租人拥有的选择权，由于出租人是否行使选择权超出了承租人能够控制的范围，因此承租人在考虑确认租赁负债时，若出租人享有提前终止选择权或续租选择权，对于选择权涵盖期间的租金，承租人不能无条件地避免交付这部分租金的义务，因此应将选择权涵盖期间的租金纳入租赁付款额确认为租赁负债，即租赁期应包含选择权涵盖期间。

【例1-20】仅出租人拥有选择权时，租赁期是否包含选择权涵盖期间？

背景

承租人就某机械设备与出租人签订了5年期的租赁合同，年租金50万元。承租人不能提前终止租赁合约，而出租人在实际租赁期满3年后可以提出提前终止租赁合约，无须向承租人支付补偿。

分析

尽管出租人在租赁期3年之后可享有提前终止选择权，且其行使该选择权无须向承租人支付补偿，出租人选择提前终止选择权在经济上也是可行的。但对于选择权涵盖的第4年、第5年的租金，承租人并没有无条件避免交付现金的义务。因此，从承租人角度，确认租赁负债时仍应包含选择涵盖期间的未付租金，相应地，确认使用权资产及后续计量确定使用权资产折旧期限时也应考虑选择权涵盖期间。

而实务中可能出现的另外一种情形是，租赁合同可能同时赋予了承租人、出租人均享有在未经对方同意下单方提前终止合约的权利，同时行使该提前终止选择权无需向对方付出重大的罚款等补偿。这种情形下，情况发生了变化。举例说明如下：

【例1-21】双方均拥有选择权时，租赁期如何确定？

背景

承租人就某机械设备与出租人签订了租赁合同，合同中没有载明具体的租赁期限。出租人和承租人任一方随时可行使终止租赁选择权。行使终止租赁选择权的要求有：①承租人行使终止租赁选择权应提前1年通知出租人；②出租人行使终止租赁选择权应提前2年通知承租人；③任一方行使终止租赁选择权均无需向对方支付补偿，按要求的期限提前通知即可。如果出租人未行权，则承租人预计租赁期将持续5年。

分析

租赁期是承租人有权使用资产的不可撤销的期间，所谓不可撤销隐含了这份合同是具有强制执行的法律约束力的，当双方均有权在不需要对方同意的情况下终止租赁，并且无需作出补偿或者需要付出的补偿金额不重大的情况下，这样一份合同已经不具备法律约束力。此时，该名义上的“租赁合同”事实上不存在。此理解与新收入准则规范的“合同”的定义“双方或多方之间订立有法律约束力的权利义务的协议”是一致的。

本案例中，由于双方行使终止租赁选择权均附有提前通知期限的要求，因此事实上该协议可分解为3段期间来考虑：

（1）第1年，事实上构成了双方均无权撤销的租赁期限，应纳入租赁期；

（2）第2年，出租人不享有终止租赁选择权，而承租人在出租人未行权时预计租赁期持续5年，该情况表明承租人在租赁第1年中合理确定不会行使终止租赁选择权，也应将第2年纳入租赁期；

（3）第3—5年，因双方均有权终止合约且无需付出补偿，这一期间名义上的租赁合同对双方均不构成具有法律约束力，因此应视为合同不存在。

综上，本案例就承租人而言，租赁期应为2年。

有关租赁期更详细的内容，参见本专题第三章。

1.4.1.2　租赁付款额

1.4.1.2.1　租赁付款额的范围

租赁付款额，是指承租人向出租人支付的与在租赁期内使用租赁资产的权利相关的款项。租赁付款额的范围（CAS 21：18）包括：

租赁付款额=	固定付款额及实质固定付款额（扣除租赁激励，如有）
	+取决于指数或比率的可变租赁付款额
	+购买选择权的行权价格（如果承租人合理确定会行权）
	+提前终止租约的罚金或补偿（如果承租人合理确定会行使提前终止权）
	+承租人提供的担保余值（预计应支付的款项，而非担保余值的最大敞口）

其中，实质固定付款额，是指在形式上可能包含变量但实质上无法避免的付款

额（CAS 21：18）。

实质固定租赁付款额的情形示例：

情形	示例
一、付款额设定为可变租赁付款额，但没有实际变量。这些付款额包含可变条款，但没有真正的经济实质，包括以下情形之一： 1.只有某一事件发生时才必须支付的款项，而该事项不发生几乎不具有可能性； 2.付款额初始设定为与使用租赁资产相关的可变租赁付款额，但其变量将于租赁期开始日后的某个时间点确定下来，在变量确定时，这些付款额成为实质固定付款额	1.承租人与出租人就标的资产的租赁合同中对租金支付约定如下：（1）若承租人当年销售额低于5亿元，则年度租金为300万元；（2）若承租人当年销售额高于或等于5亿元，则年度租金为1万元。承租人历年财务报表显示年度销售额约在1亿元至1.2亿元。 分析：鉴于合同约定的情况（2）几乎不具有可能性，因此该合同租金实质固定为每年300万元。 2.承租人签订了一份为期10年的机器租赁合同。租赁付款额于每年末支付，并按以下方式确定：第1—5年：每年固定付款100万元，第6—10年按照第1—5年使用该资产的平均产量乘以固定单价确定年租金。 分析：由于第6—10年的租金取决于第1—5年使用租赁标的资产的平均产量，因此至第5年结束时，第6—10年的租金成为实质固定租赁付款额
二、承租人有多套付款额方案，但仅有其中一套是可行的。在这种情况下，应考虑采用该可行的付款额方案作为租赁付款额	承租人与出租人就标的资产的租赁合同约定租赁期3年，期满后承租人可选择以下两种方案之一： 1.以100元的购买价款取得标的资产所有权； 2.以每年10万元的租金续租3年。 分析：虽然合同约定了两种方案，但显然第2种方案经济上不具备合理性，因此应采用方案1作为固定租赁付款额
三、承租人有多套可行的付款额方案，但必须选择其中一套方案。在这种情况下，应考虑采用总金额（在折现基础上）最低的一套作为租赁付款额	承租人与出租人就标的资产的租赁合同对年度租金约定为以下两项孰高： 1.100万元； 2.当年承租人销售收入的2%。 分析：由于合同约定的租金为两者孰高，意味着承租人每年至少应承担的租金为100万元，该100万元为固定租赁付款额

可变租赁付款额（见1.4.1.2.2），是指承租人为取得在租赁期内使用租赁资产的权利，向出租人支付的因租赁期开始日后的事实或情况发生变化（而非时间推移）而变动的款项。取决于指数或比率的可变租赁付款额包括与消费者价格指数挂钩的款项、与基准利率挂钩的款项和为反映市场租金费率变化而变动的款项等。确认租赁负债时，取决于指数或比率的可变租赁付款额，应当根据租赁期开始日的指数或比率确定（CAS 21：18）。

担保余值，是指与出租人无关的一方向出租人提供担保，保证在租赁结束时租赁资产的价值至少为某指定的金额（CAS 21：19）。其中，承租人提供的担保余值构成了其支付义务，因此应纳入租赁付款额中。

1.4.1.2.2 可变租赁付款额

承租人确认租赁负债时，应包含实质上固定的可变租赁付款额与取决于指数或比率的可变租赁付款额。而除此之外的实质可变租赁付款额不纳入租赁负债，应于实际发生时计入当期损益。对于可变租赁付款额，其处理原则具体为：

分类	是否计入租赁负债	具体处理方式及理由
一、实质上固定的可变租赁付款额	是	实质固定，因此承租人不可无条件地避免该付款义务，应纳入租赁负债
二、取决于指数或比率的可变租赁付款额	是	例如，与利率挂钩的租金，通常情况下，这部分不可能为0，也即承租人同样不可无条件地避免付款义务，因此应纳入租赁负债 考虑到相关指数或利率在租赁期内是会变化的，而这些变化对企业而言是很难预测的，因此准则提供了简化方法：企业不需要估计整个租赁期的指数或利率，只需要用租赁一开始的指数或利率即可。当租赁执行期间，相关指数或利率发生变化时，再调整租赁负债和租赁资产
三、取决于指数或比率之外的实质可变租赁付款额（如取决于标的资产的绩效或使用）	否	例如和销售额挂钩的租赁付款额，承租人可以通过“不销售”来避免支付租金的义务，因此，该部分不纳入租赁负债的范围，于实际发生时计入当期损益

与租赁付款额有关的更多内容，参见本专题第五章。

1.4.1.3 折现率

在计算租赁付款额的现值时，承租人应当采用租赁内含利率作为折现率；无法确定租赁内含利率的，应当采用承租人增量借款利率作为折现率（CAS 21：17）。

租赁内含利率：使出租人租赁收款额的现值与未担保余值的现值之和等于租赁资产公允价值与出租人的初始直接费用之和的利率。

承租人增量借款利率：承租人在类似经济环境下为获得与使用权资产价值接近的资产，在类似期间以类似抵押条件借入资金须支付的利率。

注意：租赁内含利率≠承租人增量借款利率，两者概念不同。

内含利率	承租人增量借款利率
本质上是出租人预计从租赁中所赚取最低回报率的计量指标	本质上是承租人预计以类似期限，并按照与使用权资产类似的抵押条件进行借款的利率
与出租人特定因素相关	与承租人特定因素相关

而由于出租人对于未担保余值的考虑，对于一个有固定租赁付款额的给定租赁，当承租人和出租人有大致相似的信用评级时，租赁中的内含利率一般会高于承租人的增量借款利率。

实务中，承租人可能难以获得租赁内含利率，因为出租人并不需要确定经营租赁的内含利率，但承租人需要就几乎每一项租赁确认其折现率。因此，采用承租人增量借款利率作为租赁折现率将会较为普遍。

承租人增量借款的利率的确定，根据其定义应考虑的因素有：类似经济环境、类似使用权资产类别与价值、类似期限、类似抵押条件以及承租人主体等。

我们认为，承租人的增量借款利率要根据多因素综合分析确定，承租人主体的特定因素包含了承租人的负债水平、承租人信用、承租人所在企业集团的信用、租赁业务发生区域、租金结算币种等因素。理论上，即使是在承租人发生租赁业务前相近时间内，承租人借入相同币种、相同期限且担保条款相同、与租赁使用权资产价值相当金额的固定利率借款，也由于该笔借款发生在前，与租赁业务发生后的承租人财务状况和负债水平也并不相同，因此，也不能直接使用该借款利率作为租赁的增量借款利率。意即，每一项租赁均有不同的增量借款利率，因此，根据可观察到的利率确定增量借款利率并非易事。对常见的因素选择和调整思路可参考以下方式进行处理：

（1）租赁的计价货币。承租人应当在假设以租赁的计价货币进行借款的条件下确定增量借款利率。例如，一项飞机租赁的计价货币是美元，而承租人的记账本位币为人民币，在这种情况下，增量借款利率应使用假设承租人为取得与使用权资产类似价值的资产而需借入同样金额的美元利率而确定。

（2）租赁期限。一项租赁体现的融资期限为4年，而承租人可观察到的相同币种、担保条款相同、与租赁使用权资产价值相当金额的借款固定利率分别为3年期5%、5年期6%。则应根据不同期限的利率调整后确定增量借款利率，例如采用插值法计算确定。

（3）抵押条件。承租人假定取得与租赁相同币种、相同融资期限，且金额与租赁使用权资产价值相当的无担保借款的固定利率为6%，则应根据租赁使用权资产提供的抵押对该利率进行调整，且调整后的增量借款利率应是低于6%的某利率。

（4）使用权资产价值。使用权资产的价值大于或等于租赁业务中的融资额，因此，利用可观察到的利率调整确定增量借款利率时，应考虑可观察的类似或可比借款的融资额与使用权资产价值的差异，也应考虑使用权资产价值与租赁融资额之间的差异。

（5）经济环境。承租人在货币宽松期（资金成本较低）与银根紧缩期（资金成本较高）租赁相同资产、相同期限、相同币种的资产，一般而言，增量借款利率在宽松期比紧缩期要低。

总体而言，增量借款利率的确定，可基于易于观察到的利率或收益率，经过恰当调整之后得出，可观察到的利率或收益率可能包括无风险利率、货币利率（如

SHIBOR）或贷款市场利率（如LPR）、承租人的一般借款利率、标的资产的收益率等等。考虑可观察到的利率包含的前述因素及与租赁融资之间的差异而进行调整。

例如，承租人的一般借款利率与承租人特定相关（例如，它考虑了承租人的信用评级），但一般借款利率未考虑所租赁资产具体特征（例如，租赁资产类别、价值、租赁期等）。因此，需要经过调整才能确定承租人的增量借款利率，例如，针对租赁期、以具有租赁资产内在属性的项目提供担保，以及余值风险预期的调整等。需要提醒的是，确定增量借款利率时应仅考虑承租人借入资金的利率，不应考虑权益融资的成本，通常也不能以WACC（加权平均资本成本）为基础而调整。

再如，承租人确定某项不动产租赁的增量借款利率时，不动产收益率是与某项不动产特定相关的。不动产收益率是多种因素共同作用的结果，这些因素包括但不限于：该类不动产的市场租金率；对增长的预期（例如，较低的不动产收益率通常伴随着较高的租金增长预期）；对装修费用的预期；以及对不动产价值相关风险的预期。然而，不动产收益率并未考虑到会影响承租人增量借款利率的、特定企业的具体特点，例如，租赁期的长短，承租人的信用评级等。因此，不动产收益率必须经过调整，才能用于确定承租人的增量借款利率。

鉴于承租人需要在大多数租赁中确定增量借款利率，且确定增量借款利率并非易事，对此我们在本专题第四章中专门就增量借款利率有关问题进行了讨论。

1.4.2 承租人的后续计量

1.4.2.1 使用权资产的后续计量

使用权资产应当采用成本模式进行后续计量（CAS 21：20），参照《企业会计准则第4号——固定资产》有关折旧规定对使用权资产计提折旧（CAS 21：21）。使用权资产应自租赁期开始的当月计提折旧，当月计提确有困难的，为便于实务操作，企业也可以选择自租赁期开始的下月计提折旧，但应对同类使用权资产采取相同的折旧政策。

注意，CAS 21不允许承租人将使用权资产作为投资性房地产按照公允价值模式进行后续计量，这是CAS 21与IFRS 16的实质性差异之一。

使用权资产应当按照《企业会计准则第8号——资产减值》的规定确定使用权资产是否发生减值，并对已识别的减值损失进行会计处理（CAS 21：22）。使用权资产的减值准备一经计提，不得转回。

承租人能够合理确定租赁期届满时取得租赁资产所有权的，应当在租赁资产剩余使用寿命内计提折旧。无法合理确定租赁期届满时能够取得租赁资产所有权的，应当在租赁期与租赁资产剩余使用寿命两者孰短的期间内计提折旧（CAS 21：21）。

承租人在重新计量租赁负债时调整使用权资产账面价值（减至零为限）。

1.4.2.2　租赁负债的后续计量

承租人应当按照固定的周期性利率（租赁期开始日的折现率或修订后的折现率）计算租赁负债在租赁期内各期间的利息费用，并计入当期损益。按照《企业会计准则第17号——借款费用》等其他准则规定应当计入相关资产成本的，从其规定（CAS 21：23）。

租赁负债后续计量的主要变动可总结为：

租赁负债=	+利息费用（实际利率法，按照固定的周期性利率）
	–支付租金
	± 汇兑损益（租金以外币计价时的付款额折算）
	± 重新计量租赁负债（相应调整使用权资产）

其中，重新计量租赁负债的情况可能有：

（1）因发生承租人可控范围内的重大事件或变化导致对续租选择权或终止租赁选择权的评估结果发生变化，或者前述选择权的实际行使情况与原评估结果不一致等导致租赁期变化；

（2）因发生承租人可控范围内的重大事件或变化导致对购买选择权的评估结果发生变化；

（3）担保余值预计的应付金额发生变动；

（4）用于确定租赁付款额的指数或比率变动而导致未来租赁付款额发生变动。

租赁期开始日确定的折现率通常不应调整，与采用实际利率法进行会计处理的金融工具适用的方法一致。由于前文重新计量租赁负债的情况（1）、（2）或（4）中浮动利率的变化导致租赁付款额的变化，这三种情况下，承租人在计算变动后租赁付款额的现值时，应当采用剩余租赁期间的租赁内含利率作为修订后的折现率；无法确定剩余租赁期间的租赁内含利率的，应当采用重估日的承租人增量借款利率作为修订后的折现率（CAS 21：25）。

承租人在重新计量租赁负债时，应当相应地调整使用权资产的账面价值（租金以外币计价的汇兑损益除外，租赁负债的汇兑损益应计入当期财务费用）。使用权资产的账面价值已调减至零，但租赁负债仍需进一步调减的，承租人应当将剩余金额计入当期损益（CAS 21：27）。

未纳入租赁负债计量的可变租赁付款额应当在实际发生时计入当期损益。按照《企业会计准则第1号——存货》等其他准则规定应当计入相关资产成本的，从其规定（CAS 21：24），如【例1–12】中超出保底采购量部分的对价应分摊的租赁付款部分应计入存货成本。

1.4.2.3　租赁变更

租赁变更，是指原合同条款之外的租赁范围、租赁对价、租赁期限的变更，包括增加或终止一项或多项租赁资产的使用权，延长或缩短合同规定的租赁期等。

租赁发生变更且同时满足下列条件的，承租人应当将该租赁变更作为一项单独的租赁进行会计处理：

（1）该租赁变更通过增加一项或多项租赁资产的使用权而扩大了租赁范围；

（2）增加的对价与租赁范围扩大部分的单独价格按该合同情况调整后的金额相当（CAS 21：28）。

租赁变更未作为一项单独的租赁进行会计处理的，在租赁变更生效日（双方就租赁变更达成一致的日期），承租人应当按照租赁分拆的规定分摊变更后合同的对价，重新确定租赁期，并按照变更后租赁付款额和修订后的折现率计算的现值重新计量租赁负债。在计算变更后租赁付款额的现值时，承租人应当采用剩余租赁期间的租赁内含利率作为修订后的折现率；无法确定剩余租赁期间的租赁内含利率的，应当采用租赁变更生效日的承租人增量借款利率作为修订后的折现率（CAS 21：29）。

租赁变更导致租赁范围缩小或租赁期缩短的，承租人应当调减使用权资产的账面价值，并将部分终止或完全终止租赁的相关利得或损失计入当期损益（视同处置了部分或全部的使用权资产）。其他租赁变更导致重新计量租赁负债的，承租人应当相应地调整使用权资产的账面价值（CAS 21：29）。

关于租赁变更的处理思路见图1–5：

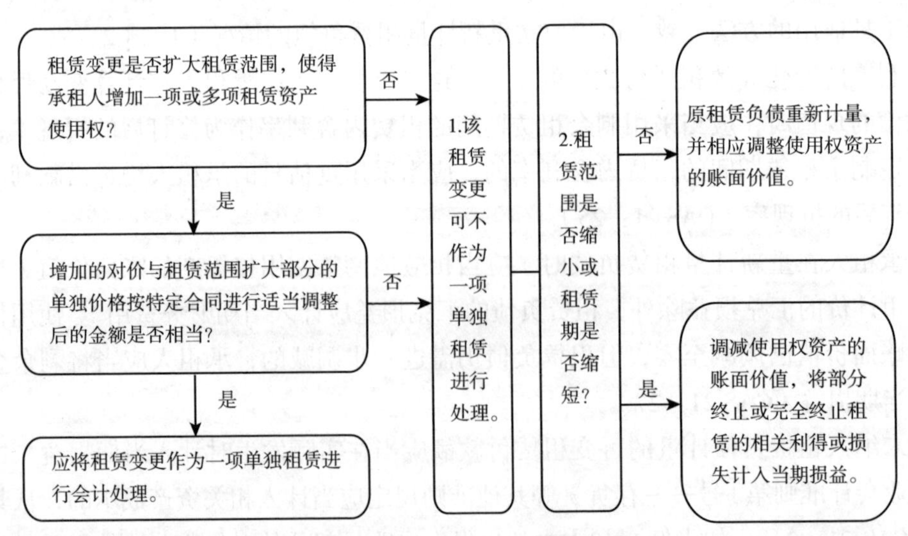

图1–5　租赁变更的处理流程

1.4.3　承租人的会计核算

1.4.3.1　新设会计科目及主要会计处理

新租赁准则下，承租人对租赁“入表”核算时主要涉及租赁形成的“使用权资产”和“租赁负债”两类。其中：

（1）使用权资产根据与固定资产核算类似的“原值－折旧－减值”的核算模型，应新设“使用权资产”“使用权资产累计折旧”“使用权资产减值准备”三个一级科目；同时，在对使用权资产卡片进行管理时，与固定资产卡片类似，但是使用权资产由于后续可能因为租赁负债的重新计量、选择权的重估、租赁发生变更等需调整使用权资产成本的事项，因此对使用权资产卡片的管理工作中，需记录和维护的信息比固定资产卡片要更多。

（2）“租赁负债”的核算内容类似于原租赁准则下融资租赁形成的“长期应付款——未确认融资费用”，因此需在“租赁负债”下设两个二级明细科目：

①“租赁负债——租赁付款额”，核算未折现的纳入租赁负债计量的租赁付款额总额，随着租金的逐期支付而减少；

②“租赁负债——未确认融资费用”，核算折现前租赁付款额与租赁负债现值的差额，在租赁期内按固定的折现率分期摊销至“财务费用——利息支出”（如果满足资本化条件，则摊销至相关资产成本）。

1.4.3.2　承租人会计核算示例

（1）案例背景——租赁初始发生。

承租人A公司就某栋建筑物的某一层楼签订了租赁合同，相关情况如下：

租赁期	初始租赁期10年，有5年的续租选择权
租金	1.初始租赁期内每年50 000元； 2.选择权期间为每年55 000元； 3.所有款项在每年年初支付
初始直接费用	为获得该项租赁，承租人发生的初始直接费用为20 000元，其中： 1.向该楼层前任租户支付15 000元； 2.向安排此项租赁的房地产中介支付佣金5 000元
出租人激励	作为对签署此项租赁的承租人的激励，出租人同意为承租人报销5 000元的佣金
折现率	1.租赁内含利率无法直接确定； 2.承租人的增量借款利率为每年5%
初始评估	在租赁期开始日，承租人得出结论认为不能合理确定将行使续租选择权

（2）承租人处理——初始计量。

承租人A公司初始确认使用权资产和租赁负债如下：

项目	金额	确认依据
租赁负债	355 391	以剩余9期未付的租赁付款额50 000元按5%的年利率折现后的现值计量租赁负债
使用权资产	420 391	
	=355 391	租赁负债
	+50 000	租赁期开始日前已支付的款项
	+20 000	初始直接费用
	–5 000	租赁激励

相关会计分录为：

借：使用权资产　　355 391（租赁负债的现值）

　　租赁负债——未确认融资费用　　94 609

　　贷：租赁负债——租赁付款额　　450 000

借：使用权资产　　50 000（租赁期开始日前已支付的租金）

　　贷：银行存款　　50 000

借：使用权资产　　15 000（向前任租户支付的补偿形成初始直接费用）

　　其他应收款　　5 000（出租人承诺报销佣金，因此，承租人支付的佣金拥有向出租人的一项收款权，因而形成金融资产）

　　贷：银行存款　　20 000

（3）承租人处理——后续计量。

A公司每年需对使用权资产计提折旧、并按折现率计算租赁负债的利息支出、并在每年年初支付租金，相关会计分录为：

①第1年至第6年每年计提使用权资产折旧：

借：管理费用——折旧摊销费　　42 039

　　贷：使用权资产累计折旧　　42 039（420 391 ÷ 10）

②第1年分摊租赁利息费用：

借：财务费用——利息支出　　17 770

　　贷：租赁负债——未确认融资费用　　17 770（355 391 × 5%）

第2年至第6年每年分摊租赁利息费用的会计处理分录一致，但应分摊的利息费用金额会随着租金支付而逐期减少，具体如下表所示。

③第2年至第6年每年支付租金：

借：租赁负债——租赁付款额　　50 000

　　贷：银行存款　　50 000

A公司至第6年年末的使用权资产和租赁负债的计量结果如下：

年份	租赁负债				使用权资产		
	期初余额	租赁付款额	利息费用（5%）	期末余额	期初余额	折旧费用	期末余额
1	355 391		17 770	373 161	420 391	（42 039）	378 352
2	373 161	（50 000）*	16 158	339 319	378 352	（42 039）	336 313
3	339 319	（50 000）*	14 466	303 785	336 313	（42 039）	294 274
4	303 785	（50 000）*	12 689	266 474	294 274	（42 039）	252 235
5	266 474	（50 000）*	10 823	227 297	252 235	（42 039）	210 196
6	227 297	（50 000）*	8 865	**186 162**	210 196	（42 039）	**168 157**

*注：由于租金于每年年初支付，因此50 000元不包含在当年度利息费用的计算基数中。

（4）案例背景——租赁的重估。

在租赁的第6年，A公司收购了B公司。收购时，B公司主要经营场所为B公司在另一建筑物中租的一层楼，该租赁合同中包含可由B公司行使的终止租赁选择权，不可撤销的租赁期剩余1年。

A公司收购B公司后，由于公司员工人数增加而需在合适的建筑物中租赁两个楼层。为使成本最小化，A公司在当前租赁的建筑物中单独就另一楼层签订了为期8年的租赁合同，该楼层在第7年年末时可供使用，同时自第8年年初B公司行使现有租约的终止租赁选择权。

第6年年末时，承租人的增量借款利率为6%。

第6年年末时，由于承租人A公司收购了B公司并决定搬迁B公司，因此承租人合理确定将行使续租选择权。承租人预计在整个租赁期内平均地消耗该使用权资产的未来经济利益，因此按直线法对使用权资产计提折旧。

（5）承租人处理——重估时的处理。

因收购B公司并决定搬迁B公司在承租人A公司的可控范围之内，且该事项影响A公司对续租选择权的评估结果，因此重估时，承租人A公司应调整确认使用权资产和租赁负债如下：

项目	金额	确认依据
修订后的折现率	6%	因续租选择权的评估发生变化时，使用重估日的租赁内含利率或承租人增量借款利率作为修订后的折现率
租赁负债	378 174	以原始合同剩余4期未付的租赁付款额50 000元和随后五期付款额55 000元，按修订后的折现率6%进行折现的现值
使用权资产	360 169	
	=168 157	重估日调整前使用权资产的账面价值
	+192 012	重新计量后的租赁负债378 174元与此前账面金额186 162元之间的差额

借：使用权资产　　　192 012（租赁负债的现值与此前账面价值相比的增加额）

租赁负债——未确认融资费用　　82 988（整笔分录其余各项的差额）

贷：租赁负债——租赁付款额

275 000（续租选择权期间的租金 55 000×5）

（6）承租人处理——重估后的后续计量。

重估后，A公司每年仍需按调整后的使用权资产成本与剩余租赁期对使用权资产计提折旧，并按重估后的折现率计算每年租赁负债的利息支出，并在每年年初支付租金，相关会计分录为：

①第7年至第15年每年计提使用权资产折旧：

借：管理费用——折旧摊销费　　40 019

贷：使用权资产累计折旧　　40 019（360 169÷9）

②第7年分摊租赁利息费用：

借：财务费用——利息支出　　19 690

贷：租赁负债——未确认融资费用　　19 690［（378 174–50 000）×5%］

第8年至第14年每年分摊租赁利息费用的会计处理分录一致，但应分摊的利息费用金额会随着租金支付而逐期减少。第15年由于年初支付最后一期租金，当年无需承担利息费用。

③第7年至第10年每年支付租金：

借：租赁负债——租赁付款额　　50 000

贷：银行存款　　50 000

第11年至第15年每年支付租金：

借：租赁负债——租赁付款额　　55 000

贷：银行存款　　55 000

A公司第7年至第15年的使用权资产和租赁负债的计量如下：

年份	租赁负债				使用权资产		
	期初余额	租赁付款额	利息费用（6%）	期末余额	期初余额	折旧费用	期末余额
7	378 174	（50 000）*	19 690	347 864	360 169	（40 019）	320 150
8	347 864	（50 000）*	17 872	315 736	320 150	（40 019）	280 131
9	315 736	（50 000）*	15 944	281 680	280 131	（40 019）	240 112
10	281 680	（50 000）*	13 901	245 581	240 112	（40 019）	200 093
11	245 581	（55 000）*	11 435	202 016	200 093	（40 019）	160 074
12	202 016	（55 000）*	8 821	155 837	160 074	（40 019）	120 055

续表

年份	租赁负债				使用权资产		
	期初余额	租赁付款额	利息费用（6%）	期末余额	期初余额	折旧费用	期末余额
13	155 837	（55 000）*	6 050	106 887	120 055	（40 019）	80 036
14	106 887	（55 000）*	3 113	55 000	80 036	（40 018）	40 018
15	55 000	（55 000）*	—	—	40 018	（40 018）	—

*注：由于租金于每年年初支付，因此每年年初支付的租金不包含在当年度利息费用的计算基数中。

1.4.4 承租人的列报和披露

1.4.4.1 承租人的报表列报

财务报表	具体列报要求（CAS 21：53）
资产负债表	1.单独列示使用权资产和租赁负债； 2.租赁负债应分别非流动负债、一年内到期的非流动负债列示
利润表	1.分别列示租赁负债的利息费用和使用权资产的折旧费用； 2.非金融企业的租赁负债的利息费用列示于财务费用项目。金融企业的租赁负债的利息费用列示于“业务及管理费用”。根据《企业准则第17号——借款费用》的规定符合资本化条件的租赁利息费用，应计入相关资产的成本
现金流量表	1.偿还租赁负债本息的现金计入“筹资活动现金流出”； 2.支付的简化处理的短期租赁付款额计入“经营活动现金流出”； 3.支付的简化处理的低价值资产租赁付款额计入“经营活动现金流出”； 4.支付未纳入租赁负债计量的可变租赁付款额计入“经营活动现金流出”

注意

（1）资产负债表列报。《关于修订印发2019年度一般企业财务报表格式的通知》（财会〔2019〕6号）明确：“一年内到期的非流动资产”项目，通常反映预计自资产负债表日起一年内变现的非流动资产。对于按照相关会计准则采用折旧（或摊销、折耗）方法进行后续计量的固定资产、使用权资产、无形资产和长期待摊费用等非流动资产，折旧（或摊销、折耗）年限（或期限）只剩一年或不足一年的，或预计在一年内（含一年）进行折旧（或摊销、折耗）的部分，不得归类为流动资产，仍在各该非流动资产项目中填列，不转入“一年内到期的非流动资产”项目。因此，资产负债表中的“使用权资产”项目，应根据总账科目“使用权资产－使用权资产累计折旧－使用权资产减值准备”计算填列；而租赁负债由于涉及企业实际资金的交付，因此需要按流动性拆分，将资产负债表日后1年以内预计支付的部分列报于“一年内到期的非流动负债”中，总账科目“租赁负债”减去1年内到期部分的剩余金额列报于“租赁负债”项目中。

（2）利润表列报。新租赁准则下，租赁总费用包含两部分：

①租赁负债的利息费用，属于融资利息支出，因此对于一般企业通常应列示于“财务费用”项目（金融企业通常应列示于“业务及管理费用”），除非该利息符合资本化条件。

②使用权资产的折旧费用计入利润表的项目，视使用权资产的用途而定。例如，当租赁标的为生产设备，则使用权资产的折旧费用计入“制造费用”或“生产成本”，分摊归集后计入“存货”或“合同履约成本”，最终列报于利润表“营业成本”项目；当租赁标的为办公用房，则使用权资产的折旧费用计入“管理费用——折旧摊销费”；当租赁房屋用于销售网点，则使用权资产的折旧费用计入“销售费用——折旧摊销费”等。

采用简化方法进行会计处理的短期租赁和低价值资产租赁的租金，如果在发生时直接计入当期期间费用的，则计入“管理费用——租赁费”或“销售费用——租赁费”。于发生时直接计入损益的可变租赁付款额也可参照此方法处理。

（3）现金流量表列报。CAS 21：53要求的现金流量表的列报方式，实际上可以归纳为：支付的租金纳入租赁负债计量的，作为偿还融资本息计入“筹资活动现金流出”；反之，未纳入租赁负债计量的，计入“经营活动现金流出”。这就导致，在某些特定情形下，支付一笔租金时，该笔付款在现金流量表中需要拆分列报。例如，1.4.1.2.1节所述的租赁付款额的范围中对实质固定可变租赁付款额提及了“承租人有多套可行的付款额方案，但必须选择其中一套方案。在这种情况下，应考虑采用总金额（在折现基础上）最低的一套作为租赁付款额”这一情形。假定某租赁合同中，承租人与出租人就标的资产的租赁合同对年度租金约定为以下两项孰高：①100万元；②当年承租人销售收入的2%。则承租人应将100万元计入租赁负债的初始计量。假定某年度承租人销售收入的2%计算的结果是120万元，承租人支付该笔租金时，其中已计入租赁负债的100万元列报于“筹资活动现金流出”，未纳入租赁负债计量的20万元则列报于“经营活动现金流出”。

1.4.4.2 承租人的附注披露

表1-4 承租人附注披露信息

内容	具体披露要求（CAS 21：54、55）
使用权资产	各类使用权资产的期初余额、本期增加额、期末余额以及累计折旧额和减值金额
租赁负债	按照《企业会计准则第37号——金融工具列报》披露，并披露租赁负债的利息费用
租赁收入和费用	1.计入当期损益的简化处理的短期租赁费用（不含租赁期在1个月以内的租赁费用）和低价值资产租赁费用（不含已包括在前述短期租赁费用中的低价值资产短期租赁费用）以及未纳入租赁负债计量的可变租赁付款额； 2.转租使用权资产取得的收入； 3.售后租回交易产生的相关损益

续表

内容	具体披露要求（CAS 21：54、55）
现金支出	披露与租赁相关的总现金支出
豁免	对短期租赁和低价值资产租赁进行简化处理的，应当披露该事实
其他有关定性和定量信息	1.租赁活动的性质，如对租赁活动基本情况的描述； 2.未纳入租赁负债计量的未来潜在现金流出（包括来源于以下方面的风险敞口：可变租赁付款额；续期选择权和提前终止选择权；担保余值；已承诺但尚未开始的租赁）； 3.租赁导致的限制或承诺； 4.售后租回交易（除产生的相关损益之外的其他信息）等； 5.其他相关信息

披露的目标是承租人在财务报表附注中披露的信息与其在资产负债表、利润表和现金流量表中提供的信息一道为财务报表使用者评估租赁对承租人财务状况、经营情况和现金流量的影响提供依据。为实现这一披露目标，承租人可能需要披露的内容还包括以下五项内容：

1.4.4.2.1　租赁活动的额外信息

具体见表1–4中“其他有关定性和定量信息”。

在确定租赁活动的额外信息是否属于理解财务报表所需要的信息时，承租人应考虑以下方面：

（1）该信息是否与财务报表使用者相关。承租人应仅在预期该等额外信息与财务报表使用者相关的情况下才提供这些信息。如果这些信息可帮助使用者了解以下事项，则可能属于此情形：

①租赁带来的灵活性。租赁可提供一定的灵活性。例如，承租人可通过行使终止选择权或以有利条款和条件续租的方式降低风险敞口。

②租赁施加的限制。租赁可施加多种限制，例如，要求承租人维持特定的财务比率。

③报告信息对关键变量的敏感性。例如，报告信息可能对未来可变租赁付款额较为敏感。

④租赁产生的其他风险敞口。

⑤偏离行业惯例。例如，此类偏离可能包括一些罕见或特殊的租赁条款与条件，从而影响承租人的租赁组合。

（2）该信息是否可以从财务报表主表列报或附注中披露的信息直观得出。承租人无需重复已在财务报表其他部分列报的信息。

1.4.4.2.2　可变租赁付款的额外信息

根据具体情况，承租人可能需要提供与可变租赁付款额相关的额外信息，以帮助财务报表使用者进行评估，例如：

（1）承租人使用可变租赁付款额的原因，以及使用此类付款额的普遍性；

（2）可变租赁付款额相对于固定付款额的大小；

（3）可变租赁付款额所依据的主要变量，以及付款额预期将如何随着主要变量的变化而发生变动；

（4）可变租赁付款额的其他经营及财务影响。

1.4.4.2.3 续租选择权或终止选择权的额外信息

根据具体情况，承租人可能需要提供与续租选择权或终止选择权相关的额外信息，以帮助财务报表使用者进行评估，例如：

（1）承租人使用续租选择权或终止选择权的原因，以及此类选择权的普遍性；

（2）选择权期间租金相对于租赁付款额的大小；

（3）行使未纳入租赁负债计量的选择权的普遍性；

（4）此类选择权的其他经营及财务影响。

1.4.4.2.4 担保余值的额外信息

根据具体情况，承租人可能需要提供与担保余值相关的额外信息，以帮助财务报表使用者进行评估，例如：

（1）承租人提供担保余值的原因，以及此类担保的普遍性；

（2）承租人余值风险敞口的相对大小；

（3）此类担保针对的标的资产的性质；

（4）此类担保的其他经营及财务影响。

1.4.4.2.5 售后租回交易的额外信息

根据具体情况，承租人可能需要提供与售后租回交易相关的额外信息（相关会计处理见1.6节），以帮助财务报表使用者进行评估，例如：

（1）承租人进行售后租回交易的原因，以及此类交易的普遍性；

（2）各项售后租回交易的主要条款与条件；

（3）未纳入租赁负债计量的付款额；

（4）报告期内售后租回交易对现金流的影响。

1.5 出租人的会计处理

新租赁准则保留对出租人的租赁分类，基本沿用原准则的相关规定。主要变动的内容有：（1）增加转租赁相关内容；（2）明确租赁变更时的处理；（3）完善出租人的披露要求。

1.5.1 出租人的租赁分类

1.5.1.1 一般的租赁分类

出租人应当在租赁开始日将每项租赁分为融资租赁和经营租赁。在租赁开始日后，出租人无需对租赁的分类进行重新评估，除非发生租赁变更。租赁资产预计使用寿命、预计余值等会计估计变更或发生承租人违约等情况变化的，出租人不对租赁的分类进行重新评估（CAS 21：35）。对此类情形的处理，详见本专题3.2.2.2节。

项目	原则	具体释义
分类时点	租赁开始日，或租赁变更日	租赁开始日是租赁合同签署日与租赁各方就主要租赁条款作出承诺日中的较早者。仅在租赁变更时进行重新评估
分类原则	融资租赁	实质上转移了与租赁资产所有权有关的几乎全部风险和报酬的租赁（所有权最终可能转移，也可能不转移，取决于交易实质而非合同形式。如果一项租赁实质上转移了与租赁资产所有权有关的几乎全部风险和报酬，出租人应当将该项租赁分类为融资租赁）
	经营租赁	除融资租赁以外的其他租赁
具体标准	一项租赁存在下列一项或多项情形的，通常分类为融资租赁（CAS 21：36）：	（一）在租赁期届满时，租赁资产的所有权转移给承租人
		（二）承租人有购买租赁资产的选择权，所订立的购买价款与预计行使选择权时租赁资产的公允价值相比足够低，因而在租赁开始日就可以合理确定承租人将行使该选择权
		（三）资产的所有权虽然不转移，但租赁期占租赁资产使用寿命的大部分
		（四）在租赁开始日，租赁收款额的现值几乎相当于租赁资产的公允价值
		（五）租赁资产性质特殊，如果不作较大改造，只有承租人才能使用
可能为融资租赁的情形	一项租赁存在下列一项或多项迹象的，可能分类为融资租赁（CAS 21：36）：	（一）若承租人撤销租赁，撤销租赁对出租人造成的损失由承租人承担
		（二）资产余值的公允价值波动所产生的利得或损失归属于承租人
		（三）承租人有能力以远低于市场水平的租金继续租赁至下一期间

注意

新租赁准则对融资租赁的划分标准与原准则基本一致，但新租赁准则明确一项租赁存在上表中“具体标准”项下的五个情形其中一项或多项时“通常分类为融资租赁”，有别于原租赁准则第六条的“应当分类为融资租赁”这一过于绝对化的表述。

某些情况下，即使租赁合同属于CAS 21：36所述的五种情形之一，也不应被划分为融资租赁。例如，某项机器设备的剩余使用寿命为10年，设备所有者与某客户签订租赁协议，租赁期为10年，租金按年支付，每年应付金额按照客户使用该设备生产的产品数量×1元/件计算，客户方未对每年保底产量作出承诺。在该租赁安排中，虽然租赁期占租赁资产使用寿命的全部，但由于承租人未承诺保底产量，则出租人是否能够收回该机器设备的成本存在较大不确定性，与该机器设备所有权相关的几乎全部风险和报酬并未转移，出租人应将该租赁分类为经营租赁。因此，一项租赁是否应划分为融资租赁最根本的标准还是其定义，即是否“实质上转移了与租赁资产所有权有关的几乎全部风险和报酬”。

【例1-22】“买试剂送仪器”模式下医药企业的处理

问题

医药企业在“买试剂送仪器”销售模式下免费提供给医院的仪器应如何处理？

背景

A公司的主要产品为体外诊断试剂，为了促进试剂的销售，A公司会向部分医院免费提供体外诊断仪器，并在合同中约定医院需配套采购A公司的试剂。合同期限一般为5年，接近于这些仪器通常情况下的使用寿命。合同期间，仪器的所有权归A公司，合同期满后，仪器一般以名义价格出售给医院（或者无偿赠送，此处的名义价格通常可以忽略不计）。

分析

对于“交易是否包含租赁”，可参照本章【例1-11】有关内容。由于医院取得了一定期限内仪器的使用权，因此，该交易包含租赁。

在考虑出租人对租赁的分类及相应的会计处理时，由于租赁期限内，A公司与医院之间并未约定租金，而是以“免费”的方式提供仪器给医院使用，租金的收取来源于未来期间的试剂销售款，因此，在不同的合同安排下，可能对未来能够收取的租金有着不同的约定，影响着出租人对租赁分类的判断结果。

（1）如果合同中没有约定医院在规定期限内的试剂最低采购量或采购额，或者虽然约定了最低采购量或最低采购额，但该等采购量或采购额按照正常利润水平计算的毛利不足以支持仪器成本和日常维护及修理支出的回收，则表明最终能否收回仪器成本和日常修理维护支出存在较大的不确定性，在此情况下，应当认为该项租赁虽然涵盖了仪器使用寿命的大部分，但仪器所有权上的主要风险和报酬仍由作为出租人的A公司享有或承担，因此应归类为经营租赁。在此模式下，A公司应当将这些免费提供的仪器作为其固定资产予以确认（从另一方面讲，此时对A公司而言，这些仪器符合《企业会计准则第4号——固定资产》第三条所规定的固定资产定义，即为了出租目的而持有、使用寿命超过一个会计年度的有形资产）。这些固定资产应当在相关合同约定的免费使用期内计提折旧，与相应期间内从试剂销售毛利中提取的租赁收入相配比。由于此处每期可确认的租金收入取决于试剂销售收入和毛利率，因此属于“取决于指数或比率之外的可变租赁收款额”。根据CAS 21：38、41的规定，对于未纳入租赁投资净额的可变租赁付款额应当在实际发生时计入当期损益；同时，如果本期内试剂的销售量或销售额低于预期，或者相关试剂的毛利率下降，则表明其存在减值迹象，应根据《企业会计准则第8号——资产减值》的规定对固定资产进行减值测试，并就可收回金额低于账面价值的差额对其计提减值准备。

（2）如果合同中约定了最低采购量或最低采购额，且该等采购量或采购额按照正常利润水平计算的毛利足以支持仪器成本和日常维护及修理支出的回收，则表明最终能否收回仪器成本和日常修理维护支出的不确定性较小，相应地，可以认为这些仪器所有权上的主要风险和报酬已经转移给医院，该租赁构成融资租赁，其最低租赁付款额等于合同期间内的约定最低采购量或最低采购额按照正常毛利率水平计算的毛利额（注：在实务操作中，还应当关注医院履行合同约定的最低采购量或最低采购额义务的意愿和财务能力，以及合同是否对医院的违约行为规定了有力的制裁措施，以将取得最低租赁付款额的不确定性降低到最低限度。如果能否取得最低租赁付款额仍存在较大不确定性的，则可能不能归类为融资租赁）。

本案例中，如果从医药企业视角构成融资租赁的，则医药企业作为仪器生产商或经销商的出租人，其在租赁期开始日，应当按照租赁资产公允价值与租赁收款额按市场利率折现的现值两者孰低确认收入，并按照租赁资产账面价值扣除未担保余值的现值后的余额结转销售成本（详见1.5.2.3）。

在实务中，一些销售办公耗材的企业也采用类似的“买耗材送办公设备”的销售模式促进耗材销售。对这种销售模式下免费提供给客户的办公设备的核算，也应参照上述方法。

注意

此外，新租赁准则同时增加了可能导致租赁被分类为融资租赁的其他三项情形（CAS 21：36）：

（1）若承租人撤销租赁，撤销租赁对出租人造成的损失由承租人承担；

（2）资产余值的公允价值波动所产生的利得或损失归属于承租人；

（3）承租人有能力以远低于市场水平的租金继续租赁至下一期间。

租赁存在这三种迹象之一或多项时，可能是融资租赁。在这三种情形下，可能表明：

（1）即使承租人在租赁期期末没有取得资产的法定所有权，还是可能承担租赁资产剩余价值变动的风险。例如，以相当于租赁结束时资产销售收益的绝大部分金额作为租金退还。

（2）如果续租租金较低在经济上合理，则在续租期以名义价格或远低于市场价格租赁通常表明：

①出租人已经从其初始投资获取了必要回报；

②承租人很可能行使续租选择权。

但需注意，新租赁准则提及这三项情形旨在识别融资租赁的关键特征，但其并不是决定性的，判断一项租赁是否为融资租赁，仍应以是否“实质上转移了与租赁资产所有权有关的几乎全部风险和报酬”为标准。

1.5.1.2 转租赁的分类

转租出租人应当基于原租赁产生的使用权资产，而不是原租赁的标的资产，对转租赁进行分类（CAS 21：37）。与根据租赁标的资产分类相比，根据原租赁形成的使用权资产对转租赁进行分类时，中间出租人会将更多的转租赁分类为融资租赁。

【例1–23】转租赁的分类

背景

原租赁情况：中间出租人与原租赁出租人就1 000平方米办公场所签订了一项为期五年的租赁。

转租赁情况

情形1：在第二年年初，中间出租人将该1 000平方米办公场所转租给转租赁承租人，期限为原租赁的剩余四年。

情形2：在第二年年初，中间出租人将该1 000平方米办公场所转租给转租赁承租人，期限为一年。

分析

情形1：根据原租赁产生的使用权资产对转租赁进行分类，由于转租赁的租赁期占原租赁取得的使用权资产剩余使用寿命的100%，通过该转租赁安排，中间出租人将使用权资产的主要风险和报酬均转移给转租赁承租人，因此中间出租人应将该转租赁分类为融资租赁。

情形2：转租赁的租赁期占原租赁取得使用权资产剩余寿命的25%，使用权资产的主要风险和报酬均未发生转移，因此中间出租人应将该转租赁分类为经营租赁。

原租赁为短期租赁，且转租出租人根据豁免情形（参见1.3.3）对原租赁进行简化处理未确认使用权资产和租赁负债的，转租出租人应当将该转租赁分类为经营租赁（CAS 21：37）。

【例1-24】长租公寓式公司成本摊销方式及收入确认问题

问题

如背景资料所述，A公司成本核算将发生费用计入在建工程、长期待摊费用并按租赁合同期限进行摊销、及按照差额确认租金收入的处理方式是否合理？

背景

A公司是一家与自如类似的长租公寓式公司。A公司通过和资产所有者（房东）签订租约，在一定期限内获得资产的经营权。在租约期限内，A公司可以对外出租获得租金，对外租金减去支付给房东的底租，即为A公司实际获得的租金差收益。

（1）A公司认为租赁部员工每出租出一套房源即为公司带来合同租赁期的收益，将租赁部员工为取得房源所发生的一应费用（包含水电费，房租费（办公室租金），光纤费，推广费，物管费，空调费等）及工资计入待摊费用，以租客平均租期8个月为期限进行摊销。

（2）A公司与第三方金融机构、租客签订三方协议，约定租客可向金融机构免息贷款，由A公司进行贴息。相关协议中关于放款与还款的主要内容为：

①在满足放款前提的情况下，金融机构对通过审批的贷款申请，在收到《个人借款合同》影印件后于一个工作日内将租户指定用途“支付租金”的贷款支付到A公司指定账户。租户按照与金融机构的借款合同的约定偿还本金，A公司向金融机构支付贷款手续费，贷款手续费由金融机构在放款时一次性扣除。

②在贷款发放日后的次月当日，金融机构通过与租户签订的《个人借款合同》中约定还款账户，按照贷款计划自动扣划还款款项，直至贷款清偿为止。

③租户因任何原因逾期向金融机构偿还欠款的，金融机构应进行债权催收，并在租户还款日次日将逾期租户清单以邮件方式发送给A公司。如3日内（以下称“清收期间”）租户仍未偿清欠款的，A公司自清收期间终止之日起4个工作日内终止与租户的租赁关系，解除租赁合同。A公司应自与租户解除租赁合同之日起3个工作日内，按照与金融机构对账结果，将租户剩余借款本金、逾期违约金与逾期滞纳金等支付至金融机构，按租户提前还款处理。

④因任何原因A公司为租户办理退租的，按提前还款处理。租户应向金融机构支付剩余本金2%的提前还款手续费，该费用在退租时与A公司结算。金融机构按照实际占用资金期数（未满一期按一期计算）计算A公司贷款手续费。A公司同意为租户办理退款手续前3个工作日应与金融机构对账，经金融机构确认后3个工作日内，将客户剩余贷款本金及提前还款手续费全部退还至金融机构账户。

A公司将金融机构一次性将12期或24期租金扣除手续费利息后转给A公司的款项计入预收款项，将扣除的利息手续费计入长期待摊费用按租客合同租期进行摊销。

（3）A公司按租客租金与房东房租的租金差确认收入，即采用“净额法”确认收入。

分析

（1）租赁部门员工的支出。

应注意区分不同性质和类型的支出，分别作出处理：

租赁部门员工的支出中无法与特定房源的取得和出租建立直接关联的部分，以及A公司自身办公室租金支出等一般行政管理支出，为公司日常经营必要支出，每个月都持续地发生，并不具备摊销的条件，建议直接计入当期管理费用。

可与特定房源的取得和出租建立直接关联的支出，如租赁房源的水电费、光纤费、推广费、物管费、空调费等，这类支出需要分别以下类别进行处理：

①如果不达成租赁合同则不会发生，例如达成租赁时承诺向租户引入光纤、无偿代为承担某些费用等，这些支出属于经营租赁合同的“初始直接费用”，根据新租赁准则第四十六条规定，应当资本化并在租赁期内按照与租金收入确认相同的基础进行分摊，分期计入当期损益（见本章5.3）。

②某些与特定房源相关，但与租赁是否达成无关的费用，如公司从房东租入该房源后，尚未出租期间发生的应由公司承担的水电费、物管费等，在发生时直接计入当期损益。

③由公司代租客承担、未来拥有一项向租客的收款权的支出，单独确认为一项金融资产。

（2）贴息支出。

按照新租赁准则的规定，由于提前收取租金而确认的预收账款为非货币性债务，无需确认利息支出，直接按实际收到的扣除利息后的款项作为预收账款，将该预收账款在租赁期内摊销作为各期的租金收入，租赁期内不再单独确认利息支出。

另外，根据三方协议的约定，该项消费贷款专用于租客向A公司支付租金，且该贷款的偿还与租赁合同挂钩，如租客逾期还本付息则A公司需与租客解除租赁合同，并代租客偿还剩余本息（按租客提前归还贷款处理）。由此，A公司为租客向金融机构提供的担保，应按新金融工具确认和计量准则中关于财务担保合同的规定处理，财务担保合同相关负债的应当在初始确认后按照损失准备金额以及预收账款初始确认金额扣除依据新收入准则的规定所确定的累计摊销额后的余额两者之间的较高者进行计量。

（3）租金收入确认。

由于A公司出租的房屋源自向房东租入，因此该交易构成了转租赁。因此，A公司应就原租赁确认使用权资产和租赁负债。同时根据转租赁合同进行判断，基于原租赁产生的使用权资产（而不是原租赁的标的资产）对转租赁进行分类，并根据转租构成融资租赁或经营租赁分别进行会计处理。具体处理原则为：

原租赁情况	转租赁情况	转租赁分类	会计处理
A公司与房东就某房屋签订了一项为期五年（60个月）的租赁	次月，A公司将该房屋转租给租户，期限为原租赁的剩余59个月	融资租赁	A公司应在转租赁开始日： （1）终止确认与原租赁相关且转给租户的使用权资产，并确认转租赁投资净额； （2）将使用权资产与转租赁投资净额之间的差额确认为损益（资产处置损益）； （3）在资产负债表中保留原租赁的租赁负债，该负债代表应付房东的租赁付款额。 （4）在转租赁期间，A公司既要确认转租赁的融资收益，也要确认原租赁的利息费用
	次月，A公司将该房屋转租给租户，期限为一年（12个月）	经营租赁	A公司应在转租赁开始日： （1）在资产负债表中继续保留与原租赁相关的使用权资产和租赁负债； （2）在转租赁期间，A公司确认使用权资产的折旧费用和租赁负债的利息，并确认转租赁的租赁收入

即：转租给租客若构成融资租赁，则A公司确认的是融资利息收入，同时确认对房东的租赁负债利息支出，该对租客的应收融资租赁款和融资利息收入与对房东的租赁负债和利息支出分别核算、列示，不能抵销；转租给租客若构成经营租赁，则A公司应将本例第2项意见中的预收账款在租赁期内摊销作为各期的租金收入，同时在租赁期内仍然需要就房东的租赁负债确认利息支出，也不应采用所谓“净额法”的处理。

但应注意的是，在某些业务安排下，中间出租人可能并不适用租赁准则（本案例的A公司我们认为不属于该情况）。若中间出租人向租户出租的合同和向房东承租的合同在同一时间或相近的时间签订，需要结合业务实质而非合同形式来判断是适用收入准则还是租赁准则。如果中间出租人在交易中仅是引荐潜在租户给房东，对租户的选择、是否租赁等由房东根据租户的情况来决策，中间出租人仅提供的是居间代理服务，在该交易过程中未曾取得房屋的使用权，则对“中间出租人”而言，该交易中不包含租赁，应按照收入准则的规定确认居间代理服务收入。

注意

需要注意的是，对于【例1-24】类似情形下的中间人，是按照租赁准则作为转租赁进行处理，还是按照收入准则仅确认居间代理服务收入，通常其判断的核心依据在于，中间人和供应方之间的合同是否为租赁或是否包含租赁。此问题在一定程度上类似于新收入准则下对于“是主要责任人还是代理人”的判断。按照1.3.1节识别租赁的相关规定，在这一特定情形下，判断是否控制已识别资产的使用时，可能更强调的是中间人能否控制已识别资产在约定期间内的使用方式和使用目的。

1.5.2 出租人对融资租赁的处理

1.5.2.1 融资租赁的初始确认和计量

对于融资租赁，在租赁期开始日，出租人应当对融资租赁确认应收融资租赁款（对应收融资租赁款进行初始计量时，应当以租赁投资净额作为应收融资租赁款的入账价值），并终止确认融资租赁资产（CAS 21：38）。

$$\text{应收融资租赁款（租赁投资净额）}=\frac{\text{未收到的租赁收款额}+\text{未担保余值}}{(1+\text{内含利率})^{n}}$$

公式中，主要参数如下：

（1）租赁收款额是指出租人因让渡在租赁期内使用租赁资产的权利而应向承租人收取的款项，构成为：

租赁收款额=	固定付款额及实质固定付款额（扣除租赁激励，如有）
	+取决于指数或比率的可变租赁付款额（初始计量时根据租赁期开始日的指数或比率确定）
	+购买选择权的行权价格（如果承租人合理确定会行权）
	+提前终止租约的罚金或补偿（如果承租人合理确定会行使提前终止权）
	+承租人、与承租人有关的一方以及独立第三方提供的担保余值

（2）内含利率是使租赁收款额与未担保余值之和的现值等于租赁资产公允价值与出租人的初始直接费用之和的利率（CAS 21：38）。

（3）租赁期的确定详见1.4.1.1节所述及本专题第三章，需强调的是，出租人不应从自身角度考虑租赁期，而应对承租人行使或不行使选择权带来经济利益的所有相关事实和情况进行判断，以承租人是否合理确定行使或不行使选择权的结果作为确定租赁期的依据。

注意

需要注意的是：

（1）出租人的租赁收款额与承租人的租赁付款额的范围中均包含了五项内容。

其中，前四项包含的内容基本一致，在涉及可变租赁付款额时，同样无需将取决于指数或比率之外的实质可变租赁付款额纳入租赁收款额；但第五项中，承租人的租赁付款额中仅包含承租人自身提供的担保余值，而出租人的租赁收款额不仅包含承租人提供的担保余值，还包括与承租人有关的一方（例如承租人的关联方）或独立第三方（如担保机构）向出租人提供的担保余值。

（2）出租人取得融资租赁发生的初始直接费用，应计入租赁投资净额的初始计量金额中，而非当期损益。

虽然CAS 21：38仅提及出租人对应收融资租赁款进行初始计量时，应当以租赁投资净额作为应收融资租赁款的入账价值，而租赁投资净额为未担保余值和租赁期开始日尚未收到的租赁收款额按照租赁内含利率折现的现值之和，并未明确提及初始直接费用的处理方式。但新租赁准则对租赁内含利率的定义“使出租人的租赁收款额的现值与未担保余值的现值之和等于租赁资产公允价值与出租人的初始直接费用之和的利率”隐含了与融资租赁相关的初始直接费用和融资租赁标的资产的公允价值应当一并计入租赁投资净额的初始计量金额。IFRS 16：69对出租人取得融资租赁发生的初始直接费用的处理给予了明确的回应：“出租人（生产商或经销商出租人除外）发生的初始直接费用计入租赁投资净额的初始计量金额，并减少租赁期内确认的收入金额。在租赁内含利率的定义中，租赁投资净额自动包含初始直接费用，无需再单独计入。”

1.5.2.2　融资租赁的后续计量

（1）应收融资租赁款及利息收入。

出租人应当按照固定的周期性利率（租赁期开始日的折现率或修订后的折现率）计算并确认租赁期内各个期间的利息收入（CAS 21：39）；按照新金融工具确认和计量准则和《企业会计准则第23号——金融资产转移》的规定，对应收融资租赁款的终止确认和减值进行会计处理（CAS 21：40）。

出租人将应收融资租赁款或其所在的处置组划分为持有待售类别的，应当按照《企业会计准则第42号——持有待售的非流动资产、处置组和终止经营》进行会计处理（CAS 21：40）。

（2）取得的未纳入租赁投资净额的可变租赁付款额。

出租人取得的未纳入租赁投资净额计量的可变租赁付款额应当在实际发生时计入当期损益（CAS 21：41）。

1.5.2.3　生产商或经销商作为出租人的融资租赁处理

生产商或经销商作为出租人的融资租赁，在租赁期开始日，该出租人应当按照租赁资产公允价值与租赁收款额按市场利率折现的现值两者孰低确认收入（注意，不考虑其是否符合新收入准则有关资产转让的规定），并按照租赁资产账面价值扣除未担保余值的现值后的余额结转销售成本（CAS 21：42）。生产商或经销商出租人为取得融资租赁发生的成本，应当在租赁期开始日计入当期损益（CAS 21：42）。生产商或经销商作为出租人的融资租赁会计处理的相关依据/信息，可总结如下：

收入确认依据	根据新租赁准则分类为融资租赁（注意，可能未必符合新收入准则规定的收入确认条件）
收入确认时间	租赁期开始日
收入确认金额	"租赁资产公允价值"与"租赁收款额按市场利率折现的现值"之较低者
销售成本	租赁资产账面价值-未担保余值的现值
融资租赁取得成本	在租赁期开始日计入当期损益

注意

（1）销售收入的确认。

为了吸引客户，生产商或经销商出租人有时人为采用较低利率进行报价。如果采用该较低的利率折现的现值确认收入，会导致出租人将该交易总收入的过多部分确认于租赁期开始日、未能合理分配合同中的销售收入与融资利息收入。因此，如果人为采用较低利率进行报价，则生产商或经销商出租人应将销售利润限制为采用市场利率的情况下所能取得的销售利润。

（2）销售成本的结转。

结转的销售成本应在租赁标的资产的账面价值基础上扣除未担保余值的现值。这一处理也体现了收入成本的配比原则。因为销售收入的确认金额限定为以下两者的较低者：①租赁资产公允价值；②租赁收款额按市场利率折现的现值。

如果①>②，则以租赁收款额的现值计量收入，此时由于确认收入的金额不包含未担保余值部分预计给出租人可带来的现金流量，与未担保余值有关的风险仍然由出租人承担并未转移，相应地，销售成本结转时应扣除未担保余值的现值；

如果①<②，在租赁收款额现值已经大于租赁资产公允价值的情况下，表明该租赁资产不存在未担保余值，账面成本应全额结转销售成本。

（3）融资租赁取得成本。

生产商或经销商出租人发生的融资租赁取得成本，不属于初始直接费用的定义范围，因此，不计入租赁投资净额，而应在租赁期开始日计入当期费用。需注意，承租人或出租人在不同情形下为取得租赁而发生的成本，处理方式并非全都一致：

属于初始直接费用的情形	不属于初始直接费用的情形
（1）承租人为取得租赁发生的成本 （2）出租人（不含生产商或经销商出租人）为取得融资租赁发生的成本 （3）出租人为取得经营租赁发生的成本	生产商或经销商出租人为取得融资租赁发生的成本

属于初始直接费用时，企业应将取得租赁相关成本“资本化”，例如上表中情形（1）应计入使用权资产成本；情形（2）计入租赁投资净额的初始计量金额；情形（3）应单独确认为一项资产（如长期待摊费用，对此的处理意见详见本专题5.4.4.2节）；这三种情形下最终的效果是将“初始直接费用”在租赁期内分期结转损益。因为在这些情形下，为取得租赁发生的成本，给企业带来的经济利益均持续整个租赁期，因此其性质与新收入准则规范的合同取得成本类似，处理原则也与新收入准则规范的“合同取得成本应当采用与该成本相关的商品收入确认相同的基础进行摊销，计入当期损益”基本一致。

但是，生产商或经销商出租人发生的融资租赁，CAS 21：42允许企业确认销售收入，该处理基于生产商或经销商以租赁的形式目的是为了实现产品/商品销售（即分期收款销售）这一事实。因此，在此情形下为取得融资租赁合同而发生的成本，主要与生产商或经销商获取销售利润有关，不属于初始直接费用的定义范围，且由于销售利润于租赁期开始日已经确认，则初始直接费用计入当期费用的处理依然遵循了“配比”原则。虽然生产商或经销商出租人发生的融资租赁安排中，生产商或经销商除了获取销售利润以外，通常还将取得合同期内的融资利息收入，但是这并不妨碍其主要以获取销售利润为目的的事实（融资利息收入可比照新收入准则中的“重大融资成分”去理解）。

1.5.2.4 转租赁分类为融资租赁的处理

在转租的情况下，若转租的租赁内含利率无法确定，转租出租人可采用原租赁的折现率（根据与转租有关的初始直接费用进行调整）计量转租投资净额（CAS 21：38）。

根据1.5.2.1节和1.5.2.2节，中间出租人在转租赁分类为融资租赁时，其会计处理可参照【例1–25】。

【例1–25】转租赁分类为融资租赁的处理

接【例1–23】情形1，中间出租人应在转租赁开始日：

（1）终止确认与原租赁相关且转给转租赁承租人的使用权资产，并确认转租赁投资净额；

（2）将使用权资产与转租赁投资净额之间的差额确认为损益（资产处置损益）；

（3）在资产负债表中保留原租赁的租赁负债，该负债代表应付原租赁出租人的租赁付款额；

（4）在转租赁期间，中间出租人既要确认转租赁的融资收益，也要确认原租赁的利息费用。

在实务中，转租赁被分类为融资租赁时，中间出租人需注意应恰当划分处置使用权资产的“资产处置损益”与转租赁形成融资租赁的租赁利息收入，【例1-26】说明了这一问题。

【例1-26】原租赁和转租赁均为融资租赁时转租人的会计处理

问题

如背景资料所述，A公司对该转租赁业务的处理是否恰当？

背景

A公司为上市公司，其主营业务是向通信运营商、媒体运营商、设备制造商、专用通信网及政府机关、企事业单位等提供网络建设、通信设备销售、外包服务、内容应用及其他服务。

A公司承接B公司（大型通信运营商）的一项工程业务，该业务包含工程施工、设备租赁（定制设备）和设备安装三项，并分别签订三份合同。其中设备租赁期为3年，租赁结束后资产移交给业主方B公司。A公司以融资租赁并转租的形式履行该项义务，由长期合作的设备供应商提供定制设备，并租赁给A公司，租赁期间为3年，租金合计1 500 000.00元，从第一年开始支付，每年初支付500 000.00元。同时，由A公司转租给B公司，转租期为3年，租金合计1 650 000.00元，从第二年开始每年年初收取租金550 000.00元。A公司无法获取供应商的租赁内含利率，A公司与该租赁类似金额、类似抵押条件、类似期间的增量借款利率为5%。假定不考虑初始直接费用、增值税等因素。

（1）A公司作为承租人的处理。

根据CAS 21：16“使用权资产应当按照成本进行初始计量”和CAS 21：17“租赁负债应当按照租赁期开始日尚未支付的租赁付款额的现值进行初始计量，在计算租赁付款额的现值时，承租人应当采用租赁内含利率作为折现率；无法确定租赁内含利率的，应当采用承租人增量借款利率作为折现率”的规定，A公司对原租赁作为承租人，按照未付的租赁付款额金额（后2年每年500 000.00元）和增量借款利率5%折现计算现金流现值929 705.22元，确认为租赁负债，同时将已支付的50万元首期租金与租赁付款额的现值之和确认为使用权资产的初始计量成本：

借：使用权资产	1 429 705.22	
租赁负债——未确认融资费用	70 294.78	
贷：租赁负债——租赁付款额		1 000 000.00
银行存款		500 000.00

根据CAS 21：23规定："承租人应当按照固定的周期性利率计算租赁负债在租赁期内各期间的利息费用，并计入当期损益"，后续每年结合付款计划按照实际利率法确认利息费用，调整租赁负债。

第1年年末、第2年年末确认租赁负债的利息费用：

借：财务费用　　46 485.26/23 809.52

　　贷：租赁负债——未确认融资费用　　46 485.26/23 809.52

第2年年初、第3年年初支付租金：

借：租赁负债——租赁付款额　　500 000.00/500 000.00

　　贷：银行存款　　500 000.00/500 000.00

每年计算的利息费用明细如下：

年度	租赁负债			
	年初支付租金	付当年租金后的期初余额	利息费用	期末余额
第1年		929 705.22	46 485.26	976 190.48
第2年	500 000.00	476 190.48	23 809.52	500 000.00
第3年	500 000.00	0.00		

（2）A公司作为出租人的处理。

根据CAS 21：38规定："在租赁期开始日，出租人应当对融资租赁确认应收融资租赁款，并终止确认融资租赁资产。出租人对应收融资租赁款进行初始计量时，应当以租赁投资净额作为应收融资租赁款的入账价值"，A公司按照租赁内含利率对融资租赁确认应收融资租赁款，并终止确认融资租赁资产，经过计算，将租赁收款额折现为使用权资产账面价值的内含利率为7.5225%。

借：长期应收款　　1 650 000.00

　　贷：未实现融资收益　　220 294.78

　　　　使用权资产　　1 429 705.22

按照CAS 21：38规定："出租人应当按照固定的周期性利率计算并确认租赁期内各个期间的利息收入。该周期性利率，是按照本准则第三十八条规定所采用的折现率，或者按照本准则第四十四条规定所采用的修订后的折现率"，A公司后续结合收款情况冲减长期应收款，并按照内含利率7.5225%将未实现融资收益分期结转为租赁收入。

借：银行存款　　550 000.00/550 000.00/550 000.00

贷：长期应收款　　　　　　550 000.00/550 000.00/550 000.00

借：未实现融资收益　　　　107 549.56/74 266.23/38 478.99

贷：其他业务收入　　　　　107 549.56/74 266.23/38 478.99

每年计算应当冲减的未实现融资收益明细如下：

年度	应收融资租赁款			
	年初收取租金	收当年租金后的期初摊余价值	确认租赁收入	期末摊余价值
第1年		1 429 705.22	107 549.56	1 537 254.78
第2年	550 000.00	987 254.78	74 266.23	1 061 521.01
第3年	550 000.00	511 521.01	38 478.99	550 000.00
第4年	550 000.00	0.00		

分析

根据背景信息，A公司与B公司就该工程业务，同时拟签订分别为工程施工、设备租赁（定制设备）和设备安装的三份合同，我们理解，这三份合同在经济实质上存在紧密联系，应对照新收入准则第七条关于“合同合并”的规定，很可能应合并为一项合同进行处理。

该合同涉及的承诺包括工程施工、设备销售（定制设备，也可以认为是租赁）和设备安装三项。合同对价为165万元（分3年收取，每年55万元）（假设其他两项价款为0）。虽然A公司获取设备和销售设备都采用了租赁的法律形式，但鉴于其从设备供应商取得对设备的控制权后，又将设备的控制权和设备所有权上的风险和报酬转移给客户，且A公司的主营业务是“为通信运营商、媒体运营商、设备制造商、专用通信网及政府机关、企事业单位等提供网络建设、通信设备销售、外包服务、内容应用及其他服务”，故对A公司而言，该交易的经济实质就是：以分期付款方式从设备供应商处获得设备，同时再以分期收款方式销售给客户B公司（附带相关的工程施工和安装服务）。即，本案例不仅应根据转租赁有关规定进行处理，也应依据CAS 21：42规定的“生产商或经销商作为出租人的融资租赁，在租赁期开始日，该出租人应当按照租赁资产公允价值与租赁收款额按市场利率折现的现值两者孰低确认收入，并按照租赁资产账面价值扣除未担保余值的现值后的余额结转销售成本。生产商或经销商出租人为取得融资租赁发生的成本，应当在租赁期开始日计入当期损益。”进行会计处理。

如果设备的采购、安装调试和相关工程施工等均在一年内完成，则不论设备销售、安装和工程施工在新收入准则下分为几项履约义务，也不论这些履约义务是在一个时点履行还是在一个时段内履行，其相关的收入都可以在同一个年度内确认，不涉及跨年问题。可确认的收入总额为A公司与B公司约定的合同总价（165万元）按市场利率折现的现值。

由于A公司作为上市公司的融资利率为5%，我们理解作为大型电信运营商的B公司其融资利率通常也不会高于5%（此处假设同样为5%）。则简要测算如下：

（1）A公司作为承租人（即设备采购）的处理。

借：库存商品　　1 429 705.22

　　租赁负债——未确认融资费用　　70 294.78

　　贷：租赁负债——租赁付款额　　1 000 000.00

　　　　银行存款　　500 000.00

（2）A公司作为出租人（即以融资租赁的方式销售设备）的处理。

合同总价款为165万元，每年收取55万元，分3年收取，按5%利率折现的现值=1 497 760.00元。

借：长期应收款　　1 650 000.00

　　贷：未实现融资收益　　152 213.58

　　　　主营业务收入　　1 497 786.42

同时，将上述库存商品联通相关的施工、安装等成本转入主营业务成本：

借：主营业务成本　　1 429 705.22

　　贷：库存商品　　1 429 705.22

（3）后续，A公司每年确认租赁负债的利息和租金支付：

借：租赁负债——租赁付款额　　500 000.00/500 000.00

　　财务费用——利息支出　　46 485.26/23 809.52

　　贷：银行存款　　500 000.00/500 000.00

　　　　租赁负债——未确认融资费用　　46 485.26/23 809.52

A公司每年确认利息收入和收回租金：

借：银行存款　　550 000.00/550 000.00/550 000.00

　　贷：长期应收款　　550 000.00/550 000.00/550 000.00

借：未实现融资收益　　74 889.32/51 133.79/26 190.47

　　贷：其他业务收入　　74 889.32/51 133.79/26 190.47

A公司的自身的会计处理（见前文“背景”部分）未考虑A公司将交易中的买卖差价均归入融资收益，造成长期应收款的内含利率过高，而设备销售和工程施工的毛利为零，不符合实际情况。

1.5.2.5 融资租赁变更的处理

关于租赁变更（CAS 21：43、44）的处理思路见图1–6。

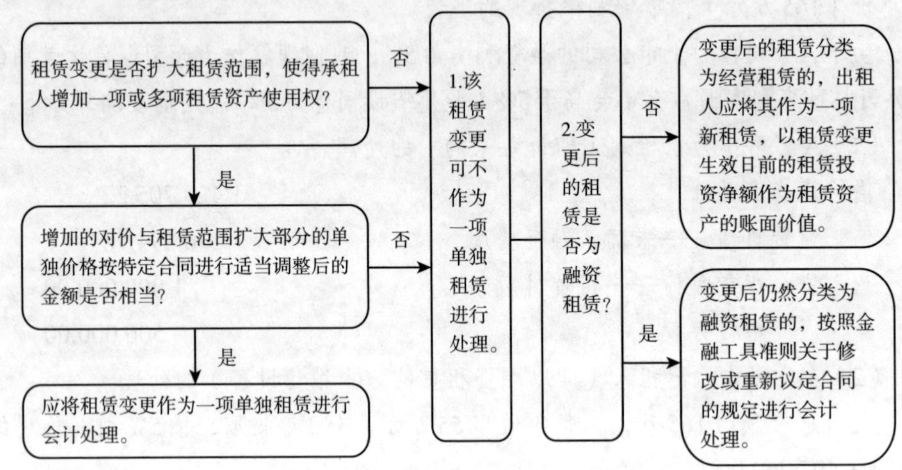

图1–6　出租人对融资租赁变更的处理流程

其中，融资租赁变更后仍然分类为融资租赁的，出租人应当按新金融工具确认和计量准则第四十二条关于修改或重新议定合同的规定进行会计处理。

（1）修改或重新议定租赁合同，未导致应收融资租赁款终止确认，但导致未来现金流量发生变化的，应当重新计算该应收融资租赁款的账面余额，并将相关利得或损失计入当期损益。

（2）对于修改或重新议定租赁合同所产生的所有成本和费用，出租人应当调整修改后的应收融资租赁款的账面价值，并在修改后的应收融资租赁款的剩余期限内进行摊销。

1.5.3 出租人对经营租赁的处理

出租人对经营租赁相关业务的处理主要为：

租金收入确认方式	在租赁期内各个期间，采用直线法或其他系统合理（如工作量法）的方法，将经营租赁的租赁收款额确认为租金收入。其他系统合理的方法能够更好地反映因使用租赁资产所产生经济利益的消耗模式的，应当采用该方法（CAS 21：45）
初始直接费用	资本化，在租赁期内按照与租金收入确认相同的基础进行分摊，分期计入当期损益（CAS 21：46）
经营租赁标的资产	对于经营租赁资产中的固定资产，应当采用类似资产的折旧政策计提折旧；对于其他经营租赁资产，应当根据该资产适用的企业会计准则，采用系统合理的方法进行摊销。出租人应当按照《企业会计准则第8号——资产减值》的规定，确定经营租赁资产是否发生减值，并进行相应会计处理（CAS 21：47）

续表

可变租赁付款额	取得的与经营租赁有关的未计入租赁收款额的可变租赁付款额，在实际发生时计入当期损益（CAS 21：48）
经营租赁变更	经营租赁发生变更的，出租人应当自变更生效日起将其作为一项新租赁进行会计处理，与变更前租赁有关的预收或应收租赁收款额应当视为新租赁的收款额（CAS 21：49）

中间出租人在转租赁分类为经营租赁时，其会计处理参照【例1–27】。

【例1–27】转租赁分类为经营租赁的处理

接【例1–23】情形2，中间出租人应在转租赁开始日：

（1）在资产负债表中继续保留与原租赁相关的使用权资产和租赁负债。

（2）在转租赁期间，中间出租人确认使用权资产的折旧费用和租赁负债的利息，并确认转租赁的租赁收入。

1.5.4　出租人的列报和披露

1.5.4.1　出租人的报表列报

出租人应当根据资产的性质，在资产负债表中列示经营租赁资产（CAS 21：56）。该列报要求与原租赁准则一致。

1.5.4.2　出租人的附注披露

（1）出租人应当在附注中披露与融资租赁有关的下列信息（CAS 21：57）：

内容	具体披露要求	备注
损益相关	销售损益、租赁投资净额的融资收益以及与未纳入租赁投资净额的可变租赁付款额相关的收入	完善了对租赁损益的披露要求
资产相关	（1）资产负债表日后连续五个会计年度每年将收到的未折现租赁收款额以及以后年度将收到的未折现租赁收款额总额； （2）未折现租赁收款额与租赁投资净额的调节表	按年度披露的未折现租赁收款额由原准则要求的三年改为五年

（2）出租人应当在附注中披露与经营租赁有关的下列信息（CAS 21：58）：

内容	具体披露要求	备注
损益相关	租赁收入，并单独披露与未计入租赁收款额的可变租赁付款额相关的收入	完善了对租赁收入的披露要求
资产相关	（1）将经营租赁固定资产与出租人持有自用的固定资产分开，并按经营租赁固定资产的类别提供《企业会计准则第4号——固定资产》要求披露的信息； （2）资产负债表日后连续五个会计年度每年将收到的未折现租赁收款额以及剩余年度将收到的未折现租赁收款额总额	按年度披露的未折现租赁收款额由原准则要求的三年改为五年

（3）出租人应当根据理解财务报表的需要，披露有关租赁活动的其他定性和定量信息。此类信息包括：①租赁活动的性质，例如，对租赁活动基本情况的描述；②对其在租赁资产中保留的权利进行风险管理的情况；③其他相关信息（CAS 21：59）。

新租赁准则增加要求出租人披露如何管理与其在标的资产中保留的权利相关的风险。该风险管理策略包括出租人降低风险的方式，常见的方式如签订回购协议、要求提供担保余值条款或因超出规定限制使用资产而须支付的可变租赁付款额等。

1.6 售后租回交易

1.6.1 售后租回交易的会计处理原则

承租人和出租人应当按照新收入准则的规定，评估确定售后租回交易中的资产转让是否属于销售（CAS 21：50），从而根据评估结果采取不同的处理。不同的处理方式可参见图1–7。

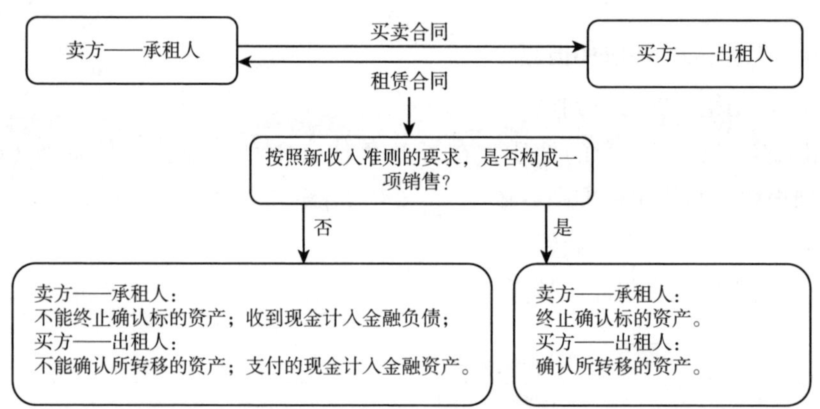

图1–7 售后租回交易会计处理思路

1.6.2 售后租回交易中的资产转让不属于销售

售后租回交易中的资产转让不属于销售的，承租人应当继续确认被转让资产，同时确认一项与转让收入等额的金融负债，并按照新金融工具确认和计量准则对该金融负债进行会计处理；出租人不确认被转让资产，但应当确认一项与转让收入等额的金融资产，并按照新金融工具确认和计量准则对该金融资产进行会计处理（CAS 21：52）。

即售后租回交易不构成销售的，双方均作为一项融资安排进行处理。

注意

原租赁准则第三十一条要求“售后租回交易认定为融资租赁的，售价与资产账面价值之间的差额应当予以递延，并按照该项租赁资产的折旧进度进行分摊，作为折旧费用的调整。”

但是该规定在原租赁准则下曾备受质疑，虽然按照该规定在售后租回交易发生时并不产生损益，但是，在原准则体系下，即以商品或固定资产的风险和报酬是否转移来决定能否确认收入或资产处置损益的模式下，售后租回形成融资租赁时、标的资产所有权相关的主要风险和报酬并未转移，但是原规定的处理方式却调整了标的资产的账面成本，这一处理结果与存货、固定资产以历史成本计量的基本计量原则并不相符——历史成本计量的原则下，不允许因为资产的公允价值变动而调整资产的账面成本。

新租赁准则对资产转让不构成销售的售后租回交易的处理是，标的资产的账面价值不变，整个交易视同一项“抵押融资”安排，承租人仅需将名义上的“销售价款”作为一项金融负债，将未来支付的“租金”作为该金融负债本息的偿还；相应地，出租人将名义上的“购买价款”作为提供融资计入金融资产，将未来收取的“租金”作为提供融资的本息收回。

需要注意的是：售后租回交易中的资产转让不属于销售的情况下，卖方（兼承租人）不应使用“使用权资产”和“租赁负债”科目，而是将租赁标的资产继续在原科目中核算，并将所收到的“标的出售款项”（实质为融资额）确认为一项金融负债（例如，长期应付款）。

【例1–28】售后租回交易的核算和披露模式的一贯性

问题

如背景资料所述，A公司对该售后租回业务采用不同的核算方法是否恰当？

背景

A公司2×16年执行原租赁准则，其发生的若干笔售后租回构成融资租赁的业务均按照原租赁准则第三十一条的要求“售后租回交易认定为融资租赁的，售价与资产账面价值之间的差额应当予以递延，并按照该项租赁资产的折旧进度进行分摊，作为折旧费用的调整”进行处理。但2×16年其新发生一笔售后租回业务比较特殊，与以往的售后租回业务存在不同：合同约定租赁期2年、融资金额即标的资产售价为2亿元，租赁期内A公司按照2亿元的年利率6%支付租金，待租赁期满时归还租赁成本2亿元和最后一笔租金。

A公司考虑该售后租回标的资产的固定资产账面价值或公允价值均远高于合同约定的“融资金额”，该差额如果按照原租赁准则第三十一条的要求处理，将计入“递延收益”的借方。考虑到前述不合理，A公司认为该“售价”显著不公允的原因是对方无意取得标的资产，实质上是资金融通业务。因此A公司对该笔业务采取如下方式进行会计核算和列报：将对应的固定资产、折旧、累计减值（即前述售后租回标的资产）从自有资产重分类到融资租入资产等项目核算，同时在长期应付款核算原始融入资金（租赁成本）2亿元，因其租赁期内仅支付利息，所以不确认未确认融资费用，按照合同约定的计息方式支付租金。

分析

基于2006版原租赁准则的分析：

参照与原租赁准则对应的《国际会计准则第17号——租赁》第60段对构成融资租赁的售后租回交易的经济实质的分析："如果售后租回构成融资租赁，则该交易是出租人向承租人提供融资的一种方式，并以该资产作为融资的担保物。"（If the leaseback is a finance lease，the transaction is a means whereby the lessor provides finance to the lessee，with the asset as security.）除了原租赁准则第三十一条的要求的处理方式之外，实务中对该类交易还有另一种可使用的会计处理方法，即不在账面上体现标的资产的出售及其相关的递延收益（因此固定资产的账务处理不受影响），而是把所获得的融资作为一项担保借款列报（在"长期应付款"科目中列报），以后年度支付的租金和留购价款视作还本付息，按照实际利率法以摊余成本对该长期应付款进行后续计量，确认利息支出。该种处理方法与原租赁准则及其讲解中介绍的处理方法相比，对租赁期内各年度以及租赁期结束后的净资产、净利润均无影响，唯一的区别就是固定资产和递延收益两个科目的同增同减。同时，这种方法的会计处理不要求确定出售总价，只是把实际获取的融资确认为负债，对于那些在售后租回合同签订时尚无法确定总价的售后租回业务而言有更好的适用性。

本案例中A公司对2×16年该笔售后租回业务的会计核算和列报方式，是基于该业务的经济实质而将其作为借款处理，符合前段所分析的业务实质，单独看这一笔业务的处理是可以接受的。

但是，该笔业务的处理与A公司目前对原有的售后租回构成融资租赁业务的处理方式不同，这一处理结果将导致同一会计主体在同一会计期间的同一份财务报表中，对性质类似的交易（售后租回构成融资租赁）采用两种不同的核算和列报方式，不符合"可比性"的要求（同一企业不同时期发生的相同或者相似的交易或者事项，应当采用一致的会计政策）。

因此，我们理解，实务中对原租赁准则下构成融资租赁的售后租回业务，企业可以选择其中任何一种方法进行会计处理，但一旦选定其中一种方法，即成为企业的一项会计政策，应当将该种方法一贯地运用于所有同类交易。因此，

A公司应采取以下两种方法之一进行核算：

（1）对2×16年新增的该笔售后租回构成融资租赁的业务，也采用与以前原有的售后租回构成融资租赁的交易相一致的方式进行确认、计量和列报；

（2）对售后租回构成融资租赁的交易的会计处理政策进行变更，将全部此类交易所采用的会计处理方式均变更为“抵押借款模式”，相应地，按照《企业会计准则第28号——会计政策、会计估计变更和差错更正》对企业自主变更会计政策的相关衔接和披露要求，应相应追溯调整财务报表中的前期比较数据（此方法的处理流程相对较为复杂，但变更后的会计政策操作起来更简便，且能更清楚地反映此类业务的经济实质）。

对于该租赁事项的附注披露，按照原租赁准则中适用于融资租赁承租人的披露规定，在财务报表附注中披露与该售后租回构成融资租赁的交易相关的信息。

基于2018版新租赁准则的分析：

新租赁准则对售后租回交易中的卖方承租人要求其在会计处理时应首先按照新收入准则的规定，评估确定售后租回交易中的资产转让是否属于销售。基于评估结果，进而采用不同的处理。即，一旦“资产转让是否属于销售”的判断作出，即只能采用与该判断对应的会计处理方法进行会计处理，不再存在选择会计政策的空间。

2×16年该笔售后租回业务中，由于约定的融资金额显失公允，租赁期内约定的租金与标的资产的市场租金无关、仅是依据融资金额的固定比例，且卖方承租人在租赁期满后仅需归还租赁成本2亿元和最后一笔利息的购买价款即可获取标的资产的所有权，这些条款均表明购买方（出租方）并未也无意取得该资产的控制权，并不享有或承担该固定资产所有权上的主要风险和报酬，购买方即使取得该资产的法定所有权，但其意图仍是基于标的资产而向融出资金本息的收回提供担保。因此，该标的资产的转让不构成销售。A公司不在账面上体现标的资产的出售，把所获得的融资作为一项金融负债列报，后续期间按照实际利率法以摊余成本对该金融负债进行后续计量，确认利息支出。

在新租赁准则下，原租赁准则导致的争议问题得以消除。

1.6.3　售后租回交易中的资产转让属于销售

售后租回交易中的资产转让属于销售的，新租赁准则的处理方式较原准则发生了较大变化。售后租回交易中的资产转让属于销售的，承租人的主要的处理方式为（CAS 21：51）：

资产相关	卖方承租人按照与保留使用权有关的资产之前的账面价值的比例计量由租回带来的使用权资产
损益相关	卖方承租人确认的利得（或损失）仅限于与转让给买方出租人的权利相关的总利得（或损失）的一定比例
销售对价的处理	如果销售对价不等于资产的公允价值，则二者的差额代表预付租赁付款额（购买价格低于市场价格时）或额外融资（购买价格高于市场价格时）
合同付款利率	如果租赁付款不符合市场利率，与上一条同样的逻辑适用

出租人的主要处理方式为（CAS 21：51）：

资产相关	出租人应当根据其他适用的企业会计准则对资产购买进行会计处理，并根据新租赁准则对资产出租进行会计处理
销售对价的处理及租金收入确认	如果销售对价不等于资产的公允价值，则二者的差额代表承租人预付租赁付款额（购买价格低于市场价格时）或额外融资（购买价格高于市场价格时），出租人应按市场价格调整租金收入
合同付款利率	如果租赁付款不符合市场利率，与上一条同样的逻辑适用

注意

如果销售对价的公允价值与资产的公允价值不同，或者出租人未按市场价格收取租金，则企业应当将销售对价低于市场价格的款项作为预付租金进行会计处理，将高于市场价格的款项作为出租人向承租人提供的额外融资进行会计处理。同时，承租人按照公允价值调整相关销售利得和损失，出租人按市场价格调整租金收入。

在进行上述调整时，企业应当基于以下两者中更易于确定的项目：销售对价的公允价值与资产公允价值之间的差额和租赁合同中付款额的现值与按租赁市价计算的付款额现值之间的差额。

【例1–29】和【例1–30】分别说明了购买对价高于市场价格、购买对价低于市场价格的两种不同情形下承租人与出租人的具体处理。

【例1–29】售后租回构成销售——购买对价高于市场价格

背景

卖方承租人以200万元现金将一座建筑物（固定资产）出售给非关联方的买方出租人。出售时建筑物的公允价值为180万元；交易前的即时账面价值为100万元。

与此同时，卖方承租人与买方出租人签订了使用建筑物18年的合同，每年年底向其支付12万元租金。租赁内含利率为4.5%，计算的年度付款额的现值为

1 459 200元。

卖方承租人评估，将资产转让给买方出租人符合新收入准则中收入确认的条件。买方出租人将取得的建筑物作为固定资产管理，经评估，将资产出租给卖方承租人应被分类为经营租赁。

分析

承租人的会计处理：

（1）融资交易。由于合同对价（200万元）超过了该建筑物的公允价值（180万元），该协议包含融资交易：

借：货币资金 200 000

贷：金融负债 200 000

（2）售后租回。卖方承租人按照与租回获得的使用权有关的资产之前的账面价值的比例计量由租回带来的使用权资产。将年度付款额的现值（1 459 200元）减去卖方承租人融资额部分（20万元）=1 259 200元，计算的应保留的使用权资产账面价值为：

1 259 200 ÷ 1 800 000 × 1 000 000 =699 555（元）

卖方承租人仅对转让至买方出租人的权利确认相关的利得，计算方法如下：

①出售该建筑物的总利得为80万元（公允价值1 800 000元减去账面价值1 000 000元）

②卖方承租人保留的该建筑物使用权相关的利得（未转移，不能确认）：

800 000 × 1 259 200 ÷ 1 800 000=559 645（元）

③转让至买方出租人的权利相关的利得（已实现，确认该部分利得）：

800 000 ×（1 800 000–1 259 200）÷ 1 800 000=240 355（元）

在租赁期开始日，卖方承租人对该交易的会计处理如下：

借：货币资金 1 800 000

使用权资产 699 555

贷：固定资产（建筑物） 1 000 000

租赁负债 1 259 200

资产处置收益 240 355

出租人的会计处理：

（1）融资交易。由于合同对价（200万元）超过了该建筑物的公允价值（180万元），该协议除取得固定资产外还包含融资交易：

借：固定资产 1 800 000

金融资产 200 000

贷：货币资金　2 000 000

（2）经营租赁。租赁期内每期收取租金的名义金额为12万元，但其中一部分实际是收回提供融资的本息，剩余部分才是租金的收取。因此：

①每期收回的融资本息为200 000÷（P/A，4.5%，18）=16 447.38（元）

②每期收回的实质属于租金的部分为：120 000–16 447.38=103 552.62（元），出租人在租赁期内每期应确认103 552.62元租赁收入。

【例1–30】售后租回构成销售——购买对价低于市场价格

背景

卖方承租人以1 600万元现金将一台大型设备（卖方承租人作为固定资产核算）出售给非关联方的买方出租人。出售时，该设备的公允价值为1 800万元；交易前的即时账面价值为1 000万元。

与此同时，卖方承租人与买方出租人签订了使用该设备5年的合同（该设备预计剩余使用寿命为10年），每年年底向其支付260万元租金。租赁内含利率为5%，计算的年度付款额的现值为1 125.66万元。

卖方承租人评估，将设备转让给买方出租人符合收入确认条件。买方出租人将取得的设备作为固定资产管理，经评估，将资产出租给卖方承租人应被分类为经营租赁。

分析

承租人的会计处理：

（1）预付租金。由于合同对价（1 600万元）低于该设备的公允价值（1 800万元），差额200万元应作为预付租金处理。但需注意的是，此处的预付租金200万元并非直接计入“使用权资产”，而应和名义租金（该租金通常低于市场租金）的现值加和用以计算“保留使用权有关的资产之前的账面价值的比例”。

（2）售后租回。卖方承租人按照与租回获得的使用权有关的资产之前的账面价值的比例计量由租回带来的使用权资产。将年度付款额的现值（1 125.66万元）加上预付租金部分（200万元）=1 325.66万元，计算的应保留的使用权资产账面价值为：

1 325.66÷1 800×1 000 =736.48（万元）

卖方兼承租人仅对转让至买方出租人的权利确认相关的利得，计算方法如下：

①出售该设备的总利得为800万元（公允价值1 800万元减去账面价值1 000万元）

②卖方承租人保留的该设备使用权相关的利得（未转移，不能确认）：

800×1 325.66÷1 800=589.18（万元）

③转让至买方出租人的权利相关的利得（已实现，确认该部分利得）：

800×（1 800–1 325.66）÷1 800=210.82（万元）

在租赁期开始日，卖方承租人对该交易的会计处理如下（单位：万元）：

借：银行存款　　1 600.00

　　使用权资产　　736.48

　　贷：固定资产（机器设备）　　1 000.00

　　　　租赁负债　　1 125.66

　　　　资产处置收益　　210.82

出租人的会计处理：

（1）预收租金。由于合同对价（1 600万元）低于该设备的公允价值（1 800万元），差额200万元应作为预收租金处理，对取得的固定资产仍以公允价值入账：

借：固定资产　　1 800

　　贷：货币资金　　1 600

　　　　预收账款　　200

（2）经营租赁。租赁期内每年确认租金：

借：货币资金或金融资产　　260

　　预收账款　　40（200÷5）

　　贷：租金收入　　300

注意

原租赁准则第三十二条规定：售后租回交易认定为经营租赁的，售价与资产账面价值之间的差额应当予以递延，并在租赁期内按照与确认租金费用相一致的方法进行分摊，作为租金费用的调整。但是，有确凿证据表明售后租回交易是按照公允价值达成的，售价与资产账面价值之间的差额应当计入当期损益。即在原租赁准则下，在售后租回发生的当期，不确认资产处置损益，或者确认全部的资产处置损益（确凿证据表明售后租回交易是按照公允价值达成时）。

但新租赁准则对售后租回构成销售时的处理与原准则发生了较大调整，在售后租回发生的当期，应当确认一部分资产处置损益，仅能确认与转让至买方出租人的权利相关的部分。

该规定的原则在于，原属于承租人拥有所有权的租赁标的资产（【例1–29】中的建筑物和【例1–30】中的机器设备），在销售后租回形成使用权资产时，该使用权资产部分于交易前后都受卖方承租人的控制，交易前以固定资产的形态，交易后是以使用权资产的形态。即标的资产在租赁期间的使用权，是卖方承租人于原持有该标的资产时基于标的资产所有权而享有的权利的一部分。由于与使用资产有关的权利自始至终均在卖方承租人控制之下，因此，不应改变其继续按照历史成本计量的属性，应采用售后租回前的该部分权利的账面价值持续计量作为售后租回形成的使用权资产的初始账面价值。相应地，资产处置损益则仅确认与转让至买方出租人的权利相关的部分。

1.6.4 售后租回交易的实务案例

鉴于售后租回交易无论是否构成销售，其会计处理原则与原准则均发生了较大变化，且通常交易本身的金额重大，因此发生相关交易时，如何识别一项交易是否属于售后租回、如何判断售后租回的“售”的环节是否属于销售以及在合并集团内不同主体开展售后租回交易时应如何处理等业务可能对卖方承租人影响重大。【例1–30】至【例1–33】通过我们在日常工作中处理的一些实务案例说明了我们对这些业务模式的会计处理观点。

1.6.4.1 售后租回的界定及会计处理

【例1–31】以在建船舶“售后租回”方式融资的相关会计处理

问题

如背景资料所述，从事航运业务的A公司，以在建船舶“售后租回”方式筹措船舶建造资金，船舶建成后的若干年内以租金的形式偿还的业务，应如何进行会计处理?

背景

A公司于2×10年2月9日与B船厂就一艘45 000吨散货船建造项目签署了《船舶建造合同》，合同造价16 628万元。《船舶建造合同》主要条款为：

（1）相关当事人。

买方：A公司

卖方：B船厂

（2）买卖双方承诺。

鉴于本合同所含的双方约定，卖方同意在其造船厂内设计建造、下水、装配、完成一艘45 000吨散货船，并在完工和试航成功后出售并交付给买方，买方同意按本合同条款向卖方购买和接收前述船舶，并根据以下条款中所述金额付款。

（3）合同价格。

本船合同总价共计16 628万元人民币。

（4）支付条款。

本合同买卖双方的支付采用电汇方式（T/T）。付款共分六期完成，卖方应当在买方支付合同价格的第一、二、三、四期款项（每期均为合同总价的20%，数额为3 325.6万元）前向买方提供由卖方选择并经买方及买方银行同意的银行签发的不可撤消及无条件保函，以担保卖方对合同价格的第一、二、三、四期款项可能的退款义务。第二、三、四期款项的支付还必须有由买方代表签字认可的付款凭证（进度证明）。第五期款项：本船合同价格的17%，数额为2 826.76万元。第六期款项：498.84万元的质量保证金。

为监督该艘船的建造质量，于签订《船舶建造合同》当日，A公司与某监理公司签订了《A公司45 000吨散货船建造监理项目合同》。

A公司于签订《船舶建造合同》当日支付第一期款项3 235.6万元。随后的2×10年2月20日，A公司、B船厂和C金融租赁公司达成一致，签订《转让协议》将《船舶建造合同》的权利义务转让给C金融租赁公司，C公司需向A公司支付3 235.6万元作为转让对价。A公司并与C金融租赁公司签订《融资租赁合同》。其中，《融资租赁合同》的主要条款为：

（1）定义。

出租人（甲方）：C金融租赁公司

承租人（乙方）：A公司

卖方：B船厂

船舶：指作为本合同下租赁物件的45 000吨散货船；

租金：指根据本合同规定，乙方应向甲方支付的各期租金金额；

租金支付日：指乙方应将各期租金支付甲方账户之日；

合同期限：指本合同生效之日起至甲乙双方在本合同项下全部义务履行完毕之日止的期间；

租赁期限：自《租赁附表》（概算表）/《实际租金支付表》项下的概算起租日/实际起租日起至最后一期租金应付日止的期间；

概算起租日：指《船舶建造合同》约定的未发生变更的船舶交付日，本合同项下的概算起租日为《船舶建造合同》生效日后12个月期满之日；

实际起租日：指卖方向乙方实际交付船舶之日；

（2）合同目标。

乙方（A公司）以租用、留购并最终获得船舶所有权为目的，以融资租赁方式向甲方（C金融租赁公司）承租船舶。

（3）租金。

甲方为乙方融资租赁之目的购买乙方自行选定的船舶并出租给乙方使用，乙方承租船舶须付租金给甲方，租金及其给付办法、账号、币种和次数等按合同附件之《租赁附表》(概算表）及《实际租金支付表》规定办理等；

合同还款期限为15年，自实际起租日起乙方每三个月向甲方等额支付一次租金，共分60次支付，期末后付。

租金由租赁成本与租赁利息构成。实际起租日的实际租赁成本是甲方根据《船舶建造合同》《转让协议》购买卖方船舶所实际支付的合同价款（如有调整，以调整后的价款为准）及双方一致同意计入成本的租前息及其他费用之和。租前息为甲方在《船舶建造合同》下已支付的各期船舶款项自实际支付之日起截至起租日前一日按照租赁利率并季度付息计算的利息，租前息在实际起租日计入租赁成本。

（4）船舶的所有权。

在卖方交付后，乙方按照本合同履行完毕所有责任与义务之前，船舶的所有权属于甲方且甲方是船舶的唯一所有人。

（5）船舶建造监理。

船舶建造过程中仍由乙方负责委托专业机构对船舶进行建造质量监督，由此而产生的监理费用由乙方自行承担。

分析

A公司在船舶初始建造时，船厂为卖方、A公司为买方；在合同履行中以在建船舶为转让标的，A公司作为原买方转让船舶建造合同的相关权利义务，融资租赁公司作为新买方承继相关权利和义务，并形成A公司与融资租赁公司就该船舶的租赁业务。从形式上看，该交易安排似乎属于“售后租回交易”。

但是，《CAS 21应用指南2019》中指出：在标的资产的法定所有权转移给出租人并将资产租赁给承租人之前，承租人可能会先获得标的资产的法定所有权。但是，是否具有标的资产的法定所有权本身并非会计处理的决定性因素。如果承租人在资产转移给出租人之前已经取得对标的资产的控制，则该交易属于售后租回交易。然而，如果承租人未能在资产转移给出租人之前取得对标的资产的控制，那么即便承租人在资产转移给出租人之前先获得标的资产的法定所有权，该交易也不属于售后租回交易。

因此，本例中应分析A公司在与C达成转让和租赁之前，是否控制该标的船舶。其中有以下问题需要关注：

（1）由于A公司与B船厂签订《船舶建造合同》的时间与A公司、B船厂、C公司签订的《转让协议》、A公司和C公司签订的《融资租赁合同》时间临近，相关安排是否构成一揽子交易？如果构成一揽子交易，则本交易从一开始设计时，就是达成C公司向B船厂购买船舶后再向A公司出租的效果，则A公司向C转让该船舶之前并未取得标的资产的控制权，整个交易作为直接租赁进行处理，不构成“售后租回交易”。

（2）若第（1）步的分析中不构成一揽子交易，则需关注A公司与C公司签订《转让协议》时，该船舶是否已经处于实质性的建造中？如果该船舶尚未开始实质性建造，则A公司已经支付的第一期款项仍是“预付款项”的状态，显然由于标的船舶尚不存在，A公司不能控制船舶相关资产。因此，整个交易作为直接租赁进行处理，不构成“售后租回交易”。

（3）若第（2）步中转让时该船舶已经处于实质性的建造中，则需进一步考虑以下情形：

①A公司不能控制在建过程中的船舶。整个交易作为直接租赁进行处理，不构成“售后租回交易”。

②A公司可以控制在建过程中的船舶。由于在转让给C金融租赁公司的合同中，转让了A公司可控制的在建船舶，因此该部分构成了“售后租回交易”。

（4）本例中，在交易属于直接租赁时：

A公司最初向B船厂支付的第一期价款，在相关安排属于一揽子交易时计入“其他应收款”，直接租赁的其他情形下计入“预付款项”。待C公司支付《转让协议》的对价时，终止确认“其他应收款”或“预付款项”。A公司按照承租人的一般处理规定处理，确认“使用权资产”和“租赁负债”。

在合同的谈判和签约过程中发生的手续费、律师费、佣金等（如有），判断是否满足为达成租赁而发生的“初始直接费用”的条件，如满足则一并计入“使用权资产”，如不满足则在发生时直接费用化处理。

A公司支付的监理费用，按照《CAS 21应用指南2019》的要求：“在某些情况下，承租人可能在租赁期开始前就发生了与标的资产相关的经济业务或事项。例如：租赁合同双方经协商在租赁合同中约定，标的资产需经建造或重新设计后方可供承租人使用；根据合同条款与条件，承租人需支付与资产建造或设计相关的成本。承租人如发生与标的资产建造或设计相关的成本，应适用其他相关准则（如《企业会计准则第4号——固定资产》）进行会计处理。同时，需要注意的是与标的资产建造或设计相关的成本不包括承租人为获取标的资产使用权而支付的款项，此类款项无论在何时支付，均属于租赁付款额”，该部分支出并非为取得使用权资产而支付的款项，也不满足固定资产的定义，但其带给A公司的受益期是整个租赁期，因此应确认为一项资产（如“长期待摊费用”），在整个租赁期内分摊计入损益。

（5）本例中，交易部分构成“售后租回交易”时，该交易形式上同时包含了“售后租回交易”和“直接租赁”业务。即对于转让时B船厂已履约的部分构成了“售后租回交易”，而转让时B船厂尚未履约部分由于标的资产尚不存在因此构成了“直接租赁”业务。但是，由于已履约部分和未履约部分共同构成一项不可分割的资产，因此我们理解此时应将两部分合并作为一个整体去考虑交易的实质。本案例中，由于租赁合同明确表述“乙方（A公司）以租用、留购并最终获得船舶所有权为目的，以融资租赁方式向甲方（C金融租赁公司）承租船舶”。即使在建船舶已经转让给C公司，但是仍然由A公司委托监理公司监督船舶的建造质量，且船舶后续如何建造也是由A公司来主导，最终建造成本的变动风险，以及船舶使用中的主要风险和报酬基本由A公司享有或承担。因此，该交易实质我们更倾向于认为其是以标的船舶（完整整体）为抵押的融资行为。即A公司应当继续确认该在建船舶（在建工程），并将收到的价款确认为一项金融负债（如“长期应付款”），以后年度支付的租金和留购价款视作还本付息，按照实际利率法以摊余成本对该长期应付款进行后续计量，确认利息支出，对利息支出可按《企业会计准则第17号——借款费用》的规定判断其能否资本化计入在建工程（船舶）的成本。或者，即使按照“售后租回交易”来考虑，在该“出售”中，对船舶的控制权以及与船舶所有权有关的主要风险和报酬并未转移，因此，该交易并不符合收入的确认条件，即并不构成销售。A公司仍应继续确认在建船舶，其会计处理结果与作为抵押融资并无区别。

在售后租回合同的谈判和签约过程中发生的手续费、律师费、佣金等（如有），如满足新金融工具确认和计量准则第三十三条所指的“初始确认时的交易费用”的条件，则应当计入相关负债的账面价值（作为折价），在租赁期间采用实际利率法予以摊销，作为对融资利息的调整，而不能计入在建工程成本；如不满足上述“交易费用”的条件，则在发生时直接费用化处理。

同时，A公司对船舶建造过程中发生的印花税、律师费、监理费等，属于工程达到预定可使用状态前的必要支出的，也可计入在建工程成本。

【例1-32】售后租回的界定及会计处理

问题

如背景资料所述，A公司在该商业模式下与个人客户签订的销售合同与委托管理协议，是按照商品销售一次性确认销售收入，还是属于售后租回业务？应如何进行会计处理？

背景

A电力公司主营家庭分布式光伏电站系统一站式服务。一站式服务主要包括项目方案设计、设备、建设、电网接入申请及并网验收直至系统正常发电。

2×18年A公司拟新增一种商业模式，即公司（乙方）与家庭客户（甲方）签订“光伏发电系统（光伏电站）销售合同”，个人客户以自己的名义向银行取得零首付光伏产品纯信用5年期贷款，由银行发放贷款给托收方A公司，用于支付系统销售款，该合同明确了贷款模式下“甲乙双方在指定银行开设专用账户，用于乙方管理甲方的投资款、系统售电收入和政府补贴款等”“贷款期内甲方不得解除本合同，并指定乙方负责合同标的物的运维”以及“贷款期满后，甲方有权终止该合同但须以书面形式通知乙方，乙方在收到甲方书面终止合同通知后15个自然日内给予书面答复，乙方如同意回购，则由乙方根据设备现值（扣除设备折旧、拆装费用等）拆除并回收安装点的光伏发电系统设备”等条款。合同有效期较长。同时甲乙双方签订《分布式家庭光伏发电系统委托管理协议》，甲方委托乙方对该发电系统的卖电收入、国家补贴收入和每年该系统自用电量90%的电费支出加每年银行贷款的还款本息加每年该电站的运维及保险支出等进行综合管理，期限为7—10年。

A公司受托管理时，个人客户收到的卖电收入和补贴收入在5年贷款期内无法完全覆盖客户应还的贷款本息和管理费，导致公司前5年须向个人客户支付相应资金；只有待委托管理期如10年期限已满，该项目将当时的销售收入、成本、委托管理期间全部收支产生的现金流放在一起才能形成现金净流入。

分析

该交易构成了售后租回交易。根据新租赁准则规定，应首先对照新收入准则的规定，评估确定售后租回交易中的资产转让是否属于销售，再按照相应的原则进行会计处理。

本案例中该资产转让是否满足收入准则规定的收入确认条件，需对客户方是否取得控制权进行判断。由于合同期内仍是由A公司运营合同标的物，相关投资款、系统售电收入和政府补贴款也是由A公司进行管理，且个人客户前5年取得的收入无法覆盖贷款本息和其他支出时由A公司补足，个人客户提出终止合约时由A公司回购拆除并承担剩余风险，综合这些迹象，相关资产仍是由A公司控制，因此合同虽然名为“光伏发电系统（光伏电站）销售合同”，但实际上并不构成销售。

据此，A公司应当继续确认被转让的光伏电站系统，该光伏发电系统应按其原账面价值转为一项出租用的固定资产，在其预计可使用年限（谨慎起见，不超过受托管理年限）内计提折旧；售电收入和补贴收入确认为A公司的收入，系统折旧、贷款利息和由A公司承担的运维支出等确认为A公司的营业成本。同时将名义上的“销售款”确认为一项金融负债，并按照新金融工具确认和计量准则对该金融负债进行会计处理。

1.6.4.2 售后租回交易中约定的售价或租金与市场公允价格不一致的处理

【例1-33】

问题

如背景资料所述，A公司对签订的房屋销售合同及委托经营合同，应如何进行会计处理？是按照商品销售一次性确认销售收入，还是属于售后租回业务？

背景

A公司2×17年8月25日将自己建造的园区中的1.3万平方米的房产（商品房）按市场价10 270万元（成本为7 150万元）出售给B公司，已收到B公司全部房款10 270万元。

同时B公司签订协议将该房产委托A公司经营，经营期限从2×17年8月25日开始，分三个阶段，第1—3年按每年10 270万元的7%收取固定收益，第4—5年按每年10 270万元的9%收取固定收益，第6—10年按每年10 270万元的10%收取固定收益，收益每满三个月收取一次。每个阶段结束前三个月，B公司有权单方面通知A公司终止委托经营。假定不考虑相关税费。

分析

A公司首先应当按照新收入准则的规定，评估确定售后租回交易中的资产转让是否属于销售。基于评估结果，采用不同的处理方式。

（1）若售后租回交易中的资产转让不属于销售的，A公司应当继续确认被转让的房屋，将收到的资金确认为金融负债，并按照新金融工具确认和计量准则对该金融负债进行会计处理。

（2）售后租回交易中的资产转让属于销售的，A公司应当按原资产账面价值中与租回获得的使用权有关的部分，计量售后租回所形成的使用权资产，并仅就转让至B公司的权利确认相关利得或损失。

本案例中，A公司应结合B公司的经营业务、其取得房屋的真实意图、该标的房屋的剩余使用寿命是否显著超过租赁期、合同期内租金的确定依据、租金与市场租金的差异及其商业合理性、租赁期满后是否有回购权、A公司是否有能力以低于市场价格继续承租等安排，以合理判断B公司是否意图并实际取得对标的房屋的控制权。

本案例下，假定不存在租赁期满回购、续租等安排，基于合同中的如下安排，我们认为，B公司很可能取得了控制权。

（1）租赁期内每个阶段结束前三个月，B公司有权单方面通知A公司终止委托经营，表明该资产是否委托运营、或者收回另作他用或者处置等权利由B公司享有，B公司能够主导该资产的使用；

（2）无论B公司是否行使终止合同的权利，其支付了10 270万元的购买对价，但是通过委托运营的安排，其可以收回的价款至多仅9 140.30万元（10年内各年度约定租金之和），在不考虑时间价值的情况下已经无法覆盖其支出的资金。表明租赁期很可能是低于标的房屋剩余使用寿命，B公司可通过租赁期满收回资产后继续获益并承担和享有标的房屋的剩余风险和报酬。

在资产转让构成销售的情况下，A公司对收到的10 270万元，应考虑其是否为转让房屋的公允价值。若转让房屋的公允价值与10 270万元之间存在差异，或者B公司未按市场价格收取租金，则A公司应当将销售对价10 270万元低于市场价格的款项作为预付租金进行会计处理，将10 270万元高于市场价格的款项作为B公司向A公司提供的额外融资进行会计处理；同时，A公司按照公允价值调整相关销售利得或损失。在进行上述调整时，A公司应当基于以下两者中更易于确定的项目：销售对价的公允价值10 270万元与资产公允价值之间的差额、租赁合同中付款额的现值与按租赁市价计算的付款额现值之间的差额。假定A公司的增量借款利率为7%。

（1）情形1：假定本案例中标的房屋的公允价值难以获取，市场租金为每年513.50万元，则合同租金高于市场租金的款项的折现值之和作为融资处理，初始分录为：

借：银行存款　　　　　　　　　　2 646.48（计算过程见下表）

　　贷：长期应付款　　　　　　　　　　　　2 646.48

年限	①合同约定租金	②租金现值（按7%利率）	③市场租金	④=①-③合同租金高于市场租金的差额	⑤合同租金高于市场租金差额的现值（按7%利率）
第1年	718.90	671.87	513.50	205.40	191.96
第2年	718.90	627.92	513.50	205.40	179.40
第3年	718.90	586.84	513.50	205.40	167.67
第4年	924.30	705.14	513.50	410.80	313.40
第5年	924.30	659.01	513.50	410.80	292.89
第6年	1 027.00	684.33	513.50	513.50	342.17
第7年	1 027.00	639.56	513.50	513.50	319.78
第8年	1 027.00	597.72	513.50	513.50	298.86
第9年	1 027.00	558.62	513.50	513.50	279.31
第10年	1 027.00	522.07	513.50	513.50	261.04
合计	9 140.30	6 253.09	5 135.00	4 005.30	2 646.48

A公司收到的价款中剩余部分作为销售对价=10 270–2 646.48=7 623.52（万元）

A公司按照与租回获得的使用权有关的资产之前的账面价值的比例计量由租回带来的使用权资产。将合同约定租金的现值6 253.09万元减去融资额部分2 646.48万元后的剩余金额为3 606.61万元（即市场租金的现值），计算的应保留的使用权资产账面价值为：

3 606.61 ÷ 7 623.52 × 7 150=3 382.59（万元）

A公司仅对转让至B公司的权利确认相关的利得，计算方法如下：

①出售该建筑物的总利得为473.52万元（公允价值7 623.52万元减去账面价值7 150万元）

②A公司保留的该建筑物使用权相关的利得（未转移，不能确认）：

3 606.61 × 473.52 ÷ 7 623.52=224.02（万元）

③转让至B公司的权利相关的利得（已实现，确认该部分利得）：

（7 623.52–3 606.61）× 473.52 ÷ 7 623.52=249.50（万元）

在租赁期开始日，A公司对该交易的会计处理如下：

借：银行存款　　7 623.52

　　租赁负债——未确认融资费用　　1 528.39

　　贷：租赁负债——租赁付款额　　5 135.00

　　　　主营业务收入　　4 016.91（=7 623.52–3 606.61）

借：使用权资产　　3 382.59

　　主营业务成本　　3 767.41（=7 150–3 382.59）

贷：开发产品 7 150.00

（2）情形2：假定虽然合同初始前3年的约定租金高于市场租金，但后续7年的市场租金如何变动无法合理预估，但有充分的证据表明该房屋于出售日的公允价值是11 000万元，则合同约定的销售价款10 270万元与标的房屋公允价值11 000万元的差额730万元作为预付租金处理。A公司按照与租回获得的使用权有关的资产之前的账面价值的比例计量由租回带来的使用权资产：

（6 253.09+730）÷11 000×7 150=4 539.01（万元）

A公司仅对转让至B公司的权利确认相关的利得，计算方法如下：

①出售该建筑物的总利得为3 850万元（公允价值11 000万元减去账面价值7 150万元）

②A公司保留的该建筑物使用权相关的利得（未转移，不能确认）：

（6 253.09+730）×3 850÷11 000=2 444.08（万元）

③转让至B公司的权利相关的利得（已实现，确认该部分利得）：

［11 000–（6 253.09+730）］×3 850÷11 000=1 405.92（万元）

在租赁期开始日，A公司对该交易的会计处理如下：

借：银行存款 10 270.00

　　租赁负债——未确认融资费用 2 887.21

　　贷：租赁负债——租赁付款额 9 140.30

　　　　主营业务收入 4 016.91

借：使用权资产 4 539.01

　　主营业务成本 2 610.99

　　贷：开发产品 7 150.00

1.6.4.3 合并层面售后租回交易的处理

【例1–34】合并报表中不同主体分别发生的销售和租回的处理

问题

如背景资料所述，A公司合并报表层面对该交易应如何进行会计处理？

背景

2×18年1月25日，A公司与甲公司签订《盘扣及附件租赁及技术服务合同》（简称《租赁合同》），约定：A公司自甲公司处租入盘扣及附件5 000吨，租期自2×18年3月16日起三年，租赁期自A公司提货之日起至租赁物全部归还之日止。租金按季支付，前两年按照5.9元/吨/天计算租金，第3年按照5.68元/吨/天计算租金。合同约定了租赁期内租赁物的所有权归甲公司，A公司只有使用权。

2×18年1月29日，甲公司与A公司之全资子公司B签订《盘扣式脚手架采购合同》(简称《采购合同》)，约定：甲公司向B公司采购盘扣式脚手架5 000吨，采购价款39 857 163.30元，合同履行期限为2×18年1月29日至2×18年4月28日。该批盘扣及附件在子公司的成本为3 000万元。

《采购合同》与《租赁合同》的标的物为同一批脚手架。

分析

以下讨论均以"《采购合同》与《租赁合同》的单独作价是公允价格"为前提，不考虑可能涉及的权益性交易因素。

根据背景信息，该交易为A公司的全资子公司B将盘扣及附件5 000吨出售给甲公司，甲公司随即将该批盘扣及附件出租给A公司，租赁期为3年，租金按季支付。

(1)子公司B个别报表层面。

子公司B个别报表层面仍可按合同价格确认该批盘扣及附件的销售收入，相应按实际成本结转成本。

借：银行存款/应收账款　39 857 163.30
　贷：主营业务收入　39 857 163.30
借：主营业务成本　30 000 000.00
　贷：库存商品　30 000 000.00

(2)母公司个别报表层面。

按协议约定的3年租金的折现值确认"使用权资产"和"租赁负债"。该项使用权资产的折旧年限为租赁年限，即3年。根据租赁合同约定的租金费率，在不考虑折现因素的情况下，3年租金总额为31 901 000.00元(=5.9元/吨/天×365天/年×5 000吨×2年+5.68元/吨/天×365天/年×5 000吨×1年)。假定折现率为0%(这一假设并不现实，本例仅为说明合并报表层面的"视角调整"下对售后租回交易的处理，对其他背景予以简化)。

借：使用权资产　31 901 000.00
　贷：租赁负债——租赁付款额　31 901 000.00

(3)母公司合并报表层面。

在合并报表层面，A公司合并集团同时与甲公司发生了对同一标的的销售和租回，对合并集团而言构成了一项售后租回交易，因此合并集团应当按照新收入准则的规定评估确定售后租回交易中的资产转让是否属于销售。

如果不属于销售，合并报表中应将子公司B确认的销售收入和成本予以冲销，并将该标的资产的账面价值调整为其在子公司B的原实际成本。子公司B从甲公司收取的款项确认为负债，A公司未来按季度支付的租金作为从甲公司取得融资的本息偿还，以使得A公司向甲支付的租金的现值等于子公司B从甲公司收取的销售款（不考虑相关的交易费用等）的折现率作为该负债的实际利率，在合并集团中对该负债以摊余成本进行后续计量。

如果属于销售的，A公司应当按合并报表中原资产账面价值中与租回获得的使用权有关的部分，计量售后租回所形成的使用权资产，并仅就转让至甲公司的权利确认相关利得或损失。

本例中，销售合同约定售价总额为39 857 163.30元，未折现租金为31 901 000.00元，后者为前者的80.04%，甲公司能够收到的资金在不考虑时间价值的情况下已经无法覆盖其支付的资金，表明租赁期很可能是低于标的物剩余使用寿命，甲公司可通过租赁期满收回资产后继续获益并承担和享有标的资产的剩余风险和报酬。甲公司很可能取得了该批标的物的控制权。因此，合并报表中最终的处理结果应是：

借：银行存款　　39 857 163.30

使用权资产

24 011 493.06（=30 000 000.00 × 31 901 000.00/39 857 163.30）

主营业务成本　　5 988 506.94（=30 000 000.00–24 011 493.06）

贷：库存商品　　30 000 000.00

租赁负债——租赁付款额　　31 901 000.00

主营业务收入　　7 956 163.30（=39 857 163.30–31 901 000.00）

1.7　衔接规定

对于首次执行日前已存在的合同，企业在首次执行日可以选择不重新评估其是否为租赁或者包含租赁。选择不重新评估的，企业应当在财务报表附注中披露这一事实，并一致应用于前述所有合同（CAS 21：60）。

在此基础上，新租赁准则提供了两项可选择的衔接方案，并对首次执行日之前已存在的合同提供了便于实务操作的一些简化方法。

1.7.1　可选择的衔接方案

承租人可选择下列方法之一进行新租赁准则的衔接处理，并一致应用于其作为承租人的所有租赁（CAS 21：61）：

（1）按照《企业会计准则第28号——会计政策、会计估计变更和差错更正》的规定采用追溯调整法处理；

（2）根据首次执行新租赁准则的累积影响数，调整首次执行新租赁准则当年年初留存收益及财务报表其他相关项目金额，不调整可比期间信息。

简要来讲，可选择的衔接方案有：

一、全面追溯调整法	视同合同一开始就执行新租赁准则
二、简化的追溯调整法	调整首次执行年度的年初数，不调整比较数据

1.7.2 简化的追溯调整法主要内容

1.7.2.1 承租人的衔接处理

（1）首次执行日的融资租赁。

承租人按照融资租入资产和应付融资租赁款的原账面价值，分别计量使用权资产和租赁负债（CAS 21：61）。

（2）首次执行日的经营租赁。

①承租人根据剩余租赁付款额按首次执行日承租人增量借款利率折现的现值计量租赁负债（CAS 21：61）；原租赁准则下按照权责发生制计提的应付未付租金，应纳入剩余租赁付款额中。

②根据每项租赁选择按照下列两者之一计量使用权资产（CAS 21：61）：

其一，假设自租赁期开始日即采用新租赁准则的账面价值（采用首次执行日的承租人增量借款利率作为折现率）；

其二，与租赁负债相等的金额，并根据预付租金进行必要调整。

③在首次执行日，应当按照《企业会计准则第8号——资产减值》的规定，对使用权资产进行减值测试并进行相应会计处理（CAS 21：61）。

④租赁资产属于低价值资产且根据新租赁准则第三十二条的规定选择不确认使用权资产和租赁负债的，无需对该经营租赁按照衔接规定进行调整，应当自首次执行日起按照新租赁准则进行会计处理（CAS 21：62）。

⑤可根据每项租赁采用下列一项或多项简化处理（CAS 21：63）：

其一，将于首次执行日后12个月内完成的租赁，可作为短期租赁处理；

其二，计量租赁负债时，相似的租赁组合可采用同一折现率；

其三，使用权资产的计量可不包含初始直接费用；

其四，存在续租选择权或终止租赁选择权的，可根据首次执行日前选择权的实际行使及其他最新情况确定租赁期，无需对首次执行日前各期间是否合理确定行使续租选择权或终止租赁选择权进行估计；

其五，作为使用权资产减值测试的替代，可根据《企业会计准则第13号——或有事项》评估包含租赁的合同在首次执行日前是否为亏损合同，并根据首次执行日前计入资产负债表的亏损准备金额调整使用权资产；

其六，首次执行日前发生租赁变更的，无需对租赁变更进行追溯调整，而是根据租赁变更的最终安排，按照新租赁准则进行会计处理。

⑥采用简化方法的，承租人应当在财务报表附注中披露所采用的简化处理方法以及对采用每项简化处理方法的估计影响所作的定性分析（CAS 21：64）。

此外，承租人如果之前根据《企业会计准则第20号——企业合并》，对作为企业合并一部分购买的经营租赁的有利或不利条款确认了资产或负债，则应当终止确认该资产或负债，并相应调整首次执行日的使用权资产的账面金额。

（3）首次执行日应披露的内容。

承租人选择按照修订后的追溯调整法对租赁进行衔接会计处理的，还应当在首次执行日披露以下信息（CAS 21：67）：

①首次执行日计入资产负债表的租赁负债所采用的承租人增量借款利率的加权平均值；

②首次执行日前一年度报告期末披露的重大经营租赁的尚未支付的最低租赁付款额按首次执行日承租人增量借款利率折现的现值，与计入首次执行日资产负债表的租赁负债的差额。例如，当按照原准则识别出的最低租赁付款额，与按照新租赁准则识别出的应纳入租赁负债的租赁付款额存在差异时，这一差额就会形成。

对于承租人的衔接处理，由于新租赁准则提供了相当复杂的衔接规定，因此，我们单独在本专题第二章中讨论新租赁准则的衔接处理，2.5节和2.6节对承租人的衔接处理进行了详细说明和举例。

1.7.2.2　出租人的衔接处理

对于首次执行日前划分为经营租赁且在首次执行日后仍存续的转租赁，转租出租人在首次执行日应当基于原租赁和转租赁的剩余合同期限和条款进行重新评估，并按照新准则的规定进行分类。重分类为融资租赁的，应当将其作为一项新的融资租赁进行会计处理。除此外，出租人无需对其作为出租人的租赁按照衔接规定进行调整，而应当自首次执行日起按照新租赁准则进行会计处理（CAS 21：65）。

1.7.2.3　售后租回交易的衔接处理

对于首次执行日前已存在的售后租回交易，企业在首次执行日不重新评估资产转让是否符合新收入准则作为销售进行会计处理的规定。

对于首次执行日前应当作为销售和融资租赁进行会计处理的售后租回交易，卖方（承租人）应当按照与首次执行日存在的其他融资租赁相同的方法对租回进行会计处理，并继续在租赁期内摊销相关递延收益或损失。

对于首次执行日前应当作为销售和经营租赁进行会计处理的售后租回交易，卖方（承租人）应当按照与首次执行日存在的其他经营租赁相同的方法对租回进行会计处理，并根据首次执行日前计入资产负债表的相关递延收益或损失调整使用权资产（CAS 21：66）。

1.7.3 准则生效日期

新租赁准则自2019年1月1日开始执行（CAS 21：68）。

企业类型	施行日
境内外同时上市的企业	2019年1月1日
境外上市企业（执行国际财务报告准则或企业会计准则）	2019年1月1日
其他企业	2021年1月1日

母公司或子公司在境外上市且按照国际财务报告准则或企业会计准则编制其境外财务报表的企业，可以提前执行，但不应早于其同时执行财政部2017年印发的新金融工具系列准则和新收入准则的日期。

母公司执行新准则，但子公司尚未执行新准则的，母公司在编制合并财务报表时，应当按照新准则的规定调整子公司的财务报表。母公司尚未执行新准则、而子公司已执行新准则的，母公司在编制合并财务报表时，可以选择以下两种方式之一：

（1）将子公司的财务报表按照母公司的会计政策进行调整后合并；

（2）将子公司按照新准则编制的财务报表直接合并。

母公司选择第（2）种方式的，应当在合并财务报表中披露该事实，并且对母公司和子公司的会计政策及其他相关信息分别进行披露。

1.8 实施新准则的准备工作

1.8.1 承租人

承租人会计处理由双重模型改为单一模型，大大增加了承租人对租赁业务的会计处理业务量及复杂度，且由于该变动对承租人财务报表带来的可能的重大影响，租赁准则的修改对承租人的影响远远超出会计范畴。我们建议承租人在过渡期间评估以下方面的影响并及时开展准则应对的相关工作（包括但不限于）：

（1）租赁信息的收集及识别；

（2）考虑新的估计和判断；

（3）评估对财务报表及关键财务指标的影响；

（4）过渡方案选择和评估；

（5）对其信息系统和控制流程的评估；

（6）租赁准则修改带来的税务影响的评估；

（7）与投资者关系或其他利益相关方（如银行、债权投资人等各方）的沟通；

（8）对所使用资产的业务决策（比如是买还是租？）；

（9）预算与考核指标甚至体系的调整（包含奖金目标和薪酬执行计划等）。

1.8.2　出租人

对于出租人而言，虽然其会计处理基本不变，但某些变化仍可能对财务报表产生影响，如转租赁、售后租回交易等。除会计核算的影响外，出租人的主要工作在于：

（1）基于承租人租赁决策变化导致重新设计租赁安排，相应地调整业务模式与商业谈判（比如，出租人原来提供的解决方案均是以“表外融资”为亮点）；

（2）重新评估为租赁而设立的业务和法律架构（如合资公司、特殊目的实体等）。

第二章　新租赁准则的生效日期及衔接规定

2.1　首次执行日

2.1.1　准则施行日

新租赁准则自2019年1月1日起施行（CAS 21：68）。

2.1.2　分批执行安排

根据《财政部关于修订印发〈企业会计准则第21号——租赁〉的通知》（财会〔2018〕35号）的规定，新租赁准则根据如下企业分类分批次执行：

<table>
<tr><th>企业类型</th><th>施行日</th></tr>
<tr><td>一、境内外同时上市的企业</td><td rowspan="2">2019年1月1日</td></tr>
<tr><td>二、境外上市企业（执行国际财务报告准则或企业会计准则）</td></tr>
<tr><td>三、其他企业</td><td>2021年1月1日</td></tr>
</table>

另外，对于母公司或子公司在境外上市且按照国际财务报告准则或企业会计准则编制其境外财务报表的企业，允许提前执行新租赁准则，但不应早于其同时执行财政部2017年3月31日印发的《企业会计准则第22号——金融工具确认和计量》（新金融工具确认和计量准则）和2017年7月5日印发的《企业会计准则第14号——收入》（新收入准则）的日期。

此外，如果企业选择提前执行新租赁准则，则应披露这一事实。

2.1.3　投资方与被投资方未同步执行时的处理

投资方与被投资方未同步执行新租赁准则时，投资方的处理原则先后体现在以下规范中：

（1）新租赁准则应用指南（2019年7月出版）明确了母子公司未同步执行时母公司合并财务报表的处理；

（2）财政部会计准则委员会于2020年1月3日在《会计准则实务问与答》第4问中完善了母公司的处理原则，并将其扩展至投资方与联营/合营企业未同步执行的情形。

2.1.3.1　母子公司未同步执行

（1）母公司执行新租赁准则，但子公司尚未执行新租赁准则的，母公司在编制合并财务报表时，应当按照新租赁准则的规定调整子公司的财务报表。

（2）母公司尚未执行新租赁准则、而子公司已执行新租赁准则或《国际财务报告准则第16号——租赁》（IFRS 16）的，母公司在编制合并财务报表时，可以选择以下两种方式之一：

①将子公司的财务报表按照母公司的会计政策进行调整后合并；

②将子公司按照新租赁准则或IFRS 16编制的财务报表直接合并。

母公司选择第②种方式的，应当在合并财务报表中披露该事实，并且对母公司和子公司的会计政策及其他相关信息分别进行披露。

2.1.3.2　投资方与联营/合营企业未同步执行

企业对联营企业或合营企业的长期股权投资采用权益法核算的，比照2.1.3.1节所述原则进行处理，但不切实可行的除外。

2.1.4　首次执行日

首次执行日，是指企业首次采用新租赁准则的年度报告期间的开始日。例如，某企业作为纯A股上市公司，按照财会〔2018〕35号的规定（见2.1.2），自2021年1月1日开始执行新租赁准则，则不论其是否采取全面追溯调整法（见2.5），首次执行日均为2021年1月1日。

2.2　衔接规定——内容提要

企业在向新租赁准则过渡时可能承担重大的衔接工作成本。因此，新租赁准则提供了一系列衔接豁免措施和实务变通处理，旨在使企业在不会对财务报告的信息质量形成重大影响的前提下最大限度地降低衔接成本。

承租人和出租人均可以选择不对首次执行日存在的合同是否包含租赁进行重新评估（见2.3）。如果企业决定不采用这一实务豁免，则可能需要投入重大成本以对首次执行日存在的所有合同进行评估以确定其是否包含租赁。

对于出租人而言，因为新租赁准则下其会计处理与原租赁准则下基本一致，因此，除了转租赁作为一项例外，由原租赁准则过渡至新租赁准则时不需要作出调整（见2.4）。

对于承租人而言，情况较为复杂，承租人需要作出若干关键决策。承租人在过渡期间可选择的重要方案，除了2.3节所讨论的是否重新评估租赁的选择外，还包括以下方面：

（1）是否按照《企业会计准则第28号——会计政策、会计估计变更和差错更正》（CAS 28）采用全面追溯调整法执行新租赁准则？或采用简化的追溯调整法，仅将执行新租赁准则的累积影响数调整首次执行日的财务报表？（见2.5）

如果承租人选择全面追溯调整法，则其所有租赁（原租赁准则下的融资租赁和经营租赁）均需根据新租赁准则和CAS 28的规定进行重述，不存在更多的豁免。

如果承租人选择简化的追溯调整法，则无需重述比较信息，应按具体要求计量首次执行日的使用权资产和租赁负债（原融资租赁的处理见2.6.2节，原经营租赁的处理见2.6.3节）。承租人也可以选择对原经营租赁采用特定的过渡期豁免措施和实务变通方法，见以下第（2）项至第（5）项。

（2）在简化的追溯调整法下，是否对租赁期将于首次执行日后12个月内结束的经营租赁采用实务变通方法？不论原租赁期是否超过12个月，实务变通允许将该类租赁作为短期租赁进行会计处理（见2.6.3.2）。

（3）在简化的追溯调整法下，是否在首次执行日计量时对原经营租赁形成的租赁负债采用实务变通？承租人可基于每项单独租赁分别作出以下选择（见2.6.3.4）：

①对具有相似特征的租赁采用同一折现率；和/或

②可采用后见之明。例如，如果租赁合同包含续租或终止租赁的选择权，则可在确定租赁期时使用后见之明；再如，如果租赁合同在首次执行日前发生租赁变更，则可在计量时使用后见之明。

（4）在简化的追溯调整法下，是否在首次执行日计量时对原经营租赁形成的使用权资产采用实务变通？承租人可基于每项单独租赁分别作出以下选择（见2.6.3.6）：

①根据《企业会计准则第13号——或有事项》（或有事项准则）确认的亏损租赁的准备金金额调整使用权资产，以替代减值测试；和/或

②在计量使用权资产时不包括初始直接费用。

（5）新租赁准则还规定了承租人采用简化的追溯调整法的披露要求（见2.6.3.7）、首次执行日前存在的售后租回交易的衔接要求（见2.7），以及之前在企业合并中对经营租赁的有利或不利条款确认的资产或负债的处理要求（见2.8）。

（6）承租人如何在不同衔接方案中作出选择？在了解采用全面追溯调整法或简化的追溯调整法以及在简化的追溯调整法下对使用权资产采用何种计量方法对首次执行日资产负债表的影响以及执行新准则后利润表的不同影响，并参考实务中其他可比企业对新租赁准则的实际执行情况后，承租人可更好地根据其自身情况选择适用的衔接方案（见2.6.4）。

2.3 衔接规定——租赁定义的实务豁免

对于首次执行日前已存在的合同，企业在首次执行日可以选择不重新评估其是否为租赁或者包含租赁（CAS 21：60）。即企业可以仅对之前根据原租赁准则识别为租赁的合同采用CAS 21：61-67的衔接规定（具体内容详见2.4节至2.8节）；对之前按原租赁准则未识别为包含租赁的合同不采用新租赁准则。选择不重新评估的，企

业应当：

①在财务报表附注中披露这一事实；

②一致应用于前述所有合同；

③仅就首次执行日或之后订立（或发生变更）的合同采用CAS 21中有关识别租赁的规定（见本专题1.3.1节）。

注意

（1）有关租赁定义的实务豁免对承租人和出租人均适用。

（2）对租赁定义的实务豁免允许企业保留对首次执行日存在的所有合同是否包含租赁的现有评估结果。即企业假设在原租赁准则下的租赁合同在新租赁准则下继续为租赁，而原租赁准则下的购买服务合同在新租赁准则下仍为服务合同、不包含租赁。企业仅须对首次执行日或之后所订立或发生变更的合同应用新租赁准则中租赁的定义。这是因为采用原租赁准则中的租赁定义与采用新租赁准则中的租赁定义导致结果不同的情形较为有限，允许租赁定义的实务豁免，则企业无需付出不合理的成本对现有合同重新进行详细评估。

在原租赁准则下，根据《企业会计准则讲解（2010）》第二十二章第一节中的表述："确定一项协议是否属于或包含租赁业务，应重点考虑以下两个因素：一是履行该协议是否依赖某特定资产；二是协议是否转移了资产的使用权。属于租赁业务的，按租赁准则进行会计处理；其他部分按相关会计准则处理。"该定义与新租赁准则下的租赁定义差异不大。如果出现了某项交易在新租赁准则下不符合租赁的定义，但在原准则下已作为租赁交易进行会计处理的情况，应谨慎关注该会计处理在原准则下是否构成一项前期差错。如果构成前期差错的，则应首先在原准则下对该项会计处理进行更正，再以更正后的会计处理为基础进行新旧租赁准则的过渡衔接处理。

（3）如果企业采用该实务豁免，则应对所有合同均采用，不允许仅挑选部分合同采用。

（4）如果企业不采用该实务豁免，则需要根据新租赁准则重新评估所有合同，以确定其是否包含租赁。这可能是一项费时费力的工作，企业需要考虑按照新租赁准则的重新评估带来的效益是否能够覆盖其成本。尽管新租赁准则对识别租赁提供了更详细的指引（见本专题1.3.1节），但根据新租赁准则，合同是租赁还是服务的评估结果与原租赁准则下不同的情形预计并不多。实务中，不采用该实务豁免的情形极为罕见。

（5）无论是否采用这一实务豁免，并不影响承租人首次执行新租赁准则时在全面追溯调整法和简化的追溯调整法之间的选择（见2.5）。

2.4 衔接规定——仅适用于出租人

对于首次执行日前划分为经营租赁且在首次执行日后仍存续的转租赁，转租出租人在首次执行日应当基于原租赁和转租赁的剩余合同期限和条款进行重新评估，并按照新租赁准则的规定进行分类。重分类为融资租赁的，应当将其作为一项新的融资租赁进行会计处理。除前述情形外，出租人无需对其作为出租人的租赁按照衔接规定进行调整，而应当自首次执行日起按照新租赁准则进行会计处理（CAS 21：65）。即中间出租人应：

（1）对之前根据原租赁准则被分类为经营租赁且于首次执行日仍处于持续租赁的转租赁进行重新评估，以确定每项转租赁根据新租赁准则应被分类为经营租赁还是融资租赁。在重估转租赁的租赁分类时，中间出租人应于首次执行日基于当日的原租赁和转租赁的剩余合同期限和条款进行评估。

（2）对之前根据原租赁准则被分类为经营租赁但根据新租赁准则被分类为融资租赁的转租赁，作为首次执行日新订立的融资租赁进行会计处理。

注意

新租赁准则对出租人的会计处理要求与原租赁准则基本相同。因此，出租人通常不需要在新租赁准则的过渡期进行任何调整。但，转租赁构成融资租赁的情形除外。

新租赁准则要求中间出租人基于原租赁形成的使用权资产评估转租赁的分类，而不是基于原租赁准则下所要求的标的资产。因此，在某些情况下，根据原租赁准则被中间出租人分类为经营租赁的转租赁，按照新租赁准则可能被分类为融资租赁。如果中间出租人继续对该等转租赁采用经营租赁会计规定，则该中间出租人将确认原租赁形成的使用权资产，尽管其实际上已不再拥有标的资产的使用权。为避免产生这种误导性结果，CAS 21：65要求中间出租人对首次执行日根据原租赁准则被分类为经营租赁的转租赁进行重新评估，以确定该转租赁根据新租赁准则应被分类为经营租赁还是融资租赁，并对其进行相应的会计处理。

对于出租人对转租赁的衔接处理，举例说明如下：

【例2–1】出租人对转租赁的衔接处理

背景

甲企业（原租赁承租人）与乙企业（原租赁出租人）于2×14年1月1日就5 000平方米办公场所签订了一项为期10年的租赁（原租赁），租赁期至2×23年12月31日。在第7年年末（2×20年12月31日），甲企业将该5 000平方米办公场所转租给丙企业，期限为原租赁的剩余3年期间（转租赁）。

甲企业于2×21年1月1日执行新租赁准则。

分析

甲企业在新租赁准则的首次执行日应基于原租赁形成的使用权资产，且应当基于原租赁和转租赁的剩余合同期限和条款对转租赁进行分类。本例中，转租赁的剩余期限覆盖了原租赁的所有剩余期限（3年），综合考虑其他因素，甲企业判断在首次执行日其实质上转移了与该项使用权资产有关的几乎全部风险和报酬，甲企业将该项转租赁分类为融资租赁。

甲企业的会计处理为：

（1）以承租人身份，按照CAS 21：61–64的规定（详见2.5节和2.6节）确认与原租赁有关的使用权资产和租赁负债，两者在首次执行日的差额（如有）计入首次执行日的期初留存收益；

（2）终止确认第（1）步与原租赁相关且转给丙企业（转租赁承租人）的使用权资产，并确认转租赁投资净额，该资产代表应收丙企业（转租赁承租人）的租赁收款额；

（3）将使用权资产与转租赁投资净额之间的差额调整首次执行日的期初留存收益（注意，CAS 21：65要求此情况下应作为一项新的融资租赁进行处理，并非视为2×21年1月1日当日新签订的转租赁形成融资租赁将该差额计入首次执行日的损益，而应比照CAS 21：61所述的承租人的简化的追溯调整法，均只考虑自首次执行日的剩余期限及剩余付款额等信息，是在首次执行日的期初完成转租赁相关资产、负债的确认，相应地，使用权资产与转租赁投资净额之间的差额应调整首次执行日的期初留存收益）；

（4）在首次执行日的资产负债表中保留原租赁的租赁负债，该负债代表应付乙企业（原租赁出租人）的租赁付款额；

（5）执行新租赁准则后的转租赁期间，甲企业作为中间出租人既要确认转租赁的融资收益，也要确认原租赁的利息费用。

2.5　衔接规定——承租人对基本衔接方案的选择

承租人可选择下列方法之一对租赁进行衔接会计处理，并一致应用于其作为承租人的所有租赁（CAS 21：61）：

（1）按照CAS 28的规定采用全面追溯调整法处理；

（2）根据首次执行新租赁准则的累积影响数，调整首次执行新租赁准则当年年初留存收益及财务报表其他相关项目金额，不调整可比期间信息（简称“简化的追溯调整法”或“简化追溯法”）。

注意

新租赁准则提供了两种可供选择的基本衔接方案，企业应对其所有作为承租人的租赁一致地应用根据CAS 21：61所作出的选择。如果承租人根据CAS 21：61选择按照CAS 28的规定全面追溯应用新租赁准则，根据CAS 28追溯应用的一般要求，企业编制财务报表时，需：

（1）如同一直采用新租赁准则；

（2）调整最早比较期间的期初余额，以反映采用新租赁准则直至该日的累积影响数；

（3）列报第三份资产负债表，即最早可比期间期初的资产负债表。

根据《企业会计准则第30号——财务报表列报（2014年修订）》应用指南，当企业追溯应用会计政策或追溯重述、或者重新分类财务报表项目时，按照CAS 28等规定，企业应当在一套完整的财务报表中列报最早可比期间期初的财务报表。例如，某纯A股上市公司于2021年1月1日首次执行新租赁准则，其将来发布2021年年度财务报表时需列报一年的比较信息，其应当确认并调整截至2020年1月1日的累积影响数，还要重述2020年度报表数据。即该上市公司应当至少列报三期资产负债表、两期（2021年度和2020年度）其他各报表（利润表、现金流量表和所有者权益变动表）及相关附注。其中，列报的三期资产负债表分别指当期期末（2021年12月31日）的资产负债表、上期期末（2020年12月31日）的资产负债表以及上期期初（2020年1月1日）的资产负债表。

选择全面追溯调整法的承租人不得采用2.6节所述的任何实务变通（例如，其使用权资产和租赁负债必须按照CAS 21：16-17中的一般要求进行计量）。但是，选择全面追溯调整法的承租人可以选择保留根据原租赁准则对“合同是否包含租赁”的现有评估（即允许应用2.3节所述的有关租赁定义的实务豁免）。

有关全面追溯调整法的执行要求意味着企业需要确定最早比较期间存在的所有租赁在新准则下的账面金额对该等租赁进行处理，并重述比较信息，企业因此必须获取必要信息，并重新按照新租赁准则对获取的信息进行处理（包括在比较期间内存在，但在比较期间内已结束的租赁，也应按新准则规定进行调整），相关工作所需成本相当高，对于拥有数以千百计租赁的承租人而言更是如此。因此，新租赁准则允许承租人采用简化的追溯调整法（具体内容见2.6节）。同时，考虑到全面追溯调整法比其他方法将为财务报表使用者提供更好的信息（更好的可比性），新租赁准则并未禁止全面追溯调整法，而是将其保留并作为可选方法之一。

此外，新租赁准则不允许采用未来适用法。尽管未来适用法对企业而言是其执行新租赁准则成本最低的方法，但未来适用法下提供的财务信息对财务报表使用者益处不大，尤其是对签订长期经营租赁的承租人而言。例如，部分承租人签订的经营租赁的租赁期为20—30年，如果允许未来适用法，则对于该等承租人，在原经营租赁存续期，企业可对原经营租赁继续不确认使用权资产和租赁负债，财务报表使用者在实施新租赁准则20—30年后才能获得租赁会计处理的完全可比性。

2.6　衔接规定——承租人的简化追溯法

2.6.1　简化追溯法的一般原则

承租人若选择简化的追溯调整法，则应（CAS 21：61）：

（1）在首次执行日确认首次执行的累积影响数（如果企业在2021年1月1日开始的会计期间首次执行新租赁准则，则通过调整2021年1月1日的余额，确认执行新租赁准则的累积影响数）；

（2）不重述比较信息，如果确认的资产和负债有差异，则应当调整期初留存收益；

（3）结转之前被分类为融资租赁的租赁所确认的金额（见2.6.2）；

（4）原划分为经营租赁的租赁，可以采用额外的过渡性简化措施和实务变通（见2.6.3）；

（5）披露采用简化的追溯调整法的相关事实及其影响（见2.6.3.7）。

注意

最重要的是，简化的追溯调整法下承租人不需要在任何时点追溯重述；比较期间的信息应当按照原租赁准则列报，在执行新租赁准则的第一个会计期间的首日以新租赁准则为基础列报。

2.6.2　简化追溯法——首次执行日前的融资租赁

对于首次执行日前的融资租赁，承租人在首次执行日应当按照融资租入资产和应付融资租赁款的原账面价值，分别计量使用权资产和租赁负债（CAS 21：61（2）①）。若承租人采用简化的追溯调整法，则对于首次执行日存在的融资租赁，承租人仅需将首次执行日前一刻按照原租赁准则进行计量的租赁资产和租赁负债的账面金额（通常体现在“固定资产”和“长期应付款”中）平移至使用权资产和租赁负债的账面金额即可。

注意

由于新租赁准则下的承租人会计处理模型与原租赁准则中对融资租赁的会计处理要

求基本一致；同时，2.3节所述的实务豁免可以避免对原有合同是否包含租赁进行重新评估；租赁定义的实务豁免和CAS 21：61规定的按原租赁准则确认的余额结转的要求，都可以表明，融资租赁中的承租人在向新租赁准则过渡时预计不会遇到重大问题。需要注意的是，CAS 21：61对首次执行日前的融资租赁的资产和负债的处理是强制性的，除非承租人选择全面追溯调整法执行新租赁准则（见2.5），否则在向新租赁准则过渡时不得重述这些资产和负债。

对于首次执行日前的融资租赁的衔接处理，新租赁准则应用指南提供了示例，摘录如下：

【例2–2】首次执行日前的融资租赁的衔接处理（应用指南【例64】的“租赁A”）

背景

甲公司于2×21年1月1日（假设为首次执行日）存在下列原租赁准则下的尚未执行完毕的融资租赁。具体情况如下（不考虑相关税费影响）：

于2×18年1月1日（亦为该租赁的租赁期开始日）订立了一项5年期机器租赁，约定自2×18年1月1日起，每6个月于月末支付租金1 000 000元，该机器的保险、维护等费用均由甲公司负担，该机器在2×18年1月1日的公允价值为7 000 000元，租赁合同规定的利率为7%（出租人租赁内含利率未知），甲公司发生租赁初始直接费用10 000元，该机器于租赁期开始日的预计剩余使用年限为7年，无残值，租赁期届满时，甲公司将以100元购买该机器。于2×20年12月31日（即首次执行日前）该机器原值为7 010 000元，累计折旧3 004 286元，应付融资租赁款余额为4 000 100元，未确认融资费用为617 398元。

分析

甲公司的衔接处理如下：

2×21年1月1日（即首次执行日），甲公司选择不重新评估此前已存在的合同是否为租赁或者是否包含租赁，并将此方法一致应用于所有合同，因此仅对在原租赁准则下识别为租赁的合同采用新租赁准则衔接规定（以下2.6节所有案例均以此为假设前提，不再赘述）。

对于本项原租赁准则下认定为融资租赁的合同，按照融资租入资产和应付融资租赁款首次执行日前的账面价值，分别计量使用权资产和租赁负债，进行衔接会计处理，会计分录为：

借：使用权资产——原值——机器	7 010 000
融资租入固定资产——累计折旧——机器	3 004 286

贷：融资租入固定资产——原值——机器 7 010 000

使用权资产——累计折旧——机器 3 004 286

借：长期应付款——应付融资租赁款 4 000 100

租赁负债——未确认融资费用 617 398

贷：未确认融资费用 617 398

租赁负债——租赁付款额 4 000 100

2.6.3 简化追溯法——首次执行日前的经营租赁

2.6.3.1 低价值资产租赁

租赁资产属于低价值资产且根据CAS 21：32的规定选择不确认使用权资产和租赁负债的，无需对该经营租赁按照衔接规定进行调整，应当自首次执行日起按照新租赁准则进行会计处理（CAS 21：62）。

新租赁准则下承租人可豁免确认低价值资产租赁的资产和负债，该项豁免可基于每项租赁作出选择（CAS 21：33），因此在执行新租赁准则的过渡期间，承租人也需要确定采用该豁免的程度。如果承租人对某些低价值资产租赁选择了豁免确认，则无需对之前被分类为经营租赁的低价值资产租赁按衔接规定进行调整，而应自首次执行日起根据新租赁准则对该类租赁进行会计处理。但对于承租人未选择豁免确认的低价值资产的经营租赁，则需按照2.6.3.2节至2.6.3.7节进行衔接处理；若低价值资产租赁在原准则下被分类为融资租赁，则承租人需按照2.6.2节进行衔接处理。

2.6.3.2 将于首次执行日后12个月内完成的租赁（实务变通）

将于首次执行日后12个月内完成的租赁，承租人可作为短期租赁处理（CAS 21：63（1））。

注意

这项额外的简化措施作为一项实务变通，旨在避免避免承租人因小收益而付出高成本。该实务变通将通常可用的租赁期不超过12个月的短期租赁的确认豁免，扩展至租赁期预期在首次执行日12个月内结束的租赁，而无论该等租赁的租赁期开始的时间。

对于将在首次执行日后12个月内完成的租赁，承租人豁免确认使用权资产和租赁负债的选择涉及以下两个层面：

（1）基于每项租赁作出是否采用将其作为短期租赁的实务变通选择；且本项实务变通的选择并不与2.6.3.4节和2.6.3.6节所述实务变通“绑定”，承租人可就每项租赁选择作出其中一项或多项实务变通的选择。

（2）对采用（1）所述的实务变通的租赁，可基于租赁资产类别选择豁免确认使用权资产和租赁负债（CAS 21：32–33）。

对于前述两个层面的选择，将于首次执行日后12个月内完成的租赁，承租人是否确认使用权资产和租赁负债，根据选择权的行使情况可总结为图2–1。

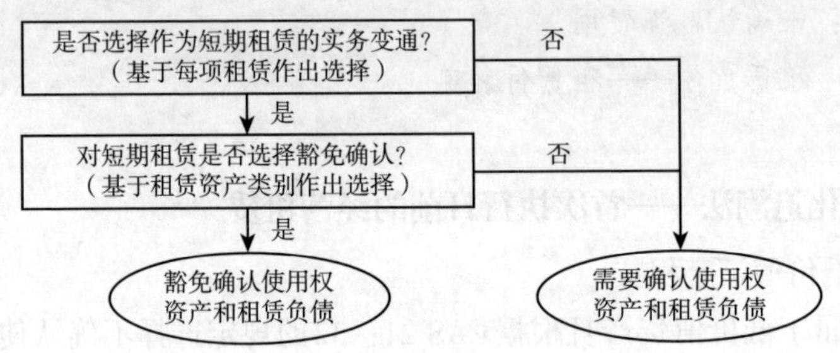

图2–1　短期租赁实务变通流程

具体衔接处理举例说明如下：

【例2–3】将于首次执行日后12个月内完成的租赁（应用指南【例64】的“租赁D”）

背景

甲公司于2×21年1月1日（假设为首次执行日）存在下列原租赁准则下的尚未执行完毕的经营租赁。具体情况如下（下述合同不涉及租赁激励，不考虑相关税费影响）：

于2×18年6月30日（亦为该租赁的租赁期开始日）订立了一项3年期办公设备租赁，约定自2×18年6月30日起，每12个月于月末支付租金20 000元（即第一次支付日为2×19年6月30日），该设备于租赁期开始日的预计剩余使用年限为6年，未发生租赁初始直接费用，租赁到期归还设备。

分析

甲公司的衔接处理如下：

2×21年1月1日（即首次执行日），甲公司对租赁合同采用简化的追溯调整法进行衔接会计处理。甲公司选择采用CAS 21：63（1）所述的简化处理，不采用其他简化处理，即将于首次执行日后12个月内执行完毕的租赁，作为短期租赁处理，并按照租赁资产类别将租赁付款额在租赁期内按直线法计入当期损益，不确认使用权资产和租赁负债，因此于首次执行日无需进行会计处理。

需注意的是，如果采取了该实务变通且最终豁免确认使用权资产和租赁负债的，承租人应继续按照原租赁准则下经营租赁类似的方式进行会计处理，且相关租赁费用应包含在CAS 21：54（3）要求披露的简化处理的短期租赁费用金额中。

2.6.3.3　首次执行日租赁负债的确认和计量（一般原则）

对于首次执行日前的经营租赁，承租人在首次执行日应当根据剩余租赁付款额按首次执行日承租人增量借款利率折现的现值计量租赁负债（CAS 21：61（2）①）。

注意

具体而言，对于首次执行日前的经营租赁采用简化追溯法时，承租人应当：

（1）忽略已经支付的租赁付款额。租赁负债是按照剩余租赁付款额进行计量。该剩余租赁付款额是根据合同约定的总付款与实际已支付金额之差。例如，原租赁准则下按照权责发生制计提的应付未付租金，应纳入剩余租赁付款额中。

【例2-4】首次执行日租赁负债的确认和计量——剩余租赁付款额（应用指南【例64】的“租赁B”）

背景

甲公司于2×21年1月1日（假设为首次执行日）存在下列原租赁准则下的尚未执行完毕的经营租赁。具体情况如下（下述合同不涉及租赁激励，不考虑相关税费影响）：

于2×19年1月1日（亦为该租赁的租赁期开始日）订立了一项5年期通用设备租赁，约定在每年的第2天支付1 000 000元，该设备在2×19年1月1日的公允价值为8 000 000元，预计剩余使用年限为10年，甲公司发生租赁初始直接费用1 000元，租赁期届满时，甲公司需将该设备归还出租人。

分析

甲公司的衔接处理如下：

2×21年1月1日（即首次执行日），甲公司对上述租赁合同采用简化的追溯调整法进行衔接会计处理。

甲公司确定适用于该租赁的首次执行日承租人增量借款利率为9%，于首次执行日，租赁负债=剩余租赁付款额按首次执行日承租人增量借款利率折现的现值=1 000 000+ 1 000 000×（P/A，9%，2）=2 759 100（元）

本例的后续案例见【例2-8】。

（2）忽略任何单项租赁的内含利率或单项租赁于租赁期开始日的承租人增量借款利率。

【例2-5】首次执行日租赁负债的确认和计量——增量借款利率

背景

甲公司（承租人）与乙公司（出租人）于2×14年1月1日就5 000平方米办公场所签订了一项为期10年的租赁，租赁期至2×23年12月31日。甲公司自2×21年1月1日首次执行新租赁准则，可能存在以下几项利率：

①租赁期开始日2×14年1月1日该项租赁的内含利率；

②租赁期开始日2×14年1月1日该项10年期租赁的增量借款利率；

③首次执行日2×21年1月1日假定取得一项10年期同样办公场所租赁的增量借款利率；

④首次执行日2×21年1月1日假定取得一项3年期同样办公场所租赁的增量借款利率。

分析

甲公司的衔接处理如下：

2×21年1月1日（即首次执行日），甲公司对上述租赁合同采用简化的追溯调整法进行衔接会计处理。

从CAS 21：17对承租人增量借款利率的定义来看，承租人增量借款利率本质上是融入资金须支付的成本，而融资额体现为未付的租赁付款额，因此，首次执行日的增量借款利率应体现的是承租人于首次执行日取得剩余期间、剩余租赁付款额所体现的融资期限、融资金额所需支付的利率。甲公司选择④作为该租赁于首次执行日的增量借款利率。

需要注意的是，首次执行日的承租人增量借款利率不一定是单一折现率，可能根据租赁期和所提供担保物的性质和价值不同而有所不同。例如，剩余租赁期较长的租赁采用的增量借款利率可能高于剩余租赁期较短的租赁的增量借款利率。但是，作为一项实务变通，承租人可以对具有相似特征的租赁组合采用单一折现率（见2.6.3.4）。

另外，有关增量借款利率的更详细的内容，我们在本专题第四章中专题讨论。

2.6.3.4 首次执行日租赁负债的确认和计量（实务变通）

作为实务变通，对于首次执行日前的经营租赁，承租人可基于每项租赁采用下列一项或多项简化处理（CAS 21：63（2）（3）（5））：

（1）计量租赁负债时，相似的租赁组合可采用同一折现率；和/或

（2）可采用后见之明的情形之一：存在续租选择权或终止租赁选择权的，可根据首次执行日前选择权的实际行使及其他最新情况确定租赁期，无需对首次执行日

前各期间是否合理确定行使续租选择权或终止租赁选择权进行估计；和/或

（3）可采用后见之明的情形之二：首次执行日前发生租赁变更的，无需对租赁变更进行追溯调整，而是根据租赁变更的最终安排，按照新租赁准则进行会计处理。

三项实务变通中的任一项与其他任一项之间均不构成相互“绑定”，承租人可就每项租赁选择作出其中一项或多项实务变通的选择。

相似的租赁组合，即具有相似特征的租赁的组合。例如，经济环境、标的资产类别、剩余租赁期均相似的租赁。通常而言，租赁期所体现的融资期限存在显著不同的租赁（例如，租赁A体现的融资期限为3年，而租赁B体现的融资期限为5年以上），不能视为相似的租赁组合。

【例2-6】首次执行日租赁负债的确认和计量——实务变通之一（应用指南【例64】的“汽车租赁”）

背景

甲公司于2×21年1月1日（假设为首次执行日）存在下列原租赁准则下的尚未执行完毕的经营租赁。具体情况如下（下述合同不涉及租赁激励，不考虑相关税费影响）：

于2×20年1月1日（亦为该租赁的租赁期开始日）与某租车公司分别订立了一项3年期的2辆公务车租赁和一项3年期的2辆轿车租赁，约定自2×20年1月1日起，于每年年末分别支付租金35 000元和25 000元（即第一次支付日为2×20年12月31日），这些车辆于租赁期开始日的预计剩余使用年限为8年，未发生租赁初始直接费用，租赁到期归还车辆。

分析

甲公司的衔接处理如下：

2×21年1月1日（即首次执行日），甲公司对上述租赁合同采用简化的追溯调整法进行衔接会计处理。

甲公司计量租赁负债时，认为公务车租赁和轿车租赁具有相似特征，采用CAS 21：63（2）所述的简化处理，即针对各公务车租赁和轿车租赁适用的承租人增量借款利率采用同一折现率（确定适用于该情况的承租人增量借款利率为8%），对于使用权资产，选择按与租赁负债相等的金额并根据预付租金进行必要调整的方法计量，不采用其他简化处理。同时，甲公司认为上述各项汽车租赁符合组合处理的条件，因此就该组合进行相关会计处理。

于首次执行日：汽车租赁负债=公务车和轿车剩余租赁付款额之和按首次执行日承租人增量借款利率折现的现值=（35 000+25 000）×（P/A，8%，2）=

106 998（元）

汽车租赁使用权资产原值=租赁负债=106 998元

会计分录如下：

借：使用权资产——原值——汽车租赁　　106 998

　　租赁负债——未确认融资费用——汽车租赁　　13 002

　　贷：租赁负债——租赁付款额——汽车租赁　　120 000

某些情况下，承租人是否采用后见之明，会影响首次执行日的使用权资产和租赁负债的金额，相应会影响首次执行日的期初留存收益和执行新租赁准则后的利润。

【例2-7】首次执行日租赁负债的确认和计量——实务变通之二（应用指南【例64】的“租赁E”）

背景

甲公司于2×21年1月1日（假设为首次执行日）存在下列原租赁准则下的尚未执行完毕的经营租赁。具体情况如下（下述合同不涉及租赁激励，不考虑相关税费影响）：

于2×18年1月1日（亦为该租赁的租赁期开始日）订立了一项3年期通用设备租赁，约定自2×18年1月1日起，于每年年末支付100 000元（即第一次支付日为2×18年12月31日），并可选择在租赁期满时延长一次2年租赁期，租金不变，该选择最迟须在租赁到期前6个月书面通知出租人，否则视为放弃该选择权，该设备于租赁期开始日的预计剩余使用年限为10年，未发生租赁初始直接费用。于2×20年6月30日，甲公司书面通知出租人选择延长，延长的租赁期届满时归还设备。

分析

甲公司的衔接处理如下：

2×21年1月1日（即首次执行日），甲公司对上述租赁合同采用简化的追溯调整法进行衔接会计处理。

甲公司采用CAS 21：63（3）所述的简化处理，即根据首次执行日选择权的实际行使情况确定租赁期，因此剩余租赁期为2年，剩余租赁付款额为200 000元，确定适用于该租赁的首次执行日承租人增量借款利率为8%；对于使用权资产，选择按与租赁负债相等的金额并根据预付租金进行必要调整的方法计量，不采用其他简化处理。

于首次执行日：租赁负债=剩余租赁付款额按首次执行日承租人增量借款利率折现的现值=100 000×（P/A，8%，2）=178 330（元）

使用权资产原值=租赁负债=178 330元

会计分录如下：

借：使用权资产——原值——设备租赁 178 330

租赁负债——未确认融资费用——设备租赁 21 670

贷：租赁负债——租赁付款额——设备租赁 200 000

2.6.3.5 首次执行日使用权资产的确认和计量（一般原则）

对于首次执行日前的经营租赁，承租人在首次执行日可根据每项租赁选择按照下列两者之一计量使用权资产（CAS 21：61（2）②）：

方法一，假设自租赁期开始日即采用新租赁准则的账面价值（采用首次执行日的承租人增量借款利率作为折现率）；

方法二，与租赁负债相等的金额，并根据预付租金（或应付租金）进行必要调整。

同时，在首次执行日，承租人应当按照《企业会计准则第8号——资产减值》（资产减值准则）的规定，对使用权资产进行减值测试并进行相应会计处理（CAS 21：61（2）③）。

【例2-8】首次执行日使用权资产的确认和计量（应用指南【例64】的“租赁B”）

背景

续【例2-4】，甲公司对首次执行日前的经营租赁根据每项租赁选择使用权资产计量方法和采用相关简化处理。

分析

甲公司的衔接处理如下：

甲公司选择假设自租赁期开始日即采用新租赁准则的账面价值（采用首次执行日的承租人增量借款利率9%作为折现率）计量使用权资产，计量时不包含初始直接费用（见2.6.3.6）。不采用其他简化处理。甲公司认为该使用权资产按直线法计提折旧是适当的，并按照资产减值准则的规定对使用权资产进行减值测试后确定其无减值。假定甲公司法定盈余公积提取比例为10%，不考虑其他事项。

首次执行日，租赁负债=2 759 100元（计算过程见【例2-4】）

使用权资产原值=1 000 000+1 000 000×（P/A，9%，4）=4 239 700（元）

使用权资产累计折旧=使用权资产原值/5×2=1 695 880（元）

甲公司首次执行日的会计分录如下：

借：使用权资产——原值　　4 239 700
　　未分配利润　　193 752
　　盈余公积——法定盈余公积　　21 528
　　租赁负债——未确认融资费用　　（3 000 000–2 759 100）240 900
　　贷：使用权资产——累计折旧　　1 695 880
　　　　租赁负债——租赁付款额　　3 000 000

假设同样的业务背景下，甲公司选择按与租赁负债相等的金额并根据预付租金进行调整的方法计量使用权资产，则使用权资产账面价值为2 759 100元（即，与租赁负债相等）。则甲公司首次执行日的会计处理如下：

借：使用权资产——原值　　2 759 100
　　租赁负债——未确认融资费用　　（3 000 000–2 759 100）240 900
　　贷：租赁负债——租赁付款额　　3 000 000

注意

（1）承租人对首次执行日前的经营租赁的使用权资产的计量方法可以基于每项租赁作出选择，即承租人可以自由决定哪些租赁适用哪种计量方法。

（2）如果承租人根据CAS 21：61（2）②对使用权资产选择追溯法（方法一）计量，则需要获取必要的历史信息，以在租赁期开始日确定使用权资产的账面金额并计算自该日起应计提的折旧，但需注意，在计量时采用的是首次执行日的增量借款利率。选择方法一则获取历史信息的成本较高，但是，承租人有可能愿意付出该成本以获取更高的收益。例如，承租人可以通过追溯法计量使用权资产，而降低首次执行日后利润表中的租赁总费用。通常情况下，由于租赁负债按摊余成本计量比使用权资产摊销下降得更慢，按照方法二等于租赁负债的金额计量使用权资产，将使得使用权资产的账面价值高于其原本的账面价值，从而在首次执行日后产生较高的折旧费，使得租赁总费用较高。

（3）基于上述分析，考虑成本效益原则，我们合理预期，对于价值高、租赁期较长的租赁，承租人可能更倾向于采用方法一，这样可降低执行新租赁准则后承租人的利润压力；而对于数量大但价值低的租赁，此类租赁采用更精确的衔接方法一所需付出的成本很可能超过其改善首次执行日后利润所带来的收益，因此承租人可能更倾向于选择方法二。

（4）对于不同方法的财务影响及实务中于2019年1月1日已执行新租赁准则的承租人的方法选择情况详见2.6.4，于2021年1月1日执行新租赁准则的企业可基于自身情况考虑不同方案的财务影响，并参考前一批已执行新租赁准则的可比企业的实际情况，做出其自身的选择。

（5）使用权资产作为非流动非金融资产，亦适用资产减值准则。简化的追溯调整法下，承租人于首次执行日就应根据资产减值准则对使用权资产的账面金额（无论采用方法一还是方法二的计量结果）进行减值测试并记录识别出的减值准备，除非承租人采用CAS 21：63（4）的实务变通（见2.6.3.6）。

（6）无论承租人采用哪种方法计量首次执行日的使用权资产，所采用的增量借款利率与确定该租赁的租赁负债的首次执行日增量借款利率均应一致。在【例2-5】背景下，即使甲公司采用假设自租赁期开始日（2×14年1月1日）采用新租赁准则的账面价值计量使用权资产，所采用的增量借款利率也应是该例中的④而非③。

2.6.3.6　首次执行日使用权资产的确认和计量（实务变通）

作为实务变通，对于首次执行日前的经营租赁，承租人可根据每项租赁采用下列一项或多项简化处理（CAS 21：63（2）（4））：

（1）使用权资产的计量可不包含初始直接费用；和/或

（2）作为使用权资产减值测试的替代，可根据或有事项准则评估包含租赁的合同在首次执行日前是否为亏损合同，并根据首次执行日前计入资产负债表的亏损准备金额调整使用权资产。

注意

（1）承租人在首次执行日计量使用权资产时可不包括初始直接费用，这项选择可基于每一项租赁而作出。根据CAS 21：16，初始直接费用是指为达成租赁所发生的增量成本，若不获取该租赁则不会发生的成本。这类成本通常应包含在使用权资产的初始计量中。CAS 21：63（2）该项实务变通允许承租人在首次执行日计量使用权资产时可不包括初始直接费用（相关示例可参见【例2-8】），从而允许承租人可避免识别可能于数年前已经发生的初始直接费用。该项实务变通也是基于这一事实：初始直接费用的金额相比租赁付款额而言通常不重大，因此，计量使用权资产时忽略该初始直接费用，预期不会对财务报表信息产生重大影响。

（2）承租人应当考虑使用权资产在首次执行日前一刻是否发生减值。有关减值测试替代的实务变通为承租人提供了一个简便方法。该方法基于如下事实：如果使用权资产在首次执行日前一刻发生减值，则在原租赁准则下，根据或有事项准则第八条，当履行合同义务不可避免会发生的成本超过预期经济利益时，该经营租赁属于亏损合同，应计提亏损准备金并确认为“预计负债”。因此，允许承租人按照此前就经营租赁确认的亏损准备金额调整使用权资产，这项实务变通可避免承租人花费额外的时间精力对使用权资产进行减值测试并记录减值准备，同时也预期该实务变通不会对财务报表信息产生重大影响。

【例2-9】首次执行日使用权资产的确认和计量——实务变通之减值测试的替代（应用指南【例64】的“租赁C”）

背景

甲公司于2×21年1月1日（假设为首次执行日）存在下列原租赁准则下的尚未执行完毕的经营租赁。具体情况如下（下述合同不涉及租赁激励，不考虑相关税费影响）：

于2×19年1月1日（亦为该租赁的租赁期开始日）以经营租赁方式租入一条生产线生产仅销售给客户乙的A产品，租赁期4年，约定在每年的第2天支付500 000元，未发生租赁初始直接费用；该租赁合同不可撤销。2×20年，客户乙因自身原因不再向甲公司购买A产品，甲公司预计租入的生产线大部分时间将闲置，该租赁合同成为亏损合同。在考虑可能的现金净流入后，甲公司就该亏损合同确认了预计负债。于2×20年12月31日（即首次执行日前），相关预计负债金额为694 215元（计算采用的折现率为10%）。

分析

甲公司的衔接处理如下：

2×21年1月1日（即首次执行日），甲公司对上述租赁合同采用简化的追溯调整法进行衔接会计处理，并根据每项租赁选择使用权资产计量方法和采用相关简化处理，具体如下：

甲公司确定适用于该租赁的首次执行日承租人增量借款利率为10%（与2×20年12月31日确定亏损合同准备金额的折现率相等），选择按与租赁负债相等的金额并根据预付租金进行必要调整的方法计量使用权资产，采用CAS 21：63（4）所述的简化处理，即作为使用权资产减值测试的替代，根据首次执行日前亏损准备金额调整使用权资产，不采用其他简化处理。

于首次执行日：租赁负债=剩余租赁付款额按首次执行日承租人增量借款利率折现的现值=500 000+500 000×（P/A，10%，1）=954 545（元）

使用权资产原值=租赁负债=954 545元

使用权资产减值准备=相关预计负债金额=694 215元

会计分录如下：

借：使用权资产——原值——生产线　　954 545
　　预计负债　　694 215
　　租赁负债——未确认融资费用——生产线　　45 455
　　贷：使用权资产减值准备——生产线　　694 215
　　　　租赁负债——租赁付款额——生产线　　1 000 000

值得注意的是，该实务变通方法只是在首次执行日时点对使用权资产减值测试的替代，该方法下计提的使用权资产减值准备后续期间仍需遵循资产减值准则“一经计提、不得转回”的规定，并且后续对使用权资产的减值仍需遵循资产减值准则的相关规定进行处理。

2.6.3.7　承租人采用简化追溯法的披露要求

2.6.3.7.1　简化追溯法的一般披露要求

承租人选择按照简化追溯法对租赁进行衔接会计处理的，应当在首次执行日披露以下信息（CAS 21：67）：

（1）首次执行日计入资产负债表的租赁负债所采用的承租人增量借款利率的加权平均值；

（2）以下两项之间的差额：

①首次执行日前一年度报告期末披露的重大经营租赁的尚未支付的最低租赁付款额按首次执行日承租人增量借款利率折现的现值；

②计入首次执行日资产负债表的租赁负债。

注意

该增量借款利率的加权平均值应是一个单一结果，即在首次执行日根据每一档增量借款利率确定的租赁负债占总租赁负债的权重计算的平均值。但并不意味着该承租人在首次执行日确定租赁负债时采用的是单一增量借款利率。

【例2-10】首次执行日的增量借款利率的加权平均值

背景

甲公司于2×21年1月1日（假设为首次执行日）存在的原租赁准则下尚未执行完毕的经营租赁仅有2项（或仅有2类具有相似特征的租赁组合）。对于租赁（或租赁组合，本例下同）A，甲公司确定其于首次执行日的增量借款利率为4.5%，将租赁A剩余租赁付款额按照4.5%折现的现值是400万元；对于租赁B，甲公司确定其于首次执行日的增量借款利率为5.0%，将租赁B剩余租赁付款额按照5.0%折现的现值是600万元。

分析

采用4.5%增量借款利率折现的租赁负债占总租赁负债的权重：

400÷（400+600）=40%

采用5.0%增量借款利率折现的租赁负债占总租赁负债的权重：

600÷（400+600）=60%

甲公司确定首次执行日的增量借款利率的加权平均值：

4.5%×40%+5.0%×60%=4.8%

甲公司在首次执行日作出如下披露：

本公司/本集团于2×21年1月1日计入资产负债表的租赁负债所采用的增量借款利率的加权平均值为4.80%。

此外，首批执行新租赁准则的某些A+H股上市公司，在披露首次执行日增量借款利率的加权平均值时，有的未履行披露义务，有的以披露其增量借款利率区间或离散的增量借款利率值来代替。例如，在【例2–10】中甲公司披露为“本公司/本集团于2021年1月1日计入资产负债表的租赁负债所采用的增量借款利率为4.50% 5.0%（或4.50%、5.0%）。”我们认为，披露的利率区间或离散的数值虽然在一定程度上也体现了企业以租赁方式取得融资的资金成本，但其未能反映出相应利率融资规模的权重，相比而言，加权平均值包含了更多的信息，使得财务报表使用者能更为充分地获取承租人的融资成本、未来将承担的利息费用等信息。

下述两项的差额：①首次执行日前一年度报告期末披露的重大经营租赁的尚未支付的最低租赁付款额按首次执行日承租人增量借款利率折现的现值；②计入首次执行日资产负债表的租赁负债，其形成的原因在于按照原租赁准则识别出的最低租赁付款额，与按照新租赁准则识别出的应纳入租赁负债计量的租赁付款额存在差异。例如：

常见的导致①<②的情形可能有（包括但不限于）：

• ①仅考虑了原租赁准则下重大经营租赁的租赁付款额，但原认定为非重大的经营租赁在新租赁准则下其租赁付款额应纳入②；

• ①仅包含原租赁准则下经营租赁的租赁付款额，而②包含了原租赁准则下融资租赁在首次执行日尚未支付的租赁付款额；

• 原租赁准则下或有租金未纳入最低租赁付款额，因此未计入①，而相关或有租金可能属于新租赁准则下取决于指数或比率的可变租赁付款额，从而纳入了②中。

常见的导致①>②的情形可能有（包括但不限于）：

• ①中包含的某些重大经营租赁的租赁付款额，在新租赁准则下可能属于短期租赁或低价值资产租赁而承租人选择了简化处理从而相关付款额未纳入②中；

• 计入①中的重大经营租赁的租赁付款额，在首次执行日可能尚未开始执行（出租人尚未将租赁标的资产交付承租人），因此未包含在②中；

• 计入①中的重大经营租赁的租赁付款额可能是一年内到期的，因此在首次执行日，该部分金额并未计入②，而是体现在首次执行日资产负债表的“一年内到期的非流动负债”之中。

对①和②之间的差额，建议采用表格进行披露，可参考的披露内容与格式如下：

【例2-11】首次执行日前一年度报告期末披露的重大经营租赁的尚未支付的最低租赁付款额的现值与计入首次执行日资产负债表的租赁负债的差额调整过程

甲公司于2×21年1月1日首次执行新租赁准则，2×20年度财务报表中披露的2×20年年末重大经营租赁的尚未支付的最低租赁付款额的现值与2×21年1月1日计入租赁负债的差异调整过程如下：

项　目	合并报表	个别报表
2×20年12年31日重大经营租赁最低租赁付款额		
按照增量借款利率折现的上述最低租赁付款额现值		
减：因素一（注：根据实际情况披露，下同）		
因素二		
……		
加：因素一		
因素二		
……		
2×21年1月1日租赁负债总额		
其中：一年内到期的租赁负债		
2×21年1月1日资产负债表中的租赁负债		

2.6.3.7.2　简化追溯法下对实务变通的披露要求

采用CAS 21：63所述的实务变通（见2.6.3.2、2.6.3.4、2.6.3.6）的，承租人应当在财务报表附注中披露（CAS 21：64）：

（1）所采用的简化处理方法；

（2）在合理可能的范围内对采用每项简化处理方法的估计影响所作的定性分析。

注意

（1）披露采用一项或多项实务变通的事实。

假定某承租人于首次执行日该6项实务变通均有涉及，则披露示例为：

对于首次执行日前除低价值租赁之外的经营租赁，本公司根据每项租赁采用下列一项或多项简化处理：

①将于首次执行日后12个月内完成的租赁，作为短期租赁处理；

②计量租赁负债时，具有相似特征的租赁采用同一折现率；

③使用权资产的计量不包含初始直接费用；

④存在续约选择权或终止租赁选择权的，根据首次执行日前选择权的实际行使及其他最新情况确定租赁期；

⑤作为使用权资产减值测试的替代，根据《企业会计准则第13号——或有事项》评估包含租赁的合同在首次执行日前是否为亏损合同，并根据首次执行日前计入资产负债表的亏损准备金额调整使用权资产；

⑥首次执行日之前发生租赁变更的，根据租赁变更的最终安排进行会计处理。

当然，承租人也可根据其实际情况做更细化的披露，例如，对不同类别的使用权资产的计量是否包含初始直接费用作出不同选择时，前段示例第③项可改为：③本公司选择对A类租赁资产的使用权资产的计量包含初始直接费用，其他类别租赁资产的使用权资产的计量不包含初始直接费用。

再如，如果承租人未对任何租赁采用第⑤项实务变通，则无需披露该第⑤项。此情况下，结合该承租人对首次执行日使用权资产的计量的披露内容，假定为"首次执行日，本公司按照与租赁负债相等的金额，并根据预付租金进行必要调整计量使用权资产。对使用权资产按照《企业会计准则第8号——资产减值》的规定进行减值测试，并调整使用权资产的账面价值。"则财务报表使用者可以清楚地获知，该承租人在首次执行日对所有的使用权资产均未采用减值测试替代的实务变通。

（2）对采用每项简化处理方法的估计影响所作的定性分析。

实务中某些公司并未按要求作出此项信息披露，我们理解可能出于以下原因：

①CAS 21：64的措辞较为柔和，是"在合理可能的范围内"作出此项披露，因此某些公司将该要求视为"非强制性"的；

②该项披露仅要求作定性分析、无需提供量化的信息，即使披露，信息可能无甚价值；

③该类实务变通都是建立在预计不会对财务报表造成重大影响的前提下作出的允许；因此，是否披露或披露是否完整在很多情况下对财务报表亦不构成重大影响。

注册会计师在审计时应考虑企业的定性分析是否完整，但通常情况下，我们认为该披露是否完整不会对发表审计意见构成重大影响。

2.6.4　承租人不同衔接方案的财务影响及实务执行情况

2.6.4.1　承租人不同衔接方案的财务影响

对于首次执行日前的经营租赁，由于涉及多种衔接方案、多项可选择的实务变通，是实务中承租人执行新租赁准则衔接工作的重点。

在2.6.3.5节中，我们简要说明了使用权资产于首次执行日的不同计量方式下的差别。但实际上，综合考虑2.5节及2.6.3.5节，承租人对首次执行日前的经营租赁的衔接方案包含以下三种：

（1）全面追溯调整法（简称“全追法”）；

（2）按首次执行日承租人增量借款利率折现的现值计量租赁负债（简化的追溯调整法下租赁负债计量的唯一方式），以首次执行日的承租人增量借款利率作为折现率按假设自租赁期开始日即采用新租赁准则的账面价值计量使用权资产（简称“半追法”，使用权资产追溯计量，而租赁负债不追溯计量）；

（3）与“半追法”一致的方式计量租赁负债，按与租赁负债相等的金额并根据预付租金进行必要调整后的金额计量使用权资产（简称“不追法”）。

三种衔接方案对承租人的财务影响，通过以下单一租赁的示例来说明：

【例2-12】承租人的衔接处理

背景

首次执行日已存在的租赁情况：

A公司于2×16年1月1日租赁某办公场所，租赁期10年至2×25年12月31日，年度固定租金100万元，于每年年末支付。租赁内含利率无法取得，2×16年1月1日A公司的增量借款利率为5%。A公司于2×21年1月1日开始执行新租赁准则，该项租赁于首次执行日的增量借款利率为6%。（假定相关租赁不存在租赁激励，不考虑初始直接费用，不存在续租或终止租赁选择权，至首次执行日使用权资产不存在减值等。）

分析

情形1：甲公司选择“全追法”执行新租赁准则。

在租赁期开始日（2×16年1月1日）：

使用权资产原值=租赁负债=1 000 000×（P/A，5%，10）=7 721 734.93（元）

在首次执行日（2×21年1月1日）：

使用权资产账面价值（原值－折旧）=7 721 734.93×（1−5/10）

=3 860 867.46（元）

租赁负债=4 329 476.67元，其计量依据见下表：

年份	期初余额	利息费用（5%）	支付租金	期末余额
2×16	7 721 734.93	386 086.75	1 000 000.00	7 107 821.68
2×17	7 107 821.68	355 391.08	1 000 000.00	6 463 212.76
2×18	6 463 212.76	323 160.64	1 000 000.00	5 786 373.40
2×19	5 786 373.40	289 318.67	1 000 000.00	5 075 692.07
2×20	5 075 692.07	253 784.60	1 000 000.00	4 329 476.67
2×21	4 329 476.67	216 473.83	1 000 000.00	3 545 950.50
2×22	3 545 950.50	177 297.53	1 000 000.00	2 723 248.03
2×23	2 723 248.03	136 162.40	1 000 000.00	1 859 410.43
2×24	1 859 410.43	92 970.52	1 000 000.00	952 380.95
2×25	952 380.95	47 619.05	1 000 000.00	—

情形2：甲公司采用简化的追溯调整法，并对该项租赁选择“半追法”。

在租赁期开始日（2×16年1月1日）：

假定当日即采用新租赁准则的使用权资产原值（以首次执行日的承租人增量借款利率6%作为折现率）=1 000 000×（P/A，6%，10）= 7 360 087.05（元）

在首次执行日（2×21年1月1日）：

使用权资产账面价值（原值−折旧）=7 360 087.05×（1−5/10）= 3 680 043.53（元）

租赁负债=剩余5期租赁付款额按首次执行日承租人增量借款利率6%折现的现值=1 000 000×（P/A，6%，5）= 4 212 363.79（元）

情形3：甲公司采用简化的追溯调整法，并对该项租赁选择“不追法”。

在首次执行日（2×21年1月1日）：

使用权资产=租赁负债=剩余5期租赁付款额按首次执行日承租人增量借款利率6%折现的现值=1 000 000×（P/A，6%，5）= 4 212 363.79（元）

不同衔接方案的处理结果对首次执行日的资产负债表及首次执行日后利润表的影响：

项目	全追法	半追法	不追法
使用权资产（①）	3 860 867.46	3 680 043.53	4 212 363.79
租赁负债（②）	4 329 476.67	4 212 363.79	4 212 363.79
期初留存收益（③=①−②）	−468 609.21	−532 320.26	0.00
未来期间的租赁总费用［④=①+（5 000 000−②）=③+5 000 000］	4 531 390.79	4 467 679.74	5 000 000.00

从上表数据可以直观得出，就获取历史信息的范围和程度、衔接工作的复杂程

度和工作量等所需付出的成本角度而言，全追法>半追法>不追法。而从获得的效益（执行新租赁准则后该租赁的剩余期间租赁总费用更低、相应利润更高的益处）角度而言，“全追法”与“半追法”显然优于“不追法”。其中，最重要的财务影响结果是：首次执行日减少的期初留存收益将会在未来期间释放为利润。

至于“全追法”与“半追法”之间的效益比较，则取决于首次执行日的增量借款利率与租赁期开始日采用的折现率（租赁内含利率或租赁期开始日的增量借款利率）孰高。在本例中，由于首次执行日的增量借款利率6%>租赁期开始日的增量借款利率5%，导致“半追法”效益更高；反之，如果首次执行日的增量借款利率<租赁期开始日的增量借款利率，则会得出相反结论，在该情形下，采用“全追法”的效益更高。

实务中，对于主要租赁活动发生在境内的承租人，由于租赁期开始日所体现的融资期限长于同一租赁在首次执行日所体现的剩余融资期限，且2021年1月1日之前的数年中，我国致力于降低实体融资成本（例如，自2015年10月至2021年1月1日，央行公布的基准贷款利率没有变动；改革完善后的LPR于2021年1月1日的报价相较于首次发布之日2019年8月的报价，一年期降低了40个基点，5年期以上降低了20个基点），因此对同一项租赁，首次执行日的增量借款利率小于租赁期开始日的增量借款利率的情形更为普遍。即实务中，采用“全追法”的效益最高，单就效益而言，全追法>半追法>不追法。

承租人需要在衔接工作成本与获得的效益中权衡、选择对自身而言最优的方案。且值得再次强调的是，“半追法”和“不追法”可基于每项租赁作出选择，因此承租人可以考虑如何将该两种方法组合，以得到最佳结果。

2.6.4.2　可参考的首批执行企业对承租人衔接方案的选择

由于新租赁准则分两批实施，截至2020年年末可参考的实务执行情况主要是在H股或国外上市的企业。因此，对境内于2021年1月1日开始执行新租赁准则的企业（包括纯A股上市公司和非上市公司）而言，A+H股企业的信息易于获取，承租人选择衔接方案时可以借鉴A+H股企业的实际执行情况。

以披露2019年年报的全部119家A+H股上市公司为例，该119家上市公司作为承租人，对衔接方案的选择和执行情况如下：

衔接方案	全追法	简化追溯法	其他*	合计
家数	1	108	10	119

*“其他”主要是相关公司因不涉及租赁业务或不存在长期租赁事项，因此首次执行日2019年1月1日及2019年年末使用权资产、租赁负债均为0，其衔接处理无参考价值。

唯一一家采用“全追法”的企业是康龙化成（股票代码：300759.SZ/3759.HK），

根据其公开的2018年年报和2019年年报信息，康龙化成作为承租人的租赁业务主要是租赁房屋用于员工住宿和租赁办公厂房用于办公及生产。根据其租赁资产的性质和使用目的，可得知相关租赁合同具有合同数量少、单笔金额大的特点，有关的历史信息的获取及回溯合理推测不会耗费太大成本。“全追法”使得其2019年期初归母的所有者权益重述后比重述前减少约1 628万元，即2019年1月1日起的几期利润表中，在不考虑其他因素影响的前提下，相比“不追法”，“全追法”会给企业带来共1 628万元的利润总额。

在108家采用简化追溯法的上市公司中，对“半追法”或“不追法”的选择情况如下：

衔接方案	仅半追法	仅不追法	同时采用半追法和不追法	未明确披露
家数	16	75	7	10

仅采用“不追法”的上市公司显著多于仅采用“半追法”的上市公司。可见，“不追法”由于执行简便、衔接工作量小，成为大部分A+H股上市公司的选择。

由于“半追法”和“不追法”可基于每项租赁作出选择，因此，通过深入了解同时采用“半追法”和“不追法”的上市公司的进一步信息，企业可以从中分析相关A+H上市公司作出该选择的原因，更有利于企业自身对哪些租赁选择什么衔接方案作出决策。

表2–1　　采用“半追法”或“不追法”的公司情况

公司名称	“半追法”或“不追法”
3家航空公司（南方航空、东方航空、中国国航）	租赁的飞机及发动机资产采用“半追法”； 租赁的其他资产采用“不追法”
1家公司（东方电气）	租赁的不动产采用“半追法”； 租赁的其他资产采用“不追法”
另外3家	未明确，仅笼统披露公司按照每一项租赁选择两种方法之一计量使用权资产

表2–1可直观地体现出2.6.3.5节中所述结论，即“半追法”适合价值高、租赁期较长的租赁（比如，飞机及发动机资产租赁、不动产租赁），这样可降低执行新租赁准则后承租人的利润压力；而对于数量大但价值低的租赁采用“不追法”可避免大量衔接工作而需付出的成本。

2.7　售后租回交易的衔接规定

对于首次执行日前已存在的售后租回交易，企业在首次执行日不重新评估资产转让是否符合新收入准则作为销售进行会计处理的规定（CAS 21：66）。

（1）对于首次执行日前应当作为销售和融资租赁进行会计处理的售后租回交易，卖方（承租人）应当按照与首次执行日存在的其他融资租赁相同的方法对租回进行会计处理，并继续在租赁期内摊销相关递延收益或损失。

（2）对于首次执行日前应当作为销售和经营租赁进行会计处理的售后租回交易，卖方（承租人）应当按照与首次执行日存在的其他经营租赁相同的方法对租回进行会计处理，并根据首次执行日前计入资产负债表的相关递延收益或损失调整使用权资产。

注意

（1）参照IFRS 16：C16–C18的相关规定，上述CAS 21：66中所述的“销售和融资租赁”，是指在原租赁准则下构成融资租赁的售后租回交易；“销售和经营租赁”，是指在原租赁准则下构成经营租赁的售后租回交易。这里的“销售”与CAS 21：50所要求的“按照《企业会计准则第14号——收入》的规定，评估确定售后租回交易中的资产转让是否属于销售”不是一回事，不可混淆。

（2）CAS 21：66所述的“不重新评估”是强制性要求，而非可选处理。即对于首次执行日前已存在的售后租回交易，企业在首次执行日不得重新评估资产转让是否构成新收入准则规定的销售。

（3）售后租回交易的衔接规定与所有其他租赁的一般衔接规定相一致。卖方（承租人）在过渡至新租赁准则时不应针对售后租回交易的销售要素执行任何追溯性会计处理。卖方（承租人）在过渡至新租赁准则时，须以与处理首次执行日存在的任何其他租赁相同的方式对租回进行会计处理。

（4）卖方兼承租人应仅对首次执行日后签订的售后租回交易，采用新租赁准则规定的售后租回交易利得或损失确认方法（见CAS 21：50–52及本专题1.6节）。

（5）首次执行日存在的售后租回交易不适用CAS 21：50–52的原因是，国际会计准则理事会认为，在报告信息方面，采用追溯法的成本将高于收益（IFRS 16：BC292－BC294）。我们理解，如果按照CAS 21：50–52的要求处理，则卖方（承租人）与买方（出租人）均需对资产转让是否构成新收入准则规定的销售进行评估，而是否构成销售应是站在业务发生时点进行判断的。由于售后租回交易业务发生时卖方（承租人）与买方（出租人）可能尚未开始执行新收入准则，且新收入准则也是要求采用简化的追溯调整法、不重述前期比较报表的方式进行衔接，因此要求重新评估资产转让是否构成销售不太现实，相当于跨越租赁准则应规范的范畴，越俎代庖要求企业追溯应用新收入准则了。此外，即使售后租回交易发生时，卖方（承租人）与买方（出租人）已经执行新收入准则。由于新收入准则并不规范售后租回业务，售后租回业务一直由租赁准则所规范，因此卖方（承租人）与买方（出租人）可能并未关注或恰当保留是否满足“销售”的信息，使得追溯处理所需成本较高。

在【例2-13】中，结合企业在原租赁准则下的处理，我们对售后租回的具体衔接进行说明：

【例2-13】售后租回构成融资租赁在新准则下的衔接处理

问题

企业在2021年1月1日首次执行新租赁准则时，对于原租赁准则下的售后租回形成融资租赁的交易是否需要追溯调整首次执行日的期初余额？

背景

原租赁准则下，A公司售后租回业务处理如下：因为A公司出售设备再租回构成融资租赁，故在出售资产时不确认收益，租回设备重新入账价值按长期应付款的现值与该设备公允价值中孰低确定，将该设备重新入账价值与原账面价值的差额确认为递延收益，后续计量中对该设备计提折旧，并对未实现售后租回损益按折旧年限进行分摊。

2021年1月1日，A公司开始执行新租赁准则，根据新租赁准则第五十二条，售后租回交易中的资产转让不属于销售的，承租人应当继续确认被转让资产，同时确认一项与转让收入等额的金融负债，并按照《企业会计准则第22号——金融工具确认和计量》对该金融负债进行会计处理。

分析

对于新租赁准则第六十六条“对于首次执行日前应当作为销售和融资租赁进行会计处理的售后租回交易，卖方（承租人）应当按照与首次执行日存在的其他融资租赁相同的方法对租回进行会计处理，并继续在租赁期内摊销相关递延收益或损失”这一规定的适用范围具体如何理解，可参考IFRS 16对应规定的英文原文。根据IFRS 16附录C（生效日期和衔接规定）的第C16段和第C17段：

C16 An entity shall not reassess sale and leaseback transactions entered into before the date of initial application to determine whether the transfer of the underlying asset satisfies the requirements in IFRS 15 to be accounted for as a sale.

C17 If a sale and leaseback transaction was accounted for as a sale and a finance lease applying IAS 17，the seller-lessee shall:

（a）account for the leaseback in the same way as it accounts for any other finance lease that exists at the date of initial application；and

（b）continue to amortise any gain on sale over the lease term.

中文翻译：

C16　主体不应对首次采用日之前达成的售后租回交易进行重新评估，以确定标的资产的转移是否满足《国际财务报告准则第15号》中作为销售进行会计处理的规定。

C17　如果之前售后租回交易根据《国际会计准则第17号》作为销售和融资租赁进行会计处理，则卖方（承租人）应：

（1）按照与首次采用日存在的其他融资租赁相同的方法对租回进行会计处理；

（2）继续在租赁期内摊销销售利得。

据此可知，新租赁准则第六十六条中“首次执行日前应当作为销售和融资租赁进行会计处理的售后租回交易”是指在原租赁准则下作为“售后租回构成融资租赁”进行会计处理的交易，与新租赁准则下该资产转让交易是否构成销售的判断无关。

原租赁准则下对于“售后租回交易认定为融资租赁的”实际并没有要求“评估确定售后租回交易中的资产转让是否属于销售”，其对应的会计处理都是“售价与资产账面价值之间的差额应当予以递延，并按照该项租赁资产的折旧进度进行分摊，作为折旧费用的调整。”因此我们认为，其衔接会计处理应当执行新租赁准则第六十六条所规定的“卖方（承租人）应当按照与首次执行日存在的其他融资租赁相同的方法对租回进行会计处理，并继续在租赁期内摊销相关递延收益或损失。”即在首次执行日应将原租赁准则下的固定资产和长期应付款（及未确认融资收益）重分类至使用权资产和租赁负债，而原准则下“售价与资产账面价值之间的差额”至首次执行日的余额仍保留，在执行新租赁准则后继续在剩余租赁期内摊销该递延收益或损失。

由于上述调整仅涉及资产负债科目的重分类列示，如果其金额对于企业财务报表而言并不重大，则也可以接受不作重分类调整。

如果在原租赁准则下，卖方承租人对售后租回构成融资租赁的业务采取了抵押借款方式的会计处理，则在新旧准则下会计处理一致，无需将固定资产重分类至使用权资产，也无需将长期应付款重分类至租赁负债。

另外，对于2021年A公司启用新租赁准则之后新发生的售后租回业务，需注意，大多数情况下，售后租回在原准则下构成融资租赁的交易通常是融资行为，不符合新收入准则作为销售的条件。但是原租赁准则下的“售后租回构成融资租赁”并不必然在新租赁准则下被认定为“售后租回交易的资产转让不属于销售”，企业仍应按照新收入准则的规定，评估确定售后租回交易中的资产转让是否属于销售。按照新收入准则判断不属于销售的，才能根据新租赁准则第五十二条的规定进行处理。

2.8 之前确认的有关企业合并的金额

承租人如果之前根据《企业会计准则第20号——企业合并》对作为企业合并一部分购买的经营租赁的有利或不利条款确认了资产或负债，则应当终止确认该资产或负债，并相应调整首次执行日的使用权资产的账面金额。

第三章　租赁期

概述

新租赁准则要求承租人将几乎所有的租赁计入资产负债表内。在新租赁准则下，承租人获取的使用权资产和租赁负债将按照租赁付款额的现值为基础进行初始计量：

$$租赁负债=\sum \frac{未付的第n期租赁付款额}{(1+折现率)^n}$$

使用权资产=租赁负债+租赁预付款-已享受的租赁激励+初始直接费用+复原或恢复成本的折现值

在使用权资产和租赁负债的确认和初始计量中，租赁期决定了应折现的租赁付款额的期数和总额，而租赁期所体现出的融资期限，亦是折现率确定的重要因素之一，因此租赁期会影响未付的租赁付款额、折现率的确定，并和未付的租赁付款额、折现率共同影响租赁负债和使用权资产的计量金额。例如，一项5年期租赁比一项3年期租赁形成重大资产和负债的可能性要更大。使用权资产和租赁负债的计量结果的不同将影响承租人的资产规模、资产负债率、租赁期内各期间的租赁总费用、各期间的利润总额等一系列财务数据和关键财务指标。因此，如何恰当地确定租赁期将是承租人执行新租赁准则的核心问题之一。

对出租人而言，在对租赁进行分类测试时，租赁期通常也是需要考虑的重要因素，因此，在某些情形下，租赁期的确定对出租人也较为重要。

新租赁准则就如何确定租赁期提供了较为详细的指引，在确定租赁期时，承租人和出租人应关注若干细节的判断，主要涉及：

（1）何时为租赁期的开始日？在租赁开展过程中可能存在若干重要日期，如双方就租赁达成一致的日期、开始计算租金的日期、标的资产交付使用的日期、支付第一次租金的日期等。由于租赁期开始日是承租人对使用权资产和租赁负债进行确认并初始计量的日期，也是出租人在融资租赁下终止确认标的资产的日期，因此承租人和出租人应将标的资产由出租人交付可供承租人使用的日期作为租赁期开始日（见3.1.2）。

（2）何时为租赁期的截止日期？某些租赁合同可能存在着一方可以提前终止租赁、或可以续租的条款，此时，判断租赁期的截止日期时，应先识别该租赁的不可撤销期间（见3.1.3），并结合相关事实和情况判断承租人能否合理确定行使续租选择权或不行使终止租赁选择权（见3.1.4），从而考虑应否将选择权涵盖期间纳入租赁期。

（3）租赁执行期间，如果发生承租人可控范围内的重大事件或变化，这些事件或变化可能影响承租人对是否合理确定行使续租选择权或不行使终止租赁选择权的结论，此时承租人应重新评估租赁期（见3.1.5）；或者承租人与出租人就租赁达成变更时，也可能带来租赁期限的变更，此时承租人也应根据变更后的租赁重新确定租赁期（见3.1.6）。

（4）当租赁期表述为已识别资产的使用或绩效等情形下，前述（1）至（3）提及的内容依然适用（见3.1.7），企业将具有类似特征的租赁组合作为新租赁准则的会计处理单元时，前述（1）至（3）提及的内容也适用于该租赁组合（见3.1.8）。

除如何“确定租赁期”以外，本章还涉及以下内容：确定租赁期后，承租人或出租人在对租赁进行确认和计量时须按照新租赁准则的规定考虑如何应用“租赁期”（见3.2），新租赁准则对有关租赁期的披露要求（见3.3），以及面临实务中常见的租赁条款时承租人或出租人如何按照新租赁准则的规定恰当确定其租赁期（见3.4）。

3.1 确定租赁期

3.1.1 租赁期的定义

新租赁准则对租赁的定义，是指在一定期间内，出租人将资产的使用权让与承租人以获取对价的合同。该定义中的“一定期间”即租赁期，是指承租人有权使用租赁资产且不可撤销的期间，包括（CAS 21：15）：

（1）续租选择权涵盖的期间，前提是承租人有续租选择权且合理确定将行使该选择权；

（2）终止租赁选择权涵盖的期间，前提是承租人有终止租赁选择权但合理确定将不会行使该选择权。

其中，对不可撤销期间的讨论，见3.1.3节，对续租选择权和终止租赁选择权的讨论，见3.1.4节和3.1.5节。

3.1.2 确定租赁期开始日

租赁期自租赁期开始日起计算。租赁期开始日，是指出租人提供租赁资产使其可供承租人使用的起始日期（CAS 21：14）。需注意的是：

（1）租赁期开始日（commencement of lease term）不同于租赁开始日（inception of lease），租赁开始日作为另一概念，是指租赁协议日与租赁各方就主要租赁条款和条件作出承诺日中的较早者（CAS 21：35）。

（2）租赁期开始日可能也不同于起租日或租金起付日，如果承租人在租赁协议约定的起租日或租金起付日之前，已获得对租赁资产使用权的控制，则表明租赁期已经开始。例如，当合同存在免租期时，由于免租期内承租人依然有权使用租赁资产且该期间不可撤销，因此租赁期应包括出租人为承租人提供的免租期。

【例3-1】确定租赁期开始日

背景

在某商铺的租赁安排中，甲公司（承租人）与乙公司（出租人）于2×18年9月20日签订租赁协议，约定乙公司于2×18年10月1日将房屋钥匙交付甲公司，由甲公司在收到钥匙后自主安排对商铺的装修布置和搬迁；合同约定租赁期自2×19年1月1日起至2×28年12月31日，共10年；甲公司自2×19年1月1日计算租金，按季度支付租金。

分析

此交易中，2×18年9月20日为租赁开始日，由于甲公司自2×18年10月1日起就已拥有对商铺使用权的控制，因此租赁期开始日为2×18年10月1日；合同名义上约定的租赁期2×19年1月1日起至2×28年12月31日，实际上该期间仅为计租期，而2×18年10月1日至2×18年12月31日期间则为免租期，计租期与免租期共同构成了租赁期。

注意

新租赁准则对“租赁开始日”和“租赁期开始日”进行了特别区分：

	租赁开始日	租赁期开始日
定义	租赁协议日与租赁各方就主要租赁条款和条件作出承诺日中的较早者	出租人提供租赁资产使其可供承租人使用的起始日期
承租人的处理	评估合同是否为租赁或者包含租赁	对使用权资产和租赁负债进行初始确认和计量（简化处理的短期租赁和低价值资产租赁除外）
出租人的处理	（1）评估合同是否为租赁或者包含租赁； （2）评估租赁分类，将租赁分为融资租赁或经营租赁	对融资租赁确认应收融资租赁款，并终止确认融资租赁资产（其中，生产商或经销商作为出租人的融资租赁，确认销售收入、结转销售成本，并将取得融资租赁发生的成本计入当期损益）

新租赁准则下，租赁双方虽然在租赁开始日就进行了重要的评估，但直到租赁期开始日才在财务报表中确认由租赁产生的资产、负债、收入和费用。

在租赁期开始日之前，承租人未获得和控制使用标的资产的权利，出租人也尚未履行合同。将使用权资产的确认时点与初始计量时点均统一在“租赁期开始日”的规定，与承租人取得其他资源（例如，固定资产）的确认和初始计量时点保持了一致，均强调了实际“控制”相关资源的标准。

尽管承租人自租赁开始日起可能有以支付租赁付款额换取使用权资产的权利和义务，但在资产可供其使用之前，承租人不太可能有义务支付租赁付款额。如果出现这种情况（即企业应当在租赁期开始日之前付款以获取标的资产的使用权），则应将其作为租金的一部分，实务中通常计入“预付账款”，表明该款项是为了取得资产的使用权而提前支付的租金，在租赁期开始日，将该“预付账款”计入“使用权资产”的初始计量金额中。

在租赁开始日与租赁期开始日之间可能会发生一些变动，如租赁变动或市场价格的变动等。在租赁期开始日对使用权资产和租赁负债进行初始计量时：

①承租人应将租赁开始日后、租赁期开始日前发生的租赁变动纳入考虑，但无需考虑市场变动。

②如果涉及一份合同内多项租赁的分拆，承租人仍应以租赁开始日的各项租赁单独对价的相对比例去分拆。承租人不得因租赁开始日之后各项租赁单独对价的变动而重新分摊租赁对价。这一点，与新收入准则规定的“合同包含两项或两项以上履约义务时，企业应在合同开始日（而非实际履约时）按照各单项履约义务所承诺商品或服务的单独售价的相对比例分摊交易价格”是一致的。

③如果租赁开始日与租赁期开始日之间的市场价格变动反映出以支付租赁付款额换取使用权资产的条款对承租人不利，则该义务可能导致亏损。在此情形下，承租人可能在租赁期开始日前有亏损合同的负债。该负债的会计处理应与采用或有事项准则对其他亏损合同进行的会计处理一致。

（3）租赁期开始日是指出租人将租赁资产交付承租人可供承租人使用的日期，其判断的核心是承租人自该日起拥有了控制标的资产使用的权力、而承租人是否实际使用并不是判断的关键。

【例3–2】确定未使用资产的租赁期开始日

背景

A公司计划从2×21年开始扩大其甲产品的生产能力。为了保证届时的货运能力充足，A公司于2×20年7月1日签订了租赁合同，将租入轨道车辆用于甲产品运输。轨道车辆从2×20年9月1日起可供A公司使用。A公司预计于2×21年1月1日开始才会将轨道车辆用于甲产品的运输，因此租赁合同约定的相关轨道车辆在2×20年9月1日至2×21年1月1日期间可能闲置。A公司于2×20年签订轨道车辆租赁合同的唯一原因是确保2×21年1月1日起可以使用轨道车辆。

分析

本例中，租赁开始日为合同签订日2×20年7月1日（或A公司与出租人就该租赁合同的主要条款达成一致的任何更早的时点）。在2×20年7月1日，A公司应评估该合同以确定其实质上是否属于租赁或是否包含租赁。

假定本例中合同符合租赁的定义，则租赁期开始日为出租人提供轨道车辆使其可供A公司使用的日期，即2×20年9月1日。尽管A公司未计划于2×21年1月1日之前使用轨道车辆，但是在2×20年9月1日至2×20年12月31日期间，A公司依然有权在合同约定范围内主导轨道车辆的使用方式和使用目的。例如，A公司可将轨道车辆用于现有产品的运输、用于对外出租或向其他公司提供运力、或者闲置存放。此时，选择“闲置”也正表明了A公司对这些轨道车辆使用的控制。因此，2×20年9月1日为租赁期开始日，由轨道车辆租赁合同产生的资产、负债、收入和费用自该日起确认和计量。即使轨道车辆直至2×21年1月1日才开始使用，使用权资产的折旧应从2×20年9月1日起开始计提。

3.1.3 评估不可撤销期间

新租赁准则规定，租赁期是指承租人有权使用租赁资产且不可撤销的期间（CAS 21：15）。在确定租赁期和评估不可撤销租赁期间时，企业应根据租赁条款约定确定可强制执行合同的期间。

注意

我们认为，新租赁准则此处提及的“不可撤销”，与其他会计准则的规定有着相同之处。比如，新收入准则规定的适用收入准则的合同，其条件之一是“合同约定的权利和义务具有法律约束力”，在该准则应用指南的多个案例中均有“企业与客户签订了不可撤销的合同”这一表述；《企业会计准则第42号——持有待售的非流动资产、处置组和终止经营》将“确定的购买承诺”定义为“企业与其他方签订的具有法律约束力的购买协议，该协议包含交易价格、时间和足够严厉的违约惩罚等重要条款，使协议出现重大调整或者撤销的可能性极小”；新金融工具确认和计量准则中也有多处“不可撤销的贷款承诺、财务担保”等表述。

这些准则所述的“不可撤销的协议”与新收入准则规范的“合同”的定义“双方或多方之间订立有法律约束力的权利义务的协议”是一致的。新租赁准则此处的“不可撤销期间”是指可强制执行的合同期间，其强调的是，在该期间内撤销租赁的罚款或赔偿等代价重大，使各方均没有重大经济动因去撤销履约的期间。则：

（1）根据合同的定义，仅当合同产生强制性权利和义务时方视为合同存在。如果承租人和出租人双方均有权在未经另一方许可的情况下终止租赁，且罚款金额不重大，则该租赁不可再强制执行。这一处理原则与新收入准则应用指南中明确的“合同各方均有权单方面终止完全未执行的合同，且无需对合同其他方作出补偿的，在应用本准则时，该合同应当被视为不存在”是一致的。

【例3–3】评估不可撤销期间——双方均可终止（情形一摘自应用指南【例18】）

背景

情形1：承租人与出租人签订了一份租赁合同，约定自租赁期开始日1年内不可撤销，如果撤销，双方将支付重大罚款，1年期满后，经双方同意可再延长1年，如有一方不同意，将不再续期，且没有罚款。假设承租人对租赁资产不具有重大依赖。

情形2：承租人与出租人签订了一份5年期的租赁合同，约定自租赁期开始日1年内不可撤销，如果撤销，双方将支付重大罚款，1年期满后，任一方均可随时提出提前终止合约，且如果提前终止，提出方无需向对方支付任何罚款。假设承租人对租赁资产不具有重大依赖。

分析

情形1中，自租赁期开始日起的第1年有强制的权利和义务，是不可撤销期间。而此后1年的延长期并非不可撤销期间，因为承租人或出租人均可单方面选择不续约而无需支付任何罚款，因此该1年的延长期对双方均无法律约束力，租赁期应为1年。

情形2中，虽然名义上租赁期限约定为5年，但由于合同期后4年双方任一方均可提前终止且无需支付任何罚款，因此后4年期间对双方并不产生强制性的权利和义务，并不符合合同的定义。情形2的不可撤销期间与情形一相同，均是租赁期开始日起的第1年。

（2）如果只有承租人有权终止租赁，则在确定租赁期时，企业应将该项权利视为承租人可行使的终止租赁选择权予以考虑。

【例3–4】评估不可撤销期间——只有承租人一方有权终止

背景

承租人与出租人签订了一份为期2年的租赁合同，约定自租赁期开始日1年内不可撤销，如果撤销，双方将支付重大罚款。1年期满后，承租人有权提前终止租赁，且没有任何罚款；1年期满后，出租人无权提前终止，若提前终止，将向承租人支付重大罚款。

分析

本例中，如【例3-3】所分析，租赁期开始日后的第1年为不可撤销期间。对于租赁期满1年后，如果承租人不行使终止租赁选择权，则出租人不能拒绝承租人继续租赁直至整个合同期满的要求，因此合同期内的第2年仍然存在强制性权利和义务，但对承租人而言，第2年是“可撤销的”。此时，租赁各方对租赁期评估时应将这些选择权纳入考虑（具体见本章1.4），即：如果承租人不能合理确定是否行使终止租赁选择权，则不可撤销的期间1年为租赁期；如果承租人合理确定不会行使终止租赁选择权，则该合同中租赁期为2年，包含不可撤销期间1年和选择权覆盖期间1年。

（3）如果只有出租人有权终止租赁，则不可撤销的租赁期包括终止租赁选择权所涵盖的期间。

【例3-5】评估不可撤销期间——只有出租人一方有权终止

背景

承租人与出租人签订了一份为期2年的租赁合同，约定自租赁期开始日1年内不可撤销，如果撤销，双方将支付重大罚款。1年期满后，出租人有权提前终止租赁，且没有任何罚款；1年期满后，承租人无权提前终止，若提前终止，将向出租人支付重大罚款。

分析

新租赁准则规定，确定租赁期时不应考虑出租人的终止租赁的权利，这是因为，除非出租人决定终止租赁，否则，在出租人决定终止租赁之前，承租人有无条件为租赁期内使用资产的权利支付租赁付款额的义务。因此，租赁各方无须评估出租人是否合理确定不终止租赁，本例中不可撤销的租赁期为2年。

3.1.4 合理确定是否行使续租选择权或终止租赁选择权

新租赁准则规定，承租人有续租选择权，即有权选择续租标的资产，且合理确定将行使该选择权的，租赁期还应当包含续租选择权涵盖的期间；承租人有终止租赁选择权，即有权选择终止租赁标的资产，但合理确定将不会行使该选择权的，租赁期应当包含终止租赁选择权涵盖的期间（CAS 21：15）。

财政部等四部委《关于严格执行企业会计准则切实加强企业2020年年报工作的通知》（财会〔2021〕2号）进一步明确：企业确定租赁期时不仅应考虑不可撤销的租赁期间，如果承租人合理确定将行使续租选择权或不行使终止租赁选择权，租赁期还应包含不可撤销租赁期间、续租选择权涵盖期间和终止租赁选择权涵盖期间。

因此，在租赁期开始日，企业（租赁各方）应当评估承租人是否合理确定：

（1）将行使续租标的资产的选择权；

（2）将不行使终止租赁选择权。

3.1.4.1　评估是否行使续租选择权或终止租赁选择权时需考虑的因素

在评估时，企业应当考虑对承租人行使续租选择权或不行使终止租赁选择权带来经济利益的所有相关事实和情况，包括自租赁期开始日至选择权行使日之间的事实和情况的预期变化。

在评估时，企业需考虑的因素包括但不限于以下方面：

需考虑的因素	具体示例
（1）与市价相比，选择权期间的合同条款和条件	①选择权期间内为使用租赁资产而需支付的租金金额（例如，选择权期间的租金显著低于市场租金，从而向承租人提供了重大经济利益）； ②可变租赁付款额或其他或有款项（例如，因终止租赁罚款和担保余值导致的应付款项）； ③初始选择权期间后可行使的其他选择权的条款和条件（例如，续租期结束时可按显著低于市价的价格行使购买选择权，从而向承租人提供了重大经济利益）
（2）在合同期内，承租人进行或预期进行重大租赁资产改良的，在可行使续租选择权、终止租赁选择权或者购买租赁资产选择权时，预期能为承租人带来的重大经济利益	承租人签订了一份房屋租赁合同，包括4年不可撤销期限和2年期固定价格续租选择权，续租选择权期间的合同条款和条件与市价接近，如果承租人花费了大量资金对租赁房屋进行了装修，预计在4年结束时租赁资产装修仍将具有重大价值，且该价值仅可通过继续使用租赁资产实现。在此情况下，承租人合理确定将行使续租选择权，因为如果在4年结束时放弃该租赁资产装修，将蒙受重大经济损失。因此，在租赁期开始时，承租人确定租赁期为6年
（3）与终止租赁相关的成本	包括谈判成本、搬迁成本、寻找与选择适合承租人需要的替代资产所发生的成本、将新资产融入运营所发生的整合成本、终止租赁的罚款和类似成本、将租赁资产恢复至租赁条款约定状态的成本、将租赁资产归还至租赁条款约定地点的成本等。例如，当承租人行使终止租赁选择权将面临重大罚款时，行使终止租赁选择权将使其蒙受重大经济损失，因此，承租人合理确定不行使终止租赁选择权，租赁期应包含选择权涵盖期间
（4）租赁资产对承租人运营的重要程度	租赁资产是否为一项专门资产，租赁资产的位置的重要性或稀缺性（例如承租人总部所在地或旗舰店）以及是否可获得合适的替换资产（类似资产的稀缺性）等
（5）与行使选择权相关的条件及满足相关条件的可能性	租赁条款约定仅在满足一项或多项条件时方可行使选择权，此时还应考虑相关条件及满足相关条件的可能性

注意

鉴于续租选择权和终止租赁选择权会影响租赁的经济实质，在确定租赁期时，若承租人预计将行使续租选择权或不行使终止租赁选择权时，将包含选择权涵盖期间在内的租赁期纳入使用权资产和租赁负债的计量将更忠实地反映租赁的经济实质。

需注意，此处的“合理确定”与原租赁准则中的概念相同。租赁各方均应考虑对承租人行使或不行使选择权带来经济利益的所有相关事实和情况进行判断，须有明确的经济利益带来的激励，才能合理确定承租人将行使续租选择权或不行权终止租赁选择权。也即，行权或不行权带来的激励对该项租赁而言是重大的。

此外，在新租赁准则下，将选择权涵盖期间包含在租赁期内可有效降低承租人不恰当地将租赁负债排除在资产负债表之外的风险（例如，在承租人有明确经济激励行使选择权的情况下，将选择权期间的租赁付款额排除在资产负债表之外）。

3.1.4.2　评估是否行使续租选择权或终止租赁选择权时对租赁的不可撤销期间的考虑

租赁的不可撤销期间的长短会影响对承租人是否合理确定将行使或不行使选择权的评估。通常情况下，租赁的不可撤销期间越短，承租人行使续租选择权或不行使终止租赁选择权的可能性就越大，原因在于不可撤销期间越短，获取替代资产的相对成本就相应地越高。

注意

为了尽量减少新租赁准则带来的影响，承租人可能希望租赁合同的租赁期更短，或者重新考虑其租赁／购买策略。虽然较短的租赁期可能会产生更理想的会计结果，但实务中，更短的租赁期可能降低承租人和出租人的经营安全性和稳定性，给企业带来经营风险。

3.1.4.3　评估是否行使续租选择权或终止租赁选择权时的其他考虑

评估承租人是否合理确定将行使或不行使选择权时，如果承租人以往曾经使用过特定类型的租赁资产或自有资产，则可以参考承租人使用该类资产的通常期限及相关经济原因。例如，承租人通常在特定时期内使用某类资产，或承租人时常对某类租赁资产行使选择权，则承租人应考虑以往这些做法的经济原因，以评估是否合理确定将对此类租赁资产行使选择权。

续租选择权或终止租赁选择权可能与租赁的其他条款相结合。例如，无论承租人是否行使选择权，均保证向出租人支付基本相等的最低或固定现金，在此情形下，即使该类最低或固定现金支付作为实质固定的租赁付款额，企业也应假定承租人合理确定将行使续租选择权或不行使终止租赁选择权。再如，承租人向出租人提供的担保余值，如果担保余值与终止租赁选择权相关联，承租人行使终止租赁选择权时根据担保将支付不少于承租人将在选择权期间支付的租赁付款额的经济流出，企业也应假定承租人合理确定不会行使终止租赁选择权。又如，同时存在原租赁和转租赁时，转租赁期限超过原租赁期限，如原租赁包含5年的不可撤销期间和2年的续租选择权，而转租赁的不可撤销期限为7年，此时应考虑转租赁期限及相关租赁条款对续租选择权评估的可能影响。

3.1.4.4　评估是否行使购买租赁资产的选择权

当租赁合同授予承租人购买租赁资产的选择权时，应将该项购买选择权视同一项特殊的“续租选择权”一并纳入评估。

购买选择权的评估方式应与续租选择权或终止租赁选择权的评估方式相同，购买选择权可视为实际上的最终续租选择权，即承租人的续租选择权期间为标的资产的全部剩余经济寿命，而名义上的“购买行权价”则为获取标的资产的全部剩余经济寿命期间使用权而支付的租金。

3.1.5　对租赁期和购买选择权的重新评估

3.1.5.1　何时重新评估

发生下列重大事件或重大变化时，承租人应当对其是否合理确定将行使续租选择权、购买选择权或不行使终止租赁选择权进行重新评估，并根据重新评估结果修改租赁期（CAS 21：15）：

（1）重大事件或变化在承租人可控范围内；

（2）重大事件或变化影响承租人是否合理确定将行使续租选择权、购买选择权或不行使终止租赁选择权。

注意

如果承租人定期（如在每个资产负债表日）对选择权进行重新评估，则财务报表使用者将获得更具相关性的信息，及时了解租赁目前的经济情况。但是，对于拥有多项包含选择权的租赁的企业而言，要求在每个资产负债表日进行重新评估的成本较高，因此，新租赁准则在财务信息质量与相关成本之间考虑了适当的平衡，不要求承租人定期对选择权进行重新评估，而仅在发生重大事件或变化、且影响承租人是否合理确定行使或者不行使续租选择权、终止租赁选择权或购买标的资产选择权时要求进行重新评估。

此外，新租赁准则进一步对需要进行重新评估的情形限制在“发生承租人可控范围内的重大事件或变化”，这意味着承租人无需对单纯基于市场的事件或情况变化重估选择权。

对重估选择权时点的要求在某些方面与资产减值准则中对长期资产（不包括商誉和使用寿命不确定的无形资产）减值采用的方法类似。资产减值准则未要求企业在每个资产负债表日进行减值测试，而是在资产存在可能发生减值的迹象时进行减值测试（但企业需在资产负债表日判断资产是否存在可能发生减值的迹象）。

3.1.5.2 承租人可控范围内的重大事件或变化的示例

为帮助企业识别触发重新评估的重大事件或变化，应用指南提供了一些承租人可控范围内的重大事件或变化的示例。可能触发承租人重新评估选择权的相关情形包括但不限于：

（1）在租赁期开始日未预计到的重大租赁资产改良，在可行使续租选择权、终止租赁选择权或购买选择权时，预期将为承租人带来重大经济利益；

（2）在租赁期开始日未预计到的租赁资产的重大改动或定制化调整；

（3）承租人做出的与行使或不行使选择权直接相关的经营决策。例如，决定续租互补性资产、处置可替代的资产或处置包含相关使用权资产的业务。

此外，如果转租赁开始日，标的资产的转租期超过之前确定的原租赁的租赁期，则也表明承租人可能需要重新评估原租赁的选择权。

注意

上述触发重估选择权的情形意味着通常只有当与租赁期开始日的预计不同的客观事实已经发生，或承租人内部有权决策租赁事项的团队改变其决策。

3.1.5.3 不可撤销租赁期间发生变化

如果不可撤销的租赁期间发生变化，企业应当修改租赁期。例如，在下述情况下，不可撤销的租赁期将发生变化：

（1）承租人实际行使了选择权，但该选择权在之前企业确定租赁期时未涵盖；

（2）承租人未实际行使选择权，但该选择权在之前企业确定租赁期时已涵盖；

（3）某些事件的发生，导致根据合同规定承租人有义务行使选择权，但该选择权在之前企业确定租赁期时未涵盖；

（4）某些事件的发生，导致根据合同规定禁止承租人行使选择权，但该选择权在之前企业确定租赁期时已涵盖。

3.1.6 租赁变更时租赁期的确定

当租赁发生变更，承租人应当将该租赁变更作为一项单独租赁进行会计处理时，对于新的单独租赁事项，承租人应按照3.1.1节至3.1.5节所述内容确定其租赁期。

当租赁变更未作为一项单独租赁进行会计处理的，在租赁变更生效日，承租人应按照CAS 21：15的规定（3.1.1节至3.1.5节）重新确定变更后租赁的租赁期限。

前两段对租赁变更的处理原则同样适用于出租人的融资租赁。而出租人的经营租赁发生变更时，出租人应自变更生效日起将其作为一项新租赁进行会计处理（CAS 21：49），即出租人应按照3.1.1节至3.1.5节所述内容确定该新租赁的租赁期。

注意

发生租赁变更，如果租赁标的资产的范围不变、仅延长了租赁期限且增加的对价与租赁期限延长部分的单独价格按该合同调整后的金额相当时，承租人是否应将该变更作为一项单独租赁进行处理？就此问题，新租赁准则与应用指南表述上存在的细微差异可能会引起一些不同理解：

CAS 21：28	CAS 21应用指南（单行本第58页）
租赁发生变更且同时符合下列条件的，承租人应当将该租赁变更作为一项单独租赁进行会计处理： （1）该租赁变更通过增加一项或多项租赁资产的使用权而扩大了租赁范围； （2）增加的对价与租赁范围扩大部分的单独价格按该合同情况调整后的金额相当	租赁发生变更且同时符合下列条件的，承租人应当将该租赁变更作为一项单独租赁进行会计处理： （1）该租赁变更通过增加一项或多项租赁资产的使用权而扩大了租赁范围或延长了租赁期限； （2）增加的对价与租赁范围扩大部分或租赁期限延长部分的单独价格按该合同情况调整后的金额相当

考虑到以下因素，我们建议对该情形下的租赁变更不作为单独租赁：

（1）CAS 21准则正文作为部门规章，其法律效力显著优于对其进行释义的应用指南，且IFRS 16第44段对于“承租人应作为一项单独租赁处理的租赁变更”的范围规定与上述CAS 21：28的规定是一致的；

（2）IFRS 16的结论基础第BC201段，将租赁范围变更解释为①增加或终止使用一项或多项标的资产的权利，或者②延长或缩短合同规定的租赁期（原文：理事会决定将租赁修改定义为不属于原始租赁条款和条件的组成部分的租赁范围变更（如增加或终止使用一项或多项标的资产的权利，或者延长或缩短合同规定的租赁期）或租赁对价变更）；第BC202段进一步明确了IFRS 16的要求是只有当修改通过①增加使用一项或多项标的资产的权利扩大了租赁范围，并且②租赁对价的增加额相当于所增加范围的单独价格时，承租人应将该租赁修改作为一项单独的租赁进行会计处理。这两段明确了延长租赁期属于扩大租赁范围，但作为单独租赁处理的租赁变更仅限于以“增加使用一项或多项标的资产的权利”来扩大租赁范围这一种方式；

（3）IFRS 16中示例16对延长合同租赁期的租赁变更的处理摘录如下。该示例的标题为“通过延长合同租赁期而扩大租赁范围的修改”，印证了结论基础第BC201段对租赁范围变更的释义，但其会计处理并未考虑“是否将变更部分作为一项单独租赁”进行分析，而是直接将租赁变更作为变更前使用权资产和租赁负债的重新计量。

IFRS 16说明性示例16——通过延长合同租赁期而扩大租赁范围的修改

承租人就5 000平方米的办公场所签订了一项为期10年的租赁。年租赁付款额为CU100 000，于每年年末支付。租赁内含利率无法直接确定。承租人在租赁期开始日的年增量借款利率为6%。在第7年年初，承租人和出租人同意对原租赁进行修改，即将合同租赁期限延长4年。每年的租赁付款额保持不变（即第7年至第14年每年年末支付租赁付款额CU100 000）。承租人在第7年年初的年增量借款利率为7%。

在修改生效日（第7年年初），承租人基于下列情况对租赁负债进行重新计量：（1）剩余租赁期为8年，（2）年付款额为CU100 000，以及（3）承租人的年增量借款利率为7%。修改后的租赁负债等于CU597 130。修改前一刻的租赁负债（含所确认的截至第6年年末的利息费用）为CU346 511。承租人将修改后租赁负债的账面金额与修改前一刻租赁负债的账面金额之间的差额（CU250 619）确认为对使用权资产的调整。

3.1.7 特殊表述下租赁期的确定

租赁合同中有关租赁期的表述也可能并非基于自然日期确定的期间，有时也可以表述为已识别资产的使用或绩效，例如，当标的资产为某项生产设备时，租赁期约定为标的资产的产出量达到某一设定值则结束或该设备产出产品的销售量或销售额达到某一设定值时则结束租赁；又如，标的资产为一辆小客车时，承租人与出租人约定承租人使用该小客车行驶里程达5万公里的当日结束租赁。在这些特殊表述下，3.1.2节至3.1.6节的内容仍然适用。

3.1.8 确定租赁期的会计处理单元

除了准则允许的例外规定，新租赁准则适用的会计处理单元是每一项单独租赁。因此，在确定租赁期之前，企业应先根据新租赁准则有关租赁的定义、租赁的分拆与合并等规定识别每一项单独租赁。

【例3-6】确定租赁期的会计处理单元

背景

甲公司（承租人）与乙公司（出租人）同时签订了三份不可撤销的房屋租赁合同，租赁期分别为2×19年1月1日至2×19年12月31日、2×20年1月1日至2×20年12月31日、2×21年1月1日至2×21年12月31日，三份合同标的房屋相同，甲公司租赁该房屋用于加盟某餐饮品牌的门店，约定的加盟期为3年，自2×19年1月1日至2×21年12月31日。

分析

此交易中，甲公司与乙公司在同一时间签订三份租赁合同，且三份合同的标的房屋相同、租赁期间连续，结合甲公司租赁房屋的目的考虑是设立某餐饮品牌的加盟店、加盟期限是3年的事实，因此，可以合理确定该三份合同出于一个共同的商业目的并构成一揽子交易：获取标的房屋连续3年的使用权。因此，该三份合同并合并为一项租赁处理，则该项租赁的租赁期为2×19年1月1日至2×21年12月31日的连续3年。

在有限情况下，新租赁准则对适用的会计处理单元作出例外规定：当企业能够合理预计将具有类似特征的租赁组合作为新租赁准则的会计处理单元与将该组合中的各单项租赁分别作为会计处理单元相比，不会对财务报表产生显著不同的影响，作为实务变通，企业可将新租赁准则应用于该租赁组合。

因此，如果某些租赁拥有类似特征，可将其作为一个租赁组合，确定该组合的租赁期。例如，某家连锁店为在某地区新开店面，经营所需标的物业的面积较大，而单个物业的面积较小，该连锁店与所持物业相邻的多个出租人在相近的时间内签订了多份租赁合同。这些租赁合同由于和不同的出租人签订，交易对手方不同、每一单独合同均是与不同的出租人单独谈判达成，因此不满足新租赁准则有关租赁合并的规定，应作为多项单独租赁处理。但是，如果这些合同中有关租赁期限条款基本一致，租赁期开始日也相近。该连锁店合理预计该多份租赁具有类似特征，将该多份租赁作为租赁组合进行会计处理与根据每一单独租赁进行会计处理的结果差异不大，连锁店可以将该多份租赁合同作为一个组合，以该组合为会计处理单元确定其租赁期。

3.2　租赁期的应用

3.2.1　承租人的应用

3.2.1.1　短期租赁的判断和豁免规定的适用

对于短期租赁，承租人可以选择不确认使用权资产和租赁负债（CAS 21：32）。

在确定是否属于短期租赁从而可豁免确认使用权资产和租赁负债时，采用的方式与确定租赁期（见3.1）一致。即承租人在租赁期开始日应评估是否合理确定将行使续租或者将不行使终止租赁选择权，根据评估结果确定的租赁期若不超过12个月，才属于CAS 21：30规定的短期租赁，方可选择豁免确认使用权资产和租赁负债的规定。因此，新租赁准则将短期租赁定义为：在租赁期开始日，租赁期不超过12个月的租赁（CAS 21：30）。

需要强调的是，在判断是否属于“短期租赁”时对购买选择权的考虑较为特殊。任何包含购买选择权的租赁均不属于短期租赁（CAS 21：30），即使该购买选择权的行权价格没有显著的经济利益（例如，行权价是届时的市价）。

如果租赁期是基于租赁资产的使用或绩效，例如，承租人与出租人约定承租人使用特定小客车行驶里程达5万公里的当日结束租赁，则承租人应根据租赁该小客车的使用目的等合理评估驾驶该小客车满5万公里预计的期间，如果该期间超过12个月，则该项租赁不属于短期租赁。

对于短期租赁，承租人如果选择豁免确认使用权资产和租赁负债，则应将租赁付款额在整个租赁期内按直线法或另一种更能代表承租人因使用租赁资产所产生经济利益的消耗模式的系统方法确认为租赁费用，这与原租赁准则下的经营租赁会计模式一致。

此外，当租赁期发生变化，由承租人选择不确认使用权资产和租赁负债的短期租赁变为非短期租赁，或者由已确认了使用权资产和租赁负债的租赁变为不超过12个月的租赁时，处理原则为：

1.由短期租赁（承租人选择不确认使用权资产和租赁负债）变为非短期租赁	承租人应当将其视为一项新租赁进行会计处理（CAS 21：34）
2.由已确认了使用权资产和租赁负债的租赁变为不超过12个月的租赁	承租人应当按照CAS 21：29-30及相关应用指南的规定调减使用权资产的账面价值，部分终止租赁的相关利得或损失记入“资产处置损益”科目。需注意的是，承租人不得改按短期租赁进行简化处理或追溯调整

【例3-7】短期租赁变为非短期租赁

背景

甲公司（承租人）与乙公司（出租人）签订了一份房屋租赁合同，将租赁房屋用于分支机构办公所在地，初始租赁期自2×19年7月1日至2×20年6月30日。租金按季度支付，分别于每季度第一天支付30万元。甲公司享有续租选择权，在初始租赁期届满时有权以市价续租该房屋两年。租赁期开始日，甲公司经评估，不能合理确定将行使续租选择权，因此确定租赁期为1年，并就该租赁选择不确认使用权资产和租赁负债。

2×19年12月，因该租赁房屋所在地政府出台了招商引资的优惠政策，甲公司将公司总部迁至该租赁房屋，于2×19年12月31日重新评估了续租选择权后，合理确定将行使续租选择权。

分析

2×19年12月31日，甲公司应当将该租赁视为一项新租赁进行会计处理。即2×19年12月31日为新租赁的租赁期开始日，新租赁的租赁期为2×19年12月31日至2×22年6月30日共10个季度。由于不再属于短期租赁，甲公司需在2×19年12月31日确认该新租赁的使用权资产和租赁负债。在对租赁负债进行初始计量时，未付的租赁付款额为剩余10个季度未付租金。其中：2×20年1月1日、至2×20年4月1日将分别支付的30万元为固定租赁付款额，2×20年7月1日至2×22年6月30日期间每季度第一天将支付的租赁付款额为取决于指数的可变租赁付款额，甲公司应当采用租赁期开始日的市价指数，无需对租赁期内市价指数的变动进行估计。也即，2×20年7月1日至2×22年6月30日期间每季度第一天将支付的租赁付款额均按30万元纳入租赁负债的初始计量。

【例3-8】已确认了使用权资产和租赁负债的租赁变为不超过12个月的租赁

背景

甲公司（承租人）与乙公司（出租人）签订了一份房屋租赁合同，将租赁房屋用于总部办公所在地，租赁期自2×19年7月1日至2×22年6月30日。租金按季度支付，分别于每季度第一天支付30万元。甲公司于2×19年7月1日（租赁期开始日）就该项租赁确认了使用权资产和租赁负债。

2×19年11月，因甲公司总部所在地的邻市出台了招商引资的优惠政策，可享受该优惠政策的企业限定为2×20年6月30日之前迁入的企业，甲公司经评估，将公司总部迁移至邻市带来的效益远大于迁移成本，因此就提前终止租约与乙公司进行协商。2×20年1月1日，甲乙双方达成一致意见并签订书面协议，将原有租赁的到期日修改为2×20年6月30日，甲公司因提前终止租约需向乙公司额外支付10万元补偿，补偿金随最后一期租金一并支付。2×20年1月1日，甲公司已向乙公司支付当季度租金。

分析

由于2×20年1月1日该项租赁发生了变更，该项变更未扩大租赁资产的范围，因此租赁变更不能作为一项单独租赁，应按照CAS 21：29的规定进行处理。甲公司应：

（1）由于租赁变更导致租赁期由剩余的10个季度缩短为2个季度，因此使用权资产按照账面价值减少80%，租赁负债仅保留2×20年6月30日前按变更前约定的租赁付款额（仅余将在2×20年4月1日支付的最后一期租金30万元）的现值，差额计入“资产处置损益”科目以反映部分终止租赁的利得或损失；

（2）由于变更导致甲公司因提前终止租约需向乙公司额外支付10万元补偿，该项变更属于“其他变更”，甲公司应采用变更后的租赁付款额（将在2×20年4月1日支付的最后一期租金30万元和补偿款10万元）与修订后的折现率计算的现值重新计量租赁负债，该重新计量的结果与采取第（1）项处理后原租赁负债账面价值的剩余部分的差额调整使用权资产账面价值。

甲公司不能因为变更后的租赁期不超过12个月而改按短期租赁进行简化处理，因为该项租赁在租赁期开始日（2×19年7月1日）不属于短期租赁。

甲公司也不能因为该项租赁发生变更而采取追溯调整，因为租赁变更为新发生的业务，并非以前期间的会计差错。

注意

财政部会计司在2021年3月2日发布的《租赁准则实施问答》回应了某租赁合同变更导致租赁期缩短至1年以内时承租人的处理原则，【例3-8】即满足该项实施问答的所述情形。但我们认为，如果是由于发生承租人可控范围内的重大事件或变化，使得承租人对续租选择权、终止租赁选择权的评估结果或实际行使结果与租赁期开始日的评估结果不同而导致租赁期发生变化时，该处理原则同样适用。例如，当【例3-8】的背景修改为如下内容时，【例3-8】中甲公司的处理同样适用。

甲公司（承租人）与乙公司（出租人）签订了一份房屋租赁合同，租赁期自2×19年7月1日至2×22年6月30日。租金按季度支付，分别于每季度第一天支付30万元。甲公司享有终止租赁选择权，在实际执行租赁满1年后有权提前终止租约，如果提前终止租约，则应向乙公司支付10万元的补偿，随实际执行租约的最后一期租金支付时一并支付。甲公司将该租赁房屋用于总部办公所在地，租赁期开始日，甲公司考虑到提前终止租约的额外赔偿、经营稳定、寻求和采用替代资产的成本较高等因素，综合判断合理确定将不行使终止租赁选择权，因此将该租赁的租赁期确定为3年。甲公司于2×19年7月1日（租赁期开始日）就该项租赁确认了使用权资产和租赁负债。

2×19年11月，因甲公司总部所在地的邻市出台了招商引资的优惠政策，可享受该优惠政策的企业限定为2×20年6月30日之前迁入的企业。2×20年1月1日，甲公司管理层评估，将公司总部迁移至邻市带来的效益远大于迁移成本，因此决定于2×20年6月30日之前将总部迁至邻市，并打算行使总部办公所在地的现有租赁的终止租赁选择权，于当天向乙公司发出行权的书面通知。2×20年1月1日，甲公司已向乙公司支付当季度租金。

3.2.1.2 使用权资产和租赁负债的确认和初始计量

租赁不属于短期租赁、也不属于低价值资产租赁的，承租人需要在租赁期开始日对使用权资产和租赁负债进行确认和初始计量。其中，租赁负债应当按照租赁期开始日尚未支付的租赁付款额的现值进行初始计量。应纳入租赁负债初始计量的租赁付款额的范围应当与租赁期的评估结果相匹配，即：

租赁期	纳入租赁负债初始计量的租赁付款额
包含续租选择权和终止租赁选择权涵盖期间	应包含选择权期间的租金（不含取决于指数或比率之外的实质可变租赁付款额，下同）
不包含终止租赁选择权涵盖期间	应包含行使终止租赁选择权需支付的款项（例如因提前终止租赁而导致的罚款、补偿、代为承担费用等各种名义的付款）

需要注意的是：

（1）如3.1.4.4节所述，购买选择权可视为实际上的最终续租选择权，因此当租赁期体现为标的资产的全部剩余经济寿命（即承租人合理确定会行使购买选择权）时，购买选择权的行权价格也应纳入租赁负债的初始计量；

（2）承租人不行使续租选择权，通常不会带来额外的罚款等名义的支付。如果某合同约定承租人若不行使续租选择权，会导致额外的支付义务，则该租赁中承租人实际上享有的是一项终止租赁选择权，若租赁期不包含名义上的“续租选择权”涵盖的期间，则额外的支付义务应作为行使终止租赁选择权需支付的款项，纳入租赁负债的初始计量。

3.2.1.3 使用权资产的后续计量

根据CAS 21：21的规定，承租人应当参照《企业会计准则第4号——固定资产》有关折旧规定，对使用权资产计提折旧。

在确定使用权资产的折旧期限时应考虑购买选择权的评估结果：

购买选择权的评估结果	使用权资产的折旧期限
合理确定将行权	租赁资产剩余使用寿命
无法合理确定将行权	以下两者孰短的期间： ①租赁期； ②租赁资产剩余使用寿命

当合同存在远期安排，约定在租赁期届满时租赁资产的所有权转移给承租人时，使用权资产的折旧年限也应是租赁资产剩余使用寿命。但是，某些情况下，使用权资产折旧期限的确定比固定资产折旧期限的确定更为复杂，还需考虑纳入使用权资产成本的租赁付款额情况。

【例3–9】使用权资产折旧期限既不是租赁期、也不是租赁资产剩余使用寿命

背景

承租人甲公司签订了一份为期10年的机器租赁合同。租金于每年年末支付，并按以下方式确定：第1年至第5年租金是每年固定的20万元，第6年至第10年租金是可变的、根据该机器在当年度所生产产品销售收入的2%确定。

假定自租赁期开始日，该机器设备的剩余使用寿命远大于10年，甲公司不享有续租、终止租赁或购买选择权。该设备第6年至第10年的租金市场价预计等于或略大于20万元/年。假定使用租赁资产在获取经济利益的预期实现方式在合同期内是一致的。

分析

由于合同约定的使用期间10年均为不可撤销期间，且承租人甲公司不享有续租、终止租赁或购买选择权，因此租赁期应为10年。

甲公司对使用权资产和租赁负债进行初始计量时，由于租赁期内第6年至第10年的租金是取决于租赁资产的绩效，按照CAS 21：18的规定，不纳入使用权资产和租赁负债的初始计量，也即：纳入使用权资产初始计量的租赁付款额仅为租赁期前5年的租赁付款额。

此时，如果按照完整的租赁期10年作为折旧期限，会将原本应在前5年承担的折旧成本后置，使得租赁期前段利润虚高。因此，甲公司在确定使用权资产的折旧年限时，应仅考虑纳入使用权资产成本计量的租赁付款额涵盖的租赁期，应按照5年作为该使用权资产的折旧期限。

注意

需要提醒的是，租赁期影响使用权资产的折旧期限，但不能决定使用权资产在折旧期限内的折旧方法。折旧方法的选取应取决于承租人从该租赁资产使用中的受益模式。例如，某项房屋租赁的使用权资产通常应按照直线法计提折旧；而某项小客车租赁期为行驶满5万公里，则按照工作量法（实际行驶公里/5万公里）计提折旧更为合理。

3.2.1.4　租赁负债的后续计量

由于租赁负债是未付的租赁付款额的现值，在确定现值时应当是根据合同约定的支付租金的时间和金额确定，与租赁期并无直接关系。但是，当发生续租选择权或终止租赁选择权重估（见3.1.5）或租赁变更（见3.1.6）导致租赁期变更时，或发生购买选择权重估（见3.1.5）时，承租人应当采用变动后租赁付款额的现值重新计量租赁负债。对租赁负债进行重新计量时，承租人应当采用剩余租赁期间的租赁内含利率作为修订后的折现率；无法确定剩余租赁期间的租赁内含利率的，应当采用重估日或变更生效日的承租人增量借款利率作为修订后的折现率。

3.2.2 出租人的应用

3.2.2.1 合同开始日进行租赁分类时对租赁期的考虑

对出租人而言，在对租赁进行分类时通常会考虑租赁期和赋予承租人的购买选择权。根据CAS 21：36的规定，如果一项租赁实质上转移了与租赁资产所有权有关的几乎全部风险和报酬，出租人应当将该项租赁分类为融资租赁。表明与租赁资产所有权有关的几乎全部风险和报酬很可能转移的与租赁期相关的迹象有（包括但不限于）：

（1）在租赁期届满时，租赁资产的所有权转移给承租人；

（2）承租人有购买租赁资产的选择权，所订立的购买价款与预计行使选择权时租赁资产的公允价值相比足够低，因而在租赁开始日就可以合理确定承租人将行使该选择权；

（3）租赁资产的所有权虽然不转移，但租赁期占租赁资产使用寿命的大部分；

（4）若承租人终止租赁，终止租赁对出租人造成的损失由承租人承担；

（5）资产余值的公允价值波动所产生的利得或损失归属于承租人；

（6）承租人有能力以远低于市场水平的租金继续租赁至下一期间。

3.2.2.2 承租人对选择权重估或行使与否发生变化时出租人租赁分类的影响

CAS 21：35规定，在租赁开始日后，除非发生租赁变更，否则出租人无需对租赁的分类进行重新评估。而租赁变更，CAS 21：28将其定义为：原合同条款之外的租赁范围、租赁对价、租赁期限的变更，包括增加或终止一项或多项租赁资产的使用权，延长或缩短合同规定的租赁期等。

当承租人发生3.1.5.3节所述的不可撤销期间变化时，由于原合同条款并未发生变更，仅是承租人在原合同条款允许的权利范围之内对其是否行权的决策或实施结果发生变化，因此不属于租赁变更。相应地，出租人无需在该等情形下对租赁的分类进行重新评估。以下，通过【例3–10】至【例3–12】来举例说明：

【例3–10】经营租赁中承租人行使续租选择权

【例3–10（1）】

背景

甲公司（承租人）与乙公司（出租人）签订了一份设备租赁合同，包括4年不可撤销期限和3年期固定价格续租选择权，续租选择权期间的合同条款和条件与市价接近，没有终止罚款或其他因素表明甲公司合理确定将行使续租选择权。该设备的剩余使用年限预计为8年，因此，在租赁开始日，乙公司将该租赁分类为经营租赁。

在第4年年中，甲公司向乙公司发出通知将行使续租选择权，从而延长了租赁期。

分析

由于甲公司行使续租选择权并不属于CAS 21：28定义的租赁变更，因此，按照CAS 21：35的规定，乙公司无需重新评估租赁分类。在第4年年中，甲公司向乙公司发出通知将行使续租选择权，乙公司应当作为另签订了一项新租赁进行处理。即：

（1）原始租赁的租赁期为4年，继续按照经营租赁进行处理；

（2）新租赁的租赁期为3年，乙公司应按照CAS 21：35–36的一般规定对其进行分类，并按照新租赁准则对融资租赁或经营租赁的一般要求进行会计处理。新租赁的租赁开始日为甲公司确定行使续租权的当日，但租赁期开始日为原始租赁结束时。

【例3–10（2）】

背景

作为对比，假定【例3–10（1）】中原始租赁不包含续租选择权，而是在第4年年中，甲公司提出续租3年，乙公司经评估与甲公司达成一致，对原始租赁合同的租赁期延长至7年；或合同增加赋予了甲公司一项3年期固定价格续租选择权，且合理确定甲公司会行权。

分析

在第4年年中延长租赁期或额外赋予甲公司的续租选择权等对原始租赁合同的修改构成了CAS 21：28定义的租赁变更。在此类情形下，乙公司应在租赁变更日重新评估租赁分类，且应按照CAS 21：49的规定进行处理，自变更生效日起将其作为一项新租赁（包括原合同剩余部分和变更增加的部分）进行会计处理，与变更前租赁有关的预收或应收租赁收款额应当视为新租赁的收款额。如果变更后属于融资租赁，则在变更生效日，乙公司就应终止确认该设备，同时确认租赁投资净额。

【例3–11】融资租赁中承租人行使续租选择权

【例3–11（1）】

背景

甲公司（承租人）与乙公司（出租人）签订了一份设备租赁合同，包括5年不可撤销期限和3年期固定价格续租选择权，续租选择权期间的合同条款和条件与市价接近，没有终止罚款或其他因素表明甲公司合理确定将行使续租选择权。该设备的剩余使用年限预计为8年。在租赁开始日，由于5年不可撤销期间内租金的现值已经几乎相当于该租赁设备的公允价值，乙公司判断其已转移了与租赁资产所有权有关的几乎全部风险和报酬，将该租赁分类为融资租赁。

在第4年年末，甲公司向乙公司发出通知将行使续租选择权，从而延长了租赁期。

分析

由于甲公司行使续租选择权并不属于CAS 21：28定义的租赁变更，因此，按照CAS 21：35的规定，乙公司无需重新评估租赁分类。在第4年年末，甲公司向乙公司发出通知将行使续租选择权，对乙公司而言，应当作为另签订了一项新租赁进行处理。即：

（1）原始租赁继续按照融资租赁进行处理，继续按照租赁投资净额和原始租赁的内含利率确认每期的租赁收入；

（2）新租赁的租赁期为3年，乙公司应按照CAS 21：35-36的一般规定对其进行分类，并按照新租赁准则对融资租赁或经营租赁的一般要求进行会计处理。新租赁的租赁开始日为甲公司确定行使续租权的当日，但租赁期开始日为原始租赁结束时。

【例3-11（2）】

背景

作为对比，假定【例3-11（1）】中原始租赁不包含续租选择权，而是在第4年年末，甲公司提出续租3年，乙公司经评估与甲公司达成一致，对原始租赁合同的租赁期延长至8年，并在租赁期结束时设备所有权归甲公司；或合同增加赋予了甲公司一项3年期固定价格续租选择权，且合理确定甲公司会行权。

分析

在第4年年末延长租赁期或额外赋予甲公司的续租选择权等对原始租赁合同的修改构成了CAS 21：28定义的租赁变更。在此类情形下，乙公司应在租赁变更日重新评估租赁分类，且应按照CAS 21：44的规定进行处理。鉴于背景中变更后仍然属于融资租赁，因此，乙公司应当按照新金融工具确认和计量准则关于修改或重新议定合同的规定进行会计处理。

【例3-12】经营租赁中承租人行使购买选择权

【例3-12（1）】

背景

甲公司（承租人）与乙公司（出租人）签订了一份3年期的设备租赁合同，

该租赁包含一项购买选择权，甲公司可以在租赁期结束时以该设备届时的市场价格行权。由于购买选择权的行权价格为租赁期结束时的市价，没有其他因素表明甲公司合理确定将行使购买选择权。该设备的剩余使用年限预计为8年。在租赁开始日，乙公司判断其并未转移与租赁资产所有权有关的几乎全部风险和报酬，将该租赁分类为经营租赁。

在第2年年末，甲公司向乙公司发出通知将行使购买选择权，从而在租赁期结束时甲公司通过行使购买选择权将取得标的设备的法定所有权。

分析

由于甲公司行使购买选择权并不属于CAS 21：28定义的租赁变更，因此，按照CAS 21：35的规定，乙公司无需重新评估租赁分类。在第2年年末，甲公司向乙公司发出通知将行使购买选择权，对乙公司而言获取了一项确定的购买承诺，标的资产约定的交付日期则为租赁期结束时。在甲公司实际行使购买选择权之前，其不会获得该设备的法定所有权。因此，乙公司的处理为：

（1）3年期的租赁合同条款未发生任何变化，乙公司应继续按照经营租赁进行处理，例如，乙公司在第3年继续按照直线法确认租金收入；

（2）在第3年年末租赁期届满时，乙公司对该设备的出售进行会计处理，例如，终止确认账面的“固定资产”，并确认“资产处置损益”。

【例3-12（2）】

背景

作为对比，假定【例3-12（1）】中原始租赁不包含购买选择权，而是在第2年年末，甲公司提出合同增加赋予甲公司一项购买选择权，甲公司可在租赁期结束时以该设备届时的市场价格行权，且合理确定甲公司会行权；或提前1年结束租赁、以租赁实际结束日的市场价格购买该设备。乙公司经评估与甲公司达成一致。

分析

在第2年年末额外赋予甲公司的购买选择权或提前终止租赁并以租赁实际结束日的市场价格购买标的设备的约定构成了CAS 21：28定义的租赁变更。在此类情形下，乙公司应在租赁变更日重新评估租赁分类，且应按照CAS 21：49的规定进行处理。如果变更后形成一项融资租赁，乙公司应当在变更生效日终止确认该设备，同时确认租赁投资净额。

除前述承租人对选择权重估或行使与否发生变化的情形之外，若租赁资产的预计使用寿命、预计余值等会计估计变更或发生承租人违约等情况变化的，因均不属于租赁变更，出租人均无需对租赁的分类进行重新评估。

3.2.2.3 经营租赁的租金收入确认

在租赁期内各个期间，出租人应当采用直线法或其他系统、合理的方法，将经营租赁的租赁收款额确认为租金收入（CAS 21：45）。出租人应按照根据3.1节确定的租赁期和相应期间总的租赁收款额（不含挂钩于指数或比率之外的实质可变租赁付款额）来确定租金收入的确认基础。

3.3 有关租赁期的披露

3.3.1 承租人与租赁期有关的披露

承租人应当根据理解财务报表的需要，披露有关租赁活动的其他定性和定量信息（CAS 21：55）。根据具体情况，承租人可能需要披露与续租选择权或终止租赁选择权有关的额外信息，以帮助财务报表使用者进行评估。

在承租人披露其重要会计政策及会计估计时，应对租赁有关政策进行系统的披露，此外，由于包含选择权的租赁合同会涉及对租赁期的会计判断和估计，承租人应根据影响程度判断是否将相关内容作为“重大会计判断和估计”。例如，某承租人将“租赁期——包含续租选择权的租赁合同”作为公司涉及重大会计判断和估计的领域之一，并披露如下信息：

本集团部分租赁合同拥有1—3年的续租选择权。本集团在评估是否合理确定将行使续租选择权时，综合考虑与本集团行使续租选择权带来经济利益的所有相关事实和情况，包括自租赁期开始日至选择权行使日之间的事实和情况的预期变化。本集团认为，由于租赁资产对集团的运营重要，且不易获取合适的替换资产，本集团能够合理确定将行使续租选择权，因此，租赁期中包含续租选择权涵盖的期间。

有关租赁期的披露也可作为报表项目注释的补充。例如，某航空公司由于租赁的飞机和发动机形成的使用权资产金额重大，因此在按新租赁准则的要求披露了使用权资产的期初余额、本期增加额、期末余额以及累计折旧额和减值金额之外，又补充披露了与租赁期相关的如下信息：

本集团承租的租赁资产包括经营过程中使用的飞机及发动机、房屋及建筑物、和其他设备，飞机及发动机的租赁期通常为8—12年，房屋及建筑物的租赁期通常为2—10年，其他设备的租赁期通常为2—5年。

本集团有在租赁期结束时按低于市价的价格行使购买部分飞机及发动机的选择权。

总体而言，承租人有关租赁期的披露主要涉及：承租人使用续租选择权或终止选择权的原因，以及此类选择权的普遍性；选择权期间租金相对于租赁付款额的大小；行使未纳入租赁负债计量的选择权的普遍性；此类选择权的其他经营及财务影响等内容。

例如，某银行因大量的银行网点涉及房屋租赁，其补充披露了与租赁期相关的如下信息：

本集团主要租赁房屋及建筑物。租赁条款根据个别基础进行拟定，其包含不同的条款和期限。在确定租赁期和评估不可撤销期期间时，在承租人控制范围内的重大事件或情况发生重大变化时，本集团将重新评估是否合理确定行使延期选择权或不行使终止选择权。2019年度，未触发此类事件。

新租赁准则应用指南对与租赁期有关的额外信息披露进行了举例：

【例3-13】承租人拥有大量租赁，这些租赁条款和条件差异较大且管理不集中（应用指南【例62】）

背景

承租人甲公司有大量设备租赁，这些租赁的条款和条件差异较大。租赁条款由当地管理层商洽和监督。甲公司认为，如何对终止租赁选择权和续租选择权的使用进行管理的信息对财务报表使用者有重大意义，且无法从财务报表的其他部分获得。此外，甲公司认为，下列信息对财务报表使用者也有重大意义：重新评估上述选择权的财务影响，以及在其短期租赁组合中，包含无罚金年度解约条款的租赁所占的比例。

甲公司的披露

本集团有大量设备租赁包含续租选择权和终止租赁选择权。当地管理层负责管理其租赁。因此，租赁条款是以逐项租赁为基础进行商洽的，并且这些租赁的条款和条件差异较大。在可能的情况下，租赁会使用续租选择权和终止租赁选择权条款，以便当地管理层在取得所需设备与履行客户合同的一致性方面拥有更大的灵活性。本集团所用的租赁具体条款和条件不尽相同。

大部分续租选择权和终止租赁选择权仅可由本集团行使，而非由相应的出租人行使。若本集团不能合理确定将行使续租选择权，则续租期间的相关付款额不纳入租赁负债的计量。

2×07年，因续租选择权或终止租赁选择权的评估结果或实际行使情况发生变化导致租赁期变化，本集团确认的租赁负债增加489 000元。

此外，本集团有大量租赁安排包含无罚金的年度解约条款。这些租赁被分类为短期租赁，且未包含在租赁负债中。本集团在2×07年确认的短期租赁费用为30 000元，其中包含年度解约条款的租赁发生的租赁费用为27 000元。

【例3-14】承租人拥有大量部分条款和选择权一致的租赁

【例3-14（1）】（应用指南【例63】）

背景

承租人甲公司有大量大型设备租赁，这些租赁包含可由甲公司行使的续租选择权。公司的政策是，在可能的情况下使用续租选择权，从而使得已承诺的大型设备的租赁期与相关客户合同的初始合同期限一致，同时保留管理大型设备以及在不同合同间重新分配资产的灵活性。甲公司认为，关于续租选择权的信息对财务报表使用者有重大意义，且无法从财务报表的其他部分获得。此外，甲公司认为，下列信息对财务报表使用者也有重大意义：未纳入租赁负债计量的未来租赁付款额的潜在风险敞口，以及过去已行使的续租选择权所占比例。这与向甲公司的高级管理层报告时所用的有关续租选择权的信息类似。

甲公司的披露

本集团的许多大型设备租赁包含续租选择权。这些条款可最大化合同管理的灵活性。在许多情况下，这些条款并未纳入租赁负债的计量，因为本集团无法合理确定是否将行使这些选择权。下表汇总了与续租选择权可行权之后的期间相关的潜在未来付款额：

业务分部	已确认的租赁负债（已折现）（元）	未纳入租赁负债的潜在未来付款额（未折现）（元）	以往行使续租选择权的比例（%）
分部A	569 000	799 000	52
分部B	2 455 000	269 000	69
分部C	269 000	99 000	75
分部D	1 002 000	111 000	41
分部E	914 000	312 000	76
	5 209 000	1 590 000	67

【例3-14（2）】承租人拥有大量部分条款和选择权一致的租赁（IFRS 16说明性示例23B）

背景

承租人甲公司从事餐饮行业，有大量房地产租赁，这些租赁包含无处罚的终止租赁选择权，可由甲公司选择是否行使。甲公司的集团政策是尽可能在五年以上的租赁中包含终止租赁选择权。甲公司有集中的房地产团队负责商洽租赁。甲公司得出结论认为，关于终止租赁选择权的信息对财务报表使用者有重大意义，且无法从财务报表的其他部分获得。特别是，甲公司得出结论认为，下列信息对财务报表使用者也有重大意义：（1）未纳入租赁负债计量的未来租赁付款额的潜在风险敞口；以及（2）过去已行使的终止租赁选择权所占的比例。甲公司还注意到，基于相同的餐馆品牌按照《企业会计准则第35号——分部报告》披露分部信息对于财务报表使用者有重大意义。这与向甲公司的高级管理层报告的有关终止租赁选择权的信息类似。

甲公司的披露

集团内的许多房地产租赁包含终止租赁选择权。这些选择权用于限制集团对单独合同承诺的期间，并尽可能实现单个餐馆开张或关闭的经营灵活性。对于大多数餐馆的租赁，所确认的租赁负债不包括终止租赁选择权行使日之后的潜在未来付款额，因为本集团不能合理确定将租赁期延长至该日期之后。对大多数租赁都是如此，因为只能由本集团而非出租人强制延长租赁期，而且该终止租赁选择权不存在处罚。

与终止租赁选择权行使日之后的期间相关的潜在未来租赁付款额汇总如下：

单位：万元

业务分部	已确认的租赁负债（已折现）	未纳入租赁负债的潜在未来付款额（未折现）		
		20×1—20×5年应付	20×6—20×0年应付	合计
品牌A	569	71	94	165
品牌B	2 455	968	594	1 562
品牌C	269	99	55	154
品牌D	1 002	230	180	410
品牌E	914	181	321	502
	5 209	1 549	1 244	2 793

下表汇总了20×0年终止租赁选择权的行使比率。

业务分部	20×0年可行使的终止租赁选择权租赁个数	未行使的终止租赁选择权租赁个数	已行使的终止租赁选择权租赁个数
品牌A	33	30	3
品牌B	86	69	17
品牌C	19	18	1
品牌D	30	5	25
品牌E	66	40	26
合计	234	162	72

3.3.2 出租人与租赁期有关的披露

出租人应当根据理解财务报表的需要，披露有关租赁活动的其他定性和定量信息。此类信息包括：（1）租赁活动的性质，如租出资产的类别及数量、租赁期、是否存在续租选择权等租赁基本情况信息；（2）对其在租赁资产中保留的权利进行风险管理的情况；以及（3）其他相关信息（CAS 21：59）。

根据具体情况，出租人可能需要披露与续租选择权或终止租赁选择权有关的额外信息，以帮助财务报表使用者进行评估。通常情况下，对于出租人自身享有的终止租赁选择权，由于在确定租赁期时均应将其所涵盖的期间纳入（如果合同名义上约定的出租人享有的续租选择权，也应将续租期间纳入租赁期，视为出租人享有的提前终止租赁的选择权），对该类选择权出租人更应侧重于披露合同中使用终止选择权的原因以及此类选择权的普遍性；行使终止租赁选择权的普遍性及其经营和财务影响（如导致的赔偿或罚款等支出金额及其相对于租赁付款额的大小）。对于合同赋予承租人的续租选择权或终止租赁选择权，出租人应侧重于披露合同如此安排的原因，以及承租人行使终止租赁选择权或不行使续租选择权对标的资产剩余权益相关的风险的影响，以及对这些风险如何进行管理等情况。

3.4 实务中租赁期的确定

在本节，我们选取了实务中常见的一些租赁条款或情形，尝试分析在该等条款下租赁期如何确定，以供参考。

3.4.1 承租人在同等条件下享有优先承租或优先购买的权利

通常，按照《民法典》或《合同法》（2021年1月1日前）的规定，某些租赁合同中关于续租选择权的条款约定为："租赁期限届满，承租人享有以同等条件优先承租的权利"。

若合同对选择权并无其他约定，则单独的"同等条件下享有优先承租的权利"是指在租赁期届满时，若①出租人拟继续出租标的资产，②当前承租人拟继续续租，且③另有第三方拟承租该租赁资产，④该第三方提供的条件与当前承租人提供的条件一致的情况下，当前承租人享有优先续租权。

如本章1.4所解释，在此类条款下，承租人和出租人双方均有权在未经另一方许可的情况下终止租赁（即出租人不再继续租赁标的资产，或者承租人不再续租），因此优先续租权涵盖的期间并未对双方形成强制性权利和义务，不属于"不可撤销"期间。因此，单独的"同等条件下享有优先承租的权利"所提及的优先承租期间无需纳入租赁期（属于3.4.2节情形的除外）。

前述原则同样适用于"同等条件下的优先购买权"。该优先购买权并非绝对，权利的行使要以“同等条件”为前提，比如要综合租赁资产的转让价格、价款履行方式及付款期限等因素来确定是否满足“同等条件”的要求，因此“同等条件下的优先购买权”也并未对双方形成强制性购买的权利和义务。

但需要注意的是，有优先购买选择权的情况下，承租人不能将相关租赁作为短期租赁豁免确认使用权资产和租赁负债。

3.4.2 固定租赁期1年+12个月滚动续期选择权的处理

2021年6月9日，财政部企业会计准则委员会以会计准则实施问答的方式给予回应，要求企业不能简单认为“承租人与出租人签订租赁期为1年的租赁合同”的租赁期为1年，而应当基于所有相关事实和情况判断可强制执行合同的期间以及是否存在实质续租、终止等选择权以合理确定租赁期。如果历史上承租人与出租人之间存在逐年续签的惯例，或者承租人与出租人互为关联方，尤其应当谨慎确定租赁期。

实务中，有大量的此类合同存在，例如很多公司的房屋租赁合同，或者某些航运公司的船舶租赁、航空公司的飞机租赁等合同中均包含类似安排。在该类合同中，常见的主要形式有：

形式一：合同明确包含固定的1年租赁期，在此基础之上，承租人享有多次的1年期的续租选择权，在每一年届满之前，承租人都可提出续期；如选择续期，则合同顺延1年。

形式二：合同约定的期间较长，例如10年，但同时约定每执行满1年，承租人有权提出终止租赁，如果终止租约，仅需提前通知出租人即可、无需支付任何补偿。

形式三：合同明确包含固定的1年租赁期，未明确约定续租选择权，但已连续续签多年、每续签一次的租赁期均延后1年。

在形式一和形式二的合同中，由于初始租赁期仅为1年，且续租期间不属于不可撤销期间（见3.1.3），双方应评估承租人是否合理确定将行使续租选择权以及将行权的期数。

站在承租人角度，其对续租选择权的考虑，首先，应当以管理层的意图为依据。在某些公司，有关租赁的决策可能由管理层指定或授权的部门来负责，此时，负责租赁事务管理的部门及其负责人的意图则体现了承租人管理层的意图。例如某些连锁企业，由各区域分公司自行负责区域内的店铺选址、租赁事务；而某些连锁企业可能是总部设有专门团队负责商洽租赁事务。有关租赁决策的部门应以恰当的文件记录其对选择权的考虑过程及结果。

其次，在考虑承租人行使或不行使选择权带来经济利益的所有相关事实和情况时，须有明确的经济利益带来的激励，同时，行权或不行权带来的激励对该项租赁而言应是重大的。评估承租人是否合理确定行使或不行使选择权常见的激励因素有（包括但不限于）：

（1）租赁资产改良支出（房屋装修或机器设备改良）相较于租金而言是否重大，以及装修或改良的预计使用寿命。

【例3–15（1）】重大租赁资产改良支出

背景

承租人对租赁房屋的装修发生了重大成本，装修预计可用5年，装修成本只能通过继续使用该租赁资产而收回，一旦在装修的预计使用寿命届满前退租将使企业面临重大损失。

分析

在不考虑其他经济激励的情况下，仅基于装修支出的激励和装修的预计使用寿命，承租人合理确定预计将行使4次1年期的续租选择权，租赁期确定为5年。

（2）租赁资产的地段、稀缺性和重要性，如租赁房屋所在位置的优劣、所在地段或类似地段的房源是否稀缺；承租人将该租赁资产的使用用途、是否易于取得替代资产等。

【例3–15（2）】重要或稀缺的租赁资产

例如，承租人将租赁房屋作为公司总部机构所在地、通常需要将选址范围限定在特定的产业聚集区；将租赁房屋作为重要营业部、旗舰店或总店等，通常需要选址在繁华、客户流量大等地段；在这些情况下，租赁房屋对承租人而言是重要的依存资产，所在地段或区域的类似房屋的供给量相对需求量比例较小时，承租人合理确定将行使续租选择权。在确定预计续期次数时，对于总部机构所在地，可以结合承租人工商登记的经营期限考虑；对于重要的营业部或经营店面，可以结合店面的平均经营期限考虑。当店面的性质和选址、定位的客户群体存在不同类别时，应根据同类性质的平均经营期限考虑。例如，某零售企业同时存在大量的租赁房屋用于开立大型商超、中型的生活超市和小型便利店。当其确定某用于大型商超的房屋租赁的租赁期时，应结合公司大型商超的平均经营期限考虑其续租选择权。若该大型商超在一线城市、二线城市、三四线城市的平均经营期限也存在显著差异，则应根据房屋所在城市分级对应的大型商超的平均经营期限确定。

（3）续租期间的租金水平。从出租人角度，承租人续租会降低其重新寻找客户并达成租赁的成本，因此续租期间的租金相比初始租赁期通常存在一定幅度的优惠，这些优惠给承租人带来一定的经济激励。某些情况下，续租期间的租金相比初始租赁期有着大幅优惠，此种情况通常表明，若不考虑续租期，仅初始租赁期与初始租赁期间的租金单独来看对承租人而言是不经济的，则承租人合理确定将行使续租选择权。

（4）终止租赁的成本。与终止租赁相关的成本不仅包含租赁协议中需向出租人支付的补偿、罚款或类似成本，还包含了寻求新的替代资产所付出的谈判成本、搬迁成本、将新资产融入运营所发生的整合成本、将租赁资产恢复至租赁条款约定状态的成本、将租赁资产归还至租赁条款约定地点的成本等；以及更广泛的影响，例如当企业的总部机构所在地、重要营业部退租和改换地点可能导致的业务中断和客户流失风险等。

（5）其他相关事实和情况。

【例3–15（3)】其他相关事实和情况示例

情形1：承租人在某地方政府“招商引资”下入驻产业园区，与园区管委会签订的房屋租赁协议初始租赁期1年并附有12个月滚动续期选择权。园区所在政府对入驻企业提供一笔奖励资金，要求入驻企业自获得奖励起10年内注册地址不得迁离本地区，否则政府有权收回奖励资金。承租人将该奖励资金认定为满足政府补助的确认条件、一次计入收到奖励的当期损益，这一事实表明其不打算搬迁，相应地，总部机构的房屋租赁合同的租赁期应至少确定为10年。

情形2：租金有关支出构成承租人重要成本费用，承租人在编制未来期间的财务预算、制订未来数年的战略目标时，均是基于行使续租选择权的假设估计的租金支出，并未考虑终止当前租约另行租赁或自行购买相关资产等支出。承租人对未来期间的战略和预算表明其不打算搬离、而是继续执行现有租赁合同，因此应合理确定将行使续租选择权，且租赁期应涵盖相关战略规划或预算覆盖期间。

情形3：租赁协议中续租选择权涵盖期间的租金是市价、并无优惠，但承租人若续租，则续租期满后享有一项购买标的资产的选择权，购买价格远低于市价。由于该购买选择权的重大经济激励只有通过续租选择权的行使方可获得，承租人合理确定将行使续租选择权，直至达到该购买选择权的条件，相应地，租赁期的结束日应为行使购买选择权的前一刻。

（6）所有相关事实和情况的综合考虑。企业应综合考虑前述“评估承租人是否行使续租选择权应考虑的因素”。在某些情况下，可能任何单一因素带来的经济激励都不重大，但是将这些因素综合考虑后，会给承租人带来重大的经济激励，此时，承租人合理确定将行使续租选择权。

【例3-15（4）】综合考虑所有相关事实和情况

承租人从事餐饮行业，其对租赁房屋进行了装修，装修预计可用5年，且只能通过继续使用租赁资产收回装修成本。承租人估计在使用满3年后，装修成本的剩余价值相对该租赁的租金而言并不重大。如果只考虑装修支出的单一因素，则承租人确定租赁期为3年。

但是：

（1）由于承租人的经营理念定位于“老百姓身边的食堂”，其主要客户群体为所在社区的居民，辐射区域为店面及周边1km以内的范围，一旦迁离社区，则面临店面主要客户的大量流失，如果在社区内变更店址，预计不会带来大量客户流失，但在新变更地址的初期预计会导致客流量小幅下降。

（2）目前所在社区与租赁房屋类似的房源供应量尚可，社区内重新选址也并不困难，如果重新选址，则需向中介机构支付佣金。

（3）佣金通常按照月租金的标准来收取，现有租赁无论实际执行租赁期限是1年、3年或5年，已付的佣金都不会退回也无需另外支付。但如果重新选址并达成租赁，则承租人需就新租赁另外向中介机构支付佣金。单独来看，已支付的佣金相较于3年租金或5年租金，也并不重大。

虽然以上因素单独来看均不会构成重大经济激励，但承租人综合考虑租赁期满3年后的剩余装修的价值、社区内变更地址的客流量下降以及已付佣金的分摊等因素，认为租赁期实际执行满3年后若终止租赁，则这些因素的叠加将会给承租人带来重大损失，因此，承租人合理确定租赁期为5年（或更长期限）。

而在形式三“合同明确包含固定的1年租赁期，未明确约定续租选择权”的安排下，虽然名义上看，似乎该合同的不可撤销期间仅为1年，续租选择权涵盖期间并未对双方形成具有可强制执行的合同。但是，确定租赁期时还应考虑租赁协议之外的某些因素：

（1）承租人与出租人互为关联方。当承租人与出租人互为关联方时，合同条款的约定可能会受关联关系的影响，而使得某些条款不公允。需注意，此处所述的

"不公允"并不局限于租赁对价的金额。

【例3-15(5)】关联方之间的1年期租赁合同

背景

某集团公司内部，母公司作为房屋所有者，将其集团大楼的某些楼层出租给子公司或孙公司（统称子公司），租赁协议一年一签，并未赋予承租人续租选择权，或仅附有本章4.1所述的同等条件下的优先承租权。集团大楼在装修时，由各子公司自主对使用楼层进行装修，或者集团公司统一指定某装修服务提供商，但各子公司自行决定自身使用楼层的装修方案；装修费用直接由各子公司承担，或由集团公司统一承担后增加至租金中。假定装修的使用寿命是5年，且装修成本只能通过继续租赁而收回。

分析

在这些安排下，如果承租人承担了装修成本，假定出租人为非关联方时，为避免出租人提前终止租赁造成的装修成本损失，承租人必然会约定租赁期为固定期限5年，或者承租人保留续租至5年的续租选择权。但由于出租人是关联方，受关联关系的影响，承租人无需担心出租人不续租的风险，从而使得实际的租赁合同期限较短且并未包含续租选择权。则实际合同相关条款是由于关联方关系而导致的不公允的结果，租赁双方仍应假定该租赁是与非关联方之间达成的合理安排而确定其租赁期，确定结果应不低于5年。

同理，如果相关装修成本是由出租人承担，进而通过租金的形式予以收回。则从出租人的角度，不同的承租人由于所处行业、客户群体、租赁资产的用途等存在差异，适用于当前承租人的装修并不一定适用于下一承租人，因此如果承租人提前终止租赁，则装修成本及复原或重新装修适合下一承租人的支出等将使出租人面临重大损失。因此，假定承租人为非关联方，则出租人必然会约定租赁期为固定期限5年，或者出租人保留提前终止租赁的选择权。但由于承租人是关联方，受关联关系的影响，出租人无需担心承租人不续租的风险，从而使得实际的租赁合同期限较短且并未包含续租选择权。则实际合同相关条款是由于关联方关系而导致的不公允的结果，租赁双方仍应假定该租赁是与非关联方之间达成的合理安排而确定其租赁期，确定结果应不低于5年。

此外，前述分析仅考虑了装修支出这一单一因素，租赁双方仍应考虑承租人综合所有相关事实和情况在假定与非关联方达成的租赁条款下确定租赁期，该结果可能会更长。

（2）历史上承租人与出租人之间存在逐年续签的惯例。实务中，某些航运公司的船舶租赁、航空公司的飞机租赁等重大资产租赁的租赁期是1年固定期限，并未明确附有续租选择权，但是历史上承租人与出租人之间存在逐年续签的惯例。该惯例反映出的事实是：倘若不续签租赁合同，承租人寻求该租赁资产的替代资产时除付出市场租金以外还需额外发生替换成本；而出租人另寻承租人时也只能收取市场租金还会发生额外的闲置或寻求并达成新租赁的成本，因此，双方选择续签合同对双方而言均是最优选择。此时，如果对双方而言终止当前租赁及达成新租赁的成本均是重大的，则任何一方实质上不会选择终止租约。因此，双方均没有重大的经济动因提前终止租赁，该项租赁对未来期间实质上提供了有经济约束的合同。此时，在确定租赁期时，不应仅考虑1年，还应涵盖直至某一方终止租约不会产生重大损失时。但另一方面，该安排也使得承租人在继续承租将造成自身损失时（即原准则下“租约成为亏损合同时”）可以及时选择终止租赁以止损，因此对于此类租赁的使用权资产，如果出现减值迹象或者已发生减值的，应关注承租人此时可能采取的下一步行动计划，并注意在对所有相关事项进行会计处理时，就租赁期的会计估计保持一致的逻辑基础。

在另外某些情况下，例如某政府招商引资对入驻企业的房屋租赁合同，虽然也是一年一签，但在“招商引资”相关政策中承诺向企业提供数年（如10年）的低价租赁。此时，虽然合同中没有对续租期间形成强制约束，但由于在招商引资文件中出租方已作出承诺，则应将相关承诺作为租赁协议的一部分，将其视为承租人的续租选择权。由于该租赁价格低于市场租金，则承租人合理确定将行使续租选择权，将租赁期确定为10年。

注意

注册会计师在审计过程中，要特别关注承租人是否存在构建交易以满足短期租赁的豁免条件。常见的迹象有：

（1）原租赁准则下租赁期较长的合同，在新租赁准则下改为了一年一签的形式。

（2）与非关联方之间签订的1年期的合同、合同未附有明确的续租选择权，但承租人存在重大的装修支出、寻求替代资产成本高昂、地址变更会引发重大经营风险等情形。在此类情形下，承租人会有经济抑制因素阻止其同意期限较短的租赁，因为缩短租赁期限会增加承租人有关装修支出、替代成本的损失或重大经营风险。

（3）某些具有不可替代特性的租赁资产，但租赁期较短。此类资产租赁中，出租人经常会有经济抑制因素阻止其同意期限较短的租赁，因为缩短租赁期限会增加出租人租赁资产剩余权益相关的风险。

在前述情况下，注册会计师应合理怀疑所取得的租赁合同的“完整性”，或者是否存在“抽屉协议”。

3.4.3　租赁期内较晚期间的租金由双方协商时的处理

某些租赁合同约定的租赁期较长，但租赁期内较晚期间的租金尚未确定，而是“由双方参考市场价格协商确定”。在这一安排下，涉及价格未定期间是否属于“不可撤销期间”的考虑。

【例3–16】租金由双方协商确定时的租赁期判断

背景

某租赁协议约定的名义租赁期为20年，双方详细约定了前10年的租金收取标准，而第11年至第20年的租金安排约定为“双方参照市场价格协商确定”。

分析

对于该条款，可能会出现这一考虑：在实际执行满10年后，若承租人不打算继续租赁，则可以通过低报价的方式导致协商不一致；或者出租人不打算继续租赁时可以通过高报价的方式导致协商不一致的结果从而解除租约。在该考虑下，似乎租赁期的后10年不构成“不可撤销期间”。

但《民法典》第三编　合同通则中明确：

第五百一十条　合同生效后，当事人就质量、价款或者报酬、履行地点等内容没有约定或者约定不明确的，可以协议补充；不能达成补充协议的，按照合同相关条款或者交易习惯确定。

第五百一十一条　当事人就有关合同内容约定不明确，依据前条规定仍不能确定的，适用下列规定：……（二）价款或者报酬不明确的，按照订立合同时履行地的市场价格履行；依法应当执行政府定价或者政府指导价的，依照规定履行。

因此，当合同明确约定了租赁期为20年，且双方对价款未明确规定时，如果某一方拟通过显著偏离市场价格的报价而达到终止租约的目的是不符合《民法典》的要求的。换言之，如果双方对价格协商不一致，拟继续执行租约的一方如果寻求法律支持，则可以依法确定其租金，但对方无法拒绝其继续租赁的要求。因此，在该租赁中的后10年仍然是具有强制约束力的期间，租赁期应确定为20年。

3.4.4　合同要素不完整或已超期限的租赁

由于原租赁准则下经营租赁无需入表，因此实务中租赁合同的签订较为随意，可能存在未明确约定租赁期、或者原约定的租赁期限已满，但仍然在执行的租赁。对于此类合同如何确定其租赁期，建议企业明确以下原则：

（1）财务处理是业务的忠实反映，恰当的财务处理是以准确的业务表述为前提。因此企业应规范租赁合同的签订，要求租赁管理部门与出租人之间就双方真实的意思表达落实在合同条款上，完善有关租赁期的约定。

（2）租赁期作为影响资产负债计量的重要参数，建议企业建立一定的制度对租赁合同应包含的要素、租赁条款的评审等进行管理。

（3）经过规范后，如果相关租赁期仍然未约定或约定不明的，按照《民法典》等相关法律视为不定期租赁，承租人或出租人可以随时解除合同。如果没有实质的续租选择权，相关事实和情况也表明承租人可以随时终止租赁且不会面临重大损失时，该租赁应视为短期租赁，承租人可以按资产类别选择豁免确认使用权资产和租赁负债。

第四章　增量借款利率

概述

新租赁准则下，承租人获取的使用权资产和租赁负债将按照租赁付款额的现值为基础进行初始计量，租赁总费用计入利润表的方式改为“使用权资产折旧费用加租赁负债的利息费用”，这些均表明：折现率是新租赁准则下承租人需要确定的一个关键参数。

在对租赁负债进行初始计量时，CAS 21：17要求承租人优先采用租赁内含利率作为折现率；只有在无法确定租赁内含利率时，才应当采用承租人增量借款利率作为折现率（见4.1.1）。由于折现率的高低会影响租赁负债的现值，折现率也是计算租赁负债的利息费用所采用的利率，因此折现率的高低对财务报表资产、负债、损益以及一系列的财务指标可能带来影响（见4.1.2），例如，更高的折现率将加剧租赁总费用前高后低的趋势。

考虑到并非所有的租赁承租人均能获得租赁内含利率，且在首次执行日采用简化的追溯调整法时，将不可避免地要确定首次执行日的增量借款利率，因此，执行新租赁准则后，增量借款利率的确定将是几乎每个承租人必须执行的工作。而增量借款利率并非一个可直接观察到的结果，因此承租人需根据“增量借款利率”的定义考虑所处的经济环境、融资规模、抵押性质、融资期限、自身信用等诸多因素以确定增量借款利率。同时，本章还指出了实务中承租人确定增量借款利率考虑相关因素时的常见误区（见4.2）。

在知晓了确定增量借款利率时应考虑的各项因素之后，有关增量借款利率的确定仍然是一项复杂的工作，如何根据可观察利率确定增量借款利率将成为承租人的一大挑战，4.3节讨论了确定增量借款利率的思路，同时我们建议企业记录其确定增量借款利率的过程、并为增量借款利率的确定设置必要的内控。

此外，承租人的租赁负债金额重大时，增量借款利率也可能需被视为承租人的一项重大会计判断和估计的不确定性的来源，从而应当在财务报表附注中进行披露，与折现率有关的披露见4.4节。

我们希望通过本章前述内容的讨论，能为企业作为承租人的身份，执行新租赁准则时恰当确定增量借款利率、注册会计师评价企业确定的增量借款利率是否恰当有所帮助。

虽然并非本章的重点，但出租人对折现率的采用与原租赁准则之间也有些许差异，在4.5节中简要作出了说明。

4.1 租赁的折现率及其影响

4.1.1 租赁的折现率

4.1.1.1 承租人初始计量时的折现率

承租人在对使用权资产和租赁负债初始计量时，租赁负债的初始计量金额应采用未付的租赁付款额的现值计算（CAS 21：17）。承租人在初始计量租赁负债之后，按照采用的折现率计算租赁负债在租赁期内各期间的利息费用，并计入当期损益（通常计入“财务费用——利息支出”，除非该利息费用满足《企业会计准则第17号——借款费用》规定的资本化条件）（CAS 21：23）。

4.1.1.2 修订后的折现率

租赁期开始日后，在大多数情况下，承租人不应在租赁期内修订折现率。例如，挂钩于租赁资产的使用的租赁付款额转变为实质固定付款额时（见【例4–1】），根据担保余值预计的应付金额发生变动时（见【例4–2】），或者因用于确定租赁付款额的指数变动而导致未来租赁付款额发生变动的，承租人应当按照变动后租赁付款额以不变的折现率（采用租赁期开始日确定的折现率）计算的现值重新计量租赁负债，这一处理原则与新金融工具确认和计量准则对采用实际利率法进行会计处理的金融资产和金融负债的后续计量方法一致。

但是，发生以下四种情形之一，承租人需要按照变动后或调整后的租赁付款额和修订后的折现率计算的现值重新计量租赁负债（CAS 21：25、26、29）：

（1）续租选择权或终止租赁选择权的评估结果发生变化，或者前述选择权的实际行使情况与原评估结果不一致等导致租赁期变化时；

（2）购买选择权的评估结果发生变化时；

（3）租赁付款额的变动源自浮动利率变动的，当挂钩的浮动利率发生变化时；或

（4）发生租赁变更且租赁变更未作为一项单独租赁进行会计处理时。

重新计量租赁负债后的剩余租赁期内，承租人应按照修订后的折现率计算租赁负债在租赁期内各期间的利息费用。

注意

上述情形（1）发生时，国际会计准则理事会认为租赁期变化导致租赁的经济实质发生了变化（这也是为什么承租人需要合理确定是否行使续租选择权或不行使终止租赁选择权，从而确定选择权涵盖期间应否纳入租赁期考虑的原因），与纳入租

赁负债（和使用权资产）计量的租赁付款额的变动保持一致而重估折现率是恰当的，因此承租人应采用重估日的折现率。

情形（2）下，由于购买选择权可视为实际上的最终续租选择权，因此，当购买选择权的评估结果发生变化时，与续租选择权的评估结果发生变化的处理原则一致。

此外，还需注意的是，承租人对其是否合理确定将行使续租选择权、购买选择权或不行使终止租赁选择权进行重新评估仅限于同时满足以下两个条件时：①重大事件或变化在承租人可控范围内；②重大事件或变化影响承租人是否合理确定将行使续租选择权、购买选择权或不行使终止租赁选择权（详见3.1.5）。如果未触发“重新评估”，则不存在评估结果的变化，此时，即使承租人改变其对该类选择权的评估结果，也不应重新计量租赁负债，【例4–3】与【例4–4】说明了是否触发“重新评估”的不同情形以及相应的不同会计处理结果。

情形（3）下，如果租赁付款额挂钩于浮动利率，则当浮动利率发生变动时，与纳入租赁负债（和使用权资产）计量的租赁付款额的变动保持一致而采用修订后的折现率也是合理的。这一处理原则同样与新金融工具确认和计量准则中关于浮动利率金融负债按照摊余成本进行后续计量的规定是一致的。在新金融工具确认和计量准则的应用指南中对此明确如下：“对于浮动利率金融资产或浮动利率金融负债，以反映市场利率波动而对现金流量的定期重估将改变实际利率。”采用基于浮动利率变动后的租赁付款额可使得下述公式中分子与分母保持统一口径，显然更为合理：

$$\text{重新计量的租赁负债}=\sum\frac{\text{（基于浮动利率变动而调整后的）第 n 期租赁付款额}}{\text{（1+修订后折现率）}^{n}}$$

情形（4）下，承租人在变更生效日计算变更后的租赁付款额的现值以重新计量租赁负债时，其处理结果是将原租赁合同的未履约部分与变更部分作为在变更生效日新签订的一项租赁，因此租赁负债的重新计量是采用变更生效日的折现率对剩余的租赁付款额折现的现值。

【例4–1】折现率不变的情形——实质固定租赁付款额发生变动（应用指南【例33】）

背景

承租人甲公司签订了一份为期10年的机器租赁合同。租金于每年年末支付，并按以下方式确定：第1年，租金是可变的，根据该机器在第1年下半年的实际产能确定；第2—10年，每年的租金根据该机器在第1年下半年的实际产能确定，即租金将在第1年年末转变为固定付款额。在租赁期开始日，甲公司无法确定租赁内含利率，其增量借款利率为5%。假设在第1年年末，根据该机器在第

1年下半年的实际产能所确定的租赁付款额为每年20 000元。

分析

本例中，在租赁期开始时，由于未来的租金尚不确定，因此甲公司的租赁负债为零。在第1年年末，租金的潜在可变性消除，成为实质固定付款额（20 000元），因此甲公司应基于变动后的租赁付款额重新计量租赁负债，并采用不变的折现率（即5%）进行折现。在支付第1年的租金之后，甲公司后续年度需支付的租赁付款额为180 000元（20 000×9），租赁付款额在第1年年末的现值为142 156元［20 000×（P/A，5%，9）］，未确认融资费用为37 844元（180 000–142 156）。甲公司在第1年末的相关账务处理如下：

支付第一年租金：

借：制造费用等	20 000	
贷：银行存款		20 000

确认使用权资产和租赁负债：

借：使用权资产	142 156	
租赁负债——未确认融资费用	37 844	
贷：租赁负债——租赁付款额		180 000

【例4-2】折现率不变的情形——担保余值预计的应付金额发生变动（应用指南【例34】）

背景

承租人甲公司与出租人乙公司签订了汽车租赁合同，租赁期为5年。合同中就担保余值的规定为：如果标的汽车在租赁期结束时的公允价值低于40 000元，则甲公司需向乙公司支付40 000元与汽车公允价值之间的差额。

在租赁期开始日，甲公司预计标的汽车在租赁期结束时的公允价值为40 000元，即甲公司预计在担保余值下将支付的金额为零。

在租赁期开始日后，承租人甲公司对该汽车在租赁期结束时的公允价值进行监测。假设在第1年年末，甲公司预计该汽车在租赁期结束时的公允价值为30 000元。

分析

甲公司在初始计量租赁负债时，与担保余值相关的付款额为零。但是在第1年年末时，甲公司应将该担保余值下预计应付的金额10 000元（40 000–30 000）纳入租赁付款额，并使用不变的折现率（5%）来重新计量租赁负债。

【例4–3】需采用修订后折现率的情形——续租选择权的评估结果发生变动（应用指南【例37】）

背景

承租人甲公司租入一层办公楼，为期10年，并拥有可续租5年的选择权。初始租赁期间（即10年）的租赁付款额为每年50 000元，可选续租期间（即5年）的租赁付款额为每年55 000元，均在每年年初支付。在租赁期开始日，甲公司评估后认为，不能合理确定将会行使续租选择权，因此确定租赁期为10年。甲公司无法确定租赁内含利率，其增量借款利率为5%。

在第5—6年，甲公司的业务显著增长，其日益壮大的人员规模意味着需要扩租办公楼。如果在其他办公楼中租入一个类似的楼层，甲公司可能会产生额外的费用，因为其人员将处于两栋不同的办公楼中，而将全部人员搬迁到其他办公楼的费用可能会更高。为了最大限度降低成本，第6年年末，甲公司额外签订了一份为期8年、在同一办公楼内其他楼层的租赁合同，在第7年年初起租。同时，甲公司重新评估后认为，其合理确定将行使现有租赁合同下的续租选择权，因此该租赁的租赁期由10年变为15年。假设甲公司无法确定剩余租赁期间的租赁内含利率，其第6年年末的增量借款利率为4.5%。

分析

在租赁期开始日，甲公司支付第1年的租赁付款额50 000元，并确认租赁负债355 390元，即355 390=50 000×（P/A，5%，9）。

将扩张的人员安置到在同一办公楼内其他楼层的决定，在甲公司的可控范围内，并影响其是否合理确定将行使现有租赁合同下的续租选择权。在第6年年末，甲公司重新评估后的租赁期为15年，因此应将剩余租赁期（第7—15年）内的租赁付款额（共9笔）纳入租赁负债，并采用修订后的折现率进行折现。因此，甲公司重新计量后的租赁负债为399 030元，即399 030=50 000+50 000×（P/A，4.5%，3）+55 000×（P/A，4.5%，5）×（P/F，4.5%，3）。

在对租赁期的变化进行会计处理前，即基于10年租赁期时，甲公司在第6年年末的租赁负债（支付前6年的付款额后）为186 160元，即186 160=50 000+50 000×（P/A，5%，3）。重新计量的租赁负债与重新计量前的账面价值之间的差额212 870元（399 030–186 160）相应调整使用权资产的账面价值。

注意

注意，采用修订后的折现率对变动后的租赁付款额进行折现的现值对租赁负债重新计量，该处理应当是在续租选择权的重估日，而非实际行使选择权时。即【例4-3】中，甲公司应当在第6年年末合理确定将行使续租选取时重新计量租赁负债。

【例4-4】购买选择权的评估结果发生变动但不应重新计量租赁负债的情形（应用指南【例38】）

背景

承租人甲公司与出租人乙公司签订为期5年的库房租赁合同，每年年末支付固定租金10 000元。甲公司拥有在租赁期结束时以300 000元购买该库房的选择权。在租赁期开始日，甲公司评估后认为，不能合理确定将行使该购买选择权。

第3年年末，该库房所在地房价显著上涨，甲公司预计租赁期结束时该库房的市价为600 000元，甲公司重新评估后认为，能够合理确定将行使该购买选择权。

分析

该库房所在地区的房价上涨属于市场情况发生的变化，不在甲公司的可控范围内。因此，虽然该事项导致购买选择权的评估结果发生变化，但甲公司不应在第3年年末重新计量租赁负债。即继续对初始计量的租赁负债按照租赁期开始日的增量借款利率进行后续计量。

【例4-5】需采用修订后折现率的情形——购买选择权的实际行使情况发生变动（应用指南【例38】）

背景

接【例4-4】，如果甲公司在第3年年末不可撤销地通知乙公司，其将在第5年末行使购买选择权。

分析

甲公司发出不可撤销通知，这一情形属于购买选择权实际行使情况发生了变化，甲公司需要在第3年年末按修订后的折现率对变动后的租赁付款额（需包含购买选择权的行权价格）进行折现，重新计量租赁负债。

4.1.1.3　折现率的选择

无论是确定初始计量时的折现率，还是修订后的折现率，如果能够获得租赁内含利率，则应采用租赁内含利率作为折现率；如果无法确定租赁内含利率的，则采用承租人增量借款利率作为折现率。即承租人确定折现率时需考虑优先顺序：

顺序	应采用的折现率	定义
优选	租赁内含利率	使出租人的租赁收款额的现值与未担保余值*的现值之和等于租赁资产公允价值与出租人的初始直接费用**之和的利率
次选	承租人增量借款利率	承租人在类似经济环境下为获得与使用权资产价值接近的资产，在类似期间以类似抵押条件借入资金须支付的利率

注：*未担保余值，是指租赁资产余值中，出租人无法保证能够实现或仅由与出租人有关的一方予以担保的部分。

**初始直接费用，是指为达成租赁所发生的增量成本。增量成本是指若企业不取得该租赁，则不会发生的成本，如佣金、印花税等。无论是否实际取得租赁都会发生的支出，不属于初始直接费用，例如为评估是否签订租赁而发生的差旅费、法律费用等，此类费用应当在发生时计入当期损益。

注意

首先，租赁内含利率≠承租人增量借款利率，两者概念不同。租赁内含利率本质上是出租人预计从租赁中所赚取最低回报率的计量指标，该利率在确定时与出租人特定相关，且是出租人于租赁开始日（inception of lease）确定。而承租人增量借款利率则与承租人特定相关，本质上是承租人预计以类似期限，并按照与使用权资产类似的抵押条件进行借款需支付的利率，是承租人于租赁期开始日（commencement of lease term）确定。由于出租人对于未担保余值的考虑，对于一个有固定租赁付款额的给定租赁，当承租人和出租人有大致相似的信用评级时，租赁内含利率一般会高于承租人的增量借款利率。

其次，新租赁准则下，承租人将几乎所有租赁均“入表”的逻辑基础是承租人应将所有租赁均作为取得融资进行处理（除非该租赁对全部的租赁付款采取预付的方式）。在这一基础上，租赁适用的折现率的目标应当是指定一个能反映合同如何定价的利率。秉持这一目标，若承租人可直接确定，应采用租赁内含利率，因为这是出租人向承租人提供融资所收取的利率。

但是，租赁内含利率通常会受出租人对标的资产租赁期结束时余值的估计影响，并可能受税收或只有出租人知晓的其他因素（如出租人的初始直接费用）影响。因此，对于许多租赁（尤其是租赁资产在租赁期结束时有重大余值的租赁），承租人确定或获取租赁内含利率可能较为困难。在此情况下，新租赁准则引入“增量借款利率”作为租赁内含利率的替代，并对增量借款利率加以定义，以将租赁的条款和条件纳入考虑。从上表中这两个利率的定义可见，两个利率均考虑了承租人的信用情况、租赁期限、所提供担保物的性质和质量以及交易发生的经济环境等相同的因素。因此，在许多情况下，承租人的增量借款利率与租赁内含利率可能相近。

【例4-6】租赁内含利率（应用指南【例28】）

背景

承租人甲公司与出租人乙公司签订了一份车辆租赁合同，租赁期为5年。在租赁开始日，该车辆的公允价值为100 000元，乙公司预计在租赁结束时其公允价值（即未担保余值）将为10 000元。租赁付款额为每年23 000元，于年末支付。乙公司发生的初始直接费用为5 000元。

分析

乙公司计算租赁内含利率r的方法如下：

23 000×（P/A，r，5）+10 000×（P/F，r，5）=100 000+5 000

计算得出的租赁内含利率r为5.79%。

假定不考虑其他因素，承租人甲公司在租赁期开始日对租赁负债进行初始计量时，租赁负债=23 000×（P/A，5.79%，5）=97 440.37（元）。

4.1.1.4　首次执行日的折现率

承租人选择简化的追溯调整法时，对于首次执行日前的经营租赁，应在首次执行日根据剩余租赁付款额按首次执行日承租人增量借款利率折现的现值计量租赁负债，并根据每项租赁选择按照下列两者之一计量使用权资产（CAS 21：61（2）①）：

（1）假设自租赁期开始日即采用新租赁准则的账面价值（采用首次执行日的承租人增量借款利率作为折现率）；

（2）与租赁负债相等的金额，并根据预付租金进行必要调整。

注意

新租赁准则的首次执行日，由于对租赁负债采用的是仅考虑“剩余租赁付款额”折现的方式，因此折现率是承租人于首次执行日取得剩余期间、剩余租赁付款额所体现的融资期限、融资金额所需支付的利率。此时，租赁内含利率作为租赁开始日时出租人向承租人提供融资所收取的利率，与“剩余租赁付款额”并不匹配，因此采用首次执行日承租人增量借款利率更为恰当。

如上所述，承租人在确定首次执行日增量借款利率时，需考虑的融资期限应为“剩余租赁付款额”体现的融资期限，即使其对某些租赁采用“假设自租赁期开始日即采用新租赁准则的账面价值”进行计量时，也应采用一致的首次执行日的增量借款利率，相关的内容详见本专题第二章【例2-5】。在确定首次执行日增量借款利率时，承租人需考虑的因素和确定思路仍可参照4.2节和4.3节相关内容。

4.1.2 承租人折现率的影响

对于拥有大量租赁的承租人来说，由于折现率作为计量租赁负债和使用权资产的一个关键参数，折现率高低会影响承租人的计量结果，并可能对其财务报表带来重大影响。例如，对整个租赁期而言，更高的折现率通常带来的影响有以下方面：

（1）对资产负债及利润的直接影响：更高的折现率使租赁负债的现值更小，因此降低使用权资产、降低租赁负债；因使用权资产更低因而降低折旧费用、而租赁负债与未折现租赁付款额的差额加大会增加利息费用，进而加剧总租赁费用前高后低的趋势，从而使得租赁期前段或首次执行新租赁准则的初始年度内，承租人的利润承压会更大。

（2）对主要财务指标的间接影响：

指标分类	项目/比率	更高折现率的影响
偿债能力指标	流动比率	升高，因为一年内到期的租赁负债将降低
	资产负债率	降低，因为租赁负债降低
	利息保障倍数	降低，因为利息费用将升高
营运能力指标	总资产周转率	升高，因为使用权资产降低而使得总资产降低
盈利能力指标	息税前利润（EBIT）	升高，因为折旧费用将降低
	息税折旧及摊销前利润（EBITDA）	不变，因为折旧和利息都不包含在EBITDA的计算中

整体而言，EBIT和EBITDA指标相较于原租赁准则均有不同程度的优化，这是因为原准则下，在计算上述指标时均扣除了经营租赁费用；而新租赁准则下，计算EBIT时仅需扣除使用权资产折旧费用，计算EBITDA时，无论是使用权资产折旧费用还是租赁负债利息费用均无需扣除。

4.2 确定增量借款利率需考虑的因素

承租人增量借款利率，是指承租人在类似经济环境下为获得与使用权资产价值接近的资产，在类似期间以类似抵押条件借入资金须支付的利率。从该定义中可得知，增量借款利率与下列事项相关：

（1）承租人自身情况，即承租人的偿债能力和信用状况；

（2）“借款”的期限，即租赁期所体现的融资期限；

（3）“借入”资金的金额，即租赁负债的金额；

（4）“抵押条件”，即租赁资产的性质和质量；

（5）经济环境，包括承租人所处的司法管辖区、计价货币、合同签订时间等。

我们理解，承租人的增量借款利率要根据多因素综合分析确定，理论上，即使是在承租人发生租赁业务前相近时间内，承租人借入相同币种、相同期限且担保条款相同、与租赁使用权资产价值相当金额的固定利率借款，也由于该笔借款发生在前，与租赁业务发生后的承租人财务状况和负债水平也并不相同，因此，也不能直接使用该借款利率作为租赁的增量借款利率。

根据新金融工具确认和计量准则应用指南的规定，利息包括对货币时间价值、与特定时期未偿付本金金额相关的信用风险，以及其他基本借贷风险、成本和利润的对价。承租人确定增量借款利率时应结合利息的定义确定影响该利率的各项要素。

4.2.1 “借款”的期限

通常情况下，借款的期限越长，意味着资金借出方面临的不确定因素更多，对利息要求的流动性风险溢价（属于前述利息构成中的“其他基本借贷风险”之一）也会更高。因此，借款的期限会影响企业融资的成本。

在确定增量借款利率时，需考虑租赁方式取得的“借款”的期限。在确定该“借款”期限时，实务中存在一个理解误区，即将租赁期简单确定为融资期限。例如，一项租赁的租赁期为8年，而承租人直接采用可观察到的相同币种、担保条款相同、与租赁使用权资产价值相当金额的8年期借款的利率来确定增量借款利率。

需要注意的是，由于在租赁期内，租金通常是分期支付的，也就是说，通过租赁方式获得的融资是通过租金支付分期偿还本金的，而通常的银行借款、债券融资等可观察到的借款是每年付息、到期还本，甚至到期一次还本付息的方式，融资本金是在到期日一次偿还。由于租赁的融资偿还的资金流分布与通常的借款存在较大差异，因此不能以租赁期直接作为“借款”的期限。【例4-7】说明了这一问题。

【例4-7】“借款”的期限——加权平均融资期

背景

承租人甲公司与出租人乙公司签订了一份房屋租赁合同，租赁期为8年。于每年年末支付固定租金100万元。假定不考虑其他条件。

分析

鉴于每年年末需要“偿还”100万元融资，实际上，该项租赁的融资期限应为：第1个100万元的融资期限为1年、第2个100万元的融资期限为2年、以此类推，第8个100万元的融资期限为8年。

则整个租赁合同800万元的融资期限为加权平均融资期限，为：

$(100\times1+100\times2+100\times3+100\times4+100\times5+100\times6+100\times7+100\times8)\div800=4.5$（年）

注意

实务中某些承租人不区分租赁期限，而将其所有租赁确定为同一增量借款利率的方式可能并不合理。例如，某IPO企业在其招股说明书中披露如下：

折现率的确定

由于无法确定租赁内含利率，故使用公司增量借款利率作为折现率，即中国人民银行授权全国银行间同业拆借中心公布的贷款市场利率（LPR）一年期为3.85%。

但是，2021年以来各月贷款市场报价利率（LPR）均为：1年期LPR为3.85%，5年期以上LPR为4.65%。

2015年10月调整后至今，人民币贷款基准利率维持在1年以内（含1年）4.35%，1—5年（含5年）4.75%，5年以上4.9%。

前述利率的设定都表明，在不同的融资期限下企业获取融资所需支付的利率存在显著差异。因此，不加分析简单按照一年期的LPR作为所有租赁的增量借款利率可能并不恰当。

此外，【例4-7】中的计算方式可能也不够精确，体现在计算加权平均融资期的参数是按照合同约定的每期应付的租金，这是本息合计数的口径，而比照的银行借款、债券融资等通常则为定期付息、一次还本，如果比照一项4.5年期的借款或债券融资，则借款或债券融资该期限仅考虑了本金占用期限，与租金的“本息合计数”的口径存在差异。但我们理解，该差异金额较小，在尚未确定增量借款利率的情况下拆分租金中的利息较为困难。相比而言，在考虑“借款”的期限时，采用加权平均融资期4.5年比简单按照租赁期8年要合理得多。

4.2.2 “借入”资金的金额

通常情况下，对于同一借款方，借入资金金额越大，利息构成中“未偿付本金金额相关的信用风险”越大，取得借款所需支付的利率就会更高。

CAS 21：17对承租人增量借款利率定义为，是指承租人在类似经济环境下为获得与使用权资产价值接近的资产，在类似期间以类似抵押条件借入资金须支付的利率。实务中存在一个理解误区，即简单根据该定义的表述将“使用权资产价值”作为“借入”资金的金额。需要说明的是，使用权资产的价值大于或等于租赁业务中的融资额，例如存在大额预付租金时就会出现使用权资产远大于租赁融资额的情形。因此，利用可观察到的利率调整确定增量借款利率时，应考虑可观察的类似或可比借款的融资额与使用权资产价值的差异，也应考虑使用权资产价值与租赁融资额之间的差异。

【例4-8】“借款”的金额——获得与使用权资产价值接近的资产，在类似期间以类似抵押条件借入资金

背景

承租人甲公司与出租人乙公司签订了一份房屋租赁合同，租赁期为10年。于租赁期开始日一次性预付前2年租金共200万元，第1年至第8年每年年末支付固定租金100万元。假定不考虑其他条件。

分析

在不考虑折现率因素时，甲公司通过租赁方式取得的使用权资产的价值为1 000万元，其中采用自有资金支付200万元，融资借入资金800万元。

因此，假定甲公司拥有多种融资方式，存在充分的可观察利率，在利用可观察的借款利率时，其应当采用同时满足以下条件的借款所需支付的利率：

①借款期限为4.5年（见【例4-7】）；

②借款金额为800万元（注意并非使用权资产价值，而是租赁负债所体现的融资额）；

③借款为专门用途，专用于购建与租赁资产同类别的资产，且该资产价值1 000万元；

④以价值1 000万元的所购建资产为该借款提供抵押担保；

⑤借款的币种、经济环境等其他条件与租赁基本一致。

注意

借入资金的金额会影响承租人的负债水平，因此，理论上借入一笔2亿元的款项所需支付的利率要高于借入一笔2 000万元的款项所需支付的利率。但是，利率的波动并不是随着承租人的负债水平持续不断地调整，而通常是和信用评级挂钩。例如，当贷款人将其客户的信用等级分为AAA级、AA级、A级、BBB级、BB级、B级、CCC级、CC级、C级和D级时。某一客户的融资金额为2亿元或2 000万元均在其授信额度内，融资金额不同导致的负债水平的差异可能并不会带来贷款人对其信用评级的变动，相应地，也就不会影响其融资利率。

4.2.3 抵押条件

由于设有抵押的借款，在借款人发生违约时，贷款人可以行使抵押权以保障贷款本息的收回，降低“未偿付本金金额相关的信用风险”，因此，在其他条件相同时，抵押借款的利率通常低于无抵押的信用借款的利率。

在租赁方式取得的融资安排中，由于承租人未按时支付租金时，出租人可以采取收回租赁资产的方式降低承租人违约风险的损失，其本质上属于一项有抵押的融资。因此，承租人假定取得与租赁相同币种、相同融资期限，且金额与租赁负债相当的无担保借款的固定利率为6%，则同等条件下以租赁的增量借款利率应是低于6%的某利率。

在确定承租人增量借款利率时需考虑该抵押条件的量化影响，包括抵押资产的类别、质量等所决定的担保比例。例如，在【例4-8】中，在初始时点，该项融资的担保比例为125%（抵押物价值1 000万元/融资金额800万元）。而由于租赁期通常持续时间超过一个会计年度，租赁资产的类别和质量等决定了其作为抵押物的价值在租赁期内的变化，这些会影响租赁期内的动态担保比例，相应导致抵押条件的不同从而影响利率。

【例4-9】抵押条件——不同的租赁资产类别

背景

承租人甲公司同时签订了以下两份租赁合同：

（1）与出租人乙公司签订了一份房屋租赁合同，租赁期为10年。于租赁期开始日一次性预付前2年租金共200万元，第1年至第8年每年年末支付固定租金100万元。

（2）与出租人丙公司签订了一份机器设备租赁合同，租赁期为10年。于租赁期开始日一次性预付前2年租金共200万元，第1年至第8年每年年末支付固定租金100万元。

分析

上述2项租赁除了租赁资产不同之外，其余条款均一致。但是在确定2项租赁分别的增量借款利率时，甲公司预期租赁期内可能存在如下市场变化（暂不考虑租赁条款达成的商业合理性）：

（1）房屋的市价以及租金在未来10年内预计持续增长；

（2）由于科技进步带来的技术快速更迭，机器设备的市价及租金在未来10年内几乎不可能出现增长，反而可能会出现下降。

由于上述两类租赁资产类别的差异，在租赁期内面临不同的价格波动会带来担保比例的变化。房屋租赁的担保比例预计在整个租赁期内均会高于或等于租赁期开始日的担保比例，而在租赁期内某个时点，机器设备租赁的担保比例可能会低于租赁期开始日的担保比例。由于机器设备的担保比例降低而导致的融资本息面临的信用风险加大，因此机器设备租赁的增量借款利率会比同样条款的房屋租赁的增量借款利率要高。

注意

抵押条件体现了增量借款利率与具体租赁特定相关的特征，实务中某些承租人不区分资产类别，仅以租赁期限为划分依据，将一定租期内的所有租赁确定为同一增量借款利率的方式可能也并不合理。

4.2.4 经济环境

经济环境主要包括承租人所处的司法管辖区、计价货币、合同签订时间等因素。

4.2.4.1 合同签订时间

承租人在货币宽松期（资金成本较低）与银根紧缩期（资金成本较高）假定签订条款完全一致的租赁，一般而言，增量借款利率在宽松期比紧缩期要低。例如，参考中国人民银行对人民币贷款基准利率的调整记录可看出不同时间的利率差异：

调整时间	一年以内（含一年）	一至五年（含五年）	五年以上
2014.11.22	5.60%	6.00%	6.15%
2015.10.24	4.35%	4.75%	4.90%

这一因素体现出，承租人通过可观察的借款或债券等确定增量借款利率时，由于其他融资发生的时点与租赁期开始日在多数情况下并不相同，企业不大可能在每个租赁期开始日恰好发生可直接观察到利率的融资，因此在根据可观察利率确定增量借款利率时需考虑时间差异对利率的影响。

4.2.4.2 租赁的计价货币

承租人应当在假设以租赁的计价货币进行借款的条件下确定增量借款利率。因为即使承租人在同一经济环境下发生的其他条款均相同的租赁业务，如果租金结算的币种不同，由于不同货币背后的货币政策的差异、流动性差异等，贷款人提供不同币种资金要求的利率也不同。虽然实务中各商业银行未公开其外币贷款的利率政策，但从其存款利率的比较中也可见一斑。

某商业银行公开的不同币种的存款利率如下：

存期	活期	整存整取			
		三个月	半年	一年	两年
人民币	0.30%	1.35%	1.55%	1.75%	2.25%
美元	0.01%	0.15%	0.25%	0.35%	0.35%
英镑	0.01%	0.05%	0.10%	0.10%	0.10%

例如，承租人拥有的一项飞机租赁的计价货币是美元，而承租人的记账本位币为人民币，在这种情况下，增量借款利率应使用假设承租人为取得与使用权资产类

似价值的资产而需借入与租赁负债同样金额的美元所需承担的利率而确定。如果该承租人同时拥有与租赁的其他条件类似的美元借款和人民币借款，其中美元借款的利率为2%、人民币借款利率为6%，则增量借款利率应采用2%的美元借款利率并进行适当调整而确定。

4.2.4.3　承租人所处的司法管辖区

不同的司法管辖区内，由于商业环境、税收制度、营商政策的不确定性等存在的差异，导致利率的要求也并不相同。例如，同样条款的融资，位于北京的一家企业所需支付的利率相比位于巴西的一家企业所需支付的利率要低得多，而比位于西欧某家企业所需支付的利率要高一些。对于租赁方式获取的融资也是如此，某些在境外设立有分子公司的大型企业集团，可能需要根据租赁发生的不同的司法管辖区而分别确定相应的增量借款利率。

4.2.5　承租人自身情况

承租人主体的特定因素包含了承租人的负债水平、承租人信用、承租人所在企业集团的信用等因素。例如，信用评级较高的承租人，在获取融资时需支付的利率可能会更低。对此，实务中存在的一个常见误区是，集团公司层面对全集团内的租赁不区分租赁所在的子公司的区别，统一确定增量借款利率。通常的操作是，集团公司以融资管理制度要求“子公司不能直接对外融资，只能由集团母公司或集团内核心企业（如集团内财务公司）对外融资后再转贷给有资金使用需求的集团成员单位；或者子公司对外借款或发行债券进行融资时，均由母公司提供连带责任保证”为由，确定母公司的增量借款利率，并应用于全集团各分子公司。

需要说明的是，如果集团内的租赁资产存在于多家子公司，各子公司由于其财务状况、偿债能力等的差异，可能导致其融资成本存在差异。即使集团公司将融资权限统一管理，要求子公司不能对外借款或发债，子公司只要对外借款或发债，母公司都要提供连带担保。但由于子公司通过租赁方式取得的融资，并非每一份租赁合同都约定了“子公司无法偿还租金时，由母公司承担连带付款义务（在这一安排下，租赁的定价可能更大程度上取决于母公司而非子公司的信用状况）”，因此，不能简单对所有子公司都按照采用母公司统一的增量借款利率。

国际会计准则理事会在IFRS 16的结论基础中提到，根据租赁资产的性质及租赁的条款和条件，在确定某项租赁的增量借款利率时，承租人或能以可直接观察到的利率（例如，承租人借款购买与所租赁资产同类型资产时已支付或将支付的利率，或确定不动产租赁适用折现率时的不动产收益率）作为起点。但是，承租人应按照需要对此类可观察利率进行调整，以确定所定义的增量借款利率。在调整时，需要考虑作为起点的可观察利率考虑了前述哪些因素，哪些因素与租赁合约存在差异，进而量化这些差异的调整，得出增量借款利率（见4.3）。

4.3 确定增量借款利率的思路

4.3.1 确定增量借款利率的会计处理单元

新租赁准则定义的增量借款利率是在合同或个别租赁层面确定的利率，也即承租人应当对每项单独租赁在无法直接取得租赁内含利率时分别确定其增量借款利率。但是，新租赁准则对适用的会计处理单元作出例外规定：当企业能够合理预计将具有类似特征的租赁组合作为新租赁准则的会计处理单元与将该组合中的各单项租赁分别作为会计处理单元相比，不会对财务报表产生显著不同的影响，作为实务变通，企业可将新租赁准则应用于该租赁组合。

因此，如果某些租赁拥有类似特征，可将其作为一个租赁组合，确定该租赁组合的增量借款利率。例如，本专题3.1.8节所提及的某家连锁店为在某地区新开店面与所持物业相邻的多个出租人在相近的时间内签订了多份租赁期开始日及租赁期限均相近的租赁合同，这些合同约定的租金支付频率及每次支付的租金比重也基本一致时，若合理预计该多份租赁具有类似特征，将该多份租赁作为租赁组合进行会计处理与根据每一单独租赁进行会计处理的结果差异不大，连锁店可以将该多份租赁合同作为一个组合，以该组合为会计处理单元确定其增量借款利率。

在前述组合下，该多项租赁拥有相似的经济环境、标的资产类别、租赁期等特征。通常而言，如果两项或多项租赁在确定增量借款利率需考虑的因素方面（见4.2）存在显著差异，则该两项或多项租赁不能被视为具有相似特征。例如，租赁A体现的融资期限为3年，而租赁B体现的融资期限为5年以上，A和B不能被视为拥有类似特征。如果承租人管理层拟对某些或全部租赁合同采取同样的折现率，则应就这些合同具有的各项因素进行分析比较，对它们具有相似的特征进行举证。

4.3.2 确定增量借款利率的步骤

为确定每一项租赁或租赁组合的增量借款利率，承租人需要找到与该租赁或租赁组合在类似期限（即加权平均融资期限，见【例4-7】）、类似抵押条件（即以使用权资产作为抵押）、类似经济环境下（例如，借入时点是租赁期开始日，偿付方式是每年等额偿付××元；有续租选择权时，N年后拥有与续租权类似的借款选择权），借入与租赁负债价值接近的资金须支付的固定利率。由于承租人无法直接获取满足上述全部条件的利率，应以其现有的借款利率以及市场可参考信息（如，相同期限的国债利率等）作为基础，估计该租赁的增量借款利率。

以可观察的借款利率作为参考基础确定增量借款利率时，根据增量借款利率的定义和4.2节所述的因素，承租人通常需要考虑的调整事项包括但不限于：

（1）本息偿付方式不同，例如，作为参考基础的借款是每年付息且到期一次性偿还本金，而不是每年等额偿付本息；

（2）借款金额不同，例如，作为参考基础的借款金额远高于租赁负债；

（3）借款期限不同，例如，作为参考基础的借款短于或长于租赁期或加权平均融资期限；

（4）抵押、担保情况不同，例如，作为参考基础的借款为无抵押借款；

（5）资金借入时间的不同，例如，作为参考基础的债券是2年前发行的，而市场利率水平在2年内发生了较大变化；

（6）提前偿付或其他选择权的影响；

（7）借款币种不同，例如，作为参考基础的借款为人民币借款，但租赁付款额的币种为美元。

为将上述各项因素考虑在内，对于增量借款利率的确定，可基于易于观察到的利率或收益率为出发点，经过恰当调整之后得出。在具体操作时，承租人可以先根据所处经济环境，以可观察的利率作为确定增量借款利率的参考基础，然后根据承租人自身情况、标的资产情况、租赁期和租赁负债金额等租赁业务具体情况对参考基础进行调整，得出适用的承租人增量借款利率。

相关步骤可以参照以下“三步法”进行处理：

4.3.2.1 步骤一：以可观察的利率作为参考利率

这一步通常是反映无风险利率的国债利率、货币利率（如LIBOR或SHIBOR）或公开报价的市场利率（如LPR）。无风险利率考虑经济环境（货币、司法管辖区）、融资期限等因素。而作为银行间借贷利率的SHIBOR则除了考虑经济环境（货币、司法管辖区）、融资期限因素之外，还考虑了银行业的行业风险因素。LPR是报价行对其最优质客户的贷款利率的算术平均值，因此除了考虑经济环境（货币、司法管辖区）、融资期限因素之外，还考虑了最优质客户的平均信用风险因素。此外，这些利率由于存在实时的公开信息，承租人在选择租赁期开始日的这些利率作为确定增量借款利率的起点时也考虑了“合同签订时间”因素。

【例4-10】选择可观察的利率作为参考利率

背景

2×21年1月1日，承租人甲公司签订了一份为期10年的不动产租赁协议。每年的租赁付款额固定为人民币100万元，于每年年末支付。

在租赁期开始日，甲公司无法确定租赁内含利率，需采用增量借款利率作为折现率来计算租赁付款额的现值。

分析

假定甲公司无自身可参照的借款利率，则甲公司考虑从以下公开利率作为起点确定增量借款利率：

首先，由于SHIBOR报价均为短期品种，最长的贷款期限仅为1年，2×20年12月31日1年期的SHIBOR报价为3.00%。甲公司经评估，认为无法获取合理的信息估计贷款期5.5年的SHIBOR报价，因此放弃以SHIBOR为起点，考虑选择可获取的无风险利率或LPR作为起点。

方案一：以无风险利率为起点。

由于租赁期开始日2×21年1月1日并非交易日，因此甲公司选择以2×21年1月1日前最近的工作日的无风险利率为基准（或也可以选择租赁期开始日前数个工作日的无风险利率的算术平均值）。甲公司查询中国债券信息网2×20年12月31日的中债国债收益率曲线，分别公布了待偿期为如下期限时对应的无风险利率：3月期、6月期、1年期、3年期、5年期、7年期、10年期、30年期。考虑到该10年期租赁的加权平均融资期为5.5年（计算过程略，参照【例4-7】计算），甲公司选择待偿期5年的国债收益率2.9512%，待偿期7年的国债收益率3.1699%备用。由于国债收益率并无待偿期5.5年的公开利率，甲公司根据具体情况选择以下方式之一确定5.5年期的无风险利率：

（1）鉴于所在经济环境中，随着融资年限越长，相应的融资利率越高，融资期限与融资利率在5—7年区间内接近线性增长，因此甲公司采用插值法确定5.5年期的无风险利率为3.0059%［=2.9512%+（3.1699%-2.9512%）×（5.5-5）/（7-5）］。

（2）鉴于所在经济环境中，市场将融资期限分为短期（1年以内）、中长期（超过1年但在5年以下）、长期（超过5年），在属于长期贷款时，贷款期限具体是6年或8年，所要求利率并无显著差异。因此甲公司预计7年期无风险利率与5.5年预计基本一致，直接采用7年期利率3.1699%作为5.5年期的无风险利率。

方案二：以LPR作为起点。

2×20年12月21日为租赁期开始日前的最近一次LPR报价，1年期为3.85%，

5年期以上为4.65%。

甲公司根据具体情况选择以下方式之一对前述直接观察到的利率进行调整，以得出5.5年期的LPR：

（1）鉴于所在经济环境中，融资期限在5年以上时，随着融资年限越长，相应的融资利率也会越高，融资利率与具体期限接近线性增长，因此甲公司采用外推法确定5.5年期的LPR为4.75%［=3.85%+（4.65%−3.85%）×（5.5−1）/（5−1）］。

（2）鉴于所在经济环境中，市场将融资期限分为短期（1年以内）、中长期（超过1年但在5年以下）、长期（超过5年），在属于长期贷款时，贷款期限具体是6年或8年，所要求利率并无显著差异。因此甲公司直接选用5年以上期限的LPR报价4.65%作为起点。

注意

需要注意的是，以无风险利率为例，承租人选择的起点应是国债的实际（到期）收益率，而非票面利率，且应选择待偿期（剩余期限）与加权平均融资期限一致或接近的品种。

4.3.2.2　步骤二：考虑融资息差调整

融资息差通常指承租人可获得的贷款利率和存款利息率之差。融资息差取决于承租人的企业类型和债务结构等。因为承租人的增量借款利率是基于承租人自身的信用风险去融资所需支付的融资成本，其他条件相同的情况下，由于承租人的信用风险高于国家信用风险，因此承租人的增量借款利率应当比国债利率要高，大多数承租人的信用风险比银行业的行业风险和最优质客户的信用风险也要高，这些差额就是在第二步需要考虑调整的内容。

【例4−11（1）】考虑融资息差调整——无风险利率作为起点

背景

接【例4−10】，假定甲公司选择【例4−10】中方案一，以5.5年期的无风险利率作为起点，并确定该起点利率为3.0059%。此外，甲公司当前并无其他可观察的带息负债，最近一笔融资是在租赁期开始日的2年前取得一笔3年期信用借款，借入金额1亿元，按年付息、到期一次还本。甲公司取得借款时的利率为8%，当时可观察的待偿期3年的国债收益率为4.20%。

分析

鉴于甲公司自2年前取得借款日至租赁期开始日，其经营稳健，信用评级并未下降、也并未跃升，因此甲公司合理估计其信用利差于8年前和当下保持稳定，且在任何融资期限下基本一致，因此对可观察利率考虑融资息差的调整过程及结果如下：3.0059%+（8%–4.2%）=6.8059%。

注意

【例4–11（1）】中的案例相对简化，实务中需注意：

（1）信用利差保持稳定的结果并非总是适用，实务中还有可能出现信用利差收窄或走阔等情形，通常需结合承租人自身的信用评级是否发生变化来考虑。

（2）信用利差在任何融资期限下基本一致的情形也并非总是适用，实务中有大量企业随着融资期限越长，可能信用利差越高，即还需考虑期限利差。

此外，在【例4–11（1）】中，注意，在考虑融资利差调整时，并未考虑经济环境等变化，这是因为经济环境因素在第一步确定无风险利率时已经考虑，2年前的无风险利率与当下并不一致，该变动即反映了经济环境的变化，因此第二步融资利差调整时无需重复考虑。无论承租人采取“几步法”或采取何种可观察利率作为起点，应注意对影响增量借款利率的因素的调整，应当做到“不重不漏”。

【例4–11（2）】考虑融资息差调整——以LPR作为起点

背景

接【例4–10】，假定甲公司选择【例4–10】中方案二，以LPR作为起点，并确定该起点利率为4.75%。此外，甲公司虽然当前并无其他可观察的带息负债，但在租赁期开始日的2年前取得一笔3年期信用借款，借入金额1亿元，按年付息、到期一次还本。甲公司取得借款时的利率为8%，当时由于中国人民银行尚未开展改革完善贷款市场报价利率形成机制的工作，因此不存在可观察的LPR。但甲公司参加的行业协会向会员提供行业内最优质企业的融资成本信息。甲公司所在行业最优质的企业共5家，平均的3年期利率为6%。

分析

鉴于甲公司自2年前取得借款日至租赁期开始日，其经营稳健，信用评级并未下降、也并未跃升，观察的5家行业最优质企业的信用评价亦未发生变化，因此甲公司合理估计其信用利差于2年前和当下保持稳定，且在任何融资期限下基本一致，因此对可观察利率考虑融资息差的调整过程及结果如下：4.75%+（8%–6%）=6.75%。

注意

与【例4–11（1）】类似，【例4–11（2）】也相对简化，实务中需注意：

（1）信用利差保持稳定的结果并非总是适用，实务中还有可能出现信用利差收窄或走阔等情形，通常需要结合承租人自身的信用评级、观察的行业内最优质企业的信用评级是否发生变化来考虑。

（2）信用利差在任何融资期限下基本一致的情形也并非总是适用，实务中有大量企业随着融资期限越长，可能信用利差越高，即还需考虑期限利差。

（3）相较于【例4–11（1）】，【例4–11（2）】的方法下，承租人甲公司可能还需对"行业内最优质企业"持续属于LPR报价行认定的最优质客户进行取证。

4.3.2.3　步骤三：考虑具体租赁的相关调整

承租人增量借款利率直接与租赁资产本身挂钩，以租赁资产作为抵押物而取得融资，而非一般的增量借款利率。因此，在第三步，需考虑租赁期、租赁资产的类别和价值、以具有租赁资产内在属性的项目提供担保，以及余值风险预期等适用于具体租赁的特定因素对利率进行调整。

【例4–12】考虑具体租赁的相关调整——无风险利率作为起点

背景

接【例4–11（1）】，经过前两步后，甲公司确定的利率为6.8059%。该利率包含了甲公司对经济环境（甲公司作为承租人所处的司法管辖区与作为国债发行方的政府所在地一致，均在中国大陆、租赁的计价货币与国债融资均为人民币、该利率为租赁期开始日临近工作日的利率）、"借款"的期限（与加权平均融资期一致均为5.5年）、承租人自身情况（根据承租人的负债水平和信用评级进行调整）等因素的考虑。

但是，该利率并未考虑"借入"资金的金额和抵押条件与租赁之间的差异。

分析

在第三步，甲公司考虑具体租赁与前两步所确定利率包含要素之间差异的调整：

（1）由于租赁的融资金额仅为1 000万元，而第二步考虑融资利差时的借款金额为1亿元，因此考虑租赁的融资规模，所需支付的利率可能需要在前两步结果的基础上适当下调；

（2）由于前两步调整的结果是无抵押条件下的信用借款利率，而租赁由于出租人可采取收回租赁资产的方式降低承租人违约风险，因此有抵押品的借款利率应低于同等条件的信用借款，因此，所需支付的利率可能需要在前两步结果的基础上适当下调。

经过向银行询价、查询与承租人信用风险、债务结构类似的可比上市公司融资规模、抵押条件差异导致的利差，承租人将前述（1）和（2）的影响量化为降低50个基点。

则经过调整后的承租人增量借款利率为6.3059%（=6.8059%−0.50%）。

注意

【例4−11（2）】下，承租人第三步考虑具体租赁的相关调整思路与【例4−12】基本一致。

如果租赁负债对承租人而言十分重要，则承租人也可以选择同时采用【例4−10】的方案一和方案二，并将两种方案的结果相互校验，以验证增量借款利率确定的恰当性。

例如，在上述案例下，两种方案最终确定的增量借款利率分别为6.3059%和6.25%（6.75%−0.50%），结果非常接近，也反映出该增量借款利率的结果是合适的。

【例4−13】承租人没有其他带息负债时确定增量借款利率

如果承租人签订租赁合同，但从未发生过其他任何带息负债融资，此时确定增量借款利率可能更为复杂。建议可采取以下方式：

（1）考虑通过银行询价的方式获取同期借款利率，并进行适当调整后确定其增量借款利率；

（2）考虑聘用第三方评级机构获取其信用评级，参考前述“三步法”确定其增量借款利率。

企业将拟发行债券向服务机构的询价、拟申请借款向银行的询价等作为确定增量借款利率的依据时，建议尽量获取书面资料。在应用前述方法时，承租人也可寻找可比上市公司的融资信息并考虑与可比公司之间的信用利差调整，参照所在集团的融资利率并考虑与集团之间的信用利差调整等。

4.3.3 增量借款利率与其他利率

实务中，承租人增量借款利率常见的参考基础可能还包括承租人同期银行贷款利率、相关租赁合同利率、承租人最近一期类似资产抵押贷款利率、与承租人信用状况相似的企业发行的同期债券利率等，但承租人还需根据上述事项在参考基础上相应进行调整。

4.3.3.1　承租人一般借款利率

例如，承租人也可将自身一般借款利率作为起点，承租人的一般借款利率反映了融资期限、承租人主体的自身情况（承租人的债务水平、信用风险等）、融资金额、经济环境等因素，因此相当于将第一步和第二步的因素均考虑在内。但一般借款利率未考虑所租赁资产具体特征（例如，租赁资产类别、价值、租赁期等），仍需执行上述第三步调整。

选择自身一般借款利率的情形通常适合一些大型的公众公司，这些公司拥有多项方式不同、期限不同的融资，为其确定增量借款利率提供了可参考的多个数据点。当这些数据点构成承租人自身的借款期限与信用利差的曲线时，可直接采用该曲线数值确定考虑承租人自身情况后的融资利率。

但是对于大多数企业而言，我们理解，其可能无法获取足够的自身融资数据，从而仍然需要采取步骤一、步骤二分步调整的方式。

4.3.3.2　承租人加权平均资本成本

加权平均资本成本（WACC）是按各类资本所占总资本来源的权重加权平均计算公司资本成本的方法。这一比率从市场角度考虑企业如何在长期优化通过债务和股权进行融资的资本结构，通常用于资本预算。加权平均资本成本的资本来源包括普通股、优先股、债券及所有长期债务，计算时将每种资本的成本（税后）乘以其占总资本的比例，然后加总。但增量借款利率仅考虑债务融资。

因此，承租人的加权平均资本成本不与某项租赁合同特定相关，也不考虑租赁中的期限、抵押条件和租赁资产的价值等因素，并不符合承租人增量借款利率的定义。承租人确定增量借款利率时应仅考虑承租人借入资金的利率，不应考虑权益融资的成本，因此，通常不能以加权平均资本成本为基础而调整。

4.3.3.3　标的资产的收益率

例如，在一项不动产租赁中，不动产租金收益率（租金回报率）反映的是不动产持有者预计从一项不动产中取得的年化租金回报，而不论承租方是谁。不动产租金收益率与承租人增量借款利率之间的差异主要体现在以下几个方面：

承租人增量借款利率	不动产收益率
与承租人特定相关的利率	平均市场参与者利率
具体租赁的借款利率	出租人（即租赁资产的所有者）期望的回报率
反映租赁期间具体租赁的当前和未来现金流量	反映了未来所有时期的隐含预期市场租金增长
不考虑资本增值	反映资本增值（例如，较低的不动产收益率通常伴随着较高的租金增长预期）
反映具体租赁资产的质量	反映与特定市场中所有资产的总体质量相对比的资产质量

上表中的各因素的差异表明不动产收益率是与某项不动产特定相关的。但是，不动产收益率并未考虑到会影响承租人增量借款利率的特定企业的情况和具体租赁的特点，例如，租赁期的长短，承租人的信用评级等。因此，不动产收益率必须经过调整，才能用于确定承租人的增量借款利率。

不动产租金收益率由于是出租人要求的租金回报率，根据4.1.1.3节折现率的选择有关分析，承租人增量借款利率通常应当是小于租赁内含利率的，也即，不动产租金收益率很可能代表了承租人对该特定不动产租赁的增量借款利率的范围的上限。

4.3.4 确定增量借款利率的过程记录

从前文的分析可得知，承租人增量借款利率并非一个可以直接观察到的结果，而且根据可观察到的利率确定增量借款利率并非易事。在确定增量借款利率时，我们建议承租人应当设计适当的工作底稿对确定及调整的依据、过程和结果充分记录。例如，承租人需要记录选择可观察利率的理由及结果，以及调整过程中作出的判断和假设。

此外，为了获取和评估遵循新租赁准则要求的确定增量借款利率的各项数据，承租人原有的业务系统和流程可能需要做出改变。例如，承租人可能需要建立相应的内控制度以计算、复核并持续监控、按要求重估增量借款利率。

4.4 承租人对折现率的披露

4.4.1 首次执行日有关增量借款利率的披露

首次执行日，承租人选择简化的追溯调整法对租赁进行衔接会计处理的，应当在首次执行日披露以下信息（CAS 21：67）：

（1）首次执行日计入资产负债表的租赁负债所采用承租人增量借款利率的加权平均值；

（2）首次执行日前一年度报告期末披露的重大经营租赁的尚未支付的最低租赁付款额按首次执行日承租人增量借款利率折现的现值，与计入首次执行日资产负债表的租赁负债的差额。

首次执行日的披露要求详见本专题2.6.3.7节。

4.4.2 执行新租赁准则后对折现率的披露

除了首次执行日的披露要求外，新租赁准则对承租人的折现率的披露并未作出额外要求。但根据《企业会计准则第30号——财务报表列报》应用指南的规定：

重要会计估计的说明，包括可能导致下一个会计期间内资产、负债账面价值重大调整的会计估计的确定依据等。例如，固定资产可收回金额的计算需要根据其公允价值减去处置费用后的净额与预计未来现金流量的现值两者之间的较高者确定，在计算资产预计未来现金流量的现值时需要对未来现金流量进行预测，并选择适当的折现率，企业应当在附注中披露未来现金流量预测所采用的假设及其依据、所选择的折现率为什么是合理的等。又如，对于正在进行中的诉讼提取准备，企业应当披露最佳估计数的确定依据等。

当承租人的租赁负债金额重大时，增量借款利率也可能被视为承租人的一项重大会计判断和估计的不确定性的来源，从而在财务报表附注中进行披露。例如，某承租人将“增量借款利率”作为公司涉及重大会计判断和估计的领域之一，并披露如下信息：

对于折现率不同的判断及估计可能会对本集团使用权资产的计量产生重大影响。对于无法确定内含利率的租赁，本集团采用承租人增量借款利率作为折现率计算租赁付款额的现值。增量借款利率是指本集团在相似的经济环境下，为获得价格相近的使用权资产，借入期限相近的借款，所需支付的资金利率。因此增量借款利率反映了当不存在可观察到利率或者为反映租赁的期限和条件时，本集团所需支付的资金成本。本集团通常使用可观察到的市场利率来估计增量借款利率，在必要时，以此为基础根据租赁协议的条款进行调整。

某些承租人对折现率的披露则会更为详细，示例如下：

本公司及其子公司难以确定部分租赁的内含利率，因此，本公司及其子公司使用增量借款利率来计量租赁负债。增量借款利率是指本公司及其子公司在类似期限内以类似担保，为获得与类似经济条件下的使用权资产具有相似价值的资产所需的资金所必须支付的利率。因此，它反映了本公司及其子公司必要支付的，在没有可观察的利率（例如，未进行融资交易的子公司）或需要进行调整以反映租赁安排的条款和条件时，需要进行估算。本公司及其子公司使用可观察到的输入（例如市场利率）估算增量借款利率，并且需要进行针对某些特定实体的估算（例如子公司的独立信用评级）。

注意

在审计中，如果承租人存在大量租赁且金额重大，折现率的估计很可能对其财务报表造成非常重大的影响，甚至对折现率估计的合理应作为关键审计事项而在审计报告正文中予以回应。例如，在对某A+H股航空公司2019年财务报表进行审计时，注册会计师将“折现率”的估计确定为关键审计事项，并在“关键审计事项”段落中披露如下：

关键审计事项	2019年12月31日，A公司与飞机相关的使用权资产的账面价值为人民币约147 430 000 000元。与飞机相关的使用权资产主要包括租赁期内的租赁付款额以及租赁期结束时为将租赁资产恢复至合同约定状态而预计将发生的大修成本（“退租检准备”）的折现值。 由于折现率及退租检准备的微小变化将对A公司与飞机相关的使用权资产的计量产生重大影响且需要运用重大判断，因此，我们将评估用以计量与飞机相关的使用权资产的折现率及退租检准备识别为关键审计事项
在审计中如何应对该事项	我们对该关键审计事项执行的审计程序中包括以下程序： • 测试A公司用以计量与飞机相关的使用权资产的退租检准备和折现率相关的内部控制； • 通过将A公司估计的退租检准备与历史期间大修成本进行比较，同时考虑飞机租赁合同的条款以及相同或类似机型飞机的大修周期等因素，评价A公司对退租检准备的估计； • 通过将实际发生的退租检大修成本与历史期间确认的退租检准备进行比较，评价A公司估计的退租检准备的准确性； • 对折现率及退租检准备执行敏感性分析，以评估其对飞机相关使用权资产计量的影响； • 在我们的具备估值技能和知识的专业人员的协助下，基于企业内部数据和公开行业信息预期折现率区间范围，通过将A公司使用的折现率与上述独立来源预期折现率比较，评估A公司在计量飞机相关的使用权资产时使用的折现率的合理性

4.5 出租人的折现率

4.5.1 折现率与出租人的租赁分类

在租赁开始日，当租赁收款额的现值几乎相当于租赁资产的公允价值时，出租人通常将该租赁分类为融资租赁。因此，租赁的折现率可能会影响到租赁的分类。

4.5.2 出租人的融资租赁初始计量时的折现率

当租赁分类为融资租赁时，在租赁期开始日，出租人应当终止确认融资租赁资产，并对融资租赁确认应收融资租赁款；出租人对应收融资租赁款进行初始计量时，应当以未担保余值和租赁期开始日尚未收到的租赁收款额按照租赁内含利率折现的现值之和（即租赁投资净额）作为应收融资租赁款的入账价值（CAS 21：38）。

此后，出租人应当在租赁期内按照租赁内含利率计算并确认租赁期内各个期间的利息收入（CAS 21：39），除非发生特定情形的租赁变更。在发生4.1.3.3节所述的租赁变更时，出租人应采用修订后的折现率。

注意

基于4.5.1节和4.5.2节，仅出于会计核算的目的，出租人并不需要对每一项租赁确定其折现率。例如，当某项租赁未折现的租赁付款额低于租赁资产公允价值的情况下（这些情况下，通常租赁期仅占租赁资产剩余使用寿命的较短期间），出租人可能较为容易地确定该租赁为经营租赁；某些租赁付款额的收取主要基于标的资产的使用或绩效时，与租赁资产所有权有关的几乎全部风险和报酬显著并未转移，出租人也不会采用折现率对租赁进行分类。

只有当租赁被分类为融资租赁时，出租人才需要采用折现率对应收融资租赁款进行计量；分类为经营租赁的租赁，出租人的会计处理则无需使用折现率。

出租人的折现率，通常情况下只能采用租赁内含利率，但4.5.4节所述的情形除外。租赁内含利率的定义及其确定方式基本沿用了原租赁准则的规定。但由于租赁收款额的范围与原准则之间存在差异，因此，同样的租赁条款在新旧准则下得出的租赁内含利率可能不同。这一差异的原因在于：原准则并未对或有租金进一步拆分，因此可能某些出租人确定租赁收款额时未包含任何或有租金，而新准则下，实质固定的可变租赁付款额与取决于指数或比率的可变租赁付款额应包含在租赁收款额中考虑。

4.5.3 修订后的折现率

如果融资租赁的变更未作为一项单独租赁进行会计处理，且满足变更在租赁开始日生效，该租赁被分类为融资租赁条件的，出租人应当按照新金融工具确认和计量准则第四十二条关于修改或重新议定合同的规定进行会计处理。即修改或重新议定租赁合同，未导致应收融资租赁款终止确认，但导致未来现金流量发生变化的，应当重新计算该应收融资租赁款的账面余额，并将相关利得或损失计入当期损益。重新计算应收融资租赁款账面余额时，应当根据重新议定或修改的租赁合同现金流量按照应收融资租赁款的原折现率或按照《企业会计准则第24号——套期会计》第二十三条规定重新计算的折现率（如适用）折现的现值确定。对于修改或重新议定租赁合同所产生的所有成本和费用，出租人应当调整修改后的应收融资租赁款的账面价值，并在修改后的应收融资租赁款的剩余期限内进行摊销。

4.5.4 转租赁的折现率

转租赁业务中，若转租的租赁内含利率无法确定，转租出租人可采用原租赁的折现率，并根据与转租有关的初始直接费用进行调整后，以调整后的折现率计量转租投资净额（CAS 21：38）。

【例4–14】转租赁的折现率

背景

2×21年1月1日，承租人乙公司与出租人甲公司签订了某栋建筑物的1 000平方米办公场所的租赁合同，租赁期为5年。租金每年500 000元；所有款项在每年年初支付。

当天，乙公司支付第一笔租金，甲公司将该办公场所交付乙公司使用。乙公司无法直接确定租赁内含利率，承租人增量借款利率为每年5%。

2×22年1月1日，乙公司将该1 000平方米办公场所转租给转租赁承租人丙公司，租赁期为4年。租金每年550 000元；所有款项在每年年初支付。当天，乙公司将该办公场所交付丙公司使用，并已收取第一笔租金。乙公司为签订该转租赁发生10 000元的初始直接费用。

分析

1. 乙公司对原租赁的会计处理：

（1）租赁期开始日确认并初始计量使用权资产和租赁负债：

以剩余4期未付的租赁付款额500 000元按5%的年利率折现后的现值计量租赁负债，即租赁负债=500 000×（P/A，5%，4）=1 773 000（元），租赁负债1 773 000+租赁期开始前已支付的款项500 000=使用权资产2 273 000（元）。会计分录为：

借：使用权资产　　2 273 000
　　租赁负债——未确认融资费用　　227 000
　　贷：租赁负债——租赁付款额　　2 000 000
　　　　银行存款　　500 000

（2）租赁期间计提2×21年度使用权资产折旧：

借：管理费用　　454 600
　　贷：使用权资产累计折旧　　454 600（=2 273 000÷5）

（3）计提租赁负债2×21年度利息费用：

借：财务费用——利息支出　　88 650
　　贷：租赁负债——未确认融资费用　　88 650（=1 773 000×5%）

2. 2×22年1月1日，乙公司对转租赁的会计处理：

应收融资租赁款的账面价值首先采用原租赁的折现率确定并考虑初始直接费用的调整=550 000×（P/A,5%,3）+10 000=1 497 760+10 000=1 507 760（元）；相应地，未确认融资收益的金额为142 240元（1 650 000−1 507 760）。

借：银行存款　　550 000
　　使用权资产累计折旧　　454 600
　　应收融资租赁款——租赁收款额　　1 650 000
　　贷：使用权资产　　2 273 000
　　　　应收融资租赁款——未确认融资收益　　142 240
　　　　资产处置损益　　229 360

银行存款等科目　　　　　　　　　　　　　10 000（初始直接费用）

乙公司计算其转租赁的折现率r的方法如下：

550 000×（P/A，r，3）=1 497 760+10 000

计算得出的转租赁的折现率r为4.65%。

乙公司在后续期间对原租赁和转租赁的处理：

年份	原租赁的租赁负债				转租赁的应收融资租赁款			
	期初余额	租赁付款额	利息费用（5%）	期末余额	期初余额	租赁收款额	租赁收入（4.65%）	期末余额
2×22	1 361 650		68 072	1 429 722	1 507 760		70 060	1 577 820
2×23	1 429 722	500 000*	46 476	976 198	1 577 820	550 000*	47 759	1 075 578
2×24	976 198	500 000*	23 802	500 000	1 075 578	550 000*	24 422	550 000
2×25	500 000	500 000*	0	0	550 000	550 000*	0	0

*注：每年年初支付的500 000元租金、年初收到的550 000元租金不包含在当期计息基数中。

第五章　租赁付款额

概述

新租赁准则下，于租赁期开始日，除了选择豁免的短期租赁或低价值资产租赁之外，承租人应以当日尚未支付的租赁付款额的现值来计量租赁负债，同时将租赁负债的现值计入使用权资产。故而，判断合同约定的金额支付中哪些项目应纳入租赁负债的初始计量、哪些项目应排除在外，就成为影响租赁负债、使用权资产的计量金额的关键因素之一。这些初始计量的结果进而会影响使用权资产和租赁负债的后续计量，因此租赁付款额的确定也是租赁会计处理中的关键问题之一。

在确定租赁付款额时，首先需要区分合同中的哪些项目属于“租金”（租赁付款额），哪些不属于“租金”。对于不属于“租金”的付款应当按照其他相关会计准则进行处理。在5.1.1节至5.1.6节中，我们举例说明了对于容易混淆的、是否属于“租金”的付款约定的判断。

在确定合同约定的付款属于“租金”后，承租人需要考虑在采用租赁付款额对使用权资产和租赁负债进行初始计量时，如何确定这些租赁付款额的金额（见5.2）。

在初始确认后，承租人需要对使用权资产和租赁负债进行后续计量。在后续计量的过程中，租赁可能因为发生变更、或选择权的重估、挂钩的指数或比率发生变化等情形导致租赁付款额发生变动，这些变动将如何影响承租人的后续计量详见5.3节。

5.4节从出租人的角度讨论了其与承租人对租赁付款额认定范围的异同，以及出租人在对租赁分类测试与租赁应收款、租赁收入等确认和计量中如何考虑租赁付款额及其变动等问题。

5.5节讨论了在特殊交易中对租赁付款额的特别考虑，其中值得关注的是售后租回交易中对可变租赁付款额的特殊考虑，该情形下（见5.5.3.1）与一般租赁中取决于标的资产的绩效或使用的可变租赁付款额的处理存在差异。

5.6节分别从承租人和出租人角度指出了新租赁准则对租赁付款额的列报和披露要求，这些要求比原租赁准则更为完善。

5.1 租赁付款额的范围

租赁付款额，是指承租人向出租人支付的与在租赁期内使用租赁资产的权利相关的款项。（CAS 21：18）。该定义的核心要旨在于，租赁付款额有如下特征：

（1）承租人向出租人支付的款项；

（2）是为了获取标的资产使用权（而非其他）而支付的款项。

5.1.1 租赁开始前已支付的款项

在某些情况下，承租人可能在租赁期开始日之前涉入标的资产。例如，根据CAS 21：8，如果客户设计了已识别资产并在设计时已预先确定了该资产在整个使用期间的使用目的和使用方式，则视为客户有权主导对已识别资产在整个使用期间内的使用，该情形下，承租人可能会发生与标的资产的设计有关的成本。

当承租人发生了与标的资产的建造或设计相关的成本时，应采用其他适用准则（如《企业会计准则第4号——固定资产》（固定资产准则））对该类成本进行会计处理。需要注意的是，与标的资产建造或设计相关的成本不包括承租人为获取标的资产使用权而支付的款项；为获取标的资产使用权而支付的款项无论在何时支付，均属于租赁付款额。

【例5–1】与标的资产的设计相关的成本

背景

A公司为一家公用事业公司，与一家电力公司（供应方）签订了一份合同，购买某一新太阳能电厂20年生产的全部电力。该太阳能电厂为供应方所有，供应方不能通过其他资产向A公司供应该电力。太阳能电厂是由A公司在建设之前设计的，A公司为此聘请了太阳能专家协助确定太阳能电厂的选址以及将使用设备的工程、电厂建设方案，相关成本由A公司承担。供应方负责按照A公司提供的建设方案建造太阳能电厂，并负责其运行和维护。在合同约定的20年内，关于是否发电以及发电的时间和发电量不存在相关决定，因为太阳能电厂的设计已预先确定了这些决定。

分析

因为该太阳能电厂在合同中有明确规定，供应方没有替换权；且A公司在设计该太阳能电厂时已经预先确定了电厂在20年使用期间内的使用方式和使用目的，因此该合同包含租赁。但是A公司在该包含租赁的合同中，因聘请太阳能专家协助确定太阳能电厂的选址以及将使用设备的工程、电厂建设方案等而支付的款项，不属于为了获取标的电厂使用权而支付的对价，这些设计成本应按照固定资产准则或《企业会计准则第6号——无形资产》（无形资产准则）等准则的规定进行处理。

即A公司与该电厂有关的资产分别包括两部分：

（1）设计电厂相关成本形成的固定资产或无形资产等；

（2）与标的电厂相关的使用权资产。

在实务操作中，由于上述（1）（2）两项实际上都是针对同一项资产，两者之间存在高度关联性，不能单独存在，分别确认为两项资产将人为增加会计核算的复杂性，也会降低会计信息的可理解性。因此，基于重要性原则，如果第（1）项的金额显著不重大的，则可接受将其并入"使用权资产"核算的会计处理。

【例5-2】与标的资产的建造相关的成本

背景

A公司为一家航运公司，与一家融资租赁公司和船厂签订了船舶购买合同。标的船舶造价1.35亿元，其中A公司支付0.45亿元的购买价款，融资租赁公司支付0.9亿元的购买价款。船舶交付后，由A公司和融资租赁公司共同验收，并至有关登记机关作共有产权登记（按付款比例共有）。

在船舶购买合同签订的同时，A公司与融资租赁公司签订租赁合同，取得合同期内该船舶的完整使用权，租赁期满后，船舶无偿归A公司所有，融资租赁公司配合完成所有权人变更手续。

分析

该船舶由A公司和融资租赁公司共有，A公司对其所有的份额（支付的0.45亿元建造成本）作为共同经营的资产，计入固定资产；对其与融资租赁公司签订的租赁合同约定的付款则作为租赁付款额。

如果将上述事实背景修改为：A公司首先与船厂签订船舶购买合同。并支付预付款0.45亿元，该船舶的控制权随着船厂的建造过程逐步转移给A公司；后续为了解决融资问题，引入融资租赁公司，将该船舶购买合同项下已形成的在建船舶资产按0.45亿元出售给融资租赁公司，融资租赁公司由此取得该在建船舶的完整法定所有权，并约定后续建造价款由融资租赁公司直接支付给船厂，该船舶建成后由融资租赁公司接收（融资租赁公司委托A公司办理交船验收事宜），并随即出租给A公司使用，租赁期满后该船舶无偿归A公司所有。则在此情况下，由于在融资租赁公司涉入之前，A公司已取得了对标的船舶的控制权，则该交易属于售后租回交易。A公司应按照其自身已支付的购建款项和融资租赁公司代为承担的购建款项之和，确认为一项自身的在建工程，并在达到预定可使用状态后转为固定资产，将融资租赁公司支付的现有资产收购价款和后续代为承担的购建款项之和确认为一项金融负债（长期应付款）。即，该情况下，应视同一项“标的资产转让不构成销售”的售后租回交易进行会计处理，不涉及使用权资产和租赁负债的确认（见本专题第一章【例1-31】）。

5.1.2 非租赁组成部分的对价

为简化处理，承租人可以按照租赁资产的类别选择是否分拆合同包含的租赁组成部分和非租赁组成部分。承租人选择不分拆的，应当将各租赁组成部分及与其相关的非租赁组成部分分别合并为租赁，按照租赁准则进行会计处理（CAS 21：12）。

5.1.2.1 非租赁组成部分的对价

由于租赁准则旨在规范租赁业务的会计处理，对于合同中存在的非租赁组成部分，如购买服务等业务，无论是单独构成一个合同，或与租赁业务在同一个合同中，其会计处理原则不应受租赁准则修订的影响。因此，对于合同中同时包含租赁组成部分与非租赁组成部分时，承租人和出租人应将租赁组成部分与非租赁组成部分分拆，租赁组成部分适用租赁准则，非租赁组成部分适用其他相关准则。此时，对于非租赁组成部分的付款，是为了获取相关服务的对价，因此承租人不应将其作为租赁付款额。

但新租赁准则向承租人提供了一项实务变通，允许承租人可以按照租赁资产的类别选择简化处理，即不分拆租赁组成部分和非租赁组成部分，而是将各个租赁组成部分和与其相关的非租赁组成部分作为单一的租赁组成部分进行会计处理。此时，承租人需要将合并对价（租赁组成部分对价+非租赁组成部分对价）均作为租赁付款额。

【例5-3】非租赁组成部分的对价

背景

A公司（承租人）与B公司（出租人）就某物业签订了一份10年期的租赁，合同约定，每年年末A公司向B公司支付租金100万元、物业管理费50万元。假定市场价格类似物业同样面积的年度租金140万元，物业管理费10万元。

分析

由于该合同同时包含了租赁组成部分和非租赁组成部分（物业管理服务），

因此A公司和B公司应将租赁组成部分与非租赁组成部分按照各自的单独售价的相对比例（即按市场价格、而非合同约定价格）进行分拆。即双方均将140万元部分作为租赁付款额处理，将10万元作为购买服务对价来处理。

或者，A公司作为承租人也可以选择不分拆，将150万元均作为租赁付款额处理。

但B公司作为出租人不能选择“不分拆”的实务变通，只能分拆租赁组成部分和非租赁组成部分并分别进行会计处理。

注意

准则允许承租人采用该实务变通的考虑是：对于非租赁组成部分占比较大的合同，承租人通常不会采用实务变通，因为这样处理会显著增加承租人的租赁负债。因此，仅当合同中的非租赁组成部分占比较小时，承租人才有可能采用实务变通。由于此时非租赁组成部分相对较小，采取实务变通也不会造成重大的可比性问题，但对某些承租人可显著减少其会计处理的成本和复杂性。

因此，该项实务变通仅适用于承租人，出租人必须分拆合同中的租赁组成部分和非租赁组成部分。

5.1.2.2 嵌入衍生金融工具

对于5.1.2.1所述的承租人的实务变通存在例外，如果租赁合同包含按照《企业会计准则第22号——金融工具确认和计量（2017年修订）》（CAS 22，或新金融工具确认和计量准则）应分拆的嵌入衍生工具，承租人不应将其与租赁组成部分合并进行会计处理，必须予以拆分（CAS 21：12）。

注意

CAS 22：25规定，混合合同包含的主合同不属于CAS 22规范的资产，且同时符合下列条件的，企业应当从混合合同中分拆嵌入衍生工具，将其作为单独存在的衍生工具处理：

（1）嵌入衍生工具的经济特征和风险与主合同的经济特征和风险不紧密相关。

（2）与嵌入衍生工具具有相同条款的单独工具符合衍生工具的定义。

（3）该混合合同不是以公允价值计量且其变动计入当期损益进行会计处理。

对承租人和出租人而言，当租赁合同付款挂钩于某些变量时，需要判断相关的付款是否属于应拆分的嵌入衍生工具，【例5-4】说明了这一情形。

【例5-4】嵌入衍生工具的判断

背景

A公司（承租人）与B公司（出租人）均在北京，于2×21年1月1日就坐落于北京的某物业签订了一份10年期的租赁。第1年的租金为固定金额100万元人民币，第2年至第10年的租金约定如下，所有款项均于每年年初支付：

情形1：根据上一年最后一个交易日的伦敦金（现货黄金）CFD比上年的变动调整租金。例如，2×20年12月31日收盘价为1 517.23美元/盎司，2×21年12月31日收盘价为1 898.00美元/盎司，则2×22年的租金为125.10万元（100×1 898.00/1 517.23）。

情形2：根据上一年消费者物价指数（CPI）相较于前一年的变化调整当年租金；例如，2×21年消费者物价指数比上年上涨2.5%，则2×22年的租金为102.5万元。

分析

CAS 22：23规定，嵌入衍生工具，是指嵌入到非衍生工具（即主合同）中的衍生工具。嵌入衍生工具与主合同构成混合合同。该嵌入衍生工具对混合合同的现金流量产生影响的方式，应当与单独存在的衍生工具类似，且该混合合同的全部或部分现金流量随特定利率、金融工具价格、商品价格、汇率、价格指数、费率指数、信用等级、信用指数或其他变量变动而变动，变量为非金融变量的，该变量不应与合同的任何一方存在特定关系。

在本例中，无论第2年至第10年的付款是挂钩于伦敦金（现货黄金）CFD或消费者物价指数（CPI），相关条款若单独为一个合同，均符合衍生工具的定义，且该合同整体的付款随挂钩的价格或指数而变动，且挂钩的价格或指数不与A公司或B公司存在特定关系。因此，情形一和情形二均满足CAS 22：25要求的条件（2）和条件（3）。

但是，在考虑CAS 22：25要求的条件（1）时，两种情形存在不同：

情形1下，主合同为租赁合同。新租赁准则要求承租人将几乎所有租赁均入表的原因即所有租赁均向承租人提供了融资。因此，租金作为融资价格的反映，其主要经济特征和风险与A公司的融资利率、B公司要求的报酬率、物业所在地的不动产收益率、通货膨胀率等密切相关（可参考确定租赁内含利率或承租人增量借款利率的相关因素考虑）。而嵌入衍生工具的经济特征和风险取决于伦敦金（现货黄金）CFD，与主合同租赁的经济特征和风险显著不紧密相关，满足条件（1），因此应当拆分该嵌入衍生工具。

情形2下，嵌入的衍生工具挂钩于消费者物价指数（CPI），而CPI的变动率在一定程度上反映了通货膨胀或紧缩的程度。因此，与主合同租赁的主要经济特征和风险紧密相关，因此不符合条件（1），嵌入的衍生工具不应与主合同拆分。

则A公司对此的会计处理为：

情形1下，A公司确认一项每年固定付款额100万元、为期10年的租赁；以及一项与B公司的衍生金融工具合同，计入“衍生工具”。当2×22年支付125.10万元时，其中100万元作为租金的支付、25.10万元作为“衍生工具”的结算；

情形2下，A公司将整个合同所支付的款项（包括与CPI挂钩的部分）均作为租赁付款额。此时，由于租赁付款额取决于CPI的变动，属于5.2.4所述的取决于指数或比率的可变租赁付款额。

注意

通常情况下，如果同时符合以下条件，则嵌入在租赁合同中的衍生工具可被认为与租赁主合同紧密相关，从而无需拆分，应将合同全部付款作为租赁付款额：

（1）挂钩的标的变量与租赁资产运营所在经济环境的通货膨胀率有关；

（2）合同该特征不带有杠杆。

5.1.3 选择权期间的租金

在租赁期开始日，企业（租赁各方）应当评估承租人是否合理确定：（1）将行使续租标的资产的选择权；或者（2）将不行使终止租赁选择权。

如何判断承租人是否合理确定行使或不行使这些权利，参见3.1.4节。如果承租人合理确定将行使续租选择权或不行使终止租赁选择权，则选择权涵盖期间应纳入租赁期中，相应地，选择权涵盖期间的租金也应纳入租赁付款额中，反之，选择权期间的租金无需纳入租赁付款额。

5.1.4 增值税

在全面营改增试点后，租赁服务按照现行的增值税法有关规定，分为有形动产租赁和不动产租赁。其中，不同纳税主体在不同计税方法下的适用税率（或征收率）如下：

纳税主体	计税方法	有形动产租赁	不动产租赁
一般纳税人	一般计税方法	13%	9%
	简易计税方法	3%	5%
小规模纳税人	简易计税方法	3%	5%

在租赁合同中，承租人的会计处理需要考虑是否应将增值税款纳入租赁付款额中。

观点一：根据能否合理预期取得增值税进项税额抵扣凭证分别处理。如果合理预期能够取得增值税抵扣凭证（例如，合同约定每次支付租金的前提条件是出租人必须向承租人提供与该次租金等值的增值税专用发票），则承租人无需将该可抵扣的增值税款部分计入租赁付款额。在合同约定的每期租金含税的情况下，应拆分出其中的增值税款，仅将不含税的支付计入租赁付款额。反之，如果因出租人为小规模纳税人、合同未约定出租人提供增值税专用发票等情形，承租人合理预期不能取得增值税抵扣凭证时，或者承租人虽然能够取得增值税抵扣凭证但其中载明的增值税额不得抵扣时，则应将包含增值税款在内的付款全额作为取得使用权资产支付的对价计入租赁付款额。

此时，还需注意，由于合同的法律形式可能不同于其会计实质，可能会出现按照增值税规定将其作为“应税服务”，而在新租赁准则下的会计处理却作为“租赁”或“租赁+服务”的情形。此时，应按增值税法规定的应税税目及适用税率拆分合同中的“增值税”。

观点二：承租人支付的增值税款不属于租赁付款额，承租人在出租人产生纳税义务时确认相应的增值税付款，如果不能抵扣的，则直接计入当期成本费用。

目前，准则制定机构更倾向于观点二的处理。

【例5-5】增值税是否纳入租赁付款额的考虑

背景

A餐饮公司与B科技公司签订了《餐饮清洁技术服务合同》，约定B公司利用自有技术及清洁设备为A公司提供清洁技术服务。合同内容包括：

（1）B公司向A公司提供一台商用计量式洗碗机及清洁剂等。该洗碗机单台价值60 000元（含税价），摊销期限60个月，月摊销额1 000元。合同执行期间，上述设备的所有权归B公司，A公司不得对设备进行任何形式的处理，包括但不限于出售、出租、抵押、质押等。

（2）合同期限自设备安装调试后达到正常运转起开始计算，合同期不少于60个月，自2×21年5月11日至2×27年5月10日期间有效（该有效期包含了预留的安装调试期限）。

（3）服务费用：自设备正常运转之日起，配套的“统计通信模块”每月自动统计洗涤量（洗涤筐数），月基础洗涤量为1 500筐，基础单价为1元/筐，超量单价为0.2元/筐（此处的单价均仅为洗碗机的使用费，不包含清洁剂费用、洗碗机的维修费等）。A公司于每月末根据统计结果支付清洁服务费用，B公司需向A公司提供等值的增值税专用发票。

（4）本合同服务期限内，非因不可抗力，A公司单方终止合同的，应向B公司支付设备残值费用，A公司支付完设备残值后，该设备所有权转归A公司所有。

分析

本例中由于存在已识别资产（一台商用计量式洗碗机设备），且该设备在可供A公司使用后，B公司不享有实质性替换权，合同期内该设备放在A公司处，A公司可以主导其在合同期内的使用方式和使用目的，并享有使用该设备的几乎全部收益。因此，该合同包含租赁。

在确定租赁付款额时，假定税法对该合同要求按照“现代服务业——技术服务”税目缴纳增值税。则A公司应按“现代服务业——技术服务”适用的6%税率分拆每期支付中的增值税款。例如，每期的保底服务费1 500元（1 500筐 × 1元/筐），应按每期1 415.09元［1 500/（1+6%）］计入租赁付款额。

注意

在将合同约定付款额剔除增值税后的金额纳入租赁付款额时需注意：按税法规定考虑适用的增值税税目、适用税率，并据此确定合同包含的增值税款金额。实务中常见的例子如航运业的期租或程租业务可能包含租赁和购买服务，但增值税要求按照“交通运输服务”缴纳增值税。

5.1.5 租赁付款额与初始直接费用

CAS 21：16规定：初始直接费用，是指为达成租赁所发生的增量成本。增量成本是指若企业不取得该租赁，则不会发生的成本。且无论是承租人发生的初始直接费用还是租赁负债的初始计量金额，均应计入使用权资产的初始计量成本。

但是，承租人发生的相关费用是作为初始直接费用直接计入使用权资产的成本；还是作为租赁付款额的一部分，折算其现值计入租赁负债同时计入使用权资产，两种不同的处理，其差异体现在负债项目的不同，初始直接费用不属于租赁付款额，不应纳入租赁负债，通常通过“应付账款”“其他应付款”或“长期应付款”科目进行核算。

通常而言，当费用的收款人并非出租人时，承租人能较为容易判断出，相关费用可能属于初始直接费用；但是，某些情况下，当费用由出租人收取时，相关费用会面临是否属于租赁付款额的判断。

【例5-6】租赁手续费是否属于租赁付款额的考虑

背景

A公司与B融资租赁公司签订租赁合同，B公司按A公司的要求采购市场价值为3 068万元的设备，并租赁给A公司使用，租赁合同的主要条款有：

租期：2×17年5月4日至2×22年5月3日，从2×17年6月20日开始按季度分期支付租金。

租金：租赁年利率6.5%（不含增值税）；收取方式为按季付息、等额还本；第1年不付息（前4期）；第2—5年每年12月20日还本500万元；2×22年3月30日还本1 068万元。

手续费：按照租赁本金的1%/年收取（该金额不含增值税），收取方式为首笔放款后第一个结息日以实际发放款为基数，收取前三年共计3%手续费；第四年第二个结息日，以剩余本金为基数，收取后两年共计2%手续费。

留购价款：价税合计人民币100元，由承租人于最后一期租金到期日前向出租人支付。

分析

我们理解，承租人以“手续费”名义支付的所有款项并不意味着其都不属于租赁付款额，需要合理区分该项手续费更多地是与获取融资相关还是与资产购建相关，对于与获取融资更相关的手续费，应计入“租赁付款额”中，并以现值确定租赁负债的初始计量金额，在租赁期内按其折现率计算实际利息支出。

CAS 21：18规定：租赁付款额，是指承租人向出租人支付的与在租赁期内使用租赁资产的权利相关的款项。CAS 21：16规定：初始直接费用，是指为达成租赁所发生的增量成本。增量成本是指若企业不取得该租赁，则不会发生的成本。在该准则应用指南中进一步列举了如佣金、印花税等。根据上述规定，初始直接费用的范围界定，需注意以下两个方面：

（1）无论是否实际取得租赁都会发生的支出，不属于初始直接费用，例如为评估是否签订租赁合同而发生的差旅费、法律费用等，此类费用应当在发生时计入当期损益。

（2）租赁付款额，不属于初始直接费用。这一点并不直观。根据CAS 21：16对初始直接费用的定义，租赁付款额显然也属于若不取得租赁则不会发生的成本。但区别在于，租赁付款额是指承租人向出租人支付的与在租赁期内使用租赁资产的权利相关的款项；而初始直接费用隐含的范围仅限于承租人为履行取得租赁资产的交易相关手续而发生的向出租人或出租人之外的其他第三方支付的费用。

与企业取得存货、固定资产等的初始计量成本包含购买对价和可直接归属于所取得的存货、固定资产等必须支付的相关税费一致，支付给出租人的款项属于“购买对价”的部分计入使用权资产的初始计量金额，该对价包含了（1）租赁期开始日或之前已支付的租金；（2）未付的租赁付款额，该部分同时以其现值作为租赁负债的初始计量金额。而初始直接费用不属于取得使用权资产的“购买对价”，通常指为了获取该项租赁在达成时接受的相关服务支付的费用或与租赁达成有关的增量税费，这些费用通常在初始取得使用权资产时一次性已发生并支付，若租赁期开始日仍未付款，也应记录一项负债，但并非租赁负债。

在判断是否属于租赁付款额时，我们理解，应根据款项的实质而非形式/名义。本案例中，租赁手续费与利息均为出租人收取，且手续费的金额与出租方提供的资金挂钩。在此情况下，一般而言，租赁手续费的金额大小、手续费支付时间的谈判内容，会影响双方对租赁利率的谈判。也就是从租赁双方来讲，都是将租赁手续费和融资利息作为一揽子交易而考虑的；从另一方面讲，这部分手续费由出租人获取，影响出租人基于该租赁的获益情况，也表明该手续费更多地与融资安排相关。因此，承租人应将预计要支付的手续费作为租赁付款额计入租赁负债的初始计量金额，而非初始直接费用。注意，此时确定租赁负债的折现率，不能直接以合同规定的利率作为折现率，应当重新计算，以B公司在该交易中的实际收益率作为折现率。该折现率亦是租赁负债后续计量所用的利率。

5.1.6 租赁保证金、押金等款项

在某些合同中，出租人会要求承租人向其交付保证金、押金、定金等名义的款项，这些款项是否纳入租赁付款额需要结合其是否转换为租金而定。

【例5-7】保证金是否属于租赁付款额的考虑

背景

承租人A公司于2×19年9月就某栋建筑物的第1—2层楼签订了租赁合同，双方确定房屋交付日是2×19年10月9日。租赁主要条款如下：

（1）租赁期15年，自2×20年1月9日至2×35年1月8日。

（2）租金：每3年为一期，递增安排：第一期每年444万元；第二期每年462万元；第三期每年481万元；第四期每年500万元；第五期每年520万元。

均采取预付方式，第一次按年付（在计租日开始前支付），第二合同年开始按季度支付。

（3）保证金：合同签订时，A公司向出租人支付保证金200万元作为履行合同的保证，自计租日后自动转为第一合同年的租金。

（4）押金：合同签订时，A公司一次性向出租人支付押金50万元，本租赁合同到期或终止后，出租人在扣除A公司的未付租金、欠缴费用后，余额无息退还给A公司。

分析

假定A公司合理确定不会提前终止租赁。本例中，合同约定的保证金在计租日后自动转为第一合同年的租金，表明该部分资金实际上构成了第一合同年租金的一部分，因此，应纳入租赁付款额，即在租赁期开始日或之前支付的租赁付款额。

而A公司支付的押金，虽然合同约定"出租人在扣除A公司的未付租金……"后，退还的是押金的余额部分。但由于合同对每期租金支付约定了明确的日期，与A公司收取押金的时间并不相同，且A公司并没有将押金与租金抵销按净额结算的权利，因此该押金不属于租金的一部分。A公司在支付押金时形成了一项在租赁期满时向出租人收取50万元的权利，因此在支付时形成了一项金融资产。但需要注意的是，由于A公司可收取50万押金的时间为租赁期满时（2×35年1月8日），与当下间隔时间较长，按照新金融工具确认和计量准则的规定，金融工具在初始确认时应以其公允价值进行计量。则该50万押金收款权的公允价值近似于现值。假定其按照恰当的折现率计算的现值为28万元，则A公司支付押金时计入应收出租人的款项单独确认为一项金融资产，入账价值为28万元。支付资金50万元与28万元之间的差额，实质上也是A公司为了取得标的物业使用权而支付的对价（50万元的时间价值），因此应纳入租赁付款额。

5.2 租赁付款额与承租人的初始计量

承租人对使用权资产和租赁负债均以租赁付款额的现值为基础进行计量。其中：

（1）租赁负债应当按照租赁期开始日尚未支付的租赁付款额的现值进行初始计量（CAS 21：17）。

（2）使用权资产的初始计量包括租赁负债，具体见5.2.8节。

5.2.1 纳入租赁负债的租赁付款额

应纳入租赁负债初始计量的未付的租赁付款额包含以下五项内容（CAS 21：18）：

（1）固定付款额及实质固定付款额（扣除租赁激励，如有）
（2）取决于指数或比率的可变租赁付款额（在初始计量时根据租赁期开始日的指数或比率确定）
（3）购买选择权的行权价格（如果承租人合理确定会行权）
（4）提前终止租约的罚金或补偿（如果承租人合理确定会行使提前终止权）
（5）承租人提供的担保余值预计应支付的款项

其中，第（1）项详见5.2.3节；第（2）项详见5.2.4节；第（5）项详见5.2.6节。

第（3）项购买选择权的行权价格：购买选择权的评估方式应与续租选择权或终止租赁选择权的评估方式相同，购买选择权可视为实际上的最终续租选择权，即承租人的续租选择权期间为标的资产的全部剩余经济寿命，而名义上的“购买行权价”则为获取标的资产的全部剩余经济寿命期间使用权而支付的租金。因此，其处理原则与5.1.3节一致。如何评估是否行使购买选择权，参见本专题3.1.4节。但是，如果选择权在出租人一方，即出租人享有卖出期权时，情况发生了变化的处理，具体见5.2.7节。

第（4）项行使终止租赁选择权需支付的款项：如果租赁期反映出承租人合理确定将行使终止租赁选择权，则承租人无需将选择权涵盖期间的租金纳入租赁付款额，但与此同时，合同可能会约定承租人提前终止时应向出租人支付罚款或类似款项。这些款项同样是承租人为了获取标的资产在租赁期内的使用权而支付的对价，因此应纳入租赁付款额中。

【例5-8】与终止租赁有关的罚款或类似成本

背景

A公司于2×19年1月1日租入一台生产设备，租赁合同约定的期限为5年。A公司有权选择在实际租赁满3年后提前终止租赁，并以相当于1个月的租金作为罚款。每年的租赁付款额为固定金额120 000元，于每年年初支付。该设备是全新的，A公司经评估后认为该设备的技术参数在3年内预计会处于领先水平，3年后可能采用该设备生产的产品就会过时难以销售。

分析

由于3年后如果继续使用该设备生产，产品会过时难以销售，因此，A公司在租赁期开始日合理确定会在实际租赁满3年时终止租赁。此时，A公司无需将第4年至第5年的每年12万元租金纳入租赁付款额。但是，由于合同约定A公司提前终止租赁时需向对方支付1个月的租金作为罚款，A公司需考虑对该1万元罚款的处理。该罚款的支付并非因为A公司的违约行为（例如，会计处理计入“营业外支出”），而是其在初始签订租赁时就已经明确只计划使用标的资产3年，而在仅使用标的资产3年时预期将要支付该1万元罚款，因此该1万元同样是A公司为获取支付的标的资产使用权而支付的款项。

5.2.2　可变租赁付款额

可变租赁付款额，是不同于原租赁准则中“或有租金”的一个全新概念，是指承租人为取得在租赁期内使用租赁资产的权利，向出租人支付的因租赁期开始日后的事实或情况发生变化（而非时间推移）而变动的款项（CAS 21：18）。例如，若租赁付款额与下列各项挂钩，则是可变的。

（1）由于市场比率或指数数值变动导致的价格变动。例如，基准利率或消费者价格指数变动可能导致租赁付款额调整。

（2）承租人源自标的资产的绩效。例如，零售业不动产租赁可能会要求基于使用该不动产取得的销售收入的一定比例确定租赁付款额。

（3）标的资产的使用。例如，车辆租赁可能要求承租人在超过特定里程数时支付额外的租赁付款额。

在这些款项中，根据CAS 21：18对应纳入租赁负债初始计量的租赁付款额的五项内容的定义，可变租赁付款额可分为以下三类：

分类	是否计入租赁负债
一、实质上固定的可变租赁付款额	是
二、取决于指数或比率的可变租赁付款额	是
三、取决于指数或比率之外的实质可变租赁付款额	否

在5.2.3节至5.2.5节中，我们分别对这三类可变租赁付款额进行了讨论。

5.2.3　固定或实质固定租赁付款额

5.2.3.1　固定租赁付款额

新租赁准则虽未对固定租赁付款额进行定义，但对租赁付款额进行了明确的定义，其中金额固定的部分，在承租人取得标的资产使用权时，即承担了不可避免的支付义务，因此，应纳入租赁付款额。随着时间的推移，承租人须在约定的付款时间向出租人支付固定的租赁付款额，这也是租赁合同最基本的情形。

【例5-9】固定租赁付款额与使用权资产和租赁负债的初始计量

背景

承租人A公司为一家零售商，旗下经营若干知名品牌的超市。A公司于2×21年1月就某栋建筑物的第1—2层楼签订了租赁合同，当日取得标的房屋的使用权。租赁期5年，每年固定租金100万元，于每年年末支付。租赁内含利率无法直接确定。承租人的增量借款利率为每年5%，该利率反映的是承租人以类似抵押条件借入期限为5年、与使用权资产等值的相同币种的借款而必须支付的固定利率。

分析

租赁期开始日，A公司应采用未付的5期100万元的现值计量租赁负债，该金额为432.95万元［100×（P/A，5%，5）］。租赁期开始日，A公司作出如下会计分录（单位：万元）：

借：使用权资产	432.95
租赁负债——未确认融资费用	67.05
贷：租赁负债——租赁付款额	500.00

5.2.3.2 实质固定租赁付款额

实质固定付款额，是指在形式上可能包含变量但实质上无法避免的付款额（CAS 21：18）。新租赁准则要求承租人在计量租赁负债时将实质固定租赁付款额包含在内，因为这些租赁付款额不可避免，因而在经济上无法与固定租赁付款额加以区分。

实质固定租赁付款额或存在于下列情形：

（1）付款额设定为可变租赁付款额，但该可变条款几乎不可能发生，没有真正的经济实质。此类付款额的示例包括：

①付款额仅需在租赁资产经证实能够在租赁期间正常运行时支付，或者仅需在不可能不发生的事件发生时支付；

【例5-10】实质固定付款额——可变条款不具有经济实质

背景

假定除了以下条款外，其余情形均与【例5-9】一致。

（1）A公司租赁该物业仅能用于自行运营××品牌超市，不能转租或闲置。

（2）租赁期内若A公司不发生销售，则无需向出租人支付任何租金，租赁期任何一年若发生任何销售，则当年应付租金为100万元。

分析

该租赁包含每年100万元的实质固定租赁付款额。该100万元并非取决于销售的可变租赁付款额（见5.2.5）。这是因为合同中明确约定其在合同期内只能将标的物业用于零售场所、不能闲置或转租，因此，A公司不发生销售不具有可能性。

基于前述分析，A公司在租赁期开始日采取与【例5-9】一致的会计处理。

②付款额初始设定为与使用标的资产相关的可变租赁付款额（见5.2.5），但其潜在可变性将于租赁期开始日之后的某个时点消除，因而在可变性消除时，该类付款额成为实质固定付款额（见5.3.2.2）。

（2）承租人有多套付款额方案，但仅有其中一套是可行的。在此情况下，承租人应考虑采用该可行的付款额方案作为租赁付款额。

【例5-11】实质固定付款额——采用可行的付款方案

背景

承租人A公司与出租人就某设备签订3年期的租赁合同，合同约定期满后承租人可选择以下两种方案之一（假定该设备报废时不存在重大的弃置义务）：

（1）以1万元的购买价款取得标的设备所有权；

（2）以每年10万元的租金续租该设备3年。

分析

虽然合同约定了两种方案，但显然第（2）种方案在经济上不具备合理性，因此A公司在初始计量使用权资产和租赁负债时，将方案（1）的1万元购买价款作为实质固定付款额。

（3）承租人有多套可行的付款方案，但必须选择其中一套。在此情况下，承租人应考虑采用总折现金额最低的一套作为租赁付款额。此类租赁合同中通常采取了保底租金约定或者“孰高”条款，例如：

【例5-12】实质固定付款额——“孰高”条款

背景

承租人A公司与出租人就标的资产的租赁合同对年度租金约定为以下两项孰高：

（1）固定租金100万元；

（2）当年A公司销售收入的2%。

分析

由于合同约定的租金为两者孰高，意味着A公司每年至少应承担的租金为100万元，这100万元的支付义务不可避免，因此该100万元应纳入租赁负债的初始计量中。

【例5-13】实质固定付款额——采用总折现金额最低的付款方案（应用指南【例23】）

背景

承租人A公司租入一台预计使用寿命为5年的机器。不可撤销的租赁期为3年。在第3年年末，A公司必须以20 000元购买该机器，或者必须将租赁期延长2年，如延长，则在续租期内每年年末支付10 500元。

分析

A公司在租赁期开始时评估认为，不能合理确定在第3年末将是购买该机器，还是将租赁期延长2年。如果A公司单独考虑购买选择权或续租选择权，那么在租赁期开始时，购买选择权的行权价格与续租期内的应付租金都不会纳入到租赁负债中。但是，该安排在第3年年末包含一项实质固定付款额。这是因为，A公司必须行使上述两种选择权中的其中一个，且不论在哪种选择权下，A公司都必须进行付款。因而在该安排中，实质固定付款额的金额是下述两项金额中的较低者：购买选择权的行权价格（20000元）的现值与续租期内付款额（每年年末支付10500元）的现值。

5.2.3.3　应扣除的租赁激励

租赁激励，是指出租人为达成租赁向承租人提供的优惠，包括出租人向承租人支付的与租赁有关的款项、出租人为承租人偿付或承担的成本等。存在租赁激励的，承租人在确定租赁付款额时，应扣除租赁激励相关金额（CAS 21：16）。

【例5-14】租赁激励

背景

承租人A公司就某栋建筑物的第一层与出租人签订了10年期的租赁。为达成租赁，出租人同意为承租人承担以下费用：

（1）承租人因安排此项租赁向房地产中介支付佣金15 000元中的5 000元，于租赁期开始日支付；

（2）10万元的装修费，待承租人对标的物业完成装修与第三方装修费用结算后支付。

分析

以上两项内容均是出租人为达成租赁而向承租人提供的优惠。对租赁激励的处理，类似于新收入准则规定的“应付客户对价”，在出租人并未自承租人处获取其他明确可区分的商品或服务时，其愿意为承租人承担相关费用是因为其在合同约定的租赁付款额中已经获取了足够的收款，因此出租人为承租人提供的优惠应当抵减租赁付款额。

本例中，由于出租人代为承担的佣金5 000元于租赁期开始日支付，因此不影响“未付的租赁付款额”，承租人应将该5 000元抵减至初始直接费用（见5.2.8），最终体现在使用权资产初始计量金额的减少；出租人代为承担的装修款10万元，由于承租人在租赁期开始日尚未收到，因此该10万元的现值应抵减初始计量的租赁负债，而不是单独确认为一项金融资产。

5.2.4　取决于指数或比率的可变租赁付款额

取决于指数或比率的可变租赁付款额包括与消费者价格指数（CPI）挂钩的款项、与基准利率挂钩的款项和为反映市场租金费率变化而变动的款项等（CAS 21：18）。

取决于指数或比率的可变租赁付款额，由于挂钩的指数或比率的值总是存在，且不依赖于承租人的未来活动，因此承租人无法避免这部分付款额的支付，因此此类付款额符合承租人负债的定义。因此，此类租赁付款额的不确定性仅与挂钩的指数或比率的不确定性相关，也即，挂钩的指数或比率仅与此类租赁付款额的负债金额的计量相关，而与负债的存在性无关。

在考虑如何对取决于指数或比率的可变租赁付款额进行计量时，国际会计准则理事会考虑了以下两种方式，并最终采用了第（2）种：

（1）预估租赁期内相关指数或比率变动对租赁负债计量的预期影响。这一方法的缺陷在于：并非所有承租人均可直接获得宏观经济信息，可能导致计量的不确定性，由此可能导致预估获得的信息的有用性超过进行预估的成本。

（2）不预估，承租人根据租赁期开始日的指数或比率确定此类付款额（即承租人不对未来的指数或比率变化进行估计，而是用假设在剩余租赁期内该指数或比率没有变化的租赁付款额计量租赁负债）。

CAS 21：18亦明确，初始确认租赁负债时，取决于指数或比率的可变租赁付款额，应当根据租赁期开始日的指数或比率确定，即采用第（2）种方式。

5.2.4.1　取决于指数或比率的可变租赁付款额的初始计量——基本情形

【例5–15】取决于指数的可变租赁付款额

背景

承租人A公司签订了一项为期10年的不动产租赁合同，每年的租赁付款额于年初支付，第1年和第2年为固定金额50 000元。合同规定，租赁付款额在租赁期开始日后每两年基于过去24个月消费者价格指数的上涨进行相应上调。租赁期开始日的消费者价格指数为125。租赁内含利率无法直接确定。承租人的增量借款利率为每年5%，该利率反映的是承租人以类似抵押条件借入期限为10年、与使用权资产等值的相同币种的借款而必须支付的固定利率。

分析

A公司在初始计量租赁负债时，应基于租赁期开始日的消费者物价指数确定租赁付款额，无需对后续年度因消费者物价指数而导致的租金变动作出估计。

因此，在租赁期开始日，A公司应以每年50 000元的租赁付款额为基础计量租赁负债。在租赁期开始日，A公司作出如下会计分录：

借：使用权资产　　405 390［50 000×（P/A，5%，9）+50 000］
　　租赁负债——未确认融资费用　　94 610［450 000–50 000×（P/A，5%，9）］
　贷：租赁负债——租赁付款额　　450 000（每年50 000元 ×9年）
　　　银行存款　　50 000

本例的后续案例见【例5–30】。

5.2.4.2　取决于指数或比率的远期可变租赁付款额的初始计量

【例5–16】取决于指数的远期租金的计量

背景

某租赁协议约定的名义租赁期为20年，双方详细约定了前10年的租金收取标准，而第11年至第20年的租金安排约定为“双方参照市场价格协商确定”。

分析

本例中，租赁期应确定为20年（具体确定依据见本专题第三章【例3–16】）。在初始计量使用权资产和租赁负债时，实务中可能存在以下观点：

观点一：基于租约中将第11年至第20年的租金安排约定为“双方参照市场价格协商确定”的基本原则，参考已明确约定的前10年租金的每年上涨比例、对未来物价指数变动的预期等信息，对第11年至第20年的租金水平作出合理、谨慎的最佳估计，作为对使用权资产和租赁负债进行计量的基础；后续期间内应根据实际情况的发展变化和届时可获取的最新信息对该项会计估计进行复核，并对相关估计的变更进行会计处理（重新计量租赁负债并相应调整使用权资产的账面价值）。

观点二：直接采用租赁期开始日的市场价格，如直接采用第一年租金作为第11年至第20年的租赁付款额纳入租赁负债的初始计量。

对于观点一，国际会计准则理事会在IFRS 16结论基础BC166段予以解释，表明其考虑过要求承租人采用可直接获得的远期比率计量租赁负债，但最终决定不作此要求，因为这会降低采用远期比率计量的租赁负债和不采用远期比率计量的租赁负债之间的可比性。因此，准则并不要求必须采用观点一，若承租人可以合理对远期指数作出合理估计，采用观点一的计量结果通常会更接近实际租金。

对于观点二，因为直接采用第1年的租金是符合CAS 21：18并不要求承租人对租赁期内的指数变动进行预估，而是在初始计量时根据租赁期开始日的指数或比率确定。因此，显然也符合新租赁准则的规定。

鉴于实务中上述两种方法均可接受，我们建议企业根据实际情况，考虑切实可行、可靠性和重要性等因素，在此基础上合理作出选择。如果不同处理对财务报表影响重大的，则建议在财务报表附注中充分披露所选择的处理方式及其影响。

5.2.4.3　取决于指数或比率的可变付款额与实质固定付款额的区分

【例5–17】取决于指数或比率的可变付款额与实质固定付款额的区分

背景

承租人拥有2项物业租赁，均为10年期。第1年租金均为100万元。第2年至第10年的租金分别约定如下：

租赁A：每年的租金较上年上调5%，该涨幅旨在弥补出租人因零售价格指数的预期变化而发生的损失。

租赁B：第2年开始，若上年年度CPI指数小于1%，则本年租金上调1%；

若上年年度CPI指数在1%（含）至5%（含）区间，则本年租金上调3%；若上年年度CPI指数大于5%，则本年租金上调5%。

分析

租赁A：合同已设定好第2年至第10年期间租金的固定涨幅，该期间内的租金为固定租赁付款额，不随任何变量的变动而变动。

租赁B：第2年至第10年期间的租金，在无论CPI指数变动或维持不变，每年的租金都至少较上年上调1%，也即每年该1%的增幅是至少应支付的款项。因此，本例与【例5–15】存在不同，每年上涨1%的部分属于实质固定付款额，即假定剩余租赁期内没有通货膨胀，CPI一直维持在租赁期开始日的水平，剩余租赁期间每年租金也会较上一年增加1%。因此，承租人对租赁B在首次计量时，应将第1年的100万元、第2年的100×（1+1%）万元、第3年的100×（1+1%）^{2}万元、……、第10年的100×（1+1%）^{9}万元纳入租赁负债的初始计量。

5.2.5 取决于指数或比率之外的实质可变租赁付款额

5.2.5.1 取决于指数或比率之外的可变租赁付款额的初始计量——基本情形

除了取决于指数或比率的可变租赁付款额之外，其他实质可变租赁付款额均不纳入租赁负债的初始计量中。此类付款额挂钩的变量通常包含承租人源自租赁资产的绩效或承租人对租赁资产的使用。

【例5–18】与租赁资产的绩效挂钩的可变租赁付款额

背景

假设其他事实和情况与【例5–15】相同，合同在该基础上另要求A公司每年年末支付可变租赁付款额，其金额为A公司所租不动产产生的销售额的1%。

分析

在租赁期开始日，承租人按与【例5–15】一致的金额对使用权资产和租赁负债进行初始计量。原因是：额外的可变租赁付款额与未来的销售挂钩，因而不满足租赁付款额的定义。因此，此类租赁付款额不纳入使用权资产和租赁负债的初始计量。

【例5–19】与租赁资产的使用挂钩的可变租赁付款额

背景

承租人A公司签订了一份为期10年的机器租赁合同。租赁付款额于每年年末支付，并按以下方式确定：第1年至第5年：每年固定付款5万元，第6—10年按照第1—5年使用该资产的平均产量乘以固定单价确定年租金。

分析

由于第6—10年的租金取决于第1—5年使用租赁标的资产的平均产量，因而不满足租赁付款额定义，对使用权资产和租赁负债进行初始计量时不考虑该类付款额，仅需将第1年至第5年的租金纳入初始计量即可。

注意

取决于指数或比率之外的实质可变租赁付款额，与取决于指数或比率的可变租赁付款额存在显著差异。对承租人而言，后者形成的负债是存在的，仅是在计量上存在不确定性；而前者，则存在以下两种观点：

（1）在要求支付租赁付款额的未来事件发生后（如使用标的资产或者销售发生时）才产生了支付可变租赁付款额的现时义务（例如，承租人可采取不销售或不使用而避免该付款额的产生），因此在租赁期开始日这些付款额尚不符合负债的定义；

（2）按照租赁合同，承租人在租赁期开始日获得使用权资产时即具有支付可变租赁付款额的义务。与取决于指数或比率的可变付款额类似，不确定的是可变付款额的金额，而非负债的存在性。在这一观点下，所有可变租赁付款额均符合负债的定义。

但是，在观点（2）下，计量该负债会导致计量的高度不确定性以及一些持有大量租赁的承租人对该类付款额计量将花费重大成本，将导致计量与标的资产的未来绩效或使用挂钩的可变租赁付款额的成本将超过收益，出于成本效益的考虑，观点（2）与观点（1）得出了一致的结论：取决于指数或比率之外的实质可变租赁付款额无需纳入租赁负债的初始计量。

也因此，在合同有此类条款时，承租人因租赁而实际将支付的金额与计入租赁负债的金额可能存在重大差异。

5.2.5.2 取决于指数或比率之外的可变租赁付款额的初始计量——反向变动

通常情况下，取决于标的资产的绩效或使用的可变租赁付款额与标的资产的绩效或使用是正相关的，这一定程度上体现出了承租人和出租人对源于使用标的资产的未来经济利益的收益分享和风险共担。但是，在某些情况下，可变租赁付款额与标的资产的绩效或使用、或承租人的未来活动负相关。类似的安排通常体现在以下情形中：

（1）地方政府招商引资与入驻企业之间的租金安排；

（2）出租人在某些租赁安排中不以承租人的租金为主要经济利益流入，而以承租人对标的资产的使用给出租人带来的间接经济利益为主要利益来源时。

【例5-20】同时涉及激励措施和政府补助的租赁业务

问题

同时涉及激励措施和政府补助的租赁业务如何处理？

背景

A公司与当地的一个产业园区管理委员会签订房屋租赁合同，租赁期5年，每年固定租金为195 600元。但如果A公司第一年上缴税收达到一定要求时可免租，如达不到则补齐租金；第二年上缴税收达到一定要求时租金减半，如达不到则补齐租金。即假设减免租金的条件能够达到，则该5年租赁期内每年的租金为：第一年0元；第二年97 800元；第三年至第五年每年195 600元。

分析

根据CAS 21：16的规定，租赁激励，是指出租人为达成租赁向承租人提供的优惠，包括出租人向承租人支付的与租赁有关的款项、出租人为承租人偿付或承担的成本等。在本交易安排中，政府为了实现吸引企业入驻，提供的免租、减少租金等优惠，是通过租赁激励的方式最终实现招商引资的目的。因此，本交易可看作是"租赁激励措施"和"政府补助"两者的结合体。

根据CAS 21：18的规定，可变租赁付款额，是指承租人为取得在租赁期内使用租赁资产的权利，向出租人支付的因租赁期开始日后的事实或情况发生变化（而非时间推移）而变动的款项。在本交易安排中，企业能否享受免租、减租的优惠取决于其业绩条件（完成投资工作量、达到产能、上缴税收总额等），因此该优惠条款完全符合可变租赁付款额的定义。据此，本交易也可看作是"可变租赁付款额"和"政府补助"两者的结合体。

对于政府补助的处理，A公司可采取以下方式：

（1）将周边同类房地产于租赁开始日的租金水平（不受政府补助因素影响的）作为市场租金水平；将实际租金水平低于市场租金水平的差额作为政府补助，在满足《企业会计准则第16号——政府补助（2017年修订）》第六条规定的政府补助确认条件（因为本案例不涉及企业直接从政府取得资产，因此主要是看补助所附业绩条件能否满足）的前提下，将租赁期内可享受的补助资金总额在租赁期内按直线法分摊，确认为各年度的其他收益或者冲减租赁支出。

（2）如果无法合理确定周边同类房地产的市场租金水平（例如周边全部是该管委会开发的产业园区，全部在招商引资中通过类似优惠条件出租，不存在没有政府补助因素的纯商业化出租），则政府补助和市场租金的金额都不能可靠计量，或者企业采取了《〈企业会计准则第16号——政府补助〉应用指南（2018）》附录二《修订说明》中的实务变通方式未将低于市场价格的租金作为政府补助，此时本交易中无需考虑政府补助成分，仅需考虑按租赁准则如何处理即可。

对于租赁部分的处理，在新租赁准则框架下，我们认为企业可选择以下处理方式：

（1）将免收和减少收取的租金作为租赁激励。企业在确定租赁付款额时应扣除租赁激励相关金额。但在扣除时，由于该租赁激励附有一定的业绩条件，企业是否能够享受仍取决于未来事项的发生。我们理解由于租赁付款额随着时间的推移将由企业以交付现金的方式进行结算，因此可按照一般的附有或有结算条款的金融负债的标准去考虑，企业不能享受租赁优惠条件的情形是否几乎不具有可能性？若是，则在租赁付款额中予以扣除；若否，则不应从租赁付款额中扣除。实务中，通常该类免收或减少收取的租金挂钩于企业一定的业绩条件，而企业不能实现要求的业绩条件通常不属于“极端罕见、显著异常且几乎不可能发生”的情形。因此按照这一方式，企业绝大多数情况下在确定租赁付款额时不应扣除租赁激励。

（2）将免收和减少收取的租金作为可变租赁付款额。由于取决于企业未来的业绩条件（完成投资工作量、达到产能、上缴税收总额等）的可变租赁付款额属于取决于租赁资产的使用或绩效或承租人的经济活动，不属于取决于指数或比率的可变租赁付款额，因此该部分不应纳入租赁负债的初始计量。本交易中由于随着绩效的实现，租赁付款额是反向的变动，因此存在两种理解，以第一年免收租金195 600.00元为例：

第一种理解为固定付款额195 600.00元，可变租赁付款额为–195 600.00元；

第二种理解为固定付款额0元，可变租赁付款额为正的195 600.00元。

新租赁准则及其应用指南明确规定，除了取决于指数或比率的可变租赁付款额之外，其他的可变租赁付款额均不纳入租赁负债的初始计量中。但是并未就租赁付款额与租赁资产的使用或绩效负相关时如何考虑可变租赁付款额进行明确。我们理解，可变租赁付款额从本质上属于企业的潜在的交付现金的结算义务，可参考金融负债的标准去考虑其会计处理。对于取决于租赁资产的使用（如产量）或绩效（如承租方的销售额）的可变租赁付款额，理论上企业可以采取不使用或者不销售进而不产生绩效的方式去避免租金的交付。由于不使用租赁资产或不销售等均是企业可以控制的事项，从而使得企业可以无条件地避免租金的交付义务，因此，准则明确该类可变租赁付款额不纳入租赁负债的初始计量。但对于负相关的可变租赁付款额来说，企业并不能控制增加使用或增加绩效（例如更多的税收通常取决于企业通过更多的销售等方式实现绩效的增加、而更多的销售能否实现取决于客户、市场等多种要素，企业并不能控制该事项）以避免租金的交付。因此，我们倾向于认为，准则及指南规定的处理原则仅适用于正相关的可变租赁付款额。对于负相关的可变租赁付款额，应按照未扣除可变租赁付款额前的约定金额作为固定付款额纳入租赁负债的初始计量。即采用前述第一种理解进行处理。当绩效达成免收一部分租金时，企业应将免于支付的租金直接计入当期损益。对于前述政府补助准则与租赁准则下的不同处理方案的选择，同时考虑两个准则的适用时，某些情形下可能存在准则冲突：

	租赁激励	可变租赁付款额
考虑政府补助	1.政府补助采用总额法时，与租赁激励的处理存在冲突； 2.政府补助采用净额法时，与租赁激励的处理基本一致	1.政府补助采用总额法时，与可变租赁付款额的处理基本一致； 2.政府补助采用净额法时，与可变租赁付款额的处理存在冲突
不考虑政府补助	仅考虑租赁准则，不存在准则冲突	仅考虑租赁准则，不存在准则冲突

综上，企业可以不考虑其中的政府补助成分进行处理；在考虑政府补助成分进行处理时，可以选择其中一种处理并一贯执行。

5.2.6 承租人提供的担保余值预计应支付的金额

担保余值，是指与出租人无关的一方向出租人提供担保，保证在租赁结束时租赁资产的价值至少为某指定的金额（CAS 21：19）。

如果承租人提供了对租赁资产余值的担保，则初始计量租赁负债时，租赁付款额应包含该担保下预计应支付的款项。需注意的是，该预计应支付的款项是缺口，而非承租人担保余值下的最大敞口。这一规定与原租赁准则下按照最大敞口计入租赁付款额的要求存在显著差异。原租赁准则第八条规定：最低租赁付款额，是指在租赁期内，承租人应支付或可能被要求支付的各种款项（不包括或有租金和履约成本），加上由承租人或与其有关的第三方担保的资产余值。而原准则第十四条进一步明确，资产余值是指在租赁开始日估计的租赁期届满时租赁资产的公允价值。

【例5–21】承租人提供的担保余值预计应支付的金额

背景

承租人A公司与出租人签订了汽车租赁合同，租赁期为5年。合同中就担保余值的规定为：如果标的汽车在租赁期结束时的公允价值低于4万元，则A公司需向出租人支付4万元与届时汽车公允价值之间的差额。

分析

A公司在该担保余值下的最大敞口为4万元。在租赁期开始日，A公司预计标的汽车在租赁期结束时的公允价值为3.8万元，则A公司预计在担保余值下将支付的金额为2 000元。因此，A公司在初始计量租赁负债时，应包含与担保余值相关的付款额2 000元的现值。

本例的后续案例见【例5–31】。

5.2.7　出租人的卖出选择权

CAS 21：18仅明确了当承租人享有购买选择权，且在租赁期开始日合理确定将行权时应将购买选择权的行权价格纳入租赁付款额，并未提及相关权利在出租人一方的处理。但实务中，某些租赁合同可能赋予了出租人一项卖出选择权，即在租赁期满时，出租人可将租赁资产以约定的价格卖给承租人。在这种情况下，出租人是否行权不在承租人的控制范围内，承租人不能无条件地避免交付出租人行权价款的义务，因此应将全部行权价格纳入租赁付款额中，以其现值计入租赁负债的初始计量金额。这一处理，与出租人享有终止租赁选择权时，承租人由于不能避免选择权涵盖期间的租金交付，因此，应将选择权涵盖期间计入租赁期，并将选择权期间的租金计入租赁付款额的原则是一致的。

5.2.8　使用权资产的初始计量

5.2.8.1　使用权资产包含的项目

使用权资产，是指承租人可在租赁期内使用租赁资产的权利。在租赁期开始日，承租人应当按照成本对使用权资产进行初始计量。该成本包括下列四项（CAS 21：16）：

(1)租赁负债的初始计量金额
(2)在租赁期开始日或之前支付的租赁付款额(扣除已享受的租赁激励)
(3)承租人发生的初始直接费用
(4)复原或恢复成本(不含为生产存货而发生的应适用《企业会计准则第1号——存货》的部分)

在使用权资产初始计量成本的项目中:

第(1)项和第(2)项均属于租赁付款额的范畴,其范围考虑与金额确定按照5.1节和5.2.1节至5.2.7节处理,可将该2项合称为“租赁付款额的现值”。

第(3)项承租人的初始直接费用,5.1.5节进行了说明。CAS 21:16要求将初始直接费用计入使用权资产的成本,这是因为当承租人达成一项5年期的租赁时,支付的初始直接费用可为承租人获取标的资产5年的使用权,即初始直接费用给承租人带来的受益期间为5年,因此将其资本化计入使用权资产的成本比费用化计入当期损益更为合理。

第(4)项复原或恢复成本,类似于固定资产的弃置义务。承租人有可能在租赁期开始日就承担上述成本的支付义务,也可能在特定期间内因使用标的资产而承担了相关义务。在承租人有义务承担上述成本时(为生产存货而发生的该等成本除外),应当按照《企业会计准则第13号——或有事项》对其进行确认和计量,在计入使用权资产成本的同时,以该项成本的现值贷记“预计负债”。

【例5-22】使用权资产的初始计量成本(应用指南【例30】)

背景

承租人A公司就某栋建筑物的某一层楼与出租人签订了为期10年的租赁协议,并拥有5年的续租选择权。有关资料如下:

(1)初始租赁期内的不含税租金为每年50 000元,续租期间为每年55 000元,所有款项应于每年年初支付;

(2)为获得该项租赁,A公司发生的初始直接费用为20 000元,其中,15 000元为向该楼层前任租户支付的款项,5 000元为向促成此租赁交易的房地产中介支付的佣金;

(3)作为对A公司的激励,出租人同意补偿A公司5 000元的佣金;

(4)在租赁期开始日,A公司评估后认为,不能合理确定将行使续租选择权,因此,将租赁期确定为10年;

(5)A公司无法确定租赁内含利率,其增量借款利率为每年5%,该利率反映的是A公司以类似抵押条件借入期限为10年、与使用权资产等值的相同币种的借款而必须支付的利率。

为简化处理，假设不考虑相关税费影响。

分析

承租人A公司的会计处理如下：

第一步，计算租赁期开始日租赁付款额的现值，并确认租赁负债和使用权资产。

在租赁期开始日，A公司支付第1年的租金50 000元，并以剩余9年租金（每年50 000元）按5%的年利率折现后的现值计量租赁负债。计算租赁付款额现值的过程如下：

剩余9期租赁付款额=50 000×9=450 000（元）

租赁负债=剩余9期租赁付款额的现值=50 000×（P/A，5%，9）=355 391（元）

未确认融资费用=剩余9期租赁付款额-剩余9期租赁付款额的现值=450 000-355 391 =94 609（元）

借：使用权资产　　405 391

　租赁负债——未确认融资费用　　94 609

　贷：租赁负债——租赁付款额　　450 000

　　银行存款（第1年的租赁付款额）　　50 000

第二步，将初始直接费用计入使用权资产的初始成本。

借：使用权资产　　20 000

　贷：银行存款　　20 000

第三步，将已收的租赁激励相关金额从使用权资产入账价值中扣除。

借：银行存款　　5 000

　贷：使用权资产　　5 000

综上，A公司使用权资产的初始成本为：405 391+20 000-5 000=420 391（元）。

5.2.8.2　租赁资产改良支出

财政部企业会计准则委员会在2021年4月25日发布的《企业会计准则实施问答》〔2021年第2期（总第3期）〕中以问答方式明确，承租人发生的租赁资产改良支出及其导致的预计复原支出的会计处理原则：

（1）承租人发生的租赁资产改良支出不属于使用权资产，应当记入“长期待摊费用”科目。

（2）对于由租赁资产改良导致的预计复原支出，承租人应当按照CAS 21：16处理。根据CAS 21：16的规定，承租人为拆卸及移除租赁资产、复原租赁资产所在场地或将租赁资产恢复至租赁条款约定状态预计将发生的成本（即复原或恢复成本），除了属于为生产存货而发生的之外，应计入使用权资产的成本。

【例5–23】租赁资产改良支出的处理

背景

承租人A公司于2×19年9月就某栋建筑物的第1—2层楼签订了租赁合同，双方确定房屋交付日是2×19年10月9日。2×19年10月9日至2×20年1月9日为向A公司预留的装修期，该期间内不计租，计租期自2×20年1月9日至2×35年1月8日。

A公司自2×19年10月9日开始对租赁物业进行装修，并于2×20年1月9日完成装修工程，与装修工程公司结算的价款为400万元。

分析

承租人A公司应在租赁期开始日确认使用权资产和租赁负债，即2×19年10月9日取得对租赁物业的使用权时。

自2×19年10月9日开始，A公司开始对租赁物业进行装修，相关装修成本不属于向出租人获取租赁物业而支付的对价，因此不计入使用权资产成本。

对于装修支出的处理，按照《企业会计准则——应用指南》（2006）中“会计科目和主要账务处理”的规定，长期待摊费用科目核算企业已经发生但应由本期和以后各期负担的分摊期限在1年以上的各项费用。因此，我们理解装修支出不能简单直接计入“长期待摊费用”。如果在装修支出中形成了适用固定资产准则、无形资产准则等其他相关准则规定的资产，则按照相关准则处理。例如，安装了一部60万元的货梯，A公司可以单独将其确认为一项固定资产；布置了一套监控软件40万元，A公司可以单独将其确认为一项无形资产。如果装修支出未形成适用固定资产准则、无形资产准则等其他相关准则规定的资产，但预期给承租人的受益期间超过1年，则企业应将该部分计入“长期待摊费用”，按受益期进行摊销。

还需提醒的是，使用权资产自初始确认后就应开始计提折旧，但在装修期间，可将使用权资产的折旧费用计入装修支出。

5.3 租赁付款额与承租人的后续计量

5.3.1 租赁负债的后续计量

在租赁期开始日后，承租人应当按以下原则对租赁负债进行后续计量：

（1）确认租赁负债的利息时，增加租赁负债的账面金额；

（2）支付租赁付款额时，减少租赁负债的账面金额；

（3）因重估或租赁变更等原因导致租赁付款额发生变动时，重新计量租赁负债的账面价值。

其中，第（1）项和第（2）项的处理与通常的以摊余成本计量的金融负债并无差异。租赁负债的利息费用通常计入当期损益（财务费用——利息支出），除非其符合借款费用资本化的条件。在计算利息费用时，采用初始折现率还是修订后的折现率，详见本专题4.1.1.2节有关内容。

第（3）项中租赁付款额发生变动的情形较为复杂，在5.3.2节至5.3.3节中，我们对常见的租赁付款额发生变动的情形及相应情形下的后续计量进行了讨论。

未纳入租赁负债计量的可变租赁付款额（如取决于标的资产的绩效或使用的付款额），应当在实际发生时计入当期损益，但按照《企业会计准则第1号——存货》等其他准则规定应当计入相关资产成本的除外。

【例5-24】与租赁资产的绩效挂钩的可变租赁付款额

背景

接【例5-18】，A公司将该所租不动产用于零售店面，假定第1年末，A公司所租不动产产生的销售额的1%为20 000元。

分析

A公司在第1年年末作出如下处理：

（1）确认使用权资产折旧费用与租赁负债利息费用

借：销售费用/营业成本*	40 539
贷：使用权资产累计折旧	40 539（405 390 ÷ 10）
借：财务费用——利息支出	17 770
贷：租赁负债——未确认融资费用	17 770（355 390 × 5%）

（2）确认销售额1%所支付的款项：

借：销售费用/营业成本	20 000
贷：银行存款	20 000

A公司在第2年年初支付租金作出如下处理：

借：租赁负债——租赁付款额	50 000
贷：银行存款	50 000

即：A公司于第2年年初支付的50 000元中，包含偿还租赁负债利息17 770元，以及偿还租赁负债本金32 230元。

*根据A公司在相关销售业务中是主要责任人还是代理人而定。如果A公司为主要责任人的，则计入销售费用；如果A公司为代理人的（例如采用《收入准则应用案例——主要责任人和代理人的判断》中所指的“联营扣点模式”，则计入营业成本。）

5.3.2 租赁负债的重新计量

在租赁期开始日后，当发生下列四种情形时，承租人应当按照变动后的租赁付款额的现值重新计量租赁负债，并相应调整使用权资产的账面价值。使用权资产的账面价值已调减至零，但租赁负债仍需进一步调减的，承租人应当将剩余金额计入当期损益（CAS 21：27）：

（1）购买选择权、续租或终止租赁选择权的评估结果或实际行使情况发生变化；

（2）实质固定付款额发生变动；

（3）用于确定租赁付款额的指数或比率发生变动；

（4）担保余值预计的应付金额发生变动。

在发生前述重新计量租赁负债事项时，应采用的折现率如下（CAS 21：25、26）：

采用不变的折现率	采用修订后的折现率
（2）实质固定付款额发生变动； （3）用于确定租赁付款额的指数或比率（不含浮动利率）发生变动； （4）担保余值预计的应付金额发生变动	（1）购买选择权、续租或终止租赁选择权的评估结果或实际行使情况发生变化； （3）用于确定租赁付款额的浮动利率发生变动

注意

承租人应将重新计量金额确认为对使用权资产的调整，原因如下：

（1）购买选择权、续租或终止租赁选择权的评估结果或实际行使情况发生变化反映出承租人确定其已多获得或少获得使用标的资产的权利（使用期限的变化），因此，对使用权资产成本进行调整可以恰当反映这一变动。

（2）未来租赁付款额估计的变动是对使用权资产成本初始估计的修改，应按照与初始估计成本相同的方式进行会计处理。

（3）使用权资产成本修正要求与固定资产的弃置义务的要求相似。《企业会计准则解释第6号》（财会〔2014〕1号）要求企业根据与固定资产的履行弃置义务可能发生支出金额、预计弃置时点、折现率等变动而引起的预计负债变动调整固定资产成本。

5.3.2.1 购买选择权、续租或终止租赁选择权的评估结果或实际行使情况发生变化

租赁期开始日后，发生下列情形的，承租人应采用修订后的折现率对变动后的

租赁付款额进行折现以重新计量租赁负债：

（1）发生承租人可控范围内的重大事件或变化，且影响承租人是否合理确定将行使续租选择权或终止租赁选择权的，承租人应当对其是否合理确定将行使相应选择权进行重新评估。上述选择权的评估结果发生变化的，承租人应当根据新的评估结果重新确定租赁期和租赁付款额。前述选择权的实际行使情况与原评估结果不一致等导致租赁期变化的，也应当根据新的租赁期重新确定租赁付款额。

（2）发生承租人可控范围内的重大事件或变化，且影响承租人是否合理确定将行使购买选择权的，承租人应当对其是否合理确定将行使购买选择权进行重新评估。评估结果发生变化的，承租人应根据新的评估结果重新确定租赁付款额。

【例5-25】至【例5-28】摘录于新租赁准则应用指南中【例36】至【例39】，分别举例说明了各种具体情形，对此业务情形下的处理有较大的参考价值。

【例5-25】	初始不能合理确定将行使购买选择权→后续合理确定将行使购买选择权
【例5-26】	初始不能合理确定将行使续租选择权→后续合理确定将行使续租选择权
【例5-27】	作为【例5-25】的对比，即使该情形下承租人对购买选择权评估结果发生了变化，但由于影响承租人重估选择权的原因是市场价格的变动，不属于承租人可控范围内的重大事件或变化，因此承租人不应根据该重估调整租赁付款额。此时，承租人无需重新计量租赁负债
【例5-28】	对【例5-27】的补充，以会计分录的形式进一步详细说明了不同时点的会计处理结果

【例5-25】发生承租人可控范围内的重大事件或变化导致对购买选择权的重估（应用指南【例36】）

租赁期开始日对购买选择权的评估

承租人甲公司与出租人乙公司签订了一份为期5年的设备租赁合同。甲公司计划开发自有设备以替代租赁资产，自有设备计划在5年内投入使用。甲公司拥有在租赁期结束时以5 000元购买该设备的选择权。每年的租赁付款额固定为10 000元，于每年年末支付。甲公司无法确定租赁内含利率，其增量借款利率为5%。在租赁期开始日，甲公司对行使购买选择权的可能性进行评估后认为，不能合理确定将行使购买选择权。这是因为，甲公司计划开发自有设备，继而在租赁期结束时替代租赁资产。

发生承租人可控范围内的重大事件或变化时对购买选择权的重新评估

假设在第3年年末，甲公司作出削减开发项目的战略决定，包括上述替代设备的开发。该决定在甲公司的可控范围内，并影响其是否合理确定将行使购买选择权。此外，甲公司预计该设备在租赁期结束时的公允价值为20 000元。甲公司重新评估其行使购买选择权的可能性后认为，其合理确定将行使该购买选择权。原因是：在租赁期结束时不大可能有可用的替代设备，并且该设备在租赁期结束时的预期市场价值（20 000元）远高于行权价格（5 000元）。假设甲公司无法确定剩余租赁期间的租赁内含利率，其第3年年末的增量借款利率为5.5%。

分析

在租赁期开始日，甲公司确认的租赁负债为43 300元，即43 300=10 000×（P/A，5%，5），无需将购买选择权的行权价格纳入租赁负债的初始计量。

由于作出削减开发项目的战略决定，包括替代设备的开发等决定在甲公司的可控范围内，并影响其是否合理确定将行使购买选择权。因此，甲公司应在第3年年末将购买选择权的行权价格纳入租赁付款额中。在第3年年末，甲公司重新计量租赁负债以涵盖购买选择权的行权价格，并采用修订后的折现率5.5%进行折现。重新计量后的租赁负债（支付前3年的付款额后）为22 960元，即22 960=10 000×（P/F，5.5%，1）+（10 000+5 000）×（P/F，5.5%，2）。

甲公司应将重新计量的租赁负债与重新计量前一刻租赁负债的账面价值（本例为18 600元）之间的差额4 360元（22 960–18 600）增加使用权资产成本。

【例5–26】发生承租人可控范围内的重大事件或变化导致对续租选择权的重估（应用指南【例37】）

租赁期开始日对续租选择权的评估：

承租人甲公司租入一层办公楼，为期10年，并拥有可续租5年的选择权。初始租赁期间（即10年）的租赁付款额为每年50 000元，可选续租期间（即5年）的租赁付款额为每年55 000元，均在每年年初支付。在租赁期开始日，甲公司评估后认为，不能合理确定将会行使续租选择权，因此确定租赁期为10年。甲公司无法确定租赁内含利率，其增量借款利率为5%。

发生承租人可控范围内的重大事件或变化时对续租选择权的重新评估：

在第5—6年，甲公司的业务显著增长，其日益壮大的人员规模意味着需要扩租办公楼。为了最大限度降低成本，第6年年末，甲公司额外签订了一份为期8年、在同一办公楼内其他楼层的租赁合同，在第7年年初起租。

分析

在租赁期开始日，甲公司支付第1年的租赁付款额50 000元，并确认租赁负债355 390元，即355 390=50 000×（P/A，5%，9）。

将扩张的人员安置到在同一办公楼内其他楼层的决定，在甲公司的可控范围内，并影响其是否合理确定将行使现有租赁合同下的续租选择权。如果在其他办公楼中租入一个类似的楼层，甲公司可能会产生额外的费用，因为其人员将处于两栋不同的办公楼中，而将全部人员搬迁到其他办公楼的费用可能会更高。在第6年年末，甲公司重新评估后认为，其合理确定将行使现有租赁合同下的续租选择权，因此该租赁的租赁期由10年变为15年。

在第6年年末，甲公司重新评估后的租赁期为15年，因此应将剩余租赁期（第7—15年）内的租赁付款额（共9笔）纳入租赁负债，并采用修订后的折现率进行折现。假设甲公司无法确定剩余租赁期间的租赁内含利率，其第6年年末的增量借款利率为4.5%。则，甲公司重新计量后的租赁负债为399 030元，即399 030=50 000+50 000×（P/A，4.5%，3）+55 000×（P/A，4.5%，5）×（P/F，4.5%，3）。

甲公司应将重新计量的租赁负债与重新计量前一刻租赁负债的账面价值（本例为186 160元）之间的差额212 870元（399 030–186 160）增加使用权资产成本。

【例5–27】市场情况发生变化导致对购买选择权的重估（应用指南【例38】）

租赁期开始日对购买选择权的评估：

承租人甲公司与出租人乙公司签订为期5年的库房租赁合同，每年年末支付固定租金10 000元。甲公司拥有在租赁期结束时以300 000元购买该库房的选择权。在租赁期开始日，甲公司评估后认为，不能合理确定将行使该购买选择权。

承租人因市场情况发生变化对购买选择权的重新评估：

第3年年末，该库房所在地房价显著上涨，甲公司预计租赁期结束时该库房的市价为600 000元，甲公司重新评估后认为，能够合理确定将行使该购买选择权。

分析

该库房所在地区的房价上涨属于市场情况发生的变化，不在甲公司的可控范围内。因此，虽然该事项导致购买选择权的评估结果发生变化，但甲公司不应在第3年年末重新计量租赁负债。

注意

对选择权的实际行使结果发生变化不受“发生承租人可控范围内的重大事件或变化”之限，如果【例5-27】中甲公司在第3年年末不可撤销地通知乙公司，其将在第5年年末行使购买选择权，则属于购买选择权实际行使情况发生了变化，甲公司需要在第3年年末按修订后的折现率对变动后的租赁付款额进行折现，重新计量租赁负债。

【例5-28】市场情况发生变化导致对购买选择权重估的会计处理（应用指南【例39】）

租赁期开始日对购买选择权的评估：

承租人甲公司与出租人乙公司签订了一份办公楼租赁合同，每年的租赁付款额为50 000元，于每年年末支付。甲公司无法确定租赁内含利率，其增量借款利率为5%。

不可撤销租赁期为5年，并且合同约定在第5年年末，甲公司有权选择以每年50 000元续租5年，也有权选择以1 000 000元购买该房产。甲公司在租赁期开始时评估认为，可以合理确定将行使续租选择权，而不会行使购买选择权，因此将租赁期确定为10年。

承租人因市场情况发生变化对购买选择权的重新评估：

在第4年，该房产所在地房价显著上涨，甲公司预计租赁期结束时该房产的市价为2 000 000元，甲公司在第4年年末重新评估后认为，能够合理确定将行使上述购买选择权，而不会行使上述续租选择权。

购买选择权的实际行使结果发生变化：

在第5年年末，甲公司实际行使了购买选择权。

分析

（1）租赁期开始日的处理：

在租赁期开始日，甲公司确认的租赁负债和使用权资产为386 000元，即，50 000×（P/A，5%，10）=386 000（元）。租赁负债将按下表所述金额进行后续计量：

年度	租赁负债年初金额	利息	租赁付款额	租赁负债年末金额
	①	②=①×5%	③	④=①+②-③
1	386 000	19 300	50 000	355 300
2	355 300	17 765	50 000	323 065

续表

年度	租赁负债年初金额	利息	租赁付款额	租赁负债年末金额
	①	②=①×5%	③	④=①+②-③
3	323 065	16 155	50 000	289 255
4	289 255	14 465	50 000	253 765
5	253 765	12 690	50 000	216 490
6	216 490	10 825	50 000	177 325
7	177 325	8 865	50 000	136 165
8	136 165	6 810	50 000	93 010
9	93 010	4 650	50 000	47 650
10	47 650	2 350	50 000	—

在租赁期开始日，甲公司的账务处理为：

借：使用权资产　386 000

　　租赁负债——未确认融资费用　114 000（500 000–386 000）

　　贷：租赁负债——租赁付款额　500 000

（2）第4年年末重新评估购买选择权时的处理：

该房产所在地区的房价上涨属于市场情况发生的变化，不在甲公司的可控范围内。因此，虽然该事项导致购买选择权及续租选择权的评估结果发生变化，但甲公司不需重新计量租赁负债。

（3）第5年年末实际形式购买选择权的处理：

截至第5年年末行使购买选择权前一刻，使用权资产的原值为386 000元，累计折旧为193 000元（386 000×5/10）；支付了第5年租赁付款额之后，租赁负债的账面价值为216 490元，其中，租赁付款额为250 000元，未确认融资费用为33 510元（250 000–216 490）。甲公司行使购买选择权的会计分录为：

借：固定资产——办公楼　976 510

　　使用权资产累计折旧　193 000

　　租赁负债——租赁付款额　250 000

　　贷：使用权资产　386 000

　　　　租赁负债——未确认融资费用　33 510

　　　　银行存款　1 000 000

5.3.2.2　实质固定付款额发生变动

如果租赁付款额最初是可变的，但在租赁期开始日后的某一时点转为固定，那么在潜在可变性消除时，该付款额成为实质固定付款额，应纳入租赁负债的计量中。承租人应当按照变动后租赁付款额的现值重新计量租赁负债。

【例5-29】与租赁资产的使用挂钩的可变租赁付款额转为实质固定付款额

背景（同【例5-19】）

承租人A公司签订了一份为期10年的机器租赁合同。租赁付款额于每年末支付，并按以下方式确定：第1年至第5年，每年固定付款5万元；第6年至第10年按照第1—5年使用该资产的平均产量乘以固定单价确定年租金。

分析

租赁期开始日：由于第6—10年的租金取决于第1—5年使用租赁标的资产的平均产量，因而不满足租赁付款额定义，对使用权资产和租赁负债进行初始计量时不考虑该类付款额，仅需将第1年至第5年的租金纳入初始计量即可。

第5年年末，由于至该时点第1—5年使用该资产的平均产量已经确定，按该确定的产量乘以合同约定的固定单价计算，第6—10年的年度租金已经转为固定租赁付款额。因此，在第5年末，承租人A公司应采用租赁期开始日的折现率计算剩余5年的租赁付款额的现值。

注意

如果承租人A公司在第5年年末另外签订一项租赁（租赁B），采用与【例5-29】中租赁（租赁A）一致的价款、一致的剩余期限，则此时承租人对租赁B的租赁负债的初始计量结果可能不同于租赁A。这是因为，租赁A在计算剩余5年的租赁付款额的现值时应采用不变的折现率，即采用租赁A的租赁期开始日（租赁B的租赁期开始日的5年前）确定的折现率。

5.3.2.3 用于确定租赁付款额的指数或比率发生变动

用于确定租赁付款额的指数或比率发生的变动（包括跟随市场租金费率变动而发生的变动等），承租人对租赁负债进行重新计量将会使得财务报表使用者获得与租赁负债更具相关性的信息。考虑成本效益原则（相关指数或比率发生变动的频率可能高于租赁付款额基于相关指数或比率的调整频率），仅当基准指数或比率的变动导致现金流量发生变动时（即对租赁付款额的变动生效时），承租人应对取决于指数或比率确定的可变租赁付款额进行重新计量。

【例5-30】取决于指数的可变租赁付款额的后续计量

背景

续【例5-15】，假设在租赁第2年年初的消费者价格指数为130，在租赁第3年年初的消费者价格指数为135。

分析

在第2年年初，虽然消费者价格指数相较于租赁期开始日发生了变化，但由于合同约定的是“在租赁期开始日后每两年基于过去24个月消费者价格指数的上涨进行上调”，因此至第2年年初时，消费者价格指数的变化未导致现金流量发生变动，A公司不应对租赁负债进行重新计量。

在第3年年初，因用于确定租赁付款额的消费者价格指数的变动，而导致未来租赁付款额发生变动，A公司应当于第3年年初重新计量租赁负债，以反映变动后的租赁付款额。经消费者价格指数调整后的第3年及剩余租赁期内每年的租赁付款额为54 000元（50 000 × 135 ÷ 125），比调整前多4 000元。即租赁负债应当以每年54 000元的租赁付款额（剩余8期）以不变的折现率（5%）为基础进行重新计量，重新计量后的租赁负债应是366 466元［54 000+54 000 ×（P/A，5%，7）］。

在重新计量之前，租赁负债的即时账面价值为339 320元［50 000+50 000 ×（P/A，5%，7）］。则在第3年年初，A公司的租赁负债将增加27 146元（366 466−339 320）。A公司的会计处理为：

借：使用权资产　　27 146

　租赁负债——未确认融资费用　　4 854

　贷：租赁负债——租赁付款额　　32 000（4 000 × 8）

5.3.2.4　担保余值预计的应付金额发生变动

在租赁期开始日后，承租人应对其在担保余值下预计支付的金额进行估计。我们理解，该项估计至少应于每个资产负债表日执行。该金额发生变动的，承租人应当按照变动后租赁付款额的现值以不变的折现率重新计量租赁负债。

【例5–31】承租人提供的担保余值预计应支付的金额发生变动时的处理

背景

续【例5–21】，假设在第1年年末，A公司预计该汽车在租赁期结束时的公允价值为30 000元。

分析

在该担保余值下的最大敞口为4万元。由于在租赁期开始日A公司预计标的汽车在租赁期结束时的公允价值为3.8万元，已将2 000元的担保余值下将支付的金额纳入租赁负债的初始计量。因此，在第1年末应将预计应支付的担保余值缺口变动8 000元（40 000–30 000–2 000）纳入租赁付款额，并采用不变的折现率来重新计量租赁负债。相应地，租赁负债重新计量的金额应调增使用权资产成本。

有些情况下，担保余值的合同条款并非清晰可见，承租人需要分析款项性质并采取恰当的处理。

【例5–32】担保余值应付金额OR可变租赁付款额？

背景

承租人A公司与出租人就某机器设备签订了租赁合同，租赁期为5年。A公司同意就机器的超负荷使用向出租人提供额外的支付。相关额外支付的合同条款约定为：

情形1：如果租赁设备在5年内生产产品的件数超过某约定值，A公司就超过部分按2元/件的标准计算超负荷赔偿金并向出租人支付。

情形2：双方一致认可租赁设备在负载内运行至租赁期满后的价值为100万元，如果租赁期满租赁设备的实际售价低于100万元，A公司应就该差额向出租人进行补偿。

分析

虽然情形1与情形2都是为了约定A公司超负荷使用租赁设备而向出租人提供的额外支付，但不同的金额确定方式将导致其在新租赁准则下的款项性质分类不同、且最终导致不同的会计处理结果。

情形1：由于该超负荷赔偿金挂钩于租赁设备生产产品的数量，并非对资产价值提供担保，因此属于可变租赁付款额。而且该赔偿属于“取决于指数或比率之外的实质可变租赁付款额”（见5.2.5），因此A公司不将该金额纳入租赁负债。而是于实际发生时直接计入当期损益（通过“生产成本”或“制造费用”“产成品”或“库存商品”科目过渡）。

情形2：该补偿为基于担保余值预计的应付金额，因为A公司需补偿的金额是租赁设备届时的实际售价与约定的担保余值100万元之间的差额。因此，A公司应将该预计应付的金额纳入租赁负债的初始计量中。如果预计应付的金额发生变化，A公司还应重新计量租赁负债。

5.3.3 租赁变更

因租赁变更导致租赁付款额发生变动时，承租人应在变更生效日以修订后的折现率和变更后的租赁付款额重新计量租赁负债的账面价值。

对于租赁变更导致的租赁范围的变化与租赁变更未导致租赁范围变化而仅带来租赁付款额变化时处理原则并不一致，对此可参见本专题3.1.6节。对于不一致的处理，在该章【例3–8】说明了因租赁变更而减少租赁范围（缩短租赁期限）并同时调整租赁付款额的处理。其中核心的差异在于：

（1）租赁变更减少租赁范围时，承租人应按减少的范围同比例减少使用权资产，同时按变更前的租赁付款额中因范围减少而无需支付的部分终止确认对应的租赁负债，差额作为处置使用权资产的损益计入“资产处置损益”；

（2）租赁变更导致租赁付款额发生变动时，以修订后的折现率和变更后的租赁付款额重新计量租赁负债，并将与重新计量前的租赁负债账面价值的差额调整使用权资产的成本。此处重新计量租赁负债的处理通常不会影响损益，除非重新计量使得使用权资产的账面价值已调减至零，但租赁负债仍需进一步调减，在此情形下剩余金额才会计入当期损益。

5.3.4 外币计价的租赁付款额

新租赁准则未明确规定承租人应如何对以外币计价的租赁负债的相关汇兑差额的影响进行会计处理。我们理解，与金融负债一致，承租人的租赁负债是货币性项目，因此，如以外币计价，则需按照《企业会计准则第19号——外币折算》的规定在每个资产负债表日采用即期汇率对其进行重新折算，并将与上一资产负债表日即期汇率不同而产生的汇兑差额，计入当期损益（“财务费用——汇兑损益”），以反映承租人因租赁负债而承担的外汇风险敞口。

5.3.5 使用权资产的后续计量

在租赁期开始日后，承租人应当采用成本模式对使用权资产进行后续计量，即以成本减累计折旧及累计减值损失计量使用权资产。该计量方法与固定资产的后续计量类似。

但是，由于租赁付款额的变动事项导致承租人重新计量租赁负债时，租赁负债的变动应当相应调整使用权资产的账面价值。这一处理将导致使用权资产的成本比固定资产的成本会更频繁地发生变动。需要注意的是，当使用权资产的成本发生变动时，承租人不应追溯重述以前期间的折旧额，而应将变动后的使用权资产成本在剩余的折旧期限内计提折旧。

实务中，当合同对租赁付款的安排存在复杂条款，例如涉及免租期、租金递增支付、可变租赁付款额等情形时，承租人涉及对这些情形下使用权资产的折旧方法的考虑。

【例5-33】租赁付款存在复杂安排时承租人的租赁成本费用与出租人的租赁收入的计量

问题

在对出租人而言构成经营租赁的安排中，如果租赁合同约定了每年固定的租金增长率或者递增额，同时又存在免租期的情况下，承租人计入各期租赁费用应如何计算确定？如果租金采用的是分成模式，出租人又提供免租期时，承租人应如何确定免租期的租赁费用？

分析

（1）可变租金的处理。需要注意的是，在此类安排中，若已经事先约定了各期固定增长率或者增长额的租金（例如自第二年开始每期租金以上年租金为基础并上浮2%或上浮200元），其未来金额不具有不确定性，不属于可变租赁付款额，而是固定租赁付款额，应纳入租赁负债的初始计量并相应计入使用权资产的初始计量金额。

而对于采用分成模式支付的租金，例如基于A公司使用租赁资产所生产产品的销售额的一定比例、或基于该类产品的毛利的一定比例计算支付的租金，则不需纳入租赁负债考虑，应在发生时直接计入当期损益。

根据CAS 21：21的规定，承租人应当参照固定资产准则有关折旧规定，对使用权资产计提折旧。而根据固定资产准则第十七条和《企业会计准则解释第10号——关于以使用固定资产产生的收入为基础的折旧方法》规定，使用权资产的折旧方法应当取决于与该资产有关的经济利益的预期消耗方式。我们理解，租赁合同所约定的“每年固定的租金增长率或者递增额”只是说明租金的支付方式（各笔租金的支付时间和金额），而并不能证明与该使用权资产相关的经济利益的预期消耗方式也是如此。因此，仅仅依据逐期递增的租金支付安排，并不能成为对使用权资产采用直线法（年限平均法）以外的折旧方法的恰当理由。因为在整个租赁期内，由租赁资产产生的经济利益都是相同的（因为面积、质量等均相同），因此仍然是直线法最能代表租赁资产所含经济利益的实现在各期间之间的分布情况。因此，即使在租金是递增安排的情况下，租赁费用中的使用权资产折旧费通常也应是均衡的。

（2）免租期的考虑。合同存在免租期的情况下，不可否认的是，免租期依然是承租人使用该标的资产的受益期间，因此，承租人应当按照包含免租期在内的租赁期间计提使用权资产的折旧，同时，租赁负债在免租期内也应按照实际的折现率计算应分摊的利息支出。

（3）出租人对于经营租赁，应将纳入租赁付款额的款项在包含免租期的租赁期间按照直线法或其他系统、合理的方法分摊每期的租赁收入。对于未纳入租赁付款额的采用分成模式的租金，应在发生时直接计入当期租赁收入。

5.4　出租人的租赁收款额

出租人仍将按照原租赁准则下已存在的双重模式将租赁分类为融资租赁或经营租赁。

5.4.1　租赁收款额的范围

新租赁准则对出租人和承租人作出的租赁付款额的定义不同。

租赁收款额，是指出租人因让渡在租赁期内使用租赁资产的权利而应向承租人收取的款项，包括以下五项（CAS 21：38）：

（1）固定付款额及实质固定付款额（扣除租赁激励，如有）
（2）取决于指数或比率的可变租赁付款额（在初始计量时根据租赁期开始日的指数或比率确定）
（3）购买选择权的行权价格（如果合理确定承租人会行权）
（4）提前终止租约的罚金或补偿（如果合理确定承租人会行使提前终止权）
（5）由承租人、与承租人有关的一方以及有经济能力履行担保义务的独立第三方向出租人提供的担保余值

出租人租赁收款额与承租人租赁付款额的差异主要体现在如下方面（见5.4.1.1节至5.4.1.3节所述）：

5.4.1.1　担保余值

承租人的租赁付款额	出租人的租赁收款额
承租人提供的担保余值预计应支付的款项	由承租人、与承租人有关的一方以及有经济能力履行担保义务的独立第三方向出租人提供的担保余值

如果承租人的关联方或有经济能力履行担保义务的独立第三方（如租赁交易中引入的担保公司）向出租人提供的担保余值，出租人有权收取该部分对价，而承租人并无相关付款义务。

5.4.1.2　出租人的卖出选择权

与5.2.7节所述的承租人应将出租人享有的卖出期权的全部行权价格计入租赁付款额不同，出租人应考虑所有相关事实和情况，以确定是否存在行使该卖出选择权的重大经济动因。是否会行使卖出选择权作为一个关键性判断，其评估结果可能会影响到租赁分类。

【例5-34】出租人的卖出选择权

背景

承租人A公司与出租人B公司就某机器设备签订了一份5年期的租赁。合同包含一项卖出选择权，即B公司可以要求A公司在租赁期届满时以固定价格100万元购买该租赁设备。B公司根据租赁设备的预计使用情况、技术更新换代速度以及市场状况等信息，预计该租赁设备在租赁期届满时的市场价格不超过60万元。

分析

承租人A公司：由于卖出选择权的行使不在A公司的控制范围内，A公司不能无条件地避免交付现金的义务，因此，A公司在租赁期开始日对租赁负债的初始计量金额应包括行权价格100万元的现值。

出租人B公司：在租赁期开始时，B公司考虑其是否有行权的重大经济动因，能够使其合理确定在租赁期届满时将会行使卖出选择权。由于行权价格显著超过该租赁设备在租赁期届满时的预期市场价格，B公司合理确定将会行使该选择权。因此，B公司应将行权价格纳入其租赁收款额中。

5.4.1.3　非租赁组成部分的对价

当合同包含租赁组成部分和非租赁组成部分时，新租赁准则允许承租人可以按照租赁资产的类别选择简化处理，即不分拆租赁组成部分和非租赁组成部分，而是将各个租赁组成部分和与其相关的非租赁组成部分作为单一的租赁组成部分进行会计处理。此时，承租人需要将合并对价均作为租赁付款额。但出租人必须分拆合同中的租赁组成部分和非租赁组成部分，仅将分摊至租赁组成部分的付款计入租赁收款额，分摊至非租赁组成部分的对价应按照其他准则（如新收入准则）进行处理。【例5-3】对此进行了说明。

5.4.2　租赁收款额与租赁分类测试

5.4.2.1　租赁开始日的租赁分类测试

虽然新租赁准则下的租赁分类的标准与原租赁准则并未发生变化，均是以是否实质转移了与租赁资产所有权有关的几乎全部风险和报酬为依据。但是，由于可变租赁付款额与原租赁准则下的或有租金不同，可能会影响出租人的租赁分类。

【例5-35】可变租赁付款额与租赁分类测试

背景

承租人A公司与出租人B公司就某机器设备签订了一份8年期的租赁。该租赁设备的所有使用寿命预计为8年，合同约定的每年付款按照A公司使用该租赁设备产生的年度销售收入的一定比例计算。

分析

原租赁准则下，由于准则第六条规定："符合下列一项或数项标准的，应当认定为融资租赁：……（三）即使资产的所有权不转移，但租赁期占租赁资产使用寿命的大部分。"由于本例中租赁期占租赁资产使用寿命的100%，根据该规定应将租赁分类为融资租赁。

新租赁准则下，虽然租赁期涵盖了租赁资产的所有使用寿命，但合同约定的租赁付款额全部基于A公司的销售情况，通过租赁付款额的可变性，出租人并未实质转移与租赁资产所有权有关的几乎全部风险和报酬，因此该项租赁应分类为经营租赁。

需要注意的是：虽然原租赁准则和新租赁准则对"融资租赁"的定义相同，但原准则第六条同时规定若符合该条所列情形之一，则"应当"认定为融资租赁，由此可能导致某些不符合融资租赁定义的租赁在原租赁准则下被分类为融资租赁的情况。与之相比，新租赁准则第三十六条规定若一项租赁存在该条所列一种或多种情形的，则"通常"分类为融资租赁，同时强调"一项租赁属于融资租赁还是经营租赁取决于交易的实质，而不是合同的形式。如果一项租赁实质上转移了与租赁资产所有权有关的几乎全部风险和报酬，出租人应当将该项租赁分类为融资租赁"，即在新租赁准则下，即使某项租赁存在该条所列一种或多种情形，但与租赁资产所有权有关的几乎全部风险和报酬实质上仍归属于出租人的，则出租人仍应将其分类为经营租赁。

实务中，在"节能效益分享型"的合同能源管理业务中，用能单位通过在一定期限内按照节能效益的一定比例向节能服务公司支付分成款，取得相关技术和设备的使用权（并且可能在该期限届满后获得节能设备的所有权），若该合同安排构成租赁，节能服务公司可收取的租金为节能效益分享款，若合同对该款项没有任何保底金额，则节能服务公司应作为经营租赁；而用能单位也无需将该节能效益分享款计入租赁付款额，即对于该项租赁，用能单位对使用权资产和租赁负债的计量金额可能为零，后续在节能效益分成款的支付义务实际发生时将其直接计入当期损益。

此外，当出租人评估其有重大经济动因将行使卖出选择权时，通常表明与租赁资产所有权相关的主要风险和报酬转移给了承租人，该项租赁很可能应当分类为融资租赁。但这一结论并不绝对，例如除卖出选择权外，如果租赁付款额的其余大部分是基于租赁资产的使用或绩效，采取了与【例5-35】类似的安排，则该租赁应分类为经营租赁。

5.4.2.2 租赁收款额发生变动时的租赁分类测试

当发生承租人可控范围内的重大事件或变化，且影响承租人是否合理确定将行使续租选择权、终止租赁选择权或购买选择权的，承租人应当对其是否合理确定将行使相应选择权进行重新评估。上述选择权的评估结果发生变化的，承租人应当根据新的评估结果重新确定租赁期和租赁付款额。

但是，与承租人不同的是，CAS 21：35规定，在租赁开始日后，除非发生租赁变更，否则出租人无需对租赁的分类进行重新评估。本专题“3.2.2.2承租人对选择权重估或行使与否发生变化时出租人租赁分类的影响”对此进行了详细说明。

5.4.3 租赁收款额与融资租赁的会计处理

新租赁准则下，出租人对融资租赁的会计处理基本沿用了原租赁准则的规定。但由于可变租赁付款额的定义不同于原准则的或有租金，因此在可变租赁付款额的处理上与原准则存在差异。此外，由于新租赁准则增加了有关融资租赁变更的处理规定，对因融资租赁变更导致租赁付款额发生变化时的处理提供了详细指引。

5.4.3.1 可变租赁付款额

纳入出租人租赁投资净额（应收融资租赁款）的可变租赁付款额只包含取决于指数或比率的可变租赁付款额。在初始计量时，应当采用租赁期开始日的指数或比率进行初始计量。出租人取得的未纳入租赁投资净额计量的可变租赁付款额（如取决于租赁资产的使用或绩效的付款）应当在实际发生时计入当期损益（CAS 21：41）。

5.4.3.2 融资租赁变更的处理

如果融资租赁的变更未作为一项单独租赁进行会计处理，则需要考虑假定该变更于租赁开始日即生效时该租赁的分类而采取不同的处理：

（1）在该假定条件下被分类为经营租赁的，出租人应当自租赁变更生效日开始将其作为一项新租赁进行会计处理，并以租赁变更生效日前的租赁投资净额作为租赁资产的账面价值。

【例5-36】融资租赁变更——假定租赁期开始日即发生变更将分类为经营租赁（应用指南【例51】）

背景

承租人就某套机器设备与出租人签订了一项为期5年的租赁，构成融资租赁。合同规定，每年末承租人向出租人支付租金10 000元，租赁期开始日，出租资产公允价值为37 908元。按照公式10 000×（P/A，r，5）=37 908（元），计算得出租赁内含利率10%，租赁收款额为50 000元，未确认融资收益为12 092元。在第2年年初，承租人和出租人同意对原租赁进行修改，缩短租赁期限到第三年年末，每年支付租金时点不变，租金总额从50 000元变更到33 000元。假设本例中不涉及未担保余值、担保余值、终止租赁罚款等。

分析

本例中，如果原租赁期限设定为3年，在租赁开始日，租赁类别被分类为经营租赁，那么在租赁变更生效日，即第2年年初，出租人将租赁投资净额余额31 699元（37 908+37 908×10%−10 000）作为该套机器设备的入账价值，并从第2年年初开始，作为一项新的经营租赁（2年租赁期，每年年末收取租金11 500元［=（33 000−10 000）÷2）］进行会计处理。

出租人于第2年年初的会计分录如下：

借：固定资产 31 699

应收融资租赁款——未确认融资收益

8 301（12 092−37 908×10%）

贷：应收融资租赁款——租赁收款额 40 000（50 000−10 000）

（2）在该假定条件下被分类为融资租赁的，出租人应当按照新金融工具确认和计量准则第四十二条关于修改或重新议定合同的规定进行会计处理。即修改或重新议定租赁合同，未导致应收融资租赁款终止确认，但导致未来现金流量发生变化的，应当重新计算该应收融资租赁款的账面余额，并将相关利得或损失计入当期损益。重新计算应收融资租赁款账面余额时，应当根据重新议定或修改的租赁合同现金流量按照应收融资租赁款的原折现率或按照《企业会计准则第24号——套期会计（2017年修订）》第二十三条规定重新计算的折现率（如适用）折现的现值确定。对于修改或重新议定租赁合同所产生的所有成本和费用，企业应当调整修改后的应收融资租赁款的账面价值，并在修改后的应收融资租赁款的剩余期限内进行摊销。

【例5-37】融资租赁变更——假定租赁期开始日即发生变更将分类为融资租赁（应用指南【例52】）

背景

假定发生租赁变更前的情形同【例5-36】。在第2年年初，承租人和出租人因为设备适用性等原因同意对原租赁进行修改，从第二年开始，每年支付租金变为9 500元，租金总额从50 000元变更到48 000元。

分析

本例中，假定该付款变更在租赁开始日生效，租赁仍被分类为融资租赁。因此，在租赁变更生效日——第2年年初，按10%原租赁内含利率重新计算租赁投资净额为30 114元［9 500×（P/A，10%，4）］，与原租赁投资净额账面余额31 699元的差额1 585元（其中“应收融资租赁款——租赁收款额”减少2 000元，“应收融资租赁款——未确认融资收益”减少415元）计入当期损益。

出租人于第2年年初的会计分录如下：

借：租赁收入	1 585	
应收融资租赁款——未确认融资收益	415	
贷：应收融资租赁款——租赁收款额		2 000

5.4.4 租赁收款额与经营租赁的会计处理

5.4.4.1 经营租赁的收入确认

在租赁期内各个期间，出租人应当采用直线法或其他系统合理的方法，将经营租赁的租赁收款额确认为租金收入。其他系统合理的方法能够更好地反映因使用租赁资产所产生经济利益的消耗模式的，出租人应当采用该方法（CAS 21：45）。需要注意的是：

注意

（1）在经营租赁下，出租人将租赁收款额分期确认为租赁收入时，该租赁收款额未折现、也无需折现；

（2）对于租金递增安排且该增幅体现通货膨胀率时各期租赁收入应如何确认，实务中素有争议。【例5–38】说明了我们对此的观点。

【例5–38】经营租赁支出按期递增的金额是否在整个租赁期内按直线法进行确认

背景

在一项20年期的经营租赁中，合同约定每年承租人应支付的款项总额，以及其中包含的年租金和维护费用如下表所示（单位：万元）：

年度	年总支出	其中：年租金	其中：年维护费用
第1—5年	200	180	20
第6—10年	210	188	22
第11—15年	220	196	24
第16—20年	230	204	26

如果出租人负责承担维护费用，并且总支出的增加额大于维护费用的增加额（如上表所示），应如何在利润表中确认上表所列各项付款的收入？当租赁协议约定承租人每年应支付的款项逐年递增或每隔若干年增长一定金额，是否应将支出总额在整个租赁期内按直线法分摊，确认各年度的租赁收入？

分析

租金部分虽然每隔若干年增加一定金额，但应当在租赁期内按直线法确认租金收入（本例中，相当于20年中每年以平均年租金192万元确认租金收入），除非该递增的部分代表了除租赁以外的其他服务。如果可以合理证明租金递增的部分代表了其他服务（如维护成本）的递增，则可以分别根据每个期间的具体情况来确认该期间的租赁收益。

因为在整个租赁期内，由租赁资产产生的经济利益的实现（消耗）方式都是相同的（因为租赁物的面积、质量等均相同），因此仍然是直线法最能代表租赁资产所含经济利益的实现在各期间之间的分布情况。因此，将租金总额在整个租赁期内按直线法分摊是最为合理的方法。

对于在租金上升幅度与预期通货膨胀率较为近似的情况下是否仍应采用直线法的问题，仍存在一些争议。但是，我们并不认可这一观点。本例中涉及的固定增长率并不是视通货膨胀率而定。对于CAS 21：45提及的“系统合理的方法”是否应反映资金时间价值的问题，仍存在一些争议。我们不支持该观点，因为按照这个观点将不可能采用直线法，且考虑时间价值的分摊方法并没有反映“从租赁资产中获取的使用效益”。

5.4.4.2　经营租赁的初始直接费用

出租人发生的与经营租赁有关的初始直接费用应当资本化，在租赁期内按照与租金收入确认相同的基础进行分摊，分期计入当期损益（CAS 21：46）。

注意

虽然，新租赁准则应用指南和IFRS 16：83均提及“出租人发生的与经营租赁有关的初始直接费用应当资本化至租赁标的资产的成本”，但我们理解，由于租赁资产与初始直接费用有着不同的折旧（摊销）期限，因此将初始直接费用单独确认为一项资产，如“长期待摊费用”更为合理。

实务中，某些情形下，相关款项是否属于初始直接费用可能并非显而易见的，出租人需要进行判断，且该判断结论将会影响其会计处理结果，【例5–39】说明了这一问题。

【例5–39】出租物业招商代理费是否属于初始直接费用

背景

A公司自建一栋商业楼宇，准备打造一个大型购物中心，在商业楼宇完工前发生了金额较大的招商代理顾问费。按照新租赁准则规定的判断标准，与租户签订的合同均应归类为经营租赁。由于该租赁物业尚未交付租户使用，故尚未开始确认租金收入。

分析

CAS 21：16规定：“初始直接费用，是指为达成租赁所发生的增量成本。增量成本是指若企业不取得该租赁，则不会发生的成本”；CAS 21：46规定：“出租人发生的与经营租赁有关的初始直接费用应当资本化，在租赁期内按照与租金收入确认相同的基础进行分摊，分期计入当期损益”。本案例中，该项招商代理费的会计处理取决于该项“招商代理顾问费”的支付条件，判断该款项是否属于初始直接费用。具体如下：

（1）如果该项“招商代理顾问费”属于不论招商是否成功（例如，以最终的租赁合同的签订为标志）都需要支付的固定性质的费用，其金额主要取决于代理机构所提供的代理服务的工作量，则通常理解该招商代理费更多地与代理机构提供的服务相关，是接受代理机构提供的相关劳务而支付给代理机构的对价，而与租赁合同的签订没有直接关联。故此类招商代理费应当在发生时直接计入当期销售费用处理。

（2）如果该项“招商代理顾问费”是以租赁合同的签订作为支付条件的，则表明其与租赁合同的谈判和签约直接相关，可以作为出租人的初始直接费用，按照CAS 21：46的规定处理，即应将该“招商代理顾问费”资本化，在租赁期内按照与租金收入确认相同的基础进行分摊，分期计入当期损益。

5.4.4.3 经营租赁的可变租赁付款额

出租人取得的与经营租赁有关的未计入租赁收款额的可变租赁付款额，应当在实际发生时计入当期损益（CAS 21：48）。

5.4.4.4 经营租赁变更的处理

经营租赁发生变更的，出租人应当自变更生效日起将其作为一项新的租赁进行会计处理，与变更前租赁有关的预收或应收租赁收款额应当视为新租赁的收款额（CAS 21：49）。

5.5　售后租回交易中的租赁付款额

5.5.1　售后租回交易中的可变租赁付款额的特殊考虑

CAS 21：51规定：售后租回交易中的资产转让属于销售的，承租人应当按原资产账面价值中与租回获得的使用权有关的部分，计量售后租回所形成的使用权资产，并仅就转让至出租人的权利确认相关利得或损失。当售后租回构成销售，但卖方兼承租人需支付的租金取决于租赁资产的使用或绩效时，如果还按5.2.5节的原则进行处理，则卖方兼承租人将不确认任何使用权资产和租赁负债，并会导致将确认所有的资产处置利得或损失的结果。

对此，国际会计准则理事会于2020年6月讨论这一议题，并要求：在此情形下，即使全部租赁付款额都是可变的，且不依赖于指数或利率，卖方兼承租人也应采用预计租赁付款额确认负债，并以之为基础确定保留的使用权资产的账面金额。这一观点已经体现在国际会计准则理事会发布的拟对IFRS 16进行修订的《售后租回中的租赁负债（征求意见稿）》中。

【例5-40】售后租回交易中的可变租赁付款额

背景

卖方兼承租人涉入一项售后租回交易，其将一项作为固定资产核算的不动产转让给买方兼出租人，同时与买方兼出租人签订租回该不动产的5年期合同。转让该不动产满足新收入准则作为销售进行会计处理的要求。

交易日，该不动产在卖方兼承租人财务报表中的账面价值为1 000万元，合同约定的转让价款为1 800万元（该不动产在交易日的公允价值）。租赁付款额（基于市场利率）是全部可变的，以卖方兼出租人在5年租赁期内使用该不动产所产生收入的一定比例计算。交易日，该预计租赁付款额的现值为450万元。假定不考虑初始直接费用等。

分析

卖方兼承租人采用预计租赁付款额现值来计算该不动产与所保留使用权相关的部分是适当的，因为在该交易中其保留了对标的资产的使用权。基于该方法，该不动产与所保留使用权相关的部分为25%（450 ÷ 1 800）。因此，该不动产与向买方兼出租人转让相关的部分为75%［（1 800−450）÷ 1 800］。

根据CAS 21：51的规定，卖方兼承租人的处理为：

（1）以250万元（原账面价值1 000万元 × 所保留使用权相关的25%）计量

使用权资产；

（2）在交易日确认资产处置利得600万元［（1 800–1 000）×75%］，即与向买方兼出租人转让权利相关的利得。

交易日，卖方兼承租人的会计分录为（单位：万元）：

借：银行存款　1 800

　　使用权资产　250

　　贷：固定资产　1 000

　　　　租赁负债　450

　　　　资产处置损益　600

5.5.2 为达成售后租回交易而发生的增量费用

交易各方为达成售后租回交易可能发生某些增量费用，我们理解在对此类增量费用进行处理时，不能简单按照5.2.8.1节所述直接计入“使用权资产”成本。

【例5-41】售后租回交易中卖方兼承租人支付的手续费的处理

问题

新租赁准则下，售后租回交易中卖方兼承租人支付的手续费，应如何进行处理？

分析

根据CAS 21第五章“售后租回交易”的规定，卖方兼承租人首先应当按照新收入准则的规定，评估确定售后租回交易中的资产转让是否属于销售。基于评估结果，进而采用不同的处理。

（1）若售后租回交易中的资产转让不属于销售的，卖方兼承租人应当继续确认被转让资产，同时确认一项与转让收入等额的金融负债，并按照新金融工具确认和计量准则对该金融负债进行会计处理。由于该金融负债通常由承租人在未来租赁期间内以支付租金的方式偿还，按照新金融工具确认和计量准则的要求通常应分类为以摊余成本计量的金融负债；根据该准则第三十三条的规定，所发生的手续费作为交易费用，应当计入该金融负债的初始确认金额。即该手续费减少了金融负债的初始计量金额，加大了未来应当在租赁期内按照实际利率法摊销、计入各期损益的利息支出。

（2）若售后租回交易中的资产转让属于销售的，卖方兼承租人应当按原资产账面价值中与租回获得的使用权有关的部分，计量售后租回所形成的使用权资产，并就转让至买方兼出租人的权利确认相关利得或损失。

我们认为，CAS 21：16规定的使用权资产成本“应当包括承租人发生的初始直接费用”仅适用于普通的租赁业务。对于售后租回交易而言：

（1）如果售后租回交易中的资产转让不属于销售，则由于此时“卖方兼承租人应当继续确认被转让资产，同时确认一项与转让收入等额的金融负债，并按照新金融工具确认和计量准则对该金融负债进行会计处理”，即实质上等同于以被转让资产为抵押获得一项借款融资，因此，相关的初始直接费用完全只是与取得该项融资有关，故应计入该项金融负债的初始计量金额中；

（2）如果售后租回交易中的资产转让属于销售，则由于在该交易中同时包含“出售资产”和“租赁”双重属性的行为，即企业实际上是在转移原标的资产的部分风险和报酬的同时以融资的方式取得使用权资产。因此，发生的相关手续费，应考虑其主要是与处置资产相关，还是与融资取得使用权资产相关。若主要与处置资产有关，则计入“固定资产清理”等科目，最终直接计入当期损益；若主要与租赁有关，则计入使用权资产的初始计量金额。在无法准确划分其是更多地与“出售资产”有关还是与“租赁”有关的情况下，可按照转让至买方兼出租人的权利、使用权资产分别占标的资产原账面价值的相对比例进行分摊，分别计入当期损益和使用权资产的初始计量金额中。

5.6 对租赁付款额的列报与披露

5.6.1 承租人对租赁付款额的列报与披露

5.6.1.1 现金流量表中租金支付的列报

在现金流量表中，承租人应进行以下分类（CAS 21：53）：

（1）偿还租赁负债本金和利息所支付的现金应当计入筹资活动现金流出；

（2）支付的简化处理的短期租赁付款额和低价值资产租赁付款额以及未纳入租赁负债计量的可变租赁付款额应当计入经营活动现金流出。

财政部会计司于2021年4月发布的《企业会计准则实施问答（2021年第二期）》对此问题进一步明确如下：“企业应当将偿还租赁负债本金和利息所支付的现金计入筹资活动现金流出，支付的按租赁准则简化处理的短期租赁付款额和低价值资产租赁付款额以及未纳入租赁负债的可变租赁付款额计入经营活动现金流出。企业支付的预付租金和租赁保证金应当计入筹资活动现金流出，支付的按租赁准则简化处理的短期租赁和低价值资产租赁相关的预付租金和租赁保证金应当计入经营活动现金流出。”

需要注意的是，承租人在支付每期租金时，应拆分其支付的本金和利息，将本金部分计入“偿还债务支付的现金”，将实际支付的利息部分计入“分配股利、利润或偿付利息支付的现金”。当合同存在“孰高”条款时，租金支付在现金流量表上的列报将更加复杂。

【例5-42】“孰高”条款下租赁的列报

背景

承租人A公司与出租人就标的资产的5年期租赁合同对年度租金约定为以下两项孰高：

（1）固定租金100万元；

（2）当年A公司销售收入的2%。

租金为每年年末支付，假定租赁期开始日无法获取租赁内含利率，承租人的增量借款利率为5%，假定不存在初始直接费用、担保余值等其他因素。

第1年年末，A公司当年销售收入的2%为120万元。

分析

租赁期开始日，A公司对使用权资产和租赁负债的初始计量为432.95万元［100×（P/A，5%，5）］。A公司作出如下会计分录（单位：万元）：

借：使用权资产　432.95
　租赁负债——未确认融资费用　67.05
　贷：租赁负债——租赁付款额　500.00

第1年年末，A公司确认租赁利息费用并支付租金（使用权资产折旧费用的处理略）：

借：财务费用——利息支出　21.65
　贷：租赁负债——未确认融资费用　21.65（432.95×5%）
借：租赁负债——租赁付款额　100.00
　成本费用　20.00
　贷：银行存款　120.00

在现金流量表中，A公司对支付的120万元列报为：

项目	金额（万元）
经营活动现金流出——支付其他与经营活动有关的现金	20.00
筹资活动现金流出——偿还债务支付的现金	（100–21.65）78.35
筹资活动现金流出——分配股利、利润或偿付利息支付的现金	21.65

5.6.1.2　承租人与租赁付款额有关的披露

5.6.1.2.1　基本披露要求

承租人应当在附注中披露与租赁付款额有关的下列信息（CAS 21：54）：

（1）计入当期损益的简化处理的短期租赁费用和低价值资产租赁费用；

（2）未纳入租赁负债计量的可变租赁付款额；

（3）与租赁相关的总现金流出；

（4）按照《企业会计准则第37号——金融工具列报（2017年修订）》应当披露的有关租赁负债的信息，包括单独披露租赁负债的到期期限分析、对相关流动性风险的管理等。

承租人通常应当以表格形式披露上述信息，例如：

（1）计入当期损益情况：

项　目	计入本期损益	
	列报项目	金额
短期租赁费用（适用简化处理）		
低价值资产租赁费用（适用简化处理）		
未纳入租赁负债计量的可变租赁付款额		

（2）与租赁相关的现金流量流出情况：

项目	现金流量类别	本期金额
偿还租赁负债本金和利息所支付的现金	筹资活动现金流出	
对短期租赁和低价值资产支付的付款额（适用于简化处理）	经营活动现金流出	
支付的未纳入租赁负债的可变租赁付款额	经营活动现金流出	
合计	—	

（3）租赁付款额的到期期限分析：

期间	将支付的未折现租赁付款额
资产负债表日后第1年	
资产负债表日后第2年	
资产负债表日后第3年	
资产负债表日后第4年	
资产负债表日后第5年	
剩余年度	
合计	

注意

（1）租赁付款额应按《企业会计准则第37号——金融工具列报》第七章第三节有关到期期限分析的要求进行披露；

（2）到期期限分析中的租赁付款额仅指已纳入租赁负债计量的租赁付款额，其以未经折现的合同现金流量进行披露，因此其合计值不等于期末租赁负债的账面价值；

（3）到期期限分析的时间段考虑：到期期限分析的主要目标是帮助财务报表使用者了解承租人的流动性风险和估计未来现金流量。因此，在选择到期期限分析的时间段时承租人需运用判断。如果披露前五年每年的未折现现金流量以及之后期间的现金流量总额能够为财务报表使用者提供最有用的信息，承租人应按照这一详细程度进行披露（如上表所示）；相反，如果其他（可能更为详细）的时间段能够为财务报表使用者提供最有用的信息，那么承租人应按照该替代方案以及更有用的时间段组合进行披露。

5.6.1.2.2　额外披露要求

新租赁准则对计量的要求在某些方面进行了简化（除非能合理确定是否行使选择权，否则承租人无需将选择期间产生的付款额包含在内；除非指数或比率发生变动且导致租赁付款额发生变动，否则承租人无需重新评估可变租赁付款额等），以期降低承租人在应用新租赁准则时产生的成本，但同时也意味着财务报表使用者需要额外信息以了解被排除在租赁负债计量之外的重大特征。因此，CAS 21：55要求承租人应当根据理解财务报表的需要，披露有关租赁活动的其他定性和定量信息。与租赁付款额有关的此类信息主要在于租赁付款的风险敞口，即未纳入租赁负债计量的未来潜在现金流出。主要包括以下几种情形：

（1）可变租赁付款额。承租人可能需要根据具体情况披露与可变租赁付款额有关的额外信息，以帮助财务报表使用者进行评估。例如：承租人使用可变租赁付款额的原因，以及使用此类付款额的普遍性；可变租赁付款额相对于固定付款额的大小；可变租赁付款额所依据的主要变量，以及付款额预期将如何随主要变量的变化而变动；可变租赁付款额的其他经营及财务影响。

【例5-43】可变租赁付款额——承租人拥有大量付款额条款一致的租赁（应用指南【例60】）

背景

零售商甲公司租入了大量零售店铺，其中许多租赁包含与店铺销售额挂钩的可变付款额条款。甲公司的政策规定，可变租赁付款额条款的使用情形以及所有租赁商洽均须集中审批。租赁付款额受到集中监督。甲公司认为，关于可变租赁付款额的信息对财务报表使用者有重大意义，且无法从财务报表的其他部分获得。此外，甲公司认为，下列信息对财务报表使用者也有重大意义：甲公司就可变租赁付款额所用的不同类型的合同条款，这些条款对其财务状况的影响，以及可变租赁付款额对销售额变化的敏感度等。这些信息与向甲公司的高级管理层报告时所用的有关可变租赁付款额的信息类似。

甲公司的披露

本集团的许多房地产租赁包含与租入店铺的销售额挂钩的可变租赁付款额条款。在可能的情况下，本集团使用该等条款的目的是将租赁的付款额与产生较多现金流的店铺相匹配。对于单独的店铺，最高可有100%的付款额是基于可变租赁付款额的，并且，用于确定付款额的销售额比例范围较大。在某些情况下，可变租赁付款额条款还包含年度付款额的下限或上限。

在2×07年度，租赁付款额及条款汇总如下表所示：

	店铺数量（个）	固定付款额（元）	可变付款额（元）	付款额总额（元）
仅有固定付款额	1 490	1 153 000	—	1 153 000
有可变付款额且无最低标准	986	—	562 000	562 000
有可变付款额且有最低标准	3 089	1 091 000	1 435 000	2 526 000
合计	5 565	2 244 000	1 997 000	4 241 000

若本集团全部店铺的销售额增长1%，租赁付款总额预期将增长约0.6%至0.7%；若本集团全部店铺的销售额增长5%，租赁付款总额预期将增长约2.6%至2.8%。

【例5-44】可变租赁付款额——承租人拥有大量付款额条款差异较大的租赁（应用指南【例61】）

背景

零售商甲公司租入了大量零售店铺。这些租赁包含差异较大的可变租赁付款额条款。租赁条款由当地管理层商洽和监督。甲公司认为，关于可变租赁付款额的信息对财务报表使用者有重大意义，且无法从财务报表的其他部分获得。并且，甲公司认为，关于如何管理房地产租赁组合的信息对财务报表使用者有重大意义。此外，甲公司认为，关于以后年度的可变租赁付款额预计水平的信息（与向甲公司的高级管理层报告时所用的信息类似）对财务报表使用者也有重大意义。

甲公司的披露

本集团的许多房地产租赁包含可变租赁付款额条款。当地管理层对店铺的利润率负责，因此，租赁条款由当地管理层商洽确定，付款额条款类型多样。使用可变租赁付款额条款有多种原因，包括最小化新开店铺的固定成本额、管理利润率以及保持经营灵活性等。本集团的可变租赁付款额条款差异较大：

——大部分可变租赁付款额条款是基于店铺销售额的一定比例；

——基于可变条款的付款额占单个房地产租赁付款总额的比例为0—20%；

——部分可变租赁付款额条款包含下限或上限条款。

使用可变租赁付款额条款的总体财务影响是：店铺的销售额越高，租金成本越高。这将有利于本集团的利润管理。预计未来几年可变租赁付款额相关的租赁费用占店铺销售额的比例将保持类似水平。

（2）选择权相关条款。详见本专题“3.3.1 承租人与租赁期有关的披露”。

（3）担保余值。根据具体情况，承租人可能需要披露与担保余值有关的额外信息，以帮助财务报表使用者进行评估。例如，承租人提供担保余值的原因，以及此类条款的普遍性；承租人担保余值风险敞口的相对大小；被担保的标的资产的性质；其他经营及财务影响。

（4）承租人已承诺但尚未开始的租赁。

5.6.2 出租人对租赁收款额的列报与披露

5.6.2.1 对融资租赁的列报和披露

出租人应当在财务报表附注中披露有关融资租赁活动的定性和定量信息，以便财务报表使用者评估融资租赁活动对出租人的财务状况、经营成果和现金流量的影响。这些信息主要内容和披露格式如下：

（1）销售损益（生产商或经销商出租人）、租赁投资净额的融资收益以及与未纳入租赁投资净额的可变租赁付款额相关的收入。

项目	计入本期损益	
	列报项目	金额
销售损益（生产商或经销商出租人）		
租赁投资净额的融资收益		
与未纳入租赁投资净额的可变租赁付款额相关的收入		
合计		

（2）租赁收款额到期期限分析。

期间	将收到的未折现租赁收款额
资产负债表日后第1年	
资产负债表日后第2年	
资产负债表日后第3年	
资产负债表日后第4年	
资产负债表日后第5年	
剩余年度	
合计	

（3）未折现租赁收款额与租赁投资净额的调节表。

项目	期末余额
未折现租赁收款额	
减：未实现融资收益	
……	
加：未担保余值的现值	
初始直接费用（如有）	
……	
租赁投资净额	

5.6.2.2　对经营租赁的列报和披露

列报：

出租人应当根据资产的性质，在资产负债表中列示经营租赁资产（例如，固定资产）。

披露：

出租人应当在财务报表附注中披露有关经营租赁活动的定性和定量信息，以便财务报表使用者评估经营租赁活动对出租人的财务状况、经营成果和现金流量的影响。这些信息主要包括：

（1）租赁收入，并单独披露与未纳入租赁收款额计量的可变租赁付款额相关的收入。其披露格式如下：

项目	计入本期损益	
	列报项目	金额
租赁收入		
其中：与未纳入租赁收款额计量的可变租赁付款额相关的收入		

（2）将经营租赁固定资产与出租人持有自用的固定资产分开，并按经营租赁固定资产的类别提供固定资产准则要求披露的信息。通常的披露格式为：

通过经营租赁租出的固定资产

项目	期末账面价值
房屋及建筑物	
机器设备	
运输设备	
……	
合计	

出租人对经营租赁租出的资产采用与其在其他经营活动中持有和使用的自有资产相似的方式进行会计处理。然而，租赁资产与自有资产通常被用于不同的目的，即租赁资产产生租赁收入，而不是对出租人的其他经营活动做出贡献。因此，将出租人持有和使用的自有资产与产生租赁收入的租赁资产分开披露，有利于财务报表使用者了解更多信息。

（3）租赁收款额的到期期限分析。与融资租赁披露类似，上述到期期限分析将使财务报表使用者能够更准确地预测未来的租赁现金流量流动性风险。

（4）此外，出租人应当根据理解财务报表的需要，披露有关租赁活动的其他定性和定量信息。此类信息包括：

①租赁活动的性质。例如，租出资产的类别及数量、租赁期、是否存在续租选择权等租赁基本情况信息。

②对其在租赁资产中保留的权利进行风险管理的策略及其降低风险的方式。租赁期结束时租赁资产余值的不确定性往往是出租人面临的重要风险。披露有关出租人如何对租赁资产中保留的权利进行管理，有利于财务报表使用者了解更多出租人相关风险管理信息。

第六章　新冠肺炎疫情相关租金减让的会计处理

概述

2020年，新型冠状病毒肺炎疫情（以下简称“疫情”）在全球多个国家和地区蔓延。疫情下，为支持受损严重的产业，各个国家或地区都出台了一系列扶持政策。在我国，为帮助中小微企业渡过疫情难关，国家发展改革委、住房城乡建设部、财政部、商务部、人民银行、国资委、税务总局、市场监管总局八部委联合印发《关于应对新冠肺炎疫情进一步帮扶服务业小微企业和个体工商户缓解房屋租金压力的指导意见》（发改投资规〔2020〕734号），对承租国有房屋用于经营、出现困难的服务业小微企业和个体工商户，免除上半年3个月房屋租金；同时要求地方政府根据当地实际情况对承租非国有房屋的服务业小微企业和个体工商户给予适当帮扶。

各地方政府也纷纷出台了本辖区内的租金减让政策，其中常见的减让方式是对承租国有资产类经营用房的中小微企业，免收一定期限的租金；承租非国有房屋的，鼓励支持商业街区、商务楼宇等业主为租户减免租金。

万达商管等多家商业地产公司亦宣布对旗下商业项目减免租金或延期支付租金，和承租主体一起克服疫情影响。

这些租赁减让正在普遍发生，按照现行租赁准则（无论是2006版原租赁准则还是2018版新租赁准则）的规定评估相关租金减让是否属于租赁变更并进行相关会计处理不仅工作量大、成本较高，面临较大的实务困难，且承租人和出租人均无法将疫情对其损益带来的影响立刻体现在当期业绩中。但这些租金减让的背景是出租人和承租人共同应对疫情带来的影响，可以说是如果没有疫情的出现，就不会出现这些租金减让政策。因此，承租人及出租人对因疫情引发的租金减让的会计处理产生了需求。

作为对相关利益方诉求的回应，国际会计准则理事会于2020年5月28日发布了《对〈国际财务报告准则第16号——租赁〉的修订——新冠肺炎疫情相关租金减免》（《Covid-19-Related Rent Concessions—Amendment to IFRS 16》《新冠肺炎疫情相关租金减免——对IFRS 16的修订》）对承租人获得的符合条件的租金减让允许采用简化方法进行处理。

为回应我国企业的诉求，并保持与国际财务报告准则的持续趋同，财政部于

2020年6月24日发布了《新冠肺炎疫情相关租金减让会计处理规定》(财会〔2020〕10号)以下简称《租金减让特别规定》,对承租人和出租人均提供了可供选择的简化处理方法。《租金减让特别规定》的主要内容有:

(1)明确《租金减让特别规定》所述简化方法的适用范围和执行原则(见6.1);

(2)分别规范执行新旧租赁准则的承租人和出租人对新冠肺炎疫情相关租金减让的简化会计处理方法(见6.2);

(3)对采用简化方法作出相关披露要求(见6.3)。

(4)明确《租金减让特别规定》自发布之日起施行,自2020年1月1日起至施行日发生的相关租金减让可按照该规定进行调整(见6.4)。

随着疫情的持续发展,财政部于2021年6月2日发布了《财政部关于调整〈新冠肺炎疫情相关租金减让会计处理规定〉适用范围的通知》(财会〔2021〕9号),对《租金减让特别规定》的适用范围、衔接规定及相关披露等规定进行了修订,对于该次修订的需关注内容见6.5节。

此外,执行《租金减让特别规定》及财会〔2021〕9号文可能会对企业带来的财务影响和监管指标变化等其他考虑,我们在6.6节进行讨论。

6.1 适用范围和基本原则

6.1.1 适用范围

6.1.1.1 适用的报告主体

由于国际会计准则理事会发布的《新冠肺炎疫情相关租金减免——对IFRS 16的修订》仅对承租人提供简化处理方法,考虑与之衔接一致,《租金减让特别规定》明确了报告主体基于在租赁业务中的身份对该规定的适用范围:

企业分类	报告主体作为承租人	报告主体作为出租人
1.境内外同时上市的企业	适用	不适用
2.在境外上市并采用国际财务报告准则或企业会计准则编制财务报表的企业	适用	不适用
3.其他企业	适用	适用

6.1.1.2 适用的租金减让条件

《租金减让特别规定》仅适用于由新冠肺炎疫情直接引发的、承租人与出租人就现有租赁合同达成的租金减免、延期支付等租金减让。选择适用《租金减让特别规定》的租金减让需同时满足以下条件:

条件	要求
1.租赁对价总额（未折现或按减让前折现率折现）	减让前≥减让后
2.（1）截至2021年6月30日前的应付租赁付款额；（2）2021年6月30日后的应付租赁付款额	（1）减让前≥减让后；且 （2）减让前≤减让后
3.其他条款和条件	无重大变化（综合考虑定性和定量因素后作出该项认定）

【例6–1】适用情形

背景与分析

某租赁合同至2025年12月31日到期，每月支付租金1万元。新冠肺炎疫情发生后，合同租金修改情况为：

假定情形	分析	是否适用
情形1：减免了承租人2020年1—3月的租金，其他无变动	减让后的租赁对价总额较减让前减少，且至2021年6月30日前的应付租赁付款额减少	是
情形2：减免承租人2020年1—3月的租金，2025年10—12月每月租金额外增加：（1）1万元；（2）5 000元	减让后的租赁对价总额不变或减少，至2021年6月30日前的应付租赁付款额减少	是
情形3：减免承租人2020年1—3月的租金，并延长租期3个月，原合同剩余租期租金不变，延长期内（2026年1—3月）每月租金分别以下两种情形：（1）每月租金仍为1万元；（2）每月租金减至5 000元	减让后的租赁对价总额不变，至2021年6月30日前的应付租赁付款额减少	是
情形4：减免承租人2020年1—3月的租金，2025年1—3月每月额外增加1.1万元租金（假定承租人的增量借款利率为年化6%）	未折现的租赁对价总额增加，但折现后的租赁对价总额减少（1.1万 ×0.7473（P/V，5，6%）=0.8220万元），且至2021年6月30日前的应付租赁付款额减少	是
情形5：增加承租人2020年1—3月的租金至每月2万元，但同时减免了承租人2025年7—12月的租金	减让后的租赁对价总额较减让前减少，但是至2021年6月30日前的应付租赁付款额增加	否
情形6：减免承租人2020年1—3月的租金，2025年1—3月每月额外增加1.5万元租金（假定承租人的增量借款利率为年化6%）	未折现的租赁对价总额增加，且折现后的租赁对价总额也增加（1.5万 ×0.7473（P/V，5，6%）=1.1210万元）	否
情形7：减免承租人自2020年1月起每月租金10%，即每月租金减少到9 000元	减让后的租赁对价总额较减让前减少，但是减让也同时包括了对2021年6月30日后的应付租赁付款额的减让	否

对于情形5、情形7，虽然租赁合同整体存在减让，但《租金减让特别规定》将其排除在适用范围之外。原因是，《租金减让特别规定》仅限于因新冠肺炎疫

情而直接引发的救济，即市场主体发生的租金减让主要是在新冠肺炎疫情突发、疫情发展情况迅速变化期间带来的不确定性和对经济的重大影响而作出（体现的是出租人、承租人及其他相关主体对这一不可抗力事件的风险共担）。在经历了这段重大的不确定性和变化之后，对于企业而言，任何对租赁付款的持续影响都是可控或可预见的，企业无需也不应再采用该简化方法。也是基于这样的考虑，《租金减让特别规定》与国际会计准则理事会发布的《新冠肺炎疫情相关租金减免——对IFRS 16的修订》保持了一致，将减让的时间限定于2021年6月30日之前（这一限期时点因为疫情的持续发展而后延，见6.5节）。

6.1.2 简化处理的基本原则

6.1.2.1 原则一：选择适用

租金减让同时满足6.1.1.2节所述条件的，企业可以按照《企业会计准则第21号——租赁》进行会计处理，也可以选择采用《租金减让特别规定》的简化方法。

6.1.2.2 原则二：一旦选择应一致应用

由于《租金减让特别规定》所述的简化处理方法与《企业会计准则第21号——租赁》所规定的租赁变更的处理原则不同，企业选择采用简化方法的，则无需评估是否发生租赁变更，也不需要重新评估租赁分类。

最重要的是，企业如果选择简化处理方法，应当将该选择一致地应用于类似租赁合同，不得随意变更。

6.2 确认和计量（简化方法的会计处理）

6.2.1 减让方式

《租金减让特别规定》所述的因疫情而引发的租金减让包含以下几种方式：

减让方式	包含情形（以【例6–1】所述情形为基础）
租金减免	直接的租金减免，如情形1
延期支付	减让后的租赁对价基本不变但支付时点延迟，包括： ①直接递延支付时间、前期减免租金后期等量增加租金，如情形2（1）； ②减免一定期间的租金的同时延长不超过减免期间的租赁期并收取等量租金，如情形3（1）
租金减免和延期支付的组合方式	减让后的租赁对价减少且支付时点延迟，包括： ①在减免一定期间租金的同时减量调增后续租赁期间租金，如情形2（2）； ②在减免一定期间租金的同时将租赁期延迟不超过减免期的期间并收取减量租金，如情形3（2）

6.2.2　执行2006版原租赁准则的企业

6.2.2.1　承租人的会计处理

租赁分类	简化处理方法	
经营租赁	基本处理原则	继续按照与减让前一致的方法将原合同租金计入相关资产成本或费用
	租金减免	将减免的租金作为或有租金，在减免期间冲减相关成本费用
	延期支付	在原支付期间将应支付的租金确认为应付款项，在实际支付时冲减前期确认的应付款项
融资租赁	基本处理原则	继续按照与减让前一致的折现率将未确认融资费用确认为当期融资费用，继续按照与减让前一致的方法对融资租入资产进行计提折旧等后续计量
	租金减免	将减免的租金作为或有租金，在达成减让协议等解除原租金支付义务时，冲减相关成本费用，并相应调整长期应付款，按照减让前折现率折现计入当期损益的，还应调整未确认融资费用
	延期支付	在实际支付时冲减前期确认的长期应付款

【例6-2】

背景

接【例6-1】，假定该租赁标的为管理部门办公用房，承租人将该租赁分类为经营租赁。

分析

没有租金减让时，承租人在租赁期间每月的会计处理为：

借：管理费用　　10 000

　　贷：相关负债　　10 000

借：相关负债　　10 000

　　贷：货币资金　　10 000

因疫情发生租金减让时，根据不同的减让情形，承租人的会计处理为：（关注黑体字标识的不同之处，下同）

情形1：减免2020年1—3月的租金	情形2（1）：减免2020年1—3月的租金，2025年10—12月每月租金额外增加：1万元	情形2（2）：减免2020年1—3月的租金，2025年10—12月每月租金额外增加5 000元
2020年1—3月： 借：管理费用　10 000 　贷：相关负债　10 000 **借：相关负债　10 000** **　贷：管理费用　10 000**	2020年1—3月： 借：管理费用　10 000 　贷：相关负债　10 000	2020年1—3月： 借：管理费用　10 000 　贷：相关负债　10 000 **借：相关负债　5 000** **　贷：管理费用　5 000**

续表

情形1：减免2020年1—3月的租金	情形2（1）：减免2020年1—3月的租金，2025年10—12月每月租金额外增加：1万元	情形2（2）：减免2020年1—3月的租金，2025年10—12月每月租金额外增加5 000元
2020年4月—2025年12月： 借：管理费用　　10 000 　　贷：相关负债　　10 000 借：相关负债　　10 000 　　贷：货币资金　　10 000	2020年4月—2025年12月： 借：管理费用　　10 000 　　贷：相关负债　　10 000 借：相关负债　　10 000 　　贷：货币资金　　10 000 **2025年10—12月，额外支付：** **借：相关负债　　10 000** 　　**贷：货币资金　　10 000**	2020年4月—2025年12月： 借：管理费用　　10 000 　　贷：相关负债　　10 000 借：相关负债　　10 000 　　贷：货币资金　　10 000 **2025年10—12月，额外支付：** **借：相关负债　　5 000** 　　**贷：货币资金　　5 000**
	注：情形3（1）除额外支付应记录时间为2026年1—3月外，其余与情形2（1）的处理一致	注：情形3（2）除额外支付应记录的时间为2026年1—3月外，其余与情形2（2）一致

应关注的是，在情形3下，承租人于延长的租期期间（2026年1—3月）无需确认租赁费用。

【例6–3】

背景

接【例6–1】，假定该租赁标的为办公用设备，承租人将该租赁分类为融资租赁，租赁期开始日的月度折现率为0.5%。至2019年12月31日，应付融资租赁款的摊余成本为603 395元（其中，租赁付款额720 000元，未确认融资费用116 605元）。融资租赁资产的月折旧额为8 000元（为简化处理，不考虑资产后续计量的其他问题）。

分析

没有租金减让时，承租人在2020年1月起每月的会计处理为：

借：管理费用　　8 000

　　贷：累计折旧　　8 000

借：长期应付款　　10 000

　　贷：货币资金　　10 000

借：财务费用　　3 017/2 982/2 947/……

　　贷：未确认融资费用　　3 017/2 982/2 947/……

至2020年3月31日，长期应付款的摊余成本为582 341元。

因疫情发生租金减让时，假定租金减让协议于2020年3月31日达成，在达成减让前承租人并未按原协议约定的时间支付2020年1—3月租金，根据不同的减让情形，承租人的会计处理为：

情形1：减免2020年1—3月的租金	情形2（1）：减免2020年1—3月的租金，2025年10—12月每月租金额外增加：1万元	情形2（2）：减免2020年1—3月的租金，2025年10—12月每月租金额外增加5 000元
2020年1—3月： 借：管理费用　8 000 　贷：累计折旧　8 000 借：财务费用 　3 017/2 982/2 947 　贷：未确认融资费用 　……	2020年1—3月： 借：管理费用　8 000 　贷：累计折旧　8 000 借：财务费用 　3 017/2 982/2 947 　贷：未确认融资费用 　……	2020年1—3月： 借：管理费用　8 000 　贷：累计折旧　8 000 借：财务费用 　3 017/2 982/2 947 　贷：未确认融资费用 　……
2020年3月31日达成减让协议时： **借：长期应付款 30 000** **　贷：管理费用　30 000**	**2020年3月31日达成减让协议时：** **延期支付所得优惠仅为资金的时间价值，根据《租金减让特别规定》不考虑该时间价值时，无需作任何特殊处理**	**2020年3月31日达成减让协议时：** **借：长期应付款 15 000** **　贷：管理费用　15 000**
2020年3月31日长期应付款的摊余成本为：582 341元 **2020年4月—2025年12月：** 借：管理费用　8 000 　贷：累计折旧　8 000 借：长期应付款 10 000 　贷：货币资金　10 000 借：财务费用 　2 912/2 876/…… 　贷：未确认融资费用 　……	**2020年3月31日长期应付款的摊余成本为：612 341元** **2020年4月—2025年12月：** 借：管理费用　8 000 　贷：累计折旧　8 000 借：长期应付款 10 000 　贷：货币资金　10 000 借：财务费用 　2 912/2 876/…… 　贷：未确认融资费用 　…… **2025年10—12月，额外支付：** **借：长期应付款 10 000** **　贷：货币资金　10 000**	**2020年3月31日长期应付款的摊余成本为：597 341元** **2020年4月—2025年12月：** 借：管理费用　8 000 　贷：累计折旧　8 000 借：长期应付款 10 000 　贷：货币资金　10 000 借：财务费用 　2 912/2 876/…… 　贷：未确认融资费用 　…… **2025年10—12月，额外支付：** **借：长期应付款　5 000** **　贷：货币资金　5 000**
	注：情形3（1）除额外支付应记录时间为2026年1—3月外，其余与情形2（1）的处理一致	注：情形3（2）除额外支付应记录的时间为2026年1—3月外，其余与情形2（2）一致

注意

应关注的是：

（1）经营租赁和融资租赁下发生的租金减免，确认租金减免的时点有所不同，经营租赁在租金"减免期间"冲减相关费用，融资租赁在"达成减让协议等解除原租金支付义务时"一次性冲减相关费用。

（2）在情形3下，假设承租人有权使用租赁资产的时间仅限于租赁期内（即承租人没有留购选择权，租赁期满时租赁资产的所有权也不会自动转移给承租人），则承租人于延长的租期期间（2026年1—3月）无需对融资租入资产确认折旧费用。

（3）情形1、情形2、情形3下，各期未确认融资费用的摊销均与减让前一致。

（4）对于情形4，则可以选择"按照减让前折现率折现计入当期损益"，即2025年1—3月每月额外增加1.1万元租金，折现至2020年1—3月，其现值为0.8220万元。由于延期支付部分考虑了其资金成本，因此情形4下仅涉及租金减免的单一优惠方式，该减让的效果等同于减免2020年1—3月每月租金0.1780万元（1−0.8220），其余0.8220万元延期5年支付，延期期间正常计息。在情形1的基础上，将黑体字部分调整为：

借：未确认融资费用　　8 216（33 000元未折现租赁付款额与其折现至2020年3月31日的现值之间的差额）

　　贷：管理费用　　5 216（8 216−3 000）

　　　　长期应付款　　3 000（未折现的租赁对价总额增加1 000×3）

此外，还应调整前述分录中所确认的未确认融资费用，在后续租赁期内按照折现率（0.5%/月）分期计入财务费用。

直至约定的延期付款时，承租人实际支付该延期付款额应作如下处理：

2025年1—3月，额外支付：

借：长期应付款　　11 000

　　贷：货币资金　　11 000

6.2.2.2　出租人的会计处理

租赁分类	简化处理方法	
经营租赁	基本处理原则	继续按照与减让前一致的方法将原合同租金确认为租赁收入
	租金减免	将减免的租金作为或有租金，在减免期间冲减租赁收入
	延期支付	在原收取期间将应收取的租金确认为应收款项，并在实际收到时冲减前期确认的应收款项
融资租赁	基本处理原则	继续按照与减让前一致的租赁内含利率将未实现融资收益确认为租赁收入
	租金减免	将减免的租金作为或有租金，在达成减让协议等放弃原租金收取权利时，冲减原确认的租赁收入，不足冲减的部分计入投资收益，同时相应调整长期应收款，按照减让前折现率折现计入当期损益的，还应调整未实现融资收益
	延期支付	在实际收到时冲减前期确认的长期应收款

【例6-4】

背景

接【例6-2】，假定出租人将该租赁分类为经营租赁。

分析

没有发生租金减让时，出租人在租赁期间每月的会计处理为：

借：应收账款（或其他应收款，下同）　10 000

　　贷：租赁收入（或其他业务收入，下同）　10 000

借：货币资金　10 000

　　贷：应收账款　10 000

因疫情发生租金减让时，根据不同的减让情形，出租人的会计处理为：

情形1：减免2020年1—3月的租金	情形2（1）：减免2020年1—3月的租金，2025年10—12月每月租金额外增加：1万元	情形2（2）：减免2020年1—3月的租金，2025年10—12月每月租金额外增加5 000元
2020年1—3月： 借：应收账款　10 000 　贷：租赁收入　10 000 **借：租赁收入　10 000** **　贷：应收账款　10 000** **2020年4月—2025年12月：** 借：应收账款　10 000 　贷：租赁收入　10 000 借：货币资金　10 000 　贷：应收账款　10 000	**2020年1—3月：** 借：应收账款　10 000 　贷：租赁收入　10 000 **2020年4月—2025年12月：** 借：应收账款　10 000 　贷：租赁收入　10 000 借：货币资金　10 000 　贷：应收账款　10 000 **2025年10—12月，额外收取：** **借：货币资金　10 000** **　贷：应收账款　10 000**	**2020年1—3月：** 借：应收账款　10 000 　贷：租赁收入　10 000 **借：租赁收入　5 000** **　贷：应收账款　5 000** **2020年4月—2025年12月：** 借：应收账款　10 000 　贷：租赁收入　10 000 借：货币资金　10 000 　贷：应收账款　10 000 **2025年10—12月，额外收取：** **借：货币资金　5 000** **　贷：应收账款　5 000**
	注：情形3（1）除额外收取应记录时间为2026年1—3月外，其余与情形2（1）的处理一致	注：情形3（2）除额外收取应记录的时间为2026年1—3月外，其余与情形2（2）一致

与承租人对应，在情形3下，出租人于延长的租期期间（2026年1—3月）没有租赁收入。

【例6-5】

背景

接【例6-3】，假定出租人将该租赁分类为融资租赁，租赁期开始日的月度内含报酬率为0.5%。至2019年12月31日，应收融资租赁款的摊余成本为603 395元

（其中，租赁收款额720 000元，未确认融资收益116 605元）。

分析

没有发生租金减让时，出租人在2020年1月起每月的会计处理为：

借：未确认融资收益　　3 017/2 982/2 947/……

　　贷：租赁收入　　3 017/2 982/2 947/……

借：货币资金　　10 000

　　贷：长期应收款　　10 000

至2020年3月31日，长期应收款的摊余成本为582 341元。

因疫情发生租金减让时，假定租金减让协议于2020年3月31日达成，在达成减让前承租人并未按原协议约定的时间支付2020年1—3月租金，根据不同的减让情形，出租人的会计处理为：

情形1：减免2020年1—3月的租金	情形2（1）：减免2020年1—3月的租金，2025年10—12月每月租金额外增加：1万元	情形2（2）：减免2020年1—3月的租金，2025年10—12月每月租金额外增加5 000元
2020年1—3月： 借：未确认融资收益 3 017/2 982 /2 947 贷：租赁收入　…… 2020年3月31日达成减让协议时： 借：租赁收入　8 946 （=3 017+ 2 982+2 947） 投资收益　21 054 贷：长期应收款 30 000 2020年3月31日长期应收款的摊余成本为：582 341元。 2020年4月—2025年12月： 借：未确认融资收益 2 912/2 876 /…… 贷：租赁收入　…… 借：货币资金　10 000 贷：长期应收款 10 000	2020年1—3月： 借：未确认融资收益 3 017/2 982 /2 947 贷：租赁收入　…… 2020年3月31日达成减让协议时： 延期收回所涉及的减让损失仅为资金的时间价值，根据《租金减让特别规定》不考虑该时间价值时，无需作任何特殊处理。 2020年3月31日长期应收款的摊余成本为：612 341元。 2020年4月—2025年12月： 借：未确认融资收益 2 912/2 876/…… 贷：租赁收入　…… 借：货币资金　10 000 贷：长期应收款 10 000 2025年10—12月，额外收取： 借：货币资金　10 000 贷：长期应收款 10 000	2020年1—3月： 借：未确认融资收益 3 017/2 982 /2 947 贷：租赁收入　…… 2020年3月31日达成减让协议时： 借：租赁收入　8 946 （=3 017+ 2 982+2 947） 投资收益　6 054 贷：长期应收款 15 000 2020年3月31日长期应收款的摊余成本为：597 341元。 2020年4月—2025年12月： 借：未确认融资收益 2 912/2 876 /…… 贷：租赁收入　…… 借：货币资金　10 000 贷：长期应收款 10 000 2025年10—12月，额外收取： 借：货币资金　5 000 贷：长期应收款 5 000
	注：情形3（1）除额外收取应记录时间为2026年1—3月外，其余与情形2（1）的处理一致	注：情形3（2）除额外收取应记录的时间为2026年1—3月外，其余与情形2（2）一致

注意

应当关注的是：

（1）经营租赁和融资租赁下发生的租金减免，确认租金减免的时点有所不同，经营租赁在租金“减免期间”冲减租赁收入，融资租赁在“达成减让协议等放弃原租金收取权利时”一次性冲减租赁收入。

（2）情形1、情形2、情形3下，各期未确认融资收益结转租赁收入的金额均与减让前一致。

（3）因租金减免冲减疫情期间租赁收入时，以减让前应确认的租赁收入为限，超出部分计入“投资收益”。

（4）对于情形4，则可以选择“按照减让前折现率折现计入当期损益”，即2025年1—3月每月额外增加1.1万元租金，折现至2020年1—3月，其现值为0.8220万元。由于延期收款部分考虑了其资金成本，因此情形4下仅涉及租金减免的单一优惠方式，该减让的效果等同于减免2020年1—3月每月租金0.1780万元（1−0.8220），其余0.8220万元延期5年支付，延期期间正常计息。在情形1的基础上，将黑体字部分调整为：

借：长期应收款　　　　3 000（未折现的租赁对价总额增加1 000×3）

　　租赁收入　　　　　　　　　　　5 216（8 216−3 000）

　　贷：未确认融资收益　　　8 216（33 000元未折现租赁收款额与其折现至2020年3月31日的现值之间的差额）

此外，还应调整延期至2025年1—3月收取的1.1万元与其现值0.8220万元之差所确认的未确认融资收益，在相应期间内按照折现率（0.5%/月）分期计入租赁收入。

直至约定的延期收款时，出租人实际收到承租人支付的延期付款额时应作如下处理：

2025年1—3月，额外收取：

借：货币资金　　　　　　　　11 000

　　贷：长期应收款　　　　　　　11 000

6.2.3　执行2018版新租赁准则的企业

6.2.3.1　承租人的会计处理

（1）承租人对租赁确认使用权资产和租赁负债时，简化处理方法为：

基本处理原则	继续按照与减让前一致的折现率计算租赁负债的利息费用并计入当期损益，继续按照与减让前一致的方法对使用权资产进行计提折旧等后续计量
租金减免	将减免的租金作为可变租赁付款额，在达成减让协议等解除原租金支付义务时，按未折现或减让前折现率折现金额冲减相关资产成本或费用，同时相应调整租赁负债
延期支付	在实际支付时冲减前期确认的租赁负债

相关处理原则与“执行2006版原租赁准则”的承租人于融资租赁下的处理方式基本一致，可参考【例6-3】，将其中的“累计折旧”替换为“使用权资产累计折旧”、“长期应付款”替换为“租赁负债——租赁付款额”、“未确认融资费用”替换为“租赁负债——未确认融资费用”即可。

（2）承租人根据规定对短期租赁和低价值资产租赁未确认使用权资产和租赁负债时：

基本处理原则	按照与减让前一致的方法将原合同租金计入相关资产成本或费用
租金减免	将减免的租金作为可变租赁付款额，在减免期间冲减相关资产成本或费用
延期支付	在原支付期间将应支付的租金确认为应付款项，在实际支付时冲减前期确认的应付款项

相关处理原则与“执行2006版原租赁准则”的承租人于经营租赁下的处理方式基本一致，可参考【例6-2】进行处理。

6.2.3.2　出租人的会计处理

租赁分类	简化处理方法	
经营租赁	基本处理原则	继续按照与减让前一致的方法将原合同租金确认为租赁收入
	租金减免	将减免的租金作为可变租赁付款额，在减免期间冲减租赁收入
	延期支付	在原收取期间将应收取的租金确认为应收款项，并在实际收到时冲减前期确认的应收款项
融资租赁	基本处理原则	继续按照与减让前一致的折现率计算利息并确认为租赁收入
	租金减免	将减免的租金作为可变租赁付款额，在达成减让协议等放弃原租金收取权利时，按未折现或减让前折现率折现金额冲减原确认的租赁收入，不足冲减的部分计入投资收益，同时相应调整应收融资租赁款
	延期支付	在实际收到时冲减前期确认的应收融资租赁款

由于新租赁准则下出租人的会计处理与原租赁准则下基本一致，因此简化处理方法也与“执行2006版原租赁准则”的出租人的处理方式基本一致，可参考【例6-4】【例6-5】进行处理。

6.3　简化处理方法的披露要求

企业按照本规定采用简化方法的，应当披露下列信息：

（1）是否对属于适用范围的租金减让全部采用简化方法。如果不是，还应当披露采用简化方法处理的租赁合同的性质。

（2）采用简化方法处理的相关租金减让对当期损益的影响金额。

6.4 施行安排

《租金减让特别规定》自发布之日（2020年6月24日）起施行。企业按照《租金减让特别规定》采用简化方法的，可以对2020年1月1日至2020年6月24日之间发生的相关租金减让根据《租金减让特别规定》进行调整。

企业首次执行《租金减让特别规定》，无需披露当期和各个列报前期财务报表中受影响的项目名称和调整金额。注意，无需披露影响的资产、负债的具体项目和调整金额，但对当期损益的影响应按要求披露。

6.5 延期安排

由于疫情的持续发展，财政部于2021年6月2日发布了《财政部关于调整〈新冠肺炎疫情相关租金减让会计处理规定〉适用范围的通知》（财会〔2021〕9号），对《租金减让特别规定》的适用范围、衔接规定及相关披露等规定进行了修订。具体内容有：

6.5.1 简化处理方法适用期间的延长

财会〔2021〕9号文的修订主要是将适用简化处理方法的租金减让期间延长一年，由2021年6月30日前原本应到期的租赁付款额的减让修改为至2022年6月30日前原本应到期的租赁付款额额减让。即可选择适用简化方法的租赁应同时满足的条件为：

条件	要求
1.租赁对价总额（未折现或按减让前折现率折现）	减让前≥减让后
2.（1）截至2022年6月30日前的应付租赁付款额； （2）2022年6月30日后的应付租赁付款额	（1）减让前≥减让后，且 （2）减让前≤减让后
3.其他条款和条件	无重大变化（综合考虑定性和定量因素后作出该项认定）

注意

由于简化处理方法旨在：

（1）在承租人或出租人受新冠肺炎疫情较为严重时为其减轻负担；

（2）解决财务报表使用者的担忧，即在承租人或出租人受新冠肺炎疫情影响有所减弱后仍采用简化处理方法能否保证信息的有用性；

（3）让实务简化处理方法易于采用。

因此，在新冠肺炎疫情依然形势严峻，出租人因为疫情的影响给予承租人减少2021年6月30日后的租赁付款额的安排依然普遍的现状下，延长租金减让简化处理方法的期间，更符合简化处理方法出台的宗旨（比如前述（1））；而针对由于前述宗旨（2）的担忧，本次延长仍然设定了一个截止日期——2022年6月30日。

6.5.2 执行财会〔2021〕9号文修订的衔接规定

由于简化处理方法要求一旦选择，对符合条件的租赁应一致应用，因此，如果承租人选择对符合条件的类似租赁合同一致采用简化处理方法时，财会〔2021〕9号文的修订可能会面临租赁合同是否满足简化处理方法的结论发生变化，具体的衔接处理为：

是否满足简化处理方法的适用条件	衔接处理
1.修订前不满足、修订后满足	追溯调整期初留存收益、不调整前期比较数据
2.修订前后均满足	继续按照简化处理执行
3.修订前后均不满足	按照租赁准则的一般规定处理，不适用简化处理方法

此外，需要注意的是，如果企业对修订前符合条件的租赁合同选择不采用简化方法的，则财会〔2021〕9号文修订后，符合条件的类似租赁合同也不得选择采用简化方法。

6.5.3 财会〔2021〕9号文修订的施行日及适用主体

财会〔2021〕9号文的修订自发布之日（2021年6月2日）起施行。2021年1月1日至2021年6月2日期间发生的新冠肺炎疫情导致的租金减让，也应当按照财会〔2021〕9号文修订明确的内容进行调整。

为保持与国际财务报告准则的持续趋同（仅对承租人提供简化处理方法），在境内外同时上市的企业以及在境外上市并采用国际财务报告准则或企业会计准则编制财务报表的企业作为出租人并不适用《租金减让特别规定》向出租人提供的简化处理方法，财会〔2021〕9号文修订后依然如此。

6.6 相关影响

6.6.1 新旧准则衔接

按照新租赁准则的实施要求，纯境内上市公司或非上市公司等大量企业于2021年1月1日起执行新租赁准则。由于《租金减让特别规定》所述的简化方法的适用期间跨越新租赁准则实施日期，因此企业需考虑《租金减让特别规定》的简化处理方式在转换为新租赁准则时的过渡衔接办法。

例如，在涉及延期支付时，承租人对原分类为经营租赁的、递延至2021年1月1日之后付款的租金，《租金减让特别规定》允许其不考虑延期支付的货币时间价值的影响，然而，在首次执行新租赁准则时，对该延期支付的租赁付款额，是否应按照新租赁准则第六十一条的规定将其纳入“剩余租赁付款额”，一并按首次执行日承租人增量借款利率进行折现计入租赁负债？

《租金减让特别规定》并未直接明确新旧衔接中与该规定的简化处理方式相重叠时的处理，有关处理原则有待进一步明确。在政策制定机构未明确规定时，企业无论是选择将延付款项纳入或不纳入“剩余租赁付款额”，我们认为均可接受，但企业应当将该选择一致地应用于类似租赁合同，不得随意变更。

基于逻辑一致性的考虑，我们建议在原2006版租赁准则下选择采用简化处理方法的企业，在2021年1月1日转为执行新的2018版租赁准则之后，执行《租金减让特别规定》对新租赁准则规定的简化处理方法（见6.2.3）。

6.6.2　非经常性损益

《公开发行证券的公司信息披露解释性公告第1号——非经常性损益（2008）》（证监会公告〔2008〕43号）对非经常性损益定义为：非经常性损益是指与公司正常经营业务无直接关系，以及虽与正常经营业务相关，但由于其性质特殊和偶发性，影响报表使用人对公司经营业绩和盈利能力作出正常判断的各项交易和事项产生的损益。

显然，于2020年度至2022年度期间，疫情的突然出现具有其“性质特殊”和“偶发性”的特点。在零售业、餐饮业、旅游业、影视行业等受疫情影响严重的行业，企业当期的财务报表受到巨大冲击。由于疫情的突发超出企业和报表使用人的预期，我们理解，企业按照《租金减让特别规定》确认的对当期损益的影响部分（本章前述各示例中黑体字部分对损益的影响）应当属于非经常性损益。后续，随着疫情进入稳定期后，市场主体逐步恢复经营，即使病毒长期存在，企业对其影响届时也应有了合理的预计，相关损益的影响应作为经常性损益处理。

对于出租人而言，执行《租金减让特别规定》会形成非经常性损失，体现出突发的疫情对其损益的负面影响。

对于承租人而言，执行《租金减让特别规定》会形成非经常性收益，该收益事实上是为了抵销因疫情这一非经常性因素对其收入减少的影响（例如，某电影院因疫情期间未能获得票房收入）。但是，由于因疫情而导致的收入减少的金额难以量化，企业无法将该部分减少的未获得的收入作为非经常性损益，因此租金减让额外产生了一部分非经常性收益。实务中对于该事项的处理存在以下两种观点：

观点一：在证监会未对非经常性损益的定义作出修改或对疫情的影响单独予以明确之前，承租人仍然应当将执行《租金减让特别规定》所确认的租金减让对损益的影响作为非经常性损益披露。

观点二：由于租金减让是为了缓解或抵销承租人因疫情导致的收入减少对其的

负面影响，通常情况下租金减让的金额远小于承租人因疫情导致的收入减少金额，当相关收入减少金额仍然作为经常性损益时，同样因疫情而导致的租金减让应保持同一口径，也可作为经常性损益披露。

6.6.3 企业实施《租金减让特别规定》的考虑和安排

首先，《租金减让特别规定》所述的简化处理方法是一个可选择项，通常来讲，执行《租金减让特别规定》的简化处理方法将极大地减轻疫情相关租金减让会计处理的工作量，使企业的经营管理人员和财务人员有精力处理更重要的工作；同时，执行《租金减让特别规定》还可将疫情直接引发的租金减让带来的损益影响更大程度地在减让期间（2020年1月1日至2022年6月30日）的利润表中体现，以适时、合理地反映疫情期间租金减让的财务影响。但是，对于某些涉及大量租赁、已经建立了处理租赁付款变化的系统的企业而言，可能将租金减让作为租赁变更进行处理会更为便捷。企业应根据自身情况和实际需求考虑是否采用《租金减让特别规定》。

其次，对于确定执行《租金减让特别规定》的企业，应根据所处行业、议定的租金减让的不同方式，对照《租金减让特别规定》对不同方式下的会计处理规定，评估执行《租金减让特别规定》对财务报表和关键财务指标的影响，提前做好应对和实施工作。

最后，疫情对企业与租赁相关的处理不仅限于《租金减让特别规定》所述的"租金减让"，还涉及相关资产的计量、以及租赁变更等。

例如，企业作为承租人时，还应考虑疫情对经营的负面影响是否表明其租赁资产（固定资产/使用权资产）已经发生减值，并考虑进行减值测试，或者经营租赁合同是否已变为亏损合同从而需确认预计负债。当租赁合同附有终止租赁选择权或续租选择权时，企业很可能因为疫情的影响而选择行使终止租赁选择权或不行使续租选择权，该类选择权是否行使的评估结果或实际行使情况发生变化的情况的，企业仍应按照《企业会计准则第21号——租赁》的规定进行处理，该类变更可能会因为疫情而变得频繁。

企业作为出租人时，应考虑疫情对承租人经营业绩带来的冲击，进而导致承租人信用风险的变化，对应收融资租赁款（或新准则下的租赁应收款）按照新金融工具确认并按照计量准则的规定进行减值处理；对于经营租赁资产考虑疫情对资产市场价格、租金市场价格的普遍影响，还应考虑相关资产是否存在减值迹象并进行减值测试。

专题Ⅱ

新收入准则实务案例解析

引　言

2020年1月1日起，境内上市公司及申请首发企业开始实施财政部于2017年7月5日发布的《企业会计准则第14号——收入（2017年修订）》（新收入准则）。自2021年1月1日起，执行企业会计准则的非上市企业也开始全面实施新收入准则。

值新收入准则全面实施之际，我们编写了“新收入准则实务案例解析”专题，试图以众多案例为依托，帮助市场主体更好地理解新收入准则在实务中的应用。本专题共包括两部分：

第一部分：新收入准则实务案例。

该部分主要以准则中的各个知识点为结构框架，汇集了我们在实务中遇到的与新收入准则相关的各种典型案例，以供大家在实务中参考。

第二部分：2020年上市公司年报及IPO新收入准则实施案例。

在该部分，我们选取了2020年部分上市公司和IPO首发企业作为样本进行汇总、摘录及简要分析，并对可能存在的问题予以关注。该部分结构主要以行业为中心，重点关注可能受新收入准则影响较大的、实务中存在不同处理方法的行业中的一些特定交易事项，并非是对全部行业或行业中的所有交易进行的分析。此外，该部分还包括了各个行业均可能涉及的一些特殊事项以及列报与披露情况。

第一部分　新收入准则实务案例

第七章　识别履约义务

根据新收入准则，收入是在“履行各单项履约义务时”确认的，即收入确认是在履约义务的层面进行。因此，准确识别合同中的“单项履约义务”是恰当进行收入确认和计量的关键步骤。新收入准则及其应用指南给出了如何识别单项履约义务的原则和案例，但由于实务中的很多业务内容和性质比较复杂，合同安排繁复，导致准确识别单项履约义务存在一定的难度。

下面的几个案例针对服务和用于提供服务的设备、软件开发企业综合解决方案中的软硬件和系统集成服务、总承包合同中建筑施工和设备采购安装是否能够构成单项履行义务分别进行了探讨。

【例7-1】提供服务包含免费提供终端设备的会计处理

问题

提供服务包含免费提供终端设备时，应如何确认收入？

背景

A公司从事车联网业务，该业务主要模式是：A公司免费提供车载类终端设备，该类设备系外购，单价从几百元至几千元不等。A公司通过该设备的定位等功能对客户进行监控，并给客户提供一定的增值服务，客户每年支付一定数额的服务费。收取客户服务费的年限通过合同进行约定，一般为3年或5年，到期后设备归客户所有。在收取服务费期间，A公司保留对设备的所有权，如客户中途更换设备或不使用A公司提供的服务则视为对A公司的违约，需要支付剩余年限的服务费并返还设备。同时，在此过程中，对于客户是否使用A公司设备，以及该设备是否正常发挥作用，A公司有足够的技术手段进行监控，同时有手段进行设备回收。

分析

A公司在该业务模式中向客户作出两个承诺：终端设备和相关服务。

（1）终端设备和相关服务是否能够明确区分？

根据新收入准则第十条规定：“企业向客户承诺的商品同时满足下列条件的，应当作为可明确区分商品：（一）客户能够从该商品本身或从该商品与其他易于获得资源一起使用中受益；（二）企业向客户转让该商品的承诺与合同中其他承诺可单独区分。

下列情形通常表明企业向客户转让该商品的承诺与合同中其他承诺不可单独区分：

①企业需提供重大的服务以将该商品与合同中承诺的其他商品整合成合同约定的组合产出转让给客户。

②该商品将对合同中承诺的其他商品予以重大修改或定制。

③该商品与合同中承诺的其他商品具有高度关联性。”

由于客户可以从终端设备和相关服务本身或与其他易于获得的资源一起使用中获益，满足上述准则第十条（一）的条件，因此，本案例应重点分析是否满足（二）的条件，需要考虑：

该终端设备是必须与A公司的网络服务绑定，仅可用于接受A公司提供的服务，而不能用于接受其他方提供的类似服务，一旦退网则对用户无任何价值，还是可以接入任何一个提供类似服务的公司的网络都可以使用？同样，A公司的网络服务是否必须与自身提供的终端设备结合才能使用，还是依托于其他公司类似的设备也可以使用？A公司是否可以仅提供终端设备而不提供后续网络服务？反之，是否可以仅提供网络服务而不提供终端设备？

如果终端设备和A公司的网络服务必须彼此结合在一起可以使用，不能使用其他方的设备或网络，即A公司必须同时提供终端设备和网络服务，不能仅提供其中之一，则表明这两个承诺具有高度的关联性。因不能同时满足上述准则第十条（二）的条件，合同中只存在一个单项履约义务；反之，则设备销售和提供网络服务构成两个单项履约义务。

（2）只有一个单项履约义务时的收入确认。

在A公司履约过程中（使用终端设备向客户提供网络服务），客户能够同时取得并消耗A公司履约所带来的经济利益，满足了新收入准则第十一条（一）的条件，因此应在一个时段（合同期）内分期确认收入。客户按年支付服务费，合同交易价格是固定的，基于服务的性质，A公司可以按照时间作为计量履约进度的方法。关于终端设备，应将其账面价值从原核算科目（例如“存货”）转入“合同履约成本”，按照与收入确认相同的基础（按履约进度分期摊销）计入营业成本。与提供服务相关的费用支出如果在发生时没有增加企业未来用于履行履约义务的资源，则不属于合同履约成本，应在发生时计入当期营业成本。

（3）构成两个单项履约义务时的收入确认。

假设终端设备和网络服务构成两个单项履约义务。首先要把合同对价（每年的服务费用乘以合同年限）按照两个单项履约义务的单独售价的相对比例分摊，如果A公司不曾单独销售过终端设备和网络服务，则履约义务的单独售价应进行合理估计。

①提供终端设备。提供终端设备的履约义务应在一个时点确认收入（不满足新收入准则第十一条的任何一个条件）。

如背景资料所述，"在这期间，A公司还保留对设备的所有权，如客户中途更换设备或不使用A公司提供的服务则视为对A公司的违约，需要支付剩余年限的服务费并返还设备"；"在此过程中，对于客户是否使用A公司设备，以及该设备是否正常发挥作用，A公司有足够的技术手段进行监控，同时有手段进行设备回收"。即在合同期限内，客户"必须"使用终端设备，如果更换或不使用则要承担比较重大的违约赔偿，这说明客户没有"主导该商品的使用"，终端设备的控制权没有转移给客户。直至合同期满，设备转移给了客户，客户才能"控制"该终端设备，此时，A公司才能确认终端设备的销售收入，设备的账面价值应转入"合同履约成本"，在确认收入时结转销售成本。

如果对背景信息作出部分调整，改为：A公司在将该终端设备交付给客户时，即收取相当于该设备公允价值的押金，可在后续合同期间内逐年抵扣客户应支付的服务费；如果在服务期满之前，客户不再使用A公司提供的网络服务，可向A公司申请退网，此时A公司将剩余押金充抵设备价款，将设备所有权转移给客户，并解除该设备与A公司服务的绑定；退网后客户可以使用该设备加入其他提供类似网络服务的供应商的服务网络中，改用其他供应商提供的类似网络服务。那么，由于在合同约定的服务期间内客户具有决定如何使用该设备的自主权（可自主选择网络服务的供应商），因此对该设备使用的控制权在最初交付设备给客户时即已转移给客户，且在该时点上已以押金的形式收取了设备价款，相应地，应在该时点确认设备销售收入，并将设备的成本结转至营业成本。

②提供网络服务。同上述"（2）只有一个单项履约义务时的收入确认"的分析，提供网络服务属于在一个时段内履行的履约义务，可以在合同期限内，以时间作为履约进度的确定方式分期确认收入。

【例7-2】软件开发企业提供解决方案的收入确认问题

问题

软件开发企业向客户提供解决方案，应采用何种收入确认原则？

背景

A公司是专注于某特定行业，以围绕企业资产管理（EAM）、企业安全生产管理、企业经营管理为核心/主线的软件开发、设计与销售的高科技软件企业。A公司业务线主要为三大类：（1）咨询服务业务，主要为业内集团性企业的信息化建设提供整体解决方案。（2）智能企业管控一体化应用软件业务，主要为该特定行业的客户提供管控一体化、生产经营一体化、基建生产一体化、MIS、SIS一体化解决方案；目前该类业务占总体营业收入的份额85%左右；（3）程控业务。A公司目前有九种软件产品符合《鼓励软件产业和集成电路产业发展的若干政策》和《软件产品管理办法》的有关规定，享受软件/集成电路产品增值税即征即退优惠政策。A公司主要专注于该特定行业内企业信息化解决方案业务，目前公司85%业务集中在其中某一软件产品。

业务特点：A公司的业务是以项目开展的，该类业务不同于流通企业或销售代理商的业务模式。首先，硬件系统方面，客户买的不是独立的交换机、服务器或系统软件，而是所有的硬件系统需要集成并调试成功，搭建一套能够符合后续使用要求的硬件系统平台。此模式下项目的实施周期较长，一般从供货开始到实质交付需要3—6个月周期。其次，管理软件系统方面，客户买的也不是孤立的软件模块和应用平台，客户会非常关注信息孤岛现象，A公司提供给客户的是解决方案，即在A公司相对成熟的软件产品基础上，通过现场的系统调试和配置等技术人员的实施工作，来实现满足客户管理需要的信息化工具。此过程中一般需要客户的需求调研、方案设计、调试配置及个性化开发、应用培训、评审验收等环节。此模式下软件实施的周期较长，一般从软件产品介质交付给客户至最终评审验收需要5—8个月周期。

分析

就本案例的特定情况看，该公司的业务是基于其自己开发的软件提供的系统集成或者设备销售业务，代表了不同的业务模式。从会计角度，首先需要解决的是合同中包含几个单项履约义务，合同中提供外购硬件/软件、自制硬件/软件、系统集成服务的承诺是否能够单独区分；其次再考虑每个单项履约义务应该在某一时段还是在某一时点确认收入。

（1）合同中包含几个单项履约义务？

①商品本身是否能够明确区分。一般来说，客户能够从外购硬件/软件、自制硬件/软件本身或与其他易于获得的资源一起使用中受益，因此，各项相关商

品（主要是通用硬件和软件）本身通常能够明确区分。但对于定制的软件或硬件，以及系统集成服务能否明确区分，则需结合具体情况分析确定（见表7–1）。

②合同中的承诺与其他承诺是否能够单独区分。在合同层面评估合同中的一项承诺与其他承诺是否能够单独区分需要专业判断，不同的业务模式可能得出不同的结论，在评估时应主要考虑：

ⅰ.外购硬件/软件、自制硬件/软件和系统集成服务之间的结合程度，是否需要提供重大的服务将其整合在一起形成组合产出方能按照合同的约定转让给客户（如整合工作量较大，实施时间较长）；ⅱ.在安装、整合或调试过程中，是否需要对自制软件或外购软件进行大量的定制修改和二次开发；软件是否为特定硬件和设备专门配套的嵌入式软件，还是可以在任何通用的硬件平台上运行；ⅲ.外购硬件或自制硬件是否为通用型，在安装、整合或调试过程中是否需要对其进行修改和定制；ⅳ.各项承诺是否能够单独履行或不履行而不影响合同中其他承诺的履行（如：不考虑合同限制的情况下，客户可以自行或委托其他方购买相关硬件或软件，不影响企业对自制硬件/软件和系统集成承诺的履行）；等等。

依据上述标准（本表格的分析并非包括全部情形）：

表7–1

<table>
<tr><th>情形</th><th>外购硬件/软件</th><th>自制硬件/软件</th><th>系统集成服务</th></tr>
<tr><td>需提供重大整合服务形成组合产出</td><td colspan="3">单项履约义务</td></tr>
<tr><td>系统集成服务需要对各类硬件、软件进行重大修改或定制</td><td colspan="3">单项履约义务</td></tr>
<tr><td>无需重大整合服务；对硬件、软件无重大修改或定制；硬件和软件均为通用件；软件并非特定硬件的专门嵌入式配套软件；系统集成服务实质为简单安装服务；单独履行或不履行每个承诺不影响其他承诺的履行</td><td>单项履约义务</td><td>单项履约义务</td><td>单项履约义务</td></tr>
<tr><td>系统集成服务仅对自制硬件/软件存在重大修改或定制；外购硬件/软件为通用件，该承诺是否履行不影响其他承诺</td><td>单项履约义务</td><td colspan="2">单项履约义务</td></tr>
</table>

在审计实务中，由于特定合同是否需要提供重大整合服务、是否需要对硬件、软件进行重大修改和定制等的评估，往往已经超出注册会计师的胜任能力，此时应征求被审计单位专业技术人员的意见（必要时还应征求行业内专家的咨询意见），并获取充分、适当的审计证据。

（2）每个单项履约义务的收入确认方式。

①整个合同只有一个单项履约义务，或者自制硬件/软件和系统集成服务构成单项履约义务的情况。

如果该履约义务的履行，特别是系统集成过程，主要在客户的场地进行，在客户终止合同更换供应商的情况下，已经完成的部分归客户所有，其他企业可以在A公司已完成的工作基础上继续进行软件开发或集成、调试、配置等工作并提交评审验收，实质上无需重复执行A公司累计已经完成的工作，则表明客户能够控制履约过程中的在建商品，同时在A公司履约的同时即取得并消耗A公司履约所带来的经济利益，该履约义务属于在一段时间内履行，应按照履约进度在一段时间内确认收入。

如果不满足上述条件，考虑到该履约义务产出的产品——系统平台是专门为客户所定制的，具有不可替代用途，如果同时满足“企业在整个合同期内有权就累计至今已完成的履约部分收取款项”的条件（本案例未提供相关背景信息），也可以作为在一段时间内履行，进而在一段时间内确认收入。

如果该系统平台是完成后一次性交付给客户的，如果客户终止合同，已经完成的部分不会移交给客户，表明客户不能在企业履约时取得并消耗企业履约所带来的经济利益，也不能控制履约过程中的在建商品，假设也不满足“企业在整个合同期内有权就累计至今已完成的履约部分收取款项”的条件，则应在一个时点（系统平台控制权转移给客户的时点）确认收入。

②外购硬件/软件、自制硬件/软件、系统集成服务分别构成单项履约义务。

外购硬件/软件、自制硬件/软件应在控制权转让给客户的时点确认收入（其中自制硬件/软件有可能满足在一段时间内履行的履约义务的条件，需根据具体情况分析确定）；作为单项履约义务的系统集成服务实质为简单安装服务，可参照上文原则进行判断。

【例7-3】建造合同的分拆问题

问题

如果总承包合同条款中明确技术服务、建筑施工以及设备安装及销售的金额及相关具体条款，能否据此认为三个部分具有相对独立性，因而对三个部分分别单独确认收入？对于其中设备销售收入的确认，是否应在安装工程验收完毕后确认？

背景

某上市公司A（承包方）与B公司签订供热改造项目的总承包合同，合同明确分为技术服务部分、建筑施工部分、设备销售与安装部分。主要条款摘录如下：

3.2　合同供货范围、工作范围、服务范围包括了总承包工程内所有工程设计、设备及材料（包括专用工具、备品备件）、施工、运输、保管、调试、试验、技术服务和技术指导、技术资料等。在执行合同过程中如发现有任何漏项和短缺，在工作清单、发货清单中并未列入而且确实是承包方工作、供货范围中应该有的，并且是满足合同技术协议对总承包工程的性能保证值要求所必须的，均应由承包方负责，费用由承包方承担。

4　合同价格

4.1　本项目的合同总价为16 000万元（大写：壹亿陆仟万元整）。

合同总价涵盖了承包方为履行本合同规定的义务所需的全部费用，包括设计、设备、建筑、安装、调试等与本合同有关的所有费用，具体如下：

4.1.1　设计总费用为583万元（大写：伍佰捌拾叁万元）。

设计总费用包括本项目的设计、技术资料、设计联络等费用。

4.1.2　建筑工程价格为921万元（大写：玖佰贰拾壹万元）。

建筑工程价格包括总承包工程内所有相关建筑工程费用。

4.1.3　安装工程价格为1 573万元（大写：壹仟伍佰柒拾叁万元）。

安装价格包括总承包工程内所有相关工程安装费用。

4.1.4　设备价格为12 923万元（大写：壹亿贰仟玖佰贰拾叁万元）。

设备（含随机备品备件、专用工具）价格包括与设备有关的承包方所应纳的税费以及设备监造、出厂检验、包装、运输、保险、装卸、现场保管等费用。对于国外制造的部套件，还包括进口环节的所有税费（如关税、报关费、增值税等）。总承包工程与电厂工程在设计、设备、系统等方面的全部接口费也应包括在合同设备价格中。

4.2　本合同总价在合同有效期内为不变价。

4.2.1　本合同的付款应以合同总价为基础；

4.2.2　当人工费、材料费、设计方案变更或其他事务方面的费用发生变化时，合同总价不得进行调整；

4.2.3　承包方根据本合同规定履行其义务而发生的各项税费，应由承包方支付。

分析

从新收入准则的角度分析，本案例的主要问题实际上是在判断该合同中有几个单项履约义务。针对该准则第十条的两个条件分析如下：

（一）客户能够从该商品本身或从该商品与其他易于获得资源一起使用中受益

本案例是一般意义上总价固定的总承包合同，承包方在合同中向客户提供的承诺包含了设计服务、建筑工程、安装工程、设备、相关技术服务（其中技术服务未单独计费）等组成部分。从这些商品自身的特性（不考虑客户使用该商品的方式）分析，客户能够单独从这些商品本身（例如：以高于残值的价格出售设备）或者能够将其与其他易于获得的资源（包括根据该合同从承包方处获得的商品）一起使用中受益，满足了（一）的条件。

（二）企业向客户转让该商品的承诺与合同中其他承诺可单独区分

本案例中，承包方在合同中的承诺是为客户完成“供热改造项目”，这一项目是由设计服务、建筑工程、安装工程、设备等多个单个承诺构成。由于是总承包合同，承包方需要对其所承包的各项服务和工程（单个承诺）的质量、安全、费用和进度进行总体协调和负责，以便能够按照合同约定的时间和质量规格向客户交付，即承包方需要提供重大服务将这些单个承诺（作为投入）整合为组合产出——“供热改造项目”才能向客户交付，这表明合同中的各项单个承诺是不能够单独区分的。

综上，尽管满足了新收入准则第十条（一）的条件，但因为没有同时满足（二）的条件，本案例合同中的各项单个承诺不能够单独区分，即合同中只有一个单项履约义务——完成供热改造项目。

由于该“供热改造项目”是在客户的场地上进行，客户能控制在建的项目，根据新收入准则第十一条的规定，合同中的单项履约义务属于在一段时间内履行的，应按照履约进度在一段时间内分期确认收入。

在确定“履约进度”时，需要注意：如果采用“投入法”中的“成本法”确定履约进度，则对于已经支付的设备采购价款是否计入履约进度的计算，应按照《新收入准则应用指南》相关规定处理：

“对于施工中尚未安装、使用或耗用的商品（本段的商品不包括服务）或材料成本等，当企业在合同开始日就预期将能够满足下列所有条件时，应在采用成本法确定履约进度时不包括这些成本：第一，该商品或材料不可明确区分，即不构成单项履约义务；第二，客户先取得该商品或材料的控制权，之后才接受与之相关的服务；第三，该商品或材料的成本相对于预计总成本而言是重大的；第四，企业自第三方采购该商品或材料，且未深入参与其设计和制造，对于包含该商品的履约义务而言，企业是主要责任人。”

在同时满足上述四个条件的情况下，已经支付、但尚未安装的设备价款不能计入履约进度的计算。对于该部分设备，在控制权转移给客户时按照相同的金额确认收入和成本，即零毛利。

第八章　确定交易价格

在一项合同中，企业确定的交易价格决定了其确认收入的金额。实务中，往往由于合同安排的复杂导致确定交易价格并非易事。合同标价并不一定代表交易价格，企业应当根据合同条款，并结合其以往的习惯做法合理确定交易价格，特别是当合同中包含可变对价、非现金对价等各种复杂安排时，更需要谨慎地分析判断。

8.1　可变对价

【例8-1】合同变更后收入的确认问题

根据新收入准则，合同变更既包括合同范围的变化也包括合同价格的变化。那么在实务中，合同价格的变化应作为"合同变更"处理还是作为"可变对价"进行估计，需要依据具体合同情况和商业惯例进行分析判断。

问题

A公司承接的工程项目合同发生变更，合同金额增加，但变更部分需要业主的上级公司批准，截至报告日尚未取得批复。变更部分收入是否可以确认？

分析

新收入准则第八条规定："本准则所称合同变更，是指经合同各方批准对原合同范围或价格作出的变更。"

《新收入准则应用指南》指出："某些情况下，合同各方对于合同范围或价格的变更还存在争议，或者合同各方已批准合同范围的变更，但尚未确定相应的价格变动，企业应当考虑包括合同条款及其他证据在内的所有相关事实和情况，以确定该变更是否形成了新的有法律约束力的权利和义务，或者变更了现有的有法律约束力的权利和义务。合同各方已批准合同范围变更，但尚未确定相应价格变动的，企业应当按照本准则有关可变对价的规定对合同变更所导致的交易价格变动进行估计。"

本案例中合同变更的内容是合同价格增加，该变更虽然尚未获得业主方上级公司批准，但合同中约定的双方可执行的权利和义务都是清晰的，仅仅是合同价格尚未最终确定，此时，应作为可变对价处理。新收入准则第十六条规定：

“合同中存在可变对价的，企业应当按照期望值或最可能发生金额确定可变对价的最佳估计数，但包含可变对价的交易价格，应当不超过在相关不确定性消除时累计已确认收入极可能不会发生重大转回的金额。企业在评估累计已确认收入是否极可能不会发生重大转回时，应当同时考虑收入转回的可能性及其比重。”

因此，A公司应对变更后增加的合同价格最终获得业主上级公司批准的可能性作出合理估计，只有在预计能够获得业主上级公司最终批复的可能性较大，如果将该部分增加的价款（或预计能够获得业主上级公司批复的部分价款）纳入交易价格，极可能不会导致已经确认的收入在未来业主上级公司批复下达后发生重大转回时，才能在尚未获得最终批复之前将该部分增加的合同价格计入交易价格；否则，不能将尚未获得最终批复的合同价格增加部分纳入交易对价。

【例8-2】包含可变对价选择权的收入确认

新收入准则对于合同中存在的“可变对价”要求企业确定其最佳估计数并计入交易价格，但在估计可变对价时，需要满足一定的限制条件，即“包含可变对价的交易价格，应当不超过在相关不确定性消除时累计已确认的收入极可能不会发生重大转回的金额”。实务中，往往因为未来事项的不确定性使得企业对于可变对价的估计存在较大的困难。

问题

根据“背景”部分的信息，A公司如何计量收入？

背景

A公司业务包括出品电影、引进电影、出品电视和网络连续剧、出品电视综艺栏目等四大业务板块。A公司依法拥有某系列小说的电影、电视剧、网络剧改编摄制权等权利的授权（以下简称“版权”，该版权的取得成本为200万元），并有权将该等授权转授予第三方。B公司为一家专业制作影视剧的影视文化公司，拥有丰富的影视剧投资、制作经验及充足的资金。经友好协商，A、B双方于2×18年5月1日签订该小说系列作品的著作权转让协议，A公司将该系列小说的版权转让给B公司，转让价格500万元，转让完成后B公司可自主决定其后续的使用，并从中获得几乎全部的经济利益。款项分两次支付，合同签署后，支付第一笔转让费300万元，对于第二笔转让费的支付取决于如下情况：

1. 合同签署之日起3年届满当日，支付第二笔转让费200万元；

2. 如果项目在3年届满前开发成功，第二笔转让费B公司可以选择是否行使投资权。如果行使投资权，那么200万元转让费折算为对B公司基于该版权作品的投资款，A公司可享有10%的收益分成权；如果不选择行使，则B公司将履行支付义务（不受3年届满当日的时间限制）。

分析

根据背景信息，由于第一笔固定转让价款300万元已大于该著作权的最初取得成本，且转让后无后续进一步合同义务；同时B公司在受让该著作权后可完全主导其后续使用并从中获得几乎全部的经济利益，表明自转让日起，该著作权的主要风险和报酬（以及对该著作权的控制权）已经转移给B公司，故可以认可在将该改编权转移给对方时确认转让收益。

本案例中200万元转让款的保留，实质上形成了B公司支付与该转让有关的可变对价（即转让该系列作品的改编权带来的对价为300万元固定价款+MIN（未来该类作品收益的10%分成权的公允价值，200万元的折现值）的选择权。由于选择主动权在B公司一方，按照常理，B公司应当基于其自身利益最大化的动机决定是否行使该选择权（例如，如果届时该10%分成权的公允价值低于200万元，则可以合理预期B公司将会行使该选择权，将该200万元转为投资；反之，如果届时该10%分成权的公允价值大于200万元，则可以合理预期B公司将不会行使该选择权，而是向A公司支付200万元）。因此，A公司应当按照期望值或最可能发生金额确定可变对价的最佳估计数，合理预估3年期满后B公司是否会行使选择权。若根据现有信息合理预估B公司届时不行使选择权，且预计届时以现金形式收回200万元剩余价款不存在重大不确定性的，则此情形下可确认的收入应为【折现值300万元加200万元】；若A公司预计3年后B公司很可能行使选择权，或者无法合理预估届时B公司是否会行使该选择权，则意味着该可变对价届时的价值低于200万元，理论上A公司应按照可变对价的最佳估计数计入交易价格，确认本期的收入金额。后续每一资产负债表日，重新估计应计入交易价格的可变对价金额，可变对价金额发生变动的，调整变动当期的收入。但我们认为，根据新收入准则第十六条规定，无论如何，各资产负债表日对包含可变对价的交易价格的估计，不应超过依据该资产负债表日可获得的信息合理估计的在相关不确定性消除时累计已确认收入极可能不会发生重大转回的金额，例如在收入确认当日，如果无法合理估计该10%分成权的公允价值，则可确认的收入不应超过300万元；如果能够合理估计该10%分成权的公允价值将明显大于200万元的，则可确认的收入不超过【折现值300万元加200万元】。

实务提示

如果对本案例的上述背景略作调整，改为由A公司（而不是B公司）享有投资选择权，即3年后选择是收取现金还是转为10%投资分成权的主动权在A公司一方，其他背景信息不变，则对A公司而言，其所持有的选择权类似于可转债投资，应确认为一项以公允价值计量且其变动计入损益的金融资产（其他非流动金融资产），这种情形属于新收入准则第十八条所指的“非现金对价”而不是“可变对价”。根据新收入准则第十八条规定：“客户支付非现金对价的，企业应当按照非现金对价的公允价值确定交易价格。非现金对价的公允价值不能合理估计的，企业应当参照其承诺向客户转让商品的单独售价间接确定交易价格”，即此时计量收入的金额应当是【300万元+金融资产的公允价值】。实务中，如果在收入确认日无法合理估计上述金融资产的公允价值的，则鉴于该金融资产的公允价值在任何情况下不会低于200万元的折现值（此处假设不考虑B公司的信用风险），故也可接受按照【折现值300万元加200万元】作为收入的计量金额，相应将200万元的折现值视同该项金融资产的初始公允价值。后续每个资产负债表日，应根据新获取的信息对该项金融资产的公允价值进行重新估计，并确认公允价值变动损益。在计量其公允价值时需考虑的因素包括但不限于：项目开发成功的可能性及其未来收益预测；B公司的信用风险；货币时间价值因素的影响等。

【例8-3】返利的会计处理

“返利”是企业（特别是商品流通企业）一种比较普遍的促销手段。返利的形式多样，有现金返利、实物返利等。有关返利的合同条款安排也不尽相同。例如，有些追溯应用于历史采购合同，有些只适用于未来的采购。下面的案例探讨了如何对“返利”做出会计处理。

问题

企业（卖方）对于给予买方的返利应如何进行账务处理？

背景

A公司与代理商约定如下销售政策：若代理商年终结算时可完成指定的销售额，次年可获得销售额一定比例的奖励（本例假定在将A公司的产品销售给消费者的交易中，代理商为主要责任人）。

情形1：基于代理商过去12个月的累计销售金额所属区间，分别按照约定的比例计算返利金额，并以现金形式支付。

情形2：基于代理商过去12个月的累计销售金额所属区间，分别按照约定比例计算返利金额，作为抵付未来2年自A公司采购货物的部分资金。

情形3：与情形1类似，但返利以货物形式进行结算，返利部分不开具发票。

12个月累计销售金额（万元）或件数	情形1 现金返利比例	情形2 抵付未来采购商品的比例	情形3 实物返利数量
1 000≤X<2 000	3%	3%	3%
2 000≤X<5 000	5%	5%	5%
5 000≤X	10%	10%	10%

分析

情形1：仅追溯应用于历史采购合同的现金返利

根据新收入准则应用指南的规定，企业有权收取的对价金额，将根据一项或多项或有事项的发生有所不同的情况，属于可变对价的情形。

当存在基于合同销售额的现金返利安排时，企业当前销售商品可收取的固定对价为合同约定价款的90%（1-最高返利比例10%），剩余10%的价款能否收到或能收到多少金额取决于客户累计12个月（含未来一定期间内）的销售额。因此，在新收入准则下，情形1仅追溯应用于历史采购合同的现金返利属于可变对价范畴。

新收入准则第十六条规定："合同中存在可变对价的，企业应当按照期望值或最可能发生金额确定可变对价的最佳估计数，但包含可变对价的交易价格，应当不超过在相关不确定性消除时累计已确认收入极可能不会发生重大转回的金额。企业在评估累计已确认收入是否极可能不会发生重大转回时，应当同时考虑收入转回的可能性及其比重。"

假定根据历史经验数据，企业认为某代理商12个月累计销售额极可能介于2 000万元与5 000万元之间，估计可变对价的最佳估计数为5%，且该5%符合计入交易价格的限制条件，则企业应将合同约定价格的95%（90%的固定对价+5%的可变对价）作为交易价格，即估计的销售单价为合同约定的单位售价的95%。为简化起见，本例中不考虑增值税的影响。

（1）在合同期每发生商品的交付（代理商取得商品控制权）时确认当期销售收入。

借：应收账款/合同资产（=合同约定的单位售价×本期销售数量，视是否结算而不同）

　　贷：主营业务收入（=合同约定的单位售价×95%×本期销售数量）

　　　　合同负债（差额）

（2）如果合同约定的返利结算周期不同于会计期间的，合同期间的每一资产负债表日，企业应重新估计可变对价金额（包括重新评估对可变对价的估计是否受到限制），以如实反映报告期末存在的情况以及报告期内发生的情况变化。即每个资产负债表日，企业应当结合本期实际销售情况修正对剩余结算期内销售金额的预测，并修正对返利比例的估计。作为会计估计变更处理，企业按估计后满足计入交易价格限制条件的可变对价金额作为交易价格，对该合同累计已履约部分的已确认收入金额进行调整，该调整金额计入当期“营业收入”。

借或贷：主营业务收入［=本合同累计销售数量×合同约定的单位售价×（重新估计的可变单价比例－上期估计的可变单价比例）］

贷或借：合同负债

（3）合同期末，代理商实际销售金额和能够获得的现金返利金额已经确定，则应对之前估计的销售单价和确认的收入金额进行调整，相关差异计入调整当期（作为会计估计变更处理），会计处理分录与每个资产负债表日重新估计可变对价的处理一致。

情形2：适用于未来采购的现金返利

新收入准则应用指南指出，某些情况下，企业在销售商品的同时，会向客户授予选择权，允许客户可以据此免费或者以折扣价格购买额外的商品。企业向客户授予的额外购买选择权的形式包括销售激励、客户奖励积分、未来购买商品的折扣券以及合同续约选择权等。

对于附有客户额外购买选择权的销售，企业应当评估该选择权是否向客户提供了一项重大权利。如果客户只有在订立了一项合同的前提下才取得了额外购买选择权，并且客户行使该选择权购买额外商品时，能够享受到超过该地区或该市场中其他同类客户所能够享有的折扣，则通常认为该选择权向客户提供了一项重大权利。

情形2下仅适用于未来采购的现金返利，实质上相当于代理商获得了未来2年内按照价格的97%、95%、90%（分别对应于现金返利3%、5%、10%）采购的权利。代理商只有在订立当前合同的前提下才取得未来2年购买商品的折扣价格，且该折扣超过了市场中其他同类客户所能享有的折扣，因此，当前合同符合条件时代理商可享有的未来以折扣价格采购的权利构成了一项附有客户额外购买选择权的销售。

企业应按照新收入准则第三十五条和该准则应用指南【例53】【例54】【例55】的原则，将额外的购买选择权作为一个单独的履约义务，将交易对价在当前合同约定交付的商品和额外购买选择权之间分摊。在估计额外购买选择权的公允价值时，企业应对代理商累计12个月的销售金额、代理商预计未来2

年的采购商品的规格型号及相应的数量作出估计。

当符合条件时，企业也可采取新收入准则应用指南允许的实务变通“当客户享有的额外购买选择权是一项重大权利时，如果客户行使该权利购买的额外商品与原合同下购买的商品类似，且企业将按照原合同条款提供该额外商品的，则企业可以无需估计该选择权的单独售价，而是直接把其预计将提供的额外商品数量以及预计将收取的相应对价金额纳入原合同，并进行相应的会计处理。”

例如，合同赋予了代理商未来2年采购同一类商品的折扣权，企业估计未来2年内代理商每年的采购金额与当前合同累计12个月的销售金额相当，当前合同累计12个月的销售金额极可能介于2 000万元与5 000万元之间。则合同预计单位售价为合同约定的单位售价×（1+95%+95%）/3=合同约定的单位售价×96.67%

（1）在合同期每发生商品的交付（代理商取得商品控制权）时确认当期销售收入。

借：应收账款/合同资产（=合同约定的单位售价×本期销售数量，视是否结算而不同）

贷：主营业务收入（=合同约定的单位售价×96.67%×本期销售数量）

合同负债（差额）

（2）如果合同约定的返利结算周期不同于会计期间的，则在合同期间的每一资产负债表日，企业应当结合本期实际销售情况修正对剩余结算期内销售金额的预测，并修正对代理商可享受的折扣比例、预计将提供的额外商品数量等的估计，以如实反映报告期末存在的情况以及报告期内发生的情况变化。即每个资产负债表日，企业按重估后预计将提供给代理商的额外商品数量和代理商可享折扣确定合同总价款和总数量，进而得出重估后的商品预计单位售价，对该合同累计已履约部分的已确认收入金额进行调整，该调整金额计入当期“营业收入”。

借或贷：主营业务收入［=本合同累计销售数量×（重新估计的单位售价-上期估计的单位售价）］

贷或借：合同负债

（3）合同期（含2年采购期间）末，代理商累计12个月的实际销售金额和2年内以折扣价格的采购数量已经确定。企业应对之前估计的销售单价和确认的收入金额进行调整，相关差异计入调整当期（作为会计估计变更处理），会计处理分录与每个资产负债表日重新估计可变对价的处理一致。

情形3：实物返利

如果返利以实物的形式支付，表明代理商只有在订立当前合同的前提下才取得未来免费购买商品（即以0对价取得作为返利的实物商品）的权利，按照情形2的分析，合同依然赋予客户一项重大权利，企业应将其作为附有额外购买选择权的销售处理。处理原则与情形2基本一致。

【例8-4】现金折扣的会计处理

问题

给予客户的“现金折扣”应当如何进行会计处理？

分析

根据财政部《企业会计准则实施问答》第一期（2020年12月11日发布）的回复，企业在销售商品时给予客户的现金折扣，应当按照新收入准则中关于可变对价的相关规定进行会计处理。

给予客户的现金折扣作为可变对价处理，企业最终体现为营业收入的减少。会计处理上则根据新收入准则第十六条对可变对价的规定，按照期望值或最可能发生金额确定可变对价的最佳估计数对可变对价进行估计，同时需要遵循限制性规定，即“包含可变对价的交易价格，应当不超过在相关不确定性消除时累计已确认收入极可能不会发生重大转回的金额”。另外，企业还需在后续的每一资产负债表日重新估计应计入交易价格的可变对价金额，并在必要时进行会计估计变更。

需要提醒的是，现金折扣在新收入准则下的处理与税务处理之间存在差异。按照增值税有关规定，现金折扣不得在销售额中扣除；按照企业所得税法有关规定，企业申报企业所得税应税收入时不得扣除现金折扣，但现金折扣可作为融资费用在税前扣除。

【例8-5】房地产企业延期交房违约金的会计处理

问题

实务中，一些合同可能会约定由于企业履约瑕疵等问题而需要补偿给客户一定金额，这些违约金最终会影响企业确认收入的金额。那么其性质是属于“应付客户对价”还是“可变对价”？该如何进行处理？

下面的案例结合“IFRIC撤销议题选注议题36”对此进行了阐述。

背景

A房地产开发公司开发某商品房项目，按商品房买卖合同约定，应于2×20年12月交付，但由于资金等原因，公司未能如期交付，实际延至2×21年2月交付。

于2×19年度，在原收入准则下，A公司对这一业务的处理是根据或有事项准则，按照合同约定利率及预计延期交付的天数确认“预计负债”并计入2×19年度当期损益。

A公司作为上市公司于2×20年1月1日执行新收入准则。根据新收入准则第十五条规定，企业应当根据合同条款，并结合其以往的习惯做法确定交易价格。在确定交易价格时，企业应当考虑可变对价、合同中存在的重大融资成分、非现金对价、应付客户对价等因素的影响。

对此，该延期交付违约金的处理，A公司持有以下不同观点：

观点一：因“售房与违约金支付”基于一项交易，因此房地产开发企业延期交付违约金应属于新收入准则界定的“应付客户对价”，应在商品房交付确认收入时，冲减房地产开发收入。

观点二：房地产开发企业延期交付违约金不属于新收入准则界定的“应付客户对价”。理由：应付对价的发生基本与客户购买量（优惠）、客户为销售发生的与之直接相关的辅助活动相关（如广告安排、提供货架），或价格保护相关。而违约金系对房地产开发企业违约责任约束，与合同对价无关。房地产开发企业因延期交付，按合同约定应支付违约金，在延期交付当期，房地产企业即发生了损失，应适用或有事项准则，于发生当期确认损失，而非在下一年实际交付确认收入时冲减收入。

分析

上述观点均不太合理，延期交房违约金应属于新收入准则定义的“可变对价”，作为对合同交易对价的调整，而不是或有事项准则的规范范围，也不属于“应付客户对价”（虽然本例中，无论作为“可变对价”还是“应付客户对价”的会计处理结果是一致的）。

本案例的准则适用问题，可以参考后附“权威指引”部分《“IFRIC撤销议题选”议题36：新收入准则应用案例——航班延误或取消赔偿的处理》[①]。其核心

① IFRIC撤销议题，是指国际财务报告解释委员会（IFRIC）根据所收到的会计实务问题咨询，在定期会议中讨论，但最终未被纳入议程的问题。相对于国际会计准则理事会（IASB）所讨论的准则层面原则性问题，IFRIC撤销议题更偏重于准则的实务应用。虽然这些问题未形成有效力的正式文件，但IFRIC一般都会给出讨论的过程及倾向性意见，因此，“IFRIC撤销议题”具有较高的实务参考价值。

要点是：评价应付客户款项是否属于可变对价的关键是其性质——应付款是否与转让合同承诺商品或服务相关，从而属于主体因转让商品或服务而有权收取的对价的一部分；IFRS 15第B33段作为或有事项处理的应付款，是因主体产品造成损害或损失的赔偿，即对主体已经转让的商品或服务造成的损害或损失的赔偿；而IFRS 15示例20所述罚款，是因未能按承诺转让商品或服务而产生的赔偿。

"可变对价"和"应付客户对价"的相同之处在于：两者都可能涉及到向客户支付或退还一定的款项；两者的主要区别如下：

（1）应付客户对价必须涉及向客户（包括客户的客户）支付的款项，而可变对价的体现方式是多样的。除了向客户退还或支付款项以外还会涉及其他形式，如调整或减免价款等，新收入准则应用指南中对可变对价还列举了折扣、价格折让、返利、退款、奖励积分、激励措施、业绩奖金、索赔等形式。此外，企业有权收取的对价金额，将根据一项或多项或有事项的发生有所不同的情况，也属于可变对价的情形。

（2）应付客户对价的支付对象包含客户或第三方（如客户的客户），但可变对价的支付对象通常仅限于客户自身。

（3）可变对价的金额不确定，其金额取决于本企业的履约情况或者客户对本企业商品的使用情况等本企业不能控制或完全控制的因素，但应付客户对价的金额通常是确定的。

（4）可变对价所针对的是合同中约定的履约义务，而应付客户对价还可能针对其他与履约义务无关的事项，如从客户或其关联方获取商品或劳务。

本案例中，由于该违约金取决于企业向客户交付商品房的时间，违约金根据交付时间的不同而不同（如按期交付时无需支付，延期交付时可能根据延期的时长决定违约金的具体金额），属于典型的可变对价的情形。

作为对比，如果该房地产企业在销售商品房时向客户承诺其与某家具城达成一致，购买该企业指定楼盘商品房的小业主凭购房合同在该家具城购买家具家电可以享受折上再打五折的优惠（其他消费者不能享受该折扣），差价由房地产企业向家具城补足。这一安排中，房地产开发企业应向家具城支付的价款取决于客户购买家具家电的金额，与企业和客户合同约定的履约义务（交付商品房）无关，企业应付金额属于"应付客户对价"。由于在销售商品房时已经承诺支付该差价，房地产开发企业应当在确认房地产销售收入时按扣除应付客户对价后的金额确认收入。

权威指引

《"IFRIC撤销议题选注"议题36：新收入准则应用案例——航班延误或取消赔偿的处理》摘录如下：

委员会收到咨询，有关航空公司因航班延误或取消给予客户赔偿的义务的处理问题。

咨询问题所述案例情况如下：

（1）法律规定，航班乘客（客户）有权因航班延误和取消而得到航班供应商（主体）的赔偿，但须符合法律规定的条件。法律规定了赔偿金额，它与客户支付的航班费用无关。

（2）法律规定产生了可执行权利和义务，并构成主体与客户之间合同条款的一部分。

（3）根据《国际财务报告准则第15号》对客户合同的规定，主体将其向客户提供飞行服务的承诺识别为一项履约义务。

咨询问题询问，主体应当对其赔偿客户的义务按以下哪个规定处理：（1）根据《国际财务报告准则第15号》第50—59段作为可变对价处理；或（2）按照《国际会计准则第37号——准备、或有负债和或有资产》，与其向客户提供飞行服务的履约义务单独区分进行处理。

《国际财务报告准则第15号》第47段要求主体“应当考虑合同条款及其商业惯例以确定交易价格。交易价格是指主体因向客户转让已承诺的商品或服务而预计有权获得的对价金额……与客户之间的合同所承诺的对价可能包括固定金额、可变金额或两者兼有”。《国际财务报告准则第15号》第51段列举了可变对价的常见形式——“折扣、回扣、退款、抵免、价格折让、激励措施、业绩奖金、罚款或其他类似项目”。

《国际财务报告准则第15号》第B33段[①]要求，如果主体产品造成损害或损失，则主体有义务支付赔偿。主体根据《国际会计准则第37号》对此类义务进行会计处理，与该客户合同中的履约义务单独区分进行处理。

委员会注意到，在咨询问题所述案例情况中，主体承诺在预定飞行时间之后的特定时间段内，将客户从一个指定地点运送到另一个指定地点。如果主体未这样做，则客户有权获得赔偿。因此，对延误或取消的任何补偿，都构成主体预期有权收取的对价的一部分，以交换向客户承诺的服务；它不代表第B33段所述的对主体产品造成损害或损失的赔偿。法律规定，而不是合同规定支付赔偿，并不影响主体确定交易价格——该赔偿产生可变对价，与延迟交付资产

① 《国际财务报告准则第15号》第B33段：“要求主体在产品造成损害或损失的情况下支付赔偿的法律规定不会产生履约义务。例如，制造商在某司法管辖区内出售产品，其法律规定制造商对客户按预期目的使用产品而可能造成的损失（例如，私人财产损失）承担责任。类似地，主体承诺对因专利权、版权、商标或其他涉及主体产品侵权的索赔所产生的责任及损失向客户作出赔偿也不会产生履约义务。主体应当按照《国际会计准则第37号》对此类义务进行会计处理。”

所产生的可变对价方式相同，如《国际财务报告准则第15号》应用示例部分示例20所述[①]。

综上所述，委员会得出结论，咨询问题所述的航班延误或取消赔偿属于该合同的可变对价。因此，主体应根据《国际财务报告准则第15号》第50—59段规定，对其因延误或取消而向客户赔偿的义务进行会计处理[②]。委员会并未考虑

① 《国际财务报告准则第15号》应用示例20：

"示例20：产生可变对价的罚款

IE102主体与客户订立一项按CU 1 000 000的价格建造一项资产的合同。此外，合同包含罚款条款，规定若建造未能在合同指定日期后的3个月内完工，则须支付CU 100 000的罚款。

IE103主体得出结论认为，合同所承诺的对价包含CU900 000的固定金额及（因罚款产生的）CU 100 000的可变金额。

IE104主体根据《国际财务报告准则第15号》第50段至第54段对可变对价进行估计，并考虑《国际财务报告准则第15号》第56段至第58段中有关可变对价估计限制的要求。"

② 2019年9月会议主要讨论内容摘要（STAFF PAPER Agenda ref 5 September 2019）。IATA的不同意见。在IFRIC收到的有关本议题的反馈意见中，国际航空运输协会（IATA）认为，咨询案例所述的航空延误或取消赔偿，属于《国际财务报告准则第15号》第B33段所述的赔偿，不属于可变对价。其主要理由如下：

（1）在相关法律及客户合同中，应向航班客户支付的赔偿一致被称为"赔偿"，并作为某些客户旅行保险的一部分。

（2）问题所述的赔偿不同于《国际财务报告准则第15号》示例20所述的罚款——该示例是建造一项资产的客户合同；该合同条款包含了，如果建造未能在合同指定日期后的3个月内完成则需要支付固定金额的罚款。IATA认为，示例中的罚款更类似于对在指定时间内完成工作的激励，而不是罚款。示例所述罚款并非对损害或损失的赔偿，因为其金额既不会因延误期间而增加，也不会因具体损害而增加。因此，IATA认为，示例20与咨询问题所述案例情况不相关。

（3）咨询问题所述的赔偿，代表了对客户造成不便（时间和计划的损失）及可能的金钱损失的赔偿，因此类似于违约赔偿。我们认为，此类因损失或损害的支付属于《国际财务报告准则第15号》第B33段的范围内。

（4）该应付赔偿与票价无关，因此，其不代表对服务价格的调整。

IATA赞同该赔偿与主体的履约义务直接相关，但并不必然意味着它属于可变对价。他们认为，所有向客户的支付（包括可变对价或因损害或损失导致的赔偿）都与主体的履约义务直接相关。

IFRIC职员分析

IFRIC坚持认为，咨询案例所述赔偿属于可变对价，不属于《国际财务报告准则第15号》第B33段所述的因损害和损失而产生的赔偿。

综上所述，当主体无法向客户提供承诺服务时，航班客户有权获得赔偿。如果主体无法按承诺运送客户（应支付赔偿），则该主体预期有权取得对价金额与该航班没有延误或取消而有权取得的对价金额不同。

因此，该赔偿构成"主体因向客户转让已承诺的商品或服务而预计有权获得的对价金额"（《国际财务报告准则第15号》交易价格的定义）的一部分。这与《国际财务报告准则第15号》的核心原则一致，即以反映主体预计因交付这些商品或服务而有权获得的对价金额，反映向客户转让的承诺商品或服务。

IFRIC坚持认为，咨询问题所述赔偿类似于《国际财务报告准则第15号》示例20的罚款。在该示例中，如果施工单位未能在指定日期前转让合同中承诺的建造资产，则应支付罚款——示例得出结论，该罚款代表可变对价。因此，IFRIC认为，在其议程决议中保留对该示例的引用是有用的。

所确认的扣减收入的赔偿金额，是否仅限于将交易价格扣减为零。

委员会得出结论认为，《国际财务报告准则第15号》的原则和要求，已为主体确定向客户支付延误或取消赔偿的会计处理提供了充分的基础。因此，委员会决议不将该问题纳入其准则制定议程。

【例8-6】涉及特殊或有收费安排的咨询服务合同的收入确认

在一些复杂的合同中往往隐含着特殊安排，实务中需要根据这些安排的经济实质进行分析，以明确其适用的准则以及相应准则条款，特别是当收费条款比较复杂时，需要谨慎考虑对合同交易价格的影响。

问题

如“背景”部分所述，A公司涉及特殊或有收费安排的咨询服务合同的收入如何确认？

背景

A公司主营业务为管理咨询服务，现A公司与客户B公司的控股股东签订一份服务合同（该合同已获B公司股东会批复）。合同约定：“B公司控股股东将其持有的B公司30%股份以零对价转让给A公司，A公司对B公司整体管理运营进行合理规划，使其在3年后达到特定经营目标，如销售额增长一倍、成本下降30%等。如约定经营目标未实现，则之前转让的30%股份再以零对价转让给B公司控股股东，同时作为补偿，B公司会支付约定的咨询服务费。如约定目标实现，A公司已受让的30%股份无需退还，但不再收取相关服务费用。”

分析

该交易实质可以理解为：该服务合同的收费包括两部分：一是保底收费（假设没有达到约定的经营目标的情况下，至少有保底收费，即B公司支付的合同约定服务费）；二是或有收费（假设达到约定经营目标，则获取B公司30%股权的价值超出保底收费的部分）。

对该交易的会计处理的关键是判断在合同开始时取得B公司30%股权的实质。我们理解，在合同开始履行时取得30%股权更多地是作为收取服务费的担保，也更便于A公司以B公司股东的身份参与相关的管理决策和实施，并不意味着服务费的支付。由于能否实现承诺的业绩指标有不确定性，而一旦不能实现则需将所取得的B公司30%股权返还给B公司的大股东，因此A公司在此期间内对B应无控制、共同控制或重大影响，对持有B公司的30%股权也无需进行账务处理（包括不确认为合同负债。另外我们相信相关协议中应会对这部分股权在A公司持有期间的分红等施加限制）。

我们建议A公司的账务处理如下：

（1）咨询合同开始履行，按约定以零对价取得B公司的30%股权时，不作账务处理，仅进行账外备查登记。

（2）在服务期间确认收入。

①确定合同交易价格。根据对该交易实质的理解，合同的交易价格（服务收费）包括两部分：一是固定对价——保底收费（假设没有达到约定的经营目标的情况下，至少有保底收费，即B公司支付的合同约定服务费）；二是可变对价（假设达到约定经营目标，则获取B公司30%股权的价值超出保底收费的部分）。

根据新收入准则第十六条对"可变对价"的规定，"企业应当按照期望值或最可能发生金额确定可变对价的最佳估计数，但包含可变对价的交易价格，应当不超过在相关不确定性消除时累计已确认收入极可能不会发生重大转回的金额"，该规定对"可变对价"估计的要求非常严格，本案例中标的企业能否实现特定经营目标具有不确定性，在合同开始日很难进行合理估计，此种情况下，企业在合同开始日确定的交易价格应仅包括保底收费，不包括该部分可变对价。

在之后的每个资产负债表日，应对可变对价重新估计，如果根据标的企业的实际经营情况判断3年后极可能达成特定经营目标，则应将该可变对价（获取B公司30%股权的价值超出保底收费的部分）计入交易价格，作为会计估计变更处理，调整变更当期和后续合作期间内的收入金额。但在本案例的背景下，一方面要估计合同期满后B公司是否能够达到特定经营目标，另一方面还要估计合同期满时B公司30%股权的公允价值，我们认为，按照收入准则的要求能够合理估计可变对价的可能性比较低。

②确认收入。A公司应对照新收入准则第十一条所列各项条件，判断是否满足在一段时间内（即合作期间内）确认收入的条件。一般情况下，企业在提供的咨询管理服务的同时，客户就能够获得并享有企业履约所带来的经济利益，因此，企业应在一个时段内按照恰当的履约进度（例如，按照时间）确认收入，确认收入采用的预计总收入金额为根据上述（1）所述的方法确定的合同交易价格。

需要注意的是，由于保底收费是在合同期限届满时确定能够收到的金额，属于企业拥有的无条件收款权，因此，在对该部分对价确认收入时，应借记

“应收账款”（如果预计收款时间距离资产负债表日不超过1年）或者“长期应收款”（如果预计收款时间距离资产负债表日超过1年）；在对高于保底收费的部分（即合理估计的可变对价，如有）确认收入时，应借记“合同资产”，因为只有在合同期满B公司达到特定经营目标之时才能收取该部分对价，企业拥有的并非是无条件收款权。

（3）合同期满后的处理。

服务期满，如果未达到约定业绩条件，由于保底收费已经全部结转收入，只需在实际收到保底收费时，转销已经确认的应收账款或长期应收款，无需再进行其他特殊处理；如果达到约定业绩条件，此时，应确认的全部收入为B公司30%股权届时的公允价值，如果之前累计确认的收入低于该金额，应将差额计入合同届满当期的收入（可视为对前期可变对价估计的调整）。相应地，对B公司30%股权的投资成本为取得该等股权之日的公允价值，后续对该30%长期股权投资视情况采用权益法或成本法核算。

8.2 非现金对价

从客户（或者客户的关联方）取得实物资产、无形资产、股权，客户提供的广告服务等都可能构成合同中非现金对价的形式。实务中，除了要合理确定非现金对价的公允价值外，还需要在复杂的合同安排中识别非现金形式的支付是否属于新收入准则的非现金对价。

【例8-7】收到货币资金以外的对价时的收入确认问题

实务中客户以实物支付购买商品、服务价款时，基于具体情况不同，有时可能属于新收入准则规范的“非现金对价”，有时也可能属于债务重组范畴。

问题

以实物支付购买商品、劳务价款时，销售方该如何进行账务处理？商品、劳务互换时销售收入如何确认？免费赠送商品、劳务时销售收入如何确认？

背景

A文化传播有限公司以某杂志为载体进行广告刊登，主营业务收入来源于广告收入。部分客户以电影票、花生油、门票、小礼物、购物卡等实物抵广告费，部分广告为免费刊登，部分广告系与其他媒体互换刊登。A公司对以物资抵广告费的交易未进行账务处理，并且收到的实物已发放职工做福利，也未进行账务处理。

分析

（1）以实物抵广告费。

需要分两种情况讨论，第一种情况是双方在签订合同时就约定客户以实物的形式支付服务价款，第二种情况是合同中并未约定客户以实物支付价款，但是在收取应收款项时，客户采取了以实物抵顶债务的方法。

第一种情况下：

新收入准则第十八条规定："客户支付非现金对价的，企业应当按照非现金对价的公允价值确定交易价格。非现金对价的公允价值不能合理估计的，企业应当参照其承诺向客户转让商品的单独售价间接确定交易价格。"依据合同约定，客户支付的是电影票、花生油、门票、小礼物、购物卡等实物，则应按照这些实物的公允价值确定交易价格，根据新收入准则规定的方法（在某一时点或某一时段）将该公允价值确认为收入，同时借记"其他流动资产"（假设公司的经营范围不包括购物卡的发行、销售和交易，以及其他实物的销售）或者"库存商品"。

第二种情况下：

企业根据新收入准则规定的方法（在某一时点或某一时段）按照合同约定的交易价格确认收入，同时借记"应收账款"（假设此时企业已经拥有了无条件收款权）。客户后期以实物抵顶应收款项时，根据《企业会计准则第12号——债务重组（2019年修订）》的相关规定，对于所收到的抵债物资按放弃债权的公允价值入账，借记"其他流动资产"（假设公司的经营范围不包括购物卡的发行、销售和交易，以及其他实物的销售）或者"库存商品"，放弃债权的公允价值与应收账款账面价值之间的差额确认为投资收益。

无论在上述哪种情况下，公司取得抵债物资后，如用于职工薪酬的，则按照《企业会计准则第9号——职工薪酬（2014年修订）》及其应用指南中关于"以外购商品向职工发放非货币性福利"的处理规定，确认职工薪酬费用；如果用于业务招待或交际应酬的，应确认为"管理费用——业务招待费"或"销售费用——业务招待费"。其中，如果公司的经营范围包括购物卡的发行、销售和交易，以及其他实物的销售，则对于作为非货币性福利或者出于交际应酬目的发放的购物卡应作视同销售处理；反之则在会计上不确认销售收入。

（2）对于以刊登免费广告的方式与对方互相交换广告服务的情形，应考虑此类互换合同是否具有"商业实质"，不具有商业实质的合同不确认收入。按照《企业会计准则第7号——非货币性资产交换（2019年修订）》对商业实质的定义，合同具有商业实质，是指履行该合同将显著改变企业未来现金流量的风险、时间分布或金额。因此，只有在所交换的广告服务不相同或相似的情况下，才能够考虑收入确认的问题。在此方面，原《企业会计准则讲解（2010）》第231页中的提示仍有参考价值，摘引如下：

在实务中，企业向其顾客提供广告服务以换取该顾客向其提供广告服务的，这样的易货交易只有在所交换的广告服务不相同或相似、而且符合收入确认条件时，才能确认收入。该收入通常无法用所收到广告服务的公允价值进行可靠计量，因此应采用所提供广告服务的公允价值进行计量。企业只有参照其通过收现等方式向顾客提供广告服务这样的非易货交易而且该非易货交易同时满足规定条件时，才能认定为其在易货交易中提供广告服务的公允价值是能够可靠计量的，这里所指非易货交易应满足的规定条件包括：①该非易货交易中的广告与易货交易中的广告相同或相似；②该非易货交易应经常发生；③该非易货交易和提供相同或相似广告的易货交易相比，应代表绝大多数交易和金额的情况；④该非易货交易收取的是现金和（或）其他形式的公允价值是能够可靠计量的对价（如上市证券、非货币性资产和其他服务）；⑤该非易货交易涉及的顾客和易货交易涉及的顾客不相同。

（3）对于无偿赠送的广告，如果是在广告业务量达到一定金额的前提下赠送的，则属于数量折扣性质，并非无偿赠送，即在同样的总价下提供了更多的服务。在该合同中，无偿赠送的广告也是公司的承诺，也应和其他承诺（收费的广告服务）一起，按照新收入准则的相关规定确定是否构成单项履约义务、分摊交易价格，即无偿提供的广告服务也应确认收入。无偿赠送的广告具体可参考本章【例8-3】中实物返利进行处理。

【例8-8】产权置换方式下回迁房收入、成本的计量

以产权置换方式销售回迁房是实务中比较常见的情况，对于房地产企业来说，房地产开发产品属于其“存货”，因此适用新收入准则处理，收回的旧房屋作为取得的“非现金对价”处理。

问题

房地产开发公司征地拆迁中的产权置换的补偿如何确认收入和成本？

背景

2×10年7月12日，A公司与××区人民政府签订《××区5号片区城中村改造项目前期投资合作协议》，同意A公司作为投资企业参与5号片区城中村改

造。2×11年2月22日，××区城中村改造指挥部颁布《××区5号片区城中村暨旧城改造5号片区国有土地产权征地拆迁安置补偿实施细则》，A公司同时制订了《××区5号片区城中村改造征地拆迁安置补偿实施细则》，对征地拆迁补偿的方式和标准进行了规定。拆迁补偿方式主要分为货币补偿和产权置换补偿，被拆迁人可以任意选择一种补偿方式或同时选择两个补偿方式。被拆迁人与城中村改造指挥部和A公司签订三方补偿协议，协议中规定了补偿方式、货币补偿金额或产权置换面积等信息。5号片区最终货币补偿金额为156 871 090.71元，产权置换面积约94 000平方米。目前该开发项目的一期工程已取得了预售许可证，预计2×15年可以实现销售；二期工程处于基建阶段。

分析

本案例中产权置换补偿的实质为被拆迁人用原有的房屋建筑物换取A公司新开发的房产。根据《新收入准则应用指南》规定："企业以存货换取客户的存货、固定资产、无形资产等，按照本准则的规定进行会计处理；其他非货币性资产交换，按照《企业会计准则第7号——非货币性资产交换》的规定进行会计处理。"

因此，房地产开发公司以存货（房地产开发产品）换取被拆迁人持有的房屋，应适用于收入准则规范。根据新收入准则第十八条规定："客户支付非现金对价的，企业应当按照非现金对价的公允价值确定交易价格。非现金对价的公允价值不能合理估计的，企业应当参照其承诺向客户转让商品的单独售价间接确定交易价格。"

本案例中，被拆迁人的原有房屋是作为新开发房产的"非现金对价"支付给房地产开发企业的，该"非现金对价"的公允价值（即被征收的旧房的评估值和据此确定的补偿金额）是可以可靠计量的，因此房地产开发企业应按照该公允价值确认新房产的销售收入。由于该资产（非现金对价）的成本从实质上讲属于房地产项目开发总成本的一部分，因此，在取得该资产时应按照其公允价值借记"开发成本"，贷记"合同负债"和"其他流动/非流动负债"（需从该金额中预留出日后交房时需缴纳的增值税销项税额和其他相关税费等），这部分旧房价值与其他开发成本一起分摊到房地产开发项目，并在所开发的房产实现销售时（例如，交付给包括产权置换户在内的购房者时）作为开发成本的一部分结转主营业务成本。在实际将回迁房交付给拆迁户时，应确认作为回迁房的所开发房产的销售收入，所确认的回迁房销售收入应当等于当初收回的旧房的公允价值（金额A，即当初确认的合同负债金额），即账务处理为借记"合同负债"，贷记"主营业务收入"。对于回迁房在交付时点的公允价值（金额B）和金额A之间的差额不作同时增加营业收入、营业成本的账务处理。

同时，由于取得非现金对价的时点与未来交付新开发房产的时间间隔较长，该时间间隔显著超出商品房预售的认购款缴纳与交付房屋的时间间隔，对于显著超出的期间，还需关注双方在确定产权置换面积时是否考虑了相应期间的货币时间价值，如有，应作为重大融资成分予以考虑。

第九章　在履行履约义务时确认收入

9.1　在一段时间还是一个时点确认收入

合同中的某个单项履约义务如果满足新收入准则第十一条规范的三个条件之一的，属于在某一时段内履行的履约义务；否则属于在某一时点履行的履约义务。实务中，如何判断履约义务是否满足这三个条件之一，特别是针对一些比较复杂的安排有时会产生不同的处理。在下面两个案例中，我们针对房地产企业预售商品房销售和软件企业系统集成业务进行了具体分析。

【例9-1】预售模式下商品房销售收入的确认时间

问题

在商品房预售模式下，商品房销售收入是否满足在一段时间内确认的条件？

背景

A公司是一家房地产开发企业，现开发一商业住宅小区，主体工程已完工并正在组织验收，拟向建设行政主管部门报送材料，履行建设行政主管部门备案手续。企业已取得五证（建设用地规划许可证、建设规划许可证、国有土地使用证、建筑工程施工许可证及商品房销售（预售）许可证），并开始预售房屋，所预售房屋已收到全额款项或已收到首付款并就按揭贷款办理了预抵押登记或按揭手续。

企业所有预售房屋均签订售房合同，售房合同中约定房屋交付条件是："该商品房建设工程竣工验收合格，并向建设行政主管部门报送备案材料，取得建设行政主管部门竣工备案表；配套的基础设施和公共设施验收合格；前期物业管理已落实。"

分析

本案例中，房地产开发商A公司与购房者签署购房合同，在合同中只有一个单项履约义务——销售商品房。

1.该履约义务是否满足在某一时段内确认收入？

依据新收入准则第十一条的相关规定分析如下：

（1）客户能否在企业履约的同时即取得并消耗企业履约所带来的经济利益？

开发商在建造住宅楼时，其履约所创造的资产——住宅楼不是立即可消耗的资产，不会立即被客户消耗，因此不满足“客户在企业履约的同时即取得并消耗企业履约所带来的经济利益”的条件。

（2）客户能否控制企业履约过程中在建的商品？

客户无法在开发商建造住宅楼时改变其结构设计，不满足“客户能够控制企业履约过程中在建的商品”的条件。需要注意的是，企业在评估客户是否控制在建住宅楼时，判断客户是否“控制”的对象应该是“企业履约过程中在建的商品”本身，在房地产销售合同中，企业履约创造的资产是住宅楼本身，不是未来获得房地产的权利。客户能够出售未来获得房地产的权利或作出与之相关的承诺不是控制房地产本身的证据。

（3）企业履约过程中所产出的商品是否具有不可替代用途，且该企业在整个合同期间内有权就累计至今已完成的履约部分收取款项？

①不可替代性。开发商与客户签订销售合同后，开发商不得擅自变更合同中约定的住宅楼具体单元门号，或以其他单元替换。如果开发商将资产用于其他用途，客户可以执行其对住宅楼单元的权利。因此，合同限制是实质性的，住宅楼单元具有不可替代用途。

②获得付款的可执行权利。在评估累计至今已完成的履约部分获得付款的权利是否存在、是否可执行时，开发商应当基于我国或者特定国家或地区（合同标的所在地）的法律和商业环境，考虑合同条款以及可作为合同条款的补充或者效力高于这些合同条款的法律法规或判决先例来判断。本案例背景中并没有相关信息资料，因此，目前难以判断。但从我国惯常的商品房销售合同和法律环境看，不满足“在整个合同期间内有权就累计至今已完成的履约部分收取款项”条件的情况居多，即在大多数情况下，房地产开发商在新收入准则下应在某一时点一次性确认商品房销售收入。

2.假设履约义务在某一时点履行，其控制权转移时点是何时？

根据新收入准则第十三条规定：“对于在某一时点履行的履约义务，企业应当在客户取得相关商品控制权时点确认收入。在判断客户是否已取得商品控制权时，企业应当考虑下列迹象：

（1）企业就该商品享有现时收款权利，即客户就该商品负有现时付款义务。

（2）企业已将该商品的法定所有权转移给客户，即客户已拥有该商品的法定所有权。

（3）企业已将该商品实物转移给客户，即客户已实物占有该商品。

（4）企业已将该商品所有权上的主要风险和报酬转移给客户，即客户已取得该商品所有权上的主要风险和报酬。

（5）客户已接受该商品。

（6）其他表明客户已取得商品控制权的迹象。”

根据上述迹象判断，开发商在商品房实际交付给购房者（且购房者对房屋验收确认）之时，商品房的控制权转让给了客户，可以在此时点确认房屋销售收入。此时，上述（1）、（2）、（3）可以满足，且购房者已经对房屋进行验收，表明其接受了该房屋，（5）也可以满足。以下重点分析商品所有权上的主要风险和报酬是否已经转移给了客户。

根据最高人民法院《关于审理商品房买卖合同纠纷案件适用法律若干问题的解释（2020年修订）》（法释〔2020〕17号）的相关规定：

第八条　对房屋的转移占有，视为房屋的交付使用，但当事人另有约定的除外。

房屋毁损、灭失的风险，在交付使用前由出卖人承担，交付使用后由买受人承担；买受人接到出卖人的书面交房通知，无正当理由拒绝接收的，房屋毁损、灭失的风险自书面交房通知确定的交付使用之日起由买受人承担，但法律另有规定或者当事人另有约定的除外。

从上述司法解释对风险转移时点的相关规定可知，在商品房实际交付给购房者之前，房屋的灭失、毁损风险仍然由开发商承担，到实际交付使用后转移给购房者。而“交付使用”通常以“转移占有”（如开发商将房门钥匙移交给购房者）为标志，标志着购房者自该时点起有权主导该商品房的使用。另一方面，房屋的毁损、灭失风险是会计准则所指的“商品所有权上的主要风险和报酬”的重要组成部分，也是在判断控制权转移时需考虑的重要因素之一。因此，在房屋实际交付给购房者之前，不能认为已经满足“客户已取得对相关商品的控制权”这一条件。

综上，在实务中，绝大多数房地产开发企业是以交房作为控制权转移、商品房销售收入确认的最主要标志性事件。但当开发商向购房者发出入伙通知，购房者在合理期限内不来办理相关验收、入伙手续时，在该约定验收期限届满时，相关风险转移，也可以确认收入。

【例9-2】软件集成系统收入确认问题

问题

如下文“背景”资料所述，A公司如何确认收入的实现？

背景

A公司主营业务为电子政务平台建设，为客户提供信息资源共享交换平台、基础数据库、主题库、数据仓库（政务大数据）、机构电子文件管理平台及政府业务协同交换平台、政府协同办公平台、移动办公平台等。即A公司与客户签订技术开发、系统运维、平台建设合同，合同内容包括平台建设所需要的设备、配件等硬件设备（金额较小）等，A公司负责相关的技术服务支持及平台建设，且合同约定终验完成后，A公司安排数名员工常驻对方场所提供免费的升级、培训及维护服务，所需费用由A公司自行承担。

A公司与客户间的主要合同及条款：

1.××市大数据中心建设项目合同书的合同金额为2 378.68万元，其中硬件部分281.68万元，软件部分2 097万元。合同主要条款如下：①合同签订后10个工作日内，支付30%预付款项；由本项目监理机构确定项目部署完成、功能测试符合建设要求，平台正式上线通过初验后，支付50%项目款；项目通过终验后，支付15%项目款项；终验后服务期满，支付剩余款项。售后服务：竣工验收后，根据采购方及项目监理机构要求提供8人、1年驻采购人指定场所的维护、培训及升级服务。其他条款：如乙方（A公司）不能交付货物，完成安装并调试的，甲方（客户）有权扣留全部履约保证金，同时乙方应向甲方支付合同总价的5%违约金。在乙方承诺的质保期内，如经乙方2次维修或更换仍不能达到合同约定的质量，甲方有权退货，乙方应退回全部货款。

2.××市智慧城市运营中心模块合同：合同金额1 798.95万元，其中指挥中心建设418.95万元，其他项目建设1 380万元。合同主要条款如下——项目实施包括但不限于以下内容：项目需求分析与规划设计、项目实施、项目测试、项目培训、项目验收、项目服务。其中验收分为初步验收、分项验收、竣工验收。项目验收后，乙方（A公司）安排4名工作人员入驻甲方（客户）场所，费用乙方自行承担，为甲方提供3年的免费服务。对于软件出现故障情况，乙方应半小时内响应，如不能解决，技术人员需1小时内到现场，3小时内解决问题。付款方式："指挥中心建设"，经甲方及监理机构初验后15天支付40%，经甲方及监理机构终验后支付30%，3年服务期满支付30%；"其他项目建设"，合同签订后15日内支付15%，本项目监理机构确定基础模块完成后支付15%，平台上线后且通过初验后支付40%，终验后支付20%，服务期3年后支付10%。

3.××市公共信息资源共享交换平台的项目进度安排：第一阶段，完成需求调研；第二阶段，完成系统设计开发；第三阶段，完成测试及运行；第四阶段，完成全市正式运行；第五阶段，系统验收阶段。签订后十个工作日支付款项的15%，基础模块完成后支付15%，平台正式上线且初验后支付40%，通过终验后支付20%，服务期满3年支付10%。

分析

根据新收入准则第十一条规定：满足下列条件之一的，属于在某一时段内履行履约义务；否则，属于在某一时点履行履约义务：

（一）客户在企业履约的同时即取得并消耗企业履约所带来的经济利益。

（二）客户能够控制企业履约过程中在建的商品。

（三）企业履约过程中所产出的商品具有不可替代用途，且该企业在整个合同期间内有权就累计至今已完成的履约部分收取款项。

具有不可替代用途，是指因合同限制或实际可行性限制，企业不能轻易地将商品用于其他用途。有权就累计至今已完成的履约部分收取款项，是指在由于客户或其他方原因终止合同的情况下，企业有权就累计至今已完成的履约部分收取能够补偿其已发生成本和合理利润的款项，并且该权利具有法律约束力。

就本案例而言：

（1）A公司在研发建设系统的时候，客户并不能取得并消耗企业履约所带来的经济利益，因此不满足条件（一）；

（2）在验收确认前，该建设中的系统尚不能由客户控制，因此不满足条件（二）；（注：IFRS 15的举例中提到“合同约定企业应在客户的所在地开发信息技术系统，则在开发或改良的过程中，客户控制该系统，因此属于在某一时段内履行履约义务”，但对于此类以外购软硬件成本为主的系统集成项目，我们理解不属于此种情况，因为其建设并不依赖于客户现有的IT环境。）

（3）可以认为本案例中的软件系统具有“不可替代用途”，但合同只约定了客户付款的几个离散时点，A公司无权就累计至今已完成的履约部分收取能够补偿其已发生成本和合理利润的款项，因此不满足条件（三）。

综上，在新收入准则下，本案例属于“在某一时点履行的履约义务”，并不适用履约进度法。至于具体是在哪一步验收（初验或终验）时作为商品控制权转移时点，并据此确认收入，则取决于在这两次验收中间是否还有可能发生重大的整改工作量和支出。

对于维修服务部分，应作为一项单项履约义务，分配相应的合同价款。因为维修服务属于“客户在企业履约的同时即取得并消耗企业履约所带来的经济利益”的情形，因此属于某一时段内履行的履约义务，可在合同约定的维保服务期内分摊确认收入。

9.2 履约成本和履约进度

【例9-3】为特殊工程专门购置施工器具，其成本由工程费全额补偿的会计处理

在履行合同的过程中，一项为履行合同而发生的成本是属于其他准则规范还是应当遵循新收入准则作为“合同履约成本”，以及后续如何核算，需要结合合同的具体情况进行分析。

问题

如下文“背景”所述，A公司购置的工程专用抱杆应如何进行会计处理？

背景

A公司承揽了某500kV线路工程，由于工程的特殊性，铁塔组立所需的双平臂抱杆需要专业定制，不能使用一般工程组立所用抱杆，故在与业主单位签订合同时，双方协商一致同意将新购置专用抱杆费用由业主方以工程施工费用的形式一次性在合同中给予A公司。购置后该抱杆的产权、使用权均归A公司所有，与业主单位结算时无需单独开具抱杆发票，合并在其他施工费用中一并结算开具施工费发票。

本次定制的抱杆由于工程设计特殊，该抱杆使用完毕后不能在非同类型铁塔组立中使用，A公司以最近一次承揽过类似的可以使用该抱杆的工程已是10年之前。根据经验和国家输电网络规划设计，A公司判断本次如果购置新的抱杆，在未来很长一段时间内，除目前该工程使用外，预计其他工程将不会使用。

A公司所在企业集团的固定资产目录没有抱杆这一类型，考虑到价格较高，如果将该抱杆作为固定资产核算和管理，由于固定资产分期计提折旧，而承揽的该500kV线路工程工期最长2年，业主单位将抱杆费用在2年内一并与A公司结算形成收入，则将造成A公司施工期内工程结算利润巨大，而工程结算以后年度出现亏损的局面。

A公司目前对该抱杆会计处理的不同观点：

观点一：将该抱杆费用化，直接列支在工程履约成本中；

观点二：将该抱杆资本化，作为固定资产核算和管理；

观点三：将该抱杆作为低值易耗品入账，考虑该抱杆使用的局限性，选择在该工程工期内摊销。

分析

鉴于该抱杆系定制，当前该工程完成后在可预见的未来不会有其他用途（如A公司所述，前次需用定制抱杆的工程是在10年前），且工程价款中专门单列了该抱杆的购置支出，即其成本完全可通过当前工程项目的价款得到补偿，故建议的会计处理如下：

1.该抱杆应资本化作为一项资产，而非费用化计入当期成本费用；

2.按新收入准则对合同履约成本的规定，企业为履行合同可能会发生各种成本，企业应当对这些成本进行分析，属于其他企业会计准则（例如，《企业会计准则第1号——存货》《企业会计准则第4号——固定资产》以及《企业会计准则第6号——无形资产》）规范范围的，应当按照相关企业会计准则进行会计处理；不属于其他企业会计准则规范范围且同时满足下列条件的，应当作为合同履约成本确认为一项资产。

（1）该成本与一份当前或预期取得的合同直接相关，包括直接人工、直接材料、制造费用（或类似费用）、明确由客户承担的成本以及仅因该合同而发生的其他成本；

（2）该成本增加了企业未来用于履行履约义务的资源；

（3）该成本预期能够收回。

该抱杆由于有单独可辨认的实物形态、单位价值较高，且预计带给企业的受益期限超过1年，因此符合《企业会计准则第4号——固定资产》对固定资产的定义，因此购入时，应作为固定资产核算。另一种可行的处理是，鉴于该抱杆是专为承揽该工程合同而定制的，无其他用途，相当于其使用是由客户控制，而不是由A公司控制，故A公司可以将其购置成本作为“合同履约成本相关资产”，列入“合同履约成本”科目核算，在资产负债表中列报为“其他非流动资产”。

3.该抱杆购置的目的仅为持有并用于特定的工程项目，因此应采用类似工作量法计提折旧，将抱杆的账面价值（扣除预计残值）在该细分工程的施工期间内摊销计入工程履约成本，纳入履约进度计算。该细分工程结束后，该抱杆的账面价值仅余残值。

【例9-4】建造合同履约进度的确定

企业在订立合同的过程中会发生一些成本，这些成本是否属于企业的“合同成本”，是否能够计入履约进度的计量，实务中需要根据这些成本项目的性质进行具体分析。

问题

在以“累计实际发生的合同成本占合同预计总成本的比例”确定建造合同的履约进度时，企业（建造承包商）为订立合同发生的差旅费、投标费等“订约成本”如在较早的会计期间内已经在发生时予以费用化处理的，是否应当纳入履约进度的计算？

背景

企业确定合同履约进度可以选用的方法之一是“累计实际发生的合同成本占合同预计总成本的比例”。根据《企业会计准则解释第1号》第三条规定：“企业（建造承包商）为订立合同发生的差旅费、投标费等，能够单独区分和可靠计量且合同很可能订立的，应当予以归集，待取得合同时计入合同成本；未满足上述条件的，应当计入当期损益。”

分析

新收入准则第二十八条规定：“企业为取得合同发生的增量成本预期能够收回的，应当作为合同取得成本确认为一项资产；但是，该资产摊销期限不超过一年的，可以在发生时计入当期损益。增量成本，是指企业不取得合同就不会发生的成本（如销售佣金等）。

企业为取得合同发生的、除预期能够收回的增量成本之外的其他支出（如无论是否取得合同均会发生的差旅费等），应当在发生时计入当期损益，但是，明确由客户承担的除外。”

根据上述规定，企业（建造承包商）为订立合同发生的差旅费、投标费等“订约成本”，无论是否取得合同均会发生，不属于新收入准则规范的“增量成本”，因此应于发生时计入当期损益。因其不构成“合同成本”的组成部分，不纳入履约进度的计算。

对于“合同取得成本”，在采用累计实际发生成本占预计总成本的比例（即成本法）确定履约进度时是否纳入计算的问题分析如下：

“投入法”是根据企业履行履约义务的投入确定履约进度的方法，“合同取得成本”仅为取得合同的支出，并非是为“履约”而投入，“合同取得成本”的发生并未导致向客户转让商品，因此，在采用成本法计算履约进度时，“合同取得成本”也不应该纳入履约进度的计算。

【例9-5】对新收入准则第十二条“履约进度不能合理确定时如何确认收入”相关规定的理解

新收入准则第十二条中“履约进度不能合理确定”时的会计处理规定，是新收入准则给出的一项简化方法，仅适用于履约进度暂时无法确定的情况，一旦履约进度能够合理确定，则应该按照履约进度确认收入。但是在实务中，个别项目可能存在滥用该条款的情况。那么如何恰当理解“履约进度不能合理确定”，我们在下面的案例中进行阐述。

问题

如何理解新收入准则第十二条“履约进度不能合理确定时，企业已经发生的成本预计能够得到补偿的，应当按照已经发生的成本金额确认收入，直到履约进度能够合理确定为止”的规定？如下文背景资料所述，A公司在两段里程碑之间所发生的成本若能得到补偿，是否可以根据投入成本确认等额收入？

背景

A公司的主要业务之一为涉军研制业务。在执行新收入准则后，A公司管理层认为此类研发服务属于在一段时间内履行的履约义务，并且应按产出法确定履约进度。合同约定的里程碑进度是客户认可的进度，但是两个里程碑间的进度无法确认。

分析

在新收入准则下，“在一段时间内履行的履约义务”代表商品的控制权在履约期间内以连续的方式逐步转移给客户，由此相应逐步累积收取对价的权利。因此，首先应判断在该特定交易中，商品控制权的转移是否连续。如果仅在合同约定的特定里程碑节点上才将对应的商品控制权转移给客户，则该项履约义务不满足“某一时段内履行”的条件。并且，运用产出法衡量履约进度应满足的条件之一是“以产出法衡量的履约进度与主体截至目前已完成的工作对于客户的价值直接相一致”。

本案例中所涉及的劳务为涉军研发服务，我们理解其商品（研发成果）控制权的转移很可能并不是在一段时间内连续进行的，而是仅仅在特定节点上将前一阶段所完成的工作一次性转移，并不连续。因此建议谨慎评估本案例所涉及的履约义务是否满足“某一时段内履行”的三种情形之一。

当运用产出法衡量履约进度时，理论上应当在履约期间的任何一个时点，都可以根据截至该时点已转移控制权给客户的商品的价值占合同约定应转移商品总价值的比例来计量履约进度，而不应出现在两个里程碑之间的某个时点的履约进度不能可靠计量的情况。而且，在实务中，很多“里程碑法”实际上是变相的按开票进度确认收入。尽管准则允许在某些情况下将其认可为实务中的变通方式，但也是有限制条件的，即“企业向客户开具发票的对价金额与向客户转让增量商品价值直接相一致时，如企业按照固定的费率以及发生的工时向客户开具账单”。如果不满足该条件而仍采用里程碑法，则背离了里程碑法的本意。

结论基础

对于“可明确区分的商品或服务构成在一段时间内履行的履约义务时，其控制权是否在某些离散（不连续）的时点转移”这一问题，FASB TRG[①]成员普遍认为，如果一项履约义务符合在某一时段内（而不是在某一时间点）确认收入的标准，则相关商品或服务的控制权并非在某些离散的时间点转移。因为控制权是在主体履约的同时转移，主体的履约（通过一个适当的进度衡量来反映）不应当导致主体的账目中产生任何重大的资产（即正在进行的工作，例如在产品或合同履约成本）。

利益相关者提出，商品或服务属于某一时段内履行的履约义务的，是否在某些离散的时间点转移了控制权。因为准则强调了几种产出法，其中包括“里程碑法”，作为衡量履约进度的潜在可接受方法。FASB TRG成员普遍赞同，只有当其可以恰当衡量主体至今已履行的履约进度时，主体才可采用该产出法。

在2016年5月的IASB会议上，IASB的工作人员表示支持TRG议程文件中就此问题达成的结论，并指出，该结论使得何时可采用里程碑法衡量履约进度的指引更为清晰。此外，观察FASB TRG会议的IASB成员表示，FASB TRG关于该主题的讨论是有益的。

权威指引

财政部、国务院国资委、银保监会、证监会《关于严格执行企业会计准则切实加强企业2020年年报工作的通知》（财会〔2021〕2号）规定：

对于在某一时段内履行的履约义务，企业应当考虑商品的性质，采用产出法或投入法确定恰当的履约进度。企业在评估是否采用产出法确定履约进度时，应当考虑具体事实和情况选择能够如实反映企业履约进度和向客户转移商品控制权的产出指标。例如，“里程碑法”通常采用“已达到的里程碑”这一产出指标来确定履约进度，企业应当分析合同中约定的不同里程碑节点是否能恰当代表履约进度，如果里程碑节点能恰当代表履约进度，则表明采用“已达到的里程碑”确定履约进度是恰当的；如果企业在合同约定的各个里程碑之间向客户转移了重大的商品控制权，则很可能表明采用“已达到的里程碑”确定履约进度是不恰当的，企业应当选择其他产出指标或其他方法来确定履约进度。

① 2014年6月，国际会计准则理事会（IASB）和美国财务会计准则委员会（FASB）宣布成立收入确认联合过渡资源组（Joint Transition Resource Group for Revenue Recognition，TRG）。

9.3 控制权转移的时点

针对在一个时点履行的履约义务，何时才是商品“控制权”转移（也即收入确认）的具体时点？新收入准则第十三条给我们列出了一些在判断时需要考虑的迹象，但如何在实务中具体应用，特别是一些特殊情形下（例如，下面两个案例中的承诺保底价格收购种植产出的种子销售、存在居间人的销售），则需要结合具体情况进行分析判断。

【例9-6】带有保护价收购农产品承诺的种子销售收入的确认

问题

如下文“背景”所述，带有保护价收购农产品承诺的种子销售如何确认收入？

背景

A公司从事农作物新品种（以玉米和瓜类为主）的研究、种子繁育、经营和果仁类食品的加工及出口贸易。果仁类食品的加工原材料的采购部分来源于公司研发的品种，公司与部分片区代理商签订瓜籽种植收购合同，将自己培养的南瓜种子向部分片区代理商进行销售，其中合同条款确定种子销售价格为158元/400克，同时约定生产的南瓜籽（用于加工果仁）保底回收价格14元/公斤，但代理商有是否回收的选择权，若市场价格上涨，按随行就市原则按市场价格收购。代理商也可向其他第三方进行销售。

分析

新收入准则第四条规定：“企业应当在履行了合同中的履约义务，即在客户取得相关商品控制权时确认收入。取得相关商品控制权，是指能够主导该商品的使用并从中获得几乎全部的经济利益。”

第十三条规定：“对于在某一时点履行的履约义务，企业应当在客户取得相关商品控制权时点确认收入。在判断客户是否已取得商品控制权时，企业应当考虑下列迹象：

（一）企业就该商品享有现时收款权利，即客户就该商品负有现时付款义务。

（二）企业已将该商品的法定所有权转移给客户，即客户已拥有该商品的法定所有权。

（三）企业已将该商品实物转移给客户，即客户已实物占有该商品。

（四）企业已将该商品所有权上的主要风险和报酬转移给客户，即客户已取得该商品所有权上的主要风险和报酬。

（五）客户已接受该商品。

（六）其他表明客户已取得商品控制权的迹象。”

本案例中，A公司将南瓜种子销售给农户，何时确认收入取决于这些南瓜种子的控制权何时转移给农户，即从何时起，农户能够主导南瓜种子的使用，并能获得其全部经济利益。

农户取得南瓜种子之时，已经能够主导种子的使用（种植或是不种植），并能够获得种植南瓜的全部经济利益（将产出的南瓜籽销售给A公司或者销售给其他第三方），因此实际上在农户取得南瓜种子时，控制权就已经转移给了农户。此时，A公司有现时的收款权（农户有现时付款义务）；种子的法定所有权和实物已经转移给了农户；农户也接受了种子。此时，应确认南瓜种子的销售收入的实现。

鉴于在新收入准则下，“企业已将该商品所有权上的主要风险和报酬转移给客户，即客户已取得该商品所有权上的主要风险和报酬”仍然是判断商品控制权是否转移的主要考虑因素之一，因此仍需关注本案例中的保底条款是否影响种子所有权上风险报酬的转移这一问题。对此问题，基于以下考虑，可以认为A公司在将南瓜种子出售后，其所有权上的主要风险和报酬已经转移给购买该种子的农户：

1.尽管A公司承诺以保底价格收购农户所生产的南瓜籽，但并未约定所收购的南瓜籽必须由农户使用本公司提供的种子生产。同时农户也有权自由出售其所生产的农产品，并不是只能出售给公司。所出售的作为种子出售的南瓜籽和所收购的加工果仁用的南瓜籽之间并没有明确的对应关系。

2.影响种植南瓜的农户的收益的因素很多，南瓜籽的收购价格只是其中的一方面。除此之外，种植期间的管护水平、自然条件状况等都会影响最终的南瓜籽产量，但A公司并未给农户提供保底收益承诺。农户向A公司以保底价格出售其所生产的南瓜籽，一个基本前提就是其要能够生产出这些南瓜籽，而A公司并不承担产量变动的风险。这些风险和报酬是由农户承担或者享有的。

因此，我们倾向于认为本案例中的保底收购价格条款应不影响在种子出售时点上其所有权上主要风险和报酬转移的判断，不影响种子控制权的转移。

但是，A公司的这一以最低保护价收购农产品的承诺（目前属于待执行合同）在今后可能会转为亏损合同，即未来农户可能依据这一约定要求公司以高于届时市场价的价格（即按照最低保护价每公斤14元）收购用于加工果仁的南瓜籽。因此，在这一承诺的有效期内，A公司应当按照《企业会计准则第13号——或有事项》及其应用指南和讲解的规定，根据市场行情的变化情况，谨慎判断该项待执行合同转化为亏损合同的可能性，并对可能被要求按保底价收购的数量，以及保底价高于届时市场价的差额等作出谨慎的估计，在必要时计提预计负债。

此外，A公司向农户销售的是“南瓜种子”，承诺收购的是“用于加工果仁的南瓜籽”，这两者并非是“相同或几乎相同的商品”，因此不属于新收入准则第三十八条规范的“售后回购”——“售后回购，是指企业销售商品的同时承诺或有权选择日后再将该商品（包括相同或几乎相同的商品，或以该商品作为组成部分的商品）购回的销售方式。”

【例9-7】存在居间人情况下的收入确认时点

问题

如下文“背景”所述，存在居间人的情况下，销售收入是否可以在货物发出时确认？

背景

制药企业一般的销售模式为向医药经销单位销售药品，由医药经销单位再向医院等地销售，即“两票制”。由于医药行业禁止向个人销售药品，但是个人又有销售渠道，因此A制药企业与个人签订居间人合同，由这些个人寻找医药经销公司，A制药企业（甲方）与个人（乙方）和医药公司（丙方）签订三方协议，形式上由甲方和丙方结算，但是丙方又委托乙方全权办理。货物运输一般由甲方和运输公司签订运输合同，将货物运输至地市级城市。甲方、乙方和丙方签订的协议有关收入条款为：

（1）丙方在销售甲方产品时，需通过乙方与甲方代为联系，乙方作为丙方的担保代理人，连带承担丙方因此产生的权利与义务，对丙方拖欠款项及违约责任承担连带保证责任；

（2）丙方全权授权乙方代其履行与甲方结算（收款与付款）的义务；

因乙方对丙方承担履行本合同的担保责任，当甲方开具发票给丙方，且尚未收到丙方货款时，丙方应付甲方的货款从乙方的担保款中直接划转，当乙方担保款额不足的情况下，甲方直接向乙方追偿相应欠款，并不再向丙方追偿；同理，丙方支付给甲方的款项，超出甲方给丙方的已开票额，丙方同意此部分款项归乙方所有。由此产生的纠纷，由乙、丙方承担，不追溯至甲方；

（3）丙方应当在收到货物时完成验收，逾期视为已经通过验收；

（4）甲方不受理非质量问题的退、换货；

（5）甲方应提供合格的产品，经地级市以上药检部门检定确认因质量引起的退货，所发生的运输费用由甲方承担；

（6）除甲方提供的产品存在质量缺陷的情形以外，甲方货物一经发出，不接受乙方的退货，该货物所有权的主要风险和利益转移给乙方，乙方必须全部承担按协议价格支付给甲方货款的责任。

另外，药品属于特殊商品，交给运输公司发往各地级城市的在途时间不长，运输合同约定在运输中由于运输公司原因导致的损失由运输公司赔偿。

分析

根据新收入准则第四条规定："企业应当在履行了合同中的履约义务，即在客户取得相关商品控制权时确认收入。取得相关商品控制权，是指能够主导该商品的使用并从中获得几乎全部的经济利益。"第十三条规定："对于在某一时点履行的履约义务，企业应当在客户取得相关商品控制权时点确认收入。在判断客户是否已取得商品控制权时，企业应当考虑下列迹象：（一）企业就该商品享有现时收款权利，即客户就该商品负有现时付款义务。（二）企业已将该商品的法定所有权转移给客户，即客户已拥有该商品的法定所有权。（三）企业已将该商品实物转移给客户，即客户已实物占有该商品。（四）企业已将该商品所有权上的主要风险和报酬转移给客户，即客户已取得该商品所有权上的主要风险和报酬。（五）客户已接受该商品。（六）其他表明客户已取得商品控制权的迹象。"

从合同条款分析，制药企业（甲方）将药品发送至丙方（经销商）的所在地，丙方应当在收到货物时完成验收，丙方完成验收后，非因药品质量缺陷，制药企业不接受其退、换货。即在丙方验收药品之后，能够自主决定药品的下一步销售或处置，并能获取其全部经济利益（包括非药品质量问题引起的其他损失），因此，丙方验收通过后即取得了该药品的控制权，此时，制药企业应确认药品销售收入。另外，由于制药企业负责药品的运输，该运输活动是在药品的控制权转移给丙方之前发生的，因此运输活动不构成单项履约义务，而是制药企业为履行合同发生的必要活动，相关运输费用作为销售药品的履约成本。

此外，还需要关注乙方和丙方的付款意愿和能力，根据新收入准则第五条对于"合同"标准的规定，"企业因向客户转让商品而有权取得的对价很可能收回"是合同能够按照收入准则进行收入确认的前提之一。本案例中，如果经销商和居间人不具有足够强的财务实力，在产品售出之前有可能无法支付货款，由于不满足"合同"条件而不能按照收入准则的规范确认收入（即不满足"五步法"的第一步"识别合同"）。直到后续阶段通过持续评估，判断乙方和经销商很可能支付合同对价（比如，药品已经实现最终销售并收回货款），再考虑收入的确认。

在除了“先款后货”以外的其他结算模式中，公司在确定收入的确认时点时（尤其是对作为居间人的个人发货时），应关注经销商或者居间人是否具有足够强的财务实力。如果经销商或者居间人的财务实力较弱，需要将公司的产品售出后才有资金用于偿还货款的，则虽然合同约定了一旦发货即不再接受除质量问题以外的退货的条款，但由于该合同不满足收入准则规定的合同条件不能确认收入，直至经过持续评估认定符合合同标准时才能确认。

第十章　特殊交易的会计处理

10.1　知识产权许可

实务中，企业在向客户提供知识产权许可之时往往同时提供其他服务，例如，与知识产权相关的后续技术支持、软件升级等。那么这些后续服务和知识产权本身是否能够单独区分？如果能够单独区分，合同中的固定对价和可变对价如何分摊，如何确认收入？

下述【例10-1】【例10-2】和【例10-3】分别从网络技术产品、网络在线课程和网络游戏开发三个行业进行了分析和阐述。

【例10-1】需要提供后续技术设计和支持服务的技术使用权授权收入确认

问题

如下文“背景”部分所述，对于需要提供后续技术设计和支持服务的技术使用权授权业务，如何对收入进行确认和计量？

背景

根据A公司与B公司签订的无线领域战略合作协议，合作期10年。在该期间内，B公司授权A公司使用语音合成等产品，并对A公司实施的二次开发提供技术支持。协议约定B公司提供的语音合成、语音识别、语音转写三大技术及相关产品、文档、相关信息及技术支持服务和培训的总价格为人民币13 000 000元。

付款方式为

“4.4.1预付款：合同正式签订后，甲方在收到乙方开具发票后三十日内向乙方支付合同总价的60%，计人民币7 800 000元；

4.4.2前期付款：本合同签署满二年时，甲方在收到乙方开具发票后三十日内向乙方支付合同总价的20%，计人民币2 600 000元；

4.4.3中期付款：合同签署满四年时，甲方在收到乙方开具发票后三十日内向乙方支付合同总价的10%，计人民币1 300 000元；

4.4.4尾款付款：合同签署满十年时，甲方在收到乙方开具发票后三十日内向乙方支付合同总价的10%，计人民币1 300 000元。”

B公司于6月份收到首期款780万元，计入当期收入。

分析

该合同包含“授予知识产权许可”（现有技术的10年内使用权）和“在10年内提供后续技术升级和支持服务”两项承诺。

1.上述两项承诺是否能够单独区分？

新收入准则第十条规定：“企业向客户承诺的商品同时满足下列条件的，应当作为可明确区分商品：（一）客户能够从该商品本身或从该商品与其他易于获得资源一起使用中受益；（二）企业向客户转让该商品的承诺与合同中其他承诺可单独区分。

下列情形通常表明企业向客户转让该商品的承诺与合同中其他承诺不可单独区分：（1）企业需提供重大的服务以将该商品与合同中承诺的其他商品整合成合同约定的组合产出转让给客户。（2）该商品将对合同中承诺的其他商品予以重大修改或定制。（3）该商品与合同中承诺的其他商品具有高度关联性。”

首先，企业将知识产权许可授予客户后，即使不提供后续的技术支持和服务，相关语音合成、语音识别、语音转写等产品仍然能够使用，表明客户可以从企业单独提供的各项承诺中受益，这两项商品本身能够单独区分。其次，企业不需要提供重大服务将知识产权许可和技术支持服务整合在一起形成组合产出；这两个承诺也没有对彼此作出重大修改或定制；企业在不提供后续支持服务的情况下也能够单独履行其授予知识产权的承诺，两个承诺之间没有高度关联性。因此，在合同层面这两项承诺彼此之间也是能够单独区分的。

据此，合同中包括两个单项履约义务：授予知识产权许可和提供技术支持服务。

2.将交易价格分摊至两项履约义务

本合同对价为固定价格13 000 000元，应将其按照两个单项履约义务单独售价的相对比例进行分摊。在确定单独售价时，应首选可直接观察数据，如企业可能经常授权非关联方在类似授权范围内使用同样技术（但不含升级服务），其销售价格可作为授予知识产权的单独售价。对于后续技术服务，如果企业没有单独出售过，无法获得可观察售价，则可以根据新收入准则第二十一条规范的市场调整法、成本加成法或余值法等方法进行估计。

3.在履行履约义务时确认收入

对于“授予知识产权许可”（现有技术的10年内使用权）的履约义务，由于合同没有约定、客户也没有合理预期企业会从事对现有技术产生重大影响的活动，则属于在一个时点履行的履约义务，在相关知识产权授予客户、客户能够从该知识产权中获取利益的时点确认收入实现。无论合同中约定的款项是否分期支付，均应在控制权转移给客户之时一次性确认分摊给知识产权许可的收入金额。如果商品控制权转移时点和客户支付价款时点存在时间差，且时间差超过一年时，还应考虑合同中存在的重大融资成分。

对提供技术支持服务，因在企业履约（提供服务）的同时客户即能取得并消耗企业履约所带来的经济利益，应在一段时间（合同期10年）内分期按照履约进度确认收入。

【例10-2】网络课程收入的确认与计量

问题

如下文“背景”所述，A公司网络课程服务的收入，应如何确认和计量？

背景

A公司主要业务为提供网络学习服务，由公司提供网络平台及在线课件，用户通过购买授权账号后，在约定期限内，以在线浏览和在线播放的方式使用。

A公司的销售客户类别包括经销商和直销终端客户两类。A公司与经销商签订《企业版产品经销合作协议》。A公司与终端客户签订《软件许可合同》或《软件服务（租赁）合同》，该两类合同条款无实质区别，其中对收费、义务约定如下：

（1）开通费。该开通费占本合同总金额的80%，为一次性软件、课件开通费。因开通后A公司的知识产权即向用户公开，A公司不能控制用户的使用数量与频次，所以双方约定开通后，用户不能以任何理由要求A公司退回该开通费。

（2）许可使用费/租赁服务费。该费用占本合同总金额的20%。

在许可使用或租赁期间，A公司需履行的主要合同义务包括保证其平台的通畅和正常使用、每年不少于一次添加或升级软件包含公共课程、免费提供有关A公司产品的技术服务等。

A公司与客户签订的合同约定授权账号的使用期限通常为1年（极少数有超过1年期的）。

分析

1.本案例中“软件许可合同”和“软件服务（租赁）合同”的条款基本类似，我们认为应当遵循基本一致的收入确认原则，原因如下：

（1）合同存在几个单项履约义务？

A公司在合同中向客户做出如下三个承诺：授权客户使用在线课程（知识产

权许可）、软件升级和技术服务。知识产权许可在软件升级和技术服务之前向客户交付，在没有软件升级和技术服务之前可以正常使用，客户能够从单独使用各项商品和服务中获益。软件升级和技术服务并未对知识产权本身作出重大修改，因此，软件升级及技术服务是企业承诺的单独产出，而非用于生产组合产出的投入；已承诺商品或服务中没有一个能够明显修改或定制另一个；企业也可以将软件许可证独立于其随后提供升级服务、技术服务的承诺进行转让，各个承诺彼此之间并不高度相互依赖或高度相关。综上，合同中共包括三个单项履约义务。

（2）将交易价格分摊至每个单项履约义务。

根据新收入准则第二十条的规定，在合同开始日A公司应将交易价格按照每个单项履约义务的单独售价的相对比例分摊至每个单项履约义务。合同中约定的交易价格总金额比较明确，但各个履约义务的单独售价不一定就是合同中约定的占比：知识产权许可为80%，升级和技术服务为20%。A公司需要根据是否曾单独销售过相关商品等情况确定，如果不曾单独销售，无法获得其可直接观察的单独售价，可能需要根据实际情况选择市场调整法、成本加成法等进行合理估计。

（3）各个履约义务如何确认收入?

①知识产权许可。

根据新收入准则第三十六条规定："企业向客户授予知识产权许可，同时满足下列条件时，应当作为在某一时段内履行的履约义务确认相关收入；否则，应当作为在某一时点履行的履约义务确认相关收入：

（一）合同要求或客户能够合理预期企业将从事对该项知识产权有重大影响的活动；

（二）该活动对客户将产生有利或不利影响；

（三）该活动不会导致向客户转让某项商品。"

A公司最主要的义务是为用户提供接触和使用A公司拥有知识产权的系统和课件（现有内容），A公司在将软件向客户授权开通后客户即可正常使用，后续的软件升级不会显著影响客户从该软件中获益的能力，且软件升级本身也构成了一个单项履约义务。由于不能同时满足上述新收入准则第三十六条规定的三个条件，A公司应在账号开通后一次性确认分摊至知识产权许可的收入。

②软件升级和技术服务。

软件升级和技术服务这两个履约义务，都满足新收入准则第十一条（一）"客户在企业履约的同时即取得并消耗企业履约所带来的经济利益"的条件，因此都属于在一个时段内履行的履约义务。对于软件升级，可以按照已经升级的次数占合同期内预计共需要升级的次数的比例确定履约进度，对于技术服务，可以采用按照时间来确定履约进度的方法。

2.如本案例中背景资料所述，A公司的销售客户分为经销商、直销终端客户：

（1）A公司向直销终端客户（如大量普通用户）销售学习服务平台软件时，按照前述问题1中讨论的方式确认收入。

（2）A公司的销售客户为经销商，通过经销商向最终客户销售时，A公司应根据新收入准则第三十四条的规定，结合与经销商签订的协议条款及其实际执行情况，考虑相关经济实质，来判断经销商相对于最终客户而言是属于主要责任人身份，还是代理人身份。

如果在向最终客户提供商品之前，是A公司（而不是经销商）控制商品（例如，从最终客户的角度看，如果网络无法登陆或使用中存在问题，是由A公司承担纠错责任），那么与商品所有权有关的任何损失均由A公司承担，与商品所有权有关的任何经济利益也归A公司所有（表明商品所有权上的主要风险和报酬未转移）。此时，经销商将软件及课件销售后，向A公司开具代销清单时，经销商按应收取的手续费确认收入。A公司在收到经销商销售款时计入“合同负债”科目，待经销商最终销售给终端客户时，参照A公司直销终端客户时相同的收入确认原则进行处理。

如果在向最终客户提供商品之前，是经销商（而不是A公司）控制商品（例如，经销商已向A公司支付全款购入若干账号，经销商向最终客户销售的过程就是将这些已掌握在经销商手中的账号的权限转移给最终客户的过程），则视同买断。在这种情况下，A公司应当在把所销售商品控制权转移给经销商时确认收入。

【例10-3】特许权使用费收入的确认问题

问题

基于“背景”部分所述信息，网络游戏开发公司与网络游戏运营商之间签订的软件授权合同中约定的权利金或签约金及后续运营收入分成该如何确认收入？

背景

A公司根据自己的判断选择网络游戏项目进行开发，在开发到一定阶段后，向政府部门申请计算机软件著作权登记和软件产品登记、游戏版号登记等注册手续。然后寻找网络游戏运营商，签订区域授权合约，合同中一般规定的合约期限为3年左右；授权经营地区一般划分为：中国大陆地区、中国台港澳地区、国外某一国或数国为一个地区（注：在一个地区内只能授予一家公司经营权）。网络游戏运营商负责为网络游戏建立网络环境，为网络游戏系统提供稳定的维护和安全保障，全面为用户（玩家）提供游戏平台架设、策划管理、销售推广、客户服务。（即在玩家提供游戏的交易中，网络运营商是主要责任人，网络游戏运营商是A公司的客户。）

A公司在与对方签订授权合同时约定的权利收益包括两部分，第一部分为权利金或者签约金，第二部分为分成金（注：分成金的计算方式根据合同存在差异，一般为网络游戏运营商收入的约定比例）。

合约中A公司的责任有：按约定时间交付资料，完成游戏的本地化工作，完成公众测试、安装与维护责任等。其中，安装与维护责任中明确了以下两条。

第一条：在合作期限内，A公司应在对方的要求下不时对游戏予以修改维护，并应于书面协商确定的期限内完成，A公司依本条约定对游戏的修改和维护应是无偿的；

第二条：A公司在整个合约期限内负责向对方提供全面的技术支持，包括但不限于防外挂处理、反黑客攻击等。对方公司有权随时以任何方式向A公司要求提供技术支持，A公司应在收到对方公司要求的6小时之内予以响应，并在双方确认的合理时间内进行解决，否则A公司应承担实际损失的责任。

A公司在交付客户产品之后尚需提供大量的后续支持，特别是根据运营商提供的网络游戏玩家的喜好等情况，对游戏进行不断修改，以延长游戏经济生命时间。

分析

1.合同中有几个单项履行义务?

A公司在合同中对客户的承诺包括：授予网络游戏的知识产权许可（按约定时间交付资料、完成游戏的本地化工作、完成公众测试）；在合同期间内不定时对游戏进行修改和维护；在合同期间内应客户要求随时提供技术支持（防外挂处理、反黑客攻击等）。

尽管对网络游戏进行修改和维护、提供技术支持服务，能够延长游戏的经济寿命，但是在A公司不提供维护和修改和技术支持的情况下，网络游戏仍然能够单独使用，客户仍然能够从中单独获益。因此，授予网络游戏的知识产权许可和后期修改和维护、技术支持能够单独区分。授予知识产权许可，后续修改维护和技术支持服务应作为三个单项履约义务进行会计处理。

2.合同中的交易价格

合同对价包括权利金和分成金两部分，其中权利金为固定对价，分成金需要根据网络游戏运营商收入的约定比例计算，为可变对价，并属于“基于销售和使用情况的特许权使用费”。

该“基于销售和使用情况的特许权使用费”虽然与知识产权许可和修改维护、技术支持服务都相关，但是在本合同中，对于客户来说（企业能够合理预期）网络游戏知识产权许可的价值远高于修改维护、技术支持服务的价值，即与知识产权许可相关的部分占主导地位。因此，对于该部分“基于销售和使用情况的特许权使用费”适用于估计可变对价的例外规定，应在合同期间将网络游戏运营商的运营收入按约定比例计算的金额确认收入。《新收入准则应用指南》指出，“企业向客户授予知识产权许可，并约定按客户实际销售或使用情况（如按照客户的销售额）收取特许权使用费的，应当在客户后续销售或使用行为实际发生与企业履行相关履约义务二者孰晚的时点确认收入。这是估计可变对价的一个例外规定，该例外规定只有在下列两种情形下才能使用：一是特许权使用费仅与知识产权许可相关。二是特许权使用费可能与合同中的知识产权许可和其他商品都相关，但是，与知识产权许可相关的部分占有主导地位。当企业能够合理预期，客户认为知识产权许可的价值远高于合同中与之相关的其他商品时，该知识产权许可可能是占有主导地位的。对于不适用该例外规定的特许权使用费，应当按照估计可变对价的一般原则进行处理。

此外，企业使用上述例外规定时，应当对特许权使用费整体采用该规定，而不应当将特许权使用费进行分拆，即部分采用该例外规定进行处理，而其他部分按照估计可变对价的一般原则进行处理。”

3.将交易价格分摊至每一个单项履约义务

（1）分摊固定对价。在合同开始日，按照合同中的三个单项履约义务的单独售价（如没有可直接观察的单独售价，可进行合理估计，例如按三项履约义务的预计成本比例）的相对比例将固定对价分摊。

（2）分摊可变对价。由于该可变对价属于“基于销售和使用情况的特许权使用费”，且与授予知识产权许可关系最重大，因此应对其整体使用可变对价的例外规定，无需在合同开始日对可变对价的金额进行估计，也无需将其在三个单项履约义务之间进行分摊，仅需确定分摊比例即可（即三个单项履约义务单独售价的相对比例）。

4.在履行履约义务时确认收入

（1）授予知识产权许可。

新收入准则第三十六条规定：“企业向客户授予知识产权许可，同时满足下列条件时，应当作为在某一时段内履行的履约义务确认相关收入；否则，应当作为在某一时点履行的履约义务确认相关收入：

（一）合同要求或客户能够合理预期企业将从事对该项知识产权有重大影响的活动；

（二）该活动对客户将产生有利或不利影响；

（三）该活动不会导致向客户转让某项商品。”

虽然A公司在将网络游戏知识产权许可授予客户后，“尚需提供大量的后续支持，特别是根据网络游戏玩家的喜好等情况，对游戏进行不断修改，以延长游戏经济寿命”，这些后续活动对网络游戏版权的价值将产生重大影响，进而对客户产生有利或不利影响，但是这些后续的维护和修改服务构成了一个单项履约义务（见上述“1.合同中有几个单项履约义务？”的分析），不满足“该活动不会导致向客户转让某项商品”的条件，因此，该授予知识产权许可的履约义务属于在一个时点内履行，应在A公司交付资料、完成游戏的本地化工作、完成公众测试时（此时，客户能够控制该知识产权许可）确认收入。由于分摊给知识产权许可的对价包括固定对价和可变对价两部分，则A公司应在此时一次性将分摊的固定对价确认为收入，对于基于游戏运营商营业收入计算的可变对价，应按照知识产权许可的分摊比例在游戏运营商收入实现时确认收入。

（2）游戏维护和修改服务、技术支持服务。

向客户提供游戏维护和修改服务、技术支持服务，导致在企业履约时客户即能取得并消耗企业履约所带来的经济利益，因此属于在一段时间内履行的履约义务。由于是在必要时，或随时应客户要求提供服务，可在合同期间内按照直线法分期确认分摊至该履约义务的固定对价（如果可对客户从中获益的方式作出更加系统、合理的估计的，也可以采用其他更加系统、合理的模式进行摊销）。针对分摊的可变对价，与授予知识产权的履约义务一样，应按照其分摊比例在游戏运营商收入实现时确认收入。

5.网络游戏开发商自主运营的处理

如果对本案例背景作出修改，网络游戏开发商自主运营某付费网络游戏，对付费用户（玩家）的合同假定也约定了：(1）授予用户使用网络游戏的知识产权许可；(2）在合同期间内A公司保留对游戏进行修改的权利，且该权利不以用户同意为前提；(3）维护网络游戏运营环境，确保网游系统的安全稳定等。这一情形下，情况发生了变化。在对用户的合同中，虽然也是包含了多项承诺，但在A公司不提供维护的情况下（例如关闭服务器、清除或不提供后台的玩家数据），用户无法玩该网络游戏。A公司保留的对游戏的修改权利更多是从设计者的角度怎样让玩家粘稠时间更长，怎样提高游戏的活跃度，怎样优化游戏的兼容性等，这些内容均与用户初始接触的高度关联，A公司不提供知识产权许可的情况下，用户无法单独使用这些修改获益。因此，整个合同只有一项履约义务，授予用户在合同期内使用该网络游戏的权利。

在这一安排中授予用户的知识产权许可，因为同时满足新收入准则第三十六规定的三个条件，因此属于某一时段内履行的履约义务，网络游戏的开发运营商应在合同期内分期确认收入。

【例10-4】转让电视剧播映权的收入确认

影视公司如何确定电视剧播映权的“控制权”转让时点，实务中的处理差异比较大。下面的案例从不同的角度进行了分析，以供大家讨论。

问题

如下文“背景”所述，播映权受让方只有在合同约定的特定时点之后才能行使该权利的，播映权转让方应在哪个时点确认播映权转让收入？

背景

A影视公司将某电视连续剧的首轮播映权转让给B卫视频道，并与该卫视签订转让合同。合同约定，B卫视必须于××年××月××日的黄金时段（20：00—22：00）开播该剧集，每天只能播放两集，不得跳播、抢播新剧集及改变播放顺序。

同时A影视公司又将该电视剧的网络播映权转让给C视频网站，约定在上述B卫视播映后的第二天零时后方能在网络播出，播出的进度不得超出B卫视播出进度。

卫视频道和视频网站在合同约定的播出日期之前，可以以片花的形式播放广告。

分析

首轮和网络播映权转让的合同中都对电视剧的播映时间存在严格的要求，违反播映时间条款均视作违约。新收入准则第四条规定：“企业应当在履行了合同中的履约义务，即在客户取得相关商品控制权时确认收入。取得相关商品控制权，是指能够主导该商品的使用并从中获得几乎全部的经济利益。”《新收入准则应用指南》指出，“企业在判断商品的控制权是否发生转移时，应当从客户的角度进行分析，即客户是否取得了相关商品的控制权以及何时取得该控制权。”

此种情况下，"控制权转移"时点的标志是什么？在实务中存在不同观点，一是在交付母带之时确认收入；二是在电视台或视频网站可以实际对外播出之时确认收入。这两种观点的主要考虑思路分为两种。

观点1：交付母带时确认收入。从客户（卫视、网站）的角度分析，客户获得电视剧母带后，拥有了主导该播映权、网络传播权的使用（按照合同约定的方式、时间播放）的权利，并能够获取几乎全部的经济利益，因此应在该时点确认收入。

观点2：在合同约定的可以实际对外播出之时确认收入。尽管客户（卫视、网站）已经获得电视剧母带，但是在合同约定的具体开播日期之前，客户是无权自行播放的，即客户没有获得主导该播映权、网络传播权使用的权利。因此，在合同允许的开播日方可视为客户拥有了主导权，应在此时确认收入。

上述两种观点的主要分歧在于：当商品是"知识产权许可"时，如何理解控制定义中"主导商品的使用"？是拥有完全自主的使用权才视为主导"知识产权许可"的使用？还是只要拥有了按照合同约定的方式使用的权利就视为能够主导"知识产权许可"的使用。

目前，从我们获取的信息（如"2019年证券资格会计师事务所审计培训班"的授课内容）来看，监管部门更倾向于观点2，在合同约定的对外初始播放时确认收入。

10.2 售后回购

根据新收入准则，售后回购交易依据不同情况可能作为租赁交易、融资交易或者附有销售退回条款的销售处理。作出判断的关键点包括客户是否具有行使回购要求的重大经济动因、商品预计回购时市场价格的估计等。【例10–5】描述了在特定的合同背景下，如何根据业务实质和标的商品特性合理估计回购时点的公允价值；【例10–6】主要说明了在售后回购构成租赁的情况下如何进行会计处理。

【例10–5】客户具有回购选择权的重型装备销售收入确认

问题

如下文"背景"资料所述，对于买方具有回购选择权的重型装备销售收入如何确认？

背景

A公司主要经营产品为盾构机。盾构产品存在单台价值较高、客户对象集中于施工单位的特点，且大部分客户对固定资产的采购有严格的管理制度，限制可能较多；因此，不少客户产生了只在确定的中标项目上拥有盾构机的所有权（或者使用权），项目完工后若没有新的项目情况下，不希望拥有设备产权的诉求。面对此种诉求，A公司作为盾构设备的制造商，采用了销售附加回购选择权的销售模式。其主要商务条款如下：

（1）商务条款的描述。销售附加回购选择权的销售模式在商务及技术方面主要条款均与一般销售合同相当，增加内容是于客户项目完工后给予客户一定比例（20%—30%）的回购选择权。

（2）附加回购选择权销售业务举例。

购买方（客户）：B公司，中标××城市×标段2公里地铁建设项目；

销售方（制造商）：A公司；

标的及价值：6420盾构机一台，约4 000万元；

付款条件：合同签订后预付20%+生产完毕支付30%+工地掘进300米支付25%；

剩余25%款项与回购相关。

（说明：通常情况下盾构机的常规使用寿命为掘进10公里；一般地铁施工通常分标段招标，距离小于10公里。）

回购选择：若客户选择回购，将不再支付余下25%款项（或者支付后，再由销售方返还给客户）；若客户不选择回购，将于工程完工后1个月内向销售方支付尾款25%。

分析

根据新收入准则第三十八条规定："对于售后回购交易，企业应当区分下列两种情形分别进行会计处理：

（一）企业因存在与客户的远期安排而负有回购义务或企业享有回购权利的，表明客户在销售时点并未取得相关商品控制权，企业应当作为租赁交易或融资交易进行相应的会计处理。其中，回购价格低于原售价的，应当视为租赁交易，按照《企业会计准则第21号——租赁》的相关规定进行会计处理；回购价格不低于原售价的，应当视为融资交易，在收到客户款项时确认金融负债，并将该款项和回购价格的差额在回购期间内确认为利息费用等。企业到期未行使回购权利的，应当在该回购权利到期时终止确认金融负债，同时确认收入。

（二）企业负有应客户要求回购商品义务的，应当在合同开始日评估客户是否具有行使该要求权的重大经济动因。客户具有行使该要求权重大经济动因的，企业应当将售后回购作为租赁交易或融资交易，按照本条（一）规定进行会计处理；否则，企业应当将其作为附有销售退回条款的销售交易，按照本准则第三十二条规定进行会计处理。”

《新收入准则应用指南》规定：“在判断客户是否具有行权的重大经济动因时，企业应当综合考虑各种相关因素，包括回购价格与预计回购时市场价格之间的比较以及权利的到期日等。当回购价格明显高于该资产回购时的市场价值时，通常表明客户有行权的重大经济动因。”

本案例的合同中赋予了客户回购选择权，按照准则的上述规定，应在合同开始日评估客户是否具有行权的重大经济动因，将回购价格和资产的预计回购时市场价值进行对比。

回购时的市场价值：盾构机作为隧道掘进的专用设备，其使用寿命主要是根据可掘进公里数计量的，因此我们假设盾构机回购时的公允价值是按照盾构机的尚可掘进公里数占其正常情况下的可掘进公里总数（如“背景”资料所述为10公里）之比确定的。

回购价格：合同约定回购价格固定为销售价格的一定比例（如20%—30%）。

在“回购时的公允价值主要取决于尚可掘进公里数占可掘进公里总数之比”这一假设下，其对应的工程项目的掘进标段长度占总体使用寿命的比例将成为重要的考量。如果不考虑其他特殊因素，如果预计回购时的尚可掘进公里数少于2—3公里，则客户可能具有行权的重大经济动因。在合同签订时，公司应基于客户工程项目的情况，合理估计客户是否可能行权。

如果预计客户有行权的重大经济动因，由于回购价格低于原售价，应作为租赁交易，按照《企业会计准则第21号——租赁（2018年修订）》的规定判断属于融资租赁还是经营租赁，再进一步作出账务处理（如果回购时尚可掘进公里数少于2—3公里，表明租赁期占了租赁资产的大部分生命周期，很有可能属于融资租赁）。对于构成经营租赁的，应将客户实际支付的价款（不包含预计回购款的合同价款）作为租赁收入，在预计客户完工行使回购选择权之前摊销，确认为相关期间的租赁收入；对于构成融资租赁的，则根据《企业会计准则第21号——租赁（2018年修订）》第四十二条规定“生产商或经销商作为出租人的融资租赁，在租赁期开始日，该出租人应当按照租赁资产公允价值与租赁收款额按市场利率折现的现值两者孰低确认收入，并按照租赁资产账面价值扣除未担保余值的现值后的余额结转销售成本”处理。即可以按照客户已付和应付的价款净额（不含25%尾款在内）确认为货币资金和应收款项的增加，同时确认销售收入，并将盾构机的成本扣除未担保余值后的差额结转为营业成本。

如果预计客户不太可能行权，则作为附有销售退回条款的销售进行处理。

由于预期客户不会退货，则应将合同价款（含最终需支付的25%部分）全部确认为销售收入。

此外，如果合同付款时间和盾构机控制权转移时点的间隔超过一年，还应该考虑合同中存在的融资成分。

【例10-6】关于公司出售电解液后无偿收回的处理

问题

如下文“背景”资料所述，A公司的该业务是否属于销售，是否可以全额确认收入？其整个业务应如何进行会计处理？

背景

A公司主要经营电解液的生产和销售业务。A公司2×17年10月出售4万立方米电解液给B公司，这批电解液的原账面价值为8 000万元，与B公司的销售合同价格为1.2亿元，有证据表明该销售价格是公允的。该批电解液实物交割，并且B公司会持续使用20年。合同签订并且交付电解液后数日内，B公司支付A公司6 000万元，随后的20年内，B公司每年按照6 000万元（剩余部分）的2%支付给A公司，20年之后B公司将4万立方米电解液无偿归还给A公司。同时，B公司协调提供6 000万元银行贷款给A公司（借款主体为A公司），期限20年，年利率1.5%。以上为与销售合同同时约定的事项，整体构成一项一揽子交易，且属于不可撤销合同，假设4万立方米电解液20年后的余值为6 000万元，B公司及其关联方未对余值提供担保；A公司的折现率10%（即A公司通过商业银行获得市场化融资的资金成本）。

分析

根据新收入准则第三十八条规定：“对于售后回购交易，企业应当区分下列两种情形分别进行会计处理：

（一）企业因存在与客户的远期安排而负有回购义务或企业享有回购权利的，表明客户在销售时点并未取得相关商品控制权，企业应当作为租赁交易或融资交易进行相应的会计处理。其中，回购价格低于原售价的，应当视为租赁交易，按照《企业会计准则第21号——租赁》的相关规定进行会计处理；回购价格不低于原售价的，应当视为融资交易，在收到客户款项时确认金融负债，并将该款项和回购价格的差额在回购期间内确认为利息费用等。企业到期未行使回购权利的，应当在该回购权利到期时终止确认金融负债，同时确认收入。

（二）企业负有应客户要求回购商品义务的，应当在合同开始日评估客户是否具有行使该要求权的重大经济动因。客户具有行使该要求权重大经济动因的，企业应当将售后回购作为租赁交易或融资交易，按照本条（一）规定进行会计处理；否则，企业应当将其作为附有销售退回条款的销售交易，按照本准则第三十二条规定进行会计处理。

售后回购，是指企业销售商品的同时承诺或有权选择日后再将该商品（包括相同或几乎相同的商品，或以该商品作为组成部分的商品）购回的销售方式。”

A公司在将电解液交付给客户后，约定20年后无偿收回，该业务实际上属于售后回购，A公司因存在与客户B公司的远期安排而负有回购义务，只不过回购价格为零。根据收入准则的上述规定，回购价格（零）低于原售价，应作为租赁交易处理。

在本案例中，即使不考虑20年后收回时的未担保余值，在租赁开始日，可确定收到的租金的公允价值已经包括：

（1）租赁期开始日一次性收取的6 000万元；

（2）后续20年内每年收到120万元（=6 000万元 ×2%）按市场利率10%的年金现值10 216 276.46元；

（3）在B公司协调下，A公司获得的20年期优惠贷款（本金6 000万元，年利率1.5%，假设为按年付息，到期一次还本）未来还本付息金额按10%市场利率折现的现值（即该项长期借款于初始确认日的公允价值，根据《企业会计准则第22号——金融工具确认和计量》规定，金融资产和金融负债的初始计量金额为其公允价值）16 580 825.03与该贷款的名义本金6 000万元之间的差额43 419 174.97元。

上述三项的合计金额为113 635 451.43元，占到租赁开始日租赁资产公允价值（1.2亿元）的比例为94.70%，已超过90%，且显著高于该批电解液的成本（8 000万元）。这种情况表明出租人A公司已经将“与租赁资产所有权有关的几乎全部风险和报酬”实质转移给了承租人B公司，符合《企业会计准则第21号——租赁（2018年修订）》第三十六条中“在租赁开始日，租赁收款额的现值几乎相当于租赁资产的公允价值”的标准，从而被分类为融资租赁。

根据《企业会计准则第21号——租赁（2018年修订）》第四十二条规定：“生产商或经销商作为出租人的融资租赁，在租赁期开始日，该出租人应当按照租赁资产公允价值与租赁收款额按市场利率折现的现值两者孰低确认收入，并按照租赁资产账面价值扣除未担保余值的现值后的余额结转销售成本。生产商或经销商出租人为取得融资租赁发生的成本，应当在租赁期开始日计入当期损益。”

A公司既是生产商又是融资租赁的出租人，应按照上述租赁准则的规定进行处理：租赁收款额的现值为113 635 451.43元，低于该批电解液在租赁开始日的公允价值1.2亿元，因此，A公司应在租赁开始日将113 635 451.43元确认为营业收入。

据此，A公司的会计分录为（注：为简化起见，未考虑相关税费的影响）：

（1）确认收入

借：银行存款　　120 000 000.00（销售的首期款6 000万元+优惠贷款本金6 000万元）

长期借款——利息调整　　43 419 174.97

长期应收款　24 000 000.00（后续20年内每年收款120万元）

贷：长期借款——本金　　60 000 000.00

未实现融资收益——长期应收款　　13 783 723.54

主营业务收入　　113 635 451.43

（2）结转销售成本

借：主营业务成本　　71 081 382.32

未担保余值　　60 000 000.00

贷：存货　　80 000 000.00

未实现融资收益——未担保余值　　51 081 382.32

后续每年应对“长期借款——利息调整”按实际利率法摊销，即按实际利率10%确认每年的借款利息支出；同时每年对上述两项“未实现融资收益”按实际利率法摊销，按实际利率10%确认相应的利息收入。例如，在后续第1年年末：

（1）应确认长期借款利息支出=期初摊余成本16 580 825.03×10%=1 658 082.50元，与名义利息90万元（=6 000万元×1.5%）之间的差额758 082.50元调整“长期借款——利息调整”：

借：财务费用——利息支出（或在建工程）　　1 658 082.50

贷：应付利息　　900 000.00

长期借款——利息调整　　758 082.50

（2）应确认的与长期应收款和未担保余值相关的利息收入分别为两者的期初摊余成本乘以实际利率10%，即分别为1 021 627.65元和89 186.18元，合计为1 913 489.42元：

借：未实现融资收益——长期应收款　　1 021 627.65

未实现融资收益——未担保余值　　891 861.77

贷：其他业务收入——利息收入　　1 913 489.42

需要提醒的是：案例中假设的折现率为10%，实务中折现率应选择20年期商业贷款的市场利率（针对A公司的特定信用风险因素进行调整后）作为折现率。折现率选取的基本原则应参照金融工具、公允价值计量等相关会计准则规定，并咨询资产评估、金融工具估值等领域内的专业人士。本案例中，初始租赁最低租赁收款额的计算与折现率选取关系较大，可以选择不同的折现率进行敏感性分析。所选用的折现率越低，则上面分录中“长期借款——利息调整”、“未实现融资收益——长期应收款”和“未实现融资收益——未担保余值”的初始计量金额都会越小，但对总体的最低租赁收款额的影响方向存在不确定性。因此，折现率的选取可能会影响到对租赁性质的判断结论。但是，如果计算结果与电解液在交付时的公允价值1.2亿元差异较大，则需要关注该交易的公允性问题。

10.3 主要责任人和代理人

在识别主要责任人和代理人方面，新收入准则规范了明确的判断原则：以主体在向客户转让商品前是否拥有对该商品的“控制权”，来判断其从事交易时的身份是主要责任人还是代理人。“控制权”判断原则的地位是在其他需考虑的各种迹象（如承担转让商品的主要责任、承担商品的存货风险及决定商品价格等）之上的，其他迹象仅起到辅助作用。实务中应结合各方面情况综合分析判断。

财政部、国资委、银保监会、证监会《关于严格执行企业会计准则切实加强企业2020年年报工作的通知》（财会〔2021〕2号）对上述原则作出了全面的表述，引用如下：

“当企业向客户销售商品涉及其他方参与其中时，企业应当评估特定商品在转让给客户之前是否控制该商品，确定其自身在该交易中的身份是主要责任人还是代理人。控制该商品的，其身份为主要责任人，用总额法确认收入；不控制该商品的，其身份为代理人，用净额法确认收入。

为便于准则实施，企业在判断时通常也可以参考如下三个迹象：企业承担向客户转让商品的主要责任；企业在转让商品之前或之后承担了该商品的存货风险；企业有权自主决定所交易商品的价格。需要强调的是，企业在判断其是主要责任人还是代理人时，应当以该企业在特定商品转移给客户之前是否能够控制该商品为原则，上述三个迹象仅为支持对控制权的评估，不能取代控制权的评估，也不能凌驾于控制权评估之上，更不是单独或额外的评估”。

本节通过多个案例，分析了上述原则在实务操作中多个场景下的具体运用。

【例10-7】在甲供材料的情况下施工企业收入的确认

在建筑施工行业，由业主（甲方）给施工方（乙方）提供工程材料的情况比较普遍。但由于具体合同条款和甲乙双方的权利义务的不同，实务中施工方会有不同的处理方式。

问题

在甲供材料的情况下，施工企业是否需要将甲方供应的材料费用确认收入和成本?

分析

基于新收入准则及其应用指南（详见下文“权威指引”）的相关论述分析如下：

1.甲供材料由甲方采购并提供给乙方（施工单位），其质量、价格等由甲方负责，乙方不承担其质量风险、价格变动风险等。因此，就甲供材料的品质和数量问题而言，乙方并不是首要义务人。

2.甲方在提供甲供材料给乙方时，通常按工程的需要量采购，如工程结束时有结余，通常需退还给甲方（也可由乙方按完工时的市场价格收购），如数量不足则由甲方负责补足，因此乙方并不承担甲供材料所有权上的价格变动风险、滞销积压风险等主要的风险和报酬，即乙方不承担甲供材料的一般存货风险。

3.甲供材料的价格系由甲方确定，与乙方无关；乙方在确定建造合同的总价款时，已经考虑了部分材料系甲供的因素。同时，甲供材料的供应商由甲方指定，乙方无法自行选择，也不能自主确定甲供材料的价格。

4.乙方不涉及甲供材料的价款结算、质量问题索赔等事项，不承担甲供材料相关的信用风险。

根据上述分析，对于实务中通常的甲供条款而言，乙方（施工方）并不控制相关材料，符合采用净额法确认收入的条件，即确认的建造合同收入和结转的建造合同成本中都不含甲供材料的价值。

权威指引

新收入准则第三十四条规定：“企业应当根据其在向客户转让商品前是否拥有对该商品的控制权，来判断其从事交易时的身份是主要责任人还是代理人。企业在向客户转让商品前能够控制该商品的，该企业为主要责任人，应当按照已收或应收对价总额确认收入；否则，该企业为代理人，应当按照预期有权收取的佣金或手续费的金额确认收入，该金额应当按照已收或应收对价总额扣除应支付给其他相关方的价款后的净额，或者按照既定的佣金金额或比例等确定。

企业向客户转让商品前能够控制该商品的情形包括：

（一）企业自第三方取得商品或其他资产控制权后，再转让给客户。（二）企业能够主导第三方代表本企业向客户提供服务。（三）企业自第三方取得商品控制权后，通过提供重大的服务将该商品与其他商品整合成某组合产出转让给客户。

在具体判断向客户转让商品前是否拥有对该商品的控制权时，企业不应仅局限于合同的法律形式，而应当综合考虑所有相关事实和情况，这些事实和情况包括：

（一）企业承担向客户转让商品的主要责任。（二）企业在转让商品之前或之后承担了该商品的存货风险。（三）企业有权自主决定所交易商品的价格。（四）其他相关事实和情况。”

《新收入准则应用指南》指出：“实务中，企业在判断其在向客户转让特定商品之前是否已经拥有对该商品的控制权时，不应仅局限于合同的法律形式，而应当综合考虑所有相关事实和情况进行判断，这些事实和情况包括但不仅限于：

（1）企业承担向客户转让商品的主要责任。该主要责任包括就特定商品的可接受性（例如，确保商品的规格满足客户的要求）承担责任等。当存在第三方参与向客户提供特定商品时，如果企业就该特定商品对客户承担主要责任，则可能表明该第三方是在代表企业提供该特定商品。企业在评估是否承担向客户转让商品的主要责任时，应当从客户的角度进行评估，即客户认为哪一方承担了主要责任。例如，客户认为谁对商品的质量或性能负责、谁负责提供售后服务、谁负责解决客户投诉等。

（2）企业在转让商品之前或之后承担了该商品的存货风险。当企业在与客户订立合同之前已经购买或者承诺将自行购买特定商品时，这可能表明企业在将该特定商品转让给客户之前，承担了该特定商品的存货风险，企业有能力主导特定商品的使用并从中取得几乎全部的经济利益。在附有销售退回条款的销售中，企业将商品销售给客户之后，客户有权要求向该企业退货，这可能表明企业在转让商品之后仍然承担了该商品的存货风险。

（3）企业有权自主决定所交易商品的价格。企业有权决定与客户交易的特定商品的价格，可能表明企业有能力主导该商品的使用并从中获得几乎全部的经济利益。然而，在某些情况下，代理人可能在一定程度上也拥有定价权（例如，在主要责任人规定的某一价格范围内决定价格），以便其在代表主要责任人向客户提供商品时，能够吸引更多的客户，从而赚取更多的收入。例如，当代理人向主要责任人的客户提供一定折扣优惠，以激励该客户购买主要责任人的商品时，即使代理人有一定的定价能力，也并不表明其身份是主要责任人，代理人只是放弃了一部分自己应当赚取的佣金或手续费而已。”

【例10-8】通过销售业务员（非本公司员工）销售产品的收入确认问题

在经销商模式下，依据经销商是否取得了商品的控制权，企业确认收入的时点和金额是不同的，实务中需要从向客户转让商品的主要责任、存货风险以及商品销售价格的确定等几个维度综合考虑。

问题

如下文“背景”所述，A公司通过委托外部业务员销售产品，并支付佣金时，是按总额法还是净额法确认收入？

背景

A公司生产销售混凝土外加剂，销售模式为由销售业务员（并非企业正式员工，无基本工资）负责推销产品，业务员自主向终端客户确定销售价格，但合同以A公司名义签订，并由A公司开具发票。客户将货款直接支付给A公司。A公司与业务员结算价差部分（销售价格高于A公司与业务员的结算价部分）。

业务员加盟依据企业对其信用及经济实力的考察，一般并未签代理协议，对能力差的业务员可能需交保证金；产品出场后的运输责任及产品风险均由业务员自己承担；业务员负有催款责任，质量纠纷的发生率不高，款项未结清企业不支付其价差（佣金），佣金占销售收入的10%—20%。出厂时A公司对业务员的结算价（出厂价）已经由市场部确定（每单可能均不同）。

分析

基于新收入准则及其应用指南（详见本专题【例10-7】的“权威指引”），相关论述分析如下：

本案例中，A公司按总额法还是净额法确认收入，主要取决于产品的控制权是由A公司转移给了业务员，还是直接转移给了最终客户。即判断业务员是主要责任人身份，还是A公司的代理人身份。如果产品的控制权是转移给了业务员（业务员是主要责任人），则A公司应采用“净额法”确认收入；如果产品的控制权是直接转移给了最终客户（业务员是代理人），A公司应采用“总额法”确认收入。并且，在这两种情况下，销售收入确认的时点也可能不同。

从最终客户的角度评估，是A公司而不是业务员承担了向客户转让商品的主要责任。虽然“产品出厂后的运输责任及产品风险均由业务员自己承担”，但是“合同以A公司名义签订，并由A公司开具发票”，表明A公司所承担的责任很可能要延伸到出厂后的运输和交货阶段，“产品出厂后的运输责任及产品风险均由业务员自己承担”更类似于A公司和业务员之间的一种管理关系。如果在此环节出现问题（包括运输环节的货物灭失、毁损和质量纠纷等），A公司很可能先要根据销售合同的约定对最终顾客承担责任，再通过与业务员之间的约定向业务员追偿。

虽然业务员“自主向终端客户确定销售价格”，但该销售价格只能依据A公司和业务员之间的结算价格确定，业务员能够“自主”确定的是自己能够获得多少提成（结算差价）。虽然业务员有一定的定价权，但是商品的销售价格仍是由A公司决定的。

综合上述分析，业务员在从A公司发运商品后，并没有取得商品的控制权，不能主导商品的使用并获得其全部经济利益，此时，商品仍由A公司控制。因此，A公司应按按总额法（A公司与最终顾客签订的销售合同上的价格）确认收入，将支付给业务员的佣金作为“合同取得成本”，按照准则规定在确认收入的时点摊销计入销售费用，并依据预计坏账率对该费用进行计量。收入确认时点应确认的佣金费用=确认的销售收入×［1−预计坏账率（与坏账准备计提比例相对应）］×约定的佣金率。如无其他特殊考虑因素，则确认收入的时点为商品交付给最终客户并经最终客户验收确认时。

【例10-9】大宗商品贸易业务应否采用总额法确认收入

企业参与大宗商品贸易应该采用总额法还是净额法确认收入，实务中不同企业存在不同的做法。特别是一些大宗贸易采购和销售的两个合同一般均为简单的制式合同，条款都相当简略，又往往是同一天（或相近时间）与上下游分别签订合同，此种情况下，如何根据业务的经济实质进行准确判断往往比较困难。

问题

企业参与大宗商品贸易，应采用总额法还是净额法确认收入?

背景

2×20年度，A集团公司发生电解铜大宗商品交易，确认收入金额占合并报表营业收入总额的50%以上。

（一）大宗商品贸易贸易模式

我国大宗商品交易均通过电子交易平台进行，在指定仓库有大宗商品实物，实物对应仓单（提货单），交易各方通过转让仓单、提货单的方式实现大宗商品贸易。由于大宗商品贸易非常频繁，如果每次均对应实物流，必将大幅提高运输成本。类似于银行承兑汇票，出票人在银行设立保证金账户并据此开立银行汇票，各交易方背书转让银行承兑汇票进行贸易结算，而不是每次都去银行贴现。大宗商品交易各方转让大宗商品通过电子单据形式转让，这样可大幅提高效率，降低包括运输费、装卸费在内的交易成本。

1. 大宗商品现货交易的定义：

是指企业通过该电子交易平台，进行产品的销售、采购，完成电子化的购销合同、收付货款等工作，最终实现货物的有效交收。

2. 大宗商品现货交易的特点如下：

（1）交易中心采用会员制，只有交易签约会员才能参与交易，会员可以在网上申请加入，提交交易中心审核和签订协议。预设立金牌会员，金牌会员可享受一些特殊待遇，如免收挂牌保证金等。

（2）交易系统支持多种交易方式，有保证金方式和监管资源交易方式，有交易中心集中交易方式和网上商铺方式，有挂牌方式、竞价和招标方式，挂牌方式支持议价交易方式。

（3）支持监管资源交易方式时，系统与仓储系统结合，仓储系统保证卖家现货资源的真实性，保证买家交易资源的货权顺利交接。

（4）监管资源交易方式支持贸易融资。

（5）电子交易系统支持交易资金的场内结算和场外结算，场内结算的在线电子银行B2B支付结算系统和交易中心专用资金二级账户支付结算系统（暂取名“支付通”）保证买家的交易保证金或货款支付的及时性和安全性。系统的“支付通”功能保证交易的安全性，买卖双方交易货款结算通过“支付通”支付，提供现货交易的二次结算功能，保证卖家会员能收到交易货款，也保证买家如数及时收到卖家增值税发票。

（6）电子交易系统支持交易交收资源的场内交收和场外交收，交收系统支持集团化仓储管理功能和外系统仓储集成数据交换功能。

（7）交易系统交易参数灵活设置，超越时间和空间的限制，可以实现24小时交易服务、跨地域资源监管和交易后资源的货权交割。

（8）交易系统具有严格的权限管理和系统安全管理功能，并能与各种经过国家认证的CA系统集成。

（9）交易系统具有交易、交易管理、结算管理、交收管理和交易中心内部管理一体化集成特点，功能模块化划分清晰、紧密关联浑然一体。

（10）交易系统有严格的预警和提示功能，灵活设置，给交易会员和交易中心管理人员提供未结工作提示和异常情况警示。

（11）交易系统需同时支持C/S和B/S模式，系统界面清晰、有条理，操作简单、人性化。

在现货仓单交易模式下，A公司认为企业取得仓单，即取得了商品的提货权，取得了对应商品的控制权，企业可以选择去对应仓库提货自用，也可以对外进行转让。因此，A公司根据企业会计准则的规定，于下游客户取得第三方仓库确认的仓单（提货单）时，确认收入。

（二）商业目的及合理性

A公司现货交易以有色金属为主，其中电解铜占比90%以上。A公司自身为电解铜生产制造企业，但同时也充分利用暂时性闲置的资金以及银行的信用风险敞口，根据电解铜等大宗商品的价格波动状况进行低买高买，获取价差，以及企业之间通过贸易形式进行资金调剂。此外，A公司作为铜业制造企业需要及时获取现货市场的价格，以方便产品报价和进行期货风险对冲。

（三）A公司大宗商品贸易业务流程说明

具体流程：A公司经营模式分为当天采购当天销售和低价时段购入高价时段卖出，采购的上游客户一般以国企为主，采购销售的货物均存放在第三方仓储公司，付款方式包括电汇和电子银行承兑汇票，远期国内信用证，交货方式是先收款后交货。

采购和销售流程分别包含以下环节：

采购	销售
（1）定价：A公司在周一至周五上海期货交易所开盘期间，根据期货市场交易行情以电话、QQ、短信、微信及传真等方式向上游客户进行询价，判断该交易时段价格较低，确定采购货物当做库存	（1）定价：A公司在周一至周五上海期货交易所开盘期间，根据期货市场交易行情以电话、QQ、短信、微信及传真等方式向下游客户进行询价，根据该交易时段价格上升情况核算利润空间，有较高利润时将库存货物售出
（2）签订合同：确定好单价后跟上游签订采购合同	（2）签订合同：确定好单价后跟下游签订销售合同
（3）付款：以自有资金支付上游货款	（3）收款：下游支付全额货款给A公司，A公司完成库存销售资金回笼
（4）交货：上游发送提货单给仓储公司，通知仓储公司释放货权给A公司，同时上游发送提货单给A公司，A公司将该提单加盖提货章后发送给仓储公司，通知仓储公司将货权转移至A公司，至此A公司收到上游的货物。另外上游也可通过电子仓单系统，直接将货权转移至A公司账户。仓储公司会在完成过户时出具入库明细	（4）交货：A公司通过发送提货单给仓储公司和下游，将货权转移至下游；或者通过电子仓单系统将货权直接转移至下游账户。仓储公司会在完成过户时出具出库明细
（5）清算尾款：A公司和上游根据仓储公司的入库明细，对货款进行多退少补	（5）清算尾款：A公司和下游根据仓储公司出具的明细对货款进行多退少补
（6）开票：上游开具含税13%的增值税专用发票给A公司	（6）开票：A公司给下游开具含税13%的增值税专用发票

（四）可比上市公司对同类业务的处理

A公司查询了已执行新收入准则的部分可比上市公司的年度报告，其中对同类业务的处理不乏按照“总额法”确认收入的情形。A公司搜寻的公开案例中，有以下两个典型案例：

1. 某上市公司2020年度确认贸易收入1 500亿元，几乎与其工业制造收入相当，即贸易收入占集团合并收入近一半，但贸易收入的毛利率仅0.44%。从毛利率和收入规模上合理推测其确认收入的方法是按总额法。

2. 某上市公司2020年度金属材料收入达1 600亿元之多，毛利率1.23%。从公开信息“利用公司信用优势和资金优势提供供应链金融支撑。公司作为双“AAA”信用评级的地方流通企业，公司获得年授信总额度约1 200亿元。通过资金集中管理平台财务公司，开展银企战略合作、创新融资方式，使公司整体综合融资成本低于社会平均融资成本”来看，该上市公司的交易是典型的融资性贸易，金融服务是其主要利润来源。

（五）A公司的结论

A公司认为自身所有贸易交易均开具增值税专用发票，交易对手为知名国企，交易通过第三方仓储公司，交易过程真实可查。并且，公司的收入确认标准为货物转移及款项支付，不存在风险转移给他方以及签订三方协议、仅收取代理佣金情况，符合大宗商品销售的商业逻辑，应按照总额法在控制权转移给下游客户时确认收入。

分析

从背景资料的描述和分析来看，这类业务在实务中多数应采用净额法。

此类问题的判断依据，除了以新收入准则第三十四条及其应用指南（见前文【例10-7】的“权威指引”部分）作为基本依据以外，还应关注以下监管规定：

1. 财政部、国资委、银保监会、证监会《关于严格执行企业会计准则切实加强企业2020年年报工作的通知》（财会〔2021〕2号）（相关原文详见本节开头部分）。

2. 证监会《监管规则适用指引——会计类第1号》之“1-15 按总额或净额确认收入”部分的相关指引：

一、零售百货行业联营模式下的收入确认

……

除零售百货业务外，代为执行采购或销售的供应链企业、代理外贸进出口或跨境业务企业、大宗商品配送或医药配送企业、电子商务平台企业及以电商平台为依托开展电商业务的企业等，应参照上述原则和分析，结合业务模式和合同约定，判断在将商品销售给客户之前是否取得对商品的控制，并确定是以总额还是净额确认收入。

需要注意的是：新收入准则并未将“承担信用风险”作为判断是否应采用总额法的考虑因素。信用风险的影响由金融工具相关会计准则规范，而不属于收入准则的规范范围。实务中某些贸易企业被交易对手及其相关方诈骗的事件主要反映的是信用风险的影响，不作为应采用总额法的依据。

在实务中，这类大宗贸易的采购和销售两个合同一般均为简单的制式合同，条款都相当简略，又往往是同一天（或相近时间）与上下游分别签订合同，仅仅以特定单笔交易的采购合同和销售合同作为判断主要责任人和代理人的信息是不充分的。因此很多情况下不能仅仅依据对特定单笔交易的采购合同和销售合同条款的分析确定其是否为代理人。

与单笔交易的购销合同相比，判断总额法还是净额法时，应当更关注报告主体与其上家或下家签订的框架协议，其中对交易的模式、商业目的、交易定价机制、各笔具体购销交易的发起、签约和执行流程、双方权利和义务、风险和收益承担等都应有更具体的规定，并注意抽取若干具体合同关注其具体的发起、签约和执行流程（例如，是三方共同谈判还是分别与上下游进行背对背谈判，分别签约；是否在没有签订销售合同的情况下就已签订采购合同以囤积货源；两个合同各自的定价机制等），作为事实证据予以佐证。

另外，还需要关注以前年度和本年度贸易业务的毛利率，关注是否因市场行情波动而相应波动，是否因价格变动、备货等方面的原因发生过亏损等。如果企业不主动“囤货”，而是在下游客户有订单的情形下才向上游供应商采购，两项交易的控制权转移几乎同时实现的，则表明企业并不具备对存货的控制权，应采用净额法。同时，由于大宗商品具有一定的金融属性，在某些情况下也不排除运用金融工具相关会计准则（而不是收入准则）对此类交易进行会计处理。

总体上，采用总额法核算此类贸易业务的收入、成本和存货应满足的基本前提是：有明显证据表明本企业在一段时间内实际持有对相应存货实物的控制权，且该控制权是非过渡性、非瞬时性的。控制权的具体含义为本企业承担与该存货相关的公允价值变动、实物毁损灭失、滞销积压、品质瑕疵等风险和收益，且该存货无对应的销售合同，本企业可自主决定销售给哪个客户，以及与该客户自主谈判确定销售合同的条款。在实务中，只有当存在明确证据表明在没有对应销售合同的情况下已经购入并实际控制了相应的商品时（即发生“囤货”行为），才能认为可能满足该条件。除此之外的贸易业务，尤其是具有明显的“空转”交易和融资性贸易特征的交易，都不应采用总额法确认收入和成本。“空转”交易和融资性贸易的特征主要表现为：未取得对存货实物的控制权，或者该控制权是过渡性或瞬时性的；采购合同约定的付款时间和销售合同约定的收款时间之间存在明显的时间差，购销差价主要反映与该时间差相关的资金利息而不是相关存货在此期间的市场行情变化的影响。

另外还需注意的是，证监会和国资委等监管机构近年来对“通过虚构交易、循环交易等方式人为做大经营规模，对无交易实质的‘空转’贸易以及变相融资行为确认收入”问题的关注程度较高，在某些情况下还与上市公司是否触及“退市红线”的判断相关，如果报告主体存在此类情形，注册会计师在审计时如拟认可其按“总额法”确认收入和成本，则需注意获取充分、适当的审计证据表明购销业务属于互相独立的两笔交易，报告主体在持有存货期间确实承担或享有其所有权上的主要风险和报酬，确实对存货具有实质控制权等。通过恰当使用总额法或净额法，恰当反映其业务模式（贸易商vs.信息中介服务机构）以及其在该业务中承担和享有风险与报酬、义务与权利的情况。

【例10-10】委托加工材料过程中的总额法和净额法问题

中国证监会《首发业务若干问题解答（2020年修订）》问题32对受托/委托加工业务和独立购销业务的主要区别问题进行了回复，实务中需要结合具体合同条款和经济实质进行分析判断。

问题

在委托加工过程中，委托方是否确认销售原材料的收入？受托方应采用总额法还是净额法确认受托加工收入？

背景

A公司主营业务为太阳能硅片电池，其上游为硅片生产厂商，下游为光伏组件厂。B公司既为硅片生产厂，同时也是光伏组件厂，因此A公司会向其采购硅片，生产为电池片后向其销售。

分析

本案例应重点分析A公司从B公司采购硅片后，硅片的控制权是否已经转移给了A公司，如果是，则采购和销售应作为两项交易来处理；如果硅片的控制权没有转移给A公司，则应作为受托加工处理。

在判断A公司是否能控制权该硅片时，应按照《企业会计准则第14号——

收入（2017年修订）》第三十四条的规定判断A公司在该交易中是主要责任人还是代理人。可参照的相关指引还包括中国证监会《首发业务若干问题解答（2020年修订）》问题32和《监管规则适用指引——会计类第1号》之“1-15按总额或净额确认收入”二、（详见下文“权威指引”）。

一般认为，在委托方同时是客户的情况下，应重点关注受托方（法律形式上为买方）在持有存货期间是否实质性地享有或承担其所有权上的主要风险和报酬，即“一般存货风险”，特别是公允价值变动风险、呆滞积压风险和能否自主决定采购和销售交易对象以及交易价格等。另外，还需遵循判断购入原料和销售加工后产品的两笔交易是否构成“一揽子交易”的相关指引，参考《企业会计准则解释第5号》第五条和《企业会计准则第33号——合并财务报表（2014年修订）》第五十一条规定，分析这两笔交易是否实质上是同时谈判确定、互为前提和条件、旨在实现一项商业目的的一揽子交易。

就本案例而言，应重点关注所涉及的材料或加工成品是否在用途等方面具有专属性，事实上只可能与该特定客户进行该采购和销售交易，如果将两笔交易分拆开来则各自均不具有独立的商业意义，只有合在一起时才具有合理商业目的；两笔交易在标的货物品种、交易价格、数量、交货时间等方面是否存在明显对应关系等。需要关注的因素至少包括：

1.销售合同和采购合同是否同时签订，其所涉及的货物品种、数量是否一一对应，销售合同约定的交货时间是否为采购合同所涉及的存货入库后加上必要的加工时间。

2.采购合同一旦执行，加工商将原材料验收入库后，对应的产品销售合同是否就是不可撤销的，即双方均不可撤销对应的产品购销合同，必须严格依约履行，如果撤销则要向守约方支付非常高额的违约金或赔偿金，事实上导致产品销售合同是不可解除的。加工商不可能将加工后的产品自用或卖给第三人（即使第三人的出价高于该产品销售合同约定的售价），委托方也不能以市场情况变化、价格变动等任何理由拒绝购买加工后的产品。从而加工商不承担原材料和产品的滞销积压风险，该等风险由产品销售合同中的买方承担。

3.产品销售合同中是否约定，对于买方提供的原材料中原先即存在的质量缺陷所导致的加工后销售的产品的质量缺陷，加工商不承担责任。

4.产品销售合同约定的产成品销售价格的定价机制，是否按照对应的原材料采购价格加上一定的加工费予以确定，而不考虑该产品于销售时（或者签订销售合同时）的市场公允价格，从而加工商不承担产品的市场价格变动风险，该等风险由产品采购合同中的买方承担。

5.加工商从委托方购入原材料后，是否与其通过其他渠道购入的同种原材料混合使用，加工后的产成品是否也单独存放，与加工商的其他同类产成品明确区分，从而这部分原材料和产成品不进入受托方正常的产品成本核算体系。

如果有证据表明采购和销售合同符合上述条件的，则应按委托加工业务进行会计处理；没有证据表明符合上述条件的，应按照两笔独立的采购与销售业务分别进行会计处理。

实务中，建议就A公司与同一客户之间的采购和销售合同的签约和履行过程进一步了解，以更多地支持其结论，特别是：双方之间是否存在一项总体的框架协议，对双方之间的交易事项及双方在此过程中的权利和义务作出了总体上的约定；实际执行过程中各项具体的采购、销售合同的谈判和签约过程，以核实是否同步达成协议和签约，两个合同的价差是否在当时已经锁定等。

如果A公司作为加工商并未取得硅片的控制权，则该原材料仍然属于委托方的存货，委托方不应确认销售原材料的收入，而应将整个业务作为购买委托加工服务进行处理；相应地，A公司实质是为委托方提供受托加工服务，应当按照净额确认受托加工服务费收入。

权威指引

本问题可参考中国证监会《首发业务若干问题解答（2020年修订）》问题32：

部分首发企业由客户提供或指定原材料供应，生产加工后向客户销售；部分首发企业向加工商提供原材料，加工后再予以购回。在实务中，前述业务是按照受托加工或委托加工业务，还是按照独立购销业务处理，如何区分?

答：通常来讲，委托加工是指由委托方提供原材料和主要材料，受托方按照委托方的要求制造货物并收取加工费和代垫部分辅助材料加工的业务。从形式上看，双方一般签订委托加工合同，合同价款表现为加工费，且加工费与受托方持有的主要材料价格变动无关。

实务中，发行人由客户提供或指定原材料供应，或向加工商提供原材料，加工后予以购回，应根据其交易业务实质区别于受托/委托加工业务进行会计处理。两者区别主要体现在以下方面：

（1）双方签订合同的属性类别，合同中主要条款，如价款确定基础和定价方式、物料转移风险归属的具体规定；

（2）生产加工方是否完全或主要承担了原材料生产加工中的保管和灭失、价格波动等风险；

（3）生产加工方是否具备对最终产品的完整销售定价权；

（4）生产加工方是否承担了最终产品销售对应账款的信用风险；

（5）生产加工方对原材料加工的复杂程度，加工物料在形态、功能等方面变化程度等。

对于由发行人将原材料提供给加工商之后，加工商仅进行简单的加工工序，物料的形态和功用方面并没有发生本质性的变化，并且发行人向加工商提供的原材料的销售价格由发行人确定，加工商不承担原材料价格波动的风险。对于此类交易，通常按照委托加工业务处理，发行人按照原材料销售和回购的差额确认加工费，对于提供给加工商的原材料不应确认销售收入。

由客户提供或指定供应商的原材料采购价格由双方协商确定且与市场价格基本一致，购买和销售业务相对独立，双方约定所有权转移条款，公司对存货进行后续管理和核算，该客户没有保留原材料的继续管理权，产品销售时，公司与客户签订销售合同，销售价格包括主要材料、辅料、加工费、利润在内的全额销售价格，对于此类交易，通常应当按照实质重于形式原则，以控制权转移认定是否为购销业务处理，从而确定是以总额法确认加工后成品的销售收入，还是仅将加工费确认为销售收入。

证监会《监管规则适用指引——会计类第1号》之“1-15按总额或净额确认收入”：

二、以购销合同方式进行的委托加工收入确认

公司（委托方）与无关联第三方公司（加工方）通过签订销售合同的形式将原材料”销售”给加工方并委托其进行加工，同时，与加工方签订商品采购合同将加工后的商品购回。在这种情况下，公司应根据合同条款和业务实质判断加工方是否已经取得待加工原材料的控制权，即加工方是否有权主导该原材料的使用并获得几乎全部经济利益，例如原材料的性质是否为委托方的产品所特有、加工方是否有权按照自身意愿使用或处置该原材料、是否承担除因其保管不善之外的原因导致的该原材料毁损灭失的风险、是否承担该原材料价格变动的风险、是否能够取得与该原材料所有权有关的报酬等。如果加工方并未取得待加工原材料的控制权，该原材料仍然属于委托方的存货，委托方不应确认销售原材料的收入，而应将整个业务作为购买委托加工服务进行处理；相应地，加工方实质是为委托方提供受托加工服务，应当按照净额确认受托加工服务费收入。

【例10-11】联合体牵头方的收入确认是总额法还是净额法

某些情况下，一些项目联合体的牵头人名义上承担了主要履约责任，但其是否必然采用总额法确认收入，还需要仔细研读合同条款进行分析判断。在某

些情况下，联合体的牵头人也可能并非是主要责任人。

问题

如下文背景资料所述，联合体牵头方A公司的收入确认应采用总额法还是净额法?

背景

某项目联合体与业主方签订了采购合同，联合体成员之间签订了联合体协议。

联合体与业主方的《采购合同》约定：卖方为联合体，A为牵头单位，B为成员单位。联合体各方对本项目承担连带责任。联合体中的任一方违反合同，买方都有权要求其中的任何一方承担连带责任。联合体的任何一方均不得以其内部联合体协议的约定来对抗甲方。根据《采购合同》，业主方支付全部合同价款给A公司，A公司全额向业主方开具发票；联合体内部付款方式依照联合体内部协议执行。

A牵头单位与B成员单位签订的《联合体协议》明确约定了A公司的收入总金额包括设计费和以联合体各方报价为基数的5%计算的项目管理费共1 215.84万元，占合同总价款的35.2%；且明确约定了A、B的分工、各自的职责、权利和义务。

工程职责：A公司的职责主要有（1）全过程的项目管理。对工程的投资、质量、进度进行控制，对工程的合同、信息进行管理，并负责协调有关参建各方及相关单位；（2）处理好设备制造过程中的各种图纸设计问题，及时向B公司传递来自业主、监理（如有）、地方政府部门对设计主合同执行的指令、通知、图纸、资料等；（3）合同内的设计工作。B公司的职责主要是合同内的设备及材料采购、设备制造。

工程价款：双方共同控制项目的投资，投资增加如为自身原因则自行处理，相关费用自行承担；如为业主提出的变更，则根据业主提出的变更部分属于哪一方负责的部分，由该方计算相关费用，汇总后报业主方洽谈补充费用事宜，双方都应保证变更部分费用的准确性和完整性，如出现漏项及计算错误，由双方根据“谁负责谁承担”的原则各自分担相关责任。

质量管理：双方按照协议规定的分工情况，由相关责任方承担各自部分的质量保证和保修义务。若因B公司设计、制造质量的原因造成停工、返工及补救措施而发生的一切费用由B公司承担；若因B公司原因造成质量不合格、B公司拒不返工，B应向A公司支付违约金，同时，A公司组织另行返工，所发生费用由B公司承担。

管理制度：以周例会的方式沟通B公司应向A公司汇报的进度、质量、安全、成本方面的工作落实情况，且B公司需制定详细的各部分的总进度计划、月度计划、周计划。B公司所负责部分完工后，由B公司通知A公司组织有关部分人员共同验收。

《联合体协议》对双方责任的详细约定摘录如下：

甲方（A公司）为联合体牵头方，乙方（B公司）为联合体成员方。

甲方责任：

1.组建与项目类型相适应的项目管理部，全面履行业主签订的主合同中的承诺，组织实施设备的设计、制造、调试的各项工作。就工程进度、质量、安全和交付使用后的保修对乙方进行统一管理，监督管理乙方工作实施情况，并对业主负责。

2.组织乙方的图纸会审和技术交底，编制项目管理规划和总工期控制计划，审定乙方编制的设计、制造、调试方案和计划。

3.负责组织检查乙方中期进度情况，如发现乙方不符合技术、质量要求，有权书面通知乙方暂定、更改甚至返工。

4.有权对乙方的工作过程和实施结果实施监督检查，在乙方工程质量、工期、安全等不能满足主合同内容之需要或要求时，甲方有权要求乙方限期整改直至满足要求。

5.负责审定乙方编制、上报的工程进度报表，及时按主合同约定向业主收取各项合同价款，并按协议约定比例15个工作日内向乙方支付工程进度款。如因甲方原因造成合同价款延误、拖欠的，由甲方负责向乙方承担违约责任及相应的经济赔偿。

6.有权要求乙方合理有效的对于业主在项目进行过程中提出的变更做出索赔报告并审核其合理性，并及时向业主进行索赔，维护联合体利益。组织审核乙方编制的工程预结算，根据双方约定及乙方工程实施进展情况办理工程拨款（与主合同相匹配）。

7.负责与业主及有关部门的工程联系与协调。协调好施工过程中的各种问题，及时向乙方传递来自业主、监理（如有）、地方政府的涉及本协议执行的指令、通知、资料等。

8.有权要求更换乙方不服从管理或者影响工程质量、进度安全的任何人员。

9.在整个项目的实施过程中，不得脱离乙方擅自与业主洽谈索赔事宜，且不得单独与业主签订任何与工程造价相关的合同、签证及文件。

10.甲方应按有关法规、规范的规定参加工程项目的有关验收工作，应按业主的要求及有关规定参加设备调试及工程竣工验收，并协助业主积极与其他相关部门联系、协调工作。

乙方责任：

1.由乙方自行组建与项目类型相适应的项目管理部，并接受甲方的统一管理。乙方项目经理仅限于所负责部分的设计、采购、安装信息等管理，但未经乙方盖章同意，不得以乙方名义向外采购材料、设备、雇佣劳动力、签订分工合同等从事一切为乙方设立义务或责任的行为。

2.组建与项目类型相适应的管理部，管理部各人员需配备齐全，全面履行同业主签订的主合同中的承诺，组织实施相关实施过程中的各项工作。负责对工程进度、质量、安全和交付使用后的保修等，并向业主负责。

3.遵守国家的法律法规、甲方的各项管理制度以及主合同、双方协议约定的乙方承担工程范围内的所有责任、义务。

4.积极协助并参与甲方或业主主持的图纸会审。严格按照设计图纸、国家现行标准和质量验收规范、主合同、双方协议相关约定及甲乙双方以及业主方确认的项目管理规划进行设备的设计、采购、交付、调试等，确保所购材料、设备为合格产品并达到业主、甲方或主合同约定的要求。

5.通过健全的质量保证体系和检查制度，严格把好每部分的质量关，确保工程达到主合同约定的合格标准。

6.乙方在设备实施过程中如发现重大设计、质量、材料（含业主提供材料）、安全等问题，应及时通知甲方，其处理方案须经甲、乙双方共同协商确认签字后方可实施。

7.确保所有特殊施工人员必须带证操作，如因乙方原因未能合理有效的控制造成的一切损失由乙方承担。

8.高度重视安全生产，乙方代表即为项目实施的安全负责人，建立有效的安全保障体系，定期对施工人员进行安全交底，接收甲方对安全交底记录及相关事宜的检查，并确保满足主合同对安全文明施工的所有要求，并承担因自身原因未满足要求而造成的一切损失。

9.在项目的实施过程中，不得脱离甲方擅自与业主方洽谈索赔事宜，且不得单独与业主签订任何与工程造价相关的合同、签证及文件。

10.负责编制所负责部分的工程预算，并根据甲方审查意见进行合理、有效的调整，负责编制、收集、整理工程竣工资料。及时办理和归档各种技术资料、变更签证及计算资料，乙方应承担引起提供工程技术及质量资料不齐全、不规范而造成的全部责任，并承担由此发生的一切费用。

11.编制、上报工程进度报表，及时向业主申请各项工程进度款，如因乙方原因造成合同价款延误、拖欠的，由乙方负责向甲方承担违约责任及相应的经济赔偿。

12.乙方应选派有资质的项目管理人员进行现场管理，确保项目按计划顺利实施。

13.乙方应及时按照甲方管理制度及规定报送各项工程的进度报表（质量、安全、进度等），同时，对于项目投资情况定期（按月）向甲方汇报。

14.如甲方于项目实施过程中与业主发生纠纷或需向业主提供相关资料，乙方应积极协助甲方进行完善，予以配合，相关费用的承担由双方根据实际情况另行协商。

15.如因乙方采购的材料和因乙方责任造成工程质量问题引起工程不合格或返工或因乙方责任导致工期推延造成的损失，由乙方负责承担责任及相应的经济赔偿。因乙方原因造成管理不当及由此产生的费用和向守约方支付违约金，设备制造期间因乙方责任发生安全事故的赔付，均由乙方负责承担。如因乙方原因造成甲方损失的，由乙方负责向甲方承担责任及相应的经济赔偿。

分析

从《采购合同》和《联合体协议》的约定看，甲方（A公司）是联合体牵头人，承担总体协调管理责任，相当于首要义务人。但在这种情况下，需要进一步关注其所承担的责任是否很容易按比例或按份额将其中可明确识别的部分转嫁给联合体其他成员，且被转嫁的联合体其他成员也有能力承担该等责任和义务。如果是，则法律形式上的牵头人和主要责任人身份不一定导致按“总额法”确认整个项目的合同收入（同时将联合体其他成员承担责任的部分看作采购）。甲方可以依据这一点进行分析，以确定自身是否仅确认其自己直接负责部分的收入。一般应重点考虑以下因素：

1.联合体协议对双方各自负责的工作内容、相关权责的划分是否足够清晰，各自负责的工作内容是否相对独立，无共同负责部分；

2.联合体各方对合同总价款在各方之间的分配和调整机制的约定是否足够清晰；

3.联合体其他成员有无能力切实承担联合体协议约定应由其承担的这部分责任和义务，事实上导致牵头人被业主要求承担连带责任的可能性极低；

4.联合体牵头人是否承诺保证其他成员不承担亏损或者取得约定的保底收益。

从本案例中的联合体协议看，如果乙方（联合体参与方）能够切实承担其应承担的这部分责任，我们理解甲方（联合体牵头方）按净额法仅确认其直接负责部分的收入和成本是可以接受的。

【例10-12】联合摄制合同中的参投方如何考虑收入确认

在《电影企业会计核算办法》已经不再适用的情况下，联合摄制合同的参投方应按照新收入准则关于主要责任人和代理人的规范进行分析判断，以确定各方的处理方法。

问题

根据下文背景信息，甲乙双方对参与联合摄制项目，应如何进行会计处理？

背景

甲乙双方就共同投资某部电影签订协议，协议主要条款如下：

甲方拥有剧本的著作权并有权利根据剧本制作同名电影。甲方承担该片的制作工作，负责该片的具体拍摄；负责监督拍摄过程中的安全工作；负责签署与该片相关的全部合同；如因甲方过错，或者因甲方自行决定事项给乙方造成的损失，由甲方负责赔偿。

该片制作预算为××万元，由甲方承担制作预算的80%，乙方承担制作预算的20%。甲方负责按照通用会计准则记录、计算该片的最终制作成本，并保存完整的原始凭证和合同。如果制作总成本低于制作预算，结余部分将按照投资比例返还双方。

甲方承诺向乙方通报该片的拍摄进度，甲方应在合同约定的总制作预算内完成拍摄任务，如果该片制作成本发生超预算，双方同意超支部分由甲乙双方按照投资比例共同承担。如甲方按照预算表的各项目实际支出超过预算金额的5%以上的，甲方应得到乙方的事先书面同意，乙方不同意增加费用的，应由甲方全部承担。

该片著作权归甲方所有。甲乙双方按照投资比例享有影片发行收益。

甲方同意，将该片中国大陆地区的发行权独家授予乙方，双方另行签订发行协议。乙方作为发行方有权收取发行代理费，发行代理费的计算在发行协议中约定。

分析

（1）执行制片方（甲方）应采用总额法还是净额法？

在联合摄制中，需要解决的问题主要是参与投资的主体是主要责任人身份还是代理人身份，即应采用总额法确认收入还是净额法？

从上述合同条款分析，甲方承担主要拍摄责任，乙方在拍摄过程中对拍摄进度和成本预算监督，更多地是为了自身投资的安全考虑；甲乙双方按出资比例分享投资收益和分担投资风险，但甲方的出资占比较大（80%）；甲方作为主要制片人能够决定商品的价格。因此，在该商品（影片版权）转移给客户之前，是甲方能够控制该商品，甲方应按照总额法确认收入，支付给乙方的20%的分成款应作为成本列报。

（2）合作方的会计处理。

从另一角度讲，也可以从合作各方对该合作摄制项目是否具有控制、共同控制或重大影响的角度进行分析。我们认为，在新准则下，合作摄制的会计处理方法主要取决于以下因素：其中一方或多方合作者是否给予其他一方或多方合作者保本和获取固定收益（或保本收益）的承诺；其中一方或多方合作者是否有权优先收回投资和/或优先分取收益；合作摄制项目的重大事项决策机制，例如涉及人事安排、财务、市场运作、日常运营管理事项，是否由其中一方合作者处于主导和控制地位，还是应当由所有合作者协商一致共同决定；合作摄制项目的风险和报酬的享有和承担情况等。根据不同案例的具体情况，合作摄制的会计处理模式可能差异很大，例如：

①如果其中一方主导（控制）该合作项目，则实质上该合作项目可视作该合作方的子公司（尽管没有采用设立企业法人的法律形式，但经济实质相同）。此时，该合作方应当把合作项目的全部资产、负债、收入、成本和费用均纳入其自身的财务报表。对于接受其他合作方投入的资金以及分配给各合作方的收益，应区分不同情况处理。

其一，合作协议约定各合作方共担风险、共享收益（一般按出资比例），没有向其他合作方提供保本、固定收益或保底收益承诺的，其他合作方投入合作项目的资金和从合作项目中分得的收益从经济实质上而言与子公司的少数股权类似，在处于主导地位的合作方的财务报表中，应把接受其他合作方的投资视作一项负债（因为该项目的合作总有期限，到期时必须对项目资产进行清算分配，合作期间也应按约定及时向合作方分配收益，不能递延，故即使合作方收益与项目净利润挂钩，也仍然构成对其他合作方的一项现时义务）；在该合作方的利润表中，应归属其他合作方的利润作为一项成本或费用，从净利润中扣除。

其二，合作协议约定由处于主导地位的合作方对一个或多个其他合作方提供保本和保底收益（或固定收益）承诺的，则由于该接受承诺的合作方并未完全承担（或完全未承担）合作项目运作过程中的风险和报酬，其投入的资金不符合《企业会计准则第37号——金融工具列报（2017年修订）》第九条对“权益工具”的定义，即“能证明拥有某个企业在扣除所有负债后的资产中的剩余权益的合同”。因此对该合作方投入的资金，应在处于主导地位的合作方的财务报表中确认为负债，相应地，向该等投资方支付的投资回报作为利息支出计入损益处理。如果该合作项目的标的资产属于《企业会计准则第17号——借款费用》所规定的符合资本化条件的资产的，则相关利息可在符合该准则规定的前提下资本化计入该标的资产成本。

②如果该合作项目由各合作方共同控制的，则会计处理按照《企业会计准则第40号——合营安排》关于共同经营的会计处理原则执行。

就本案例而言，甲方主导该项目，对该项目具有实质控制权，故应将该合作影视项目100%的收入、成本、资产、负债纳入其报表。另一合作方（乙方）对该项目的投入作为合作方权益确认为负债，应归属于乙方的损益计入甲方报表中的损益。

10.4 无需退回的初始费

企业在合同开始（或接近合同开始）日向客户收取的无需退回的初始费，是与向客户转让已承诺的商品或服务相关，还是应作为未来将转让商品或服务的预收款？如果作为预收款，当未来的服务期限难以确定时如何处理？这些问题都需要根据合同条款和业务的经济实质进行具体的分析和判断。

【例10-13】供热企业收取的一次性入网费确认收入的问题

问题

供热企业收取的一次性入网费，应如何确认收入？

背景

目前，某些提供公共服务的企业在向客户提供各种管道、网络等接口服务之初，按照国家有关部门批准的收费标准向客户收取一次性入网费用（以下简称“入网费”）。如有线电视公司收取的有线电视入网费、提供城市供热、供水服务的企业向客户收取的接网费、提供污水处理的企业向客户收取的排污入网费等费用，该费用在收取以后，无论发生何种情况，收取企业均不再负有向客户退还的义务。

以往在《企业会计制度》体系下，《关于一次性入网费会计处理的规定》（财会〔2003〕16号）规定，对一次性入网费采用分期摊销的方式处理。但在新企业会计准则体系下，需要对照新企业会计准则体系下的相关规定重新考虑该规定的适用性。

分析

新收入准则第四十条规定：“企业在合同开始（或接近合同开始）日向客户收取的无需退回的初始费（如俱乐部的入会费等）应当计入交易价格。企业应当评估该初始费是否与向客户转让已承诺的商品相关。该初始费与向客户转让已承诺的商品相关，并且该商品构成单项履约义务的，企业应当在转让该商品时，按照分摊至该商品的交易价格确认收入；该初始费与向客户转让已承诺的商品相关，但该商品不构成单项履约义务的，企业应当在包含该商品的单项履约义务履行时，按照分摊至该单项履约义务的交易价格确认收入；该初始费与向客户转让已承诺的商品不相关的，该初始费应当作为未来将转让商品的预收款，在未来转让该商品时确认为收入。

企业收取了无需退回的初始费且为履行合同应开展初始活动，但这些活动本身并没有向客户转让已承诺的商品的，该初始费与未来将转让的已承诺商品相关，应当在未来转让该商品时确认为收入，企业在确定履约进度时不应考虑这些初始活动；企业为该初始活动发生的支出应当按照本准则第二十六条和第二十七条规定确认为一项资产或计入当期损益。"

供热企业向客户承诺的服务是提供供热服务，在入网时，企业提供的管道、网络等接口服务虽然与企业履行合同相关，但其本身并没有向客户提供供热服务，没有向客户转让已承诺的服务，不构成单项履约义务。因此，此类入网费应视为未来将向客户提供供热服务的预收款，确认为合同负债，在未来向客户提供供热服务时确认收入。

【例10-14】高尔夫俱乐部会员卡收入的确认

问题

高尔夫俱乐部在会员入会时一次性收取的会员费，应如何确认为收入?

背景

A高尔夫俱乐部（以下简称"俱乐部"）以前年度的会员卡每张16.8万元，自今年起每张100万元，均为终身制；会员卡优惠内容主要是每次打球的费用只按正常费用的10%收取，如非会员上果岭打球每场收费2 000元，会员打球则每场收费200元。由于以前年度每张会员卡收费16.8万元，且数量不多，因此在收到会费时直接确认为当期营业收入；本年度由于会员卡涨价至100万元/张，本年度共办理13张，涉及金额1 300万元，金额变化很大。

分析

新收入准则第四十条规定："企业在合同开始（或接近合同开始）日向客户收取的无需退回的初始费（如俱乐部的入会费等）应当计入交易价格。企业应当评估该初始费是否与向客户转让已承诺的商品相关。该初始费与向客户转让已承诺的商品相关，并且该商品构成单项履约义务的，企业应当在转让该商品时，按照分摊至该商品的交易价格确认收入；该初始费与向客户转让已承诺的商品相关，但该商品不构成单项履约义务的，企业应当在包含该商品的单项履约义务履行时，按照分摊至该单项履约义务的交易价格确认收入；该初始费与向客户转让已承诺的商品不相关的，该初始费应当作为未来将转让商品的预收款，在未来转让该商品时确认为收入。”

本案例中，拥有会员卡的会员享有以优惠价享受俱乐部提供服务的权利，因此，该入会费与俱乐部向客户转让已承诺的商品（提供高尔夫打球服务）相关，且每次打球服务均构成单项履约义务，根据上述准则规定，100万元入会费应计入交易价格，在俱乐部每次向会员提供打球服务的同时确认收入。

由于会员卡是终身制的，俱乐部应合理估计每位会员可能会来俱乐部打球的总次数（例如，根据会员平均每年打球次数乘以俱乐部的剩余经营年限或者球场所在地的土地使用权剩余年限等），将100万元入会费平均分摊至每个单项履约义务，在每次打球服务完成后确认收入。

入会费是会员入会时预先收取的，但是俱乐部向会员提供服务是后续分期提供的，即企业向客户转让商品与客户支付款项之间存在时间间隔，该时间间隔可能比较长。那么，本案例中是否存在重大融资成分呢？

《新收入准则应用指南》指出：“企业向客户转让商品与客户支付相关款项之间存在时间间隔并不足以表明合同包含重大融资成分。企业向客户转让商品与客户支付相关款项之间虽然存在时间间隔，但两者之间的合同没有包含重大融资成分的情形有：一是客户就商品支付了预付款，且可以自行决定这些商品的转让时间。例如，企业向客户出售其发行的储值卡，客户可随时到该企业持卡购物；再如，企业向客户授予奖励积分，客户可随时到该企业兑换这些积分等。”

由于会员取得会员卡后，可以随时（自行决定）去俱乐部打球，因此依据上述规范，本案例中应不包含融资成分。

第十一章 列报

"合同资产"和"合同负债"是新收入准则新增的两个报表列报项目。实务中，企业因履约而取得的一项收款权属于"合同资产"还是"应收账款"，预收客户款项应列报为"合同负债"还是"金融负债"，都需要根据实际情况分析判断。

【例 11-1】仅取决于卖方开票的收款权利应确认为合同资产还是应收账款

新收入准则对于应收账款和合同资产的区别进行了阐述，但在实务中，企业因履约合同而取得的一项收款权是否属于"无条件收款权"经常存在争议。例如，下面的案例中企业尚未给客户开具发票是否导致收款权不属于"无条件"？

问题

在商品销售业务中，仅取决于卖方开票的收款权利应确认为合同资产还是应收账款？

背景

实务中，很多企业与客户之间签订的销售合同，客户付款的前提条件之一，是企业向客户提供了等值的增值税专用发票或普通发票。即，当商品或服务的控制权已转移给客户，但是企业作为销售方尚未向客户开具发票时，并不能向客户收款。此时，企业的收款权利必须伴随发票的开具而拥有，是否应理解为收款权利并不仅仅是时间流逝的因素，对相关收款权应列示为"合同资产"？

分析

如果仅仅是要求开具发票后才能收款，则此时的收款权利应确认为应收账款而不是合同资产，即视同无条件收款权利。主要考虑是：

1. 开票本身不是一项履约义务，即开票行为本身不是合同约定的向客户提供商品或服务的义务，合同约定的履约义务已经按约定履行完毕，就该项收款权利与客户之间不存在重大争议。

2. 卖方可以控制开票行为何时发生（具备收款权利后可自行决定何时开票），且该开票行为单方面使卖方受益（取得了正式的收款权利，且不会因此承担额外义务），且作出该开票行为本身无需发生重大成本。

综上，由于开票行为具有上述特点，因此仅取决于卖方开具发票的收款权利应被视为无条件收款权利，其对应的应收客户债权应确认为应收账款而不是合同资产。

【例11-2】百货业发行预付卡相关负债的计量和列报

根据新收入准则，企业在转让承诺的商品之前已经收到的款项应列报为“合同负债”(或根据流动性划分列报至“其他非流动负债”)。但实务中的情况比较复杂，例如下面案例中的百货公司发行预付卡收到的款项，就需要根据具体情况分别列报为“合同负债”“其他应付款”及“其他流动负债”等。

问题

如下文“背景”部分所述，A公司对客户办理预付卡形成的预收款项在新收入准则下应如何计量和列报?

背景

A公司为一家百货公司，对集团客户、个人客户办理预付卡，先行收取资金形成预收款项，待消费者刷卡消费时预收款项减少。按照相关法律法规规定，持卡人申请退卡时，A公司应予退卡。A公司近三年的退卡率按金额计算平均为1%，其中2×18年为0.75%、2×19年为0.85%，2×20年为1.2%。

此外，A公司存在自营、联营两类业务。联营业务规模远大于自营业务规模，也即预付卡消费以购买联营商品为主。在新收入准则下，联营业务收入A公司应按净额法确认收入。

分析

我们理解，此处涉及两个问题：(1）预付卡相关负债期末余额的计量；(2）预付卡相关负债期末余额的列报。

1.预付卡相关负债期末余额的计量。

根据新收入准则第三十九条规定：“企业向客户预收销售商品款项的，应当首先将该款项确认为负债，待履行了相关履约义务时再转为收入。当企业预收款项无需退回，且客户可能会放弃其全部或部分合同权利时，企业预期将有权获得与客户所放弃的合同权利相关的金额的，应当按照客户行使合同权利的模式按比例将上述金额确认为收入；否则，企业只有在客户要求其履行剩余履约义务的可能性极低时，才能将上述负债的相关余额转为收入。”

在本案例中，一方面，国家相关法律法规为保护持卡人利益，规定当持卡人申请退卡时，公司应予退卡；另一方面，从近三年数据来看，虽然退卡率总体上不高，但各年度之间并不均衡，存在逐年上升趋势，尤其是在2×20年度，退卡率较前两年明显上升。在此情况下，基于谨慎考虑，不建议在期末预估最终无需退还的金额，而是按照累计售卡金额减去累计已结转收入或者累计应支付给第三方的款项后的剩余金额，即该负债余额的100%，作为该公司预付卡相关负债的期末计量金额。

2. 预付卡相关负债期末余额的列报。

本案例需综合参照财政部会计司发布的两个关于收入准则的应用案例："合同负债（涉及不同增值税率的储值卡）"和"合同负债（电商平台预售购物卡）"。即把上述负债余额按照以下方法和顺序进行拆分，分别列报于对应的报表项目内：

（1）首先，测算日后需缴纳（但尚未到法定的纳税义务发生时间）的增值税销项税额，将其作为"应交税费——待转销项税额"列报于"其他流动负债"中。在这一过程中，如果涉及适用不同增值税率的商品的，应参照《收入准则应用案例——合同负债（涉及不同增值税率的储值卡）》所述原则予以处理；

（2）其次，根据历史经验和前瞻性信息，估算下一年度的自营业务和联营业务流水金额比例，按照该比例将对应于自营业务的该项负债余额列报为合同负债；对应于联营业务的该项负债，根据公司在此类业务中的平均扣点率拆分出将形成本企业收入的部分和需支付给第三方供应商的部分，分别列报为合同负债和其他应付款。

上述余额分拆，可以只在每期末结账和编制报表时进行一次，仅与资产负债表的编制和列报相关。日常核算中，为了简化核算，仍可以将该项预付卡相关负债作为一个整体，使用"合同负债"或者"预收账款"科目进行会计处理。

【例11-3】分摊至奖励积分的合同价款应列报为合同负债还是金融负债？

背景及问题

向客户授予奖励积分作为一种促进销售的手段，在实务中十分普遍。根据新收入准则，如果该积分向客户提供了构成重大权利的额外购买选择权，则企业应将交易对价分摊至奖励积分。此情形下，如果该积分可以兑换其他方的商品，该部分分摊的合同价款应列报为合同负债还是金融负债？

分析

根据中国证监会《监管规则适用指引——会计类第1号》之问题"1-17区分合同负债和金融负债"的内容：

企业向购买其商品的客户授予奖励积分，客户可以选择使用该积分兑换该企业或其他方销售的商品。客户选择兑换其他方销售的商品时，企业承担向其他方支付相关商品价款的义务。

企业授予客户的奖励积分向其提供了一项额外购买选择权，且构成重大权利时，应当作为一项单独的履约义务。企业需要将销售商品收取的价款在销售商品和奖励积分之间按照单独售价的相对比例进行分摊。客户选择使用奖励积分兑换其他方销售的商品时，企业虽然承担了向其他方交付现金的义务，但由于该义务产生于客户购买商品并取得奖励积分的行为，适用收入准则进行会计处理。

企业收到的合同价款中，分摊至奖励积分的部分（无论客户未来选择兑换该企业或其他方的商品），应当先确认为合同负债；等到客户选择兑换其他方销售的商品时，企业的积分兑换义务解除，此时公司应将有义务支付给其他方的款项从合同负债重分类为金融负债。

第十二章　营业收入和政府补助的区分

并非所有来自于政府部门的经济资源流入都属于政府补助的核算范畴，这些资源也有可能作为政府购买企业所销售的商品或所提供的服务而支付的对价，政府的身份也可能是新收入准则规范的“客户”。实务中如何区分来自政府的经济资源是属于企业的营业收入还是政府补助，需要结合相关合同协议和商业实质进行判断。

【例12-1】企业承接课题获取政府拨付经费的处理

问题

如下文背景资料所述，A公司承担政府咨询项目向财政局申请的“科技合作专项经费”是属于政府补助还是属于营业收入？

背景

A公司承担当地政府所属某管理委员会主导的绿色建筑科技合作项目研究课题，根据研究课题任务书，A公司需为此项目作出可行性研究报告，报给管委会，待管委会批准该项目立项后，此项目方可正式实施。项目合同中约定“课题通过立项相关程序审批，签订该任务合同书时，拨付经费的50%；课题研究取得阶段性研究成果，通过中期汇报及检查后，拨付经费的45%；课题通过结题验收，并办理完相应整理归档手续后，完成最后5%经费拨付”。

至2×17年10月，该项目已结项，A公司2×17年5月收到管委会拨付的30万元，同时向管委会按照6%的税率开具增值税专用发票。2×17年8月份收到管委会拨付的27万元，仅向管委会开具收据，未开具增值税发票。

分析

根据《企业会计准则第16号——政府补助（2017年修订）》对政府补助的“无偿性特征”的表述和对如何区分政府补助和收入的相关指引，对于企业承接此类政府项目应确认为政府补助还是营业收入，应关注以下问题：

1. 工作成果的所有权归属。

2. 工作成果的使用由谁（本企业还是作为委托方的政府）主导和控制，是否仅可供委托方使用。

3. 本企业从该项目中获取经济利益的方式，即除了协议中约定的政府拨款以外，本企业是否还可以通过将该成果运用于本企业的日常生产经营、转让该成果、将该成果对外投资或授权他人使用等方式获取经济利益。

在本案例中，A公司获取该60万元经费的条件，是向管委会提交“可行性研究报告”，研发项目很可能是专供该政府部门使用的，A公司不能主导该研究成果的后续使用；A公司除了这部分政府拨款以外不能获取其他经济利益，因此该笔政府拨款应理解为A公司承接该政府项目，由政府支付的劳务对价，并不是无偿从政府取得，不属于政府补助准则规定的范围，应作为A公司的营业收入，按照《企业会计准则第14号——收入》的相关规定予以确认。

A公司是否开具增值税发票，如何开具增值税发票与收入的确认没有关系。但需要关注，收入的确认金额应按照权责发生制处理，鉴于该项目已结项，对于尚未收到的3万元，若A公司预计很可能会收到，则至2×17年10月，应就全部合同额60万元均应确认为收入（当然，需要扣除相应的增值税销项税额）。

【例12-2】收到天然林资源保护工程资金能否确认为营业收入

问题

企业收到天然林资源保护工程（天保工程）资金，应如何区分其中的政府补助和营业收入成分？

背景

A公司为国有独资公司，主营业务收入为生态公益收入和依赖于生态资源的附属收入，如林下经济收入、旅游康养收入等，自国家启动天然林资源保护工程（天保工程）以来，A公司一直持续享受国家天保工程专项资金的补助，该部分资金分两大类，一类是天然林保护恢复发展资金，主要用于天保工程社会保险补助、天保工程政策性社会支出、全面停止天然林商业采伐补助、生态修复治理补助，另一类是天然林改革发展资金，主要用于森林资源管护支出、国土绿化支出（如良种培育、森林抚育、造林等）。在两类资金中，生态修复治理补助和森林资源管护支出约占总额的50%，政策性社会支出补助资金约占总额的8%。天保资金为中央财政预算资金，每年A公司根据天保资金的收支情况编制事业单位的决算报国家林草局进行汇总。

A公司考虑如下因素，将天保资金全额计入“营业收入”，而非政府补助：

1.是否具有“无偿性”的判断。

国家实施天保工程，各林业公司的业务由天然林商业采伐转变为天然林的生态建设，主要体现为森林管护、林木抚育、植树造林、生态恢复等。与上述业务直接相关的补助，均以服务面积确定补助标准；与上述业务间接相关的如社会保险补助、天保工程政策性社会支出补助，则是以纳入补助范围的企、事业单位在停止采伐时人员规模核定补助标准；从天保资金补助范围及补助标准的确定方式上看，各林业公司更接近以生态建设服务来换取国家的补助资金，即国家出钱购买企业提供的生态建设服务的性质。因此，天保工程专项资金中绝大部分从实质上看不具有无偿性。

2. 与天保工程资金收支专项报表的处理保持一致。

按照A公司所在省国资委的要求，A公司编制年度决算财务报表时，应将天保工程专项资金的收支按行政事业单位会计制度编制财务报表，按该要求应将天保资金在实际发生支出时确认为营业收入，将支出列报为营业成本。

分析

本案例的核心问题是如何区分具有无偿性的政府补助和具有商业实质的向政府提供劳务的营业收入。

根据财政部、原国家林业局发布的《天然林资源保护工程财政专项资金管理办法》（财农〔2011〕138号）规定，天保资金是指中央财政根据《天然林资源保护工程实施方案》的要求，安排用于天保工程的专项资金，包括森林管护费、中央财政森林生态效益补偿基金、森林抚育补助费、社会保险补助费、政策性社会性支出补助费。对各类资金的具体规定如下：

第三章　森林管护费

第十条　森林管护费包括国有林管护费，集体和个人所有的地方公益林管护费补助。

第十一条　国有林管护费是指专项用于管护国有森林资源所发生的各项经费支出，主要包括森林管护的人员经费、公用经费、相关设施建设维护和设备购置费等。国有林管护费重点保障森林管护人员的工资性支出。国有林管护费标准为每亩每年5元。

第十二条　集体和个人所有的地方公益林管护费补助是指用于集体和个人管护地方公益林的补助支出。集体和个人所有的地方公益林管护费补助标准为每亩每年3元。

第四章　中央财政森林生态效益补偿基金

第十三条　中央财政森林生态效益补偿基金是指中央财政对天保工程区内集体和个人所有的国家级公益林安排的森林生态效益补偿基金。中央财政森林生态效益补偿基金的标准为每亩每年10元。

第十四条　中央财政森林生态效益补偿基金的申请、使用、管理等有关要求按照《财政部　国家林业局关于印发〈中央财政森林生态效益补偿基金管理办法〉的通知》(财农〔2009〕381号)相关规定执行。

第五章　森林抚育补助费

第十五条　森林抚育补助费是指专项用于国有中幼林抚育所发生的各项经费支出。森林抚育补助费标准为每亩120元。

第十六条　森林抚育补助费的申请、使用、管理等有关要求，按照《财政部　国家林业局关于印发〈森林抚育补贴试点资金管理暂行办法〉的通知》(财农〔2010〕546号)相关规定执行。

第六章　社会保险补助费

第十七条　社会保险补助费是指专项用于补助实施单位基本养老、基本医疗、失业、工伤和生育等五项社会保险的缴费支出。

第十八条　社会保险补助费，以各省2008年社会平均工资的80%作为社会保险年缴费工资总额，补助比例合计为缴费工资总额的30%。其中：基本养老保险补助比例20%、基本医疗保险补助比例6%、失业保险补助比例2%、工伤保险补助比例1%和生育保险补助比例1%。

第十九条　实施单位应按照《社会保险费征缴暂行条例》(国务院令第259号)的规定按时足额向社会保险经办机构缴纳社会保险费。

第七章　政策性社会性支出补助费

第二十条　政策性社会性支出补助费是指专项用于各级实施单位承担的政策性社会性支出补助，包括教育经费、医疗卫生经费、公检法司经费、政府经费、社会公益事业经费、改革奖励资金。

第二十一条　教育经费是指实施单位承担的基础教育学校、中等职业技术学校及教育管理部门的经费支出。教育经费的标准为人年均补助30 000元。

第二十二条　医疗卫生经费是指实施单位承担的医院、防疫站、卫生所及医疗卫生管理部门的经费支出。医疗卫生经费的标准为：长江上游、黄河上中游地区人年均补助15 000元，东北、内蒙古等重点国有林区人年均补助10 000元。

第二十三条　公检法司经费是指实施单位承担的公安局、检察院、法院、司法局、安全局的经费支出。公检法司经费的标准为人年均补助12 000元，大兴安岭林业集团公司人年均补助15 000元。

第二十四条　政府经费：是指各级政企合一实施单位承担的政府事务类经费支出。政府经费的标准为人年均补助30 000元。

第二十五条　社会公益事业经费：是指各级实施单位承担的消防、环卫、街道、广播电视、供水、供热等社会公益事业单位的经费支出，主要保障人员经费支出。

第二十六条　改革奖励资金：是指对有关省剥离实施单位办教育、医疗卫生职能给予的延续补助资金，以及支持国有森工企业管理体制改革措施得力、取得显著成效给予的奖励资金。

第二十七条　天保工程实施过程中，实施单位政策性社会性职能移交地方政府管理、公检法司经费纳入地方财政预算管理的相关补助资金，以及改革奖励资金，重点用于补充地方政府接受剥离机构和人员的经费等巩固改革成果支出，具体用途由省级财政部门商省级林业主管部门研究确定。

第八章　固定资产管理

第二十八条　实施单位用天保资金购置固定资产需报同级财政部门审批，所购固定资产不计提折旧。

第二十九条　实施单位要加强对天保资金购置的固定资产管理，建立固定资产账簿和卡片，定期进行核对，保证账卡、账实相符。建立健全固定资产领用、保管、保养、管理制度，并定期对固定资产进行盘点清查。

根据《企业会计准则第16号——政府补助（2017年修订）》第五条规定：“企业从政府取得的经济资源，如果与企业销售商品或提供服务等活动密切相关，且是企业商品或服务的对价或者是对价的组成部分，适用《企业会计准则第14号——收入》等相关会计准则。”根据《财政部关于做好执行企业会计准则的企业2012年年报工作的通知》（财会〔2012〕25号）规定：“企业与政府发生交易所取得的收入，如果该交易具有商业实质，且与企业销售商品或提供劳务等日常经营活动密切相关的，应当按照《企业会计准则第14号——收入》的规定进行会计处理。在判断该交易是否具有商业实质时，应考虑该交易是否具有经济上的互惠性，与交易相关的合同、协议、国家有关文件是否已明确规定了交易目的、交易双方的权利和义务，如属于政府采购的，是否已履行相关的政府采购程序等。”

根据上述规定，企业要将从政府取得的经济资源确认为营业收入，则需证明以下几点：

1.该项交易是企业向政府销售商品或者提供劳务的交易，具有商业实质，符合《企业会计准则第14号——收入》可确认营业收入的一般条件（例如，在新收入准则下，满足其第五条关于“合同成立”的各项判断标准），且拟确认为收入的金额与该等商品或劳务的公允价值相当。

2.该交易不会导致形成本企业自身的非流动非金融资产，如固定资产、无形资产、生产性生物资产、公益性生物资产等（换言之，用于购置固定资产，或者对应支出列入本企业上述资产成本的财政资金，不应确认为本企业的收入，而应作为与资产相关的政府补助处理。但是，专门为该项销售商品或提供劳务交易之目的而购置、无其他用途的固定资产除外）。

3.拟确认为收入和成本的金额均应与向政府提供的商品或服务有对应关系，不能包含用于富余人员安置（含各种辞退福利）、原有资产和设施的拆除报废补偿、不从事该商品或劳务提供的人员的薪酬、政策性社会性支出补助等补偿性质的收入和支出。

建议A公司依据上述原则，并对照天保工程财政专项资金的管理规定和实际开支使用情况，合理界定天保工程专项资金中可确认为营业收入的金额，以及合理划分对应的营业成本金额；对于其余的天保工程专项资金，仍应作为政府补助处理，并将作为补助对象的支出计入相应费用科目。

将全部专项资金均作为营业收入列报是不符合企业会计准则规定的。如果A公司基于某些特殊原因，坚持要求如此处理，则只能将按照该要求编制的报表界定为特殊编制基础的财务报表。注册会计师对该特殊编制基础的财务报表出具的审计报告应根据《中国注册会计师审计准则第1601号——对按照特殊目的编制基础编制的财务报表审计的特殊考虑》及其应用指南的规定出具。

第十三章　综合案例

新收入准则将收入的确认和计量分为五个步骤，第一步，识别与客户订立的合同；第二步，识别合同中的单项履约义务；第三步，确定交易价格；第四步，将交易价格分摊至各单项履约义务；第五步，履行各单项履约义务时确认收入。对于一项合同，企业恰当确认和计量收入上述五个步骤缺一不可，只是在不同的安排下，各个步骤的复杂程度不同。

本章下面部分列出的若干综合案例，涉及企业针对一项交易进行收入确认全过程的分析判断过程，以期能够对实务操作提供帮助。

【例13-1】土地一级开发企业的收入确认问题

问题

在下文“背景”部分所述两种情形下，土地一级开发企业的土地开发收入分别应如何确认？

背景

土地一级开发，是指由政府或其授权委托的企业，对一定区域范围内的城市国有土地（毛地）或乡村集体土地（生地）进行统一的征地、拆迁、安置、补偿，并进行适当的市政配套设施建设，使该区域范围内的土地达到“三通一平”“五通一平”或“七通一平”的建设条件（熟地），再对熟地进行有偿出让或转让的过程。

情形1：A公司从事土地一级开发业务，主要内容包括：征地、拆迁、安置、补偿、市政配套设施建设，将生地变为熟地。主要存在以下两种业务形式：

（1）当地政府下设的土地储备管理机构（以下简称“土储机构”）为开发实施主体，A公司受托开发。开发完后，经土储机构组织的成本审计，按成本审计结果，土储机构付给A公司2%管理费，A公司按2%管理费交流转税。

（2）A公司为开发实施主体。开发完后，经土储机构组织的成本审计；土储机构经过招拍挂程序，确定用地单位；A公司与用地单位签订“土地开发补偿协议”，土地开发补偿款按成本审计结果加税率5.5%加利润率8%确定，A

公司开发票给用地单位，用地单位将土地出让金（包括土地开发补偿款+土地出让收益）付给土储机构，土储机构将其中的土地开发补偿款付给A公司。如土地未上市或只有部分地块上市，A公司只能取得已上市地块对应的开发补偿款。

该企业从事的土地开发业务具有以下特点：开发周期长、金额大、成本不能可靠确定（如拆迁补偿款，有时土地已交用地单位，拆迁款还未最终确定，成本从项目立项到结束实际增长50%以上）、开发补偿收入金额存在变数（原因包括“政府为招商引资，可能压低开发补偿款；此类企业业务大多亏损，政府可能专项补贴，或涉及其中的商业地块时将开发补偿提高”），也就是说，此类企业带有明显的政府外委机构特点。

情形2：B房地产公司系国企，拟出资对1万亩土地进行土地整理和基础设施及公建配套建设，土地由国土资源部门按计划供地。由政府按土地开发整理成本并考虑一定比例的项目投资回报支付B房地产公司投入成本和收益。开发期预计为3—4年。实际施工经招投标选用施工单位进行施工。

B公司开发土地项目收益，政府将于未来2—3年分期拨付，项目移交后，政府结算项目成本。

（1）在经济利益的金额方面：相关的一级土地开发合同拟约定按照实际发生的成本和一定的加成率作为总价（成本加成合同），与未来的招拍挂价款没有直接联系。

（2）在经济利益的获取时间方面：相关的一级开发合同拟承诺明确的结算时间，且该项结算时间并不以政府通过招拍挂出让土地使用权并收到土地出让金为前提。

B公司拟采用的处理方法：在建设期收到的投资回报，不确认为损益，在公司与政府结算时，统一结算收益，确认收入。

分析

1.是否符合收入准则中的“合同”标准。

对于土地一级开发企业来说，政府是其土地一级开发业务的“客户”。在考虑在采用何种方法确认收入之前，首先应判断是否能够确认收入，即，土地开发合同是否满足新收入准则第五条规范的“与客户之间的合同”条件，特别是其中第五个条件“企业因向客户转让商品而有权取得的对价很可能收回。”

在判断是否满足该条件时，一个重要的考虑因素就是政府是否对公司的收益收取时间给予了较高程度的保障，即相关的一级开发合同是否承诺了明确的结算时间，且该项结算时间并不以政府通过招拍挂等程序出让土地使用权并收到土地出让金为前提。如果相关一级开发合同未约定支付相关价款的时间（明确约定支付时间的示例，如“完工后××个月内支付”），需要等到政府将该土地拍卖出去取得土地出让金收入后才支付一级开发价款的，则表明对价收回的可能性相对不大；反之，如果合同约定了明确的付款时间，且不以政府将该土地拍卖出去取得土地出让金收入为支付条件的，则对价收回的可能性相对较大。

相应地，如果土地一级开发合同未约定价款收取的明确时间，而是取决于政府何时将整理后的土地通过招拍挂程序出让出去并收到土地出让金，则在关于对价款项收取的不确定性消除之前，并不存在会计上认可的“客户合同”，也就不存在确认收入的基础；反之，如果价款收取的时间已经明确约定，且预计政府届时有足够的财力支付合同约定的价款，并不取决于所整理的土地被出让和收到出让金，则“企业因向客户转让商品而有权取得的对价很可能收回”这一条件在合同开始日已经满足，该合同可以作为后续会计上确认收入的基础。

基于上述一般分析，对于本案例中所讨论的两种类型的合同，根据“背景”部分资料具体分析如下：

情形1：该一级土地开发项目是成本加成合同，总价款按照实际发生的成本和一定的加成率作为总价，但“开发补偿收入金额存在变数（原因包括：政府为招商引资，可能压低开发补偿款；此类企业业务大多亏损，政府可能专项补贴，或涉及其中的商业地块时将开发补偿提高）”；相关的一级开发合同并未承诺明确的价款结算时间，且补偿款的取得取决于用地方向土地储备机构已支付的土地出让金（“如土地未上市或只有部分地块上市，企业只能取得已上市地块对应的开发补偿款”）。在此情况下，在合同开始时，该项目很可能因对价不是很可能收回而不满足会计意义上“客户合同”成立的条件，相应地在判断“合同成立”之前不能确认收入，在后续期间应进行持续评估，如果情况发生变化，判断交易对价很可能收回，如以下条件同时满足时，再根据履约情况确认从事一级开发业务的收入：（1）土地已通过“招拍挂”程序被出让出去，用地方已经把土地出让金支付给土地储备机构；（2）应取得的补偿款金额和开发成本总金额已经确定。

某些情况下，土地交付给用地方时，一级开发可能尚未最终完成，此时可能会由用地方与一级开发企业就剩余未完成的一级开发内容签订单独的协议，委托一级开发企业继续实施完毕，并且在合同中明确约定了与剩余未完内容对应的补偿价款金额、支付时间和方式等。在此情况下，对于剩余的这部分一级开发内容，可按照新收入准则第八条关于合同变更的规定予以考虑，其结果可能是作为一项新合同进行考虑。

情形2：该一级土地开发项目是成本加成合同，总价款按照实际发生的成本和一定的加成率作为总价，与未来的招拍挂价款没有直接联系；并且相关的一级开发合同拟承诺明确的价款结算时间，且该项结算时间并不以政府通过招拍挂等程序出让土地使用权并收到土地出让金为前提。在此情况下，交易对价收回的可能性较大。相应地，在会计上可以在合同的签订生效日认可一项“与客户之间的合同”的成立。该合同可作为后续确认收入的基础。

2. 收入金额的可计量性——对可变对价的考虑。

如果土地一级开发合同的收益全部或部分取决于该土地能否成功出让以及政府可收到的土地出让金等对公司而言不可控的因素，则存在可变对价安排。根据新收入准则第十六条规定：“合同中存在可变对价的，企业应当按照期望值或最可能发生金额确定可变对价的最佳估计数，但包含可变对价的交易价格，应当不超过在相关不确定性消除时累计已确认收入极可能不会发生重大转回的金额。企业在评估累计已确认收入是否极可能不会发生重大转回时，应当同时考虑收入转回的可能性及其比重。每一资产负债表日，企业应当重新估计应计入交易价格的可变对价金额。可变对价金额发生变动的，按照本准则第二十四条和第二十五条规定进行会计处理。”

在本案例中，最终收入金额与此类不可控因素的关联度越大，则对价的可变性越大，要合理、谨慎地确定“在相关不确定性消除时累计已确认收入极可能不会发生重大转回的金额”也就更为困难。再加上如前文所分析的，在收款时间的不确定性消除之前不认可会计意义上的“客户合同”的存在，这就导致在对价金额可变性和收款时间不确定性都较大的交易安排中，公司很可能只有在金额和时间这两方面的不确定性都基本消除之后，才能确认合同收入。相反，如果收款时间和可收款金额的不确定性较小，则收入确认的时间可能可以提前。

3. 对收入确认时间的考虑——在一个时点还是在一段时间内履行履约义务。

在客户合同成立的前提下（即收款时间和收款金额均不存在重大不确定性），应进一步考虑收入确认是在一个时点还是一段时间内的问题。

新收入准则第十一条规定：“满足下列条件之一的，属于在某一时段内履行履约义务；否则，属于在某一时点履行履约义务：（一）客户在企业履约的同时即取得并消耗企业履约所带来的经济利益。（二）客户能够控制企业履约过程中在建的商品。（三）企业履约过程中所产出的商品具有不可替代用途，且该企业在整个合同期间内有权就累计至今已完成的履约部分收取款项。

具有不可替代用途，是指因合同限制或实际可行性限制，企业不能轻易地将商品用于其他用途。

有权就累计至今已完成的履约部分收取款项，是指在由于客户或其他方原因终止合同的情况下，企业有权就累计至今已完成的履约部分收取能够补偿其已发生成本和合理利润的款项，并且该权利具有法律约束力。”

土地一级开发过程涉及征地、拆迁、安置、补偿、市政配套设施建设等内容，虽然政府能够从每一个项目本身获益，但是从合同层面分析，土地一级开发企业需要提供重大服务将这些承诺整合为一个产出（将生地变成熟地）交付给政府，其中任何一个环节出现问题都会影响到整个项目的交付，这些项目之间的风险不可区分。因此，该合同只有一个单项履约义务。

在土地一级开发企业履行征地、拆迁、安置、补偿、市政配套设施建设等履约义务的过程中，如果另一企业接替该企业履行剩余的履约义务，对于该企业已经完成的征地、拆迁等工作实质上无需再重新执行，即在企业履约同时政府能够取得并消耗企业履约所带来的经济利益，满足新收入准则第十一条（一）的条件；同时该项目是政府主导下的项目，满足新收入准则第十一条（二）的条件。因此，应根据履约进度在某一时段内确认收入。

总体上看，对于收款时间和收款金额均不存在重大不确定性的土地一级开发合同，可在一级开发的进展过程中逐步确认收入。

4.收入的计量是应采用“总额法”还是“净额法”。

基于“实质重于形式”这一会计基本原则，本案例中该公司的收入确认是采用“总额法”还是“净额法”可能并不能完全依据合同的法律形式（以土地储备机构还是该企业为开发的主要责任人）确定。

新收入准则第三十四条规定：“企业应当根据其在向客户转让商品前是否拥有对该商品的控制权，来判断其从事交易时的身份是主要责任人还是代理人。企业在向客户转让商品前能够控制该商品的，该企业为主要责任人，应当按照已收或应收对价总额确认收入；否则，该企业为代理人，应当按照预期有权收取的佣金或手续费的金额确认收入，该金额应当按照已收或应收对价总额扣除应支付给其他相关方的价款后的净额，或者按照既定的佣金金额或比例等确定。

企业向客户转让商品前能够控制该商品的情形包括：（一）企业自第三方取得商品或其他资产控制权后，再转让给客户。（二）企业能够主导第三方代表本企业向客户提供服务。（三）企业自第三方取得商品控制权后，通过提供重大的服务将该商品与其他商品整合成某组合产出转让给客户。

在具体判断向客户转让商品前是否拥有对该商品的控制权时，企业不应仅局限于合同的法律形式，而应当综合考虑所有相关事实和情况，这些事实和情况包括：（一）企业承担向客户转让商品的主要责任。（二）企业在转让商品之前或之后承担了该商品的存货风险。（三）企业有权自主决定所交易商品的价格。（四）其他相关事实和情况。”

对本问题中涉及的两个企业而言，如果以本企业作为开发主体，由开发企业负责筹措资金、办理规划、项目核准、征地拆迁和大市政建设等手续并组织实施，则对该模式下收入确认和成本结转应采用“总额法”应无疑义，此时企业对交付之前的开发项目拥有控制权。但在第一种模式下，以土地储备机构为开发主体，这时就要考虑公司在这一过程中的作用，是否积极参与了与各方（如规划部门、融资提供方、建造承包商等）的沟通和谈判（仅仅以土地储备机构的名义签约），且相关的签约内容是否最终将影响到本企业在该合同项下所能取得的收益；还是立项、谈判签约等均由土地储备机构完成，本企业仅负责监督和协调相关协议的执行情况？如果是前者，则采用“总额法”确认收入的可能性较大；如果是后者，则采用“净额法”确认收入的可能性较大。

【例13-2】带安装的定制设备收入成本的确认

问题

依据下文“背景”部分所提供的信息：

1.在定制设备需要由承揽方指导安装时，承揽方应在什么时候确认收入？

2.定制设备由较多部件组成，在主要部件已由定做方接收，部分小部件尚未发货的情况下该如何结转收入成本？

背景

A公司经营范围主要为：分离机械设备及配件生产、加工、销售，与分离机械相关的技术咨询服务，本公司产品的售后服务，货物及技术进出口经营（国家禁止、限制的除外）。目前主要产品为压滤机。

A公司销售合同采用“加工承揽合同”的形式，其中A公司为承揽方，客户为定做方。一般情况下规定的验收标准、方法及提出异议的期限如下：

定做方在收到产品10日内依据既定的质量标准对产品进行检验，发现质量问题应该将产品妥善保存，并在3日内向承揽方提交书面检验报告和质量异议书；没有在规定期限内向承揽方提出异议或规定期间内没有验收的，视为承揽方所交付的产品质量和数量符合合同约定。安装完毕运行7日视为动态验收，由定做方在承揽方售后服务单上签字盖章为准，调试正常后定做方未在服务单上签字的，应以书面形式向承揽方说明原因，否则视为提示合格。

合同规定的产品的安装、调试：由承揽方指导安装调试，定做方应当在收到货物30天内组织安装，并在安装前5日内通知承揽方派人员到现场指导。

A公司产品完工后，公司质检部按客户技术要求对产品质量、性能进行试验和检测（试机合格后出具检验报告和合格证书，随货同行，产品出厂前均已严格按照质量体系检验合格，一般不会出现生产的设备不符合客户要求的情况。

另外，一台完整的压滤机一般由机架、配板、液压站系统、电控柜、拉板系统、翻板、压榨系统、水嘴、滤板、滤布及其他小配件组成。由于压滤机安装的特性，只有在机架等设施安装完毕后才能安装滤板、滤布，因此定做方有时会要求滤板、滤布延迟发货，等其他部分安装完毕后再发滤板和滤布。

但是销售合同规定的销售单价是整机价，未对各组成部分单独定价。A公司确认收入时按照整机单价全部确认收入，成本也按照所有配件成本一起结转。对于没有发出，但是已经结转成本的滤板、滤布则视同代定做方代存。

分析

根据上文背景资料分析，A公司作为承揽方，并不直接负责安装，而是在安装调试环节负有技术指导职责。即合同中A公司向客户承诺的商品和服务包含“生产定制设备”和“指导安装”两项。

1. 生产和指导安装定制设备是否分别构成单项履约义务?

依据新收入准则第十条的两个条件来分析，应重点考虑安装过程本身的技术难度和不确定性大小，以及承揽方技术人员在这一过程中所起到的实质作用是监督还是传授技术。

如果承揽方提供给定做方的技术资料对安装过程的介绍不详细，或者安装过程本身技术难度较高且存在较多不确定性，需要通过现场指导细化安装技术方案、随时解决安装过程中突发的重大问题的，则后续的技术指导实质上是技术的细化或者传授。此种情况下，客户不能在缺乏承揽方指导的情况下自行安装或聘请第三方提供安装服务，尽管客户能够从设备本身或与其他易于获得的资源一起使用中受益（满足第一个条件）；但由于安装指导是专为该定制设备提供的服务，两者密不可分，客户不能仅购买设备不购买安装指导，也不能仅购买安装指导不购买设备（不满足第二个条件）。因此，生产和指导安装定制设备构成了一个单项履约义务。

反之，如果在承揽方随同零部件一并提交给定做方的技术资料中，已经对安装方法和具体的技术要求作出了详细说明，定做方可以自行据此组织安装

（或者聘请具有一般常规资质的施工队伍按照技术资料中的提示完成安装），承揽方技术人员提供的技术指导服务主要限于监督安装过程按照技术资料的要求实施。则生产和指导安装定制设备属于两个单项履约义务。

2.如何确认收入?

（1）如果生产和指导安装定制设备共同构成了一个单项履约义务。则依据新收入准则第十一条分析：

①承揽方生产的设备并非可以被客户立即取得并消耗，如果合同终止，客户委托另一家公司继续履行义务，另一家公司必须重新设计生产，其对承揽方已经履行的部分不会取得控制权。

②设备生产是在承揽方厂房进行，设备生产完工检验合格后方出厂运至客户场地进行安装，因此客户并不控制履约过程中产出的商品。

③设备是专为客户生产的定制设备，具有不可替代性。但从背景资料中无法得出承揽方是否在整个合同期间均有权就累计至今已经完成的部分收取款项的结论。

假设承揽方在整个合同期拥有无条件收款权（满足新收入准则第十一条（三）中所指的“有权就累计至今已完成的履约部分收取款项”，即“在由于客户或其他方原因终止合同的情况下，企业有权就累计至今已完成的履约部分收取能够补偿其已发生成本和合理利润的款项，并且该权利具有法律约束力”），则因满足上述③的条件，该项履约义务属于在一段时间内履行，应采取恰当的方式确定履约进度，在履约过程中分期确认收入。反之，假设承揽方在整个合同期没有无条件收款权，则该项履约义务属于在一个时点履行，应在设备安装完毕运行7日取得客户验收签字后一次性确认收入（除非承揽方有充分的证据表明其安装完毕的设备能够满足合同约定，不太可能发生运行未达标等问题，客户的验收只是一项“例行程序”，则可无需等待运行7日后，在安装完毕履约义务完成时即可确认收入。）

（2）如果生产和指导安装定制设备分别构成两个单项履约义务，则：

①生产设备，参见上述（1）的分析，如果判断属于在一个时点确认收入的履约义务，则应在构成一台完整的压滤机的所有零部件均运至客户场地，并取得客户验收报告（或到货超过10天客户仍未验收）时确认收入实现。但根据背景信息，“产品完工后，公司质检部按客户技术要求对产品质量、性能进行试验和检测（试机合格后出具检验报告和合格证书，随货同行）”，这说明部件发运给客户时，对其质量已有一定的把握。因此，也可以在设备运至客户场地即确认收入实现。

②指导安装服务。根据新收入准则第十一条分析，在承揽方提供指导服务的履约过程中，客户即能取得并消耗履约所带来的的经济利益，因此应在一段时间按照恰当的履约进度确认收入实现。

本案例中，承揽方提供的不是安装服务，而仅仅是安装指导。由于安装过程比较简单或技术资料比较详细，客户可在没有承揽方指导的情况下自行或聘请第三方安装（正因为如此，指导安装的服务才能被识别为一个单项履约义务），如果安装指导过程中承揽方预计不会发生重大成本支出，则说明安装指导很可能属于合同中一项不重要的承诺，与设备生产的承诺相比可能是微不足道的，或者仅仅是类似合同中的一项例行公事的承诺。此种情况下，尽管新收入准则并没有对合同中无足轻重或例行公事的承诺进行识别履约义务方面的豁免，但是实务中如果企业评估对财务报表的影响不重大，则基于重要性原则的考虑，可不将其作为一项承诺来识别履约义务，不分摊交易对价，不对其确认收入。但应对类似合同采用相同的方法，并作为一项会计政策一贯执行。可参考：

IFRS 15.BC89 IASB和FASB留意到，如果客户就一揽子商品或服务与主体订立合同，则主体在识别客户合同中的主要商品或服务将较为困难且具有较大主观性。此外，视主体是从其业务模式角度还是从客户角度来执行该评估，评估结果将截然不同。因此，IASB和FASB决定，因订立合同而承诺向客户提供的所有商品或服务均形成履约义务，因为这些承诺构成主体与其客户议定的交易的一部分。尽管主体可能将这些商品或服务视为营销激励措施或附带商品或服务，但客户会为此类商品或服务进行支付并且主体出于收入确认目的应将对价分摊至此类商品或服务。但是，IASB和FASB留意到，在某些情况下，主体向客户提供的激励措施可能并非一项履约义务（如果此类激励措施是独立于其旨在提供保障的合同之外）。（关于营销激励措施及如何对客户取得额外商品或服务的选择权进行会计处理的额外讨论，参见结论基础第386段至第395段。）

IFRS 15.BC90 基于类似原因，IASB和FASB决定，不就主体可能视为例行公事或无足轻重的履约义务提供会计处理上的豁免。相反，主体应根据《国际会计准则第8号》和FASB《概念公告第8号——财务报告的概念框架》的规定，评估此类履约义务对主体的财务报表而言是否并不重要。

3.滤板、滤布应客户要求延迟发货对收入确认的影响考虑。

滤板、滤布等配件是构成整机的一部分，承揽方承诺提供给客户的是整机而不是构成整机的一个个配件，因此滤板、滤布等配件并不构成一个单项履约义务，不能单独考虑滤板、滤布收入确认问题。那么，在本案例的背景下（由于压滤机安装的特性，只有在机架等设施安装完毕后才能安装滤板、滤布，因此定做方有时会要求滤板，滤布延迟发货，等其他部分安装完毕后再发滤板和滤布），如果滤布、滤芯应客户的要求延迟发货，是否影响整机的收入确认？

《新收入准则应用指南》P49针对“售后代管商品安排”规定如下：“在售后代管商品安排下，除了应当考虑客户是否取得商品控制权的迹象之外，还应当同时满足下列四项条件，才表明客户取得了该商品的控制权：一是该安排必须具有商业实质，例如，该安排是应客户的要求而订立的；二是属于客户的商品必须能够单独识别，例如，将属于客户的商品单独存放在指定地点；三是该商品可以随时交付给客户；四是企业不能自行使用该商品或将该商品提供给其他客户。”

根据上述规定，在设备生产和安装指导分别构成两项履约义务的情况下，如果滤布、滤芯延迟发货是客户的要求，该要求具有商业合理性，符合相关交易惯例，且这些滤布滤芯单独存放，能够按照客户的指令随时向客户发货，企业不能将滤布滤芯自用或提供给其他客户，同时客户已预付了足够大金额的款项（至少足以涵盖包含这部分应客户要求暂缓发货的配件在内的商品成本），则在同时满足这些条件的情况下，可以在滤布滤芯尚未发货时确认整机的收入，此时，整机（包括滤布滤芯）的控制权已经转移给了客户。

【例13–3】履行过程分为若干阶段且同时包含销售商品和提供劳务的合同的收入确认问题

问题

对于履行过程分为若干阶段且同时包含销售商品和提供劳务的合同，应如何确认收入？

背景

2×13年，A公司和B公司签订《定制纪念品设计服务项目合同》，根据合同约定：B公司委托A公司进行纪念品设计服务项目，合同价格102万元，包括纪念品的设计，以及设计获得B公司确认后进行后续加工。同时合同约定，A公司的有关报价资料和设计方案若未经B公司签字认可，A公司就自行进行成品制作，由此而产生的费用由A公司承担。同时，A公司和供应商签订金银购销合同（含加工费），采购约定纪念品的原材料以及加工制作服务（主要材料、加工费成本约79万元）。

分析

根据背景资料分析，本案例中《定制纪念品设计服务项目合同》包含两个承诺：一是前期的设计服务，A公司为B公司提供纪念品设计的创意服务，以相关设计获得B公司的核准确认作为该阶段结束的标志；二是后续纪念品加工制作和交付，由A公司与金银加工企业签订采购和委托加工合同，将经过B公司核准确认的纪念品设计提供给金银加工企业，要求其按所提供的设计进行纪念品的制造和交付。

1.合同中的两个承诺构成几个单项履约义务？

根据新收入准则第十条规定：“企业向客户承诺的商品同时满足下列条件的，应当作为可明确区分商品：（一）客户能够从该商品本身或从该商品与其他易于获得资源一起使用中受益；（二）企业向客户转让该商品的承诺与合同中其他承诺可单独区分。

下列情形通常表明企业向客户转让该商品的承诺与合同中其他承诺不可单独区分：

1.企业需提供重大的服务以将该商品与合同中承诺的其他商品整合成合同约定的组合产出转让给客户。

2.该商品将对合同中承诺的其他商品予以重大修改或定制。

3.该商品与合同中承诺的其他商品具有高度关联性。”

客户（B公司）可以从A公司的提供的两项服务中单独或与其他易于获得的资源一起使用中获益，满足上述准则第十条（一）的条件；虽然A公司必须按照第一阶段确定的设计方案来进行第二阶段的纪念品生产，设计方案的变更会直接影响纪念品的生产，但是A公司完成第一个承诺的工作成果——设计方案后，必须经过客户对设计方案的确认后，才能履行第二个承诺——生产纪念品。客户确认设计方案代表其对A公司第一阶段的工作成果进行了验收，意味着后期不会轻易变更设计方案，即使发生变更，也与A公司本身的履约行为无关。即，A公司提供的这两项承诺之间不存在重大修改和定制。同时，A公司在不提供生产服务的情况下，也可以单独提供设计服务，在不提供设计服务的情况下，也可以按照客户设计方案单独提供生产服务，即：这两项承诺之间没有高度的关联性。即：A公司向客户转让该商品的承诺与合同中其他承诺是可以单独区分的，满足上述准则第十条（二）的条件。综上，该合同中有两个单项履约义务：设计服务和生产服务。

2.两个单项履约义务应分别如何确认收入？

无论是设计服务还是生产服务，在A公司的设计和生产过程中，不会形成一个立即被客户取得并消耗的资产，如果在履约过程中合同终止，A公司履约过程中形成的设计过程资料、或者已经完工的产品都不会交付给客户；客户也不能控制A公司的履约过程。因此，不满足新收入准则第十一条（一）和（二）

的条件。A公司为特定客户设计和生产的特定纪念品具有不可替代用途，但“在整个合同期间内有权就累计至今已完成的履约部分收取款项”的要求是否满足，背景资料中没有相关信息，因此，A公司提供的设计服务和生产服务是否能够在一段时间内确认收入，取决于A公司是否拥有新收入准则第十一条（三）中提及的可收款权利，如果也不满足该条件，则应在一个时点——客户确认设计方案和客户验收完工的纪念品时一次性确认收入。

3. A公司的生产服务应采用“总额法”确认收入。

就本合同中所涉及生产服务而言，虽然在法律形式上可以认可“A公司为B公司提供的是广告创意设计服务，以及纪念品制作中的跟踪服务，但并不参与纪念品的直接制作”，但对照A公司与委托方签订的《订制纪念品设计服务项目合同》和与金银加工企业签订的采购合同可知，这两个合同的条款基本上互相独立，作为供应商的金银加工企业是A公司自主选择的，B公司并不是采购合同中的一方，说明A公司应就纪念品的材质、加工质量等方面独立地向B公司承担责任，是交付纪念品的首要义务人，从B公司的角度评估，交付的纪念品出现质量问题是向A公司追责的；且《定制纪念品设计服务项目合同》中约定的纪念品价款（包括黄金料和加工费等）均高于加工合同，即A公司具有自主定价权，且在这一过程中赚取了差价。因此，A公司对后一阶段的纪念品加工应采用总额法确认和计量收入，将支付给金银加工企业的采购合同价款确认为营业成本。

【例13-4】“BT”项目判断及其收入确认

问题

根据下文背景介绍的合同内容，A公司承建的项目是否属于BT业务？如何确认收入？

背景

“BT”（建设—移交）是英文“build”和“transfer”的缩写，中文的广义解释系指一个项目完整的融资、建设、移交、回购全过程。采用BT模式投资、建设基础设施项目，可提高回购方原有资金的使用效率、降低短期资金压力，是政府挖掘自身资源、拓展融资方式、高效引入社会资本带动非经营性基础设施建设的一种有效途径。

BT项目完整的业务流程是：回购方（政府或政府下属的公司）完成项目立项、筹划报批等前期工作后，通过招标或议标方式选择投资方，与其签订BT投资合同。投资方组建的BT项目公司负责项目的投融资及建设管理，并承担建设期间的风险。项目竣工验收合格后，投资方将项目移交给回购方后，回购方按约定总价分期偿还建设成本及资金占用成本。

A公司与某市公安局签订了《市公安局交管大队智能卡口系统建设工程项目采购合同》，约定由A公司负责该市智能卡口系统建设工程，由市公安局指定硬件品牌型号，A公司负责采购并安装调试。项目建设方式采取A公司全额垫资建设资金，待系统正式运行后，由市公安局按约定的合同总价予以回购，垫付建设资金全部结清后设备产权转移至合同签订需方；中标价格（合同总价）为前端设备建设的费用，引电工程费用根据实际发生金额由A公司垫付，设备用电费用、网络租金、省技术监督局设备标定费和后期维护费用也由A公司统一垫付，按照行政区划纳入到市整体建设资金，统一由罚没款偿还。A公司垫付资金根据实际垫付资金的天数按同期银行贷款利率加银行贷款手续费计算利息费用。

分析

1. 重大融资成分的识别。

从会计角度看，BT项目的实质是“建造服务合同（可能可以进一步分解为多项商品和服务）”和“提供融资”两者的组合，即投资方带资建设，回购方在建成移交后一段时间内付清回购款本息（通常为分期付款），投资方在建设的同时也为回购方提供了融资服务。因此，在新准则下，可以将“BT”项目理解为包含重大融资成分的建造服务合同。

本案例中，虽然没有约定利息总额，但约定了利息的计算方式（“根据乙方实际垫付资金的天数按同期银行贷款利率加银行贷款手续费计算”）、起息时间和支付时间等条款，因此虽然没有约定合同总价（即应付款总额），但可以根据合同条款合理确定，且应付款项总额包含合同约定的总价款（相当于建造服务价款）和利息两部分。综合来看，该合同包含重大融资成分。

2. 收入确认的问题。

关于BT项目的收入确认问题，主要应关注以下几点：

（1）是否符合新收入准则中的“合同”标准。

新收入准则第五条规定：“当企业与客户之间的合同同时满足下列条件时，企业应当在客户取得相关商品控制权时确认收入：（一）合同各方已批准该合同并承诺将履行各自义务；（二）该合同明确了合同各方与所转让商品或提供劳务（以下简称“转让商品”）相关的权利和义务；（三）该合同有明确的与所转让商品相关的支付条款；（四）该合同具有商业实质，即履行该合同将改变企业未来现金流量的风险、时间分布或金额；（五）企业因向客户转让商品而有权取得的对价很可能收回。”

根据上述规定，合同对价“很可能收回”是会计准则意义上认可“与客户之间的合同”成立的前提之一，因而是确认收入的前提条件之一。BT项目属于投资方垫资建设，因此如果对发包方支付合同价款的意愿和财务能力有疑问，则在判断能否依据合同条款确认收入时，应谨慎考虑这一因素的影响；如果这一疑问的影响不重大，则可以继续执行“五步法模型”的各后续步骤。

（2）合同中重大融资成分的处理。

新收入准则第十七条规定：“合同中存在重大融资成分的，企业应当按照假定客户在取得商品控制权时即以现金支付的应付金额确定交易价格。该交易价格与合同对价之间的差额，应当在合同期间内采用实际利率法摊销。”

BT项目的发包方将在建成移交后一段时间内再付清回购款本息，即发包方取得建设项目控制权的时点和发包方支付合同价款的时点存在时间差，该时间差基本长于一年。这表明该BT合同存在重大融资成分，应在建设期间内按照假设在交付工程时立即以现金支付的金额（即不考虑融资成分的建造服务公允价值）确认建造收入，该金额与合同对价之间的差额，在建设期间和后续还款期间内采用实际利率法确认融资利息收入。

（3）合同中有几个单项履约义务。

新收入准则第十条规定：“企业向客户承诺的商品同时满足下列条件的，应当作为可明确区分商品：（一）客户能够从该商品本身或从该商品与其他易于获得资源一起使用中受益；（二）企业向客户转让该商品的承诺与合同中其他承诺可单独区分。下列情形通常表明企业向客户转让该商品的承诺与合同中其他承诺不可单独区分：1.企业需提供重大的服务以将该商品与合同中承诺的其他商品整合成合同约定的组合产出转让给客户。2.该商品将对合同中承诺的其他商品予以重大修改或定制。3.该商品与合同中承诺的其他商品具有高度关联性。”

BT合同包括几个单项履约义务，需要根据合同条款和新收入准则的上述规定进行判断。就本案例来说，根据背景信息，“A公司负责该市智能卡口系统建设工程，由市公安局指定硬件品牌型号，A公司负责采购并安装调试”（假设A公司仅仅需要完成上述承诺），由于采购的硬件是通用品牌型号，如果安装调试并不复杂，市场上的其他供应商也可以实施安装，则合同中设备采购和安装调试应构成两个单项履约义务，但是如果安装调试比较复杂，可能对硬件设备进行定制化的重大修改，或者涉及“企业需提供重大的服务以将该商品与合同中承诺的其他商品整合成合同约定的组合产出转让给客户”这一情形（我们理解这种可能性较大，大部分系统集成业务均可归属于此类），则设备采购和安装调试应合并成一个单项履约义务。

但是对于大多数BT项目来说，由于项目工程比较重大，工期较长，涉及方面较多，投资方往往并不像本案例中A公司一样仅承担设备采购和安装调试的义务，还需要更多的协调、沟通，以及其他的辅助工程等，此时，投资方需要提供重大服务将所有的商品作为投入，形成一个组合产出交付给发包方，在这种情况下，合同中应仅有一个单项履约义务。

（4）属于在某一时段还是某一时点确认收入。

新收入准则第十一条规定："满足下列条件之一的，属于在某一时段内履行履约义务；否则，属于在某一时点履行履约义务：

（一）客户在企业履约的同时即取得并消耗企业履约所带来的经济利益。

（二）客户能够控制企业履约过程中在建的商品。

（三）企业履约过程中所产出的商品具有不可替代用途，且该企业在整个合同期间内有权就累计至今已完成的履约部分收取款项。具有不可替代用途，是指因合同限制或实际可行性限制，企业不能轻易地将商品用于其他用途。有权就累计至今已完成的履约部分收取款项，是指在由于客户或其他方原因终止合同的情况下，企业有权就累计至今已完成的履约部分收取能够补偿其已发生成本和合理利润的款项，并且该权利具有法律约束力。"

就本案例来说，如果设备采购和安装调试构成两个单项履约义务，则设备采购属于在一个时点履行的履约义务，理由如下：只有设备交付给发包方之时，发包方才能取得其经济利益；发包方无法控制设备采购的过程；设备是通用品牌型号，并非为发包方定制，不具有"不可替代用途"。由于不满足新收入准则第十一条的三个条件之任一个，因此应在一个时点（设备控制权转移给客户）确认收入。而安装调试，由于是在客户的场地上对客户已经接受的设备履行的承诺，因此客户能够控制该过程，因而满足新收入准则第十一条之（二），属于在一段时间内履行的履约义务，应按照恰当的履约进度分期确认收入。

如果设备采购和安装调试构成一个单项履约义务，则由于：在设备最终安装调试完毕并交付客户之前，客户无法实时获得并消耗其经济利益；虽然安装调试过程是在客户的场地上进行，但是需要安装的设备控制权并没有转移给客户，客户并不能够控制设备采购和安装调试的全过程；设备及其安装调试也并非专为为客户定制（或者虽然整体系统设计和安装调试过程系为客户定制，但合同条款或者相关交易惯例不能保证企业在整个合同期间内有权就累计至今已完成的履约部分收取款项），因此，由于不满足新收入准则第十一条的三个条件中任何一个，应在一个时点（设备安装调试完毕交付客户，通常为通过初验时）确认收入。

【例13-5】特许经营（加盟）安排的收入确认

问题

在下文所述合同背景下，甲方应如何确认收入？

背景

甲公司（甲方）是一家品牌医药行业公司，与乙方（某医院）达成了在乙方筹建与运营ABC专科的合作协议，主要内容如下：

【建设期】的服务内容：

1.品牌统一规划：甲方为了保持品牌的统一性，甲方为乙方ABC专科提供设计方案。

2.医疗布局设计：甲方负责乙方ABC专科建设的整体医疗设置方案，并给予现场装修指导，协助乙方完成建设工作。

3.专科人才培训：甲方负责为乙方提供专业技术人才培训。乙方选派医护人员及专科管理人员到甲方进行学习。

4.专科技术体系：甲方向乙方出具整体发展思路的建议报告书，提供针对患者健康教育的健康大讲堂PPT及相关书籍。

5.提供专科开业的方案并配合实施：负责开业活动中专家的邀请、专家义诊、讲座、带教、查房，并协助医院开展相应的宣传活动，甲方邀请的专家，其出诊费由甲方负责。

【建设期】的结算条件：

甲方在【建设期】对乙方的建设工作提供咨询、指导和服务，并收取咨询服务费。“品牌项目建设期”咨询服务费为人民币壹佰万元整（¥1 000 000.00）。

甲乙双方签订协议后一周内，乙方向甲方支付咨询服务费人民币伍拾万元整（¥500 000.00），收到该笔款项后一周内，甲方方向乙方开具正式发票。

甲乙双方确认装修结束后（原则上6个月以内）正式开业运营。开业典礼举行后一周内，乙方再向甲方支付总费用伍拾万元整（¥500 000.00）。收到该笔款项后，甲方向乙方开具正式发票。

【运营期】的服务内容

1.甲方为乙方授权使用甲方品牌。

2.技术及人员支持：

（1）甲方帮助乙方开展专科方面的诊疗新技术，甲方帮助乙方学习甲方的核心技术和特设诊疗。

（2）乙方在开业的第一周内，甲方安排一名专家前往工作三天，帮助乙方开展工作。专家工资和差旅费由甲方负担。

（3）甲方每月安排一名专家前往乙方工作两天，专家工资和差旅费由甲方负担。

（4）甲方每半年会安排人员到乙方进行质量巡查。

（5）甲方根据乙方的需要，可通过电话、网络平台接受乙方疑难病人诊疗咨询。

（6）甲方在举办各种培训班和学术交流时，乙方可派专业人员参加。

3.上述品牌授权和技术及人员支持合作期限，首次确定为5年，期满后可协商展期。

【运营期】的结算条件

从乙方开业算起，技术服务费乙方每季度向甲方结算一次。结算对价为乙方诊疗系统记录的ABC专科的所有收入（包括但不限于门诊费、医药费、治疗费、手术费等）的5%。每季度的结算明细由双方共同审核确认后甲方开具发票给乙方，乙方收到发票后，三个工作日内支付到甲方指定账户。

分析

本案例是一个比较典型的特许经营（加盟）安排。甲方作为特许经营授权人，除了授予乙方（被特许人）使用自身品牌的权利以外，需向乙方提供全方位的技术支持服务，包括建设期的“品牌统一规划”“医疗布局设计”“专科人才培训”“专科技术体系”“提供专科开业的方案并配合实施”；运营期内授权使用品牌以及持续的技术和人员支持。

上述建设期和运营期内甲方的合同义务能否认定为两个互相独立的履约义务，对照新收入准则第十条的规定看：（1）建设期和运营期的服务内容不同，可以认为“商品可明确区分”的条件是可以满足的；（2）“承诺能否明确区分”的条件是否满足，取决于乙方在运营期内如果离开了甲方的持续技术和人员支持（这种支持服务应当是乙方无法从外部市场获得的），其被特许经营的ABC专科能否持续正常运营。

以下讨论，假设：（1）甲方在运营期内持续提供的技术和人员支持是乙方被特许经营的ABC专科持续正常运营不可或缺的前提条件，且乙方无法从外部第三方获取该等支持；（2）合同约定甲方应持续改进其技术，并随时授权乙方使用改进后的最新技术。

在上述假设前提下：

1.由于后续运营期间的持续技术和人员支持服务与建设期间的相关服务具有高度关联性，因此不满足“承诺可单独区分”的条件。相应地，整个特许经营合同整体构成一项履约义务，而不是将建设期和运营期的合同义务分拆为两项履约义务。

2.该项交易的实质是授予知识产权许可，其他服务都是其内在组成部分，并从属于该项知识产权许可。其收入确认应遵循新收入准则第三十六条、第三十七条规定。

本案例中的特许权费收入包含两部分：（1）固定部分，即建设期内收取的100万元；（2）变动部分，即运营期内按照“乙方诊疗系统记录的ABC专科的所有收入（包括但不限于门诊费、医药费、治疗费、手术费等）的5%”计收的金额。

根据新收入准则第三十六条，本案例中的特许权费收入中的固定部分，应在合同约定的授权年限内摊销，分别确认为各年度的收入，而不是在建设期结束时一次性确认收入。相应地，建设期内发生的相关履约成本可根据新收入准则第二十六条规定确认为一项资产，并在同样期限内摊销，计入各年度营业成本。

根据新收入准则第三十七条，本案例中的特许权费收入中的变动部分应在双方对账确认相关金额时确认为收入（如果在资产负债表日后，双方就应归属于报告年度的该部分收入金额对账确认的，可作为资产负债表日后调整事项处理）。运营期内发生的后续服务成本在发生时直接计入当期损益。

【例13-6】汽车零部件厂商受整车厂委托开发模具（所有权属于整车厂）的会计处理

问题

汽车零部件厂商受整车厂委托开发模具（所有权属于整车厂），在不同的业务模式下，分别应如何进行会计处理？

背景

A公司主要生产汽车塑料饰件，与生产配套主要设备系注塑机和模具。

A公司的模具分为生产性模具和作为产品销售的模具。目前公司生产的模具大部分为生产性模具，公司通常在新产品开发阶段接受客户委托先进行生产模具的开发及生产。

根据客户的结算模式，目前A公司模具的核算方法如下：

（1）产品销售模具：A公司按照客户要求完成模具开发和生产，A公司自行研发生产的模具，在3D图纸参数设计阶段的费用计入研发费用，根据图纸生产过程中按照实际生产领用情况计入存货核算，试模阶段的材料领用计入费用，客户验收合格后确认收入结转相应成本；

（2）生产性模具：A公司按照客户要求完成模具开发及生产，客户将模具的相关费用通过产品结算补偿，A公司在3D图纸参数设计研究阶段的费用计入研发费用，根据图纸生产过程中按照实际生产领用情况计入在建工程核算，试模阶段的材料领用计入研发费用，待模具达到预定可使用状态时转入固定资产核算，并随着相关产品的销售进行摊销，逐步计入产品成本。

由于A公司的生产规模较大，自身模具生产能力满足不了A公司的需求，存在部分外购情况。关于外购模具，目前A公司的核算方法为：

（1）产品销售模具：客户一次性购买模具的，计入存货核算；

（2）生产性模具：客户在产品结算中给予结算的，公司按照供应商的进度计入在建工程，待验收合格后转入固定资产核算。

A公司与不同的客户签订的协议对模具摊销均有约定，合同中明确规定摊销年限的按照合同约定摊销，合同中未约定摊销年限的，根据公司技术人员测算及历史经验按照3年摊销。

A公司的模具的单项价值较大，单价在20万元以上的模具占全部模具的70%左右，根据客户要求模具设备保管需要达到10年。

目前同行业上市或拟上市公司对于模具核算不统一，对于客户在产品价格补偿模具价格的在长期资产（固定资产和长期待摊费用）核算居多。

分析

1.模具研发和制造业务的核算。

从上面“背景”部分所提供的信息看，我们理解A公司的业务模式应该是常见的“汽车零部件厂商受整车厂委托研发零部件模具，并利用这些模具为整车厂制造零部件”。其特点是：这类研发完全是根据委托方需求进行的定向研发，无论法律上的研发成果所有权归属情况如何，研发成果都具有高度的专用性，只能供委托方使用，因此即使这些技术的资料（或者模具实体）存放于A公司，但A公司并没有使用这些成果的主导权，其使用的主导权在委托方手中，A公司只能根据委托方所下的订单为其生产指定品种、数量的特定产品，不能将其用于其他用途，即这些研发成果的经济利益并不控制在A公司手中，因此不能确认为A公司的固定资产或无形资产。

经过对类似案例的研究，我们倾向于对此类模具开发业务采用以下原则处理：

（1）委托研发合同约定的研发阶段价款足以涵盖本企业承担的研发成本的，表明企业通过提供受托研发服务本身就可以获取合理的利润，同时委托方完全可以要求本企业交出全部研发成果，由委托方自主地选择生产厂商利用该研发成果为其生产该产品（尽管实际操作中可能不会这样做，但如果真要这样做，是完全可行的），这种情况表明研发成果对委托方而言也有独立的商业价值。综合考虑，这种模式下的受托研发可以确认为一项单独的履约义务，在研发劳务的提供过程中按照新收入准则确认主营业务收入（需考虑该项研发服务是否满足的一段时间内确认收入的条件），并将本企业所发生的研发支出计入合同履约成本，以与收入确认所对应的方法转入主营业务成本。研发完成后成批制造的模具通常属于在一个时点履行的履约义务，在客户取得控制权时确认收入。

如果合同没有单独约定研发阶段价款和批量制造阶段的价款，只约定了一个总价，则可按照合理的方式将该总价分摊至研发阶段和批量制造阶段。按照分摊至研发阶段的对价确认为提供服务收入。

如前所述，需考虑该项研发服务是否满足在一段时间内确认收入的条件，如果仅仅约定了按模具研发的里程碑进度付款，则在新收入准则下是不满足在一段时间内确认收入的条件的。

如果在该模式下制造的模具留存于本企业，用于后续为委托方制造汽车零部件产品的，则在确认零部件销售收入时，仅按照已扣除分摊至研发劳务收入的剩余价款确认。其研发和制造成本已经全部结转损益，故账面上不再确认为本企业的一项资产，仅在账外予以备查登记。

（2）委托研发合同约定的研发阶段价款不能涵盖本企业承担的研发成本，需通过后续受托生产过程中提高产品销售价格的方式收回不足部分的研发成本的，则表明该研发对价的收回依附于后续产品生产。这种情况下，应根据合同分析：研发与后续的零部件销售是分别两项履约义务，还是仅零部件销售一项履约义务。

如果是前者，表明单独的受托研发业务的合同价格可能是不公允的，只有和零部件销售合同一起来看，对企业而言才是经济的。考虑到商业合理性，通常企业与客户间在签订研发合同时，会同时签订未来的零部件采购合同，在该类合同中，通常通过客户承诺采购单价和采购保底量等方式收回模具研发的对价。此时，基于新收入准则第七条关于“合同合并”的规定，应将委托研发合同与该类零部件采购合同一并考虑，按照研发服务和零部件销售这两项履约义务各自的单独售价的相对比例分摊合同总价，并根据分摊后的金额确认研发服务收入（其中可能涉及可变对价在不同履约义务之间的分摊，该事项的操作较为复杂，需结合更进一步的事实背景予以讨论）。

如果是后者，即研发服务不单独构成一项履约义务，则表明研发和零部件销售合同共同构成一项履约义务，也应将两份合同予以合并。当研发支出不符合其他准则规定的资产确认条件时计入“合同履约成本”，期末在报表中列示于

“存货”或者“其他非流动资产”。

（3）委托研发合同约定的研发阶段价款不能涵盖本企业承担的研发成本，且客户未明确承诺采购零部件的价格或数量的。在此情况下，我们理解，相关研发合同中若明确约定研发成果归属于客户，或研发成果都具有高度的专用性，只能供委托方使用的，则应考虑该合同是否构成一项亏损合同，对于构成亏损合同的情形，应按照《企业会计准则第13号——或有事项》进行处理。

若研发成果或形成的资产归属于企业，或者企业可以使用该设备向其他方销售商品或提供服务的，此时表明企业很有可能控制该项资产，此时方可作为“固定资产”予以确认。

2.摊销方法和摊销年限的确定。

按照前述分析，对研发形成的资产按照以下原则处理：

（1）适用收入准则的（即研发形成的资产为“合同履约成本”相关资产），相关资产按照与收入确认相一致的方法进行摊销；

（2）可以确认为企业的固定资产或无形资产的，参照《企业会计准则第4号——固定资产》第十七条规定“企业应当根据与固定资产有关的经济利益的预期实现方式，合理选择固定资产折旧方法”；《企业会计准则第6号——无形资产》第十七条规定“企业选择的无形资产摊销方法，应当反映与该项无形资产有关的经济利益的预期实现方式。无法可靠确定预期实现方式的，应当采用直线法摊销”；《企业会计准则解释第10号——关于以使用固定资产产生的收入为基础的折旧方法》和《企业会计准则解释第11号——关于以使用无形资产产生的收入为基础的摊销方法》进一步澄清：企业在按照上述规定选择固定资产折旧方法和无形资产摊销方法时，应当根据与固定资产和无形资产有关的经济利益的预期消耗方式做出决定。对于本案例而言，资本化模具成本（固定资产）的经济利益实现（预期消耗）是与产品的产量密切相关的，因此比较合适的摊销方法应为产量法。

如果估算产量难度较大，也可以采用A公司目前所采用的方法（年限平均法）：和客户的合同中约定了使用年限的，按该年限摊销；未约定使用年限的，按估计该模具所生产产品的预计生产周期确定摊销年限。

【例13-7】动漫版权贸易采购的买断款、保底款的核算和收入的确认

问题

如下文背景资料所述，A公司动漫版权贸易在各交易模式下如何进行会计

处理?

背景

A公司主要从事动漫版权中国大陆地区全权代理，公司主要业务是动漫版权贸易，从日本、欧美和中国本土引进或代理动漫版权，然后销售给国内网络平台，如优酷、土豆、爱奇艺、PPTV、乐视和腾讯等网络播出平台。A公司为新三板挂牌企业，拟IPO。

1.采购方面。

A公司从动漫版权方或版权代理方购买的中国大陆地区（香港、台湾和澳门除外）动漫版权主要包括保底加分成和买断模式。

（1）保底加分成模式：根据版权合同约定，A公司采购需要支付保底款加分成，根据公司获取大陆地区版权的类别进行分成，类别不同分成也不同，版权的特许权利主要包括：①独家VOD版权；②独家音像制品权利（DVD格式）；③独家音像制品权利（Blu-ray格式）；④独家电视权利（目前，国内禁止）；⑤独家手机权利；⑥非独家商品化权利等。根据不同的权利约定不同的分成比例。保底加分成模式下，与国外供应商签订的版权合同一般有3—5年的授权期，与国内供应商签订的版权合同一般有7—10年的授权期，授权期结束可以进行续期，续期的授权价格不是必然的下降趋势，具体授权价格要看该节目的受欢迎程度和其他因素等。

（2）买断模式：根据版权合同约定，A公司独占专有授权及转授权，该类权利主要是著作权。

2.投资合作。

A公司也与合作方投资合作一些动漫节目，公司一般投资动漫节目的投资额小于其总预算的50%，公司通过投资合作享有该动漫节目在中国大陆地区的知识产权，主要是著作权和收益权等。根据投资合作合同约定A公司获取相关权利，投资各方在获取各自享有的权利所产生的销售收入时，先扣除30%作为各自的窗口费，剩余部分按照投资比例进行分成。投资合同约定，分成每季度结算一次，结算以实际银行收款金额进行结算。截止2×17年6月30日，A公司投资合作的两个动漫节目已经实现在中国大陆地区的销售。

3.销售方面。

A公司将动漫版权授权给国内的网络播出平台，授权的版权主要是著作权中的信息网络传播权，授权期一般是1年。主要销售模式是卖方买断模式和保底加分成模式，卖方买断模式占绝大部分。

（1）卖方买断模式合同一般约定：授予非独家信息网络传播权，不可转授权，根据不同的动漫节目进行授权，授权期一般是一年左右的时间。业务流程主要是：公司前期与客户进行商业谈判，在谈判后期确定购买哪些动漫节目版权和卖断金额，一般有邮件沟通记录确定；公司然后将介质交付给客户，介质包括下载链接、DVD光盘和硬盘（下载链接主要通过电子邮件传递给客户，DVD光盘和硬盘主要通过快递邮寄给客户）；与客户签订正式的网络版权使用许可合同，将版权供应商提供的版权文件、国家相关版权审批文件、许可文件和公司向客户单独开具的授权书一起邮寄给客户。整个流程：商业谈判——确定授权动漫节目和授权价格——交付介质——签订销售合同——单独开具授权书——货款结算（开具发票）。

A公司的动漫版权销售主要包括动漫老节目和动漫新节目，两者主要区别是：动漫老节目在销售之前，公司已经获取该动漫版权介质；而动漫新节目一般销售形式是同步播出和跟播（如周播剧），这种情况下公司在销售动漫新节目之前是无法获取动漫版权介质，只有供应商版权公司制作完一集，才能提供给公司该集的版权，这种情况下，公司提供给国内网络播出平台只能分集提供，而不是在销售之前一次性提供所有的介质。

A公司在卖方买断模式下，由于对应的客户比较集中，也比较规范，往往正式版权合同签订时间比较晚，而动漫版权授权上线时间会早于正式版权合同签订时间。公司在挂牌新三板的相关公告中披露的收入确认时点是向购买方公司收取许可使用费权利且发放授权书时一次性确认销售收入。由于公司发放授权书的前提是要签订正式合同，授权书是由公司制作并发放给客户的，公司发放正式授权书的时点正式版权合同都已签订，实质上是正式版权合同生效时点，只是披露为发放正式授权书的时点，收入确认的标志物是公司内部证据（制作并发放正式授权书）。公司于2016年1月1日变更了该收入确认政策，收入确认时点修改为在完成介质交付且授权书约定的授权期开始时确认收入。修改后的收入确认时点是形式授权书约定的授权期开始时点，该时点也是客户购买动漫版权实际上线开始时点。非同步播出和跟播动漫节目收入也是一次性确认，没有按照授权期间进行分期确认。在该时点确认收入的时候，多数客户版权合同未正式签订，往往正式版权合同签订要晚于该收入确认时点1—3个月，在这个时点公司也未制作并发放正式授权书（因为此时正式版权合同未签订），但是公司会给客户一个形式授权书。同时这个时点，动漫节目授权和相关授权价格通过与客户早期的商业谈判已经确定，但不是以正式版权合同进行确定的。根据历史经验数据，在签订正式版权合同的时候会有不超5%与客户早期的商业谈判已经确定的动漫节目授权和相关授权价格有修改。

同步播出和跟播动漫节目收入确认是按照提供给客户的动漫版权介质分月确认收入，在授权期间进行分期确认。

A公司与客户款项结算大致分为三个阶段，全部款项结算期间一般在授权期开始时点之后的6个月左右会结算完。从公司与部分客户的签订版权合同来看，关于违约条款有这样的规定：如果购买的动漫版权在授权期间内被相关主管机关要求下架，公司需按照未使用期间占整个授权期限的比例计算向客户退还已经支付的授权费用。

（2）保底加分成模式合同一般约定：授予客户非独家信息网络传播权，分动漫节目进行授权，授权期一般是一年左右。业务流程与卖方卖断模式相同，合同条款约定客户先预付保底款，然后按照客户的销售收益进行分成。当公司应得销售收益超过预收销售收益的，客户应按照公司应得销售收益结算；公司应得销售收益低于预收销售收益的，公司不退还预收销售收益的差额部分。

法律法规规定信息网络传播权在网络平台播出之前需要经过国家相关部门审批，审批包括著作权版权和版权播出内容审批，A公司与客户签订的动漫版权授权合同一般约定，由A公司负责动漫版权的审批工作。关于审批主要从两个方面进行理解：

（1）从法律法规规定来看，只规定播出之前需要审批，如果未经审批，公司进行动漫版权授权是不违反法律法规规定的，因为公司从事的是动漫版权贸易，主要是版权授权，不是网络播出平台，如果网络播出平台播出未经审批的动漫节目是违反法律法规规定的；

（2）从商业合同来看，版权授权合同一般都约定需要A公司进行申请审批，如果公司未对动漫版权进行申请审批，授权给网络播出平台进行播出，在播出过程中，被相关主管部门查处并下架，客户不会对下架之后的授权期间版权费与公司进行结算，但已经播出的授权期版权费会与公司进行结算。

分析

1.动漫版权贸易购买版权的核算。

（1）买方买断方式。根据《企业会计准则第1号——存货》和《企业会计准则第6号——无形资产》对“存货”和“无形资产”这两类资产的定义：“存货，是指企业在日常活动中持有以备出售的产成品或商品、处在生产过程中的在产品、在生产过程或提供劳务过程中耗用的材料和物料等”；“无形资产，是指企业拥有或者控制的没有实物形态的可辨认非货币性资产。资产满足下列条件之一的，符合无形资产定义中的可辨认性标准：（一）能够从企业中分离或者划分出来，并能单独或者与相关合同、资产或负债一起，用于出售、转移、授予许可、租赁或者交换。(二)源自合同性权利或其他法定权利，无论这些权利是否可以从企业或其他权利和义务中转移或者分离”。另外，存货是流动资产，而无形资产是非流动资产。

本案例中的A公司是版权贸易、分销企业，其从外部购入动漫版权不是为了自身通过播放等方式获取经济利益，而是通过转售、转授权给视频网站的方式获取经济利益。在此情况下，现行会计准则对购入的版权应作为存货还是无形资产核算的界限并不清晰，我们理解主要的考虑因素是成本的回收方式和预计回收时间。如果在购入版权时，认为有很大可能性在一年内回收其成本，或者预计将通过一次性的排他性授权收回其成本的，则该版权更适合于确认为存货；反之，属于其他情形的(预计成本回收期限超过1年，且需通过多次授权才能收回成本的)，更适合于确认为无形资产。

(2)保底加分成方式。分成款构成了A公司取得相关动漫版权的可变对价。在取得动漫版权时，A公司应根据预计分成款的公允价值是否能够合理估计分别考虑：可以合理估计预计分成款的情况下，用保底款和预计分成款公允价值孰高来确定动漫版权的入账价值，预估的分成款按照金融工具准则相关规定进行后续计量；若无法合理估计预计分成款，可以按照保底款确认动漫版权的入账价值，未来实际分成款超过保底款时的差额，在发生时直接计入当期损益。

(3)版权的后续计量。对于作为存货核算的版权，其成本将在购入后一年内结转完毕，或者在实现对外授权时一次性结转，对其成本结转方式，应无过于复杂的问题。如果涉及跨年的，可在资产负债表日参照《电影企业会计核算办法》中的“计划收入比例法”处理。

对于作为无形资产核算的版权，尽管《企业会计准则解释第11号——关于以使用无形资产产生的收入为基础的摊销方法》规定“企业通常不应以包括使用无形资产在内的经济活动所产生的收入为基础进行摊销”，但同时也承认在“有确凿的证据表明收入的金额和无形资产经济利益的消耗高度相关”的“极其有限的情况”下，该种摊销方法是合适的。在本案例中，由于A公司为版权分销企业，对确认为无形资产的版权，转售或转授权是其回收成本、消耗无形资产所包含的经济利益的唯一途径，能够证明“收入的金额和无形资产经济利益的消耗是高度相关的”，因此采用“计划收入比例法”对此类无形资产成本进行摊销是恰当的。但如果采用该种方法，则对未来收入能够可靠预计的证据的充分性、适当性要求很高，在实际操作中应予以谨慎处理。

2.动漫节目版权参与投资的处理。

(1)投资款的核算。在此类交易模式下，A公司只是通过参与出资(投资)

而获得收益权等财产权利，具体的制作、发行等仍由其他合作方主导，因此公司作为出资方不适合于确认为存货，而是建议列报为“其他流动资产”或者“其他非流动资产”（根据预计的成本回收所需时间和受益时间区分其流动性）。

（2）动漫节目参与投资模式成本的结转。建议将支付的投资款先计入“其他流动资产”或“其他非流动资产”，待该动漫版权首次实现收入的时候，按照合理、系统的方法摊销结转成本。具体摊销方式和各年度摊销比例可根据公司历史经验数据和同行业公司的惯例来确定。同一年度内的摊销额可在该年度内按月平均摊销。如果无法合理确定摊销比例的，可以按照分回的款项结转等额的成本，到成本全部结转完毕后再收到分回的款项则只有收入而无成本，期末对尚未收回的投资成本应关注是否存在减值迹象，必要时对其进行减值测试和计提减值准备。

在《企业会计准则第22号——金融工具确认和计量（2017年修订）》等新金融工具准则下，此类仅以获取投资收益等财务收益为目的，不参与制作、发行的实质性操作（或者仅提供少量辅助服务）的项目投资，也可以确认为一项以公允价值计量且其变动计入损益的金融资产，根据预计投资期限分别列报为“交易性金融资产”或者“其他非流动金融资产”。

（3）从合作方获取分成收入的确认。A公司与合作方投资合作一些动漫节目，根据投资合作合同约定的投资比例享有动漫节目收益分成。此时，A公司对于自身直接授权等产生的收入，在符合新收入准则规定的收入确认条件时，按照A公司可享有的比例确认收入，应由其他合作方享有的部分确认为负债；对于其他合作方对外授权等A公司应享有的分成收入，应按照权责发生制在收到合作方提供的交易数据时确认收入。

3.动漫版权贸易收入的确认。

（1）动漫版权卖方买断模式收入的确认。A公司销售动漫节目的网络传播权，属于授予客户知识产权许可。根据新收入准则第三十六条规定：“企业向客户授予知识产权许可，同时满足下列条件时，应当作为在某一时段内履行的履约义务确认相关收入；否则，应当作为在某一时点履行的履约义务确认相关收入：（一）合同要求或客户能够合理预期企业将从事对该项知识产权有重大影响的活动；（二）该活动对客户将产生有利或不利影响；（三）该活动不会导致向客户转让某项商品。”

对于动漫旧片，A公司一次性将介质交付客户，介质交付后，A公司不再从事对该动漫有重大影响的后续活动，该播映权本身也具有重大的独立的功能，可直接用于播放，且客户主要通过播放动漫片获益，而非从A公司的后续活动中获益。因此，A公司授予客户动漫网络播映权的承诺属于在一个时点履行的履约义务，应在一个时点一次性确认收入实现，该时点为：介质已经交付，合同约定的客户可以在网络播放之时。

对于同步播出和跟播的动漫新片，A公司的介质是分期交付的，客户每接收一集的介质，即可将其播出，并从中获益，因此符合新收入准则第十一条所列的“在某一时段内履行履约义务”的三种情形中的第一种“客户在企业履约的同时即取得并消耗企业履约所带来的经济利益”，故在这种情形下，该项履约义务应认定为是在一段时间内履行的，通常可以依据剧集的交付（播放）进度作为履约进度的衡量标志。

案例背景所提到的“从公司与部分客户的签订版权合同来看，关于违约条款有这样的规定：如果购买的动漫版权在授权期间内被相关主管机关要求下架，公司需按照未使用期间占整个授权期限的比例计算向客户退还已经支付的授权费用”不应作为在授权期限内分摊确认收入的理由。该条款只是一个违约救济条款，不代表在后续授权期限内本公司还有未履行完毕的履约义务，或者属于新收入准则第三十六条所指的“在某一时段内履行的履约义务”。后续授权期限内如果确实发生了该动漫节目被相关主管机关要求下架的情况，公司按合同约定向买方退款时，可按销售退回进行会计处理。

另外，对于案例背景所提到的2016年度收入确认政策变更问题，我们理解主要应解决问题是：是否能够在正式书面合同签订之前确认收入？根据新收入准则，合同有书面形式、口头形式以及其他形式（如隐含于商业惯例或企业以往的习惯做法等），并非要求一定是书面形式的，只要其满足新收入准则第五条规定的条件，就可以在商品控制权转移给客户之时确认收入。因此，就本案例，应关注以下几点：①公司是否已经取得原版权方的正式授权，授权成本能否可靠计量（即公司自身是否已经满足确认无形资产或存货的条件）；②公司与被授权方是否已就授权合同的条款（包括明确的支付条款）达成一致，后续的正式书面合同只是对截至目前已有共识的确认；③基于授权应取得的对价是否很可能收回；④签订正式授权合同和签发授权书是否存在重大法律障碍。

（2）动漫版权保底加分成模式收入的确认。新收入准则第三十七条规定：“企业向客户授予知识产权许可，并约定按客户实际销售或使用情况收取特许权使用费的，应当在下列两项孰晚的时点确认收入：（一）客户后续销售或使用行为实际发生；（二）企业履行相关履约义务。”

保底加分成模式的动漫播放权转让合同中，交易价格包括固定对价（保底）和可变对价（分成）两部分。假设该动漫播放权转让属于在一个时点履行的履约义务，则在相关节目介质交付给客户，客户能够按照合同约定播放之时，将保底收入一次性确认为收入。对于分成部分，应在客户实际播放行为发生时确认收入（A公司已经先履行了交付介质的义务）。在分季度结算时，A公司在每自然季度结束后的第一个月（每年4月、7月、10月、次年1月）内根据上一季度交易数据的统计结果进行结算，对分成收入超出保底数部分确认为收入，收入确认的依据是客户提供的季度交易数据。

4. 动漫版权贸易成本的结转。

（1）动漫版权“买方买断”采购模式下成本的结转。如果是买断式排他性授权，不能再授权给其他方面的，在授权收入确认的同时，其“无形资产”或“存货”的成本应一次性结转，不留余额。

对于非排他性的买断式授权，A公司在授权收入确认的同时，可参照《电影企业会计核算办法》中的“计划收入比例法”结转成本。

（2）动漫版权“保底加分成”采购模式下成本的结转。将动漫版权保底加分成模式中先支付的保底款，计入“预付款项——保证金”，在该节目首次实现销售收入的时点将保底款转入存货成本，并按照计划收入比例法将存货成本结转至主营业务成本（如无法合理估计预计总收入，则一次性结转至主营业务成本）。超出保底款部分的分成款，按照销售收入确认时点，同时结转应付分成款至主营业务成本。

【例13-8】图书出版服务企业在不同业务模式下的收入确认问题

问题

基于下文“背景”部分所提供的信息：

1. 图书出版服务企业与企业（客户）合作，为客户创作、出版、发行书籍提供相关服务，由客户按合同规定向图书经营企业支付图书策划出版费，在这种业务模式下图书出版服务企业收入如何确认？

2. 图书出版服务企业与出版社合作，由图书出版服务企业策划选题，出版社负责出版、发行、销售，由出版社向出版服务企业按合同约定支付选题策划费；对于出版图书产生的不良库存，图书出版服务企业需要按约定价格回购一定比例的库存书籍。在该种业务模式下图书出版服务企业收入如何确认？

背景

A出版中心业务最主要的是“企业出版”和“普通出版”两大板块的业务。其中：

企业出版系A出版中心与某一企业合作，合作内容一般包括：

（1）作品创作：A出版中心负责寻找合适的创作人，根据企业的需求，对相关内容进行研究和图书创作。

（2）作品出版：A出版中心联系出版社完成出版工作。

（3）宣传推广：在图书完成市场铺货后，以A出版中心为主导、企业配合完成图书的市场推广工作，以期使图书达到最大影响力。

企业按合同规定向A出版中心支付图书策划出版费，该费用包括但不限于A出版中心对图书的选题策划费用、创作费用（含创作人员稿费）、出版费用、宣传推广费用及赠送给企业图书的费用等，为大包干费用。除此之外，企业无需支付其他费用。

普通出版主要为图书编辑出版。A出版中心与出版社合作。合作内容如下：

（1）在具体的选题策划上，A出版中心策划之选题依照出版社的选题论证程序，交出版社指定的编辑室进行选题申报并论证，获得通过后，列入出版社的出版计划进入出版操作。

（2）选题和书稿的终审权属于出版社。

（3）在协议期间，出版社拥有A出版中心创作或组稿作品的出版首选权，并拥有合作作品的独家出版权、独家发行权，共同拥有合作作品海外文字作品版权的独家转授权。

（4）双方合作图书的版权输出工作由出版社全权代理，版权协议具体条款由双方协商确定。版权输出属于出版方的纯收益由双方按5∶5分成。

（5）由出版社向A出版中心按合同约定支付选题策划费，但有以下扣除因素：①对发货折扣价在书定价50%以上的，选题策划费比例为：定价×印数×9%；对发货折扣价在书定价40%—50%的，选题策划费比例为：定价×印数×5%；对发货折扣价在书定价40%以下的，不支付选题策划费；②如果单品产生不良库存，A出版中心需回购一半，以书定价的20%的价格。在该模式下，图书的主要采购和销售发行均在出版社，A出版中心虽然参与选题和营销方案，但是，对外项目的采购和销售均在出版社。出版社承担了包括编辑加工、设计、绘图、校对、印务、发行等工作和支出，同时承担了选题策划的支出，由A出版中心和作者分别承担选题策划组稿、写稿具体工作并获取选题策划收入和稿费收入。

最近几年A出版中心过去与出版社实际结算状况：①90%以上的图书发货折扣价都在书定价50%以上。②每年发生的图书回购费用很小，可以忽略不计。

出版项目成本的预算弹性较大，各步骤与成本支出的时间也无法匹配，无论人为划分步骤或者按照预算比例未必能够真实体现各期收入成本的分配，另外出版行业目前对民营公司而言，后续出版步骤无法完全进行控制，后续步骤的完成期间从法律层面无法保证，企业无法独立完成。

分析

1.企业出版模式。

在企业出版模式下，A中心向客户的承诺包括作品创作（含选题策划）、出版、宣传推广，合同价款为大包干费用。客户可以从这三项承诺中单独受益，或者与其他易于获得的资源（包括A中心根据合同向客户提供的服务）一起使用中受益；从合同层面分析，创作服务、出版服务和宣传服务依次进行，一个阶段完成后再开始另一个阶段，A中心不需要将这些单独的服务进行重大整合；出版和宣传服务不会对已经确定的作品内容作出重大修改和定制，反之亦然；不考虑合同限制，仅从这三项服务本身的性质看，实际上它们可以由不同的企业分别提供，不是必须由A中心履行的。因此，根据新收入准则第十条的规定，该合同中存在三个单项履约义务。

由于A中心在履约的过程中，客户就能取得并消耗A中心履约所带来的经济利益，符合新收入准则第十一条（一）的条件，因此这三个履约义务都属于在一个时段内履行的履约义务，应按照恰当的履约进度分期确认收入。

根据背景信息，出版项目成本的预算弹性较大，各步骤与成本支出的时间也无法匹配，无论人为划分步骤或者按照预算比例未必能够真实体现各期收入成本的分配（即履约进度），另外出版行业目前对民营公司而言，后续出版步骤无法完全进行控制，后续步骤的完成期间从法律层面无法保证，企业无法独立完成。鉴于此，A中心有可能不能合理确定履约进度。此种情况下，A中心应按照新收入准则第十二条“当履约进度不能合理确定时，企业已经发生的成本预计能够得到补偿的，应当按照已经发生的成本金额确认收入，直到履约进度能够合理确定为止”的规定进行处理，将已发生且预计可获得补偿的成本确认收入，并将已发生的成本结转为营业成本，不确认利润。

2.普通出版模式。

在普通出版模式下，A中心向客户（出版社）做出的承诺是：策划选题和营销服务。但背景信息中除“A出版中心虽然参与选题和营销方案”，并没有提及其他有关营销服务的信息。由于选题和营销均影响A中心将获得的可变对价，为方便起见，在下面的分析中，我们假设在普通出版模式下的合同中，只有一个单项履约义务，即：策划选题。

A中心策划选题在完成后必须经过出版社论证审核程序，通过之后方能进入出版操作。A中心在履约过程中，没有形成一个可以供客户立即使用并消耗的产品；客户也不能控制A中心选题的策划过程；尽管A中心策划的选题对于客户来说有可能具有不可替代性（此点根据合同的具体条款不同，判断结果应有所不同），但根据合同的付款条款，不能满足“在整个合同期间内有权就累计至今已完成的履约部分收取款项”的条件，因此，根据新收入准则第十一条的规定，A中心提供的策划选题服务属于在一个时点履行的履约义务，应在选题通过出版社论证、进入出版操作之时（控制权转移）一次性确认收入。

根据合同，A中心获得的交易对价由于发行价折扣比例的不同而不同，同时A中心在图书滞销情况下需要按既定价格回购一定数量图书，因此，该合同价款为可变对价。根据新收入准则第十六条规定：“合同中存在可变对价的，企业应当按照期望值或最可能发生金额确定可变对价的最佳估计数，但包含可变对价的交易价格，应当不超过在相关不确定性消除时累计已确认收入极可能不会发生重大转回的金额。企业在评估累计已确认收入是否极可能不会发生重大转回时，应当同时考虑收入转回的可能性及其比重。”A中心应在合同开始时，合理估计可变对价的金额，背景信息中“90%的图书发货折扣价都在书定价50%以上”，A中心应根据准则对可变对价估计的要求，谨慎估计是否能满足准则“极可能”不会发生重大转回的条件，如果满足该条件，可按照估计的可变对价确认收入；如果不能满足该条件，则A中心很可能直到发行结束发货折扣已经确定之时方能确认策划服务收入。

对于回购滞销图书，参考“附有销售退回条款”的销售处理，将预计可能支付的回购图书款计入“预计负债——应付退货款”，同时冲减营业收入，如果回购的图书对于A中心来说还有再销售的价值，则按照回购图书时的公允价值（或预计可变现净值）计入“应收退货成本”，并冲减营业成本，如果回购的图书对于A中心来说已经没有价值，只能作为废品，则无需进行账务处理，不能冲减营业成本。

【例13-9】委托物业公司在“酬金制”物业管理模式下以其名义进行物业管理时的处理

问题

如下文背景资料所述，在“酬金制”物业管理模式下，物业管理收支和相关盈亏均归属于业主（委托方），物业公司仅收取固定金额或比例的酬金。此时委托方是否将物业管理收支计入其自身损益？个别报表和合并报表层面对此问题的处理有无区别?

背景

甲公司旗下拥有某栋大厦，其通过招投标方式选定A物业公司负责对该大厦进行物业管理并为大厦内入驻商户提供服务，签订的物业管理合同主要条款如下:

（1）乙方（A公司）以酬金制方式为本物业提供物业管理服务，合作期限为2×18年1月1日至2×20年12月31日。服务期限分为前期物业管理阶段、启动期物业管理阶段、全权物业管理服务阶段。物业管理服务包括:

①本物业前期物业管理顾问及启动期阶段服务，乙方应就本物业的机电系统设备设施图纸、物业智能自动化系统设置、楼宇设施/设备选型、能源收缴与计量控制、工程设施/设备施工与安装、物业广告标识系统、物业整体接管与验收、园艺绿化功能及配置、垃圾处理办法、公共区域标识导向指引系统等提出专业建议，此外还包括物业管理费成本分析、装修管理、编制文件制度、招聘选派物业管理人员、员工培训、入伙筹备等服务内容。

②本物业在业户入伙之后的全权物业管理服务，乙方应就本物业开展物业管理的一般事宜、财务管理、工程维护、清洁养护等全权提供物业管理服务。

（2）合作期间会以A物业公司名义开立银行账户作为物业管理账户，该账户仅用于双方合作的大厦项目的收支，且A物业公司会针对该账户单独设立账套；该物业管理账户收入主要来源于甲公司对其拨付的预算款以及向大厦内商户收取的物业服务收入，该物业管理账户的支出主要用于该物业相关服务人员的工资、大厦简单维修等费用。

（3）物业管理账户内所有的盈亏最终均归属于甲公司，如物业管理账户内的余额不足以支付运营费用，将由甲公司进行补足，如合作结束后账户存在盈余将归属于甲公司。

（4）A公司按季度制定物业管理账户预算，预算需经甲公司进行审批后方可实行，预算资金由甲公司拨付（甲公司账面以管理费用形式记录支出）。

（5）A公司仅在甲公司拨付的预算内收取一定金额的管理费用并从物业管理账户内提取，不承担物业管理本身的盈亏。

（6）A物业公司在为甲公司大厦服务期间，向甲公司收取的拨付款以及向商户收取的物业服务收入，均以A公司的名义开具发票，即该物业管理账户所有的收支均以A公司的名义开具发票。

（7）2×18年甲公司已按照预算向物业管理账户拨付预算款并已取得发票。

（8）甲公司预计至合作结束，该账户存在盈利的可能性较小。

分析

如物业管理合同第（1）条所约定："乙方以酬金制方式为本物业提供物业管理服务"。本案例为近年来较普遍的酬金制物业管理模式安排，在这一模式下，物业管理公司（本案例中A公司）通常会根据不同的受托项目分别设立物业管理处，以便对该物业进行管理，且通常对该物业管理处单独进行核算。

在这一模式下，从物业公司的角度，实务中对酬金制物业管理模式形成了惯常的核算方式，主要有以下三种：

方式1：只将酬金确认为自身收入。将酬金制物业管理模式下的物业服务收支视作代收代付全部通过"其他应付款"或"其他应收款"进行核算。

方式2：物业项目结余即为酬金。即，根据收入-成本费用=酬金的原则，将应付业主的结余作为成本费用，或应向业主收取的补足款作为收入，使得最终结余刚好等于合同约定的酬金；

方式3：将酬金支出视为项目成本支出。将酬金制物业管理模式下的酬金作为物业管理的成本之一，根据收入-成本费用（含酬金）=结余的原则，完整反映了整体物业项目的结余和亏损情况。

对该三种核算方式的分析：

由于新收入准则定义的收入"是指企业在日常活动中形成的、会导致所有者权益增加的、与所有者投入资本无关的经济利益的总流入"；《物业服务收费管理办法》（发改价格〔2003〕1864号）第十二条规定：实行物业服务费用酬金制的，预收的物业服务支出属于代管性质，为所交纳的业主所有，物业管理企业不得将其用于物业服务合同约定以外的支出。这一规定指出，对于物业管理处取得该等物业费收入，其并不具有所有权，有向甲公司支付的义务，因此对受托的物业公司而言，物业管理处取得的物业费并不符合收入的定义，因此物业管理处不能确认全额的物业费收入。从会计准则的角度来看，方式1是合理的，但其弊端在于会计收入与税务处理之间存在的巨大差异，由于实务中多是物业公司以其名义向入驻租户提供发票，因此为了与税务口径一致，可能采取方式2或方式3中全额确认收入的方式。在此基础上，方式2更清晰地体现了物业公司可获得的收益；方式3则主要是基于物业公司应向委托方（如业委会或本案例中的甲公司）公开物业管理费等的结余情况，相当于是替委托方代理记账的结果。

而从物业所有者的角度，其会计核算在实务中未得到足够的重视，主要原因在于当其是业委会时，业委会通常不需要编制财务报表；当其是持有只租不售的商业地产的单一业主（如本案例中的甲公司）时，其物业管理费收入相较于租金收入而言通常是不重大的，因此也被忽略。

本案例中甲公司接受的A公司的物业管理服务，在不同阶段有不同的服务内容：

（1）在前期和启动阶段，尚未有租户入驻，该阶段的主要业务是A公司利用其专业化物业管理公司的背景，接受甲公司委托帮其完成招租前的准备工作，在该阶段，甲公司是相关交易安排中的“客户”，A公司及提供有关设施/系统/服务的承办商均是相关交易安排中的供应商或服务商；因此，无论甲公司是接受A公司还是承办商提供的商品或服务，其个别报表都应该在取得相关商品或服务控制权时确认为一项资产（取得的商品符合资产的定义时）或计入当期损益（不符合资产定义时）；

（2）在全权物业管理服务期限内，此阶段开始的交易安排中涉及四方（甲公司、A公司、入驻该物业的租户、设施/系统/服务的承办商），但由于涉及承办商的业务环节与前期或启动阶段并无不同，因此不再赘述。在剩余的三方中，显然入驻租户是享受物业服务的“客户”；在向客户提供物业服务的过程中，甲公司在该交易安排中是主要责任人还是代理人，决定了其财务报表中对物业管理费收入及相关成本如何核算。这一判断，应进一步取得甲公司或A公司或两者联合与入驻租户签订的物业管理合同条款，判断甲公司在该交易安排中的身份是否为向入驻商户提供物业管理服务的主要责任人。

实务中，酬金制物业管理模式下，与入驻租户间关于物业管理服务的安排主要包含以下形式：

（1）房地产所有者与入驻租户签订物业管理服务合同，或者合同内容同时包含了物业管理与房产租赁成分，同时注明了由物业管理公司代收代付相关费用等。这种情况通常表明，房地产所有者是向入驻商户提供物业服务的主要责任人。

（2）房地产所有者与入驻租户签订大物业合同，物业管理公司与入驻租户签订小物业合同。这种安排在某些商业地产，如入驻租户为商业店铺时更为常见。例如，房地产商与入驻租户签订提供物业管理服务，按照每平方米每月20元的单价计收，由物业公司代收代付相关费用；同时物业管理公司与入驻租户签订提供物业管理或附加服务，按照每平方米每月10元的单价计收，则入驻租户实际承担的物业费是按照30元/平方米/月的单价计算。这种安排下，需要根据合同条款进一步分析。

（3）房地产所有者不与入驻租户签订物业合同，而是由物业管理公司与入驻租户签订物业管理合同。此种情况下，需关注合同中是否向入驻租户明确了物业管理公司受房地产所有者委托，代理进行物业服务合同签订、物业管理服务收取等等内容，并不意味着房地产所有者未参与合同签订就一定不是主要责任人。

本案例中，如甲公司在与入驻租户签订的物业服务合同中是主要责任人（我们理解这种可能性较大），则甲公司应将该物业收入、成本费用（含付给A公司的酬金）均纳入甲公司个别报表，相应地，自然也都纳入甲公司的合并报表。

如甲公司在向入驻租户的物业服务合同中非主要责任人，而是由物业公司作为主要责任人向入驻商户提供的物业管理服务，则甲公司不应确认全额的物业收入和成本费用；此时，物业管理处作为提供物业服务的主要责任人，但基于前述分析，物业管理处取得的物业费不符合收入的定义，则这种情况下意味着甲公司和物业管理处均不属于主要责任人，显然这个结果并不合理。

综上，我们倾向于认为该交易架构更多地是委托代理的关系，甲公司作为委托方（被代理人）承担了所委托业务所有的法律后果，在其个别报表中就应全额核算该物业管理的收入、成本费用（含支付给A公司的酬金）以及因此而产生的债权债务。

相关合同可能明确了房地产所有者与承办商或入驻租户之间的法律关系存在，但是资金结算由物业公司代收代付。物业公司为完成约定的代收代付义务以其自身名义开立的该物业专用的银行账户内的资金，代表了甲公司作为业主对物业公司的一项要求权，故应列报为一项“其他应收款”。如果账户内资金不足，按约定需由甲公司补足资金的，则将应补足的资金确认为其他应付款。上述两项其他应收款和其他应付款如同时有余额的，应将两者余额相抵后按净额列报为其他应收款或其他应付款。同时，甲公司管理层还应合理确定除了该账户内的资金以外，与受托物业公司之间是否还存在其他债权债务或者往来关系，或者由物业公司代甲公司持有相关权益的情况，如有，应根据其性质作出相应的会计处理。

【例13-10】酒类企业的收入确认问题

问题

如下文背景资料所述：

1. A公司对经销商销售收入确认时点如何确定？是在发货时确认收入还是在运至指定地点时确认收入？

2. A公司对封坛酒销售收入确认时点如何确定？

3. A公司对市场促销方案承担的费用如何进行会计处理？

4. A公司对经销商的奖励如何进行会计处理？

5. A公司通过电子商务平台实现的销售收入确认时点如何确定？

6. 基酒存储损耗如何进行会计处理？

背景

1. 经销商销售模式。

A白酒公司与经销商签署的经销协议规定：

（1）货款结算方式：先款后货。因特殊情况经A公司书面签字盖章同意赊欠货款的，经销商必须在本合同期满前或解除本合同之日起一周内向A公司一次性付清。

（2）要货要求及交提货地点：经销商要货应提前15日在A公司商务平台上提交订单，并同时将货款足额汇至A公司指定账户。A公司接到要货计划并收到货款后，负责将产品运输到经销商所在地站点（距经销商最近的火车站）之时，A公司即履行完毕交货义务。若经销商不及时提货产生的责任、风险及有关费用由经销商承担。

（3）运输合理损耗及计算方法：A公司代办运输时，3‰以内的货损属正常损耗，由经销商承担；超过3‰的部分，由经销商向运输部门和保险单位索赔，A公司向经销商提供相关依据。

（4）验收标准及异议期限：经销商按照A公司企业标准或国家标准验收。经销商对所收货物有异议的（主要是指产品数量、包装质量）的期限为：经销商必须自收货之日起3日内以书面形式通知A公司，否则，逾期视为经销商对所收货物验收合格。

（5）经销产品品种、规格和价格：供货价为到站价（即到达经销商所在地火车站的价格，含产品价格和到达经销商所在地火车站的运输费、保险费）；批发价为经销商批发时A公司建议执行的价格。

2. 封坛酒业务。

A公司对出厂前窖藏期限已满，品质上已满足交付客户的成品质量要求的基酒（未包装）与客户达成封坛酒购销合同，客户签订合同后，现场对自己订购的产品进行装坛、封装并粘贴有自己签名的标记。A公司对该部分定制酒进行单独存放，提货前的存货公允价值变动等存货风险由客户承担，产品的分装费一般由A公司承担（若客户对产品分装有特殊要求，该部分费用由客户承担），后期存储费用主要为提供存储仓库费用，费用较小。

A公司与客户签订封坛酒购销合同，合同约定：

（1）客户以托管方式购买，即客户购买封坛酒后选择委托A公司在厂区专设的封坛酒库托管。托管封坛的前5年（A公司负责提供托管封坛、日常养护保管、定期取用、转让赠予等服务），免收客户的托管服务费；自第6年度起每年按标准收取托管服务费。

（2）A公司按封坛酒品种规格足量灌装，每年实际挥发损耗率不超过3%，超过3%以上的损耗部分，由A公司按同等酒质补给；灌装的封坛酒可能存在坛内酒量不足情况，若有发生，A公司按合同约定的规格同等酒质补给。

（3）灌装及运输约定。

①客户对托管的封坛酒产品取用时需申请，A公司免费提供指定分装材料。客户申请取用时须提前20个工作日将“封坛酒取酒申请表”和完备的取酒手续，以传真或电子邮件方式发送给封坛酒托管会员管理服务中心，A公司核实后安排启动取酒灌装工作。

②若客户自行提供个性化包装设计方案的，方案不得违反国家法律法规及企业内部规定，并报封坛酒托管会员管理服务中心审定。客户选用的包装物齐备到A公司厂区后，A公司履行手续安排分装，分装周期最长不超过5个工作日，不可抗力因素除外。

③受客户委托，封坛酒托管会员管理服务中心可为客户代办普通物流运输手续并组织送货至客户指定地点（限于中国大陆境内），运输费用由A公司承担。

3.市场促销费用的相关会计处理。

A公司市场人员根据市场开发需要，制作片区促销方案。方案经公司审批后，A公司市场人员选定辖区内部分经销商具体执行该促销方案，公司相关人员进行监督。方案经费由经销商垫付，A公司按应承担部分与经销商进行结算。方案主要分以下两类：

（1）促销方案中明确A公司承担费用以产品折让返还经销商（实质为产品捆绑销售，比如买三赠一方式，但对赠品兑现一般在次年），A公司对该类业务经销商报销时暂不做账务处理，只是在经销商可使用折扣余额备查账中予以登记。年末对已实施未报销的方案费用，A公司在账面冲减当期收入，同时确认递延收益。

（2）促销方案中使用资金结算的，经销商提供相应票据报销，A公司账务处理直接确认销售费用，同时调增预收账款余额。

（3）A公司市场人员领用公司产品进行市场开拓的，A公司直接确认销售费用，同时减少库存商品和确认应缴纳的增值税。

4.经销商奖励相关会计处理：

A公司根据与经销商签订的销售协议，对年度内完成相关任务的经销商按合同约定（合同未予以明确，实质为销售返利）给予一定比例奖励（与经销商完成任务挂钩），奖励实现方式为经销商次年采购产品时以折让形式予以返还。A公司会计处理时，根据本年度经销商根据协议应享受的奖励冲减本年度营业收入，同时确认递延收益。

5.电子商务平台的销售收入确认时点：

A公司通过天猫、酒仙网等电子商务平台进行产品销售，在公司客户已付款（存于支付宝账户），产品已出库时，A公司即确认收入。该销售模式为一般网络B2C销售模式，销售客户一般为网上进行零星采购的客户，相关交易习惯与通常的网上销售一致。

6.基酒存储损耗会计处理：

A公司生产的产品（酱香型白酒）需存储一定时间（一般为3年）后方可对外进行销售，在存储过程中需对酒进行转罐勾兑等操作，A公司根据历史经验数据对产品存储期间的损耗率进行估计，年末根据基酒数量乘以损耗率计提产品损耗，会计处理为：

借：管理费用——陈酿费

　　贷：存货——半成品

次年根据基酒存储数量对产品损耗进行估计，如估计产品损耗大于已确认产品损耗，则按差额确认本年度的产品损耗；如估计产品损耗小于已确认产品损耗，则按差额冲减已计提产品损耗，账务上冲减本年管理费用。

分析

1.经销商模式。

A公司销售酒类给经销商（客户），属于在一个时点履行的履约义务，A公司应当在客户取得商品控制权的时点确认收入。根据新收入准则第十三条规定：“对于在某一时点履行的履约义务，企业应当在客户取得相关商品控制权时点确认收入。在判断客户是否已取得商品控制权时，企业应当考虑下列迹象：

（一）企业就该商品享有现时收款权利，即客户就该商品负有现时付款义务。

（二）企业已将该商品的法定所有权转移给客户，即客户已拥有该商品的法定所有权。

（三）企业已将该商品实物转移给客户，即客户已实物占有该商品。

（四）企业已将该商品所有权上的主要风险和报酬转移给客户，即客户已取得该商品所有权上的主要风险和报酬。

（五）客户已接受该商品。

（六）其他表明客户已取得商品控制权的迹象。”

根据合同约定，经销商需要先支付货款，A公司后发货。A公司将产品运输到经销商所在地站点（距经销商最近的火车站）之时，A公司即履行完毕交货义务，这表明，在A公司将商品运送至约定的交货地点时，经销商可以随时提货，商品的法定所有权和实物都已经转移给了经销商。若经销商不及时提货产生的责任、风险及有关费用由经销商承担，表明商品所有权上的主要风险和报酬已经转移给了经销商。关于经销商是否已经“接受”商品的判断：由于合同中存在验收条款，经销商需要在收货3日内对货物数量、包装质量等方面的异议以书面形式通知A公司，否则视为验收合格，根据《新收入准则应用指南》的规定（单行本P51）：“当企业能够客观地确定其已经按照合同约定的标准和条件将商品的控制权转移给客户时，客户验收只是一项例行程序，并不影响企业判断客户取得该商品控制权的时点。例如，企业向客户销售一批必须满足规定尺寸和重量的产品，合同约定，客户收到该产品时，将对此进行验收。由于该验收条件是一个客观标准，企业在客户验收前就能够确定其是否满足约定的标准，客户验收可能只是一项例行程序。”A公司应根据过去执行类似合同积累的经验以及客户验收的结果判断其交付的商品是否符合约定的标准，客户验收是否只是一项例行程序。

综上所述，如果A公司判断客户验收条款不影响商品控制权转移的时点的判断，则在A公司将商品运至约定地点（距离经销商最近的火车站）之时，商品控制权即告转移，A公司可以确认商品销售收入。否则，应经销商验收后方能确认收入。

另外需要注意的是：根据财政部会计司于2018年12月发布的“收入准则应用案例”中关于“运输服务”的案例，如果运输活动是在产品的控制权转移给客户之前发生的，则不构成单项履约义务，而是A公司为履行合同发生的必要活动。相应地，这部分运输费用应当先在发出商品成本中予以归集，在后续确认销售收入时一并转入主营业务成本，而不是单独确认为销售费用。

2. 封坛酒业务。

白酒行业中封坛定制酒是指酒水企业根据客户的特定需求，从品质和形象设计着手为客户量身打造出具有浓郁个人专属风格的酒水，是一种“一对一”式的高品质服务产品，是白酒行业通常的销售模式之一。

（1）“售后代管商品安排”的收入确认时点。针对封坛酒收入的确认时点，我们理解这种情况属于“售后代管商品安排”。《新收入准则应用指南》规定指出：“在售后代管商品安排下，除了应当考虑客户是否取得商品控制权的迹象之外，还应当同时满足下列四项条件，才表明客户取得了该商品的控制权：一是该安排必须具有商业实质，例如，该安排是应客户的要求而订立的；二是属于客户的商品必须能够单独识别，例如，将属于客户的商品单独存放在指定地点；三是该商品可以随时交付给客户；四是企业不能自行使用该商品或将该商品提供给其他客户。”

针对封坛酒销售的具体情况分析：封坛酒的销售是为了满足客户的特定需要，该交易应具有商业实质；客户签订合同后，现场对自己订购的产品进行装坛、封装并粘贴有自己签名的标记，A公司对该部分定制酒进行单独存放，满足了客户的商品能够单独识别的条件；经客户申请后，A公司可以将封坛酒分装、包装后发送至客户指定地点，即该商品可以随时交付给客户；由于封装酒粘贴着特定客户的标签，并与其他酒坛分开存放，其中的酒已不能再作其他用途。由于满足了上述四个条件，同时封装前酒的品质已满足交付客户的成品质量，客户可随时提取商品，提货前的公允价值变动等存货风险由客户承担，双方结算方式为“A公司确认购买方封坛款足额到账，出具销售出库单后即生效”，说明商品的法定所有权和所有权上的主要风险和报酬也已经转移给了客户且A公司已经收取货款，因此在封装酒完成封坛后其控制权已经转移给了客户，A公司可以确认封装酒的销售收入。

（2）封装酒业务模式中存在几个单项履约义务？

在封装酒业务模式中，A公司在合同中向客户作出的承诺主要包括：销售封装酒（含装坛、封装）、5年托管服务（含取酒灌装）和运输服务。客户可以从这几项商品中分别或与其他易于获得的资源一起使用中受益，A公司也不需要提供重大服务将各个商品作为投入形成组合产出，商品之间彼此不会重大定制和改制，A公司可以仅提供其中一个或几个（非全部）商品来履行合同承诺，说明这几项商品之间没有高度的关联性，因此，实际上该合同中包含三个单项履约义务。

A公司应将合同价款在上述几项履约义务按照其单独售价的相对比例进行分摊，其中，酒类的单独售价一般可直接观察，保管服务的单独售价可参照第6年保管费的市场公允价，运输服务可采用市场调整法估计。

封装酒的收入确认时点见上述（1）的分析。保管服务和运输服务因满足新收入准则第十一条（一）的条件，都属于在一段时间内履行的履约义务，因此应按照履约进度（比如，按照保管时间、运输里程等）分期确认收入。

由于自第6年度起A公司每年按标准收取托管服务费，因此，从托管第6年开始，可将其视作一个单独的合同处理。但是如果从第6年收取的托管费并非公允价值，比如显著低于公允价值，则说明自第6年以后的托管服务合同与前5年的合同并不能拆分，此时由于可能的托管期限不确定，合同的交易价格包含可变对价，需要对可变对价进行估计，会导致情况比较复杂。

3.市场促销费用的处理。

关于市场促销费用，背景信息有限，还需进一步核实具体推广活动执行情况以及与相关经销商的结算方式及结算条件。

新收入准则第十九条规定："企业应付客户（或向客户购买本企业商品的第三方，本条下同）对价的，应当将该应付对价冲减交易价格，并在确认相关收入与支付（或承诺支付）客户对价二者孰晚的时点冲减当期收入，但应付客户对价是为了向客户取得其他可明确区分商品的除外。

企业应付客户对价是为了向客户取得其他可明确区分商品的，应当采用与本企业其他采购相一致的方式确认所购买的商品。企业应付客户对价超过向客户取得可明确区分商品公允价值的，超过金额应当冲减交易价格。向客户取得的可明确区分商品公允价值不能合理估计的，企业应当将应付客户对价全额冲减交易价格。"

参照上述规定，应关注A公司承担市场推广费的具体方式和计算依据，特别是A公司承担费用的金额是以经批准的经销商促销方案预算为依据，还是以过往该经销商的销售业绩为依据。如果是以经批准的促销方案预算为依据，并不直接与经销商的销售业绩挂钩，则可以认为这是A公司为获取经销商提供的促销服务而支付的对价，该促销服务是可明确区分的商品，应确认为销售费用；如果承担费用的金额是以经销商的销售业绩为依据确定的，A公司并没有从客户处取得可明确区分的商品，则按照上述准则规定，作为应付客户对价，应冲减交易价格，实质上构成了可变对价。

促销方案无论是以产品实物结算还是资金结算，当A公司自经销商处获取了可明确区分的促销服务时，A公司应确认销售费用，相关费用未来通过实物结算时，A公司贷记"合同负债"；未来通过资金结算该促销费用时贷记"其他应付款"，如果合作惯例表明，以资金结算时也未曾出现A公司向经销商支付资金的情形，而是将应付经销商资金抵减未来要货价款时，资金结算方式下也可将该应付促销费用贷记"合同负债"。无论如何，新收入准则下，不应再采用"递延收益"或"预收账款"科目。

4.经销商奖励的处理。

针对经销商奖励相关会计处理，仍要根据具体合同分析后才能就会计处理给出相对明确的参考意见。应核实"实质为返利"的认定有无充分、适当的事实证据予以支持，在获取充分、适当的证据支持该项认定的前提下，可参考前述【例8-3】(返利的会计处理)。”

5.电子商务平台销售的收入确认时点。

根据目前一般电商销售业务的收入确认惯例，在客户签收货物之时，货款已经支付，客户取得了商品实物和法定所有权，客户签收代表着已经接受了商品，签收后实物的毁损、公允价值变动的风险也都由客户自己承担（即商品所有权上的风险报酬已经转移给客户），这说明，客户签收货物时，已经取得了商品的控制权，因此，A公司应在客户签收时确认收入的实现。电子商务通常的7天无理由退货，A公司应作为“附有销售退回条款”的销售处理。但具体仍应结合A公司具体业务模式和合同条款分析确定。

6.基酒存储损耗的处理。

鉴于基酒存储是公司产品生产的必经环节，该环节对产成品的品质形成具有不可替代的作用，故基酒存储中的正常损耗可以认为是产品达到预定可销售状态的必要支出，不应计提进入管理费用；相应的基酒勾兑费用应增加对应的存货成本。如存储过程中发生非正常损耗的，则非正常损耗应计入管理费用或者营业外支出。

第二部分　2020年上市公司年报及IPO公司新收入准则实施案例

第十四章　样本选择情况

本部分样本均在上海和深圳证券交易所2020年上市公司年报及2021年公布的IPO公司会计师回复意见中抽取。所摘录的信息可能并不完全符合相关企业准则的规定。摘录这些信息只是出于提供更多参考信息之目的，并不代表编者赞同其会计处理和相关披露。

所涉及样本共包括85家，其中上市公司73家，IPO公司12家（见表14-1）：

表14-1　　　　样本选择情况

名称	审计机构	行业	名称	审计机构	行业
000002万科	毕马威	房地产—房地产开发—房地产开发Ⅲ	600320振华重工	安永	机械设备—专用设备—重型机械
600657信达地产	安永	房地产—房地产开发—房地产开发Ⅲ	600031三一重工	安永	机械设备—专用设备—工程机械
600162香江控股	德勤	房地产—房地产开发—房地产开发Ⅲ	603966法兰泰克	立信	机械设备—专用设备—重型机械
601155新城控股	普华	房地产—房地产开发—房地产开发Ⅲ	603556海兴电力	安永	机械设备—仪器仪表—仪器仪表
600383金地集团	德勤	房地产—房地产开发—房地产开发Ⅲ	601608中信重工	普华	机械设备—专用设备—重型机械
000736中交地产	安永	房地产—房地产开发—房地产开发Ⅲ	002786银宝山新	大华	机械设备—专用设备—其他专用机械
000031大悦城	信永	房地产—房地产开发—房地产开发Ⅲ	603159上海亚虹	立信	机械设备—专用设备—其他专用机械
601360三六零	德勤	信息服务—计算机应用—软件开发及服务	002965祥鑫科技	天衡	机械设备—通用设备—金属制品

续表

名称	审计机构	行业	名称	审计机构	行业
300454深信服	普华	信息服务—计算机应用—软件开发及服务	002202金风科技	德勤	机械设备—电气设备—电源设备
603927中科软	致同	信息服务—计算机应用—软件开发及服务	600379宝光股份	普华	机械设备—电气设备—输变电设备
688555泽达易盛	天健	信息服务—计算机应用—软件开发及服务	002611东方精工	安永	机械设备—专用设备—印刷包装机械
600861北京城乡	致同	商业贸易—零售—百货零售	688536思瑞浦	普华	电子—半导体及元件—集成电路
600859王府井	信永	商业贸易—零售—百货零售	605218伟时电子	德勤	电子—光学光电子—显示器件Ⅲ
600857宁波中百	立信	商业贸易—零售—百货零售	600150中国船舶	大信	国防军工—国防军工—船舶制造
600814杭州解百	天健	商业贸易—零售—百货零售	300589江龙船艇	华兴	国防军工—国防军工—船舶制造
600694大商股份	大华	商业贸易—零售—百货零售	300675建科院	毕马威	建筑材料—建筑装饰—房屋建设
600415小商品城	安永	商业贸易—零售—商业物业经营	002140东华科技	立信	建筑材料—建筑装饰—专业工程
002558巨人网络	安永	信息服务—传媒—其他传媒	601668中国建筑	安永	建筑材料—建筑装饰—房屋建设
300533冰川网络	信永	信息服务—传媒—其他传媒	300492华图山鼎	天健	建筑材料—建筑装饰—房屋建设
002602世纪华通	普华	信息服务—传媒—其他传媒	300564筑博设计	信永	建筑材料—建筑装饰—房屋建设
002555三七互娱	华兴	信息服务—传媒—其他传媒	603017中衡设计	立信	建筑材料—建筑装饰—房屋建设
002624完美世界	立信	信息服务—传媒—其他传媒	603458勘设股份	大华	建筑材料—建筑装饰—基础建设
300052中青宝	信永	信息服务—通信服务—互联网信息服务	300668杰恩设计	立信	建筑材料—建筑装饰—房屋建设
300251光线传媒	信永	信息服务—传媒—影视动漫	300746汉嘉设计	中汇	建筑材料—建筑装饰—房屋建设
603103横店影视	立信	信息服务—传媒—影视动漫	002117中国海城	信永	轻工制造—包装印刷—包装印刷Ⅲ
002343慈文传媒	众华	信息服务—传媒—影视动漫	601968宝钢包装	毕马威	轻工制造—包装印刷—包装印刷Ⅲ
000892欢瑞世纪	中天运	信息服务—传媒—影视动漫	601168西部矿业	安永	有色金属—有色冶炼加工—铅锌

续表

名称	审计机构	行业	名称	审计机构	行业
601595上海电影	普华	信息服务—传媒—影视动漫	603982泉峰汽车	德勤	交运设备—汽车零部件—汽车零部件Ⅲ
600977中国电影	致同	信息服务—传媒—影视动漫	600699均胜电子	毕马威	交运设备—汽车零部件—汽车零部件Ⅲ
300426唐德影视	亚太	信息服务—传媒—影视动漫	600297广汇汽车	普华	交运设备—交运设备服务—汽车服务
002739万达电影	大信	信息服务—传媒—影视动漫	300473德尔股份	普华	交运设备—汽车零部件—汽车零部件Ⅲ
600052浙江广厦	天健	信息服务—传媒—影视动漫	600006东风汽车	普华	交运设备—汽车整车—商用载货车
300291华录百纳	致同	信息服务—传媒—影视动漫	000550江铃汽车	普华	交运设备—汽车整车—商用载货车
688083中望软件	致同	信息服务—计算机应用—软件开发及服务	688009中国通号	安永	交运设备—非汽车交运—铁路设备
600050.SH中国联通	毕马威	信息服务—通信服务—通信运营Ⅲ	603719良品铺子	普华	食品饮料—食品加工制造—食品综合
600750江中药业	安永	医药生物—中药—中药Ⅲ	688169石头科技	普华	家用电器—白色家电—小家电
688677海泰新光	安永	医药生物—医疗器械服务—医疗器械Ⅲ	(IPO)安徽壹石通材料科技股份有限公司	天职	有色金属—新材料—非金属新材料
(IPO)杭州博拓生物科技股份有限公司	中汇	医药生物—医疗器械服务—医疗器械Ⅲ	(IPO)广州信邦智能装备股份有限公司	安永	机械设备—专用设备—其他专用机械
(IPO)金鹰重型工程机械股份有限公司	安永	交运设备—非汽车交运—铁路设备	(IPO)上海卓然工程技术股份有限公司	信永	机械设备—专用设备—冶金矿化工设备
(IPO)株洲中车时代电气股份有限公司	德勤	交运设备—非汽车交运—铁路设备	(IPO)青岛易来智能科技股份有限公司	容诚	电子—光学光电子—LED
(IPO)安徽省建筑设计研究总院股份有限公司	容诚	建筑材料—建筑装饰—房屋建设	(IPO)四川天微电子股份有限公司	华信	国防军工—国防军工—地面兵装
(IPO)深圳奥雅设计股份有限公司	天职	建筑材料—建筑装饰—装饰园林	(IPO)都雷电微力科技股份有限公司	天健	国防军工—国防军工—航天装备
(IPO)正元地理信息集团股份有限公司	天健	信息服务—计算机应用—软件开发及服务			

第十五章　典型业务

15.1　房地产开发

15.1.1　房地产开发业务是在一个时段还是一个时点确认收入？

新收入准则发布以来，房地产开发业务是否符合在一段时间内确认收入的条件一直是业界的关注重点。新收入准则第十一条规定：“满足下列条件之一的，属于在某一时段内履行履约义务；否则，属于在某一时点履行履约义务：

（一）客户在企业履约的同时即取得并消耗企业履约所带来的经济利益。

（二）客户能够控制企业履约过程中在建的商品。

（三）企业履约过程中所产出的商品具有不可替代用途，且该企业在整个合同期间内有权就累计至今已完成的履约部分收取款项。

具有不可替代用途，是指因合同限制或实际可行性限制，企业不能轻易地将商品用于其他用途。有权就累计至今已完成的履约部分收取款项，是指在由于客户或其他方原因终止合同的情况下，企业有权就累计至今已完成的履约部分收取能够补偿其已发生成本和合理利润的款项，并且该权利具有法律约束力。”

一般来说，房地产企业所从事的商品房开发业务不满足上述准则第十一条第（一）和（二）的条件（见下述提示），由于合同约定的开发产品通常具有不可替代性（例如指明了特定的楼栋、房号等信息），则房地产开发是否能够在一段时间确认收入取决于是否满足第（三）条中的“该企业在整个合同期间内有权就累计至今已完成的履约部分收取款项”。由于特定国家或地区的法律和商业环境的不同、合同条款的不同、特定环境中高于合同条款的法律法规或判决先例的不同，房地产开发业务既有可能仍然在一个时点确认收入（与新收入准则实施前相同），也有可能因满足准则第十一条的规定变更为在一个时段内确认收入，这将与新准则实施前的处理存在重大差异，并会引发诸如如何确定履约进度等一系列的问题。

我们抽样的房地产企业的2020年报样本在会计政策描述中均表述在满足新收入准则第十一条的条件之一时将采用在一个时段内确认收入，体现了准则的要求。但在目前存在的开发项目中，大部分公司均采用在一个时点确认收入的方式。例如：

000002万科

（关键审计事项）销售房地产开发项目产生的收入占贵集团2020年度营业收入总额的××%。这些收入在满足以下所有条件时进行确认：（1）与客户签署了买卖合同；（2）取得了客户的首期款并且已确认余下房款的付款安排；及（3）房产已经被客户接受，或根据买卖合同约定被视为已获客户接受（以较早者为准）。

600657信达地产

对于房地产开发产品销售收入，如果同时满足以下条件：（1）房地产开发产品已建造完工并达到预期可使用状态，经相关主管部门验收合格并办妥备案手续；（2）签定销售合同；（3）取得了买方按销售合同约定交付房产的付款证明（通常收到销售合同金额20%或以上之定金及确定余下房款的付款安排）。则在买方接到书面交房通知书，在约定的期限内交付房产时，或者买方接到书面交房通知书后，在约定的交房期限内无正当理由拒绝接收的，于书面交房通知约定的交付期限结束时，确认收入的实现。

600162香江控股

本集团房地产开发产品在客户取得房地产开发产品控制权时确认收入，具体满足以下条件：（1）房地产开发产品竣工验收合格（取得竣工验收备案表）；（2）签订了不可逆转的销售合同或其他结算通知书；（3）取得了买方付款证明（其中选择银行按揭的，收到首期款并办好按揭手续；不选择银行按揭自行付款的，收到50%以上房款）；（4）办理了交房手续或者根据购房合同约定的条件视同客户接收时。

601155新城控股

房地产销售在房产完工并验收合格，达到销售合同约定的交付条件，在客户取得相关商品控制权时点，确认销售收入的实现。（由于合同的限制，本集团之物业一般无替代用途。然而，本集团是否有权收取款项及相关合同是否因此在该段时间内按照履约进度确认收入，取决于每个合同条款及适用于该合同的相关法律法规。为评估本集团是否在整个合同期间内有权就累计至今已完成的履约部分收取款项时，本集团通过审查合同条款、分析当地有关法律法规的规定、并在必要时取得律师的专业意见。）

600383金地集团

对于根据销售合同条款、各地的法律及监管要求，满足在某一时段内履行履约义务条件的房地产销售，本集团在该段时间内按履约进度确认收入；其他的房地产销售在房产完工并验收合格，达到销售合同约定的交付条件，在客户取得相关商品或服务控制权时点，确认销售收入的实现。

（履约义务的说明）本集团向客户销售房地产，销售合同在房地产预售时订立，本集团在房地产完工并验收合格，达到销售合同约定的交付条件，并在客户取得相关商品控制权时点确认销售收入的实现。

注：上述信息从公开渠道摘录，不代表编者意见，仅供参考（下同）。

提示或倾向性观点：

依据新收入准则第十一条的相关规定对于房地产开发业务分析如下：

（1）客户能否在企业履约的同时即取得并消耗企业履约所带来的经济利益？

开发商在建造商品房时，其履约所创造的资产——商品房不是立即可消耗的资产，不会立即被客户消耗，因此不满足“客户在企业履约的同时即取得并消耗企业履约所带来的经济利益”的条件。

（2）客户能否控制企业履约过程中在建的商品？

客户无法在开发商建造商品楼时改变其结构设计，不满足“客户能够控制企业履约过程中在建的商品”的条件。需要注意的是，企业在评估客户是否控制在建商品时，判断客户是否“控制”的对象应该是“企业履约过程中在建的商品”本身，在房地产销售合同中，企业履约创造的资产是商品楼本身，不是未来获得房地产的权利。客户能够出售未来获得房地产的权利或作出与之相关的承诺不是控制房地产本身的证据。

（3）企业履约过程中所产出的商品是否具有不可替代用途，且该企业在整个合同期间内有权就累计至今已完成的履约部分收取款项？

①不可替代性。开发商与客户签订销售合同后，开发商不得擅自变更合同中约定的住宅楼具体单元门号，或以其他单元替换。如果开发商将资产用于其他用途，客户可以执行其对住宅楼单元的权利。因此，合同限制是实质性的，住宅楼单元具有不可替代用途。

②获得付款的可执行权利。从评估起累计至今已完成的履约部分获得付款的权利是否存在、是否可执行时，开发商应当基于我国或者特定国家或地区（合同标的所在地）的法律和商业环境，考虑合同条款以及可作为合同条款的补充，或者效力高于这些合同条款的法律法规或判决先例来判断。

目前，从我国惯常的商品房销售合同和法律环境看，通常不满足“在整个合同期间内有权就累计至今已完成的履约部分收取款项”条件的情况居多，即在大多数情况下，房地产开发商在新收入准则下仍应在一个时点一次性确认商品房销售收入。

我们对此的观点详见本专题【例9-1】“预售模式下商品房销售收入的确认时间”。

15.1.2 是否考虑预收房款中的重大融资成分？

房地产企业与客户签订房产预售合同，在签订合同时即收取全部或一定比例的房款，这种销售方式是房地产行业的惯例。一般来说，从客户预付房款到实际交房

（客户取得商品控制权）间隔时间会超过一年。那么在新收入准则下，是否需要考虑售房合同中的重大融资成分？

实务中对该问题有两种意见和做法。在抽样的房地产企业2020年年报中，我们从企业披露的信息分析，发现有一些企业考虑了预售房合同中的重大融资成分，也将该融资产生的利息资本化处理。摘录如下：

601156 新城控股

财务费用（合同负债内含融资成分利息支出）项目注释：本集团将商品的控制权转移给客户与客户实际付款不一致而产生的重大融资成分按照借款费用准则的规定予以资本化。重大融资成分利息通过资本化同时增加存货和合同负债的金额，该类资本化利息并非产生于实际借款利息，没有现金流的流出。

600657 信达地产

财务费用注释：本年资本化利息包含重大融资成分相关的利息支出金额人民币 ××× 元。

存货（开发成本）注释：重大融资成分资本化金额为人民币 ××× 元。

000736 中交地产

财务费用项目注释：合同负债内含融资成分利息资本化金额人民币 ××× 元已计入存货开发成本。

000031 大悦城

本集团在客户签署销售合同时向其收取合同价值的20%—100%作为预付房款。当本集团将商品的控制权转移给客户的时间与客户实际付款的时间不一致时，如果各方以在合同中明确（或者以隐含的方式）约定的付款时间为客户或本集团就转让商品的交易提供了重大融资利益，则合同中即包含了重大融资成分。合同中存在重大融资成分的，本集团按照假定客户在取得商品或服务控制权时以现金支付的应付金额确定交易价格。该交易价格与合同对价之间的差额，在合同期间内采用实际利率法核算。

提示或倾向性观点：

实务中对该问题有两种意见：

意见1：考虑重大融资成分。一方面，商品房预售价格和现销价格存在差异，该差异与付款时间相关，符合新收入准则对重大融资成分的定义；另一方面，房地产企业实际上也存在融资需求，预售款也起到了融资的作用。因此应考虑重大融资成分。

意见2：不考虑重大融资成分。理由如下：（1）预售房款属于房地产企业的行业惯例，并非基于个别企业的融资诉求；（2）如果考虑预售款的融资成分，则还要考虑融资费用资本化的问题，增加会计核算的难度；（3）在我国的房地产行业现状下，有时候期房销售的价格反而比现房销售的价格高；（4）目前税务要求按照预售款金额纳税，如果考虑其中包含的融资成分，会计上确认收入的金额要高于预收金额，则税务很可能按照收入金额要求纳税，导致企业税负增加。

目前该问题尚没有统一处理意见，建议密切关注准则制定部门或监管部门可能发布的案例或倾向性指导意见等。

15.2　重型机械及船舶

重型机械及船舶生产商在一个时点还是一个时段内确认建造收入？

在实施新收入准则之前，各种重型、大型设备和机械（如港口设备、重型装备、挖掘机械、起重机械、路面机械等）、船舶等的建造服务，由于资产体积大、造价高，建设期较长，先有买主（即客户），后有标底（即资产），资产通常属于定制的非标准资产等特点，很多企业都按照《企业会计准则第15号——建造合同》采用完工百分比法分期确认收入。

新收入准则实施之后，是否能够在一段时间确认收入取决于是否能够满足新收入准则第十一条的三个条件之一。实务中，有可能存在因为不满足条件而只能在一个时点确认收入的情形。由于该类建造服务的交易对价高、建造时间长，如果企业只能在一个时点（通常为交付资产时点）一次性确认收入，将会对这类企业的财务报表产生较大影响。

在我们抽样的重型机械行业企业2020年年报样本中，既有在一个时段确认收入，也有在一个时点确认收入的情况。例如：

公司名称	商品	时段/时点	理由	是否为新收入准则会计政策变更
600320 振华重工	大型港口设备、重型装备以及钢结构产品	时点	具有不可替代用途，但是大部分大型港口设备、重型装备销售合同以及部分钢结构产品制作合同的条款未约定本集团在整个合同期间内有权就累计至今已完成的履约部分收取款项，这部分合同不满足在某一时段内履行的履约义务条件，本集团将其作为在某一时点履行的履约义务	是
600320 振华重工	个别大型港口设备、重型装备销售合同以及部分钢结构产品	时段	基于个别大型港口设备、重型装备销售合同以及部分钢结构产品制作合同的条款约定，本集团在整个合同期间内有权就累计至今已完成的履约部分收取款项，本集团将其作为在某一时段内履行的履约义务，按照履约进度确认收入 注：根据“营业收入”注释披露，公司绝大部分重型机械在时点确认收入	否
600031 三一重工	混凝土机械、挖掘机械、起重机械、桩工机械、路面机械	时点	未披露	否

续表

公司名称	商品	时段/时点	理由	是否为新收入准则会计政策变更
603966 法兰泰克	起重机	时点	未披露	否
600150 中国船舶	船舶及海工产品	均有	本集团提供的船舶及海工产品建造业务，在合同生效日对合同进行评估，判断合同履约义务是否满足“某一时段内履行”条件	
300589 江龙船艇	船舶	时段	公司与客户合同中约定进度款支付的时间和比例，双方按照合同条款履行相应义务，如过程中任何一方发生违约或不能及时履行合同义务的情况，如属于公司的责任，需退还客户预先支付的款项，并退还已构成的合同资产，如属于客户的责任，公司有权利要求客户继续履约或对合同履约所发生成本和利润予以补偿；通常合同的质保期限为1年	

提示或倾向性观点：

一般来说，尽管重型机械、船舶等的建造时间较长，但由于其产品特性，往往采用完工后移交的方式，与在客户的场地上为其建造不动产有较大区别。在建造过程中，客户通常不能控制在建的商品，也不能取得企业履约所带来的经济利益。因此，在新收入准则下，是否能够采用时段内确认，通常取决于是否能够满足新收入准则第十一条的条件（三）“企业履约过程中所产出的商品具有不可替代用途，且该企业在整个合同期间内有权就累计至今已完成的履约部分收取款项。”

由于不同合同的条款不尽相同，具体处理方法需要逐个合同分析。特别是此类合同的交易对价较高，选择不同的收入确认政策对企业不同时期的收入、利润影响较大，实务中应谨慎处理，并对同类合同采用同一会计处理方法。

15.3 系统集成

系统集成（system integration）通常是指将软件、硬件与通信技术组合起来为用户解决信息处理问题的业务，集成的各个分离部分原本就是一个个独立的系统，集成后整体的各部分之间能彼此有机、协调地工作，以发挥整体效益，达到整体优化的目的[①]。

新收入准则下，系统集成业务的收入确认主要涉及两个需要判断的问题，一是业务涉及的软件、硬件及集成服务是否能够分别构成单项履约义务？二是每项履约义务如何确认收入？实务中，基于合同及产品特性、集成技术的不同，各种处理方法均存在。

我们将抽样的2020年年报和IPO申报样本信息整理如下：

① 摘自“百度百科”。

公司名称	系统集成内容	几项履约义务	时段/时点确认	其他
601360三六零	硬件、软件及服务	一项：本集团向客户承诺的是将集成解决方案作为一个整体成果（组合产出）交付给客户，因此，本集团将集成解决方案作为单项履约义务核算	时点确认：按照合同约定的验收条款，取得客户验收报告时确认收入	售后软件升级和培训服务，作为单项履约义务
300454深信服	标准化软件产品及配套的硬件	一项：硬件和软件整合为一个标准化的产品整体对外销售	时点确认：在按合同约定将产品转移至合同指定地点且签收后确认产品销售收入	
603927中科软	系统之间的互连和互操作性问题	一项：公司提供系统之间的互连和互操作性问题，它是一个多厂商、多协议和面向各种应用的体系结构具有高关联性，故认定为一项履约义务	时点确认：在取得客户验收并取得签收单后，确认收入	对于约定了维护期的系统集成类合同，认定为提供系统集成解决方案、提供技术支持服务两项履约义务
（IPO）正元地理信息集团股份有限公司	通用软件与硬件集成项目	多项：系统集成业务中的通用软件无需公司进行大量的深度开发，可与硬件设备分别交付。因此公司将软、硬件分别识别为单项履约义务	时点确认：按软、硬件实际交付时点确认收入	
688555泽达易盛	由公司制定整体的产品方案，以软件为核心，匹配相应所需的硬件设备，并进行软硬件系统集成最终实现特定功能的业务类型	多项：同一系统集成项目软硬件部分分别签订合同的，于软硬件交付客户，通过客户整体验收，已收取货款或取得了收款权力且相关的经济利益很可能流入时确认收入； 一项：同一系统集成项目签订整体合同的，于系统集成项目交付给客户，取得客户的终验报告后，已收取货款或取得了收款权力且相关的经济利益很可能流入时确认收入	时点确认	
（IPO）广州信邦智能装备股份有限公司	工业自动化集成项目包含设计、采购、制造、装配及集成等环节。公司根据客户的个性化需求完成解决方案的集成设计后，按需安排采购；在制造阶段对采购的原材料进行定制化技术加工；在装配与集成阶段组织技术工人在厂区进行装配，并进行调试优化，确保产品满足客户要求	一项：发行人为按照根据客户的技术标准和技术需求，向客户提供定制化的工业自动化集成智能化设备以及技术服务。该等智能化设备需要发行人在客户生产线上进行安装和调试后才能达到合同/订单中约定的技术标准，并在通过客户最终验收后转让给客户。因此，发行人定制化的设备与其安装调试服务以及技术服务具有高度关联性，合同中的各项产品或服务均受到合同中其他商品的重大影响。发行人无法通过单独交付设备或者单独提供安装调试服务其中的某一单项商品而履行其合同承诺。而且，该等服务亦无法单独定价。所以同一合同/订单中，发行人向客户的提供的相关联的定制化的工业自动化集成项目智能化设备以及技术服务应视同一个商品组合，为构成一项单项履约义务，并不构成多项履约义务	时点确认：产品发运至客户场所、完成安装调试、客户验收合格作为风险报酬的转移时点确认销售收入	

提示或倾向性观点：

关于系统集成业务构成几个单项履约义务，以及每个单项履约义务如何确认收入的分析可参考本专题【例7-2】“软件开发企业提供解决方案的收入确认问题”和【例9-2】“软件集成系统收入确认的准则适用问题”。

此外，需要关注的是，不应以同一系统集成业务的合同（软件、硬件等）是分别签订还是整合签订，作为区分是否构成多项履约义务的标准。当签订多个合同时，应对照新收入准则第七条及应用指南的相关规定，判断这些合同是否应合并为一项合同，据此进行会计处理；无论合同的法律形式如何，均应该以各个承诺的性质、彼此之间的关系为基础进行评估，并参考专业技术人员的意见，必要时还应征求行业内专家的咨询意见。

15.4 EPC业务

EPC（Engineering Procurement Construction）是指公司受业主委托，按照合同约定对工程建设项目的设计、采购、施工、试运行等实行全过程或若干阶段的承包。通常公司在总价合同条件下，对其所承包工程的质量、安全、费用和进度进行负责①。

在实施新收入准则之前，EPC总承包项目往往采用建造合同模式按照完工百分比确认收入。在实施新收入准则后，与系统集成业务相同，需要考虑几个问题：合同中包含几个单项履约义务？每个履约义务如何确认收入？如果在一段时间确认收入其履约进度如何确定？本企业（尤其是针对设计单位）作为EPC联合体的牵头方时，是按总额法还是净额法确认收入？

2020年年报及IPO申报样本摘录如下：

公司名称	业务内容	几项履约义务	时点/时段确认收入
300675建科院	EPC总承包指公司受业主委托，按照合同约定对工程建设项目的设计、采购、施工、试运行等全过程或若干阶段的承包。具体工程流程一般分为业务接洽、勘察设计阶段、施工阶段和竣工结算阶段等四个阶段	一项	时段：由于本集团履约过程中所提供的服务具有不可替代用途，且本集团在整个合同期间内有权就累计至今已完成的履约部分收取款项 履约进度：产出法，即根据合同约定履约义务的各个阶段，在提交阶段成果并取得经客户确认的××公司成果交付件等确认证明、政府批文、第三方审验证明或其他能够证明该阶段工作已完成的合理证据时，确定提供服务的履约进度
002140东华科技	本公司与客户之间的总承包业务合同通常包含基础设施建设履约义务	一项	时段：由于客户能够控制本公司履约过程中的在建资产，本公司将其作为在某一时段内履行的履约义务 履约进度：投入法，根据发生的成本确定提供服务的履约进度

① 摘自“百度百科”。

续表

公司名称	业务内容	几项履约义务	时点/时段确认收入
002117中国海城	建造活动为主EPC总包合同的整合履约义务	一项	时段：由于客户能够控制本集团履约过程中的在建商品，本集团将其作为在某一时段内履行的履约义务 履约进度：投入法
（IPO）安徽省建筑设计研究总院股份有限公司		一项：向客户交付整体多阶段设计成果、施工整体服务成果为最终目的，将EPC总承包整个合同的履行判定为一项履约义务	时段：建筑设计业务服务过程中向客户提交的都是个性化的工作成果，具有不可替代用途，且针对已完成并经客户验收的阶段成果有权向客户收取款项；公司EPC总承包业务是设计及施工一体化工程，客户为其商品的建造提供了不可或缺的基础条件，由此实现对在建商品的控制 履约进度：投入法，迄今为止为履行履约义务累计已发生的成本占履行履约义务预计总成本的比值计量履约进度
（IPO）上海卓然工程技术股份有限公司	EPC合同主要内容包括工程设计、设备材料的采购和施工、试车/开车的技术服务及相关合同工作	一项	时段：考虑到EPC项目的建造系在业主方××××的场地上进行，××××能够控制企业履约过程中在建的装置，故该合同符合新收入准则中描述的在某一时段内确认收入的情况 履约进度：投入法，公司根据实际累计已发生的成本占合同预算总成本的比例，作为项目完工进度，并据此确认相应的营业收入

提示或倾向性观点：

从上面的摘录内容看，样本中的这些公司基本都将整个EPC业务作为一个单项履约义务，并且均在一个时段内确认收入，但理由各不相同。有的公司判断“客户能够控制在建商品”，有的公司判断“在整个合同期间内有权就累计至今已完成的履约部分收取款项”。

在新收入准则下，由于承包商负责整个项目的设计、策划、管理和具体工作，需要将所有承诺整合为组合产出，更多情况下，整个合同会作为一个单项履约义务。但履约义务是否满足在一段时间履行需要根据合同条款和业务性质具体判断。

在一段时间内确认收入的情况下，上述大部分样本是采用投入法（特别是成本法）确定履约进度的，但也有样本采用产出法。我们理解无论采用哪种方法，均应考虑所转让商品的性质，选择既符合准则规范，又最能体现履约程度的方法。实务中一些企业变相地以业主付款进度作为履约进度，是不符合准则规定的。

此外，某些EPC合同中会约定某一方（往往为设计方）作为EPC联合体的牵头人，除了本身直接提供部分产品和服务外，还负责全过程的项目管理。那么EPC联合体的牵头方如何确认收入？该问题可参考本专题【例10-11】“联合体牵头方的收入确认是总额法还是净额法”。

15.5 百货公司

百货公司联营模式从总额法变更为净额法：

百货公司的联营模式一般是指公司与品牌供应商合作，供应商在百货公司指定区域内设立专柜（或专卖店）提供约定品牌商品，并委派营业员销售商品，双方按照约定比例分成的销售方式。在新收入准则实施之前，很多百货公司对于联营模式采用总额法确认收入。新收入准则实施之后，特别是在证监会发布了《监管规则适用指引——会计类第1号》（其中问题1-15为“按总额或净额确认收入”），以及财政部发布了《收入准则应用案例——主要责任人和代理人的判断》对百货公司在各种经营模式下属于主要责任人还是代理人进行了详尽分析之后，我们发现，在抽样的百货公司类上市公司2020年年报中基本都将联营模式的收入确认方法变更为净额法。例如：

600861北京城乡

公司的联营模式是指百货企业与供应商的合作经营方式。即供应商提供商品在百货企业指定区域设立品牌专柜由公司营业员及供应商的销售人员共同负责销售。在商品尚未售出的情况下，该商品仍属供应商所有，百货企业不承担该商品的跌价损失及其他风险。公司目前采用联营模式经营所涉及的品类主要有……在原收入准则下，公司按照对最终顾客的已收或应收对价总额确认收入（即“总额法”）。根据新收入准则规定，公司应当按照预期有权收取的佣金或手续费的金额（即“净额法”）确认收入。

600859王府井

营业收入、营业成本较上期减少主要是执行新收入准则联营销售改为净额法核算及受新型冠状病毒疫情影响阶段性闭店所致。

600857宁波中百

联营模式下，商品在未售出前所有权归供应商所有，风险由供应商承担。商品售出后，在已取得商品销售价款或获得索取价款的权利时确认收入，并按《专柜经营合同》约定的销售提成分配方式确认联营服务收入。

600814杭州解百

（关键审计事项）：由于 2020 年执行新收入准则公司对联营模式下的百货业务收入由总额法调整为净额法确认……

600694大商股份

营业收入本期发生额较上期减少××%，主要原因为：本年执行新收入准则，联销及代销业务模式收入按照净额法确认，导致收入大幅减少；……

提示或倾向性观点：

根据新收入准则第三十四条，主要责任人和代理人区分的原则是在向客户转让商品前，主要责任人能够“控制”该商品。控制该商品是指“能够主导该商品的使用并从中获得几乎全部的经济利益”。

因此，在判断百货公司在联营模式中是否属于主要责任人时，要分析其是否能够主导商品的使用并获得几乎全部经济利益。

（1）百货公司的哪些权利能够“主导商品的使用”。

权利	是否能够“主导商品的使用”	备注
决定商品的保管、出售、调配或下架	可能	该权利属于主导权的部分内容，但并非全部。例如，百货公司决定哪些商品可以在本店上架销售，可能更多地是出于维护本店定位和形象的考虑，属于保护性否决权，不代表其具有主导商品使用的权利
能够自行开展商品促销活动	单独不可以	一定程度上影响定价
品牌商的促销活动需要百货公司批准	单独不可以	一定程度上影响定价
对销售的商品统一收款，开具发票	单独不可以	从客户的角度分析，承担主要履约责任
自行决定为客户办理退换货、赔偿等事项，事后可向品牌商追偿	单独不可以	从客户的角度分析，承担退换货和赔偿的主要责任

（2）新收入准则第三十四条中提及的与控制权相关的三个迹象（向客户转让商品的主要责任；商品的存货风险；自主决定商品价格），其地位是低于控制权的评估的，它们不能取代控制权的评估，也不能凌驾于控制权评估之上，更不是单独或额外的评估。

实务中在对百货公司在联营模式中属于主要责任人还是代理人的分析，应结合具体合作协议条款，根据准则、指南及应用案例进行判断，不同的合作条款将导致不同的结果。

15.6　勘察设计

勘察设计业务履约进度的确认方法？

勘察设计业务合同中通常约定若干个工作阶段，各个工作阶段完成后，阶段性成果交付给客户，经客户验收确认再进行下一个阶段的工作。尽管阶段性成果分别交付，但是由于勘察设计业务的特性，各个阶段的工作往往具有高度的关联性，实务中大部分勘察设计合同都只包含一个单项履约义务。

在勘察设计业务满足在一段时间内履约的情况下（实务中大部分情况如此），如何在新收入准则的框架下确定履约进度，属于目前实务中的热点问题。在新收入准则实施之前，绝大部分勘察设计业务均按照“里程碑法”（或称为“节点法”）确定完工百分比，该种方法在资产负债表日是按照已经到达的里程碑节点确定完工百分比的。但新收入准则对“里程碑法”的采用提出明确的限制要求，之后在财政部、国资委、银保监会、证监会《关于严格执行企业会计准则切实加强企业2020年年报工作的通知》（财会〔2021〕2号）中又重申了新收入准则应用指南中的原则（相关内容见本专题【例9-5】的“权威指引”）：

在新收入准则下，实务中对于勘察设计相关业务的履约进度是如何确定的？我们将抽样的2020年报和IPO申报样本中涉及的相关信息摘录如下：

公司名称	履约进度确定方法	备注
300675建科院	产出法（提交阶段成果）	公司建筑设计业务具体工作流程一般分为业务承接、方案设计、初步设计、施工图设计和施工配合等五个阶段……本集团按照产出法确定提供服务的履约进度，即根据合同约定履约义务的各个阶段，在提交阶段成果并取得经客户确认的××公司成果交付件等确认证明、政府批文、第三方审验证明或其他能够证明该阶段工作已完成的合理证据时，确定提供服务的履约进度
601608中信重工	投入法（人工成本）	本集团对外提供建筑安装、工程承包、设计等劳务，根据已完成劳务的进度在一段时间内确认收入，其中，设计劳务已完成劳务的进度按已发生的人工成本占预计总人工成本的比例确定
601668中国建筑	投入法	由于本集团履约过程中所提供的勘察设计服务具有不可替代用途，且本集团在整个合同期间内有权就累计至今已完成的履约部分收取款项，本集团将其作为在某一时段内履行的履约义务，按照履约进度确认收入，履约进度不能合理确定的除外。本集团按照投入法确定提供服务的履约进度
300492华图山鼎	产出法	（建筑工程设计服务）资产负债表日，已完成工作量中的主要阶段根据取得的外部证据进行确认。公司按照产出法确定提供服务的履约进度
300564筑博设计	产出法	建筑设计、城市规划、设计咨询按照产出法确定提供服务的履约进度
603017中衡设计	产出法	（建筑与规划设计咨询业务）资产负债表日，已完成工作量中的主要阶段已根据取得的外部证据进行确认。本公司按照产出法确定提供服务的履约进度
603458勘设股份	投入法（工时）	对于业务类型为勘察设计、……业务，公司将其识别为在某一时段内履行的履约义务，按投入法确定项目的履约进度（按工时确认履约进度）
300668杰恩设计	产出法（提交阶段成果）	关键审计事项：报告期内收入主要来自于室内装饰设计；当杰恩设计向委托方提交阶段性设计成果，并通过第三方审核或获取客户签署的成果确认书时确认收入

续表

公司名称	履约进度确定方法	备注
300746汉嘉设计	产出法（提交阶段成果）	（设计业务）……履约进度按照产出法确定，具体以公司已提交并经客户或第三方验收的工作成果作为产出
（IPO）安徽省建筑设计研究总院股份有限公司	产出法（提交工作成果）	公司建筑设计业务按照产出法确定履约进度。建筑设计业务对于已提交并经客户验收的工作成果作为产出，在公司提交成果并经客户书面认可时，按双方约定的产出值确认收入
（IPO）深圳奥雅设计股份有限公司	产出法（提交阶段成果）	设计类业务按照阶段终验法确认收入，公司向客户提交阶段工作成果，并获得客户签署的工作成果确认函，或在合同约定的工作成果确认期届满日后，确认该阶段的劳务收入。对于资产负债表日尚未完工的阶段设计劳务，由于公司尚未取得客户对该设计阶段劳务成果的最终认可，公司无法取得明确证据证明已发生的劳务成本能够得到补偿，因此对尚未完工的设计服务劳务已发生的设计成本结转至营业成本，不确认设计服务业务收入

从上述摘录信息看，勘察设计行业的履约进度采用产出法居多，部分公司未披露采用何种产出法，部分公司披露按照“提交阶段成果”作为履约进度。提交阶段性成果获取客户验收证明后再确认该阶段的收入，实质上属于“里程碑法”。因此，从2020年年报和IPO申报文件分析看，新收入准则准则实施后，实务中采用“里程碑法”确定履约进度的情况仍然比较普遍。

提示或倾向性观点：

关于“里程碑法”的问题，我们的考虑如下：

（1）如果仅在合同约定的特定里程碑节点上才将对应的商品控制权转移给客户，则该项履约义务不满足“在一段时间内履行”的条件。

在新收入准则下，“在一段时间内履行的履约义务”代表商品的控制权在履约期间内以连续的方式逐步转移给客户（而不是在某些离散（不连续）的时点转移），由此相应逐步累积收取对价的权利。即如果一项履约义务符合在一段时间内（而不是在某一时间点）确认收入的标准，则相关商品或服务的控制权并非在某些离散的时间点转移。因为控制权是在主体履约的同时转移，主体的履约（通过一个适当的进度衡量来反映）不应当导致主体的账目中产生任何重大的资产（即正在进行的工作，例如在产品或合同履约成本）。

（2）运用产出法衡量履约进度应满足的条件之一是“以产出法衡量的履约进度与企业截至目前已完成的工作直接相一致”。当运用产出法衡量履约进度时，理论上应当在履约期间的任何一个时点，都可以根据截至该时点已转移控制权给客户的商品的价值占合同约定应转移商品价值的比例来计量履约进度，而不应出现在两个里程碑之间的某个时点的履约进度不能可靠计量的情况。

因此，在资产负债表日，如果尚未达到下一个里程碑节点，应重新合理估计该时间点的履约进度，而不是简单地将已经达到里程碑作为履约进度。

但是，按照里程碑确定履约进度既是勘察设计行业的行业惯例，也符合行业的特点；特别是从实务操作角度分析，如果必须重新估计资产负债表日的履约进度，一方面增加操作难度，另一方面估计的履约进度与实际情况也难以准确匹配。这些都是实务中的难点，有待于进一步探讨。

可参考本专题【例9–5】“对新收入准则第十二条‘履约进度不能合理确定时如何确认收入’相关规定的理解”。

15.7 网络游戏

15.7.1 网游道具的收入确认

网络游戏是指以互联网为传输媒介，以游戏运营商服务器和用户计算机为处理终端，以游戏客户端软件为信息交互窗口的具有可持续性的个体性多人在线游戏。玩家可以通过控制游戏中人物角色或者场景与其他用户进行互动，实现娱乐、沟通和交流等目的。

目前，网络游戏运营的主要盈利来源于玩家在游戏中购买的道具收入。玩家在进入游戏后通过账户充值获得虚拟货币，在游戏中使用虚拟货币购买游戏道具。道具根据其不同属性分为一次性使用、有限使用次数（有限时间）或永久性道具。下面是我们摘录的与道具相关的信息：

公司名称	虚拟货币的列报	道具的收入确认方法
002558巨人网络	所有道具均通过虚拟货币购买取得，一旦玩家购买虚拟货币，所得款项即计列于合同负债（2019年：递延收益）	消耗型道具：于游戏道具消耗时确认为收入
		耐久型道具：在游戏中预计的道具生命周期内摊销确认收入。本集团定期监察虚拟物件的运营数据及使用模式。部分游戏通过估计玩家生命周期（即平均付费玩家游戏停留期间）来估计道具的使用期间，即按照玩家生命周期确认收入。此时，道具在游戏玩家生命周期内摊销确认收入
300533冰川网络	“预收游戏玩家充值款”在合同负债中核算	一次性道具：在道具使用当月确认收入
		有使用期限的道具：在道具的使用期限内确认收入
		永久性道具：在预计的玩家生命周期内确认收入
002602世纪华通	1.游戏玩家充值入游戏后，本集团将玩家获得的游戏内点数（虚拟货币）计入“合同负债—游戏充值产生的递延收益” 2.针对玩家未消耗的游戏点数，当本集团评估其在未来被使用的可能性很小时确认为当期营业收入（沉没账户收入）	消耗性道具：在游戏玩家购买消耗时确认营业收入
		永久性道具：在所属游戏的平均付费玩家的存续时间（所属游戏生命周期）内按照直线法进行摊销确认营业收入
		期间性道具：在道具有效期限或所属游戏生命周期孰短的期间内按照直线法进行摊销确认营业收入

续表

公司名称	虚拟货币的列报	道具的收入确认方法
002555三七互娱	“预收游戏充值款”在合同负债中列报	游戏玩家直接在前述渠道注册并进入游戏，通过对游戏充值获得游戏内的虚拟货币，使用虚拟货币进行游戏道具的购买，公司在游戏玩家消耗虚拟货币购买游戏道具并取得游戏道具时，将游戏玩家实际充值并已消费的金额确认为营业收入

提示或倾向性观点：

（1）玩家充值款列报为“合同负债”。

根据新收入准则，合同负债是指“企业已收或应收客户对价而应向客户转让商品的义务”。玩家在游戏中充值购买游戏币，再使用游戏币购买道具，游戏币在消费之前属于玩家向游戏运营方支付的“预付款”，游戏运营商有向玩家提供道具的合同义务，符合合同负债的定义。因此，在新收入准则下，预收游戏充值款在合同负债中列报是符合准则规定的。

（2）道具销售的收入确认时点？

关于道具收入确认时点问题，实务中存在不同的做法。由于虚拟道具售出后，游戏玩家无论是否使用，均不可以再要求退款，因此有些公司采用在道具销售时（此时尚未使用）即确认收入。但大部分公司都选择在玩家实际使用道具，而不是购买时确认道具的销售收入，并依据道具的不同属性，分别采用不同方法确认收入：

道具属性	收入确认方法
一次性道具	在道具使用时确认收入
有限次数（或期间）使用道具	按照道具的使用次数（或使用期间）直线法分期确认收入
永久性道具	按照游戏生命周期或玩家生命周期等直线法分期确认收入

从新收入准则角度分析，收入确认时点是商品的控制权转移给客户的时点。在现实生活中，企业销售一项商品后，购买方可以主导这项商品的使用并能获得全部经济利益，表明控制权已经转移。但在网络营造的虚拟游戏环境中，玩家购买了道具后是否立刻能够控制道具值得商榷。玩家购买道具后虽然能够决定是否使用以及何时使用这些道具，但这些虚拟商品只能在特定虚拟的游戏环境中使用，如果没有游戏运营方构造的虚拟游戏环境，玩家是不能使用道具也不能获得其全部经济利益（获得更高端的游戏体验）的。因此，通常认为玩家在购买道具之时没有取得道具的控制权，因而运营商也不能在此时确认道具销售收入。从另一个角度看，运营商出售道具时实际还隐含了为玩家提供这些道具使用环境的履约义务（该项履约义务与提供道具这一履约义务存在高度关联性，实质上应合并为一项履约义务），在履约义务没有完成之前，也是不能确认收入的。

此外，关于永久性道具的收入确认时限，实务中经常采用游戏生命周期或玩家生命周期作为摊销期限。采用哪种方式更恰当需要考虑游戏本身、玩家特征等各方面因素，如游戏是否简单易学、受众是否广泛、玩家忠诚度高低、付费用户多少，等等。而无论游戏生命周期还是玩家生命周期都需要进行重大估计，需要在每一个资产负债表日，根据最新情况重新评价估计是否仍然恰当。

15.7.2　采用总额法还是净额法?

从游戏开发商的角度来看，网络游戏运营通常存在两种运营模式，一种是自主运营，指游戏开发商独立进行产品研发，负责游戏服务器的架设和维护，独立进行市场推广和开展运营活动，游戏玩家则直接通过官方网站完成注册和进行游戏。另一种是联营模式，游戏开发商与第三方游戏运营公司或游戏应用平台合作，共同对玩家提供网游服务，根据双方各自承担的责任协商分成比例。

自营模式下，游戏开发商全面负责游戏的运营，采用总额法确认收入并无异议。但是在联营模式下，由于合作条款不同，双方承担的义务不同，实务中不同的公司会采用不同的处理方法。部分信息摘录如下：

公司名称	运营模式	总额法/净额法
002558巨人网络	联合运营	总额法：构成主要责任人，收入应按照来自最终玩家的收入总额确认。但是若干游戏平台不时向玩家提供各种营销折扣，以鼓励玩家于该等平台消费。个人玩家支付的实际价格可能低于游戏币或道具的标准价格。该等营销折扣本集团无法可靠追踪，也不会由本集团承担，故本集团无法合理估计总收入的金额（即玩家支付的实际价格）。与该等平台相关的收益按已收或应收款的公允价值计量，即自该等第三方平台所得的净额。其他游戏平台并无向玩家提供折扣的情况，就该等平台而言，收入按个人玩家购买总额确认，而该等平台收取的佣金则确认为销售费用入账
	授权运营	净额法：本集团不承担主要责任，为游戏代理方，以第三方运营公司支付的分成款项按照净额法确认营业收入
002602世纪华通	授权运营	净额法：在授权运营模式下，由于本集团在游戏运营过程中对玩家不承担主要运营责任，因此按照净额法确认。在净额法下，本集团按照合同或协议约定，以合作运营方支付的版权使用费和分成款项确认收入
002624完美世界	联合运营	总额法：本公司负责游戏的维护、升级、客户服务等。游戏平台负责游戏推广及搭建收费渠道，并按协议约定的分成比例与本公司就游戏收入进行分成。本公司构成主要责任方，收入应按照来自最终玩家的收入总额确认。 对应的平台分成成本按照相应的收入确认模式计入合同取得成本及成本中
002555三七互娱	联合运营	净额法：公司与第三方游戏运营公司或游戏应用平台负责各自渠道的管理，如运营、推广、充值收款以及计费系统等。公司根据与第三方游戏运营公司或游戏应用平台的合作协议，计算的分成金额，在双方结算且核对无误后确认为营业收入
300052中青宝	联合运营	净额法：网络游戏平台将其在合作运营游戏中取得的收入按协议约定的比例分成给公司，在双方核对数据确认无误后，公司确认营业收入

提示或倾向性观点：

（1）网络游戏联营模式中，游戏开发商和合作方根据合作协议负责各自渠道的管理。由于网游服务的特殊性，在向玩家提供服务之前，判断哪一方控制了游戏（因而是主要责任人）比较困难。实务中可能要考虑：哪一方主要负责游戏的运营、维护和客户服务？游戏的服务器由谁负责搭建和维护，数据保存在哪一方的服务器上？游戏币的价格哪一方的话语权更大？平台对玩家的营销折扣是否只能在一定的范围内？游戏开发商是否能对平台数据进行追踪以检查玩家各个玩家账户的购买和消费情况？等等。在判断时应综合各方面的情况，不能孤立地强调某一方面的因素。

（2）属于主要责任人但只能以“净额法”处理？

上述摘录信息中，某公司在“联合运营”模式下属于主要责任人，应采用“总额法”，但是由于无法获得游戏平台（代理人）对玩家提供的各种营销折扣，无法合理估计总收入的金额，只能将来源于平台的所得确认为收入，实质采用净额法。

实务中，的确存在一些情况，企业身份虽然是主要责任人，但却不能获得代理人向最终客户收取的对价金额。这种安排在涉及渠道商、加盟商等中间商的物流行业、电信行业（如，电话卡销售）、航空公司通过旅行社销售机票及游戏行业等较为常见。在此种情况下，是否允许企业按照从代理人收取的净额（终端售价减去代理人扣留的部分）确认收入，目前尚无定论。

（3）网络直播平台的相关考虑。

与网络游戏类似，目前比较火的网络直播行业也存在采用总额法还是净额法，以及如何确认打赏收入的问题。

①直播平台是主要责任人还是代理人？首先强调的是具体个案还需要依据个别合同分析，由于合同条款不同可能有不同的结果。但从网络直播业务模式的实质分析，直播平台更有可能属于代理人。网络直播提供给客户（观众）的服务是“主播表演”，观众通过登录直播平台观看主播表演，并通过购买虚拟礼物支付对价。而直播平台在此过程中为主播或主播团队提供协助服务。“主播表演”服务在提供给观众之前，主播及其团队能够决定表演的形式、内容等，直播平台通常只做合规性的审查。因此，在转让给最终客户之前，平台并不能控制该服务，属于代理人，应采用净额法确认收入。相应地，在平台收到客户充值金额时，应按合同约定将归属平台的分成金额计入“合同负债”，其余部分视同代收款计入“其他应付款”。

②购买虚拟礼物何时确认收入。观众在平台观看表演时，会用自己的充值款购买虚拟礼物打赏主播。与网络游戏购买道具类似，虚拟礼物的销售应在购买并打赏时确认收入。

15.8 FOB、CIF、CFR贸易的收入确认时点

FOB、CIF、CFR都是国际海运贸易的常见方式，根据国际贸易术语解释通则的解释，这几种方式的主要特点如下：

贸易方式	运输方式	交货地点	风险转移界限	运输/保险	费用承担
FOB	水上运输	装运港口	装运港越过船舷	卖方不负责	买方承担运费和保险费
CIF	水上运输	装运港口	装运港越过船舷	卖方签订运输和保险合同	卖方承担运费和保险费
CFR	水上运输	装运港口	装运港越过船舷	卖方签订运输合同	卖方承担运费

采用FOB、CFR和CIF这三种贸易方式成交时，货物在装运港越过船舷以后，风险即告转移。在新收入准则实施之前，由于满足《企业会计准则第14号——收入（2006年）》第五条规定的销售商品收入确认应满足的基本条件之一"企业已将商品所有权上的主要风险和报酬转移给购货方"（同时也满足其他条件），在三种方式下，均采用在商品越过装运港船舷时作为确认收入的时点。收入确认时点的判断主要基于标的货物所有权上主要风险和报酬转移，FOB、CIF、CFR三种价格术语下的风险转移时点是相同的，因此尽管采用CIF、CFR还需要承担运费/保险费，但对风险转移时点的判断不产生影响。

新收入准则实施后，判断收入确认时点的基本原则由"商品所有权上的主要风险和报酬转移"变更为"客户取得了商品的控制权"，同时，财政部发布了《收入准则应用案例——运输服务》，对同时提供运输的商品销售作出规范。那么，在新收入准则下，CIF、CFR方式下的运输服务是否构成单项履约义务？三种贸易方式商品控制权转移的时点是否仍然可以判定为"越过船舷"？

我们查看了一些包含国际海运业务的公司2020年年报和IPO申报样本，这些样本基本都维持原有的处理方法，在商品装运、越过船舷、取得报关单时确认收入实现。部分摘录如下：

贸易方式	公司名称	收入确认时点
FOB	605218伟时电子	产品按照合同规定办理出口报关手续并装船越过船舷时该产品的控制权转移至客户，本集团确认产品销售收入
	603556海兴电力	于货物越过船舷时确认收入
	603982泉峰汽车	按照货交装运港船时点确认销售收入
	688677海泰新光	于商品报关出口并确认货物已装运输工具时确认收入
CIF	605218伟时电子	产品按照合同规定办理出口报关手续并装船越过船舷时该产品的控制权转移至客户，本集团确认产品销售收入
	603556海兴电力	于货物越过船舷时确认收入
	（IPO）安徽壹石通材料科技股份有限公司	公司按照与客户约定的船期将货物运送至海关口岸并报关装船；货物的所有权风险自装船后转移给对方。完成报关并获取提单后确认收入

续表

贸易方式	公司名称	收入确认时点
CFR	（IPO）安徽壹石通材料科技股份有限公司	公司按照与客户约定的船期将货物运送至海关口岸并报关装船；货物的所有权风险自装船后转移给对方。完成报关并获取提单后确认收入
	（IPO）杭州博拓生物科技股份有限公司	货物完成报关手续，取得货物出口报关单

提示或倾向性观点：

“越过船舷”是否代表“控制权转移”？

FOB下，货物在装运港被装上指定船时，风险即由卖方转移至买方。这里所说的风险包括标的物毁损、灭失风险、标的货物的公允价值变动风险（销售价格属于已经在出口合同中约定的固定价格）等，同时，接运船只是由买方派出（买方必须自付费用订立从指定的装运港运输货物的合同）。因此，可以判断在货物越过船舷后，即卖方将货物交付给买方后，买方已经能够主导货物的使用（决定由哪个运输公司承运，运往哪个港口），并从中获得几乎全部经济利益。因此在FOB贸易条款下，在货物于装运港越过船舷之时，其控制权已经转移给了客户，此时应确认收入的实现。CFR和CIF方式下的分析与此类似。

15.9 影视行业

我国电影产业链主要包括电影制片、电影发行、电影放映几个环节，主要参与主体包括制片商、发行商、院线公司和影院。其中，制片商主要负责影片制作；发行商从电影制片商处获取影片发行权后，主要负责影片在全国（或全球）范围内的发行和营销；院线公司从发行商处获得电影拷贝后，负责向其所属影院进行发行（有别于前述专业发行商所从事的“电影发行”，一般称为“院线发行”），并就影片在所属影院放映进行统一安排；影院统一按照其所属院线公司的排映计划对影片进行放映。产业链中各主体主要采用影片票房分账的方式来计算各自应取得的收益。

在收入确认方面，涉及的主要问题是产业链中的各主体是属于主要责任人身份还是代理人身份，是采用总额法还是净额法确认收入？由于合作形式复杂，链条较长，且分账的方式使产业链中的各方都承担了影片票房的风险，在判断时比较困难。而且某一方的收入确认方式也会对其他方的收入确认方式产生影响，特别是处于产业链中间的主体，既可能是上游的代理人，也可能是下游的被代理人。

电影产业链各主体的收入确认方式，在实务中需要根据具体合同约定进行判断，难以有统一的处理方法。基于获取的2020年年报样本，我们将部分公司作为制片方、发行方和影院的收入确认方式汇总列示如下，供参考。

15.9.1 制片方电影票房分账收入

公司名称	电影分账收入确认方法
300251光线传媒	电影票房分账收入在电影完成摄制并经电影行政主管部门审查通过取得《电影片公映许可证》后，电影于院线、影院上线后按公司与放映方确认的实际票房统计并根据相应的分账方法所计算的金额确认收入
603103横店影视	在影片完成摄制取得《电影片公映许可证》，于影院上映后，院线公司提供票房总额结算单（如存在跨期，则提供每期的票房结算单），电影投资方对院线提供的结算单进行确认后，按照合同约定的分账比例确认收入。通常影片当日票房收入由院线统计后于次日传真给公司，院线与公司在影片放映结束后就票房分账结算一次
002343慈文传媒	电影完成摄制并经电影电视行政主管部门审查通过取得《电影公映许可证》，于院线、影院上映后按双方确认的实际票房统计及相应的分账方法所计算的金额确认收入
000892欢瑞世纪	在电影完成摄制并经电影行政主管部门审查通过取得《电影片公映许可证》后，电影于院线、影院上线后按公司与放映方确认的实际票房统计并根据相应的分账方法所计算的金额确认收入

15.9.2 电影发行收入

公司名称	电影发行收入确认方法
601595上海电影	本集团内的院线公司根据与发行公司及影院的分账协议所确定的分账比例，依据各影院实际取得的票房收入分别计算应取得分账款，在计算扣除发行公司应得的分账款后以净额作为院线放映收入
300251光线传媒	电影发行收入：电影发行方根据合同约定按照一定比例在电影总收入中提取确认的收入
603103横店影视	院线根据与发行公司及影院的分账协议所确定的分账比例，依据各影院实际取得的票房收入分别计算应取得分账款，在计算扣除发行公司应得的分账款后以净额作为院线发行收入

15.9.3 影院放映收入

公司名称	影院放映收入确认方法
601595上海电影	影院销售电影票收取票款，在提供电影放映服务时按票款总额确认电影放映收入
300251光线传媒	电影院影片放映收入：是指电影影片于影院上映后企业根据实际收到的电影票销售款减去应支付给北京华夏联合电影院线有限责任公司的票房分账款、国家电影专项基金以及增值税及附加后的影片放映收入
600977中国电影	于影片公映时按所收取票款确认电影放映收入。对于影院采用电影卡、兑换券（包含数码兑换形式）等方式预售电影票的，于持有人实际兑换电影票场次的影片公映时确认收入
300426唐德影视	电影放映收入：在影片上映时按收取的售票款全额确认收入，应付给影片发行方的票房分账款确认为成本

15.9.4 影视制作成本的结转

影视剧制作公司在制作影视剧的过程中会发生相应的成本，包括剧本稿酬、演员片酬、场地租赁费、固定资产折旧、摄制过程中实际消耗的原材料及辅助材料等。如果影片版权为一次性卖断，在收入确认时，相关成本随之结转，这在实务中并无争议。但如果版权并非一次卖断，而是在特定区域、特定期间多次转让，那么如何结转成本与收入确认相匹配？

根据2005年1月1日起实行的《电影企业会计核算办法》（财会〔2004〕19号）“企业采用按票款、发行收入等分账结算方式，或采用多次、局部（特定院线或一定区域、一定时期内）将发行权、放映权转让给部分电影院线（发行公司）或电视台等，且仍可继续向其他单位发行、销售的影片，应在符合收入确认条件之日起，不超过24个月的期间内（主要提供给电视台播映的美术片、电视剧片可在不超过五年的期间内），采用计划收入比例法将其全部实际成本逐笔（期）结转销售成本。计划收入比例应当尽可能接近实际。计划收入比例除有特殊情况应当随时调整外，在年度内一般不作变动。如果企业预计影片不再拥有发行、销售市场，应将未结转的成本予以全部结转。”

在我们抽样的2020年年报样本中，几乎所有公司均采用了与上述《电影企业会计核算办法》一致的方法，即采用“计划收入比例法”结转非一次性卖断的影片制作成本，并且这些成本在结转之前均列报为“存货”。例如，300251光线传媒、300426唐德影视、000892欢瑞世纪、002343慈文传媒、002739万达电影等。

提示或倾向性观点：

（1）《电影企业会计核算办法》是否仍然适用？

《电影企业会计核算办法》颁布实施于2006年2月之前，属于原《企业会计制度》体系下的配套文件。根据财政部《关于印发〈企业会计准则第1号——存货〉等38项具体准则的通知》（财会〔2006〕3号）和《关于印发〈企业会计准则——应用指南〉的通知》（财会〔2006〕18号）规定，执行新企业会计准则体系的企业，不再执行原准则、《企业会计制度》、《金融企业会计制度》、各项专业核算办法和问题解答。但鉴于新企业会计准则是原则导向的，对特殊行业、特殊业务的直接规范较少，因此影视行业的企业在会计核算实务中很多是参照该文处理的。

但是对于有些问题的处理，《电影企业会计核算办法》与新收入准则之间可能出现矛盾。例如，在联合摄制业务中，根据新收入准则应区分参与方是主要责任人还是代理人分别采用总额法或净额法确认收入，还可能涉及对金融工具、合营安排等准则的运用；但根据《电影企业会计核算办法》则区分参与方是否负责摄制成本分别处理，但实质上是均采用净额法核算。我们理解，在存在二者规定冲突时，应该遵循企业会计准则的规范。

（2）非一次性卖断的影片制作成本是否列报为“存货”？

按照《电影企业会计核算办法》的规定，影视剧制作成本在结转之前作为“存货”列报。严格来说，企业自行投拍（非受托摄制）的影片，可以在超过一年的时间跨度内多次转让放映权的，其持有意图是通过多次授权许可的方式获取收益，而不是《企业会计准则第1号——存货》规范的“存货”定义中“在日常活动中持有以备出售”，因此更类似于企业自创的无形资产，确认为无形资产而不是存货更为恰当。特别是“合同履约成本”（列报为存货）是基于与客户之间的合同而存在的，在没有对应合同的情况下确认为“合同履约成本”并不恰当。

但实务中，从我们的抽样样本看，绝大部分企业都将非一次性卖断的影片制作成本列报为“存货”。

（3）非一次性卖断的影片制作成本如何结转？

非一次性卖断的影片制作成本是列报为“存货”还是“无形资产”，直接决定了其结转方式。

如果列报为存货，则根据新收入准则第二十九条，与合同成本有关的资产，“应当采用与该资产相关的商品收入确认相同的基础进行摊销，计入当期损益。”采用“计划收入比例法”结转影视制作成本与“收入确认相同的基础”是类似的，总体上是满足新收入准则要求的。

但是如果列报为“无形资产”，则根据《企业会计准则解释第11号——关于以使用无形资产产生的收入为基础的摊销方法》的规定，即需要“有确凿的证据表明收入的金额和无形资产经济利益的消耗是高度相关”才能继续使用计划收入比例法。

这些问题都需要进一步探讨，也建议关注相关部门的权威指引。

15.9.5 电视剧播映权转让收入

根据新收入准则的规定，电视剧播映权转让属于在一个时点履行的履约义务，应在控制权转移给客户的时点确认收入。实务中，影视制作公司在将电视剧播映权转让给电视台或者视频网站时，虽然会提前将电视剧母带交付对方，但是会对播放时间、播放进度等作出详细约定（例如，只能在某年某月某日某时之后才能播放，每天只能播放N集，等等）。

此种情况下，“控制权转移”时点的标志是什么？在实务中存在不同观点，一是在交付母带之时确认收入；二是在电视台或视频网站可以实际对外播出之时确认收入。这两种观点的主要考虑思路为：

观点1：交付母带时确认收入。从客户（卫视、网站）的角度分析，客户获得电视剧母带后，拥有了主导该播映权/网络传播权的使用（按照合同约定的方式、时间播放）的权利，并能够获取全部经济利益，因此应在该时点确认收入实现。

观点2：在合同约定的可以实际对外播出之时确认收入。尽管客户（卫视、网站）已经获得电视剧母带，但是在合同约定的具体开播日期之前，客户是无权自行播放的，即客户没有获得主导该播映权/网络传播权使用的权利。因此，在合同允许开播日方可视为客户拥有了主导权，应在此时确认收入。

在我们的样本中两种情形都存在，例如：

公司名称	电视剧播映权收入确认时点
300251光线传媒	在电视剧完成摄制并经电视行政主管部门审查通过，取得《电视剧发行许可证》后，电视剧拷贝、播映带和其他载体转移给购货方，本集团履行了合同中的履约义务，即在客户取得相关商品或服务的控制权时，确认收入
603103横店影视	在电视剧完成摄制取得《电视剧发行许可证》，电视剧播出带或其他载体转移给购货方、相关经济利益很可能流入本公司时确认
600052浙江广厦	电视剧销售属于在某一时点履行的履约义务。对于合同中未约定上线播出时间的，在电视剧购入或完成摄制并经电影电视行政主管部门审查通过取得《电视剧发行许可证》。电视剧播映带或其他载体转移给购货方，并已取得收款权利时确认收入；对于合同中约定上线播出时间，且购货方无法主导播出时间的，在电视剧购入或完成摄制并经电影电视行政主管部门审查通过取得《电视剧发行许可证》，电视剧播映带或其他载体转移给购货方与电视剧约定上线播出时点孰晚并已取得收款权利时确认收入
300291华录百纳	电视剧销售收入：当与购货方签订协议，根据合约条款交付经电影电视行政主管部门审查通过取得《电视剧发行许可证》的电视剧播映带或其他载体，并于购货方获得前述载体控制权的时点时确认收入

提示或倾向性观点：

上述两种观点的主要分歧在于：当商品是“知识产权许可”时，如何理解控制定义中“主导商品的使用”？是拥有完全自主的使用权才视为主导“知识产权许可”的使用？还是只要拥有了按照合同约定的方式使用的权利就视为能够主导“知识产权许可”的使用（即主导权的内容是由合同约定的）收入实现。

目前，从我们获取的信息看，监管部门更倾向于在合同约定的允许对外播放时确认收入。可参考本专题【例10–2】“转让电视剧播映权的收入确认”。

15.10　模具销售

目前，模具生产销售一种常见的业务模式为：公司按照客户的技术要求生产模具，模具制造完成并经客户检验合格后，公司再使用该模具为客户生产特定产品。模具为客户产品所定制，不能用于其他产品的制造。模具的法定所有权属于客户，在公司保管使用期间，如模具发生毁损或遗失，则公司需对客户承担赔偿责任，未经客户同意公司不得将模具作出除生产使用之外的其他处置。支付条款有若干种形式，例如，客户单独支付模具价款和产品价款；客户不单独支付模具价款，模具价值体现在后续生产的产品价格中，通常此种情形下，合同中有最低生产量的要求；在特定产品不再生产时，模具所有权有的归客户所有，也有的合同归公司所有，等等。

在新收入准则下，模具生产销售模式涉及以下几个问题：模具是作为公司自身的固定资产还是一项商品？如果属于提供给客户的商品，则模具和后续特定产品能否明确区分，是否可以作为单项履约义务？模具的控制权转移时点是何时？

我们查看了抽取的2020年年报样本，将涉及模具收入确认政策的内容摘录如下：

600699 均胜电子

模具销售于本集团取得客户模具测试通过确认报告并同意本集团开始量产该模具有关产品，模具所有权转移给客户，从而完成履约义务时确认。

002786 银宝山新

公司售后留用模具在公司检验、试模、客户终验收合格后确认收入，该模具产品作为客户资产，由公司保管和使用，为客户生产结构件产品。

603159 上海亚虹

模具完工并经客户验收合格达到量产条件时，客户取得相关商品控制权。

002965 祥鑫科技

精密冲压模具：公司根据客户订单要求完成模具的生产制作，经客户验收合格后，根据订单约定方式确认销售收入。分三种不同情形：A.一次性确认为模具收入；B.部分在当期确认为模具收入，部分体现在合同约定的一定期间内用该模具生产的一定数量的金属结构件中，确认为金属结构件收入；C.当期不确认模具收入，全部体现在合同约定的一定期间内用该模具生产的一定数量的金属结构件中，确认为金属结构件收入。

提示或倾向性观点：

（1）模具是作为公司自身的固定资产还是一项商品？

模具生产完成后，并没有交付给客户，而是一直由公司作为生产工具使用。特别是有些合同约定，在完成一定数量的产品生产后，模具将归公司所有。那么模具是“为生产商品、提供劳务、出租或经营管理而持有的”（因而应作为“固定资产”）还是本身也属于向客户提供的商品？

在模具生产完成后，如果作为公司本身的固定资产，则必须满足《企业会计准则——基本准则》对“资产”的定义“资产是指企业过去的交易或者事项形成的、由企业拥有或者控制的、预期会给企业带来经济利益的资源”。如果公司未经客户同意不得将模具进行除使用以外的其他处置，这表明公司虽然实际承担保管和使用责任，但完全是基于客户的指令进行，其自身并无对模具使用和处置的自主支配权，因此不符合《企业会计准则——基本准则》所规定的资产定义中的“拥有或控制”标准（“指企业享有某项资源的所有权，或者虽然不享有某项资源的所有权，但该资源能被企业所控制”）。因此，此种合同背景下的模具不属于公司的固定资产，而是在有别于商品销售的单项履约义务下（见后文讨论）向客户提供的一项商品。

（2）模具是否属于单项履约义务？

由于模具是为了进一步生产特定产品而专门生产的，那么模具本身是构成一项履约义务，还是为履约而进行的一项初始活动？根据新收入准则第十条进行分析，客户获取模具后，可以使用该模具生产产品，能够从模具中单独受益；模具生产完成后，使用模具生产特定产品的后续工作可以由公司履行也可以由第三方履行，模具和后续产品之间无需整合，彼此不存在重大修改或定制，也没有高度的关联性。因此，在此种合同背景下的模具本身应作为一个单项履约义务（当然，也存在模具与产品销售共同作为一项履约义务的情况，例如该模具必须与本企业独有的生产技术、流程或材料等相结合，才能制造出符合客户需求的产品）。

如果模具作为单项履约义务，则合同价款应在模具和后续产品之间进行分摊，但需要注意，在某些情况下，合同中模具的定价是在考虑了后续产品定价的基础上确定的，因此即使合同明确约定了模具的对价，也并不必然代表该对价就是模具的收入确认金额（单独售价）。此时，需要根据新收入准则将合同对价依据模具和后续产品的单独售价的相对比例进行分摊。

如果模具不构成单项履约义务，则模具的制造属于为了向客户提供商品而进行的必要准备活动。在这种情况下，模具的制造成本应作为合同履约成本予以归集，列报为存货或者其他非流动资产，在后续为客户生产产品的阶段采用系统、合理的方式摊销该项合同履约成本，计入产品制造成本。以“模具款”名义收取的款项应作为合同负债予以递延，同样在后续交付商品时采用系统、合理的方式结转到各期营业收入。

（3）模具控制权转移的时点。

在模具构成单项履约义务的前提下，模具经客户验收且客户允许使用模具进行批量生产之时，模具的控制权通常发生了转移，公司可以确认模具收入。

客户验收后，尽管模具由公司使用，但如上述（1）分析，公司并没有对模具实施控制，此时，客户能够指令公司使用、不使用模具，以及使用的频次，甚至销毁、出售该模具，模具的控制权已经转移给了客户。在有些合同中可能约定，在不足最低采购量时，模具归公司所有，但是如果模具是专为客户产品定制，即使公司获得的模具的所有权，在不能为特定客户生产特定产品的情况下，该模具不会给公司带来未来经济利益的流入，也不符合资产的定义，不能确认为公司的资产。

另可参考：本专题【例13–6】“汽车零部件厂商受整车厂委托开发模具（所有权

属于整车厂）的会计处理”。

15.11 维修业务

维修（大修、修理）业务是否能够在一段时间确认收入，取决于该业务和合同条款能否满足新收入准则第十一条的三个条件之一。我们在查看2020年年报抽样样本时发现，不同的公司对于维修业务的收入确认采取了不同的处理方法，例如：

公司名称	维修标的	时点/时段	备注
600297广汇汽车	汽车	时段	本集团为客户提供汽车维修服务，根据已完成劳务的进度在一段时间内确认收入，其中，已完成劳务的进度按照已发生的成本占预计总成本的比例确定
（IPO）金鹰重型工程机械股份有限公司	工程车辆	时段	在新收入准则下，因大修车辆所有权属于客户，而大修服务是公司对车辆提供修理服务，所以车辆所有者，即客户在公司履约的同时即取得并消耗公司履约所带来的经济利益，因此为在一段时间内履行的履约义务，公司按照投入法中已经发生的成本占预计总成本的比重确定履约进度，进而确认收入，符合《企业会计准则》的规定
（IPO）株洲中车时代电气股份有限公司	轨道交通产品	时点	本集团主要维修轨道交通装备产品。根据维修服务合同的约定，维修服务在交付后客户需要对本集团的服务进行验收，本集团的收款权利为验收合格后。由于客户无法在本集团履约的同时即取得并消耗本集团履约所带来的经济利益；也无法控制本集团履约过程中的服务；在整个合同期间内本集团不能就迄今为止已完成的履约部分收取款项，因此维修服务属于在某一时点履行履约义务，本集团在客户对维修服务验收合格时确认收入
300589江龙船艇	船舶	时点	公司提供的一般船舶维修业务，由于维修周期短，公司在完成船舶修理并办理完结算手续后，确认收入并结转相应成本
600150中国船舶	船舶	时点或时段	一般应按照“某一时点履行”进行核算，即在客户取得相关商品控制权时或在完成船舶修理改造并办理完结算手续后，按照合同价格确认收入并结转相应成本 对于建造周期在1年以上的船舶修理业务、船舶配套业务、风电设备等特殊合同，经评估判断满足“某一时段内履行”条件的，应根据合理划分的履约义务，采用投入法确定恰当的履约进度，在履行各单项履约义务时按照履约进度确认收入和成本
（IPO）正元地理信息集团股份有限公司	地下管网	时段	地下管网业务中的修复业务与设备或房屋大修工程实质相近，修复结果形成业主方的一项资产。项目如在执行过程中更换实施方，后续实施方可以继续执行剩余工作，无需重复执行

提示或倾向性观点：

维修业务是否满足“客户在公司履约的同时即取得并消耗公司履约所带来的经济利益”？

从上述摘录信息看，针对同类（或类似）的产品实施的维修服务，不同公司采用的收入确认方法存在不同。特别是对于维修业务是否满足“客户在公司履约的同时即取得并消耗公司履约所带来的经济利益”的判断存在差异，有些公司认为维修标的属于客户，因此在维修的同时客户取得并消耗了履约所带来的经济利益，有些公司认为不满足该条件。

通常理解，对于一般的维修服务，由于维修标的属于客户所有，随着维修活动的开展，标的功能或外观等逐渐恢复（或提升），尽管在维修尚未完成之前客户不能使用，但客户持有的资产的价值在恢复或提升，表明客户能够取得并消耗企业履约所带来的经济利益。

但是也可能存在某种情况，例如，该标的资产并非通用资产，是公司专为客户生产的，具有较高、较复杂的技术要求，如果履约中途更换其他第三方，在缺少公司的技术指导和资料的情况下，第三方不能继续在公司履约的基础上继续进行。在这种情况，有可能不满足“客户在公司履约的同时即取得并消耗公司履约所带来的经济利益”的条件。

15.12 线上销售

目前线上销售方式比较普遍，除了部分公司自己在网络上开设自营销售平台外，大部分公司主要是利用第三方交易平台进行销售。在第三方交易平台参与交易的情况下，公司的客户是平台还是最终消费者？商品控制权转移的时点是何时？这些问题，都是在新收入准则下需要重新考虑的问题。

样本摘录信息列示如下：

公司名称	模式	收入确认方式
603719良品铺子	B2B	B2B业务：本集团销售商品予电子商务平台客户。本集团在相关商品的控制权转移给电子商务平台客户时，按预期有权收取的对价金额确认收入。本集团给予电子商务平台客户的信用期通常为30至90天，与行业惯例一致，不存在重大融资成分
	B2C	B2C业务：本集团通过电子商务平台直接销售给终端消费者。本集团在相关商品的控制权转移给终端消费者时，按预期有权收取的对价金额确认收入
688169石头科技	B2C直销	在线上B2C直销模式下（包括天猫、淘宝等），本集团的客户为商品的最终消费者。本集团通过线上电子商务平台对外销售，本集团收到客户订单后发货

续表

公司名称	模式	收入确认方式
688169石头科技	B2C代销	在线上B2C代销模式下，本集团的客户是商品的最终消费者。本集团提供商品供代销平台销售，代销期间未售出商品的所有权仍归属于本集团。消费者直接向代销平台下单并付款，代销平台收到订单后通过第三方物流向消费者发货
	电商入仓模式	在电商入仓模式（包括京东等）下，本集团的客户是京东等自营平台。本集团委托第三方物流公司将商品发往电商的指定仓库，由电商平台负责订单管理及后续的物流配送等。消费者直接向电商下单并付款，电商收到消费者款项后通过其自有物流或第三方物流向消费者直接发货
	上述所有模式	本集团在履行了合同中的履约义务，即在客户取得相关商品或服务的控制权时，按照分摊至该项履约义务的交易价格确认收入
（IPO）青岛易来智能科技股份有限公司	B2C直销	线上B2C直销模式下，公司通过线上电子商务平台对终端用户直接销售，公司收到订单后发货，在终端用户确认收货时确认收入（终端消费者确认收货的依据为线上点击确认收货或根据第三方平台规则在发货后一定天数后系统自动默认确认收货）
	电商入仓模式	在电商自营模式下，公司的直接客户是京东自营、苏宁自营等线上电商平台。公司委托第三方物流公司将商品发往电商的指定仓库，由电商平台负责订单管理及后续的物流配送等，未售出商品的所有权仍归公司所有。消费者直接向电商下单并付款，电商收到消费者款项后通过其自有物流或第三方物流向消费者直接发货。电商平台每月根据当月销售清单与公司进行结算，公司在收到销售清单时确认收入 电商自营模式下电商平台向公司采购商品，并通过其自有平台向终端用户进行销售，未售出商品的所有权仍归公司所有。电商按照结算周期根据周期内销售清单与公司进行结算，公司在收到销售清单时确认收入

提示或倾向性观点：

从上述摘录看，603719良品铺子、688169石头科技披露的详细信息不多，未提及控制权转移的标识事件。（IPO）青岛易来智能科技股份有限公司在“会计师回复意见”中披露的更为详细。

新收入准则下，在分析控制权转移时点时不能仅考虑合同的法律形式，还要考虑经济实质。特别是在遇到强势客户（如新华书店、京东自营、当当、天猫超市等入仓模式）时，有时候公司自己对已发出的商品没有撤回、调换的权力，平台有权要求公司随时调换、退回滞销商品，且只有在平台实现最终销售时才有义务向公司支付价款。此种情况下，这些公司有可能在发货给电商之时，就因为不能主导商品的使用而失去对商品的控制权。参考财政部《收入准则应用案例——主要责任人和代理人的判断》，此时电商平台属于主要责任人，公司的客户是电商平台，应在控制权转让给平台之时确认收入，但由于存在退货条款，涉及可变对价的估计和计入交易价格的限制，实务中很有可能仍然在平台提交销售清单时才能实现收入确认（以上分析仅为框架分析，不同的合同条款将导致不同结果）。

第十六章　特殊业务

16.1 “整个合同期间内有权就累计至今已完成的履约部分收取款项”的情形

新收入准则第十一条提出了三个条件，满足其一就可以在一段时间内确认收入。其中第三个条件是“企业履约过程中所产出的商品具有不可替代用途，且该企业在整个合同期间内有权就累计至今已完成的履约部分收取款项”。

新收入准则应用指南指出，“有权就累计至今已完成的履约部分收取款项”（以下简称“合格收款权”），是指“在由于客户或其他方原因终止合同的情况下，企业有权就累计至今已完成的履约部分收取能够补偿其已发生成本和合理利润的款项，并且该权利具有法律约束力。需要强调的是，合同终止必须是由于客户或其他方而非企业自身的原因所致，在整个合同期间内的任一时点，企业均应当拥有此项权利”。“企业在进行判断时，既要考虑合同条款的约定，还应当充分考虑适用的法律法规、补充或者凌驾于合同条款之上的以往司法实践以及类似案例的结果等。”

在新收入准则实施之前，企业在签订合同并没有考虑收入确认方面的要求，可能很多合同条款并不能满足“合格收款权”的要求。新收入准则实施之后，我们在抽样时发现一些公司针对某些业务采用一段时间确认收入的理由是满足上述收款权的条件。

那么，何种合同条款在什么情况下可能会导致公司满足该条件呢？我们抽样了一些IPO申报材料，汇总如下：

> 在由于客户或其他方原因终止合同的情况下：
>
> 1.依据合同约定。
>
> 公司尚未开始履约的，不退还（或全部退还、退还50%不等）客户已付的定金；
>
> 公司已经开始履约的：
>
> （1）完成工作量不足一半时，按该阶段费用的一半支付服务费；完成工作量超过一半时，按该阶段费用的全部支付服务费；或

(2) 已开始设计工作的，已付款不予以退还，同时根据乙方已进行的实际工作量，甲乙双方另行协商设计费用；或

(3) 客户根据公司至合同终止日止实际完成的并经客户审核确认的合格工作量支付服务费；或

(4) 经证实甲方系因自己可实施或安排乙方以外的人完成咨询服务任务而解除合同，乙方可在法律规定的期限内要求甲方赔偿其因解除合同而遭受的损失。

2.依据《合同法》规范。

根据《合同法》等相关法律法规的规定，由于客户违约等原因导致合同终止给公司造成损失的，公司有权主张包括合同履行后可以获得的利益在内的损失赔偿额。

提示或倾向性观点：

(1) 在上述“依据合同约定”的第(2)、(3)、(4)的条件下，如果认定满足有收款权，必须保证客户支付的“服务费”“解除合同而遭受的损失”等款项能够覆盖“已发生成本和合理利润”。

在实务中，一些面向个人的服务(如教育培训服务)，在开始提供服务前先收取全款，后续服务提供期间客户如要求终止服务并退费，则扣除已提供的服务对应的价款，将余款退还给客户。这种情况也可以认为满足此处“合格收款权”的条件。

(2)《合同法》的规范是否能满足收款权的条件?

此处的《合同法》规范主要是指《合同法》第113条“损害赔偿的范围：当事人一方不履行合同义务或者履行合同义务不符合约定，给对方造成损失的，损失赔偿额应当相当于因违约所造成的损失，包括合同履行后可以获得的利益，但不得超过违反合同一方订立合同时预见到或者应当预见到的因违反合同可能造成的损失。经营者对消费者提供商品或者服务有欺诈行为的，依照《中华人民共和国消费者权益保护法》的规定承担损害赔偿责任。”(注：自2021年1月1日起，上述规定已被《民法典》第584条取代，内容基本一致。)

但《合同法》中所提及的损失，不一定是会计意义上的成本。同时，《合同法》认可“真正意义上的损失”，即如果在产品能够对外出售，则出售收入将抵减损失，这与会计意义上的“成本+合理利润”不同。因而，我们理解不能单纯以《合同法》第113条或《民法典》第584条为依据，认可满足新收入准则收款权“成本+合理利润”的条件，以达到一段时间确认收入的目的。

16.2　由于"军品审价"导致的可变对价

军品业务主要指公司为政府或者军方执行的一些研发项目、生产项目等。一般军品项目的订单金额较大，实施周期较长。军品业务由于客户的特殊性而存在一些与众不同的特点，例如，由于军工行业具有安全性、保密性以及复杂性等特点，军品的价格审核周期较长，也难以事先准确预估。这就导致在公司与军方签订的合同价格尚未得到正式批准之前，公司就已经开始履约，甚至在履约完成时，军审定价可能仍未完成。

实务中，由于军品审价滞后导致的合同对价不确定，一般视为"可变对价"，按照合同暂估价格确认收入。样本摘录如下：

（IPO）四川天微电子股份有限公司

若合同中约定了产品的暂定价格，按合同暂定价格确认收入；未约定暂定价格的产品，按同客户同产品同规格同价格的原则，于获得暂定价格的当期确认收入；审价完成的当期将审定价与暂定价格的累计差异调整当期营业收入。

（IPO）都雷电微力科技股份有限公司

在军品销售过程中，由于军品价格审核周期较长，针对尚未完成审价的产品，供销双方在合同中按暂定价格进行结算，确认销售收入和应收账款。军方审价批复文件下发后，供销双方根据已销售产品数量、暂定价格与审定价格差异情况确定调价金额，此时公司取得了收取补价款的权利或承担退还价差的义务，并将调整金额确认或冲减当期销售收入及应收账款余额。调整金额的确定及收取补价款的权利或承担退还价差的义务均根据军审定价批复文件，审价后将调整金额计入审价当期符合公司业务实质，与同行业可比公司收入确认会计政策一致。

提示或倾向性观点：

（1）合同对价尚未审定是否导致合同不成立？

新收入准则第五条规定："当企业与客户之间的合同同时满足下列条件时，企业应当在客户取得相关商品控制权时确认收入：（一）合同各方已批准该合同并承诺将履行各自义务；（二）该合同明确了合同各方与所转让商品或提供劳务（以下简称"转让商品"）相关的权利和义务；（三）该合同有明确的与所转让商品相关的支付条款；（四）该合同具有商业实质，即履行该合同将改变企业未来现金流量的风险、时间分布或金额；（五）企业因向客户转让商品而有权取得的对价很可能收回。"不同企业内部确立的合同流程可能不同，但只要协议确立了对各方具有约束力的可执行权利和义务，合同即存在。

对于军品审价滞后是否会导致合同不成立，应重点考虑截至资产负债表日合同对价无法确定的事实是否会影响不满足上述条件（五），如果客户具有支付对价的能力和意图，仅仅是由于军品审价周期较长导致合同价格无法确定，则该合同满足收入准则规范的合同标准（在同时满足其他条件的情况下）。

（2）可变对价的估计。

新收入准则第十六条对可变对价的规定："合同中存在可变对价的，企业应当按照期望值或最可能发生金额确定可变对价的最佳估计数，但包含可变对价的交易价格，应当不超过在相关不确定性消除时累计已确认收入极可能不会发生重大转回的金额"。新收入准则应用指南P56："极可能"是一个比较高的门槛，其发生的概率应远高于"很可能（即，可能性超过50%）"，但不要求达到"基本确定（即可能性超过95%）"。

当合同中存在可变对价时，准则及指南对可变对价估计的限制比较严苛。上面摘录的两个样本均是按照"合同约定的暂定价格"做为可变对价的最佳估计数。实务操作中，应谨慎考虑该"暂定价格"是如何确定的，是否满足"极可能不会发生重大转回"的限制条件，并根据历史数据和经验考虑该"暂定价格"和最终的"审定价格"之间的差异范围的大小。

（3）其他常见的可变对价情况。

①现金折扣。根据财政部2020年12月11日发布的《会计准则实施问答——收入准则实施问答》："企业在销售商品时给予客户的现金折扣，应当按照《企业会计准则第14号——收入》（财会〔2017〕22号）中关于可变对价的相关规定进行会计处理。"

在执行新收入准则之前，"现金折扣"的核算依据为《企业会计准则讲解2010》P220"企业销售商品涉及现金折扣的，应当按照扣除现金折扣前的金额确定销售商品收入金额。现金折扣在实际发生时计入财务费用。"

差异如下：

现金折扣的处理	确认收入时	实际发生现金折扣时
新准则	满足可变对价估计要求的"现金折扣"金额冲减确认收入金额	如果与前期冲减收入的金额存在差异，则调整收入确认金额
旧准则	确认收入金额不扣除现金折扣	现金折扣计入财务费用

②商业折扣——基于客户销售额的可变对价。实务中，企业经常为客户提供商业折扣，例如：销售返利（包括现金返利、实物返利、直接抵减后期货款等）。这些商业折扣金额都是基于客户销售额的不同而不同，属于新收入准则规范的"可变对价"或赋予客户"额外的购买选择权"。财政部发布的《收入准则应用案例——基于客户销售额的可变对价》中，按照客户使用企业产品的实际节能效果的一定比例计

算的对价部分，也属于“可变对价”范畴。

关于商业折扣的具体会计处理，可参考本专题【例8–3】“返利的会计处理”。

③区分合同变更和可变对价。财政部发布的《收入准则应用案例——合同变更与可变对价的判断》以三个案例说明在合同对价发生变化时，如何区分该变化是属于合同变更还是可变对价：

情况	合同变更	可变对价
合同条款/企业已公开宣布的政策、特定声明或者以往的习惯做法等	无折扣、折让等金额可变条款/不会提供价格折让等可能导致对价金额可变的安排	在某些情况下（如商品出现瑕疵时），将根据商品的具体情况给予客户价格折让
对价的变化	市场条件的变化引发，是企业在合同开始日根据其所获得的相关信息无法合理预期的	企业在合同开始日根据所获信息可以合理预期，后期对价的变化属于相关不确定性消除而发生的可变对价的变化

综上，区别于合同变更和可变对价的关键点在于：在合同开始日，企业是否能够合理预期合同对价将随着不确定性事项的发生或不发生而产生变化。

④因合同中约定的“不可抗力”导致对客户的赔偿，是否属于“可变对价”？

该问题并没有明确规范。但可以参考IFRIC撤销议题选注“议题36：新收入准则应用案例——航班延误或取消赔偿的处理”（参见本专题【例8–5】之“权威指引”）。在该案例中，当主体无法向客户提供承诺的运送服务时，客户有权获得赔偿。即：如果主体无法按承诺运送客户（应支付赔偿），则主体预期有权取得对价金额与该航班没有延误或取消而有权取得的对价金额不同，因此该赔偿金额构成主体“因向客户转让商品而预期有权收取的对价金额”，属于交易价格的一部分。

该案例对于因航班延误或取消对乘客的赔偿作为“可变对价”处理。实务中，由于合同中约定的“不可抗力”所导致的对客户的赔偿，很可能也属于“可变对价”。此外，由于该“不可抗力”是在合同中约定的，属于企业在合同开始日根据所获信息可以合理预期的情况，根据前述“区分合同变更和可变对价”的原则，也可以判断属于可变对价的范围。但鉴于不可抗力事件通常合理预期发生的可能性极低，故因不可抗力事件导致的对客户的折让或赔偿通常不至于触发可变对价估计中的“极可能不会发生重大转回”的限制条件，因而在合同开始日对合同价格的确定过程中通常无需单独考虑该因素的影响，而在实际发生时按会计估计变更处理。

16.3 单独识别的履约义务

根据新收入准则第十条“企业向客户承诺的商品同时满足下列条件的，应当作为可明确区分商品：（一）客户能够从该商品本身或从该商品与其他易于获得资源一起使用中受益；（二）企业向客户转让该商品的承诺与合同中其他承诺可单独区分。”

实务中，判断合同中的各项承诺是否能够单独区分需要结合商品和服务的特性、履约活动的性质等各种情况分析，还可能需要相关业务的技术人员和专家予以协助。由于识别履约义务涉及到的判断估计较重大，实务中不同企业、不同商品可能会得出不同的结论。

下面我们摘录了一些在2020年年报抽样样本中发现的作为单项履约义务识别的一些示例，其中部分示例为执行新收入准则后的会计政策变更内容，仅供参考。

公司名称	识别的单项履约义务	备注
688083中望软件	软件销售/软件升级	对于标准通用软件，合同中包含软件产品销售与升级服务的，公司按照软件产品销售与升级服务的单独售价的相对比例，将交易价格进行分摊，软件产品销售在公司向客户交付产品密钥并经客户签收后确认收入，升级服务在公司向客户交付升级产品密钥经客户签收后，或升级服务期满时确认收入
002202金风科技	工程承包/服务型质保	风电服务主要包括服务型质保和工程承包服务。服务型质保的收入是在一段时间内在服务提供时确认
600006东风汽车	销售商品/走保服务	因执行新收入准则，本集团及本公司根据销售产品和提供走保服务各自单独售价的相对比例对销售取得的货款进行分配，并将顾客未使用的走保服务的余额重分类至合同负债
000550江铃汽车	销售/汽车保养/额外质量保证劳务	本集团生产和销售整车、汽车零部件给经销商和终端客户；另外，本集团还为客户提供汽车保养和额外质量保证劳务
600050.SH中国联通	通信终端/通信服务	本集团向用户提供捆绑通信终端及通信服务的优惠套餐。该优惠套餐的合同总金额按照通信终端和通信服务的单独售价在两者之间进行分配。通信终端销售收入于最终用户已接受该通信终端并取得该通信终端控制权时予以确认。通信服务收入按用户的移动通信服务实际用量予以确认
002611东方精工	销售商品/安装服务	本集团智能包装设备业务，2020年1月1日之前本集团将其整体作为一项销售商品，于2020年1月1日，本集团分析该项业务中具体包含有销售商品、提供安装服务两项商品或服务承诺，由于客户能够分别从上述各项商品或服务承诺中单独受益或与其他易于获得的资源一起使用中受益，且该上述各项商品或服务承诺分别与其他商品或服务承诺可单独区分，分别构成单项履约义务

第十七章　列报与披露

17.1　运输费用的列报

新收入准则应用指南指出，以及财政部发布的《收入准则应用案例——运输服务》，在企业向客户销售商品的同时提供了运输服务时，通常情况下，控制权转移给客户之前发生的运输活动不构成单项履约义务，而只是企业为了履行合同而从事的活动，相关成本应当作为合同履约成本；反之，控制权转移给客户之后发生的运输活动则可能表明企业向客户提供了一项运输服务，企业应当考虑该项服务是否构成单项履约义务。

根据新收入准则的上述规定，无论运输服务是否构成单项履约义务，企业发生的对应于客户合同的运输成本均属于合同履约成本（企业属于代理人的除外，见下述提示），在企业确认收入时点或时段内应结转计入“营业成本”。而在新收入准则实施之前，运输费用通常列报为“销售费用”，该项变更属于因实施新收入准则导致的会计政策变更。在我们抽取的部分年报样本中也体现了该项会计政策变更，例如，601968宝钢包装、600379宝光股份、300473德尔股份。

提示或倾向性观点：

（1）如果企业属于运输服务的代理人。

运输服务构成单项履约义务时，如果企业委托第三方提供运输服务，还需进一步判断企业就“运输服务”是否为主要责任人，只有企业是主要责任人时，才能确认运输服务收入，并就运输费用相关支出通过“合同履约成本”归集，并通过“营业成本”结转至损益；如果企业就运输服务是代理人的身份，则支付给第三方的运输费用相关支出应作为代收代付款项处理。

（2）其他运输费用。

有些运输费用虽然与销售相关但又不属于前述构成或不构成单项履约业务的两种情形，例如，某公司预计A地未来销售将会增加，因此将某类商品由B地发往A地所发生的运输费用。此时，由于不存在与该类商品相关的合同，所支付的“运输费用”不满足“预期能够收回”的条件，因此不满足资产的确认条件，应在发生时直接计入当期损益，通常是计入“销售费用”。

17.2 质保费用的列报

根据合同约定、法律规定或以往的习惯做法等，企业可能会为所销售的商品或服务提供质量保证。根据新收入准则的规定，依据质量保证的性质可将其分为“服务类质保”和“保证类质保”，其中“服务类质保”应作为一个单项履约义务，分摊交易价格，并单独考虑其收入确认。对于“服务类质保”所发生的成本，企业通过“合同履约成本”归集计入“营业成本”是满足准则规定的。但是对于“保证类质保”发生的成本最终计入“营业成本”还是“销售费用”，实务中存在不同看法。

有观点认为：“保证类质保”虽然本身并不构成一个单项履约义务，但其与“服务类质保”一样，都属于合同的组成部分，其相关支出均属于“为履行合同发生的成本”——合同履约成本，因此计入“营业成本”更符合收入准则的内在逻辑。

但是，新收入准则第三十三条规定“企业提供额外服务的，应当作为单项履约义务，按照本准则规定进行会计处理；否则，质量保证责任应当按照《企业会计准则第13号——或有事项》规定进行会计处理”。《企业会计准则讲解2010》第十四章《或有事项》【例14-7】将质量保证费用计入“销售费用”。因此，在目前情况下，保证类质保还是应该按照《企业会计准则第 13 号——或有事项》和《企业会计准则讲解2020》中的案例，将预提的质保费用计入“销售费用”，不计入“营业成本”。

17.3 未到期质保金的列报

新收入准则应用指南“合同资产和应收款项都是企业拥有的有权收取对价的合同权利，二者的区别在于，应收款项代表的是无条件收取合同对价的权利，即企业仅仅随着时间的流逝即可收款，而合同资产并不是一项无条件收款权，该权利除了时间流逝之外，还取决于其他条件（例如，履行合同中的其他履约义务）才能收取相应的合同对价。”

企业应收客户的质保金，由于尚在质保期内，并不是企业一项无条件收款权，除了时间流逝之外，还取决于企业已交付的商品的质量和在质保期内的履约情况是否能够符合既定标准。因此，在新收入准则实施之后，尚未到期的应收质保金应在“合同资产”中列报，待质保期结束未发生重大质量问题时满足了无条件收款权的要求，再重分类计入“应收账款”。财政部发布的《收入准则应用案例——亏损合同案例》也体现了该要求。

新收入准则下，未到期的质保金作为“合同资产”列报，在我们抽取的部分样本也体现了相关信息，例如，600321振华重工、601360三六零、（IPO）广州信邦智能装备股份有限公司。

提示或倾向性观点：

除此之外，实务中还经常会涉及其他一些“应收账款”和“合同资产”的区分问题：

（1）尚未给客户开具发票是否导致不满足“应收账款”的确认条件?

该问题可参考本专题【例11-1】“仅取决于卖方开票的收款权利应确认为合同资产还是应收账款”。

（2）业主批复金额大于已确认收入的金额是否可以确认为“应收账款”？

例如：甲公司为客户建造某项工程，合同中仅包括一个单项履约义务，且满足在一段时间内确认收入的条件。当年，甲公司按照履约进度确认2 000万元建造收入，业主工程结算单批复的金额为2 200万元，截至期末时点，尚未到款项支付时间。那么，业主批复的结算金额2 200万元大于甲公司确认收入金额2 000万元的差额200万元，在期末时点甲公司是否可以列报为“应收账款”？（假设“业主批复”是满足无条件、仅随时间流逝支付的条件。）

针对此问题，实务中通常有以下两种观点：

观点1：业主批复金额大于确认收入金额之时，应同时确认应收账款和合同负债。上例中的200万元差额是甲公司拥有的“无条件（即仅取决于时间流逝）向客户收取对价的权利”，因此应当列报为应收款项。同时，该款项在甲公司的角度看属于尚未完成履约的部分，因此，甲公司应同时列报“合同负债”200万元。

类似地，在合同刚刚签订公司尚未开始履约的时候，如果客户承诺支付预付款，只要该“承诺”满足无条件、仅随时间流逝支付的要求，也可以同时确认应收账款和合同负债。

观点2：业主披露金额大于确认收入金额的部分不在报表中列报。新收入准则第四十一条中指出“企业应当根据本企业履行履约义务与客户付款之间的关系在资产负债表中列示合同资产或合同负债。”本案例中，尽管客户结算单批复金额为2 200万元，但从甲公司角度看，其实际履行的履约义务计量金额仅为2 000万元，两者的差额200万元属于企业和客户均未履约（客户也未付款）的部分，不属于“合同一方已经履约”的情形。因此，可不在报表列报。

目前，针对该问题尚未有明确规定，但支持观点1的意见较多。

17.4　附注中与收入相关的“重大会计判断和估计”披露

《企业会计准则第30号——财务报表列报》应用指南“本准则规定，企业应当披露重要会计估计，并结合企业的具体实际情况披露其会计估计所采用的关键假设和不确定因素。”

新收入准则相比原准则，增加了很多需要判断和估计的情况。我们抽取的样本中有一部分在附注中披露了与收入相关的重大会计判断和估计，涉及识别履约义务、退货、总额法净额法、履约进度等各个方面，部分内容摘录如下：

002202 金风科技

本集团风机销售业务，包含风机销售及提供运行维护服务两项商品或服务承诺，由于客户能够分别从该两项商品或服务中单独受益或与其他易于获得的资源一起使用中受益，且该两项商品或服务承诺之间可单独区分，该上述各项商品或服务承诺分别构成单项履约义务。

本集团按照投入法确定提供工程承包合同的履约进度，具体而言，本集团按照累计实际发生的成本占预计总成本的比例确定履约进度，累计实际发生的成本包括本集团向客户转移商品或服务过程中所发生的直接成本和间接成本。本集团认为，与客户之间的工程承包合同价款以成本为基础确定，实际发生的成本占预计总成本的比例能够如实反映工程承包服务的履约进度。鉴于工程承包合同存续期间较长，可能跨越若干会计期间，本集团会随着工程承包合同的推进复核并修订预算，相应调整合同履约进度。

600750 江中药业

本集团对可变对价进行估计时，考虑能够合理获得的所有信息，包括历史信息、当前信息以及预测信息，在合理的数量范围内估计各种可能发生的对价金额以及概率。包含可变对价的交易价格不超过在相关不确定性消除时累计已确认收入极可能不会发生重大转回的金额。本集团在评估与可变对价相关的不确定性消除时，累计已确认的收入金额是否极可能不会发生重大转回时，同时考虑收入转回的可能性及转回金额的比重。本集团在每一资产负债表日，重新评估可变对价金额，包括重新评估对可变对价的估计是否受到限制，以反映报告期末存在的情况以及报告期内发生的情况变化。

本集团对具有类似特征的合同组合，根据销售退回历史数据、当前销售退回情况，考虑客户变动、市场变化等全部相关信息后，对退货率予以合理估计。估计的退货率可能并不等于未来实际的退货率。本集团至少于每一资产负债表日对退货率进行重新评估，并根据重新评估后的退货率确定应付退货款和其他流动资产——应收退货成本。

000002 万科 A

收入的确认：如附注三、25 所述，本集团部分收入在一段时间内确认。这些收入的确认取决于本集团对于合同结果和履约进度的估计。本集团根据近期经验及相关活动的性质作出估计。如果实际发生的总收入和总成本金额高于或低于管理层的估计值，将会影响本集团未来期间收入和利润确认的金额。

688536思瑞浦

根据合同约定，经销客户在购买本集团产品后一定期限内有权退货。本集团根据合同约定确认退货比例。本集团认为，按照扣除退货比例后确认的收入金额，在退货期限届满之时极可能不会发生重大转回。因此，本集团按照合同约定的退货比例确定当期销售收入的金额。

601168西部矿业

本集团开展有色金属贸易业务，在判断其是主要责任人还是代理人时，以本集团在特定商品转让给客户之前是否能够控制该商品为原则。本集团根据相关商品的性质、合同条款的约定以及其他所有相关事实和情况综合进行判断，这些事实和情况包括但不限于：（1）本集团是否承担向客户转让商品的主要责任；（2）本集团是否在转让商品之前或之后承担了该商品的存货风险；（3）本集团是否有权自主决定所交易商品的价格。

17.5 附注中“分摊至剩余履约义务的交易价格”的披露

新收入准则应用指南P121“企业应当披露与剩余履约义务有关的下列信息：①分摊至本期末尚未履行（或部分未履行）履约义务的交易价格总额；②上述金额确认为收入的预计时间，企业可以按照对于剩余履约义务的期间而言最恰当的时间段为基础提供有关预计时间的定量信息，或者使用定性信息进行说明。”

此外，上海证券交易所和深圳证券交易所也在各自发布的2020年度报告格式中，要求上市公司“披露本报告期末已签订合同、但尚未履行或尚未履行完毕的履约义务所对应的收入金额”，以及这些金额将在哪一年度确认收入。

由于要求披露剩余履约义务对应收入的具体金额和预计确认收入的具体年度，实务中一些业务复杂、合同较多的企业在披露该信息时往往比较困难。我们从抽样的年报样本中摘录了一些披露信息，供参考。

000002万科

于2020年12月31日，本集团分摊至尚未履行（或部分未履行）履约义务的交易价格预计为人民币×××（2019年12月31日：人民币×××），主要为尚未达到房地产销售合同约定的交付条件的销售合同交易价格以及建造合同的预期未来收入。本集团预计在未来1—3年内，在房产完工并验收合格，达到销售合同约定的交付条件，以及在客户取得相关商品或服务控制权时点，确认销售收入的实现。

600415小商品城

于2020年12月31日，分摊至剩余履约义务的交易价格为人民币×××元，本集团预计该金额将随着相关服务提供进度，通常在未来5年内确认为收入。

600050中国联通

本集团的收入主要来自向用户提供包括语音、数据接入、电信增值服务、互联网应用等电信服务，以及销售或捆绑销售包括终端在内的通信产品。一般情况下，与个人用户签订的电信服务合同都是月度合同或者预计期限在一年以内的合同，与商务用户或政企客户签订的电信服务合同期限是1至5年。本集团每月按照固定的单价和实际服务量向大部分用户发出账单，并获得收款权。本集团对于预计期限在一年或更短期限的合同，以及对于按履约义务完成进度即可直接发出账单确认收入和收款权的合同，采用新收入准则允许的实际操作简化处理方法，因此，相关剩余履约义务的信息未予披露。

688009中国通号

本集团提供的建造合同或提供服务合同通常整体构成单项履约义务，并属于在某一时段内履行的履约义务。截至2020年12月31日，本集团部分建造合同或提供服务合同尚在履行过程中，分摊至尚未履行（或部分未履行）履约义务的交易价格与相应建造合同或提供服务合同的履约进度相关，并将于相应建造合同或提供服务合同的未来履约期内按履约进度确认为收入。

300454深信服

本报告期末已签订合同、但尚未履行或尚未履行完毕的履约义务所对应的收入金额为×××元，其中，×××元预计将于2021年度确认收入，×××元预计将于2022年度确认收入，×××元预计将于2023年度及以后年度确认收入。

提示或倾向性观点：

上述600050中国联通未披露剩余履约义务的信息，其依据是新收入准则应用指南："为简化实务操作，当满足下列条件之一时，企业无需针对某项履约义务披露上述信息：一是该项履约义务是原预计合同期限不超过一年的合同中的一部分。二是企业有权对该履约义务下已转让的商品向客户发出账单，且账单金额能够代表企业累计至今已履约部分转移给客户的价值。"

专题Ⅲ
新金融工具准则相关会计处理

引 言

财政部于2017年3月31日分别发布了《企业会计准则第22号——金融工具确认和计量（2017年修订）》（财会〔2017〕7号）、《企业会计准则第23号——金融资产转移（2017年修订）》（财会〔2017〕8号）、《企业会计准则第24号——套期会计（2017年修订）》（财会〔2017〕9号），于2017年5月2日发布了《企业会计准则第37号——金融工具列报（2017年修订）》（财会〔2017〕14号）（上述准则分别简称为CAS 22、CAS 23、CAS 24、CAS 37，统称“新金融工具准则”），要求境内上市企业自2019年1月1日起执行新金融工具准则。自2021年1月1日起，执行企业会计准则的非上市企业也开始全面实施新金融工具准则。

值新金融工具准则全面实施之际，我们编写了“新金融工具准则相关会计处理”专题，以帮助市场主体更好地理解新金融工具准则的相关知识点及解决执行中的实务问题。本专题以准则中的若干知识点为结构框架，结合准则规定、监管规定及实务案例阐述了对相关知识点的理解，同时说明了对相关金融工具实务问题的倾向性立场。

本专题框架主要包括：

第十八章　金融资产的分类和列报。本章结合相关规定对应收款项融资分类、债权投资分类、其他权益工具投资分类等问题进行了探讨。

第十九章　预期信用损失的计提。本章结合相关规定对预期信用损失的账龄迁徙率模型、三阶段模型、组合划分等问题进行了探讨。

第二十章　金融负债与权益工具区分及相关实务问题。本章根据金融工具列报相关规定对永续债、优先股、引入资金等属于金融负债还是权益工具等问题进行了探讨。

第二十一章　金融资产转移。本章以应收款项保理为例对若干中金融资产转移安排能否实现“出表”进行了探讨。

第二十二章　金融资产公允价值的计量及披露。本章结合准则规定对公允价值层次准确划分、成本能否代表公允价值等问题进行了探讨。

第十八章　金融资产的分类和列报

18.1　金融资产分类的基本原则

18.1.1　金融资产的“三分类”

新金融工具准则根据金融资产的合同现金流量特征（SPPI，Solely Payments of Principal and Interest on The Principal Amount Outstanding）及企业管理金融资产的业务模式将其划分为以下三个基本类别：

18.1.1.1　以摊余成本计量的金融资产（AC，Financial Instruments Reported at Amortized Cost）

同时符合以下条件的，应当分类为以摊余成本计量的金融资产：

（1）通过SPPI测试：合同现金流量特征应当与基本借贷安排相一致，即在特定日期产生的现金流量，仅为对本金和以未偿付本金金额为基础的利息的支付；

如国债、固定利率的银行贷款等通常能够通过SPPI测试。

①通常与基本借贷安排不相一致的要素包括：

其一，权益价格和商品价格的风险敞口：如合同约定的收益与股权或商品的价格变动挂钩；

其二，杠杆：如期权、远期合同。

②关于2020年“贷款市场报价利率（LPR）”的调整对合同现金流量特征的影响，2021年3月财政部会计司在《企业会计准则解释第14号》第二条规定的基础上，发布了以下问答：

问：如果企业判断以“贷款基准利率”为基础确定利息的金融资产符合本金加利息的合同现金流量特征，那么企业根据中国人民银行改革完善贷款市场报价利率（LPR）形成机制的决定，将确定该金融资产利息的基础调整为“贷款市场报价利率”时，能否认为该金融资产仍然符合本金加利息的合同现金流量特征？（总第2期，2021年3月2日）

答：除非存在其他导致不符合本金加利息的合同现金流量特征的因素，从“贷款基准利率”调整为“贷款市场报价利率”本身不会导致相关金融资产不符合本金加利息的合同现金流量特征。例如，利率为“贷款市场报价利率+200基点”的贷款符合本金加利息的合同现金流量特征；再如，利率为“贷款市场报价利率向上浮动20%”的贷款不符合本金加利息的合同现金流量特征。

（注：“贷款市场报价利率向上浮动20%”加入了杠杆因素，由此导致其合同现金流量特征不符合“本金+利息的基本借贷安排”。）

（2）企业管理该金融资产的业务模式：以收取合同现金流量为目标。

企业确定其管理金融资产的业务模式时，应当注意以下关注点：

①在金融资产组合的层面上确定业务模式，不必按照单个金融资产；

②企业可能会采用多个业务模式管理其金融资产；

③以企业关键管理人员决定的对金融资产进行管理的特定业务目标为基础确定业务模式；

④并非企业自愿指定，而是客观事实，通常可以从企业为实现其目标而开展的特定活动中得以反映；

⑤不得以按照合理预期不会发生的情形为基础确定业务模式。

18.1.1.2　以公允价值计量且其变动计入其他综合收益的金融资产（FVOCI，Fair Value Through Other Comprehensive Income）

此项分类应对债务工具投资和权益工具投资分别予以考虑：

（1）债务工具投资。

同时符合以下条件的，应当分类为以公允价值计量且其变动计入其他综合收益的金融资产：

①通过SPPI测试；

②企业管理该金融资产的业务模式：既以收取合同现金流量为目标又以出售该金融资产为目标；

③金融资产的出售通常认为应满足金融资产转移的终止确认条件。

（2）权益工具投资。

指定为以公允价值计量且其变动计入其他综合收益的金融资产的权益工具投资应同时符合以下条件：

①持有目的：非交易性；

满足下列条件之一则表明企业持有目的是交易性的：

其一，取得相关金融资产主要是为了近期出售。

其二，相关金融资产在初始确认时属于集中管理的可辨认金融工具组合的一部分，且有客观证据表明近期实际存在短期获利模式。

其三，相关金融资产属于衍生工具。但符合财务担保合同定义的衍生工具以及被指定为有效套期工具的衍生工具除外。

②指定时间：仅能在初始确认时（或首次执行日）进行指定，且该指定不可

撤销。

企业在初始确认时（或首次执行日）可以将非交易性权益工具投资指定为以公允价值计量且其变动计入其他综合收益的金融资产；如初始确认时（或首次执行日）不进行指定，则权益工具投资应分类为以公允价值计量且其变动计入当期损益的金融资产。对于购买的或首次执行日持有的不同企业的非交易性权益工具投资，企业可以分别考虑予以指定或不予以指定。

③该工具对发行方而言符合“权益工具”的定义。

符合金融负债定义但是被分类为权益工具的特殊金融工具（包括可回售工具和发行方仅在清算时才有义务向另一方按比例交付其净资产的金融工具）本身并不符合权益工具的定义，因此从投资方的角度也就不符合指定为以公允价值计量且其变动计入其他综合收益的金融资产的条件。例如投资方对某些开放式基金、各类“有限寿命主体”的投资等。

18.1.1.3　以公允价值计量且其变动计入当期损益的金融资产（FVTPL，Fair Value Through Profit or Loss）

（1）该分类为剩余类别：分类为以摊余成本计量的金融资产和分类（或指定）为以公允价值计量且其变动计入其他综合收益的金融资产之外的金融资产都归入此类别。

（2）满足上述18.1.1.1和18.1.1.2分类的债务工具投资，如果能够消除或显著减少会计错配，在初始确认时可指定为此类别。

（3）企业在非同一控制下的企业合并中确认的或有对价构成金融资产的，该金融资产应当分类为此类别，不得指定为以公允价值计量且其变动计入其他综合收益的金融资产。

关于金融资产的具体分类流程请参考18.1.3节金融资产的分类流程图。

18.1.2　相关新增报表项目的定义

财政部2019年4月发布的《关于修订印发2019年度一般企业财务报表格式的通知》（财会〔2019〕6号）之“附件2一般企业财务报表格式（适用于已执行新金融准则、新收入准则和新租赁准则的企业）”对金融资产分类及核算相关新增报表项目进行了规范。其中相关内容总结如下：

报表项目	反映的内容	流动性影响
资产负债表项目		
交易性金融资产	以下两类金融资产资产负债表日的期末账面价值： 1.企业分类为以公允价值计量且其变动计入当期损益的金融资产 2.企业持有的指定为以公允价值计量且其变动计入当期损益的金融资产	自资产负债表日起超过一年到期且预期持有超过一年的，在“其他非流动金融资产”项目反映

续表

<table>
<tr><th>报表项目</th><th>反映的内容</th><th>流动性影响</th></tr>
<tr><td>应收款项融资</td><td>资产负债表日以公允价值计量且其变动计入其他综合收益的应收票据和应收账款等</td><td></td></tr>
<tr><td>债权投资</td><td>资产负债表日企业以摊余成本计量的长期债权投资的期末账面价值</td><td rowspan="2">1.自资产负债表日起一年内到期的，在“一年内到期的非流动资产”项目反映
2.初始期限（或自取得日起算的剩余期限）在一年内（含一年）的，在“其他流动资产”项目反映</td></tr>
<tr><td>其他债权投资</td><td>资产负债表日企业分类为以公允价值计量且其变动计入其他综合收益的长期债权投资的期末账面价值</td></tr>
<tr><td>其他权益工具投资</td><td>资产负债表日企业指定为以公允价值计量且其变动计入其他综合收益的非交易性权益工具投资的期末账面价值</td><td></td></tr>
<tr><td colspan="3">利润表项目</td></tr>
<tr><td>信用减值损失</td><td>企业按照新金融工具准则的要求计提的各项金融工具信用减值准备所确认的预期信用损失</td><td></td></tr>
<tr><td>其他综合收益—其他权益工具投资公允价值变动</td><td>企业指定为以公允价值计量且其变动计入其他综合收益的非交易性权益工具投资发生的公允价值变动</td><td></td></tr>
<tr><td>其他综合收益—其他债权投资公允价值变动</td><td>1.企业分类为以公允价值计量且其变动计入其他综合收益的债权投资发生的公允价值变动
2.企业终止确认一项以公允价值计量且其变动计入其他综合收益的金融资产，处置或将其重分类为以摊余成本计量的金融资产、或重分类为以公允价值计量且其变动计入当期损益的金融资产时，之前计入其他综合收益的累计利得或损失从其他综合收益中转出的金额作为该项目的减项</td><td></td></tr>
<tr><td>其他综合收益—金融资产重分类计入其他综合收益的金额</td><td>企业将一项以摊余成本计量的金融资产重分类为以公允价值计量且其变动计入其他综合收益的金融资产时，原账面价值与公允价值之间的差额</td><td></td></tr>
<tr><td>其他综合收益—其他债权投资信用减值准备</td><td>企业分类为以公允价值计量且其变动计入其他综合收益的债权投资的损失准备</td><td></td></tr>
<tr><td colspan="3">股东权益（所有者权益）变动表项目</td></tr>
<tr><td>股东权益（所有者权益）内部结转—其他综合收益结转留存收益</td><td>1.指定为以公允价值计量且其变动计入其他综合收益的非交易性权益工具投资在终止确认时，前期累计的其他综合收益转入留存收益的金额
2.指定为以公允价值计量且其变动计入当期损益的的金融负债在终止确认时，前期由于企业自身信用风险变动产生的其他综合收益转入留存收益的金额</td><td></td></tr>
</table>

18.1.3　金融资产的分类流程

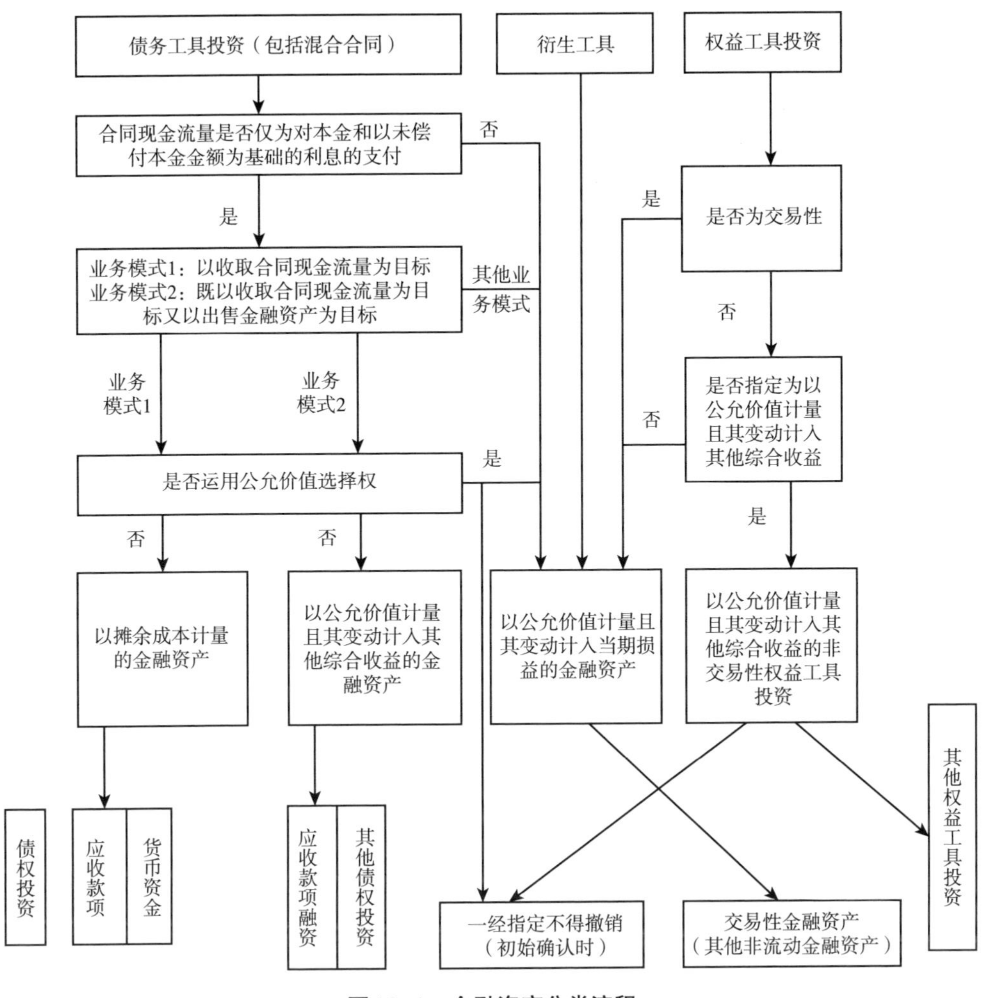

图18–1　金融资产分类流程

注：所列具体科目和报表项目仅供参考。

注意

金融资产分类流程图相关提示：

（1）CAS 37中所述的符合金融负债定义但分类为权益工具的特殊金融工具（参见本专题20.1.5节），对于投资方而言并不属于权益工具投资。

（2）在初始确认时金融资产的分类“一经指定，不得撤销”的两种情况：

①运用公允价值选择权将通过SPPI测试且公司管理金融资产的业务模式为业务模式1（持有以收取合同现金流量）或业务模式2（既持有以收取合同现金流量，也收取出售金融资产的现金流量）的金融资产指定分类为“以公允价值计量且其变动

计入当期损益的金融资产”；

运用公允价值选择权的前提条件：能够消除或显著减少会计错配。

②将非交易性的权益工具投资指定分类为“以公允价值计量且其变动计入其他综合收益的金融资产”。

（3）分类为“以公允价值计量且其变动计入其他综合收益的金融资产”的债务工具投资和指定为该类的非交易性权益工具投资的核算差异：

项目	计入损益的部分	计入其他综合收益的部分	减值准备的计提
债务工具投资	（1）使用实际利率法确认的利息收入； （2）减值损失； （3）摊余成本的外汇利得和损失	并非在损益中确认的其他公允价值变动（包含公允价值变动部分对应的外汇差额部分） *终止确认时累计金额转回至损益	由债务人或担保人的信用风险引发的信用减值损失从其他综合收益中转出至损益（不包括其他因素导致的公允价值下降，如市场利率变动等。）（CAS 22:49）
权益工具投资	股利（明确代表投资成本部分收回的股利除外）	公允价值变动和外汇差额部分 *终止确认时累计金额不得重分类至损益→直接转至留存收益	不需计提减值准备

我们以【例18-1】对权益工具投资的指定分类予以分析说明：

【例18-1】非公开发行限售股的分类问题

问题

如下文“背景”资料所述，非公开发行的股票在购入时划分至交易性金融资产是否合理？其限售期内公允价值如何确定？对后续购入的同种股票，由于管理层持有意图发生变动，能否改变其分类？

背景

A公司2×19年11月9日购买B公司非公开发行的股票555 840 000.00元，限售期为1年。A公司在取得B公司非公开发行股票后将其在“交易性金融资产”会计科目下核算；同时A公司在限售期内对其公允价值的确定按照资产负债表日（例如2×19年12月31日）的收盘价为依据确认其公允价值。

A公司2×20年改变投资策略，将2×20年2月以后从二级市场买入的股票全部划分至“其他权益工具投资”科目下核算。

分析

1.初始购入的限售股的分类及核算。

根据CAS 22：19的规定，企业仅有在初始确认时，才有将非交易性权益工具投资指定为以公允价值计量且其变动计入其他综合收益的金融资产的选择权。本案例中，A公司初始购入时将持有的限售股划分至交易性金融资产（以公允价值计量且其变动计入当期损益），则后续无法再指定为以公允价值计量且其变动计入其他综合收益的金融资产。即，对于合同现金流量特征不满足“本金+利息”条件的非债权性金融资产，其分类在初始确认时即已确定，后续不能进行重分类。

若A公司购入时将该限售股作为非交易性权益工具投资指定为以公允价值计量且其变动计入其他综合收益的金融资产，则该指定一经作出，不得撤销，也不能再分类为以公允价值计量且其变动计入当期损益的金融资产。即使A公司已经事实处置该项投资，账面价值与公允价值的差异直接计入留存收益（不能计入当期损益），公允价值变动累计计入其他综合收益的金额，也在处置时直接计入留存收益，不得再循环至当期损益。

2.后续新购入股票的分类。

对于本案例中在2×20年2月改变投资意图后新购入的股票投资，如有确凿证据表明这部分股票投资的持有意图不同于此前持有的同种股票，且投资意图改变前后购入的同种股票可以明确区分（例如在不同的证券账户中，由不同的团队管理），也可以将这部分投资意图改变后新购入的股票投资指定为以公允价值计量且其变动计入其他综合收益的金融资产（其他权益工具投资）。该指定一旦作出即不得撤销。

3.关于限售期间限售股权公允价值的确定。

限售期间限售股权公允价值的确定，应遵循《企业会计准则第39号——公允价值计量》所规定的原则和方法。

由于限售股在限售期内的流通受到限制，因此不能直接依据对应的无限售条件股份的收盘价作为限售股的公允价值，而是应当采用估值技术加以确定。

（4）衍生工具的例外情况：

①符合财务担保合同定义的衍生工具：

对于财务担保合同，发行方之前明确表明将此类合同视作保险合同，并且已按照保险合同相关会计准则进行会计处理的，可以选择适用CAS 22或保险合同相关会计准则。该选择可以基于单项合同，但选择一经做出，不得撤销。否则，相关财务担保合同适用CAS 22。

②被指定为有效套期工具的衍生工具，适用CAS 24。

18.1.4 新金融工具准则首次施行日金融资产的衔接要点

18.1.4.1 基本原则

（1）在新CAS 22首次执行日尚未终止确认的项目：

①默认按照简化的追溯调整，即将执行新CAS 22的累积影响数调整首次执行日

的期初财务报表；

②有限的全面追溯调整，即如果调整前期比较财务报表数据，应当能够以前期的事实和情况为依据，且比较数据应当反映新CAS 22的所有要求。

（2）在新CAS 22首次执行日已经终止确认的项目不适用新CAS 22。

18.1.4.2　简化追溯调整下的分类和计量

（1）按照新CAS 22的规定对金融工具进行分类和计量（含减值），涉及前期比较财务报表数据与新CAS 22要求不一致的，无需调整。

（2）金融工具原账面价值和在新CAS 22首次执行日的新账面价值之间的差额，应当计入新CAS 22施行日所在年度报告期间的期初留存收益或其他综合收益。

（3）业务模式评估：以新CAS 22首次执行日的既有事实和情况为基础，无须考虑企业之前的业务模式。

（4）合同现金流量特征评估：以该金融资产初始确认时存在的事实和情况为基础。

（5）混合工具：该混合合同在前期比较财务报表期末的公允价值应当等于其各组成部分在前期比较财务报表中的期末公允价值之和。在新CAS 22首次执行日，企业应当将整个混合合同在该日的公允价值与该混合合同各组成部分在该日的公允价值之和之间的差额，计入新CAS 22首次执行日所在报告期间的期初留存收益或其他综合收益。

（6）对相关金融资产的指定或撤销指定：

①以新CAS 22首次执行日的既有事实和情况为基础；

②在新CAS 22首次执行日，企业可以根据新CAS 22第十九条规定，将非交易性权益工具投资指定为FVOCI类别的金融资产。

（7）对于之前以成本计量的、在活跃市场中没有报价且其公允价值不能可靠计量的权益工具投资或与该权益工具挂钩并须通过交付该工具进行结算的衍生金融资产，企业应当以其在新CAS 22首次执行日的公允价值计量。原账面价值与公允价值之间的差额，应当计入新CAS 22首次执行日所在报告期间的期初留存收益或其他综合收益。

18.2　金融资产分类的若干实务问题

18.2.1　“应收款项融资”的分类

我们以下面这个案例对“应收款项融资”项目的范围予以分析说明：

【例18–2】新金融工具准则下“应收款项融资”项目的范围

问题

如下文背景资料中所提各项问题，如何考虑“应收款项融资”的列报范围？

背景

A公司为A+H股上市公司，于2018年1月1日起开始执行新金融工具准则。2019年4月30日，财政部发布《关于修订印发2019年度一般企业财务报表格式的通知》(财会〔2019〕6号)，确定了新的报表格式，其中，资产负债表增加了“应收款项融资”项目，该项目反映资产负债表日以公允价值计量且其变动计入其他综合收益的应收票据和应收账款等。

根据新金融工具准则的规定，对于拟转让（管理业务模式既包括收取合同现金流量也包括出售）的应收账款及拟背书或贴现的汇票将列报为应收款项融资。在实务中，管理金融资产的业务模式是以在报表日已签订了相关合同（报表日合同尚未生效）判断还是以管理层对金融资产持有意图的声明或审批判断。

1.对业务模式的判断应获取何种依据？

2.对该类转让的应收账款及贴现或背书的商业汇票（含银行承兑汇票和商业承兑汇票）是否应符合金融资产终止确认条件？以银行承兑汇票（或承兑单位信用等级非常高的商业承兑汇票，本案例中下同）为例，假定该类汇票背书转让会导致终止确认相关汇票。管理层收到银行承兑汇票后，在供应商接受银行承兑汇票的情况下，优先使用银行承兑汇票付款，也会使用该银行承兑汇票贴现后补充流动资金。基于历史情况，收到的银行承兑汇票背书（或贴现）的比例可能在0—100%，即银行承兑汇票转让的可能性为0—100%。

（1）在哪个范围内，企业持有的应收票据才是以收取合同现金流量为目标？在哪个范围内，企业持有的应收票据既以收取合同现金流量又以出售金融资产为目标？不同业务模式之间是否有量化的划分标准？

（2）如果A公司持有的银行承兑汇票100%都会用于背书（或贴现），A公司的业务模式是否应界定为以出售金融资产为目标，就不应再分类为以公允价值计量且其变动入他综合收益的金融资产（应收款项融资）？在此情况下，应如何列报？

3.集团内部企业转让的商业承兑汇票，管理层认为是不存在承兑风险的，集团内部企业受让后再对外背书时，是否满足终止确认条件，在资产负债表日预计会对外背书时是否应列报为应收款项融资？

分析

问题1:《CAS 22应用指南》规定：“企业的业务模式并非企业自愿指定，

而是一种客观事实，通常可以从企业为实现其目标而开展的特定活动中得以反映。企业应当考虑在业务模式评估日可获得的所有相关证据，包括企业评价和向关键管理人员报告金融资产业绩的方式、影响金融资产业绩的风险及其管理方式以及相关业务管理人员获得报酬的方式（例如报酬是基于所管理资产的公允价值还是所收取的合同现金流量）等。”

如上所述，企业管理金融资产的业务模式是一种“客观事实”，而不是一种意图。审计实务中想了解该“客观事实”是否为“既以收取合同现金流量又以出售金融资产为目标”，需要结合企业以往管理该金融资产的实际方式进行分析，例如：企业有关应收账款、应收票据的管理政策中，是否明确为满足日常流动性需求可将其出售；企业以往是否经常存在将满足某些条件（如：特定信用等级客户的应收账款、某些大型银行出具的承兑汇票等）的应收账款或应收票据进行出售、背书或贴现。即：根据企业以往的实际情况，出售应收账款、应收票据背书或贴现是否已经属于经常性的行为，并非是在特殊情况（如资金紧缺）下的特殊行为。此时方可认定企业管理金融资产的业务模式是“既以收取合同现金流量又以出售金融资产为目标”。

问题2：转让应收账款或者应收票据背书或贴现必须符合CAS 23规定的终止确认条件，才能列报为“应收款项融资”。如果不能终止确认，说明相关金融资产所有权上几乎所有的风险和报酬没有转移，不属于“出售”金融资产，相应地相关业务模式不是“既以收取合同现金流量又以出售金融资产为目标”，进而也就不能列报为“应收款项融资”。

其中，对于承兑单位信用等级非常高的商业承兑汇票贴现是否能够终止确认的问题，证监会会计部在《2017年上市公司年报会计监管报告》中指出：

根据企业会计准则及有关规定，金融资产的终止确认取决于金融资产所有权上主要风险和报酬的转移程度，并且风险与报酬的转移程度是对交易前后风险变动相对值的度量，而非风险本身的绝对值度量。风险与报酬的转移不应仅针对信用风险，还应综合考虑其他风险，如利率风险、延期付款风险、外汇风险等。商业承兑汇票的主要风险为信用风险和延期付款风险。

年报分析发现，部分上市公司将背书转让的商业承兑汇票终止确认。根据我国票据法对追索权的规定，在背书转让合同未明确约定无追索权的情况下，该类金融资产所有权相关的主要风险并没有转移，背书公司不应终止确认相关资产。

《2018年上市公司年报会计监管报告》中指出：

6.错误地将未到期已保理的商业汇票终止确认

根据票据法及企业会计准则相关规定，在转让合同中未明确约定不附追索权的情况下，商业承兑汇票即使贴现、背书或保理，与其所有权相关的主要风险并没有转移，不满足终止确认条件。年报分析发现，部分上市公司终止确认了未到期已保理的商业承兑汇票，票据到期被拒付，公司对相关的追索诉讼确认预计负债，并披露为非经常性损益。商业承兑汇票的信用风险较高，在附有追索权进行保理的情况下不应终止确认，同时应确认相关金融负债；如果保理后被拒付，上市公司应当对该应收票据计提坏账准备，并计入经常性损益。

即：证监会的监管意见一般是不认可商业承兑汇票背书时的终止确认。因此，应收商业承兑汇票通常也不能列报为“应收款项融资”。

在新CAS 22下，对金融资产的分类，基于“业务模式+合同现金流量特征”双重分类标准，我们提供如下实务建议（请注意：以下讨论均以相关保理或背书、贴现业务能够满足CAS 23规定的金融资产转移终止确认条件为前提）。

如果A公司仅对部分应收款项予以保理或对部分银行承兑汇票进行背书或贴现（例如，仅对特定客户的应收款项予以保理、仅对特定银行承兑的汇票予以背书或贴现），可以考虑对应收款项组合或应收票据组合进行分拆。未来将予以保理的应收款项或予以背书或贴现的银行承兑汇票的业务模式属于“持有以出售”目的（即业务模式3：其他业务模式）；剩余应收款项或应收票据的业务模式属于“持有以收取”目的（即业务模式1：持有业务模式）。需要注意的是：对适用不同业务模式进行管理的应收账款或应收票据，需有客观证据予以区分，如经过公司内部适当层次的决策机构正式作出的决议、与外部保理商签订的保理协议、与贴现银行签订的贴现合同等。

如果公司对应收账款保理未建立完整的管理制度，日常也很少进行保理，主要是为了满足年末“两金压降”等考核指标等临时性目的而在临近年末时对部分应收账款予以保理，出售频率和金额相对于全年应收账款借方发生额而言不重大，则该企业管理应收账款的业务模式仍然总体上属于“持有以收取”类型，因而属于“业务模式1：持有业务模式”。公司对应收票据的贴现或背书，与本段所述的应收账款保理情形类似的，处理原则也一致。

一般认为，在“应收款项融资”项目中列报的应收款项（应收账款和应收票据），应同时满足以下条件：

（1）合同现金流量特征能够通过SPPI测试，即满足CAS 22第十六条所说的“本金+利息”的条件。

（2）管理层有明确意图将这部分应收款项在其到期之前通过转让、背书或贴现的方式收回其合同现金流量，但也不排除持有至到期已收取到期现金流。为此，将这类金融资产与明确持有意图为“持有至到期以收取合同现金流”的其他应收款项明确区分，单独管理。

（3）这类应收款项后续用于转让、背书或者贴现时，预期将可以满足CAS 23规定的金融资产转移终止确认条件。

（4）根据《企业会计准则第30号——财务报表列报（2014年修订）》第十七条规定的标准，该应收款项属于流动资产（资产负债表日不属于流动资产列报范围的应收款项，无论其按照新CAS 22分类为哪类金融资产，均不属于“应收款项融资”列报范围）。

如果A公司将银行承兑汇票用以背书或贴现的比例存在不确定性，如上所述“管理层收到银行承兑汇票后，在供应商接受银行承兑汇票的情况下，优先使用银行承兑汇票付款”，基于对资产负债表日时点应收款项融资的列报，需要就A公司实际使用银行承兑汇票用于结算或转让贴现的历史数据和前瞻性信息趋势进行定性分析，且并不能以单一固定比例作为判断依据。对于将银行承兑汇票用于转让和贴现为主要途径的情况（如本例背景所述2.（2）），应结合“交易性”的判断条件，分析判断其是否应列报为交易性金融资产。

对于分类为交易性金融资产或者以公允价值计量且其变动计入其他综合收益的金融资产的此类金融资产的期末公允价值计量，理论上应按其预计可收回金额按当前市场利率折现到资产负债表日，或者按其合同到期值按信用风险调整后的实际利率折现到资产负债表日。但在实务操作中，鉴于这些应收款项属于流动资产，其期限不超过一年（如票据的期限不超过6个月），资金时间价值因素对其公允价值的影响不重大，并且在实际操作中，票据背书的前后手双方均认可按票据的面值抵偿等额的应收应付账款，不打折扣，因此可以近似认为该等应收款项的期末公允价值等于其面值扣减按预期信用风险确认的坏账准备后的余额，即公允价值基本等于摊余成本，其公允价值变动因素对其期末计量的影响显著不重大。

至于划分为业务模式1、业务模式2、业务模式3之间的具体比例，并没有被普遍接受或具有普遍适用性的公认定量标准。比较安全的说法只能是：通常情况下，符合终止确认条件的转让的发生金额预计低于10%的，认为业务模式为“持有”；高于90%的，业务模式为“其他”；居于两者之间的，业务模式根据具体情况分析确定，可能就属于“双重目的”了。但无论如何，因为该资产的期限很短且合同现金流量满足“本金+利息”条件，即使采用公允价值计量，公允价值也会基本接近于扣除减值准备后的摊余成本。

问题3：商业承兑汇票无论是在集团内部还是外部背书转让，通常都存在证监会会计部《2017年上市公司年报会计监管报告》及《2018年上市公司年报会计监管报告》中指出的金融资产所有权相关的主要风险并没有转移的问题，因此背书方通常不能够终止确认。但在编制集团合并报表时，集团内部背书转让的票据可相互抵销，但对集团外部的票据背书通常不能终止确认。

18.2.2 “其他权益工具投资”的分类

根据CAS 22的规定，在初始确认时或新金融工具准则首次执行日，企业可以将非交易性权益工具投资指定为以公允价值计量且其变动计入其他综合收益的金融资产，并通过“1504 其他权益工具投资”科目核算。

此处可以指定的非交易性权益工具投资中的“权益工具”，是指对于工具发行方来说，满足CAS 37中权益工具定义的工具。权益工具的定义，是指能证明拥有某个企业在扣除所有负债后的资产中的剩余权益的合同。

根据CAS 37的规定，发行方可分类为权益工具的金融工具主要包括以下三类：

（1）符合权益工具定义的金融工具，例如，普通股对于发行方而言，满足权益工具定义。

（2）符合金融负债定义但是被分类为权益工具的特殊金融工具，包括：

①可回售工具，例如某些开放式基金，基金持有人可将基金份额回售给基金，该基金发行的基金份额并不符合权益工具的定义。

②发行方仅在清算时才有义务向另一方按比例交付其净资产的金融工具，例如某些有限寿命主体发行的劣后级份额。

（3）满足“固定换固定”条件的衍生或非衍生金融工具，例如认股权证等。

“可以分类为权益工具”并不代表符合权益工具定义。对于前述第（2）类特殊金融工具，由于投资方并不拥有发行方的“剩余权益”，其本身并不符合权益工具的定义，即使该类工具按照CAS 37的规定，在符合条件时可以列报为权益工具。即：列报为权益工具的范围大于符合权益工具定义的范围。只有当站在发行方的角度，该金融工具符合权益工具定义时，投资方才可将其指定为“其他权益工具投资”（当然，也要同时满足“非交易性”的条件，且仅能在初始确认或首次执行新金融工具准则时行使指定选择权，且该指定不得撤销）。根据CAS 22第十九条，如果相关金融资产属于衍生工具，则表明其持有目的是交易性的，相应地不能被指定为“其他权益工具投资”。因此，在上述三类金融工具中，只有第（1）类可能被指定为“其他权益工具投资”。

此外，风险投资机构、共同基金以及类似主体可根据《企业会计准则第2号——长期股权投资（2014年修订）》（长期股权投资准则）的规定，将其持有的联营企业或合营企业投资在初始确认时，选择以公允价值计量且其变动计入当期损益的金融资产的处理，仅是长期股权投资准则对于这种特定机构持有的联营企业或合营企业投资的特殊规定，不能指定为以公允价值计量且其变动计入其他综合收益的金融资产。

18.2.3 “应收利息”的分类

18.2.3.1 关于应收利息和应付利息的分类

《关于修订印发2019年度一般企业财务报表格式的通知》（财会〔2019〕6号）规定：

（1）其他应收款中的应收利息仅反映相关金融工具已到期可收取但于资产负债表日尚未收到的利息；

（2）其他应付款中的应付利息仅反映相关金融工具已到期应支付但于资产负债表日尚未支付的利息；

（3）基于实际利率法计提的金融工具的尚未到付息日的利息应包含在相应金融工具的账面余额中。

18.2.3.2 银行存款期末应计利息的列报

证监会会计部在《2019年上市公司年报会计监管报告》中就银行存款期末应计利息的列报有以下提示：“根据企业会计准则及相关规定，其他应收款和其他应付款中包含的应收利息和应付利息，仅反映相关金融工具已到期可收取或应支付，但于资产负债表日尚未收到或尚未支付的利息。基于实际利率法计提的金融工具的利息应包含在相应金融工具的账面余额中。年报分析发现，部分上市公司未将基于实际利率法计提的金融工具的利息包含在相应金融工具的账面余额中（如货币资金、长期借款、短期借款等），而是错误地计入应收利息或应付利息，并在其他应收款或其他应付款中进行列报”。

虽然如《关于修订印发2019年度一般企业财务报表格式的通知》（财会〔2019〕6号）中所述，“基于实际利率法计提的金融工具的利息应包含在相应金融工具的账面余额中”，但对于货币资金而言，一般理解其余额应当与银行对账单显示的期末余额（调整未达账项后）相等，即反映截至期末银行账户内实有的、可动用的货币资金余额。如果将银行存款期末计提的利息体现在货币资金的期末余额中，则不符合通常的理解习惯，很可能引起报表使用者的误解。因此，实务中将货币资金的期末应计利息列报于“其他流动资产——应计利息”是更恰当的做法，因为“其他流动资产——应计利息”并不等于“应收利息”，因此与证监会《2019年上市公司年报会计监管报告》中就预提的利息相关的上述提示并不矛盾。

在实务中，也可以接受将这部分定期存款应计利息调整到“货币资金——应计利息”中列报和披露的做法。如果采用此种做法的，则应注意需在货币资金的附注中单列“应计利息”明细项目予以披露。

18.2.3.3　关于货币资金中的应收利息在现金流量表上是否可作为“现金及现金等价物”

《企业会计准则讲解（2010）》第三十二章“现金流量表”的第一节中，对现金等价物的定义和解释为：“现金等价物，是指企业持有的期限短、流动性强、易于转换为已知金额现金、价值变动风险很小的投资。其中，“期限短”一般是指从购买日起3个月内到期。例如可在证券市场上流通的3个月内到期的短期债券等。

现金等价物虽然不是现金，但其支付能力与现金的差别不大，可视为现金。例如，企业为保证支付能力，手持必要的现金，为了不使现金闲置，可以购买短期债券，在需要现金时，随时可以变现。”

我们理解货币资金中的应收利息通常不可以在市场上流通变现，其不具有与现金相同的支付能力，因此不应作为现金或现金等价物考虑。

18.2.4　若干实务案例分析

18.2.4.1　公司持有的资产管理计划份额的分类

【例18–3】

问题

如下文“背景”资料所述，A公司所持资产管理计划份额如何进行分类？

背景

A公司从B公司购买收益增强集合资产管理计划3 000万元，折合份额2 998.8万份，该计划为B公司收益互换集合资产管理计划之子计划。封闭期内，每周一（非交易日除外）披露上周末的单位净值、累计净值；开放期内，集合计划每个工作日的单位净值、累计净值在T+1日披露，该信息可通过B公司官方网站查询。该集合计划自成立之日起三个月为封闭期，封闭期内不接受委托人的申购和退出申请，封闭期满后，每个工作日开放，委托人可在开放日申请参与或退出本集合计划。退出集合计划采取“未知价”原则，即委托人退出价格为退出当天的集合计划单位净值，当发生巨额退出、大额退出并延缓办理时，退出价格为延缓办理日集合计划的单位净值。

A公司申购取得该理财产品的目的是为将闲置的资金取得较高的收益，以获利为持有的目的，而非交易目的。

A公司认为该集合计划目前为开放期，每个工作日均为开放日，且开放期内，集合计划每个工作日的单位净值、累计净值在T+1日披露，公允价值能够取得，故将其计入“交易性金融资产”科目，会计期末根据该集合计划份额持有数量及公布的单位净值计入该项资产公允价值。

分析

本案例中，A公司持有B公司发行的非保本且不承诺固定收益的理财产品，由于该理财产品未来的现金流量并非仅为对本金和基于未偿付本金的利息支付安排（即不能通过SPPI测试），因此该理财计划应分类为"以公允价值计量且其变动计入当期损益的金融资产"。

另外还需要提示注意的是：根据《CAS 22应用指南》："此处权益工具投资中的"权益工具"，是指对于工具发行方来说，满足《企业会计准则第37号——金融工具列报》（以下简称"金融工具列报准则"）中权益工具定义的工具。例如，普通股对于发行方而言，满足权益工具定义，对于投资方而言，属于权益工具投资。

符合金融负债定义但是被分类为权益工具的特殊金融工具（包括可回售工具和发行方仅在清算时才有义务向另一方按比例交付其净资产的金融工具）本身并不符合权益工具的定义，因此从投资方的角度也就不符合指定为以公允价值计量且其变动计入其他综合收益的金融资产的条件。例如某些开放式基金，基金持有人可将基金份额回售给基金，该基金发行的基金份额并不符合权益工具的定义，只是按照金融工具列报准则符合列报为权益工具条件的可回售工具。这种情况下，投资人持有的该基金份额，不能指定为以公允价值计量且其变动计入其他综合收益的金融资产。"

据此，本案例中的资产管理计划份额属于CAS 37第三章中所指的"可回售工具"，即使其份额在该资产管理计划自身的报表中可以列报为权益，但其本身不符合权益工具的定义。根据《CAS 22应用指南》中的上述规定，只能作为"以公允价值计量且其变动计入损益的金融资产"，而不能选择指定为"以公允价值计量且其变动计入其他综合收益的金融资产"。

18.2.4.2 银行理财产品的列报

【例18-4】

问题

如下文"背景"资料所述，A公司所购买的理财产品如何确认、计量及列报？

背景1

甲方：A公司

乙方：银行

理财协议主要条款：

（1）甲方在起息日前向指定专户存入足额资金，甲方并授权乙方于起息日当日将甲方账户内相应的理财资金划转至乙方指定账户

（2）理财产品类型：人民币保本浮动收益型

（3）期限：3个月

（4）参考年化收益率：××%

（5）理财产品业务管理费：实际理财收益超过参考收益时，超过部分由乙方作为理财业务管理费收取，实际理财收益低于参考收益时，乙方不收取理财业务管理费

（6）提前赎回约定：甲方不得提前赎回

甲方购买该理财产品的意图：获得一定收益

背景2

A公司于2×19年11月9日向银行购买了2 518.10万元的理财产品。

理财产品说明书上显示，该产品为无固定存续期限、无固定收益率、可随时申购及赎回的开放式理财产品。该理财产品主要投资对象为国债、金融债、公司债等固定收益工具。

A公司签订风险揭示书上注明：本产品为非保本浮动收益，投资者本金亏损和预期收益不能实现的概率较低的产品。

理财产品说明书的申购和赎回条款中注明：申购和赎回价格：每份理财份额面值1元，申购和赎回价格均为1元。且每个交易日均可申购和赎回。收益按天计算，按月支付。

分析

企业对银行理财产品等结构化主体的投资所获取的合同现金流量的特征，很大程度上取决于这些结构化主体及其所投资的投资产品所产生的合同现金流量的特征。

对于银行理财产品投资而言，通常其投资于动态管理的资产组合，投资者从该类投资中所取得的现金流既包括投资期间结构化主体持有相关资产产生的现金流量，也包括资产处置产生的现金流量。因此，投资于此类产品产生的现金流量并非与基本借贷安排相一致，不能通过现金流量特征测试。

例如，对于非保本浮动收益的银行理财产品投资，通常情况下，非保本理财产品的合同条款中并未约定明确的票息，部分产品可能记载了该理财产品的预期收益率，但理财产品不保障本金及理财收益，理财计划的实际投资收益扣除托管费、固定管理费等相关费用后，作为投资者应得本金及理财收益。因此，

这类理财产品的现金流量反映的是理财计划基础投资的收益水平，与基金投资相类似，因而，该类银行理财产品投资的现金流量也并非与基本借贷安排相一致，不能通过现金流量特征测试。本案例背景2即属于此类情形，根据CAS 22规定，对于不能通过现金流量特征测试的投资，除被企业指定为以公允价值计量且其变动计入其他综合收益的非交易性权益投资外（注：该项指定的选择权不适用于本案例，请参考18.2.2节的相关说明），应当分类为以公允价值计量且其变动计入当期损益的金融资产，而无需进一步评估其业务模式。因此，企业应将该理财产品分类为"以公允价值进行计量且其变动计入当期损益的金融资产"。

对于某些特殊的结构化主体投资，可能被认定为无追索权的债务工具或合同挂钩工具。例如在企业作为投资者知晓投资标的具体信息的情况下，其仅进行单一静态投资的银行理财产品等，投资者的投资本金及回报不能向管理人追偿，而仅限于理财产品底层基础资产产生的现金流量。对于此类投资，如果基础资产的合同现金流量特征与基本借贷安排相一致，则投资者需要根据具体投资条款，收益安排进一步判断，对该理财产品的投资产生的现金流量也可能可以通过现金流量特征测试（详见后附的权威指引中关于"合同挂钩工具"的相关内容）。

对于保本浮动收益的银行理财产品（如背景1），除按一般债权类投资的特性到期收回本金、获取约定利息或收益外，需要关注影响其收益的变量，例如结构性存款，就是在基本存款安排之外还嵌入了一项衍生金融工具，使得结构性存款的利率与商品价格、金价、利率、汇率或证券指数等挂钩。通过这类嵌入衍生工具，投资者获取的收益在基本借贷安排的基础上，会产生基于其他因素变动的不确定性。在新金融工具准则下，如果衍生工具嵌入于一项金融资产主合同，且该主合同属于在CAS 22准则中规范的资产的，则该嵌入衍生工具不再从金融资产主合同中分拆，而是与金融资产主合同作为一个整体，确认为一项金融工具，进行现金流量特征和业务模式测试，从而确定该金融工具的分类和计量。因此，对于含有嵌入衍生工具的结构性存款，嵌入衍生工具可能使其产生除基本借贷安排以外的现金流量。在这种情况下，其合同现金流量往往不能通过现金流量特征测试。

但需要注意的是，当结构性存款嵌入的衍生金融工具符合以下两种情形之一的，则不影响金融资产的分类：

（1）影响极其微小。嵌入衍生金融工具对合同现金流量在每一会计期间和合同整个存续期的累计影响极其微小；

（2）现金流量特征是不现实的。嵌入衍生工具仅在极端罕见、显著异常且几乎不可能的事件发生时才影响该工具的合同现金流量，那么该现金流量特征是不现实的。

本案例背景1中，企业持有的保本浮动收益的理财产品，类似于结构性存款合同，也可参照上述思路进行分类和计量。

如果结构性存款能够通过现金流量特征测试，则应根据企业对其管理的业务模式分类为一项以摊余成本计量的金融资产或以公允价值计量且其变动计入其他综合收益的金融资产（我们理解此种情况的可能性较小）。

若分类为一项以公允价值计量且其变动计入当期损益的金融资产，鉴于其预计持有期限不超过一年，故应列示于“交易性金融资产”；若分类为一项以摊余成本计量的金融资产或以公允价值计量且其变动计入其他综合收益的金融资产，则应通过“债权投资”或“其他债权投资”核算，报表列示时由于其期限较短，应体现在“其他流动资产”。

现金流量表中的列报：“现金及现金等价物”的范围是库存现金、可以随时用于支付的存款以及企业持有的期限短（一般为从购买日起三个月内到期）、流动性强、易于转换为已知金额现金、价值变动风险很小的投资。本案例背景1的理财产品不可以在市场上流通变现，其不具有与现金相同的支付能力，背景2的理财产品存续期限为不定期，并不是在购入后3个月内到期，且两者的收益浮动，可转换为现金的金额并不固定，因此不属于现金流量表中的现金及现金等价物。其购入、赎回的相关现金流量均列报为投资活动的现金流量。

权威指引：

（一）财政部2021年4月发布的《企业会计准则实施问答》中关于“结构性存款会计处理”的问答：

“问：企业应当如何对持有的结构性存款进行会计处理，假设该结构性存款符合《中国银保监会办公厅关于进一步规范商业银行结构性存款业务的通知》（银保监办发〔2019〕204号）定义，即为嵌入金融衍生产品的存款，通过与利率、汇率、指数等的波动挂钩或者与某实体的信用情况挂钩，使存款人在承担一定风险的基础上获得相应的收益（2021年第2期（总第3期），2021年4月25日）。

答：根据金融工具确认计量准则第十七条、第十八条和第十九条，企业持有的金融资产的合同条款规定，在特定日期产生的现金流量仅为对本金和以未偿付本金金额为基础的利息的支付，且企业管理该金融资产的业务模式是以收取合同现金流量为目标的，企业应当将该金融资产分类为以摊余成本计量的金融资产；如果企业管理该金融资产的业务模式既以收取合同现金流量为目标又以出售该金融资产为目标，企业应当将该金融资产分类为以公允价值计量且其变动计入其他综合收益的金融资产。除上述情形之外的金融资产，企业应当将其分类为以公允价值计量且其变动计入当期损益的金融资产。

企业持有的符合《中国银保监会办公厅关于进一步规范商业银行结构性存款业务的通知》（银保监办发〔2019〕204号）定义的结构性存款，通常应当分类为以公允价值计量且其变动计入当期损益的金融资产，记入“交易性金融资产”科目，并在资产负债表中“交易性金融资产”项目列示。”

（二）《CAS 22应用指南》中对“合同挂钩工具”的现金流量特征的讨论：

4.合同挂钩工具。

在一些交易中，发行人可利用多个合同挂钩工具来安排向金融资产持有人付款的优先劣后顺序（分级）。对于某一分级的金融资产持有人来说，仅当发行人取得足够的现金流量以满足更优先级的支付时，此类工具的持有人才有权取得对本金和未偿付本金的利息的偿付。当同时符合下列条件时，企业持有的某一分级的金融资产才符合本金加利息的合同现金流量特征：

（1）分级的合同条款（在未穿透基础资产的情况下），产生的现金流量仅为对本金和以未偿付本金金额为基础的利息的支付（例如该分级的利率未与商品价格指数挂钩）。

（2）基础资产包含一个或多个符合本金加利息的合同现金流量特征的工具（以下称基础工具）。这里的基础资产，是指穿透到最底层的、源生现金流量而非过手现金流量的资产。

（3）该分级所承担的基础资产的信用风险，等于或小于基础资产本身的信用风险。例如，分级的信用评级等于或高于假设发行单一工具（不分级），该工具所得到的信用评级。

基础资产中除基础工具外，还可以有满足以下条件的其他工具：

（1）可以降低基础资产中基础工具现金流量波动性，并且当与基础工具相结合时，能够产生仅为对本金和以未偿付本金金额为基础的利息的支付的现金流量（例如，利率上限或下限，或者降低部分或全部基础工具的信用风险的合同）。

（2）可以协调各分级的合同现金流量与基础工具的现金流量，以解决两者在利率（例如，分级的合同现金流量基于固定利率，而基础工具现金流量基于浮动利率）、计价货币（包括通货膨胀因素）以及现金流量的时间分布上的差异。

在执行上述评估时，企业可能无须针对基础资产中的具体每一项工具进行详尽分析。但是，企业必须运用判断并进行充分的分析，以确定基础资产中的工具是否满足上述条件（同时参照下文关于仅构成极其微小影响的合同现金流量特征的指引）。

如果某一分级的金融资产持有人在初始确认时无法按照上述条件进行评估，那么分级的金融资产应当分类为以公允价值计量且其变动计入当期损益的金融资产。如果在初始确认后基础资产可能发生变化，导致基础资产不满足上述条件的，那么分级的金融资产应当分类为以公允价值计量且其变动计入当期损益的金融资产。如果基础资产包含了有抵押物的工具但抵押物不满足上述对基础资产的要求条件，企业不应当考虑该抵押物的影响，除非企业购买分级金融资产的目的是控制抵押物。

【例】某资产证券化信托计划向投资者发行合同挂钩工具。资产支持证券划分为两层，分别为优先档和次级档，优先档的本息偿付次序优于次级档。该信托计划投资的基础资产的现金流量仅为对本金和以未偿付本金金额为基础的利息支付的贷款组合。优先档有明确的固定票息，而次级档无明确的票息，次级档的收益取决于基础资产的最终收益水平。该计划需将收到的贷款本金和利息回收款优先支付给优先档持有人，即待向优先档持有人按合同条款支付了相应的本金及收益后，才能将剩余的回收款支付给次级档持有人。

本例中，从优先档资产支持证券持有人的角度看，其分级的合同现金流量符合基本借贷安排。因为优先档本身及其基础资产均符合本金加利息的合同现金流量特征且优先档的信用风险不高于基础资产的信用风险。从次级档资产支持证券持有人的角度看，其分级的合同现金流量不符合基本借贷安排。因为次极档本身不符合本金加利息的合同现金流量特征，且次级档承担了高于基础资产的信用风险。

18.2.4.3　信托产品投资的列报

【例18-5】

问题

如下文背景资料所述，A公司持有的信托产品投资在多个报表项目均有列报，是否恰当？

背景

2×19年年末，A公司合计持有信托产品23.55亿元。A公司在编制2×19年年末合并报表过程中发现：A公司下属子公司对于信托产品投资的列报存在多种形式，在多个报表项目中均有列报。为统一A公司对于信托产品投资的列报，A公司总部管理层梳理了A公司持有的信托产品清单，并根据信托产品产品情况分析，希望统一列报口径，并明确是否需要追溯调整年初数。

分析

对于此类信托（或资管计划、投资性合伙企业等结构化主体，下同）投资，首先要明确的是A公司对该信托有无控制、共同控制或者重大影响。

1. A公司对该信托具有控制、共同控制或重大影响

如果A公司对该信托具有控制、共同控制或重大影响，则在A公司（或直接持有信托的子公司）的个别报表层面，该信托投资不作为金融资产核算，应列报为其他非流动资产（如期限超过一年）或者其他流动资产（如期限在一年以内，或者虽然期限超过一年但预计持有期限不超过一年）。在后续计量方面，视情况采用成本法或权益法。

如果A公司（或直接持有信托的子公司）可控制该信托（如单一信托），则企业作为唯一投资人是需要将其纳入合并报表范围的。因此个别报表层面，应体现为一项对信托的投资，对其列报为“其他非流动资产”或“其他流动资产”（根据存续期限、预计持有期限等因素确定）并按成本法核算，不建议在个别报表层面直接穿透该项信托。财务报表附注中将该信托作为本公司可控制的结构化主体予以披露，在合并报表层面体现出该信托的各项对外投资，视情况将该信托的对外投资列报为长期股权投资或适当类别的金融资产。

2. A公司对该信托无控制、无共同控制也无重大影响

如果确定A公司对该信托无控制、无共同控制且无重大影响的，则采用“金融资产模式”进行确认和计量。在新金融工具准则下，通常应被分类为“以公允价值计量且其变动计入损益的金融资产”。

需要说明的是，根据《CAS 22应用指南》:“符合金融负债定义但是被分类为权益工具的特殊金融工具（包括可回售工具和发行方仅在清算时才有义务向另一方按比例交付其净资产的金融工具）本身并不符合权益工具的定义，因此从投资方的角度也就不符合指定为以公允价值计量且其变动计入其他综合收益的金融资产的条件。例如，某些开放式基金，基金持有人可将基金份额回售给基金，该基金发行的基金份额并不符合权益工具的定义，只是按照金融工具列报准则符合列报为权益工具条件的可回售工具。这种情况下，投资人持有的该基金份额，不能指定为以公允价值计量且其变动计入其他综合收益的金融资产。”由于绝大部分信托都有明确的存续期限限制，就信托份额本身而言，存在一项不可避免的向信托持有人交付现金或其他金融资产的合同义务，因而对发行方（信托计划）而言符合金融负债的定义，只是由于符合“发行方仅在清算时才有义务向另一方按比例交付其净资产”的条件，而在信托计划本身作为一

个独立会计主体的报表中列报为权益工具。因此，对信托份额持有人而言，其持有的信托份额不应被分类为“以公允价值计量且其变动计入其他综合收益的权益工具投资”。

在少数情况下，如果其合同现金流量满足“本金+利息”条件的（即CAS 22第十六条所指的“其合同现金流量特征，应当与基本借贷安排相一致。即相关金融资产在特定日期产生的合同现金流量仅为对本金和以未偿付本金金额为基础的利息的支付”），则也可能被分类为“以摊余成本计量的金融资产”或者“以公允价值计量且其变动计入其他综合收益的债权投资”。对于该情况下的列报原则，归类如下表所示：

序号	合同条款的现金流量特征	管理层管理该类金融资产的业务模式	金融资产分类（后续计量模式）	资产负债表上的列报	
				预计持有期限在一年内	预计持有期限超过一年
1	明确约定保本+固定收益（含通过合同挂钩工具**的相关安排（如优先级）满足本条件）	收取合同现金流量	以摊余成本计量的金融资产	其他流动资产	债权投资/一年内到期的非流动资产*
2		既收取合同现金流量又出售该金融资产	以公允价值计量且其变动计入其他综合收益的债务工具投资	应收款项融资/其他流动资产	其他债权投资/一年内到期的非流动资产*
3	未明确保本+固定收益	N/A	以公允价值计量且其变动计入损益的金融资产	交易性金融资产	其他非流动金融资产/一年内到期的非流动资产*

注：*表中“一年内到期的非流动资产”系指该金融资产的初始持有期限超过一年，但截至资产负债表日的剩余期限不足一年的情形。

**“合同挂钩工具”的相关说明，参见本章2.4.2【例18-4】的权威指引部分。

18.2.4.4 投资者取得被投资方股份补偿的处理

【例18-6】

问题

如下文背景资料所述，企业根据对赌协议约定获取的被投资方股份补偿应如何进行账务处理？

背景

1. A公司于2×17年6月4日以750万元对B公司进行增资，增资后持有B公司14.5%的股权。A公司投资于B公司是为后期共享其资源，形成经营上的战略协同。截至资产负债表日，A公司并未有收购合并B公司的计划。由于A公司增资后不能向B公司委派董事和高管人员，对B公司不能形成重大影响。

2. A公司与B公司、B公司原股东三方签订的《增资协议》中对B公司在业绩承诺补偿期间内各年度主营业务的营业收入数和净利润数作出了要求。业绩承诺补偿期间的每一会计年度结束后，B公司应聘请经A公司认可的会计师事务所对B公司进行审计并出具《专项审核报告》，B公司的实际主营业务营业收入数和净利润数以该会计师事务所出具的《专项审核报告》确定的数据为准。

3. 根据2×17年B公司经审计的《专项审核报告》，B公司2×17年的利润实现情况未达到《增资协议》约定的2×17年承诺业绩数，故B公司原股东应无偿转让1%股权给A公司，转让后A公司持有B公司15.5%股权，投资对价仍为750万元。取得1%股份补偿的工商变更手续已完成。

分析

本案例中，A公司基于该投资对B公司基本不构成重大影响，应适用CAS 22进行确认和计量。对A公司而言，该合同包含了两项金融工具，除了取得对B公司的一项权益工具投资以外，还取得了与B公司原股东的一项盈利补偿的收款权。由于这两项金融工具的交易对手方不同，因此不属于混合工具，而应分别按照金融工具准则的规定进行分类和计量。

A公司持有B公司14.5%的股权，通常理解对B公司无控制、共同控制或者重大影响，该项权益投资不能作为长期股权投资按成本法或者权益法进行后续计量，而应作为金融资产，按公允价值进行后续计量（虽然在某些情况下可以以成本作为对公允价值的最佳估计，但不能简单认为必然可以持续以成本进行后续计量）。A公司对B公司的权益工具投资的分类，需要根据A公司管理该金融工具的业务模式，若是非交易性的，管理层可以在初始确认时将其指定为以公允价值计量且其变动计入其他综合收益的金融资产，一经指定，不得撤销。若是交易性的或管理层未指定，则应作为以公允价值计量且其变动计入当期损益的金融资产。

A公司取得的盈利补偿的收款权，可参照对非同一控制下企业合并下被收购方原股东给予业绩补偿（或有对价）的处理方式，按照CAS 22第十九条的规定，企业在非同一控制下的企业合并中确认的或有对价构成金融资产的，该金融资产应当分类为以公允价值计量且其变动计入当期损益的金融资产，不得指定为以公允价值计量且其变动计入其他综合收益的金融资产。A公司实际收到补偿的转让股权时，则应参照此前14.5%股权的会计处理，将或有对价形成的以公允价值计量且其变动计入当期损益的金融资产转入股权对应的以公允价值计量且其变动计入当期损益的金融资产或以公允价值计量且其变动计入其他综合收益的金融资产。

18.2.5 上市公司披露案例摘录[①]

18.2.5.1 新金融工具准则首次执行日金融资产分类的衔接处理

以下是我们摘录的40家上市公司2019年1月1日（新金融工具准则首次执行日）财务报表中金融资产按照新金融工具准则的规定进行分类、衔接的结果：

单位：人民币百万元

原金融工具准则下		新金融工具准则下		重新分类的金额（原）	重新计量差异（新－原）	注释	披露的简要构成
列报项目	计量类别	列报项目	计量类别				
货币资金	AC	交易性金融资产	FVTPL	30.00			黄金价格挂钩的3个月结构性存款
以公允价值计量且其变动计入当期损益的金融资产	FVTPL	交易性金融资产	FVTPL	46 412.94			
		其他流动资产	AC	0.60		（1）	买入返售金融资产
		其他非流动金融资产	FVTPL	2 074.98			
		其他权益工具投资	FVOCI	347.76			对外股权投资
应收票据	AC	应收款项融资	FVOCI	31 050.14	–199.08	（2）	银行承兑汇票、商业承兑汇票
		交易性金融资产	FVTPL	6 823.75	–81.77	（3）	银行承兑汇票
应收账款	AC	应收款项融资	FVOCI	748.20		（4）	
		交易性金融资产	FVTPL	90.29	–1.00	（5）	无追索权保理的应收账款
其他应收款	AC	其他流动资产	摊余成本	13 931.88	–205.73	（6）	资金拆借性质的款项
		交易性金融资产	FVTPL	1 388.09			保本浮动收益理财产品等
		其他非流动金融资产	FVTPL	20.00	–1.19	（7）	次级资产支持证券
		债权投资	摊余成本	0.38			
其他流动资产	FVTPL（债务工具）	交易性金融资产	FVTPL	546.00		（8）	理财产品、海外国家国库券
	AC	交易性金融资产	FVTPL	11 978.94			理财产品、结构性存款、信托计划、资管计划等
	FVOCI	交易性金融资产	FVTPL	7 887.63			理财产品

① 以下摘录信息仅供参考，不代表编者赞同其会计处理和相关披露。

续表

原金融工具准则下		新金融工具准则下		重新分类的金额（原）	重新计量差异（新－原）	注释	披露的简要构成
列报项目	计量类别	列报项目	计量类别				
一年内到期的非流动资产	AC	交易性金融资产	FVTPL	6.13			合伙企业、信托和私募基金
	FVOCI（权益工具）	交易性金融资产	FVTPL	1 181.01			
可供出售金融资产	FVOCI（债务工具）	一年内到期的非流动资产	AC	20.00		（9）	国债
		其他流动资产	FVOCI	3 193.62			其他债权投资
		其他债权投资	FVOCI	1 524.63			债券
		交易性金融资产	FVTPL	3 232.92			理财产品
		其他非流动金融资产	FVTPL	178.40			资产支持专项计划的权益级证券
		其他权益工具投资	FVOCI	53.13			
	以成本计量（债务工具）	债权投资（含其他流动资产）	AC	1 221.00	–0.40	（10）	合伙企业、信托及ABS资产证券化自持部分优先级、次级资产支持证券
		其他非流动金融资产	FVTPL	8 051.08	292.75		基金、合伙企业投资
		交易性金融资产	FVTPL	172.00			投固定收益产品的信托计划
	FVOCI（权益工具）	交易性金融资产	FVTPL	14 579.92			出自12家公司
		其他权益工具投资	FVOCI	32 616.74		（11）	上市或非上市股权投资，个别包含了基金及合伙企业投资
		其他非流动金融资产	FVTPL	4 171.08	–15.57		
	FVOCI（其他）	其他权益工具投资	FVOCI	0.82		（11）	
	以成本计量（权益工具）	交易性金融资产	FVTPL	1 119.46	179.49		
		其他权益工具投资	FVOCI	25 915.50	2 942.04	（11）	
		其他非流动金融资产	FVTPL	12 808.58	1 186.70		

续表

原金融工具准则下		新金融工具准则下		重新分类的金额（原）	重新计量差异（新－原）	注释	披露的简要构成
列报项目	计量类别	列报项目	计量类别				
持有至到期投资	AC	债权投资	AC	529.61			安哥拉国债、国开行的债券
长期应收款	AC	债权投资	AC	16 382.04	−230.11		应收关联方贷款和委托贷款
		其他非流动金融资产	FVTPL	68.63			可转债
其他非流动资产	AC	债权投资	AC	646.35		（12）	委托贷款
	FVTPL	其他非流动金融资产	FVTPL	4 524.92			信托财产收益权、没有控制或共同控制的附有优先权利的股权投资
持有待售资产	以成本计量（权益工具）	其他权益工具投资	FVOCI	1 000.50	89.30		

注：以下调增调减比例的基数均为“重分类金额（原）”。涉及预期信用损失重新计量差异的有（2）（6）（10）（长期应收款重分类为债券投资）（（2）的损失准备涉及金额较小），其余均为公允价值重新计量差异。

以下注释中双引号“”里的内容均为上市公司的披露原文。

（1）从以公允价值计量且其变动计入当期损益的金融资产调整为其他流动资产AC：该调整出自600704物产中大，原列报项目为以公允价值计量且其变动计入当期损益的金融资产－买入返售金融资产，新列报项目为其他流动资产－一年内到期的债权投资。

（2）从应收票据AC调整为应收款项融资FVOCI：40家公司中20家做了该项调整，根据应收款项融资期末余额的披露情况：其中14家为银行承兑汇票，4家包含了商业承兑汇票，2家仅披露了应收票据余额（无分类明细）；其中2家进行了公允价值重新计量：600170上海建工（调减了4.52%），600104上汽集团（调减了0.01%）；其中1家计提了减值准备：600704物产中大，见②，金额较小。另外其中1家公司2019年年末应收款项融资的明细为应收账款，见③E。

①银行承兑汇票分类理由和未予计提预期信用损失原因的披露内容，典型例子有以下3家公司：

601668中国建筑：“本集团视日常资金管理的需要将银行承兑汇票进行贴现和背书，故将银行承兑汇票分类为以公允价值计量且其变动计入其他综合收益的金融资产。于2019年12月31日，本集团按照整个存续期预期信用损失计量坏账准备，经评估所持有的银行承兑汇票不存在重大的信用风险，预期信用损失金额不重大。”

002602世纪华通："本集团下属汽车零部件制造业部分子公司视其日常资金管理的需要将银行承兑汇票进行贴现和背书，且符合终止确认的条件，故将该子公司的银行承兑汇票分类为以公允价值计量且其变动计入其他综合收益的金融资产。

本集团无单项计提减值准备的银行承兑汇票。于2019年12月31日，本集团按照整个存续期预期信用损失计量坏账准备，对列示为应收款项融资的应收票据无坏账准备。本集团认为所持有的银行承兑汇票不存在重大信用风险，不会因银行违约而产生重大损失。"

002415海康威视："本集团在管理流动性的过程中会在部分应收票据到期前进行贴现或背书转让，基于本集团已将几乎所有的风险和报酬转移给相关交易对手之情况，本集团会终止确认已贴现或背书的应收票据。由于本集团管理应收票据的业务模式是既以收取合同现金流量为目标又以出售该金融资产为目标，因此，于2019年1月1日，人民币2 273 846 399.85元的应收票据由分类为贷款和应收款项类金融资产重分类为以公允价值计量且其变动计入其他综合收益的金融资产，并计入应收款项融资。原先以摊余成本计量的应收票据改按公允价值计量对应收款项融资项目的账面价值影响较小，本集团不再调整留存收益。"

②600704物产中大较为详细的披露了银行及商业承兑汇票终止确认原因："银行承兑汇票的承兑人是商业银行，由于商业银行具有较高的信用，银行承兑汇票到期不获支付的可能性较低，故本公司将已背书或贴现的银行承兑汇票予以终止确认。商业承兑汇票的承兑人是商业企业，由于本期已背书或已贴现的商业承兑汇票的承兑人具有较高的信用，商业承兑汇票到期不获支付的可能性较低，故本公司将已背书或贴现的商业承兑汇票予以终止确认。但如果该等票据到期不获支付，依据《票据法》之规定，公司仍将对持票人承担连带责任。"期末显示其对商业承兑汇票按照0.8%计提了减值准备，金额较小。

③也有一些我们认为可能存在疑问的调整，举例如下：

A.期末应收票据和应收款项融资都包含了已背书或贴现未到期的商业承兑汇票。

B.期末应收款项融资的构成为已质押的银行承兑汇票。

C.应收款项融资披露期末已背书但尚未到期的银行承兑汇票中既有终止确认的也有未终止确认的。

D.应收款项融资披露期末包含了公司已背书或贴现且在资产负债表日尚未到期且未终止确认的应收票据。

E.某公司披露："本集团下属子公司上海XX有限公司视其日常资金管理的需要将其账面全部应收账款进行无追索权保理，且符合终止确认的条件，故将该子公司的应收账款分类为以公允价值计量且其变动计入其他综合收益的金融资产。"期末计提坏账准备约614万元。

注意

相关提示请参阅18.2.1节“应收款项融资”的分类。

（1）从应收票据AC调整为交易性金融资产FVTPL：该分类出自600104上汽集团，所对应的金融资产为银行承兑汇票，披露的理由为：“业务模式是以出售该金融资产为目标”。相关银行承兑汇票按照公允价值重新计量调减了1.20%的账面价值。

（2）从应收账款AC调整为应收款项融资FVOCI：该分类出自000333美的集团，其应收款项融资披露：“本集团的应收款项融资主要为根据日常资金管理需要，预计通过转让、贴现或背书回款并终止确认的应收账款和银行承兑汇票。本集团无单项计提减值准备的银行承兑汇票。于2019年12月31日，本集团按照整个存续期预期信用损失计量坏账准备，本集团认为所持有的银行承兑汇票不存在重大信用风险，不会因银行违约而产生重大损失。”

（3）从应收账款AC调整为交易性金融资产FVTPL：该分类出自688169石头科技：“本集团及本公司向B客户销售商品形成的应收账款，本集团及本公司主要以办理无追索权保理的业务模式管理，故于2019年1月1日，本集团及本公司将对B客户的应收账款分类为以公允价值计量且其变动计入当期损益的金融资产，列示为交易性金融资产。”相关款项按公允价值重新计量调减了1.11%的账面价值。

（4）从其他应收款AC调整为其他流动资产AC：该分类出自601668中国建筑，其应收款项（包括以摊余成本计量的应收票据、应收账款、其他应收款、长期应收款和一年内到期的非流动资产）汇总披露的调整理由为：“于2018年12月31日，本集团及本公司持有的属于资金拆借性质的款项账面价值分别为人民币36 592 555千元和12 042 401千元。本集团及本公司执行新金融工具准则后，由于管理该等应收款项的业务模式是以收取合同现金流为目标，且其合同现金流量特征与基本借贷安排相一致，故于2019年1月1日，本集团及本公司将该类应收款项重分类至以摊余成本计量的金融资产，列示为债权投资、其他流动资产和一年内到期的非流动资产。”重新计量差异是预期信用损失调整导致的，信用减值损失调增了1.48%。

（5）从其他应收款AC调整为其他非流动金融资产FVTPL：该分类出自600383金地集团，根据公司披露的信息推断其明细为次级资产支持证券投资，公司将该其他应收款和其他流动资产－理财产品的重分类汇总披露：“于2019年1月1日，本集团持有理财产品投资及次级资产支持证券，原金融工具准则下分类为贷款和应收款项类金融资产，计入其他应收款和其他流动资产项目。因该等投资的合同条款不满足新金融工具准则中本金加利息的合同现金流量特征，因此，于2019年1月1日本集团将合并财务报表中原分类为贷款和应收款项的其他应收款人民币20 000 000.00元和其他流动资产人民币180 000 000.00元重分类为以公允价值计量且其变动计入当期损益的金融资产，分别列报为交易性金融资产人民币180 000 000.00元和其他非流动金融资产人民币20 000 000.00元。原先以摊余成本计量的金融资产改按公允价值计量导致其他非流动金融资产账面价值减少人民币1 186 000.00元，并相应减少未分配利润人民币349 870.00元及少数股东权益人民币836 130.00元。原先以摊余成本计量的金融资产改按公允价值计量未对交易性金融资产账面价值产生重大影响。”原其他应收款改按公允价值计量调减了5.93%的账面价值。

（6）从其他流动资产FVTPL（债务工具）调整为交易性金融资产FVTPL：该分类出自两家公司：600383金地集团（披露信息见注释（7）和601668中国建筑）。601668中国建筑的调整理由披露为“于2018年12月31日，本集团及本公司持有的海外国家国库券账面价值为人民币366 004千元。本集团及本公司执行新金融工具准则后，由于该海外国家国库券的合同现金流量特征不符合基本借贷安排，故于2019年1月1日，本集团及本公司将此海外国家国库券从其他流动资产重分类为以公允价值计量且其变动计入当期损益的金融资产，列示为交易性金融资产。”

（7）从可供出售金融资产FVOCI（债务工具）调整为一年内到期的非流动资产AC:该分类出自601668中国建筑，调整理由披露为“于2018年12月31日，本集团持有的国债账面价值为人民币19 999千元。本集团执行新金融工具准则后，由于管理该组国债投资的业务模式是以收取合同现金流为目标，且其合同现金流量特征与基本借贷安排相一致，故于2019年1月1日，本集团将该国债投资从可供出售金融资产重分类至以摊余成本计量的金融资产，列示为一年内到期的非流动资产。”

（8）从可供出售金融资产以成本计量（债务工具）调整为债权投资（含其他流动资产）AC：该分类出自3家公司600170上海建工、600704物产中大、000961中南建设：

①600170上海建工的分类构成为“子企业上海建工安盈投资管理中心（有限合伙）对上海徐汇滨江梦中心项目进行股权投资，投资目标企业为北京国开滨江投资中心（有限合伙），金额为人民币62 000万元，享有固定回报”（摘自其2018年报）。

②600704物产中大的分类构成为信托（万向信托—［新兴19号和20号］事务管理类）及ABS资产证券化自持部分优先级（“华泰—物产金属供应链金融资产支持专项计划”优先A档资产支持证券）（摘自其2018年年报）。债权投资—信托重新计量了预期信用损失准备，信用减值损失调增了0.07%。

③000961中南建设的构成为次级资产支持证券，公司披露“2015年12月29日，本公司与华鑫证券有限公司（以下简称‘华鑫证券’）签订了《华鑫—中南建设物业资产支持专项计划支持证券认购协议与风险揭示书》，约定由华鑫证券向本公司销售次级资产支持证券5 000.00万元。该次级资产支持证券简称‘中南建次’，证券代码‘116095.SZ’，预期到期日为2020年12月30日。该次级资产支持证券不能流通，不存在活跃市场。”

提示或倾向性观点：

“债权投资”项目，反映资产负债表日企业以摊余成本计量的长期债权投资的期末账面价值，其归类通常应同时满足以下条件：

（1）合同现金流量特征能够通过SPPI测试，即满足CAS 22第十六条所说的“本金+利息”的条件。

（2）管理层管理该金融资产组合的业务模式为“持有以收取合同现金流量”。

（1）从可供出售金融资产FVOCI（权益工具/其他）和 以成本计量（权益工具）调整为其他权益工具投资FVOCI：40家公司中17家做了FVOCI TO FVOCI的调整，有25家做了以成本计量TO FVOCI的调整。

①较为详细披露调整理由的摘录两家：

一是601668中国建筑：“于2018年12月31日，本集团持有的部分以成本计量的非上市股权投资，账面价值为人民币4 485 030千元，累计计提减值准备人民币1 093 925千元；本公司持有的以成本计量的非上市股权投资，账面价值为人民币241 012千元。于2019年1月1日，出于战略投资的考虑，本集团及本公司选择将该等股权投资指定为以公允价值计量且其变动计入其他综合收益的金融资产，列示为其他权益工具投资。相应地，本集团及本公司分别将公允价值与原账面价值的差额人民币579 439千元和280 601千元，调整年初其他综合收益；将累计计提的减值准备人民币1 093 925千元从年初留存收益转入其他综合收益。

于2018年12月31日，本集团持有的部分以公允价值计量的股权投资，账面价值为人民币4 766 170千元；本公司持有的以公允价值计量的股权投资，账面价值为人民币1 069 880千元。于2019年1月1日，出于战略投资的考虑，本集团及本公司选择将该等股权投资指定为以公允价值计量且其变动计入其他综合收益的金融资产，列示为其他权益工具投资。”

二是600104上汽集团：“于2019年1月1日，人民币12 681 608 800.87元的可供出售金融资产被指定为以公允价值计量且其变动计入其他综合收益的金融资产，并计入其他权益工具投资项目，该部分投资属于非交易性权益工具投资，并且本集团预计不会在可预见的未来出售。其中，人民币841 379 494.64元可供出售金融资产为在活跃市场中没有报价且其公允价值不能可靠计量的权益工具投资，于以前期间根据原金融工具准则按照成本计量，于2019年1月1日对该部分股权投资采用公允价值计量导致其他权益工具投资项目账面价值增加人民币111 831 268.85元，并相应增加递延所得税资产人民币79 952.76元，增加其他综合收益（其他权益工具投资公允价值变动）人民币90 629 079.69元，增加少数股东权益人民币21 282 141.92元。此外，以前期间确认的归属于母公司所有者权益的减值损失人民币22 446 226.13元于2019年1月1日从留存收益转入其他综合收益（其他权益工具投资公允价值变动）。”

②从其他权益工具投资附注披露的构成分析，大部分均为上市或非上市股权投资，但是其中也有4家公司披露的明细中包含了基金及合伙企业投资。

注意

相关提示请参阅18.2.2节“其他权益工具投资”的分类。

（2）从其他非流动资产AC调整为债权投资AC：该调整出自3家公司：600096云天化、600104上汽集团、600021上海电力，所涉金融资产均为委托贷款。

例如，600104上汽集团披露的调整信息为：“本集团委托贷款业务模式为收取合同现金流量为目标，因此于2019年1月1日，本集团将人民币407 000 000.00元的长期委托贷款由其他非流动资产重分类为以摊余成本计量的金融资产，并计入债权投资项目。”

18.2.5.2　新金融工具准则首次执行日应收利息/应付利息的重分类

以下是我们摘录了11家上市公司于2019年1月1日（新金融工具准则首次执行日）对财务报表中应收利息/应付利息进行重分类的结果：

单位：人民币百万元

列报项目	从应收利息重分类金额	列报项目	从应付利息重分类金额
货币资金	17 729.43	短期借款	11.00
交易性金融资产	297.34	一年内到期的非流动负债	9.00
其他流动资产	0.26	其他流动负债	3.00
发放贷款和垫款	2 541.03	长期借款	3.00
债权投资	254.83	应付债券	2.00
其他债权投资	157.56	交易性金融负债	1.00
长期应收款	192.29	拆入资金	1.00
买入返售金融资产	7.26	吸收存款及同业存放	1.00
其他非流动资产	3 451.41		

注意

相关提示请参阅18.2.3节“应收利息”的分类。

第十九章　预期信用损失的计提

19.1　预期信用损失基本概念

19.1.1　预期信用损失计提的适用范围

根据CAS 22第八章“金融工具的减值”，下列各项目均应采用预期信用损失模型确认减值损失。以下统称为“预期信用损失适用项目”。

（一）分类为以摊余成本计量的金融资产（含应收款项）；

（二）分类为以公允价值计量且其变动计入其他综合收益的债务工具投资；

（三）租赁应收款；

（四）《企业会计准则第14号——收入》定义的合同资产；

（五）贷款承诺，即按照预先规定的条款和条件提供信用的确定性承诺，但分类为以公允价值计量且其变动计入当期损益的金融负债的贷款承诺除外；

（六）CAS 22第二十一条第一款第（三）项规定的财务担保合同。

19.1.2　预期信用损失的定义

预期信用损失，是指以发生违约的风险为权重的金融工具信用损失的加权平均值。预期信用损失的计量主要需要考虑以下两个方面：

19.1.2.1　信用损失

信用损失是指资产负债表日以下两者差额（现金流缺口）的现值：

（1）企业依照合同应收取的合同现金流量；

（2）企业预期能收到的现金流量，包括出售担保品及其他信用增级的预期现金流（该担保物或其他信用增级应属于金融工具合同条款一部分且企业尚未将其在资产负债表中确认，即使该现金流的预期发生时间超过了合同期限）。

现值的计量需要确定金额、收款时间及折现率，即考虑货币的时间价值。即使企业预计可以全额收款，由于付款的金额和时间分布的影响，一旦收款时间晚于合同规定的到期期限，也会产生信用损失（此时现金流缺口为应收取的款项与折现至合同约定收款时点的预期收款额之间的差额）。

信用损失的计量主要需要考虑以下三个方面：

（1）现金流量的估计。

在估计现金流量时，企业应当考虑金融工具在整个预计存续期的所有合同条款（如提前还款、展期、看涨期权或其他类似期权等）。

关于现金流量的特殊考虑：

项目	现金流量的特殊考虑
租赁应收款	采用的现金流量应当与其按照《企业会计准则第21号——租赁》计量租赁应收款的现金流量口径保持一致
未提用的贷款承诺	上述两者的现金流量均基于对该贷款承诺提用情况的预期，即如果贷款承诺的持有人提用相应贷款的情况下对应的现金流量
财务担保合同	信用损失为以下两者差额的现值： ①企业就该合同持有人发生的信用损失向其做出赔付的预期付款额； ②企业预期向该合同持有人、债务人或其他方收取的金额
购买或源生未发生信用减值、但在后续资产负债表日已发生信用减值的金融资产	信用损失为以下两者的差额： ①该金融资产的账面余额； ②按该金融资产原实际利率折现的预计未来现金流量的现值

（2）折现率。

对于浮动利率及非浮动利率（均指合同约定的利率，本章下同）的金融工具在考虑减值时所采用的折现率如下：

①非浮动利率：采用相关金融工具初始确认时确定的实际利率或其近似值；

②浮动利率：采用当前实际利率，即最近一次利率重设后的实际利率。

关于折现率的特殊考虑：

项目	折现率
购买或源生已发生信用减值的金融资产	采用在初始确认时确定的经信用调整的实际利率（即购买或源生时将减值后的预计未来现金流量折现为摊余成本的利率）
租赁应收款	采用按照《企业会计准则第21号——租赁》计量租赁应收款所使用的相同折现率
贷款承诺	采用在确认源自该承诺的贷款时将应用的实际利率或其近似值
无法确定实际利率的财务担保合同或贷款承诺	采用反映货币时间价值和相关现金流量特有风险的折现率

关于初始确认，对于贷款承诺和财务担保合同而言，初始确认日是指企业作出的不可撤销承诺的生效日。

关于折现时点，应折现至报告日（资产负债表日），而不是“违约时点”或其他日期。

（3）估计预期信用损失的期间（预计存续期）：相关金融工具可能发生的现金流缺口所属的期间。

①企业需考虑的最长期限为企业面临信用风险的最长合同期限（包括考虑续约选择权）。信用风险，是指金融工具的一方不履行义务，造成另一方发生财务损失的风险。

②例外情况：确认预期信用损失的期间超过最长合同期限的情况。

如果金融工具同时包含贷款和未提用的承诺，且企业根据合同规定要求还款或取消未提用承诺的能力并未将企业面临信用损失的期间限定在合同通知期内的，企业对于此类金融工具（仅限于此类金融工具）确认预期信用损失的期间，应当为其面临信用风险且无法用信用风险管理措施予以缓释的期间，即使该期间超过了最长合同期限（CAS 22：62）。

19.1.2.2　违约概率

（1）预期信用损失的计量以违约概率加权平均为基础，应当反映发生信用损失的各种可能性，但不必识别所有可能的情形。

（2）这里的违约概率，是指在某一时点上所确定的未来期间发生违约的概率，而不是在该时点发生违约的概率。

（3）评估发生违约概率的期间：根据预期信用损失计量方法的不同，以及信用风险自初始确认后是否显著增加，分为未来12个月（若金融工具的预计存续期少于12个月，则为预计存续期）的违约概率和整个存续期的违约概率（详见19.2.2节）。

19.2　预期信用损失计量方法

19.2.1　金融工具预期信用损失计量方法应反映的三要素

企业计量金融工具预期信用损失的方法应当反映下列各项要素：（CAS 22：58）

（一）通过评价一系列可能的结果而确定的无偏概率加权平均金额

（二）货币时间价值

（三）在资产负债表日无须付出不必要的额外成本或努力即可获得的有关过去事项、当前状况以及未来经济状况（前瞻性信息）预测的合理且有依据的信息

前瞻性信息，包括但不限于宏观经济因素、行业政策和行业环境等。

19.2.2　预期信用损失的计量方法及适用范围

根据新CAS 22规定，预期信用损失的计量模型包括一般模型和简化模型（CAS 22：48；CAS 22：63）。

19.2.2.1　简化方法（简化模型）

（1）预期信用损失计量的简化方法是指，企业无需跟踪债务人的信用风险变化，始终按照相当于整个存续期内预期信用损失的金额计量其损失准备。

（2）其适用范围：

①由新收入准则规范的交易形成的不包含重大融资成分的应收款项或合同资产

（必须适用简化方法）；

②选择简化方法计量的包含重大融资成分的应收款项、合同资产或租赁应收款（企业拥有选择权，可选择简化方法或一般方法，且企业可对应收款项、合同资产和租赁应收款分别选择减值方法，也可对应收融资租赁款和应收经营租赁款分别做出减值方法的选择。但是，一旦选择，企业应一致运用于所有的应收款项类/合同资产类/应收融资租赁款类/应收经营租赁款类）。

19.2.2.2　一般方法（三阶段模型）

（1）预期信用损失计量的一般方法是指，企业在每个资产负债表日评估金融资产（含合同资产等其他适用项目）的信用风险自初始确认后是否已经显著增加，如果信用风险自初始确认后已显著增加，企业按照相当于整个存续期内预期信用损失的金额计量损失准备（评估整个存续期的违约概率）；如果信用风险自初始确认后未显著增加，企业按照相当于未来12个月内预期信用损失的金额计量损失准备（仅评估未来12个月的违约概率）。

（2）其适用范围：除了19.2.2.1所述适用范围以外的所有适用预期信用损失计提的项目（适用范围见19.1.1节）。

（3）三阶段划分：

第一阶段：信用风险自初始确认后没有显著增加。

第二阶段：信用风险自初始确认后显著增加，但未发生信用减值损失。

第三阶段：信用风险自初始确认后显著增加，且已发生信用减值损失。

特殊情形：

①购买或源生的已发生信用减值的金融工具：始终归类为第三阶段。

②对于在资产负债表日具有较低信用风险的金融工具，企业可以选择简化处理，直接确定其属于第一阶段。

（4）信用风险自初始确认后是否显著增加的评估

①该评估结果根据以下两个时点的违约概率比较得出：

其一，在初始确认时所确定的预计存续期内的违约概率；

其二，在资产负债表日所确定的预计存续期内的违约概率。

②评估时应当考虑金融工具预计存续期内发生违约风险的变化，而不是预期信用损失金额的变化。

③除特殊情况外，企业可采用未来12个月内发生的违约风险的变化作为整个存续期内发生违约风险变化的合理估计，来确定自初始确认后信用风险是否显著增加。

特殊情况如：

其一，未来12个月内没有现金流；或

其二，未来12个月的违约风险不能充分反映相关的宏观经济因素或其他信用因素的变化。

19.2.3　预期信用损失计提的处理流程

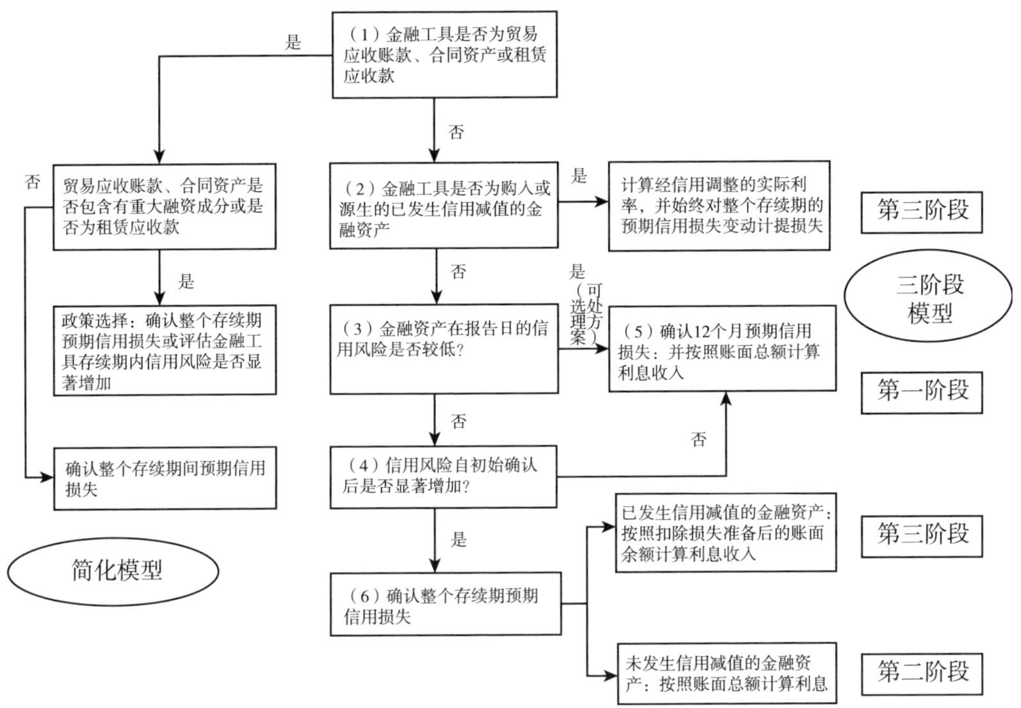

图19–1　预期信用损失计提的处理流程

19.2.4　单项计提和组合计提

不管是简化模型还是三阶段模型，企业都可根据企业的实际情况选择按照单项金融工具或金融工具组合作为评估信用损失的基础。在进行单项或组合划分的时候通常应注意以下事项：

（1）如果企业能够以合理成本获得单项金融工具的信用风险评估信息，则通常应以单项金融工具为基础计提。以应收款项为例，个别认定法是对应收款项计提坏账准备时应采用的基本方法，在可行的情况下应当优先采用。基于信用风险组合的计提方法（如账龄分析法）只是针对笔数多、单笔金额小的应收款项，在逐笔进行个别认定分析不切实可行的情况下，基于成本效益原则和概率论中的大数定律而采用的简化处理的技术方法，旨在对应收款项组合整体的可收回金额及收回时间进行模拟，但总体上其结果的可靠性要小于个别认定法。组合测试只是应收款项减值测试的技术方法之一。但无论采用何种技术方法，其目标都是公允反映应收款项的可收回性。

（2）如果有迹象表明某项金融工具的信用风险显著不同于其他金融工具，则通常对该项金融工具应以单项金融工具为基础计提。

（3）组合的划分应以共同信用风险特征为基础，具有不同风险特征的金融工具不应归为同一组别。例如，即使自初始确认日起算的账龄相同，但已逾期和未逾期的应收款项具有不同的信用风险特征，故不能归入同一组合（如，已过合同约定收款日的应收账款，和质保期尚未满的质保金，不能归入同一组合）；源于不同性质和种类的业务的应收款项也不能归入同一组合。

如果企业的历史经验表明不同细分客户群体发生损失的情况存在显著差异，那么企业应当对客户群体进行恰当的分组。

共同的信用风险特征可能包括：①金融工具类型；②信用风险评级；③担保物类型；④初始确认日期；⑤剩余合同期限；⑥借款人所处行业；⑦借款人所处地理位置；⑧贷款抵押率（Loan–To–Collateral，LTC）；⑨产品类型；⑩客户类型（如批发和零售客户）等。

（4）企业为评估信用风险变化而确定的金融工具组合，可能会随着单项金融工具层面以及组合层面的信用风险相关信息的可获得性的变化而变化。例如，由于企业信息系统的建设，过去无法获得的单个债务人信用的变化信息现在变为可获得，企业就应当从以组合为基础的评估变更为以单项工具为基础的评估。

19.2.5 对第二还款来源（担保或抵押）的考虑

（1）在评估信用风险自初始确认后是否显著增加的时候，不应考虑抵押和担保所能带来的收款来降低对信用风险的评估。

但是担保物的价值或信用增级质量上的显著变化有可能会影响债务人的违约概率，如房价大幅下跌导致抵押物价值下跌，则借款人可能会有更大动机拖欠抵押贷款。

（2）计量预期信用损失金额的时候应考虑第二还款来源。

在考虑第二还款来源的时候应满足以下两个条件：

①该担保物或其他信用增级属于金融工具合同条款的一部分；

②该担保物或其他信用增级尚未在资产负债表中单独予以确认。

如【例19–1】的担保即不属于金融工具合同条款的一部分，而【例19–2】的保证金属于金融工具合同条款的一部分：

【例19–1】应收账款由第三方提供保证的，坏账准备如何计提

问题

在对应收账款计提坏账准备时，如何考虑第三方对应收账款提供的保证的影响？例如：

1.通过非同一控制下企业合并获得的被购买方原有应收账款，由标的企业原股东在股权转让协议中承诺保证收回的，其坏账准备如何计提？

2.已投保信用保险的应收账款，在计提坏账准备时，能否认为保额范围内的款项是可以收回的，不对其计提坏账准备？

背景

以下两个案例互相独立。

情形1：2×19年6月，A公司收购B公司自然人股东所持有的B公司80%的股权，取得对B公司的控制权。此次收购形成非同一控制下的企业合并。

根据收购协议约定，B公司原股东负责确保B公司回收其于交割日前（含交割日）的全部应收账款，对于B公司于收购协议生效之日起两年内无法从其债务人处回收的交割日前应收账款金额（扣除交割日已计提的坏账准备），由B公司原股东负责向B公司偿付，且各位原股东相互之间承担连带责任。

2×20年B公司管理层及销售人员变动较大，业绩大幅下滑，2×20年年末判断应收账款存在坏账的可能性较大，且2×21年收购协议生效将满两年，若收购前应收账款无法收回，B公司原股东将予以清偿，故A公司管理层拟将B公司将收购前形成的至2×20年年末尚未收回的应收账款作为一个组合，还原2×19年6月30日前已计提的坏账准备余额，自2×19年6月30日起不再计提坏账准备。

情形2：C公司于2×20年与某财产保险公司签订国内短期贸易信用保险单，保险公司承保范围为C公司2×20年1月1日至2×20年12月31日全部的贵金属合金材料、环境材料的国内赊销交易。保险公司对双方确认的在信用期限内的赊销交易（扣除10%的绝对免赔率后）承担全部赔偿责任，且累计赔偿限额为实收保费的40倍。

C公司2×20年12月31日对该部分已投保的应收账款余额，因保险公司已承诺赔偿全额的90%，在不超过实收保费40倍金额的前提下，C公司对该部分已投保应收账款余额的90%不再计提坏账准备，而对剩余的10%按公司原会计政策，根据账龄组合计提坏账准备。

分析

根据背景资料分析，情形1中被收购方的原大股东向收购方承诺，对于购买日原先已存在的应收款项，在债务人因信用风险等原因导致无力支付款项的情况下，由原大股东按约定补偿给被收购方，其目的是弥补被收购方因债务人信用风险而导致的损失；情形2中，C公司将其部分应收账款向保险公司投保，在债务人因信用风险等原因导致无力支付款项的情况下，保险公司按保单条款的约定进行赔偿。这两种情形均属于由第三方提供的信用风险保护，不同于债务人自身提供的抵押或保证，是一项独立的金融工具，应单独对其进行核算。

对于第三方提供的信用风险保护，应根据《企业会计准则解释第5号》第二条规定的“信用风险缓释合约”的规定进行会计处理，原文如下：

二、企业开展信用风险缓释工具相关业务，应当如何进行会计处理？

答：信用风险缓释工具，是指信用风险缓释合约、信用风险缓释凭证及其他用于管理信用风险的信用衍生产品。信用风险缓释合约，是指交易双方达成的、约定在未来一定期限内，信用保护买方按照约定的标准和方式向信用保护卖方支付信用保护费用，由信用保护卖方就约定的标的债务向信用保护买方提供信用风险保护的金融合约。信用风险缓释凭证，是指由标的实体以外的机构创设，为凭证持有人就标的债务提供信用风险保护的、可交易流通的有价凭证。

信用保护买方和卖方应当根据信用风险缓释工具的合同条款，按照实质重于形式的原则，判断信用风险缓释工具是否属于财务担保合同，并分别下列情况进行处理：

（一）属于财务担保合同的信用风险缓释工具，除融资性担保公司根据《企业会计准则解释第4号》第八条的规定处理外，信用保护买方和卖方应当按照《企业会计准则第22号——金融工具确认和计量》中有关财务担保合同的规定进行会计处理。其中，信用保护买方支付的信用保护费用和信用保护卖方取得的信用保护收入，应当在财务担保合同期间内按照合理的基础进行摊销，计入各期损益。

（注：执行新金融工具准则的企业，其作为发行方时，对于财务担保合同，企业之前明确表明将此类合同视作保险合同，并且已按照保险合同相关会计准则进行会计处理的，可以选择适用金融工具准则或保险合同相关会计准则。）

（二）不属于财务担保合同的其他信用风险缓释工具，信用保护买方和卖方应当按照《企业会计准则第22号——金融工具确认和计量》的规定，将其归类为衍生工具进行会计处理。

财务担保合同，是指当特定债务人到期不能按照最初或修改后的债务工具条款偿付时，要求签发人向蒙受损失的合同持有人赔付特定金额的合同。

开展信用风险缓释工具相关业务的信用保护买方和卖方，应当根据信用风险缓释工具的分类，分别按照《企业会计准则第37号——金融工具列报》、《企业会计准则第25号——原保险合同》或《企业会计准则第26号——再保险合同》以及《企业会计准则第30号——财务报表列报》进行列报。

“信用风险缓释工具”的定义和相关介绍可参阅百度百科（http://baike.baidu.

com/view/4997448.htm)。2010年10月29日，中国银行间市场交易商协会发布《银行间市场信用风险缓释工具试点业务指引》(公告〔2010〕13号)(http://www.nafmii.org.cn/ggtz/gg/201204/t20120406_11887.html)，自发布之日起实行。信用风险缓释工具交易自2010年11月开始。关于信用风险缓释工具的进一步介绍和解读可参阅中国银行间市场交易商协会网站上的文章：http://www.nafmii.org.cn/zlgl/xyfx/xw/201202/t20120227_2586.html。

从会计核算角度，对信用风险缓释工具区分为"属于财务担保合同的信用风险缓释工具"和"不属于财务担保合同的其他信用风险缓释工具"，分别按照解释5号第二条中适用于该类别的原则处理。

关于如何将信用风险缓释工具在这两种类型之间作出区分，一般掌握的原则是："财务担保合同"的本质是向合同持有人(被担保方)就其因债务人信用风险方面的原因而实际遭受的损失金额作出补偿。凡是不符合该特征的信用风险缓释工具(例如，使被担保方依据该合同收到的补偿款项的金额多于或者少于其因债务人信用风险实际遭受的损失)，均应按照衍生工具进行会计处理。

信用风险缓释工具要符合"财务担保合同"的定义和确认条件，应确保被担保方从该工具中获得的现金流量恰好等于其因债务人信用风险而实际遭受的损失。为了实现这一目的，该等合同可采用以下两种方法之一：

1.担保人按违约贷款的本息名义金额收购该违约贷款，而不是根据对最终损失金额的最佳估计确定需支付的款项金额；

2.担保方在合同约定的较早日期(此时最终的损失金额尚未确定)依据其对最终损失的最佳估计，对被担保方先行作出补偿。但同时约定，在损失金额最终确定之后，双方就该最终确定金额与此前已作出补偿金额之间的差额多退少补。

即，在背景资料介绍的两种情形中，它们的信用保险合同均属于财务担保合同性质的信用风险缓释工具，情形1中被收购方(个别报表层面)和收购方(合并报表层面)为信用保护买方，原大股东为信用保护卖方。只不过此处的信用风险保护是免费提供的；情形2中C公司为信用保护买方，保险公司为信用保护卖方。

另外，两种情形中坏账损失确认和计量的主要依据是债务人的信用风险。根据《企业会计准则第37号——金融工具列报(2017年修订)》第四十条的规定，"信用风险，是指金融工具的一方不履行义务，造成另一方发生财务损失的风险"。即影响信用风险水平的主要因素是债务人自身的财务状况、履约意愿等因素，由债权人从外部获取的信用风险保护并不在其考虑范围之内。

故本案例两种情形中的基础债权债务关系和信用风险缓释合约均应作为两项独立的金融工具分别进行核算，而不应将其“组合”为一项金融工具。

因此，我们建议的会计核算原则如下：

1. 对于情形1中获得原大股东提供的信用风险保护和情形2中向保险公司投保的应收账款，期末进行减值测试和计提坏账准备时，所考虑的因素与其他未获得信用风险保护的同类应收账款类似，不考虑通过信用风险保护可能减轻部分实际损失的影响。即，不能仅仅因为已获得信用风险保护而减少坏账准备的提取。如果公司的坏账准备计提政策采用组合计提方法的，则在按信用风险对应收账款进行组合分类时，不考虑信用风险保护因素的影响（即，债务人的信用风险特征类似的应收款项，无论是否获得信用风险保护，应归入同一个信用风险组合）。

2. 对于情形1中的信用风险缓释合约，按照《企业会计准则解释第5号》第二条的上述规定进行会计处理。具体处理原则区分被收购方个别报表层面和收购方合并报表层面而有所不同：

（1）在被收购方B公司的个别报表层面，其之所以能够获得原大股东提供的信用风险保护，是交易双方就股权转让事项进行谈判的结果，而补偿款支付给被收购方，可以看作新旧大股东对被收购方作出的资本性投入。因此，如果实际发生坏账损失，从原大股东取得全部或部分赔偿的，则所取得的赔偿款应计入资本公积。

（2）在收购方A公司的合并报表层面，合并报表主体作为信用保护的买方，如果实际发生坏账损失，从被收购方的原大股东取得全部或部分赔偿的，则所取得的赔偿款应计入当期损益（在合并报表层面，不应理解为被收购方的原大股东在进行“资本性投入”）。

3. 对于情形2中的信用风险缓释合约，同样按照《企业会计准则解释第5号》第二条的上述规定进行会计处理。C公司作为信用保护的买方，将所支付的保险费确认为一项资产，在整个信用风险保护期内分摊，确认为各期的费用。如果实际发生坏账损失，向保险公司索赔后取得全部或部分赔偿的，则所取得的赔偿款应计入当期损益。

【例19-2】客户交纳的履约保证金的列报及其对坏账准备的计提基数的影响

问题

资产负债表日客户缴纳的履约保证金能否冲抵该客户的应收款项以净额列报？履约保证金对应收款项坏账准备的计提有何影响？

背景

A广告公司（客户）代理B公司的媒体资源发布广告，需要向B公司交付履约保证金。B公司在2×19年12月31日前将收到的保证金计入“预收账款”核算，自2×20年1月1日开始计入“其他应付款”核算。B公司在报表列报时将履约保证金冲抵了A广告公司的应收账款，并且按照冲抵后的应收账款金额计提坏账准备。在A广告公司与B公司的合同中约定期满后退回履约保证金，但是在实际执行时，保证金通常都冲抵应收账款以净额结算。

分析

1. 在A广告公司与B公司签订的合同中没有约定以保证金冲抵应收账款的条款（而是约定期满后退回履约保证金），后续实际执行中出于简化操作的考虑采用两者相抵的结算方式，相当于在实际结算时签订了一份补充协议，对原协议中的结算条款进行修正。

对于尚无此类补充协议的往来款项而言，由于B公司没有自行选择以保证金抵销应收款项的权利（这种抵销是只有在发生欠款等特殊情况下才有权实施的，而当前并未出现导致可以行使抵销权的情况），只能在到期后全额退回该保证金，因此只能列报为其他应付款（金融负债）而不能列报为合同负债（非金融负债）。

对于该其他应付款能否与应收账款抵销后以净额列报的问题，按照CAS 37第二十八条规定：

“金融资产和金融负债应当在资产负债表内分别列示，不得相互抵销。但同时满足下列条件的，应当以相互抵销后的净额在资产负债表内列示：

（一）企业具有抵销已确认金额的法定权利，且该种法定权利现在是可执行的；

（二）企业计划以净额结算，或同时变现该金融资产和清偿该金融负债。

不满足终止确认条件的金融资产转移，转出方不得将已转移的金融资产和相关负债进行抵销。”

CAS 37第三十三条规定，“无追索权金融负债与作为其担保品的金融资产或其他资产”通常认为不满足该准则第二十八条所列条件，不得抵销相关金融资产和金融负债。

参照上述规定，由于本案例中的履约保证金是A广告公司拟提交的履约担保物，但只有在发生违约（如欠款）的情况下，B公司才能行使将该项金融负债（其他应付款）与金融资产（应收款项）相抵销的权利，因此两者在报表列报时不应互相抵销。

如果在资产负债表日，B公司和A广告公司已经就以保证金和应收款项轧抵后以净额结算的问题达成了一致意见，并签订了补充协议，则对于已经明确将以净额结算的款项，可以抵销后以净额在资产负债表上列报。

2. 由于A广告公司以履约保证金的方式为B公司持有的对其应收款项的可回收性提供了担保，使得对应的应收款项的回收较有保证，一旦A广告公司发生信用风险，B公司可以选择以抵销的方式结算，事实上这部分有担保的应收账款不会发生坏账损失，因此，在计提预期信用损失的时候，应考虑该担保现金流的影响，因该保证金已实际到账，可以从计提基数中减去对应的履约保证金，按照扣减履约保证金后的净额作为计提预期信用损失的基数。

19.3 预期信用损失计提的若干实务问题

19.3.1 账龄迁徙率模型

对于应收账款，根据准则要求应采用简化方法计量预期信用损失，目前已执行新金融工具准则的企业使用较为广泛的具体方法为账龄迁徙率模型。

19.3.1.1 账龄迁徙率模型的适用考虑

我们以下面的这个实务案例对账龄迁徙率模型的适用情况进行分析说明：

【例19-3】

问题

1. 计算历史损失率时，如何判断迁徙率应该用多少年的历史数据作平均？

2. 如果预期损失与账龄测算损失有差异，该如何选择？

3. 如何考虑截止到报表日，客户未按合同条款支付货款的因素对损失率的影响？

4. 如何考虑该公司产品面向的下游行业情况、宏观经济、疫情等因素确定前瞻性调整系数？系数的选取范围区间是什么？

背景

A公司及其各子公司主要从事金属、金属矿及原料、金属制品的销售。自2019年1月1日起，A公司及其子公司执行新金融工具准则，采用迁徙率模型测算应收账款损失金额。

A公司分别采用2018—2019年一年迁徙率，2017—2018年、2018—2019年两年平均迁徙率，2016—2017年、2017—2018年、2018—2019年三年平均迁徙率计算坏账损失率：

组合	账龄余额历史损失率（三年平均迁徙率）	账龄余额历史损失率（两年平均迁徙率）	账龄余额历史损失率（2018—2019年迁徙率）	原准则下账龄计提比例
1年以内		0.00%	0.00%	1%
1—2年		0.00%	0.00%	10%
2—3年	11.00%	25.00%	100.00%	30%
3—4年	33.33%	50.00%	100.00%	50%
4年以上			0.00%	100%

按不同迁徙率计算的首次执行日预期信用损失与原准则下按账龄计提的坏账准备金额的差异分别为：

单位：元

组合	差异1	差异2	差异3
1年以内	-2 926 720.41	-2 926 720.41	-2 926 720.41
1—2年	-344 133.99	-344 133.99	-344 133.99
2—3年			
3—4年	-511 428.54		1 534 285.63
4年以上	-2 082 762.80	-2 082 762.80	-2 082 762.80
合计	-5 865 045.74	-5 353 617.20	-3 819 331.57

注：差异1、差异2、差异3分别为3年平均迁徙率、2年平均迁徙率、1年迁徙率计算的预期信用损失减去原准则下账龄计算的坏账准备的差额。

其中，应收款项账龄区间2—3年、3—4年的余额中包含了2018年度通过同一控制下的企业合并B公司产生的应收账款余额，该部分单独计算其历史损失率。

分析

基于本案例背景数据信息，A公司在采用账龄迁徙率模型时存在理解错误、信用风险组合划分不当的问题：

1.在测算模型选择方面，并不是所有企业都适合对其应收账款采用账龄迁徙率法确定历史损失率。

2.应收账款历史损失率（经前瞻性调整确定预期信用损失率）应以母子公司各自个别报表应收账款为基础，不是以合并报表层面的账龄为基础；

3.对于源于重组、合并等“外来”应收账款应单独划分一个组合（基于交易性质、发生年份、交易对手方等各实际情况分析）；

4.历史基期测试周期（年数）过短，模型适用性和计算结果的可靠性有待验证；

5. 如果本案例历史基期没有1—2年及以上账龄段，但2019年当期期末有1—2年账龄，A公司应分析2019年出现大额下迁余额的原因，在此基础上再确定具体的预期信用损失率方法；

6. 关于前瞻性因素对预期信用损失率的影响，本案例中未见考虑。

7. 源于收入准则规范的交易形成的且分类为以摊余成本计量的应收款项，如果企业拟采用回收率为基础推算历史损失率，可以考虑将账龄迁徙率模型中的逐年下迁迁徙率换成逐年下迁回收率，三年移动平均计算每个账龄段的平均回收率（历史损失率=1-回收率），但当前案例背景中既不是回收率模型，也不是损失率模型。

应收账款账迁徙率模型通常的实务工作流程包括以下各重要步骤：根据应收账款迁徙率模型的要求恰当划分信用风险组合，在此基础上分组划分账龄段——历史数据、选定历史基期段，然后再根据整理好的历史数据进行账龄测试、考虑前瞻性调整，最后是迁徙率模型数据代入的测算问题。

1. 划分信用风险组合。无论新旧金融工具准则下，都需要评估相关应收款项的信用风险，根据共同信用风险特征这一基本原则划分恰当的共同信用风险组合。在划分信用风险组合时需考虑：

（1）原金融工具准则下已发生损失法下的信用风险组合，通常不能直接平移至新金融工具准则预期信用损失法下划分的信用风险组合，即原准则下主要是基于“账龄”这一单一因素划分的信用风险组合，未考虑其他信用风险特征，如债务人企业性质、债务人所处行业、债务人所处地区、债务人信用风险等级等信用风险特征，在预期信用损失法下考虑的信用风险因素更多、信用风险组合的划分更为合理。

（2）评估新旧金融工具准则下信用风险组合划分，及其在首次施行日切换新旧准则时信用风险组合的调整或延续是否符合企业客观情况，且满足准则基于“共同信用风险特征”为基础划分组合这一基本原则；同时注意原金融工具准则下单项计提（无论重大还是不重大）未发生减值的需要归入相应的账龄组合二次测试计提坏账准备；但新金融工具准则下单项计提无论是否发生减值，均单独作为一个组合或一组组合，不再归入账龄组合重新测试。

（3）区分关联方和非关联方分别测试。关联方应进一步细分合并范围内的关联方、按权益法核算的关联方、其他关联方等；对于有控制关系的关联方，还可根据股权比例再细分持股100%，持股不足100%等二级组合。

（4）源于重组或企业合并等特殊交易历史或当期引入的“外来”应收账款（即非源于本企业正常生产经营贸易交易等源生的应收账款），首先在历史基期和当期均应对此类“外来”应收账款单独作为组合——以源生交易与交易对手方为主要维度重新划分信用风险组合；如对该组合仍考虑且适用账龄迁徙率计算历史损失率时，也应先还原账龄起点和账龄结构再测试；如对还原账龄不现实可行的，单项根据实际情况自行判断适用的测试方法。

2.划分账龄段。账龄起点一种是以应收账款确认时点为账龄起点；一种是以逾期日（合同约定付款期限届满日的次日）为逾期账龄起点（即以逾期账龄为基础）；这两种起点在实务中都可以使用，但针对同一会计主体以及在同一测算时点不可混合使用，只能选一种起点。具体选哪个基于企业实际管理账龄的起点记录事实经测试属实后再选择，即这一事实取决于企业如何管理应收账款。对比历史基期账龄结构与当期账龄结构，历史的账龄段划分与当期期末原则上保持匹配。如无可匹配的历史基期数据作为以账龄迁徙率模型适用的基础，则应考虑该模型是否适用。

3.选定历史基期段。在模型适用性复核与历史数据校验方面，虽然新金融工具准则没有强制指定企业必须采用哪种模型确定历史损失率，但无论企业选择哪种模型，均需要基于历史事实数据进行反复校验所选用的模型是否适用于该企业。本案例迁徙率模型法历史数据校验周期过短，测算结果可能无法反映该企业的实际情况；建议延长历史测试基期周期（至少两个周期，最好3个周期以上滚动迁徙结果移动平均测算校验基于迁徙率模型测算的历史损失率是否与企业的客观情况接近，在此基础上评估所选择的迁徙率模型本身是否适用该企业。比如，账划分至3年以上的，建议前推7年以上的数据；账龄划分至5年以上的，建议前推10年以上数据。如果企业没有可靠的历史账龄数据，应更谨慎地判断企业是否仍然适合采用账龄迁徙率模型确定历史损失率。对于可供参考的历史基期账龄结构与当期期末和迁徙规律差异较大（或存在根本性差异）的情形，应将对各期账龄结构影响较大的构成该账龄信息的客户予以剔除，对其单项或另行根据其他共同信用风险特征重新选用恰当的方法确定历史损失率并经前瞻性信息调整为预期信用损失率。

历史基期账龄结构和当期期末账龄结构不能出现原则性结构不同，如历史基期各年末各账龄段的数据分布情况与当期期末的在相同账龄段的数据分布情况，原则上保持一致，某一年账龄结构差异较大时，首先重新评估历史基期数据的可比性是否可满足账龄迁徙率模型逻辑原理的适用。

4.考虑前瞻性调整。关于前瞻性调整，是要基于当前资产负债表不必付出额外成本即可获得的前瞻性信息，将可靠符合企业客观情况的历史损失率调整为当前资产负债表日的预期信用损失率，而不是人为对模型测算结果进行随意调整。任何一个模型参数的定性、定量调整都需要依据。考虑前瞻性调整时，以宏观经济政策、产业经济政策、行业经济政策等因素为例，需要同时考虑这些前瞻性因素对企业应收款项客户的影响趋势（定性）和波动幅度或波动率（区间幅度定量或点值定量），相同前瞻性因素对企业自身及其有权主导企业相关活动具有控制权的投资方、重大影响投资方、供应商等的影响，以及相同前瞻性因素对企业及其客户和投资方、供应商等之间的相互影响，在此基础上进行前瞻性调整。同时考虑各企业所处产业、行业发展周期和企业本身的生命周期不同所受影响的不同。

5.应收账款风险敞口涉及核销剔除与加回还原的不同考虑。对于历史上发生过坏账（无论当时是否计提过坏账准备）核销的，首先分析核销原因，如属于偶发因素，可将这一类应收账款客户剔除出历史期间和当期期末的模型数据，就该单项根据实际情况确定历史损失率或采用专家判断法确定历史损失率。对于历史上发生过坏账核销（无论当时是否计提过坏账准备）不是偶发因素，而是足够长的历史期间和当前资产负债表日可预见的未来经常性存在的坏账核销的情形，应分析核销原因是否属于经常性发生及核销经常发生的账龄段各期具有一定可比性。在此基础上加回历史基期已核销坏账后还原各期应收账款风险敞口余额后再计算各期各账龄段迁徙率。

此外，账龄迁徙模型的使用还应注意以下常见误区：

1.适用企业。并不是所有企业都适合对其应收账款采用账龄迁徙模型确定历史损失率。在考虑历史基期时长时，一般至少选取账龄结构的2—3个周期以上，如账龄段最长为4年以上的，历史基期起点在当期年末前推9年及以上；账龄段最长为3年以上的，历史基期起点在当期年末前推7年以上，以此类推，账龄段在1年以内，建议以季度末替换年末节点，按上述规律前推测算（但请注意，应收账款的发生与回收受季节性经营影响较大的企业不适用季推法）。因此，对于新成立或成立时间不足3—5年的企业，没有足够长的历史基期数据或同行业数据、同一集团内类似企业历史数据等可参考，或者历史前期适当或较长时段内账龄信息不准确，需考虑账龄迁徙率法可能并不适合该等新企业或经营时间不长的企业。

2.适用的应收账款。适用账龄迁徙模型计量信用减值的应收账款一般为源于收入准则或租赁准则应当或符合条件时企业选择采用简化方法计量预期信用损失的源生应收账款（且属于按照新CAS 22分类为摊余成本类的金融资产）。如果是购入的或者源于重组或合并等“外来”应收账款或者因为业务模式不同而分类为“以公允价值计量且其变动计入其他综合收益”的应收账款，适用新

CAS 22一般方法（三阶段模型），通常不适用账龄迁徙率法。

3.各信用风险组合构成与风险敞口之间的逻辑关系须清晰界定，如回收期内（即未逾期）与账龄组合、关联方组合（本案例又涉及各类性质的风险组合，需要进一步细分，关联方仅为一级组合基础，还应根据不同性质的风险敞口细分）。

4.新金融工具准则下即使未发生减值，可能实际计量的预期信用损失金额为零（如应收某些关联方的无回收风险的短期保证金），也应按照新金融工具准则预期信用损失方法的原理、原则执行必要的工作程序，在取得相应证据基础上作出职业判断，而不是人为随意调节，任何调整均应基于已执行的取证工作和已获取的相关依据为基础。

5.根据CAS 22第五十八条规定，“对于企业无论采用何种模型确定预期信用失率、进而计量当前资产负债表日的预期信用损失的方法均应当反映下列各项要素:（一）通过评价一系列可能的结果而确定的无偏概率加权平均金额;（二）货币时间价值;（三）在资产负债表日无须付出不必要的额外成本或努力即可获得的有关过去事项、当前状况以及未来经济状况预测的合理且有依据的信息”。其中，基于谨慎性或其他考虑直接调整（无论是调高还是调低测算出的结果）历史损失率，在预期信用损失法原理上是不适用的，因为计量结果势必违反准则第五十八条第（一）项之“无偏概率加权平均金额”这一规定。

6.如果复核信用风险组合划分、经足够长的历史基期数据校验后认为适用迁徙率模型基础（考虑前瞻性调整后），经测算确实出现当期预期信用损失率小于原准则下的对应账龄段计提比例，且差异重大，首先剔除模型本身的误差影响、前瞻性调整估计影响后重新评估旧金融工具准则下的坏账准备计提结果是否存在重大差错，如还存在重大转回现象，首先考虑可能存在前期差错。如属于前期差错，根据重要性原则恰当处理和披露。

19.3.1.2 账龄迁徙率模型的具体计算过程

我们以下面的案例对账龄迁徙率模型的具体计算过程做简要介绍，仅供参考（在实际应用的过程中应充分考虑19.3.1.1节案例中所述的各项因素）。

【例19–4】

M公司主要产品A产品的销售目标客户群体为线上自然人客户（分为现销和赊销），基于赊销形成的单笔应收账款金额小而分散，企业无法也没有必要对每一笔应收账款的信用风险进行单独跟踪。企业根据历史经验，判断“账龄”是该应收账款组合的重要信用风险时，且具有共性。M公司首先基于自然下单时授予不同自然人客户线上选择的分期销售政策划分A产品客户群组，在此基础上以“账龄”为基础计量A产品不同分期销售政策群组的预期信用损失（注：实务中通常应先根据客户性质划分组合之后再分别根据账龄计算）。

1.账龄迁徙率模型隐含的重要假定：

（1）该模型并非基于历史上各账龄段实际发生损失金额计算历史损失率；

（2）假定当年账龄段的划分与上年保持一致；

（3）假定上一年各账龄段向下一年各账龄段顺序不同比率迁徙（如，上一年在一年内的期末余额当年仍未收到的余额，会向下一年1—2年、2—3年、3年以上，随着时间推移顺延迁徙）；

（4）假定上一年历史损失率等于同期期末各账龄段向下一年各账龄段的平均迁徙率的乘积；

（5）假定计量当年期末各账龄段向下一年各账龄段迁徙率保持不变。

2.具体操作示例：

第1步：数据准备与整理

M公司，基于A产品客户群信用政策（线上客户分期付款最长期限不超过36个月），结合历史管理经验，对应收A产品分期付款销售的客户的款项分为：1年（含）以内、1—2年（含）、2—3年（含）、3年以上（M公司通常3年以上收不回来的应收款项、基本上最终会发生损失。即超过信用分期最长期间的应收自然人客户货款损失率100%）。

单位：元

账龄/期末余额（A）	20×4年 12月31日	20×5年 12月31日	20×6年 12月31日	20×7年 12月31日
1年（含）以内	660 000	440 000	550 000	880 000
1—2年（含）	154 000	72 600	34 320	44 000
2—3年（含）	28 600	60 060	27 588	17 600
3年以上	22 000	48 312	97 741	121 605
其中：上年末为3年以上账龄，本年继续迁徙的部分		22 000	48 312	97 741
总计	864 600	620 972	709 649	1 063 205

注：简化考虑只选取了4年数据，实际情况通常应使用更长年限的数据。

第2步：计算上年各账龄期末余额向下一年各账龄段迁徙金额[①]

M公司基于第1步收集整理后的历史账龄数据，进一步计算上期各账龄段期末余额向下年各账龄段迁徙金额：

单位：元

账龄/期末余额	20×4—20×5年迁徙金额	20×5—20×6年迁徙金额	20×6—20×7年迁徙金额
1年（含）以内	72 600	34 320	44 000
1—2年（含）	60 060	27 588	17 600
2—3年（含）	26 312	49 429	23 864
3年以上	22 000	48 312	97 741

第3步：计算各账龄段上年期末余额向一年各账龄段迁徙率[②]

M公司根据第2步计算的各账龄段向下一年各账龄段的迁徙金额计算各年各不同账龄段向后向下迁徙率（见下表）：

账龄/期末余额		20×4—20×5年迁徙率	20×5—20×6年迁徙率	20×6—20×7年迁徙率	三年平均迁徙率
1年（含）以内	A	11.00%	7.80%	8.00%	8.93%
1—2年（含）	B	39.00%	38.00%	51.28%	42.76%
2—3年（含）	C	92.00%	82.30%	86.50%	86.93%
3年以上	D	100.00%	100.00%	100.00%	100.00%

第4步：基于第3步各年平均迁徙率估计（账龄余额）历史损失率

M公司根据历史期间对A产品线上自然人客户应收款项，超过分期付款最长信用账期（即三年以上）账龄的应收账款进行单独评估的经验，企业预计账龄长于三年的坏账率为100%（包括该类客户是基于分期36个月购买A产品超过36个月信用分期最后一期而形成销售账龄3年以上的应收账款，或基于分期低于36个月但超过信用账期之逾期账龄3年以上）。同时，M公司根据A产品线上

① 各账龄段上期期末余额仍不能收回，继续向后下年各账龄段迁徙金额（注：该金额企业可以基于真实账龄的实际数据计算得出）。

② 当年迁徙率为上年末该账龄余额未收回而继续向后期各账龄段继续迁徙的余额占上年末该账龄余额的比重，即C=B/A（该账龄段上年期末余额）。如，20×4年年末1年以内期末余额为660 000元（A），至20×5年年末仍未收回的部分会迁徙至1—2年的金额为72 600元（B），由此计算出20×4年年末余额会迁徙至1—2年内的比率为11%（=72 600/660 000，即C=B/A）。

自然人客户应收账款三年平均迁徙率估计历史损失率（见下表）：

账龄	账龄余额历史损失率①	
1年（含）以内	E=A×B×C×D	3.32%
1—2年（含）	F=B×C×D	37.17%
2—3年（含）	G=C×D	86.93%
3年以上	H=D	100.00%

第5步：评估当前情况、考虑前瞻性信息并调整第4步计算的历史损失率

本步骤可能是操作中主观性判断最大最多、影响也最重要的一步，需要企业作出大量的分析和判断。以账龄段为细分组合，分别调整债务人（单个或一组）各账龄历史损失率的百分比。其关键是，充分理解、分析驱动各账龄段债务人（单个或一组）账龄迁徙水平（向后向下迁徙金额分布，迁徙分布影响各年各账龄段当年及多年平均迁徙率）的关键影响因素有哪些。如，不同账龄段的债务人信用等级及客观偿付能力（金额和期间等）。影响债务人偿还能力的驱动因素有多种，比如，如果该单个或该组客户是一组零售自然人客户，则各账龄段账龄迁徙率可能与失业率相关；如果该单项或该组客户是房地产开发商，可能与国家对房地产的宏观政策密切相关；如果该单个或该组客户遭遇可能引发重大财务困境的诉讼事件，短期现金流明显不足，则与其近期经营现金流回收情况及外部融资成功率密切相关。

企业按照当前状况和前瞻性信息对基于历史相同账龄组合期末余额向后向下顺序迁徙率而估计的历史损失率进行调整时，应当根据实际情况考虑如下变化：

（1）全球及国内：经济、监管、技术环境变化，如国家风险、行业前景、GDP、就业状况、政治环境等；

（2）客户外部环境迹象：如利用SWOT分析客户所在国家、行业中的优势、劣势、机会和威胁等对其生产经营活动、经营业绩，特别是与债务人偿付能力相关的影响因素和表现；

（3）客户基础；

（4）其他相关因素。

在此基础上，就待计量预期信用损失的当前资产负债表日应收账款余额情况，作出如下假设（在本案例中）：

（1）假设应收账款各年各账龄段向一年各账龄段迁徙规律保持不变（参见前述各项假定）；

① 特别提示的是，历史损失率的估计是基于上年当期各账龄段向下一年各账龄段平均迁徙率（本示例中为三年平均）为基础估计，并非基于上一年或更长历史上各期各账龄段真实历史损失率为基础。

（2）存在经济下行/失业率升高的预测，即经济大环境预计未来一年将恶化；宏观经济增速放缓将对A产品线上自然人客户应收账款回收情况产生一定的负面影响。为了在历史损失经验基础上反映当前预期，企业基于以往经验和判断，预计本年三年以下账龄预计损失率可能比基于历史账龄迁徙率估计的历史损失率提高3%—5%。

注：实务中即使各年账龄组合结构划分相同，但对于相同账龄段上一年期末余额向后向下迁徙的规律（基于客户信用政策的选择或调整及实际偿付能力及偿付期间的变化等）本年与上年保持不变的可能性很小，因此实务中使用该模型时，需要企业根据实际情况具体分析、判断。

（3）基于估计的历史损失率，考虑当前经济状况，经前瞻性信息调整后，最终M公司确定，本年三年以下账龄预计损失率有40%可能提高3%，有60%可能提高5%，三年以上账龄坏账预期损失率仍为100%。最终得出20×7年期末预期损失率（见表19-1）；

附：　判断关键调整因素和调整系数（参考思路模板）

调整	评估确定调整系数的关键驱动因素		调整因素权重		调整系数		
账龄	当期	前瞻性	当期1	前瞻性2	当期因素调整比率3	前瞻性因素调整比例4	调整后最终系数5=1×3+2×4
1年（含）以内	1 2 3 ……	1 2 3 ……					
1—2年（含）	思路同上	思路同上					
2—3年（含）	思路同上	思路同上					
3年以上	思路同上	思路同上					

本案例调整系数计算表（基于假定各账龄段调整情形和系数相同，参见前述）

账龄	历史损失率K	调整情形1			调整情形2			调整系数	预期损失率
		概率	比率	系数1	概率	比率	系数2	L=1+2	M=K×（1+L）
1年（含）以内	3.32%	40%	3%	1.2%	60%	5%	3%	4.2%	3.46%
1—2年（含）	37.17%	40%	3%	1.2%	60%	5%	3%	4.2%	38.73%
2—3年（含）	86.93%	40%	3%	1.2%	60%	5%	3%	4.2%	90.58%
3年以上	100.00%	N/A							100%

注：（1）此处假设对应于各个账龄段的历史损失率的前瞻性调整比例均相同。

（2）实务中，调整后的预期信用损失率，应当能够反映出企业，是依据当前资产负债表日不必付出不当成本可获取的合理且有依据的关于过去事项、当前状况以及未来经济状况预测的信息，所作出的判断和调整。

第6步：基于第5步计算的预期损失率计算预期信用损失

表19-1

账龄	20X7年12月31日应收账款余额	预期损失率（取自第5步）	预期信用损失准备
	I	M	N=M×I
1年（含）以内	880 000	3.46%	30 448
1—2年（含）	44 000	38.73%	17 041
2—3年（含）	17 600	90.58%	15 942
3年以上	122 100	100%	122 100
总计	1 063 700	17.44%	185 531

注：实务中，企业对预期信用损失的计量结果，应当能够反映当前资产负债表日不必付出不当成本可获取的合理且有依据的客观信息为基础所做的判断和计量，且不违反新CAS 22第五十八条规定应当反映的三要素，不存在人为调节动机。

3. 实务影响提示：

鉴于该模型的前述假定，企业在采用该模型对适用新CAS 22简化方法以账龄组合为基础计量该账龄段预期信用损失时，应当评估当期基于某有限期间（如本案例中只测算了三年平均迁徙率）历史账龄组合数据为基础计算的各年各段账龄向后向下迁徙率，并以该有限期间年平均账龄余额迁徙率为基础确定历史损失率，保证在考虑当前情况并按照前瞻性信息调整后的预期损失率计量的预期信用损失及确认的坏账准备的合理性与恰当性。如果与本年计算历史损失率和各年相同账龄段当期期末余额向后向下迁徙率预计有实质差异，则企业应当首先考虑调整历史账龄组合（以增加历史账龄与当期和预期账龄迁徙率的吻合度），在此基础上再计算历史基期账龄迁徙率，并考虑该减值矩阵模型对企业的适用的恰当性。因此，建议企业在实务中拟采用该迁徙率模型前，应当根据历史经验数据，如建立不同客户基础的账龄在更多期间的实际账龄迁徙率，与历史相同组合基础客户累计最终核销坏账比率，或基于滚动迁徙率，建立多维度数据分析模型，多次测算评估，谨慎判断，切不可主观设定相关数据或计量结果。

综上，基于账龄分析法所建立的迁徙率模型，由于其隐含的假定，对作为预期信用损失率之确定基础的历史损失率的源头信息和数据整理的确定与计算（账龄迁徙率）基础及对前瞻性信息调整系数相关判断尤为重要。如果前述相关判断不当，可能导致企业实际计量的预期信用损失与客观事实偏差较大（有可能过高、也有能过低），企业各期间确认的坏账准备波动性也将增大，同时还可能引起监管机构对企业计提坏账准备产生人为调节计量结果的监管质疑。实务中，需要企业根据自身情况谨慎判断拟采用模型的适用情况和必须做的必要调整，不可以直接照搬。

19.3.2　三阶段模型

预期信用损失的一般方法下，企业应持续跟踪金融工具的信用风险，基于自金融工具初始确认后在资产负债表日其信用风险是否显著增加，判断金融工具所处阶段，分别按照12个月内预期信用损失或整个存续期内预期信用损失，采用三阶段模型进行计量。

划分标准 阶段	初始确认后信用风险是否显著增加？		
	第1阶段	第2阶段	第3阶段
划分依据	初始确认后信用风险并未显著增加的金融工具（包括在资产负债表日信用风险较低的金融工具）	自初始确认后信用风险发生显著增加的金融工具，但未发生信用减值（不存在表明发生信用损失的客观证据）	在资产负债表日发生信用减值的金融工具（存在表明发生信用损失的客观证据）
常见情形举例	信用质量稳定； 评价为“投资级”	信用质量恶化； 评价为“非投资级”； 通常为逾期30天以上	已发生减值； 实际损失已发生； 通常为逾期90天以上
损失准备的确认	12个月内预期信用损失	整个存续期内预期信用损失	整个存续期内预期信用损失
利息收入的计算	按账面总额（即不扣除预期信用损失的金额）计算	仍按账面总额计算	按账面净额（即，账面总额减去预期信用损失的金额）和信用调整后的实际利率计算

企业应根据CAS 22及其应用指南中关于信用风险评估的相关规定（应用指南中罗列了评估时可能需要考虑的因素及已发生信用减值的一些可观察信息），结合企业的实际情况，单项和组合划分的信用风险特征等，进行三阶段的恰当归类。在评估信用风险是否显著增加时，采用的是一种相对比较法，而非关注期末信用风险的绝对值。企业确定金融工具在资产负债表日只具有较低的信用风险的，可以假设该金融工具的信用风险自初始确认后并未显著增加。

企业在执行时需关注CAS 22及其应用指南中关于逾期30天的相关规定：

无论企业采用何种方式评估信用风险是否显著增加，如果合同付款逾期超过（含）30日，则通常可以推定金融资产的信用风险显著增加，除非企业以合理成本即可获得合理且有依据的信息，证明即使逾期超过30日，信用风险仍未显著增加。例如，如果未能及时付款是由于管理上的疏忽而并非借款人本身的财务困难所致。再如，企业能够获得的历史统计数据表明，发生违约的风险显著增加与逾期超过30日之间不存在相关性。

如果企业在合同付款逾期超过30日前已确定信用风险显著增加，则应当按照整个存续期的预期信用损失确认损失准备。

19.3.3 应收关联方款项或信用风险较低的应收款项是否可不计提预期信用损失

（1）关于是否可不计提预期信用损失，目前的监管口径如下：

①《2019年上市公司年报会计监管报告》中指出上市公司“未恰当计提预期信用损失”的相关问题。

年报分析发现，部分上市公司在计提预期信用损失时，存在下列问题：一是在新金融工具准则的转换日对应收账款和应收票据等金融资产的减值准备未做任何调整，计量使用的参数与原金融工具准则也基本相同，未能按照预期信用损失计量的要求考虑前瞻性信息；二是对于部分应收票据、应收账款和其他应收款中的应收关联方往来款，未计提预期信用损失；三是针对金额重大的对外财务担保合同，未计提相关预期信用损失。

②《首发业务若干问题解答（2020年6月修订）》中关于“应收款项减值测试”的相关提示。

问题28：部分首发企业以应收账款客户信用风险较低为理由不计提坏账准备，部分首发企业对于应收票据不计提减值准备，部分首发企业报告期存在应收账款保理业务，部分首发企业应收账款坏账计提比例明显低于同行业上市公司水平，发行人及相关中介机构对上述涉及应收款项相关事项应关注哪些方面？

答：应收款项坏账准备的计提应符合《企业会计准则第22号——金融工具确认和计量》的相关规定，考虑预期信用风险。根据预期信用损失模型，可合理划分不同组合后分别进行减值测试，不同组合的划分应当充分说明确定信用风险特征的依据。相关依据包括客户类型、商业模式、付款方式、回款周期、历史逾期、违约风险、时间损失、账龄结构等因素形成的显著差异。发行人应根据所有合理性依据、前瞻性信息、相关减值参数详细论证并披露预期信用损失率的确定方法和具体依据。

发行人不应以欠款方为关联方客户、优质客户、政府工程客户或历史上未发生实际损失等理由而不计提坏账准备。

应收票据应当按照《企业会计准则第22号——金融工具确认和计量》关于应收项目的减值计提要求，根据其信用风险特征考虑减值问题。对于在收入确认时对应收账款进行初始确认，后又将该应收账款转为商业承兑汇票结算的，发行人应按照账龄连续计算的原则对应收票据计提坏账准备。

如果对某些单项或某些组合应收款项不计提坏账准备，发行人需充分说明未计提的依据和原因，详细论证是否存在确凿证据，是否存在信用风险，账龄结构是否与收款周期一致，是否考虑前瞻性信息，保荐机构和申报会计师应结合业务合作、回款进度、经营环境等因素谨慎评估是否存在坏账风险，是否符合会计准则要求。

对于应收账款保理业务，如未有追索权债权转让，发行人应仍根据原有账龄计提坏账准备。

发行人应参考同行业上市公司确定合理的应收账款坏账准备计提政策，对于计提比例明显低于同行业上市公司水平的，应在招股说明书中披露具体原因。

保荐机构及申报会计师应对上述事项进行核查并发表明确意见。

（2）根据准则规定，预期信用损失应考虑前瞻性信息的影响，因此即使历史上未发生过坏账损失并不代表未来受到经济变化、行业发展等因素的影响不会导致信用损失。企业应采用适当的减值模型（简化方法或一般方法）计量其在报告日的预期信用损失。

对于预期信用损失的减值方法和减值参数，企业应在每个资产负债表日进行重新评估，重新评估导致的计量差异应计入当期损益（前提：前一个资产负债表日已恰当计提预期信用损失）。

19.3.4　新金融工具准则首次执行日的坏账准备调整属于会计政策变更还是会计估计变更

我们以下面这个案例予以分析说明：

【例19-5】应收款项逾期判定标准变更在新旧金融工具准则衔接时的处理

问题

如下文背景资料所述，A公司对应收账款逾期判定标准的变更，在新金融工具准则下是否需要作为会计估计变更单独披露？

背景

A上市公司于2019年1月1日开始执行新金融工具准则。A公司属建筑装饰行业，主营业务系装饰装修，装饰项目存在几个重要的时间节点，包括竣工验收、项目结算。

2018年度，A公司在原金融工具准则下的应收账款坏账计提政策中，是以项目结算作为逾期款项账龄计算的初始时间点。考虑到建筑装饰行业应收账款风险特征在合同履行的在建、竣工、决算等不同阶段存在明显差异，同时工程项目因工程量增减导致合同额存在变动，项目结算前A公司对项目合同金额通过实际工程量合理预估，最终金额需经甲方最终结算审核方可确定，基于此，A公司2018年度以工程结算作为逾期账龄计算的划分依据。

2019年度，结合新金融工具准则适用，A公司以竣工验收、项目结算两个节点逾期账龄为基础的矩阵模型作为应收账款坏账计提的依据；相比2018年度，划分逾期的依据由单独的项目结算扩展至竣工验收、项目结算，增加竣工验收节点的主要考虑是工程项目在建、竣工两个状态下进度款风险存在差异。

新旧金融工具准则变更涉及期初数调整由两部分事项构成：①款项逾期判定的标准的变更；②坏账计提模型变更，新金融工具准则以迁徙率为基础，原准则以账龄期间对应固定坏账计提比例为基础。

分析

新金融工具系列准则考虑金融资产减值是以预期信用损失为基础的，与原金融工具准则的已发生损失法是不同的方法。理论上来讲，在2019年1月1日（本案例中的新金融工具准则首次执行日）对坏账准备余额的调整应分解为两部分：一是损失模型由“已发生损失模型”变更为“预期损失模型”导致的变更；二是在相同的理论框架下，具体的计提方法和比例发生的变更。前者属于会计政策变更，后者属于会计估计变更。但在实务操作中，上述两部分原因导致的变动金额往往难以截然划分清楚。对此我们建议：

（1）通常情况下，对难以划分清楚确切原因的坏账准备在首次执行日的金额调整，默认作为会计政策变更处理，调整首次执行日的留存收益余额，即不单独披露会计估计变更的影响。

（2）如果经过测算之后，确实出现了首次执行日在新准则下应有的坏账准备余额小于上一年度末在原准则下的坏账准备余额，因而需要冲回原计提的坏账准备的情况，则鉴于理论上仅仅由“已发生损失模型”转换到“预期损失模型”（会计政策变更）不应导致前期已计提的坏账准备的转回，因此坏账准备的转回应认定为会计估计变更，其影响计入该项会计估计变更生效当年度的损益（冲减资产减值损失或者信用减值损失）。

但由于原准则基于“已发生损失法”，而新准则基于“预期信用损失法”，从新旧准则原则规定上，新准则下的预期信用损失法下计量的预期信用损失（以当前资产负债表日为计量时点说明）涵盖“当前资产负债表日已发生信用损失（减值）”和“当前资产负债表日预计将发生的信用损失”，原准则下的“已发生损失法”仅包括已发生信用损失（实际已发生减值）的部分。因此，在理论上，新准则下已发生损失法下针对相同风险特征、相同风险敞口计量的预期信用损失金额结果不可能小于原准则下对相同金融工具相同时点计量的已发生减值（除非有充分、可靠证据证明已计提减值部分或全部很可能收回）。在实务中，无论新金融工具准则下采用何种计量方法确定历史损失率和预期信用损失率，极小可能出现旧准则下已计提坏账发生转回的情况。建议企业尽可能避免出现这种情况，也应尽量避免在新准则执行首年这样较为敏感的时机进行坏账准备的会计估计变更。

19.3.5　上市公司披露案例摘录[①]

19.3.5.1　新金融工具准则首次执行日预期信用损失重新计量差异及组合划分变动情况

我们选取了40家上市公司对其新金融工具准则首次执行日预期信用损失重新计量差异及组合划分变动情况进行了汇总分析（此处分析不包含本专题18.2.5中金融资产由原来的四分类改为新准则三分类已涉及的重新计量部分）。

（1）应收账款坏账准备。

40家公司中27家公司没有重新计量差异，11家调增预期信用损失，2家调减预期信用损失：

单位：人民币百万元

公司	2018年年末账面净值	重新计量差异（新账面价值－原）	比例
600637东方明珠	2 249.46	−134.38	−5.97%
600320振华重工	5 032.55	−111.91	−2.22%
601668中国建筑	167 552.94	−3 473.43	−2.07%
600339中油工程	15 224.69	−135.44	−0.89%
002739万达电影	3 006.40	−20.15	−0.67%
600170上海建工	25 425.37	−162.31	−0.64%
601360三六零	2 345.51	−2.27	−0.10%
600104上汽集团	40 129.81	−28.84	−0.07%
601989中国重工	9 932.27	−3.34	−0.03%
000725京东方	19 880.68	−5.89	−0.03%
000961中南建设	8 564.56	−2.52	−0.03%
601669中国电建	43 848.20	592.52	1.35%
002024苏宁易购	5 415.15	101.98	1.88%

①组合划分总体情况：40家公司中21家公司披露的组合划分（单项除外）和2018年没有太大差异，主要还是以账龄划分为主。个别公司披露的期末计提比例和2018年年末相比基本一致，大部分披露的期末各账龄段计提比例相比2018年年末会有一些变化（个别账龄段或全部账龄段），摘录部分变动情况如下：

600637东方明珠：各账龄段的计提比例都增加了4%以上。

600320振华重工：2018年年末6个月以内的不计提，7—12个月按1%计提；2019年年末1年以内都是按2%计提。

① 以下摘录信息仅供参考，不代表编者赞同其会计处理和相关披露。

601669中国电建：1年以内的2018年年末按5%计提，2019年年末按2%计提，其他各账龄段计提比例也有小幅变动。

002024苏宁易购：1年以内的2018年年末按5%计提，2019年年末按2%计提。

000961中南建设：各账龄段计提比例增加或减少1%左右，2018年不计提坏账准备的应收政府机关款项、合并范围外关联方款项2019年年末按0.3%计提。

②关联方坏账准备计提情况：部分公司披露2019年年末对关联方或者某个关联集团内的应收账款和2018年年末一致，均不计提预期信用损失。

③披露的组合有较明显变动的摘录如下：

A. 601668中国建筑：2018年只按账龄划分组合。2019年分拆了3个组合（应收政府部门及中央企业客户；应收海外企业客户；应收其他客户），各个组合再分别按照账龄进行计提。因为有海外上市子公司，公司同时披露了合同资产组合划分情况：工程承包项目合同资产、房地产项目合同资产、尚未到期的质保金、金融资产模式的PPP项目合同资产、土地一级开发项目合同资产、其他合同资产。披露显示仅工程承包项目合同资产期末计提了0.67%的损失准备。

B. 601360三六零：2018年按账龄组合根据固定比例计提坏账准备。2019年年末分拆了低风险组合和中风险组合，同时分别披露了期末各账龄段的坏账计提情况（计提比例和2018年年末有较大差异）。

C. 600383金地集团：2018年披露了2个组合，组合1：关联方的款项、应收政府部门及合作方的款项（不计提坏账准备）；组合2：除组合1外的应收款项（按余额的5%计提）。2019年财务报表附注“重要会计政策和会计估计”部分披露划分为4个组合，低风险类别：主要包括应收关联方的款项、应收政府部门及合作方的款项、备用金、押金、保证金等类别的款项（按余额的0—0.1%计提）；正常风险类别：除低风险、高风险及损失类别之外的款项（按余额的0—5%计提）；高风险类别：根据内部信息及外部资源进行评估，信用风险自初始确认以来显著增加的款项（单独进行减值测试，按照其未来现金流量现值低于其账面价值的差额计提信用损失准备）；损失类别：有明显证据表明债务人出现重大财务困难，且预期日后实际上不能收回的款项（按余额的100%计提）。2019年实际只有低风险类别（按余额的0.1%计提）和正常类别（按余额的5%计提），和2018年差异不太大。

D. 002602世纪华通：从原来2018年互联网游戏业务及汽车零部件业务的账龄组合中划分出信用等级较高的客户组合单独计提（计提比例显示和2018年一样），其他再按账龄分类组合计提（2018年都是固定计提比例，2019年期末互联网游戏业务披露的是区间比例，汽车零部件业务披露的计提比例则比2018年的略高）。

E. 000725京东方：2018年没有披露具体的组合信息［分了单项（计提比例87%）和组合（计提比例1%）］。2019年分了3个组合：信用风险较高的客户（存在特殊事项，诉讼或客户信用状况恶化）、信用风险较低的客户（银行、保险公司、大型央企、事业单位）、信用风险中等的客户（未归类为上述组合的客户），其中风险较高和较低均为单项计提，较高的计提比例接近100%，较低的计提比例接近0，风险中等的为组合计提，计提比例0.08%。在“重要会计政策和会计估计”部分，公司披露“本集团始终按照相当于整个存续期内预期信用损失的金额计量应收账款的减值准备，并以逾期天数与违约损失率对照表为基础计算其预期信用损失。根据本集团的历史经验，不同细分客户群体适用不同的损失模型。”

F. 002415海康威视：2018年按账龄组合根据固定比例计提，2019年划分了A、B、C 3个组合分别按照逾期账龄进行计提。

（2）其他应收款坏账准备。

40家公司中27家公司没有重新计量差异，13家调增预期信用损失。

单位：人民币百万元

公司	2018年年末账面净值	重新计量差异（新账面价值–原）	比例
002739万达电影	379.11	–15.07	–3.98%
601669中国电建	26 577.65	–1 012.16	–3.81%
601668中国建筑	42 557.31	–1 415.10	–3.33%
600104上汽集团	15 491.83	–238.77	–1.54%
600221海航控股	9 940.81	–103.09	–1.04%
600637东方明珠	279.80	–2.10	–0.75%
002024苏宁易购	1 496.50	–5.72	–0.38%
000961中南建设	28 555.60	–82.60	–0.29%
600170上海建工	6 581.26	–17.54	–0.27%
600320振华重工	1 149.04	–1.50	–0.13%
000725京东方	2 454.17	–2.59	–0.11%
601989中国重工	1 768.02	–1.49	–0.08%
600383金地集团	63 721.82	–31.34	–0.05%

①坏账准备按照三阶段分类披露情况：40家公司中38家公司按照三阶段分类的形式披露了其他应收款坏账准备计提情况。

②组合划分情况：除了部分公司没有披露组合计提信息之外，大部分公司2019年年末披露的组合信息和2018年基本一致，以账龄组合为主，部分增加押金、保证金、员工备用金、出口退税、关联方等低风险组合（和2018年一样不提坏账准备或

者重新按照很低的比例（如0.1%、0.3%、0.5%）计提坏账准备）。

③组合划分和三阶段分类的对应关系：个别公司详细披露了组合里的各阶段账面余额和对应的坏账准备（如601668中国建筑、600221海航控股、601989中国重工、600383金地集团、688169石头科技、002602世纪华通等），部分公司虽然没有直接披露对应关系，但是通过数据关系可以推断出对应关系，摘录如下：

序号	公司名称	第一阶段	第二阶段	第三阶段
1	601×××公司	将3个组合（应收保证金、押金及备用金；应收代垫款；应收其他款项）的金额分拆在3个阶段进行披露		
2	600×××公司	应收医疗款项组合和1年以内账龄组合	1—2年账龄组合	单项计提和2—3年及3年以上账龄组合
3	601×××公司	组合计提		单项计提
4	600×××公司	单项计提中的风险较低组合及组合计提中的风险较低组合、1年以内账龄组合	组合计提中除1年以内之外的账龄组合	单项100%计提
5	600×××公司		组合计提	单项计提
6	601×××公司	保证金组合、备用金及职工借款组合、1年以内的账龄组合（全部按0.5%计提）	1—5年的账龄组合	单项计提和5年以上的账龄组合
7	600×××公司	低风险类别（平均计提比例：0.1%）、正常类别（5%）	高风险类别（16.88%）	损失类别（100%）
8	688×××公司	所有的账龄组合		
9	002×××公司	组合计提（关联方及非关联方）		单项计提
10	300×××公司	单项计提（应收出口退税、员工集资购房款）、组合计提（养户养殖借款、押金和保证金、备用金、其他）		单项100%计提
11	000×××公司	单项预期风险较低的0；组合：押金质保金往来款等		单项100%计提
12	002×××公司	账龄组合：1年以内	账龄组合：1—2年	单项及其他的账龄段
13	002×××公司	全部的账龄组合（即使100%计提）		单项100%计提
14	000×××公司	应收政府机关款项、合作方款项、合并范围外关联方款项、保证金、押金款项、收备用金、代扣代缴款项（计提比例0.3%）；部分的其他款项	部分的单项计提和部分的其他款项	单项100%计提
15	000×××公司	股权转让款及部分的备用金、保证金及其他		单项和组合100%计提的部分
16	002×××公司	未逾期	逾期1年以内	逾期1年以上的其他逾期账龄

注意

提示：上述分类可能并不恰当或仅适用于特定公司的特定情况，通常不应照搬。

④我们认为可能存在疑问的其他情况：40家公司中14家公司披露有不计提坏账准备的组合，通常为低风险的押金、备用金、出口退税、关联方款项等；有8家公司披露的组合计提比例或各账龄组合计提比例和2018年完全一样。

关于“三阶段模型”及“不计提坏账准备”的相关提示请参阅19.3.2节及19.3.3节的内容。

（3）应收票据坏账准备。

40家公司中35家公司没有重新计量差异，5家调增损失准备。

单位：人民币百万元

公司	2018年年末账面净值	重新计量差异（新账面价值－原）	比例
600170上海建工	399.84	−19.82	−4.96%
601669中国电建	900.29	−16.20	−1.80%
601989中国重工	892.01	−1.86	−0.21%
600104上汽集团	5 116.36	−3.55	−0.07%
002024苏宁易购	1 265.54	−15.60	−1.23%

2019年期末共有7家公司披露有应收票据坏账准备。披露详细坏账计提信息的摘录如下：

①公司1：对于信用程度较高的承兑银行如开发性金融机构、政策性银行、国有大型商业银行、股份制商业银行、外国及港澳台银行的银行承兑汇票组合1，不计提坏账准备；对于其他的承兑银行为城市商业银行、民营银行、房储蓄银行、农村商业银行、村镇银行、农村信用社、农村合作银行等银行承兑汇票组合2，按0.02%计提坏账准备，对于财务公司的银行承兑汇票组合3，按0.1%计提坏账准备。

②公司2：对集团内关联方商业承兑汇票不计提坏账准备；对集团外商业承兑汇票坏账准备计提比例为2%。

③公司3：银行承兑汇票不计提坏账准备，披露理由“本集团管理层认为，银行承兑汇票不存在重大的信用风险，不会因票据承兑方违约而产生重大损失。”商业承兑汇票2019年年末计提比例为0.63%，披露补充信息“于本年末，本集团商业承兑汇票未实际发生信用减值。”

④公司4：银行承兑汇票不计提坏账准备，商业承兑汇票2019年年末计提比例为0.5%。

⑤公司5：商业承兑汇票和应收账款账龄组合一样按照账龄段固定比例计提坏账准备。

提示或倾向性观点：

①关于组合划分。

CAS 22应用指南中规定：

为在组合基础上进行信用风险变化评估，企业可以共同风险特征为依据，将金融工具分为不同组别，从而使有关评估更为合理并能及时识别信用风险的显著增加。企业不应将具有不同风险特征的金融工具归为同一组别，从而形成不相关的结论。

如上述归为同一组合的"股份制商业银行""外国及港澳台银行"，其中不同银行的信用风险特征很可能并不一致，同一账龄的商业承兑汇票和应收账款其信用风险特征也有可能并不一致，企业在进行组合划分时应谨慎予以处理，必要时应做进一步的组合拆分。

②关于不计提坏账准备的相关事项请参考请参阅19.3.3的内容。

（4）长期应收款坏账准备。

40家公司中24家有长期应收款余额，19家公司没有重新计量差异，5家调增损失准备。

单位：人民币百万元

公司	2018年年末账面净值	重新计量差异（新账面价值–原）	比例
601668中国建筑	265 098.73	–215.15	–0.08%
600170上海建工	18 785.75	–23.21	–0.12%
002024苏宁易购	901.77	–1.12	–0.12%
601669中国电建	90 256.32	–252.75	–0.28%
600104上汽集团	6 837.41	–3.30	–0.05%

补充：601668中国建筑：披露了应收质保金折现息转回的情况，"于2018年12月31日，本集团及本公司持有的应收款项质保金账面价值分别为人民币79 572 542千元和人民币13 852 047千元，应收质保金折现息的账面价值分别为人民币6 811 982千元和人民币1 709 810千元。本集团及本公司执行新金融工具准则和新收入准则后，由于该等应收质保金不包含重大融资成分，故于2019年1月1日，本集团及本公司将应收质保金折现息的账面价值调整年初留存收益"。

2019年年末，24家公司中12家计提了坏账准备，计提比例普遍不高，见下表，其中6家按照三阶段分类进行坏账准备计提的披露。长期应收款的构成有PPP和BT

应收款、融资租赁款、分期收款提供劳务、分期收款销售商品、融资租赁保证金、电站项目融资款、员工无息贷款、购房定金等。

公司	2019年年末坏账准备计提比例	备注
601668中国建筑	0.59%	
600170上海建工	0.76%	三阶段分类披露
601669中国电建	0.91%	三阶段分类披露
600704物产中大	1.00%	
600104上汽集团	2.16%	
600018上港集团	0.17%	仅对到期展期的部分计提了坏账准备
601877正泰电器	7.30%	电站项目融资款计提的坏账准备
002352顺丰控股	1.85%	
002024苏宁易购	0.09%	三阶段分类披露（均为第一阶段）
000785居然之家	28.06%	第三阶段的应收债权计提
002044美年健康	0.92%	三阶段分类披露①
002415海康威视	3.22%	三阶段分类披露②

注：①002044美年健康披露："本集团对于租赁应收款/保理款的预期信用损失的会计政策选择采用'三阶段'模型，将未逾期或逾期30天以内划分为阶段一（未出现信用风险显著增加），将逾期30天以上、90天以内的划分为阶段二（信用风险显著增加），将逾期90天以上的划分为阶段三（违约/已发生信用减值），根据过往一年的逾期情况分别计算不同阶段的预期违约概率，结合参考市场的违约损失率最终确定坏账准备计提比例，预期信用损失的计提比例具体为阶段一0.18%；阶段二8.38%；阶段三15.03%。"

②002415海康威视：2018年不计提坏账准备，2019年按照逾期账龄计提坏账准备：信用期内的归为第一阶段，逾期1年以内的归为第二阶段，逾期1年以上的全部归为第三阶段。

（5）债权投资减值准备。

2019年年末40家公司中9家公司有债权投资余额，其中仅3家601668中国建筑、600704物产中大、600104上汽集团计提了减值准备，计提比例分别为0.17%、0.07%和0.19%。债权投资的构成有关联方贷款、委托贷款、对联营企业的委托贷款、ABS资产证券化自持部分优先级、信托、超短期融资券、安哥拉国债、银行大额存单、次级资产支持证券等。

（6）财务担保损失准备。

600221海航控股披露了预计负债—财务担保准备重新计量的情况：集团将原按或有事项准则确认的财务担保准备（金额为0）调整为按照新金融工具准则规定的损失准备，调增了预计负债1 334 808 000.00元。

第二十章　金融工具列报——金融负债与权益工具区分及相关实务问题

20.1　金融负债与权益工具划分的基本原则

20.1.1　金融负债的定义

金融负债，是指下述负债：（CAS 37：8）

（一）以下合同义务：

（1）向另一主体交付现金或其他金融资产；或

（2）在潜在不利的条件下，与另一主体交换金融资产或金融负债。

（二）将以主体自身权益工具结算或可以以主体自身权益工具结算的合同，且该合同是：

（1）一项非衍生工具，使主体承担或可能承担交付可变数量自身权益工具的义务；或

（2）一项衍生工具，该衍生工具将以或可能以固定数额的现金或其他金融资产换取固定数量的主体自身权益工具以外的其他方式结算。此处“主体自身的权益工具”不包括被划分为权益工具的可回售金融工具和仅在清算条件下产生使主体按股权比例交付给另一主体自身净资产义务的工具、或本身就是在未来收取或交付自身权益工具的合同（如符合一定条件的以发行功能货币以外的货币计价的配股权）。

20.1.2　权益工具的定义

权益工具，是指能证明拥有某个企业在扣除所有负债后的资产中的剩余权益的合同（CAS 37：9）。分类为权益工具的金融工具应同时满足下述两个条件：

（一）该工具不具有下述合同义务：

（1）向其他主体交付现金或其他金融资产；或

（2）在对发行方潜在不利的条件下与另一主体交换金融资产或负债；

（二）若该工具将以或可能以发行方本身之权益工具交割，那么这一工具需是（“固定换固定”）：

（1）一项非衍生工具，且该非衍生工具对发行方来说不含交付可变数量的自身

权益工具的合同义务；或

（2）一项衍生工具，且将通过发行以固定数额的现金或其他金融资产换取固定数量的自身权益工具的方式进行结算。

一项将导致或可能导致未来收取或交付发行方自身权益工具的合同义务，包括因衍生金融工具而产生的合同义务，如果不能同时符合1和2两个条件，则不属于权益工具。

作为例外，符合金融负债定义的工具在满足特定条件时可能被划分列报为权益工具（见20.1.5），但并不表示该类工具符合权益工具的定义。

20.1.3　附有或有结算条款的金融工具

（一）或有结算条款，指是否通过交付现金或其他金融资产进行结算，或者是否以其他导致该金融工具成为金融负债的方式结算，需要由发行方和持有方均不能控制的未来不确定事项的发生或不发生（或发行方和持有方均不能控制的未来不确定事项的结果）来确定的条款（CAS 37：12）。这些不确定事项如股价指数、消费价格指数变动，利率或税法变动，发行方未来收入、净收益或债务权益比率等。

对于附有或有结算条款的金融工具，发行方不能无条件地避免交付现金、其他金融资产或以其他导致该工具成为金融负债的方式进行结算的，应将其归类为金融负债。但这一结论可能存在有限的例外情形，见（二）。

（二）满足下列条件之一的，发行方应当将附有或有结算条款的金融工具分类为权益工具：

（1）要求以现金、其他金融资产或以其他导致该工具成为金融负债的方式进行结算的或有结算条款几乎不具有可能性，即相关情形极端罕见、显著异常且几乎不可能发生。

（2）只有在发行方清算时，才需以现金、其他金融资产或以其他导致该工具成为金融负债的方式进行结算。

（3）按照CAS 37第三章分类为权益工具的可回售工具（详见20.1.5）。

20.1.4　存在结算选择权的衍生工具

对于存在结算选择权的衍生工具（例如，合同规定发行方或持有方能选择以现金净额或以发行股份交换现金等方式进行结算的衍生工具），发行方应当将其确认为金融资产或金融负债。但是，如果合同条款中所有可能的结算方式均表明该衍生工具应当确认为权益工具的，则应当确认为权益工具（CAS 37：13）。

20.1.5　特殊金融工具

根据CAS 37第三章“特殊金融工具的区分”，特殊金融工具包括满足特定条件前提下的两种情况：

（一）可回售工具

（二）发行方仅在清算时才有义务向另一方按比例交付其净资产的金融工具（有限寿命工具）

这两类工具均符合金融负债定义，但在满足CAS 37第三章所述之特定条件[①]的前提下，应当分类为权益工具：

（一）该分类的原理为：任何一个会计主体都不可能只有资产、负债而没有权益。因此如果某个会计主体所发行的金融工具均符合金融负债的定义，就需要人为地将其中求偿权处于最劣后地位的工具指定为权益工具。

---

① 第十六条 符合金融负债定义，但同时具有下列特征的可回售工具，应当分类为权益工具：

（一）赋予持有方在企业清算时按比例份额获得该企业净资产的权利。这里所指企业净资产是扣除所有优先于该工具对企业资产要求权之后的剩余资产；这里所指按比例份额是清算时将企业的净资产分拆为金额相等的单位，并且将单位金额乘以持有方所持有的单位数量。

（二）该工具所属的类别次于其他所有工具类别，即该工具在归属于该类别前无须转换为另一种工具，且在清算时对企业资产没有优先于其他工具的要求权。

（三）该工具所属的类别中（该类别次于其他所有工具类别），所有工具具有相同的特征（例如它们必须都具有可回售特征，并且用于计算回购或赎回价格的公式或其他方法都相同）。

（四）除了发行方应当以现金或其他金融资产回购或赎回该工具的合同义务外，该工具不满足本准则规定的金融负债定义中的任何其他特征。

（五）该工具在存续期内的预计现金流量总额，应当实质上基于该工具存续期内企业的损益、已确认净资产的变动、已确认和未确认净资产的公允价值变动（不包括该工具的任何影响）。

可回售工具，是指根据合同约定，持有方有权将该工具回售给发行方以获取现金或其他金融资产的权利，或者在未来某一不确定事项发生或者持有方死亡或退休时，自动回售给发行方的金融工具。

第十七条 符合金融负债定义，但同时具有下列特征的发行方仅在清算时才有义务向另一方按比例交付其净资产的金融工具，应当分类为权益工具：

（一）赋予持有方在企业清算时按比例份额获得该企业净资产的权利；

（二）该工具所属的类别次于其他所有工具类别；

（三）该工具所属的类别中（该类别次于其他所有工具类别），发行方对该类别中所有工具都应当在清算时承担按比例份额交付其净资产的同等合同义务。

产生上述合同义务的清算确定将会发生并且不受发行方的控制（如发行方本身是有限寿命主体），或者发生与否取决于该工具的持有方。

第十八条 分类为权益工具的可回售工具，或发行方仅在清算时才有义务向另一方按比例交付其净资产的金融工具，除应当具有本准则第十六条或第十七条所述特征外，其发行方应当没有同时具备下列特征的其他金融工具或合同：

（一）现金流量总额实质上基于企业的损益、已确认净资产的变动、已确认和未确认净资产的公允价值变动（不包括该工具或合同的任何影响）；

（二）实质上限制或固定了本准则第十六条或第十七条所述工具持有方所获得的剩余回报。

在运用上述条件时，对于发行方与本准则第十六条或第十七条所述工具持有方签订的非金融合同，如果其条款和条件与发行方和其他方之间可能订立的同等合同类似，不应考虑该非金融合同的影响。但如果不能做出此判断，则不得将该工具分类为权益工具。

（二）该分类仅适用于发行方自身财务报表。在发行方的母公司的合并报表中，对应的少数股东权益部分（即，属于该类特殊工具由其母公司合并财务报表的合并范围之外的持有方享有的部分）应当分类为金融负债（CAS 37：20）。

20.2　发行永续债能否归类为权益的若干实务问题

20.2.1　概述

在“降杠杆”降低资产负债率的过程中，企业可选择如发行永续债、发行优先股、引入债转股基金、开展混合所有制改革引入民营投资等方式，其中可能融合了合伙企业基金、资产管理计划等设计，其目的都是在资产负债率的“分子”金额不变的情况下增加“分母”，从而降低比例计算结果。倘若“分子”“分母”同增相应金额，则显然无法达到降低资产负债率的目的。基于此，在实务中企业常见的“降杠杆”交易中，引入资金究竟是属于金融负债还是权益工具，这一判断就显得尤为重要。

20.2.2　主要相关规定

在现行的企业会计准则体系下，涉及永续债、优先股等金融工具能否被列报为发行方权益工具问题的规定主要包括：

（1）《企业会计准则第37号——金融工具列报》（第二章、第三章）及其应用指南；

（2）《金融负债与权益工具的区分及相关会计处理规定》（财会〔2014〕13号）（注：该规定中与新CAS 37的不一致之处应按新CAS 37执行）；

（3）《永续债相关会计处理的规定》（财会〔2019〕2号）。

20.2.3　实务中永续债条款的一般特征

实务中的永续债条款多样，但通常具备以下共同特征：

（1）如果是债券，则不设定期限，仅发行人有回购选择权；如果是优先股，则只能按照发行人的意愿赎回。不管哪种情况，持有人都无权要求发行人赎回或者回购该金融工具。

（2）如果发行人行使回购选择权，则该金融工具将按照票面价值偿还。

（3）利息、股利是固定的，或基于某项基准利率；可能是累积的（即本期未支付的利息或股利可滚动到后续付息期一并支付，且不受递延期限、次数限制），也可能是非累积的。如为累积的，则发行人行使回购选择权时，还应偿还累积的递延利息或股利。

（4）如果发行人不向持有人宣派或支付利息或股利，则其不能宣派或实际发放普通股股利；或者当发行人宣派或实际发放普通股股利，则其也须向永续债或优先股持有人宣派支付利息或股利。（即，“股利制动条款”或“股利推动条款”）

（5）在发行人能够赎回或回购该金融工具的当日，如果发行人选择不行使赎回或回购权，则通常会适用加息条款，导致利率或股利率上升。但一般而言，无封顶（或者虽有封顶但最高利率远高于发行人通常的融资成本）的利率跳升条款是不具有商业实质和商业合理性的，不能作为判断该永续债属于发行人的权益工具的依据。

（6）一旦清算，可能出现以下两种情形：

①该金融工具的本金（和累积递延利息/股利）支付应优先于普通股，但次于普通债券；

②该金融工具的本金支付不仅优先于普通股，还优先于分类为负债的其他次级债务工具（等同于其他待偿还的债务融资工具）。

（7）优先股若转为发行人的普通股，其转股比例和数量应当事先锁定，满足“固定换固定”要求，通常不提供担保，或者仅就发行人已经宣告的还本付息事项，向投资人提供担保。

注意

对发行人而言，同时具备上述各项特征的金融工具应归类为权益工具，在财务报表中列报为“其他权益工具”。主要理由如下：

（1）CAS 37和《国际会计准则第32号——金融工具：列报》（IAS 32）对“权益工具”的定义。

CAS 37第七条规定：“企业应当根据所发行金融工具的合同条款及其所反映的经济实质而非仅以法律形式，结合金融资产、金融负债和权益工具的定义，在初始确认时将该金融工具或其组成部分分类为金融资产、金融负债或权益工具。”IAS 32第15段也有类似规定。

IAS 32第11段、CAS 37第九条中对权益工具的定义均为：“能证明拥有某个企业在扣除所有负债后的资产中的剩余权益的合同”。

以上分别提及“实质”并将权益定义为“剩余权益”，在某种程度上这可以将企业会计准则和IAS 32理解为要求分类为权益的任何金融工具具有“类似于权益”的特征。因此，权益工具的定义可以从以下两个角度进行解释：

①该金融工具不符合负债的定义；且

②该金融工具代表了在主体的资产中所享有的剩余权益。

通过剩余权益，该解释主要关注该工具持有者（通过派发股利或清算）享有主体净资产增值的能力，因而作为补偿，权益工具的偿还顺序应次于所有其他负债。

在企业会计准则和IAS 32中有很多看似可以支持该解释的规定内容和参考资料。

例如，IAS 32中第21段指出，当主体以可变数量的自身权益工具来结算合同时，该合同不应分类为权益工具。“……因此，该合同不能证明存在主体在扣除所有负债后的资产中的剩余权益。”在CAS 37第十条中也有类似的规定。

但是，我们认为该解释是无效的。前述对“权益工具”的定义仅仅旨在表明扣除负债后剩余了什么。这种狭义的解释与《企业会计准则——基本准则》和IFRS下《财务报告的概念框架》相一致，在《企业会计准则——基本准则》第二十六条和《财务报告的概念框架》第4.5段中，权益被定义为“剩余”项目，即“企业资产扣除负债后由所有者享有的剩余权益”。这表明像享有主体资产增值之类的特征并不是判断一项金融工具是否为权益工具的一部分时应考虑的因素，而只能基于它是否符合负债的定义来作出判断。与此同时，IAS 32应用指南第26段中指出，对于一项不可赎回的优先股而言，即使投资者无法参与除指定股利以外的股利分配，或者无法获取除股票票面价值以外的资本回报，但当是否对优先股持有者发放股利完全取决于发行人的意愿时，该不可赎回的优先股应分类为权益工具。因此，对权益工具的“实质”应当放到这一特定的上下文中来理解，即它只代表扣除所有负债后的剩余权益。

还需要注意的是，如果上述两个角度的解释适用于权益工具（即该金融工具不是负债，且享有剩余权益），那么该解释可能表明存在既不是权益又不是负债的金融工具。《概念框架》第4.7段已承认存在这些问题，但表示将在IFRS（如基于《概念框架》第4.4段的IAS 32）的未来复核中删除它们，且不能容许存在介于负债和权益之间的“中间地带”。因此，IFRS中定义的权益工具不一定与经济学家所认为的权益或者在市场中交易的权益工具（与债务相比）相同。

然而，需要注意的是，如果金融工具的支付完全取决于发行人的意愿，那么该金融工具基本不可能对投资者有吸引力，除非投资者还持有普通股，或持有能够赋予其从以上金融工具中获取利益的控制的金融工具，或该金融工具的某些特征能够使投资者相信发行人将会按照其意愿进行支付，这些特征包括利息递增条款和对支付普通股股利的限制性条款（即只有在对该项金融工具支付利息或者股利之后，才能向普通股股东支付股利）。

（2）经济上的强制性。

以前版本的IAS 32中第22段指出：“……没有包含强制性赎回条款或持有者有权卖回给发行人的条款的优先股，可能具有合同规定的加速股利，在可预见的将来，股利收益率预计很高，使发行人在经济上被迫要赎回该工具。”这种措辞使本案例所考虑形式的交易应当分类为一项负债。

在2004年修订IAS 32时删除了以上示例，并替换为第20段的以下内容：“没有明确地确立交付现金或其他金融资产义务的金融工具有可能通过其条款和条件间接地形成合同义务……”CAS 37第十条中也指出：“有些金融工具虽然没有明确地包含交付现金或其他金融资产义务的条款和条件，但有可能通过其他条款和条件间接地形成合同义务。”

IAS 32的结论基础的第9段指出，由于加速股利的示例并不十分明确，因而替换为理事会认为更清楚，并且可以对实务中已被证明存在问题的领域提供指导的其他示例，并删除了以上第22段的内容。理事会保留了原有的看法，认为工具可以通过其条款和条件间接地建立一项义务，这表明旧版本中第22段的删除并不表明理事会改变了对这部分的看法。

但是，在修订IAS 32时，IAS 32应用指南第26段也在修订范围内。这一段有一定难度，因为它提及对优先股的分类应根据对合同实质的评估，将此项内容与发行人是否有意愿支付股利这一问题联系起来，然后列出了不会影响主体支付股利的意愿的若干因素。

其中最相关的部分是以下内容：“……将一项优先股归类为权益工具还是金融负债，不受下列因素影响：（c）没有发放优先股股利对发行人普通股的价格可能产生的负面影响（因为如果不向优先股支付股利将限制向普通股支付股利）……”

IAS 32应用指南第26段是准则的内在组成部分，它明确地要求我们得出以下结论：即使存在以上第22段指出的加速股利的特征，只要此类金融工具的股利/利息支付系基于主体支付普通股股利，该因素可以忽略不计（即使利息/股利随递增利息而递增，主体仍没有偿还义务，因而不存在经济上的强制赎回）。

这个结论并不令人满意，因为它似乎与第20段相冲突，而且它要求将一些通常并不被视作权益的项目分类为权益工具。但是，在IAS 32应用指南第26段（c）删除或修订之前，仍应按照该要求进行会计处理。

（3）清算中的优先权。

一旦清算，如果该金融工具优先于另一次级工具受偿，那么按照CAS 37和IAS 32的规定，应将其分类为负债。前文所述各准则对权益工具的定义表明，金融负债不代表“主体的资产扣除所有负债后的剩余权益”。但是，CAS 37第九条应当看作陈述了准则的核心原则：“企业发行的金融工具同时满足下列条件的，符合权益工具的定义，应当将该金融工具分类为权益工具：（一）该金融工具应当不包括交付现金或其他金融资产给其他方，或在潜在不利条件下与其他方交换金融资产或金融负债的合同义务；……”

在IAS 32的第16段中也有类似的表述，并特别强调，只有“当且仅当”此处所列条件同时满足时，一项金融工具才能被归类为权益工具。

在本段中并未提及发生清算时的优先受偿权。我们必须得出以下结论，即对金融工具是否为负债的相关测试仅为其是否强制交付现金。如果没有偿还义务，则该工具为权益工具，即使在实务中它在清算时比负债优先受偿。CAS 37第十二条和IAS32第25（b）段已表明，只有发行人清算时才能够要求发行人履行交付现金和其他金融资产的义务（或者通过形成主体的一项金融负债来结算这一合同）时，该金融工具不是发行人的一项金融负债。因此，在应用CAS 37第九条之（一）和IAS 32第16（a）段的过程中，应忽略清算时强制交付现金的要求。

（4）永续债有关会计处理规定。

相关规定详见20.2.4节。

20.2.4　实务中的常见问题

20.2.4.1　明确所讨论的会计主体层面

同样一项金融工具，在不同的会计主体层面，由于所承担的合同义务不同，可能其归类也有所不同。

例如，如果某项永续债的条款约定投资人不能要求发行人回购或赎回，但约定发行人的母公司有义务在投资人提出回购要求时支付固定或可确定金额的款项（该金额通常不等于回购时该工具的公允价值）以购入投资人持有的该项工具，则该工具对发行人自身而言可能属于权益工具，但在发行人的母公司的个别报表和合并报表层面应将回购义务列为金融负债。因此，实务中很多情况下此类“降杠杆”方案的可接受性取决于是针对哪个会计主体层面提出的。

20.2.4.2　关注“利率跳升机制”对股债分类的影响

（1）关于此类影响的相关规定：

①CAS 37第十条第一款：企业不能无条件地避免以交付现金或其他金融资产来履行一项合同义务的，该合同义务符合金融负债的定义。有些金融工具虽然没有明确地包含交付现金或其他金融资产义务的条款和条件，但有可能通过其他条款和条件间接地形成合同义务。

②CAS 37应用指南：有些金融工具虽然没有明确地包含交付现金或其他金融资产义务的条款和条件，但有可能通过其他条款和条件间接地形成合同义务。例如，企业可能在显著不利的条件下选择交付现金或其他金融资产，而不是选择履行非金融合同义务，或选择交付自身权益工具。在实务中，相关合同可能包含利率跳升等特征，往往可能构成发行方交付现金或其他金融资产的间接义务。企业须借助合同条款和相关信息，全面分析判断。例如，对于例1中存在的“票息递增”条款，考虑到其只有一次利率跳升机会，且跳升幅度为3%（300基点），尚不构成本准则第十条所述的间接义务（在该应用指南【例1】中发行的永续债初始期年利率为8%，初始期结束若发行方未回购则年利率增加至11%）。

③《永续债相关会计处理的规定》（财会〔2019〕2号）：永续债发行方在确定永

续债会计分类时，应当考虑第37号准则第十条规定的“间接义务”。永续债合同规定没有固定到期日、同时规定了未来赎回时间、发行方有权自主决定未来是否赎回且如果发行方决定不赎回则永续债票息率上浮（即“利率跳升”或“票息递增”）的，发行方应当结合所处实际环境考虑该利率跳升条款是否构成交付现金或其他金融资产的合同义务。如果跳升次数有限、有最高票息限制（即“封顶”）且封顶利率未超过同期同行业同类型工具平均的利率水平，或者跳升总幅度较小且封顶利率未超过同期同行业同类型工具平均的利率水平，可能不构成间接义务；如果永续债合同条款虽然规定了票息封顶，但该封顶票息水平超过同期同行业同类型工具平均的利率水平，通常构成间接义务。

（2）实务中常见的可认为不构成“间接义务”的利率调整机制条款。

在近期实务中，较为常见且被普遍接受的一种可认为不构成“间接义务”的利率调整机制条款表述如下。

“如果发行人不行使赎回权，则从第4个计息年度开始票面利率调整为当期基准利率加上初始利差再加上300个基点，在第4个计息年度至第6个计息年度内保持不变，票面利率公式为：当期票面利率=当期基准利率+初始利差+跃升利率300个基点；自首个票面利率重置日进行利率跃升，后续维持利率跃升幅度不变。”

在这一表述下，利率仅跳升一次300个基点，之后定期“调整”但不存在明确的再次“跳升”。当然，并不是说只有这一种表述方式才是可接受的。但在目前的实务中，如果利率重置伴随着利差扩大，重置或跳升的频率高于此处设定的频率，或者跳升幅度高于此处设定的跳升幅度，则通常很难认可该类金融工具可以作为发行方的权益工具。

关于利率跳升机制条款如何设置才能被认可不构成“间接义务”，常见要点提示如下：

①利率重置不宜过于频繁，不建议短于3年一次；

②利差扩大仅限一次，不能每重置一次利率就扩大一次利差；

③设置封顶利率如果远高于发行人的正常债务融资成本，则认定为不具有商业实质。

20.2.4.3　到期日

关于到期日的相关规定：

《永续债相关会计处理的规定》（财会〔2019〕2号）：

永续债发行方在确定永续债会计分类时，应当以合同到期日等条款内含的经济实质为基础，谨慎判断是否能无条件地避免交付现金或其他金融资产的合同义务。当永续债合同其他条款未导致发行方承担交付现金或其他金融资产的合同义务时，发行方应当区分下列情况处理：

（1）永续债合同明确规定无固定到期日且持有方在任何情况下均无权要求发行方赎回该永续债或清算的，通常表明发行方没有交付现金或其他金融资产的合同义务。

（2）永续债合同未规定固定到期日且同时规定了未来赎回时间（即”初始期限”）的：

①当该初始期限仅约定为发行方清算日时，通常表明发行方没有交付现金或其他金融资产的合同义务。但清算确定将会发生且不受发行方控制，或者清算发生与否取决于该永续债持有方的，发行方仍具有交付现金或其他金融资产的合同义务。

②当该初始期限不是发行方清算日且发行方能自主决定是否赎回永续债时，发行方应当谨慎分析自身是否能无条件地自主决定不行使赎回权。如不能，通常表明发行方有交付现金或其他金融资产的合同义务。

20.2.4.4 清偿顺序

（1）关于清偿顺序的相关规定：

《永续债相关会计处理的规定》（财会〔2019〕2号）：

永续债发行方在确定永续债会计分类时，应当考虑合同中关于清偿顺序的条款。当永续债合同其他条款未导致发行方承担交付现金或其他金融资产的合同义务时，发行方应当区分下列情况处理：

①合同规定发行方清算时永续债劣后于发行方发行的普通债券和其他债务的，通常表明发行方没有交付现金或其他金融资产的合同义务。

②合同规定发行方清算时永续债与发行方发行的普通债券和其他债务处于相同清偿顺序的，应当审慎考虑此清偿顺序是否会导致持有方对发行方承担交付现金或其他金融资产合同义务的预期，并据此确定其会计分类。

（2）关于清偿顺序的实务提示。

一般情况下，应尽量避免出现“偿付顺序：本次债券在破产清算时的清偿顺序等同于发行人普通债务”的条款。如果无法避免该条款，则应注意：

①确保发行人不是“有限寿命主体”（如有明确存续期限限制的结构化主体、仅为特定项目设立的项目公司等）；

②确保发行人持续经营不存在重大问题、预计在可预见的未来不会进行清算；

③进一步收集自《永续债相关会计处理的规定》发布以来（即2019年1月28日以来）新发行的被归类为发行人权益工具的永续债的此类条款的信息，同时关注发行人在可预见未来（至少涵盖该工具的预计存续期，不仅限于通常情况下编制财务报表采用基础假设时对企业持续经营能力评估的期限）的持续经营能力；

④会计师应会同发行人和主承销商，就此问题获取监管机构的指导意见。

20.2.4.5　关注“投资者保护条款”对股债分类的影响

（1）相关规定：

《CAS 37应用指南》的相关举例和分析说明：

【例】甲公司发行了一项年利率为8%、无固定还款期限、可自主决定是否支付利息的不可累积永续债，合同条款中包含的投资者保护条款如下：

当发行人未能清偿到期应付的其他债务融资工具、企业债或任何金融机构贷款的本金或利息时，发行人立即启动投资者保护机制（实务中有时将此类保护条款称为“交叉保护”），即主承销商于20个工作日内召开永续债持有人会议。永续债持有人有权对如下处理方案进行表决：

（1）无条件豁免违反约定；

（2）有条件豁免违反约定，即如果发行人采取了补救方案（如增加担保），并在30日内完成相关法律手续的，则豁免违反约定。

如上述豁免的方案经表决生效，发行人应无条件接受持有人会议作出的上述决议，并于30个工作日内完成相关法律手续。如上述方案未获表决通过，则永续债本息应在持有人会议召开日的次日立即到期应付。

分析

本例中，首先，因为受市场对生产经营的影响等因素，能否有足够的资金支付到期的债务这一事项，并不在甲公司的控制范围内，即其无法控制是否会对债务产生违约；其次，当甲公司对债务产生违约时，其无法控制持有人大会是否会通过上述豁免的方案。而当持有人大会决定不豁免时，永续债本息就到期应付。因此，甲公司不能无条件地避免以交付现金或其他金融资产来履行一项合同义务，该永续债符合金融负债的定义，应当被分类为金融负债而非权益工具。

除上述示例中的相关条款外，企业还应当注意其他投资者保护条款。例如，一旦发行人破产或视同清算、发生超过净资产10%以上重大损失、财务指标承诺未达标、财务状况发生重大变化、控制权变更或信用评级被降级、发生其他投资者认定足以影响债权实现的事项等情形，那么该永续债一次到期应付，除非持有人大会通过豁免的决议。在这些合同中，破产往往是指无力偿债、拖欠到期应付款项、停止或暂停支付所有或大部分债务或终止经营其业务，或根据《破产法》规定进入破产程序，因此，由于发行人不能控制能否按时偿债、是否会发生超过净资产10%以上重大损失、财务指标承诺能否达标、财务状况是否发生重大变化、控制权是否会变更或信用等级是否会被降级、是否会发生其他投资者认定足以影响债权实现的事项等情形，进而无法无条件地避免以交付现金或其他金融资产来履行一项合同义务。因此，包含此类条款的永续债也应当被分类为金融负债。

企业应当基于真实、完整的合同进行相关分析和判断。在实务中，有时存在部分条款措词不够严谨或不够明确的情况，企业应当进一步明确合同条款是否会导致发行人存在交付现金或其他金融资产的义务。企业应当确保合同措辞明确，能够以此为基础作出合理的会计判断。另外，某些永续债条款可能也会约定永续债债权人破产清算时的清偿顺序等同于其他债务。在此类情况下，企业应当考虑这些条款是否会导致该永续债分类为金融负债。

（2）实务提示。

在分析投资者保护条款是否导致某项金融工具不能分类为发行人权益工具时，通常应重点关注以下问题：

①触发投资者保护条款的事项是否属于发行人可控制的事项；

②投资者可采取的救济措施的选项是否可能导致现时义务；

③对相关救济措施，发行人是否只能无条件接受。

20.2.4.6 国有企业强制上缴国有资本收益对股债分类的影响

对于国有企业而言，其按照国有资产管理相关规定上缴国有资本收益是一项强制性的法定义务，不可能依据其自身单方面的行为而推迟或者豁免该项义务的履行。

例如，财政部、国务院国资委联合发布的《中央企业国有资本收益收取管理暂行办法》（财企〔2007〕309号，以下简称《收益收取办法》）明确，国有资本收益收取对象为中央管理的一级企业。国有资本收益包括：国有独资企业按规定上交国家的利润；国有控股、参股企业国有股权（股份）获得的股利、股息；国有产权（含国有股份）转让收入；国有独资企业清算收入（扣除清算费用）及国有控股、参股企业国有股权（股份）分享的公司清算收入；其他收入。中央企业拥有全资或控股子公司的国有独资企业，应交利润按照中国注册会计师审计的年度合并财务报表中反映的、归属于母公司所有者的净利润为基数申报。应交利润的比例，区别不同行业，分三类执行：第一类为烟草、石油石化、电力、电信、煤炭等具有资源型特征的企业，上交比例为10%；第二类为钢铁、运输、电子、贸易、施工等一般竞争性企业，上交比例为5%；第三类为军工企业、转制科研院所企业，上交比例3年后再定。《收益收取办法》规定，国有资本收益的收取方式为：国资委监管企业向国资委、财政部同时申报上交；国资委提出审核意见后报送财政部复核；财政部按照复核结果向财政部驻申报企业所在地财政监察专员办事处（以下简称财政专员办）下发收益收取通知，国资委按照财政部复核结果向申报企业下达收益上交通知；企业依据财政专员办开具的“非税收入一般缴款书”和国资委下达的收益上交通知办理交库手续。中国烟草总公司上交国有资本收益，由财政部直接审核，按审核结果办理交库。

鉴于国有企业上缴国有资本收益属于一项不可避免的法定义务，故对于发行人属于国有资产监督管理部门直接履行出资人职责的国有企业、国有独资公司的情形，应注意将永续债发行条款中“强制付息事件”“递延付息时的限制事项”中的“向普通股股东分红”修改为“向普通股股东分红（按照国有资产监督管理相关规定上缴国有资本收益除外）”，否则不能认定为权益工具。即，“按照国有资产监督管理相关规定上缴国有资本收益”应作为“向普通股股东分红”的例外条款。

20.2.4.7　投资者与发行人之间的母子公司关系或者监管关系

如果投资者是发行方的母公司，能够主导发行方股东会就利润分配等事项的表决，特别是如果发行方是投资者的全资子公司（或者发行方是投资者行使监管职责的国有独资企业或国有独资公司），则投资者可以根据《公司法》第六十一条规定，直接以“股东决定”的形式决定发行方的这些事宜。即，这类情况下发行方的利润分配事项直接由其外部（而不是发行方自身）决定。相应地，发行方也就不能以其自身的主动行为来避免还本付息等现时义务的产生。

因此，鉴于此处投资人和母公司的“身份重合”，导致一般情况下永续债中常见的递延付息条款等在此类案例中都不具有实际意义。相应地，这种情况下的永续债投资，应不满足确认为发行方权益工具的条件。

与之相比，对于有多个股东的公司，其利润分配事项由股东会或者股东大会通过决议方式作出决定，而股东会或者股东大会是公司自身的权力机构，换言之，这类公司的利润分配事项是由其自身决定的，即理论上当这类公司作为永续债发行方时，它可以通过股东会或者股东大会作出“不分红”决议的方式来避免强制付息条款被触发。相应地，鉴于此类发行方能够以其自身的主动行为来避免还本付息等现时义务的产生，故基于发行方分红的“强制付息事件”条款通常不会构成将永续债分类为发行方权益工具的障碍。

但是，如果相关股东会或股东大会就触发强制回购或付息义务的事项有特别约定，则情况可能会发生变化。例如，某些投资者以债转股基金等形式对被投资方（发行方）增加投资，增资后登记为被投资方的股东，虽然投资者持股比例不高，但是公司章程约定，就被投资方是否分红及分红金额事项决议时，控股股东无条件地与投资者保持一致观点。这一情形下，虽然有关是否分红或分红多少的决议形式上仍然是通过股东会或股东大会来作出决策（即形式上由发行人自身决定），但公司章程已经预先确定了该强制分红事项实际上由投资者决定。因此，在发行方自身财务报表或其控股股东的合并报表中，相关债转股基金均应分类为金融负债。

20.2.4.8　或有结算条款的影响

我们以【例20-1】对此予以分析说明。

【例20-1】或有结算条款：考虑各类条款以确定其是否在主体的控制范围内

问题

一项金融工具中存在的哪些或有结算条款不在发行方的控制范围内，从而导致发行方在其财务报表中将其分类为金融负债？

背景

某主体（发行方）拟新发行证券，除了或有结算条款的潜在影响以外，这些证券将满足CAS 22和CAS 37对“权益工具”的定义。或有结算条款可能被多种事件触发，这些事件将导致该证券的持有者能够在特定情形下要求对债券本息进行结算。

分析

以下列出了常见的或有结算条款（但不可能涵盖所有可能的情形），并从发行方的角度对其进行分析，以确定相关或有结算条款的触发事件是否在发行方的控制范围内，因而不代表向另一主体交付现金或其他金融资产的合同义务。

需要注意的是，即使下表中所列的某个事件被认为不在发行方的可控制范围内，但如果该事件是不现实的（即认定某个事件不会发生），则存在由该事件触发的或有结算条款不会导致该金融工具被分类为金融负债。其中，“认定某个事件不会发生”是指该事件的发生概率基本为零。

下表假设所列出的各种或有结算条款是互相独立的。

	或有结算条款	发行方是否能够控制该事件?
1	发行方分配普通股股利	是。股东大会可自主决定是否分配普通股股利
2	发行方被成功接管（即发行方的控制权被转移）	视情况而定。 由于受让方（通过证券市场上的交易购买股票等方式）获取对发行方充分的控制权，该类接管不在主体的控制范围内。 但是，如果或有结算条款仅限于股东必须在年度或临时股东大会上就接管事宜进行投票表决的情形下的接管，或者该接管事宜系完全基于董事的建议，则该接管被认为在主体的控制范围内
3	发行方的债务工具下存在违约事项（即，“交叉违约”，包括违反债务协议中的财务指标条款）	否
4	发行方开始进行清算	否，但根据CAS 37第十二条规定，由于“只有在发行方清算时，才需以现金、其他金融资产或以其他导致该工具成为金融负债的方式进行结算”，该金融工具并不构成发行方的一项金融负债
5	发行方进入破产保护或者重整程序，由破产管理人接管，并达成一系列重整安排	否。该事件将导致金融工具被分类为权益工具还是债务工具将取决于各司法管辖区的法律法规规定。如果这些事件并不一定导致发行方进行清算，则该情况不满足CAS 37第十二条第（二）项中提及的“清算豁免”

续表

	或有结算条款	发行方是否能够控制该事件?
6	发行方被处以大于一定金额的罚款，或政府机关、金融监管机构开始对发行方进行调查	否。该事件不在发行方的控制范围内
7	会计、税务政策和监管法规的变化预计将对发行方的财务状况产生不利影响	否。该事件不在发行方的控制范围内
8	发行方的股票在证券交易所停牌超过若干天	该事件很可能不在发行方的控制范围内。但这取决于各司法管辖区的具体情况以及导致停牌的原因是否在主体的可控制范围内
9	证券发行地区发生战争或武装冲突	否。该事件不在发行方的控制范围内
10	当该证券尚有未偿付的本金或利息时，对普通股进行利润分配或回购	是。利润分配由发行方自行决定
11	在该证券发行后的头12个月内发行与该证券具有相同级别或优先于该证券的次级证券	是。可认为在发行方的控制范围内
12	决定在转换日之前发布IPO招股说明书	参见以上情形2，通常发行方能够控制该事件，除非发行方可能出于某些处于其可控制范围以外的原因（如监管者的要求），而被迫启动IPO
13	无法在转换日之前有效执行IPO	否。该事件不在发行方的控制范围内
14	发行方处置其全部或实质上全部的经营业务或资产	是
15	发行方的信用等级发生改变	否。该事件不在发行方的控制范围内

权威指引

1. CAS 37第十条规定：金融负债与权益工具的区分：

（一）如果企业不能无条件地避免以交付现金或其他金融资产来履行一项合同义务的，该合同义务符合金融负债的定义。有些金融工具虽然没有明确地包含交付现金或其他金融资产义务的条款和条件，但有可能通过其他条款和条件间接地形成合同义务。

（二）如果一项金融工具须用或可用企业自身权益工具进行结算，需要考虑用于结算该工具的企业自身权益工具，是作为现金或其他金融资产的替代品，还是为了使该工具持有方享有在发行方扣除所有负债后的资产中的剩余权益。如果是前者，该工具是发行方的金融负债；如果是后者，该工具是发行方的权益工具。在某些情况下，一项金融工具合同规定企业须用或可用自身权益工具结算该金融工具，其中合同权利或合同义务的金额等于可获取或需交付的自身权益工具的数量乘以其结算时的公允价值，则无论该合同权利或合同义务的金额是固定的，还是完全或部分地基于除企业自身权益工具的市场价格以外变量（例如利率、某种商品的价格或某项金融工具的价格）的变动而变动，该合同应当分类为金融负债。

2. CAS 37第十一条规定：除根据本准则第三章分类为权益工具的金融工具外，如果一项合同使发行方承担了以现金或其他金融资产回购自身权益工具的义务，即使发行方的回购义务取决于合同对手方是否行使回售权，发行方应当在初始确认时将该义务确认为一项金融负债，其金额等于回购所需支付金额的现值（如远期回购价格的现值、期权行权价格的现值或其他回售金额的现值）。如果最终发行方无需以现金或其他金融资产回购自身权益工具，应当在合同到期时将该项金融负债按照账面价值重分类为权益工具。

3. CAS 37第十二条规定：对于附有或有结算条款的金融工具，发行方不能无条件地避免交付现金、其他金融资产或以其他导致该工具成为金融负债的方式进行结算的，应当分类为金融负债。但是，满足下列条件之一的，发行方应当将其分类为权益工具：

（一）要求以现金、其他金融资产或以其他导致该工具成为金融负债的方式进行结算的或有结算条款几乎不具有可能性，即相关情形极端罕见、显著异常或几乎不可能发生。

（二）只有在发行方清算时，才需以现金、其他金融资产或以其他导致该工具成为金融负债的方式进行结算。

（三）按照本准则第三章分类为权益工具的可回售工具。

附有或有结算条款的金融工具，指是否通过交付现金或其他金融资产进行结算，或者是否以其他导致该金融工具成为金融负债的方式进行结算，需要由发行方和持有方均不能控制的未来不确定事项（如股价指数、消费价格指数变动，利率或税法变动，发行方未来收入、净收益或债务权益比率等）的发生或不发生（或发行方和持有方均不能控制的未来不确定事项的结果）来确定的金融工具。

4.《国际会计准则第32号——金融工具：列报》第25段中指出："一项金融工具可能要求主体根据未来发生或不发生某种合同双方均不能控制的不确定事项（或某种不确定状况的结果）交付现金或其他金融资产，或者通过形成主体的一项金融负债来结算这一合同，以上不确定事项可能包括股票市场指数的变动，消费者价格指数的变动，利率或税收要求的变动，发行人收入、净收益或债务权益比率的变动等。

这类金融工具的发行人不拥有无条件避免交付现金或其他金融资产（或者通过形成主体的一项金融负债来结算这一合同）的权利。因此，它是发行人的一项金融负债，除非：

（1）能够要求交付现金或其他金融资产（或者通过形成主体的一项金融负债来结算这一合同）的或有结算条款部分是不现实的；

（2）只有发行人清算时才能够要求发行人履行交付现金或其他金融资产的义务（或者通过形成主体的一项金融负债来结算这一合同）；或者

（3）该金融工具具有本准则第16A和16B段中的所有特征并满足其中的条件。”

20.2.5 国资委最新监管要求

2021年2月28日国务院国资委发布了《关于加强地方国有企业债务风险管控工作的指导意见》（国资发财评规〔2021〕18号）。其中第三项指导意见为“分类管控资产负债率，保持合理债务水平”，该部分提出了以下要求：

（一）各地方国资委可参照中央企业资产负债率行业警戒线和管控线进行分类管控，对高负债企业实施负债规模和资产负债率双约束，“一企一策”确定管控目标，指导企业通过控投资、压负债、增积累、引战投、债转股等方式多措并举降杠杆减负债，推动高负债企业资产负债率尽快回归合理水平。

（二）加强对企业隐性债务的管控，严控资产出表、表外融资等行为，指导企业合理使用权益类融资工具，对永续债券、永续保险、永续信托等权益类永续债和并表基金产品余额占净资产的比例进行限制。

20.2.6 上市公司2019年度财务报告披露的其他权益工具信息摘录[①]

■ 实例3–1

“（a）优先股

……本公司有权自每期发行的首个计息起始日起期满5年之日起，于每年的该期优先股股息支付日全部或部分赎回注销本次发行的该期优先股，投资者无回售权。除非发生可以由本公司自主决定从而控制其是否发生的强制付息事件，本公司股东大会有权决定取消支付部分或全部优先股股息，且不构成公司违约，本次发行的优先股股息不累积。于2015年3月2日首次发行的150 000 000股优先股之发行总额扣除相关交易费用后实际收到的金额人民币14 975 410千元作为其他权益工具核算。

① 以下摘录信息仅供参考，不代表编者赞同其会计处理和相关披露。

针对公司决定支付的优先股股息，采用每年支付一次股息的方式。股息支付日为本次优先股发行的缴款截止日起每满一年的当日，其中首期发行的优先股的股息支付日为3月2日，如该日为法定节假日或休息日，则顺延至下一个工作日，顺延期间应付股息不另计孳息。本次发行的优先股采用附单次跳息安排的固定股息率。首期发行的优先股第1—5个计息年度的票面股息率通过询价方式确定为5.80%，并保持不变。自第6个计息年度起，如果公司不行使全部赎回权，每股股息率在第1至5个计息年度股息率基础上增加2个百分点，第6个计息年度股息率调整之后保持不变。

前述强制付息事件是指在股息支付日前12个月内发生以下情形之一：（1）向普通股股东支付股利（包括现金、股票、现金与股票相结合及其他符合法律法规规定的方式）；（2）减少注册资本（因股权激励计划导致需要赎回并注销股份的，或通过发行优先股赎回并注销普通股股份的除外）……

（b）永续债

……

（2）本公司于2018年3月6日与中诚信托有限责任公司签订了金额为人民币60亿元的永续债融资合同，实际收到现金为人民币60亿元，起息日为2018年3月7日，本公司可于2018年9月6日及以后期间行使赎回权。根据合同相关条款，除非发生可由本公司自主决定从而控制其是否发生的加速清偿机制触发事件或者本公司行使赎回权，该永续债长期存续；除非发生可由本公司自主决定从而控制其是否发生的强制付息事件，于每个付息日，本公司可自行选择将当期利息以及已经递延的所有利息推迟至下一个付息日支付，且不受到任何递延支付利息次数的限制。本公司将该永续债计入其他权益工具。

该永续债于前2个计息年度的票面利率保持不变，为年利率6.5%。自第3个计息年度起，若本公司不行使赎回权，年利率每2年重置一次，第一次重置利率为前2个计息年度的票面利率加上200个基点，第二次重置利率为第一次重置利率加上200个基点，依此类推，最终重置利率限额不超过10%。

前述加速清偿机制触发事件包括：（一）在递延支付投资收益及其孳息未偿付完毕之前发生以下情形之一：（1）向普通股股东分配股利；（2）减少注册资本（因股权激励计划导致需要赎回并注销股份的，或通过发行优先股赎回并注销普通股股份的除外）。（二）永续债融资合同约定的违约事件。

前述强制付息事件是指在付息日前12个月内发生以下情形之一：（1）向普通股股东分配股利；（2）减少注册资本（因股权激励计划导致需要赎回并注销股份的，或通过发行优先股赎回并注销普通股股份的除外）……

（c）子公司债转股

于2019年12月，本公司下属部分子公司与若干第三方投资者签订《增资协议》

和《股东协议》。根据《增资协议》和《股东协议》(以下统称“协议”),第三方投资者以现金的方式对该等子公司的下属子公司(以下称“标的公司”)进行增资,增资完成后,本公司下属子公司对标的公司的持股比例下降,但均未丧失对标的公司的控制权。协议约定,标的公司的利润分配由股东会决定,第三方投资者的退出方式需与标的公司之控股股东协商一致,且自投资价款支付日起一定期限(“投资期”)届满后,标的公司之控股股东有权自行收购或指定其他方收购第三方投资者所持有的标的公司股权。投资期内若标的公司发生特定情况或投资期届满,第三方投资者可以向本公司之子公司提出收购其所持有的标的公司股权的要求,如本公司之子公司未选择收购该等股权,则年度预期分红比例跳升,直至约定的分红比例上限,但如标的公司股东会决议不分红,不构成违约;第三方投资者可以将所持全部或部分标的公司股权转让于任意第三方;或增加第三方投资者在标的公司股东会、董事会中的表决权以达到其与本公司之子公司共同控制标的公司。上述协议安排不构成本公司或本公司之子公司交付现金或其他金融资产给其他方,或在潜在不利条件下与其他方交换金融资产或金融负债的合同义务,故本公司将该等增资作为标的公司的权益核算。截至2019年12月31日,第三方投资者对标的公司增资金额总计人民币15 600 000千元。该等交易导致本集团于2019年12月31日的合并财务报表少数股东权益增加人民币15 606 801千元。”

■ 实例3–2

“(2)……发行人于该债券第3个和期后每个付息日,在发生税务政策变更或会计准则变更的情况下,有权按面值加应付利息(包括所有递延支付的利息及其孳息)赎回该债券(“赎回权”)。除非发生可以由本公司自主决定从而控制其是否发生的强制付息事件,于该债券的每个付息日,本公司可自行选择将当期利息以及按照条款已经递延的所有利息及其孳息推迟至下一个付息日支付,且不受到任何递延支付利息次数的限制。本公司将发行实际收到的金额作为其他权益工具核算。

该债券于前3个计息年度的票面利率保持不变,为年利率4.78%。自第4个计息年度起,若本公司不行使赎回权,年利率每3年以当期基准利率加上初始利差再加上300个基点重置一次。”

■ 实例3–3

“……(2)本公司于2015年9月21日–22日发行2015年度第一期中期票据,实际发行金额为40亿元,扣除发行费用后实际收到现金39.88亿。该中期票据于本公司依照发行条款的约定赎回之前长期存续,并无偿还本金或支付任何利息的合约义务。中期票据的初始年利率为4.68%,自第6个计息年度起,若本公司不行使赎回权,年利率每5年以当期基准利率加上初始利差再加上300个基点重置一次。

注:上述永续债由于本公司可自行决定是否赎回,因此本公司发行之中期票

据以及可续期公司债券长期存续。除非发生可以由本公司自主决定从而控制其是否发生的强制付息事件，于每个付息日，本公司可自行选择将当期利息以及已经递延的所有利息及其孳息推迟至下一个付息日支付，且不受到任何递延支付利息次数的限制，利率跳升条款亦未构成交付现金或其他金融资产的间接义务。本公司认为该等中期票据以及可续期公司债券并不符合金融负债的定义，将其作为其他权益工具核算。”

■ 实例3-4

“（i）……上述中期票据于本集团根据发行条款实际赎回之前长期存续，并在本集团依据发行条款的约定赎回时到期。上述中期票据的赎回权为本集团所有，投资者无回售权。除非发生本集团可控的强制付息事件，本集团可于中期票据的每个付息日自行选择将当期利息以及递延的所有利息及其孳息推迟至下一个付息日支付，且不受到任何递延支付利息次数的限制。上述中期票据符合权益工具确认条件，计入股东权益。

上述中期票据中2 500 000千元于2018年10月初始到期时，本集团未行使赎回权并将票面利率重置为8.78%；2 500 000千元于2019年3月初始到期时，本集团未行使赎回权并将票面利率重置为8.46%。

（ii）于2017年，本公司之子公司北部湾航空自第三方资产管理公司借入可续期委托贷款人民币300 000千元。本可续期贷款于北部湾航空根据发行条款实际赎回之前长期存续，并在北部湾航空依据发行条款的约定赎回时到期。本可续期贷款的赎回权为北部湾航空所有，资产管理公司无回售权。除非发生北部湾航空可控的强制付息事件，北部湾航空可于委托贷款的每个付息日自行选择将当期利息以及递延的所有利息及其孳息推迟至下一个付息日支付，且不受到任何递延支付利息次数的限制。本可续期贷款符合权益工具确认条件，计入股东权益。”

■ 实例3-5

“注：经本公司2019年第八次临时董事会、2019年第二次临时股东大会审议批准，公司于2019年11月4日发行了2019年度第一期中期票据，发行总额人民币16亿元，发行时票面利率4.15%，期限3+N年；于2019年11月14日发行了2019年度第二期中期票据，发行总额人民币16亿元，发行时票面利率3.99%，期限3+N年。

本公司发行的2019年第一期中期票据和2019年第二期中期票据的到期日、利率、利息递延支付、在破产清算时的清偿顺序、赎回权、投资者保护机制等条款设置不包括交付现金或其他金融资产给其他单位，或在潜在不利条件下与其他单位交换金融资产或金融负债的合同义务，符合《企业会计准则第37号——金融工具列报》《企业会计准则解释第1号》第四条以及《永续债相关会计处理的规定》（财会〔2019〕2号）中有关永续债划分为权益工具的条件。”

20.3 结构化主体融资的若干实务问题

20.3.1 引入基金、投资合伙企业或资产管理计划投入资金的注意事项

发行人为了融资目的，除了发行永续债、优先股之外，也会以设立结构化主体的方式进行融资。对于此类引入资金属于金融负债还是权益工具的判断原理与前述永续债、优先股是相通的，而对于满足CAS 37规定分类为权益工具的特殊金融工具，根据CAS 37第二十条的规定，在集团合并财务报表层面所对应的少数股东权益部分应当分类为金融负债。

为了使此类资金可被确认为发行人的权益工具，除了具备20.2.3节所列的各项特征以外，通常还应关注以下问题：

（1）基金/资产管理计划自身不能有存续年限限制，特别是当该基金/资产管理计划以发行人在该永续债/优先股项下的还本付息资金作为向其投资人分配收益和偿还本金的唯一来源的情况下；

（2）如果对照《企业会计准则第33号——合并财务报表（2014年修订）》所规定的“控制三要素”，判断该基金/资产管理计划应纳入发行人的合并报表范围的，则该基金/资产管理计划本身没有优先级和劣后级之分；

（3）基金/资产管理计划的投资人对其出资部分应实质承担或享有相应风险和收益。

20.3.2 合并报表层面对于其他投资方持有结构化主体份额的列报

20.3.2.1 相关规定和提示

企业发行的满足CAS 37第三章规定分类为权益工具的金融工具，在企业集团合并财务报表中对应的少数股东权益部分，应当分类为金融负债（CAS 37：20）。

《北京注册会计师协会专业技术委员会专家提示〔2018〕第1号——审计中对结构化主体的关注》中关于“合并财务报表层面其他投资方持有结构化主体份额的列报”的提示：

如果控制结构化主体的决策者结合所有事实及情况分析后判断其控制该主体，则应依据会计准则的相关规定将该结构化主体纳入合并范围。一般情况下，具有控制关系的投资方直接持有该结构化主体的权益较小，其他方可能会持有较大份额的权益及享有较大份额的权益。由于结构化主体的一些特殊的合同安排，例如，经营期限有限，或者其他方持有的份额可能享有固定回报，或者享有优先受偿权等，其他方持有的份额可能不满足所有者权益的定义，根据《企业会计准则第37号——金融工具列报》的规定需将其全部或部分分类为金融负债。此时，其他方持有的份额就应该依据具体合同安排进行分析，将属于金融负债的部分列报为负债，将属于所有者权益的部分列报为少数股东权益。

如果结构化主体是满足《企业会计准则第37号——金融工具列报》“第三章特殊金融工具的区分”相关规定分类为权益工具的“特殊金融工具”，则在其具有控制关系的投资方合并财务报表中对应的少数股东权益部分，应当分类为金融负债。

20.3.2.2 相关实务案例

20.3.2.2.1 集团合并层面将被控制方有限合伙企业归属于其他权益持有人的权益作为负债列报的案例

【例20–2】公司将其所控制的有限合伙企业等特殊主体纳入合并报表范围的具体操作问题

问题

母公司将其所控制的有限合伙企业等特殊主体纳入合并报表范围（该合伙企业的存续期限是有限期的，到期不能延长，或最多只能延长一次），则在合并报表层面，由其他合伙人持有的该有限合伙企业的权益应如何列报?

分析

母公司在将其所控制的此类存续期有限的特殊主体纳入其合并报表时，该类特殊主体中归属于其他权益持有人的权益作为负债（一般是“其他流动负债”或者“其他非流动负债”，视其是否满足《企业会计准则第30号——财务报表列报（2014年修订）》第十九条规定的流动负债判断条件而定）列示，归属于其他权益持有人的收益作为费用（财务费用）列示，不能作为少数股东权益和少数股东损益。

结论基础

上述处理结论的准则依据是CAS 37的第二章“金融负债和权益工具的区分”和第三章“特殊金融工具的区分”中的相关规定，且该结论普遍适用于目前普遍存在的存续期限为“有限期”的以投资为目的的合伙企业、基金、资产管理计划等特殊目的主体。以有限合伙企业为例（其他可类推），其逻辑顺序是：

（1）合伙企业中的合伙人权益符合金融负债的定义；

（2）作为“发行方仅在清算时才有义务向另一方按比例交付其净资产的金融工具”，最劣后的合伙人权益在合伙企业自身报表中可分类为权益工具；

（3）该类权益工具在作为发行方的合伙企业的母公司的合并报表层面应作为金融负债。

具体分析如下：

1.合伙企业中的合伙人权益符合金融负债的定义。

根据CAS 37第八条、第九条、第十条的相关规定，对于存续期限有限的合伙企业（包括资产管理计划、基金等类似的特殊目的主体，下同）而言，其在存续期限届满时都将清算，将剩余财产分配给合伙人，也就是存在一项“交付现金或其他金融资产给其他方……的合同义务”。由于其存续期限是明确的，到期必须清算，合伙企业自身不能自主决定推迟该清算和分配的时间，即“不能无条件地避免以交付现金或其他金融资产来履行一项合同义务”，因此“该合同义务符合金融负债的定义”。

相比之下，公司制企业的情况就有不同。根据《公司法》的规定，在公司章程规定的营业期限届满或者公司章程规定的其他解散事由出现时，公司可以通过举行股东会或股东大会修改公司章程而存续。而股东会或股东大会本身是公司内部的权力机构，股东会或股东大会修改公司章程、延长经营期限，可以看作公司的自主决定，即公司自身可以通过自主行为避免在清算中向股东分配剩余财产，所以公司的股东权益不满足金融负债的定义和判断条件，而应根据CAS 37第九条、第十条的规定认定为权益工具。但合伙企业的合伙人会议并不是合伙企业的内部机构，因此即使合伙人决定延长合伙期限，也不是合伙企业自身的决定。

2.作为“发行方仅在清算时才有义务向另一方按比例交付其净资产的金融工具”，最劣后的合伙人权益在合伙企业自身报表中可分类为权益工具。

根据CAS 37第十七条、第十八条（详见20.1.5的脚注内容）的规定，合伙企业的合伙人权益中的最劣后级别（在其他较优先级别的合伙人权益获得分配后，最后取回剩余净资产的级别）虽然如前所述符合金融负债的定义，但在合伙企业自身的报表中可以分类为权益工具。之所以有这一特殊规定，是基于“任何会计主体都不可能只有资产和负债，而没有权益”这一考虑。否则，将会出现一种很尴尬的情况：如果因资产和负债计量属性的不匹配（如资产较多地使用公允价值计量，但负债采用摊余成本计量）而导致资产负债表的左右两边出现计量差额时，该差额将无处可放。

3.该类权益工具在作为发行方的合伙企业的母公司的合并报表层面应作为金融负债。

虽然合伙企业的最劣后级别的合伙人权益在合伙企业自身报表中可以列报为权益，但根据CAS 37第二十条规定：“企业发行的满足本章规定分类为权益工具的金融工具，在其母公司的合并财务报表中对应的少数股东权益部分，应当分类为金融负债”。即，在对该合伙企业具有控制权的母公司的合并报表中，该合伙企业权益中归属于其他合伙人的部分，无论在合伙企业自身报表中是列作负债还是权益，在该合并报表层面均作为负债列示。

相应地，根据CAS 37第二十一条："金融工具或其组成部分属于金融负债的，相关利息、股利（或股息）、利得或损失，以及赎回或再融资产生的利得或损失等，应当计入当期损益。"即合伙企业损益中归属于其他合伙人的份额变动应计入合并报表层面的损益（例如财务费用或者公允价值变动损益），而不是少数股东权益。

之所以作出上述特殊规定，IAS 32的"结论基础"部分第BC68段对此解释如下：The Board decided that puttable financial instruments or instruments that impose on the entity an obligation to deliver to another party a pro rata share of the net assets of the entity only on liquidation should be classified as equity in the separate financial statements of the issuer if they represent the residual class of instruments（and all the relevant requirements are met）. The Board decided that such instruments were not the residual interest in the consolidated financial statements and therefore that non-controlling interests that contain an obligation to transfer a financial asset to another entity should be classified as a financial liability in the consolidated financial statements. 中文翻译：理事会决定，对于可回售工具以及仅在清算条件下主体有义务向其他第三方按持股比例转移净资产的工具如果它们代表剩余工具的类别（且符合所有相关规定），则应在发行人的单独财务报表上分类为权益。理事会决议，这些工具不属于合并财务报表中的剩余权益，因此在合并报表中的非控制权益如果包括转移金融资产给其他主体的义务，则应分类为金融负债。

20.3.2.2.2　集团合并层面将被控制方有限合伙企业归属于其他权益持有人的权益作为少数股东权益列报的案例

【例20-3】公司将其所控制的合伙企业等特殊主体纳入合并报表范围的列报问题

问题

如下文背景资料所述，A集团是否应将D合伙企业纳入合并范围，并将归属于一类有限合伙人的权益作为权益工具核算？

背景

A集团计划发行资产支持票据（ABN），拟由C公司（A集团的全资子公司）担任普通合伙人、B公司（外部投资人）作为一类有限合伙人、A集团作为二类有限合伙人共同发起设立D合伙企业（有限合伙），合伙企业成立后，委托信托公司发行创新型结构调整资产支持票据（ABN）项目，满足A集团的融资需要。

合伙协议主要条款摘录如下：

1.3 合伙目的

本合伙企业的目的为：通过将合伙人的实缴出资额用于符合本协议要求的投资标的，将有不同资金条件和不同技术、管理能力的人或企业组织起来，在遵守国家法律、法规的前提下，提高经济效益，扩大经营规模，争取企业利润最大化。

合伙企业收到合伙人缴付的全部出资款后，应不晚于缴付日后次一个工作日将扣除第1.9条约定的预留费用后的剩余实缴出资运用于投资标的。

1.5 合伙企业的成立与合伙期限

1.5.1 本合伙企业的营业执照签发之日，为本合伙企业的成立日期（“成立日”）。

1.5.2 合伙期限：自成立日起3年：除非合伙人会议决议合伙企业提前解散或在预定合伙期限届满后不再续期，则合伙企业的预定合伙期限每次届满后自动延期36个月。

1.6 合伙企业财产

1.6.1 合伙期限内，合伙人的出资和所有以合伙企业名义取得的收益均为合伙企业的财产。

1.6.2 在依照本协议约定对本合伙企业财产进行分配前，本合伙企业财产不属于任何合伙人所有。在合伙企业依法清算前，任何合伙人不得请求分割合伙企业的财产，《合伙企业法》以从其他法律法规另有强制性规定的除外。本合伙企业以其全部财产对其债务承担责任。

2.1 合伙人

本合伙企业有限合伙人分为一类有限合伙人和二类有限合伙人。一类有限合伙人为B公司，二类有限合伙人为A集团。

3.1 本合伙企业由普通合伙人C公司担任执行事务合伙人（“执行事务合伙人”），具体由其委派的代表执行合伙事务，执行事务合伙人委派的代表需经合伙人会议决议通过。

3.9 本合伙企业的执行事务合伙人的除名条件：

若因执行事务合伙人的故意或重大过失行为，致使合伙企业受到重大损害，执行事务合伙人应承担赔偿责任，并经其他合伙人一致同意，可将执行事务合伙人除名。其他合伙人在决定除名执行事务合伙人同时，可在一致同意前提下决定接纳继任的执行事务合伙人。如没有继任的执行事务合伙人，则合伙企业进入清算程序。

3.10　本合伙企业的执行事务合伙人的更换程序：

3.10.1　其他合伙人在做出将执行事务合伙人除名的决定同时经全体同意做出接纳继任的执行事务合伙人的决定；

3.10.2　继任的执行事务合伙人签署书面文件确认同意受本协议约束并履行本协议规定的应由执行事务合伙人履行的职责和义务；

4.2　合伙人会议决议事项

除本协议另有约定外，下列事项需经合伙人会议作出决议（全体合伙人事先书面一致同意的事项，可不召开合伙人会议，直接作出书面决议，由全体合伙人法定代表人或其授权代表在决议文件上签字或签章并且加盖公章）；

4.2.1　改变合伙企业名称、经营范围、主要经营场所，增加或减少合伙企业总规模；

4.2.2　决定合伙人的退伙及接纳新的合伙人入伙；

4.2.3　除《合伙协议》第3.9条、第3.10条约定的执行事务合伙人除名及更换外，选任和变更普通合伙人；

4.2.4　决定合伙企业的提前解散、合伙期限调整、合伙企业的清算、结算和注销；

4.2.5　对《合伙协议》作出修订；

4.2.6　审议批准普通合伙人转变为有限合伙人，或者有限合伙人转变为普通合伙人；

4.2.7　审议批准合伙人向合伙人以外的人转让其在合伙企业中的全部或部分财产份额；

4.2.8　审议批准合伙人以其对合伙企业的出资或在合伙企业的财产份额出质；

4.2.9　审议批准合伙企业与合伙人进行交易事项，但符合《合伙协议》约定的投资标的的合格标准的交易除外；

4.2.10　审议批准合伙企业的财务预算和年度决算方案；

4.2.11　审议批准合伙企业的弥补亏损方案；

4.2.12　决定批准、更换执行事务合伙人代表；

4.2.13　决定独立审计师的聘任和解任；

4.2.14　指定一个或者数个合伙人，或者委托第三人担任清算人；

4.2.15　决定期后分配时可分配财产的分配方案；

4.2.16　决定合伙企业投资本金及收益的再投资和分配；

4.2.17　其他《合伙协议》及其补充协议或法律规定需由合伙人会议决议的事项。

4.3　合伙人会议决议规则

就合伙人会议所议事项，每一合伙人享有一票表决权。合伙人会议就上述第4.2.1项至第4.2.11项作出的决议应经全体合伙人一致同意方可通过；合伙人会议就其他事项作出的决议经全体合伙人过半数同意即可通过。

5.1　投资范围

5.1.1　投资标的的合格标准

执行事务合伙人将合伙企业的资金进行投资运作时，投资标的需满足如下合格标准（“合格标准”）：

（1）投资标的为国有或国有控股企业；

（2）项目投资标的为A集团；

（3）单一投资标的的投资期限不超过36个月；

（4）首轮投资标的的预期年化收益率不低于4%，后续每轮投资标的的预期年化收益率不低于（首次投资标的预期收益率+3%＋基准利差），其中基准利差为合伙企业将资金投资于该投资标的之日前5个工作日中国债券信息网（或中央国债登记结算有限责任公司认可的其他网站）公布的中债国债收益率曲线中，待偿期为该轮投资标的对应投资期限的国债收益率算数平均值（四舍五入计算到0.01%）–合伙企业设立日前5个工作日中国债券信息网公布的中债国债收益率曲线中，待偿期为该轮投资标的对应投资期限的国债收益率算数平均值；

（5）投资标的不涉及房地产、“两高一剩”行业。

5.3　决策委员会

5.3.1　全体合伙人一致同意，合伙企业设立决策委员会（“决策委员会”）。决策委员会设3名委员，执行事务合伙人委派2名委员，一类有限合伙人委派1名委员，经委派的委员由合伙企业聘任。

5.3.4　决策委员会行使如下职权：

（1）审议批准符合合格标准的投资标的；

（2）按照第5.1.1条第（5）项的约定审议批准符合合格标准的投资标的的行业；

（3）审议批准就合伙企业涉及的纠纷不提起诉讼或不申请仲裁；

（4）审议批准合伙企业财务制度；

（5）全体合伙人授予的其他职权。

5.3.5　对于决策委员会所议事项，决策委员会委员每人享有一票表决权。决策委员会就第5.3.4条第（2）（3）项作出的决议，应当经全体委员一致同意方可通过；就其他事项做出的决议，应该经全体委员2/3（含2/3）以上表决同意方可通过。

6.2　财产分配原则

6.2.4　本合伙企业解散前，自合伙企业设立日起，针对投资标的向合伙企业分配的本金、期间经营收益，除非在合伙企业收到投资本金或期间经营收益之日前（不含收到之日），合伙人会议经全体合伙人半数以上同意作出再投资或不进行合伙财产分配的决议，否则合伙企业应在投资标的向本合伙企业分配本金和/或收益的当日（“合伙企业核算日”）进行核算，并不晚于该合伙企业核算日后的第2个工作日以可分配财产中的现金为限进行经营收益分配和投资退出分配。

6.2.5　针对经营收益，执行事务合伙人应根据投资标的情况，对合伙企业下次预期收到的期间收益资金，提前寻找满足第5.1条约定的合格投资标准的其他投资标的，作为备投项目储备。

若在收到投资标的前一个期间经营收益日之前（不含收到之日），合伙人会议经全体合伙人半数以上同意决定在取得投资标的期间经营收益后进行再投资，则执行事务合伙人应于收到投资标的前一个期间经营收益日之前（不含收到之日），选定满足第5.1条约定的合格投资标准的其他投资标的的投资。如在收到投资标的前一个期间经营收益日之前（不含收到之日），执行事务合伙人未能选定新的投资标的且合伙人会议未能就不分配形成决议的，则合伙企业在支付完毕本协议约定的合伙企业成本和费用后，按照本协议第6.2.4条、第6.3条的约定进行经营收益分配。

6.2.6　针对投资标的本金，若在合伙企业收到投资标的退出资金日之前（不含收到之日），合伙人会议经全体合伙人半数以上同意决定在投资标的投资期限届满后进行再投资，则执行事务合伙人应自合伙人会议作出之日起至合伙企业收到投资标的退出资金日之前（不含收到之日），选定满足第5.1条约定的合格投资标准的其他投资标的。如在合伙企业收到投资标的退出资金日之前（不含收到之日），执行事务合伙人未能选定新的投资标的且合伙人会议未能就不分配形成决议的，则合伙企业在支付完毕本协议约定的合伙企业成本和费用后，按照本协议第6.2.4条、第6.3条的约定进行投资退出分配。

6.2.6　针对投资标的向合伙企业分配的本金、期间经营收益，合伙人会议未作出再投资或不进行合伙财产分配的决议，合伙企业将收到的投资项目的回款，在支付完毕本协议约定的合伙企业成本和费用后，按6.3条约定顺序进行分配。

6.3　分配顺序

6.3.1　经营收益分配顺序

在经营收益分配情况下，本合伙企业应优先以可分配财产将合伙企业基本户中的预留费用补足至人民币100万元（如需），剩余部分按照如下约定向合伙人进行分配：

在当期年化净经营利润率不超过7.5%（含7.5%）的情况下，同顺序按实缴出资的比例向全体合伙人分配收益；

在当期年化净经营利润率超过7.5%的情况下，就不超过7.5%（含7.5%）的部分，同顺序按实缴出资的比例向全体合伙人分酘收益；就超过7.5%的部分，该部分的80%向普通合伙人分配收益，该部分的20%同顺序按实缴出资的比例向有限合伙人分配收益。

6.3.2　投资退出分配顺序

在投资退出分配情况下，本合伙企业以可分配财产同顺序按实缴出资的比例向全体合伙人进行分配，直至分配的资金等于分配时点合伙人持有的合伙份额对应的剩余实缴出资额。

6.3.3　期后分配顺序

在期后分配的情况下，本合伙企业的可分配财产按照届时合伙人会议决议进行分配。

7　亏损分担

合伙企业的亏损，由各合伙人按其认缴出资额的比例承担。当合伙企业累计亏损以至于财产不足以清偿合伙企业的债务时，有限合伙人以其认缴的出资额为限对合伙企业债务承担责任，普通合伙人对合伙企业债务承担无限连带责任。

分析

1.关于存续期。

根据合伙协议第4.3条，“就合伙人会议所议事项，每一合伙人享有一票表决权。合伙人会议就上述第4.2.1项至第4.2.11项所作出的决议应经全体合伙人一致同意方可通过”，其中包括“4.2.4 决定合伙企业的提前解散、合伙期限调整、合伙企业的清算、结算和注销”。第1.5.2条：“合伙期限：自成立日起3年；除非合伙人会议决议合伙企业提前解散或在预定合伙期限届满后不再续期，则合伙企业的预定合伙期限每次届满后自动延期36个月”。由于A集团及其全资子公司C公司合计占合伙人会议的2/3表决权，故外部投资人不能单独决定合伙企业的解散或不续期，因此，如果A集团愿意，合伙企业理论上可以永久存续。

2.关于分配。

（1）根据第5.3条“决策委员会”：决策委员会设3名委员，其中A集团可通过其子公司（普通合伙人）控制2/3席位。根据5.3.4（1）条和第5.3.5条，决策委员会审议批准符合合格标准的投资标的，只需2/3（含）通过，故A集团可单方面主导后续投资标的的决定，确保不会出现因无法选定符合要求的后续再投资标的而必须将收回的款项向合伙人分配的情况。

（2）关于合伙企业的分配约定：

①根据合伙协议第4.2.15、4.2.16条和第4.3条，合伙人会议就“决定期后分配时可分配财产的分配方案”“决定合伙企业投资本金及收益的再投资和分配”均为“经全体合伙人过半数同意即可通过”的事项，故这些事项均可由A集团单方面决定。

②根据合伙协议第6.2.4条、第6.2.5条、第6.2.6条，在备投项目储备的情况下，只要合伙人会议经全体合伙人半数以上作出再投资或不分配的决议，则递延分配的权力就能实现，可以通过自主行为避免在清算中向全体合伙人分配剩余财产，因此有关投资本金及收益的再投资和分配条款的约定不会导致外部投资人的投资分类为金融负债。

（3）关于合伙企业的分配顺序：

合伙协议第6.3.1条、第6.3.2条和第7条的约定表明全体有限合伙人按出资比例共担风险、共享收益，无优先、劣后之分，且如有超额收益（我们理解这种可能性不大），大部分超额收益均归属于GP（A集团的子公司）。

3. 对投资项目收益率的约定。

根据合伙协议第5.1.1条之（4）的约定，投资项目收益率首次为不低于4%，后续仅在第二轮投资时（3年后）跳升一次3%，该跳升频率、幅度与当前市场上认可为权益工具的永续债的收益率跳升条款相当。

综上所述，根据上述合伙协议，A集团可控制D合伙企业，应将其纳入合并范围。根据合伙协议的期限、收益递延分配、清算时的偿付顺序等条款并未就届时的赎回形成一项可确认为负债的现时义务，不构成交付现金或其他金融资产给其他单位，或在潜在不利条件下与其他单位交换金融资产或金融负债的合同义务；目标公司约定按出资比例承担风险、享有收益，且合伙协议也没有约定资金固定的返还期限、收益率等条款，A集团公司拥有目标企业在扣除所有负债后的资产中的剩余权益，具备确认为权益工具的条件，因此一类有限合伙人（B公司）的出资作为权益工具核算不违背相关会计准则的规定。

20.3.3　上市公司2019年度财务报表披露的结构化主体相关信息摘录[①]

■ 实例3-6

“六、在其他主体中的权益（续）

3. 纳入合并范围的结构化主体

截至2019年12月31日，本集团所属子公司××投资基金（北京）有限管理公司

① 以下摘录信息仅供参考，不代表编者赞同其会计处理和相关披露。

（以下称‘××基金’）发起设立的纳入合并范围的主要结构化主体规模合计约人民币13 633 963千元，其中本集团认缴金额约人民币3 331 093千元。截至2019年12月31日，本集团实缴金额约人民币2 934 444千元，其他投资方实缴金额约人民币8 526 325千元，于少数股东权益中核算。本集团不存在向该等结构化主体提供财务支持的义务和意图。

七、在未纳入合并财务报表范围的结构化主体中的权益

截至2019年12月31日，××基金参与的未纳入合并财务报表范围的主要结构化主体规模合计约人民币32 253 241千元，其中本集团认缴金额约人民币6 224 996千元，其他投资方认缴金额约人民币26 028 245千元。本集团对该类结构化主体不具有控制，因此未合并该类结构化主体。截至2019年12月31日，本集团实缴金额约人民币3 562 250千元，于长期股权投资中核算。本集团在该等结构化主体中的最大风险敞口为本集团截至资产负债表日止实缴的出资额。本集团不存在向该等结构化主体提供财务支持的义务和意图。”

■ 实例3–7

“七、在其他主体中的权益

（一）在子公司中的权益

1. 企业集团的构成……

纳入合并范围的结构化主体

结构化主体名称	控制依据	向其提供的财务支持
上海建工安盈投资管理中心（有限合伙）	本集团为普通合伙人，同时认购了劣后级LP份额	无
上海建工建恒股权投资基金合伙企业（有限合伙）	合伙人均为本集团	无
上海建工钛合企业管理中心（有限合伙）	本集团为普通合伙人，同时认购了劣后级LP份额，向优先级合伙人提供回购承诺	向优先级合伙人提供回购承诺
上海建工仲颖企业管理中心（有限合伙）	本集团为普通合伙人，同时认购了劣后级LP份额	无
上海建工合西企业管理中心（有限合伙）	本集团为普通合伙人，同时认购了劣后级LP份额，向优先级合伙人提供回购承诺	向优先级合伙人提供回购承诺
锐懿资产—上海建工1号专项资产管理计划资产管理	本集团拥有次级份额	承担差额补足责任
上海建工建盈企业管理中心（有限合伙）	本集团为普通合伙人，尚未经营	不适用
宁波梅山保税港区民钥投资管理合伙企业（有限合伙）	本集团为普通合伙人，执行合伙事务并控制合伙企业	无

续表

结构化主体名称	控制依据	向其提供的财务支持
苏州建赢浦瑞创业投资中心（有限合伙）	本集团为普通合伙人，执行合伙事务并控制合伙企业	无
苏州建赢睿跖创业投资中心（有限合伙）	本集团为普通合伙人，执行合伙事务并控制合伙企业	无
苏州建赢睿信创业投资中心（有限合伙）	本集团为普通合伙人，执行合伙事务并控制合伙企业	无

……

（四）在未纳入合并财务报表范围的结构化主体中的权益

1. 未纳入合并财务报表范围的结构化主体基础信息

2019年12月31日，与本集团相关联、但未纳入本公司合并财务报表范围的结构化主体主要从事产业基金，基金投资方向为城市更新等。

2. 与权益相关资产负债的账面价值和最大损失敞口

项目	财务报表列报科目	期末账面价值	最大损失敞口
产业基金	长期股权投资	868 879 206.49	868 879 206.49

3. 最大损失敞口的确定方法

上述产业基金管理模式采用有限合伙制，本集团子公司投资公司为有限合伙人，以出资额度为限承担损失。本集团对上述产业基金采用权益法核算，最大损失敞口为其在报告日账面价值。”

■ **实例3–8**

“七、在其他主体中的权益

（一）在重要子公司中的权益

1. 重要子公司的构成

……

（2）其他说明

……

③对于纳入合并范围的重要的结构化主体，控制的依据本期本公司合并的结构化主体，主要为：

ⅰ本公司子公司作为管理人，本公司或本公司子公司投资的资产管理计划、私募基金。

ⅱ本公司子公司作为普通合伙人，本公司或本公司子公司投资的有限合伙企业。

ⅲ本公司或本公司子公司投资的由第三方管理的有限合伙企业。

ⅳ本公司委托发起设立的资产证券化产品。

本公司综合评估本公司因持有的份额而享有的回报以及作为管理人的管理人报酬是否将使本公司面临可变回报的影响重大，并据此判断本公司是否为主要责任人。

……

（四）在未纳入合并财务报表范围的结构化主体中的权益

1.未纳入合并财务报表范围的结构化主体的基础信息

2019年12月31日，与本公司相关联、但未纳入本公司合并财务报表范围的结构化主体主要包括合伙企业、收益权、基金、信托、资管计划等。这类结构化主体2019年12月31日的发行证券规模为23 550 807 882.63元。

2.与权益相关资产负债的账面价值和最大损失敞口

项目	财务报表列报项目	账面价值		最大损失敞口	
		期末数	期初数	期末数	期初数
合伙企业	交易性金融资产	741 003 939.38	636 071 111.11	741 003 939.38	636 071 111.11
合伙企业	其他非流动金融资产	173 725 804.80	596 723 640.03	173 725 804.80	596 723 640.03
合伙企业	债权投资		24 416 070.00		24 416 070.00
私募基金	交易性金融资产	474 621 558.16	328 788 604.72	474 621 558.16	328 788 604.72
私募基金	其他非流动金融资产	10 232 967.76	296 860 503.46	10 232 967.76	296 860 503.46
信托	交易性金融资产	64 083 050.11	399 226 303.00	64 083 050.11	399 226 303.00
信托	其他非流动金融资产	101 861 590.61	245 088 859.48	101 861 590.61	245 088 859.48
信托	债权投资	520 706 343.41	521 734 914.36	520 706 343.41	521 734 914.36
资管计划	交易性金融资产	409 080 350.37	342 030 355.49	409 080 350.37	342 030 355.49
资管计划	其他非流动金融资产	101 470 000.00	125 420 000.00	101 470 000.00	125 420 000.00
资管计划	债权投资	71 163 708.00	31 000 000.00	71 163 708.00	31 000 000.00
合计		2 667 949 312.60	3 547 360 361.65	2 667 949 312.60	3 547 360 361.65

”

■ 实例3–9

“九、在其他主体中的权益

4.已纳入合并财务报表合并范围的结构化主体

本集团已纳入合并财务报表合并范围的结构化主体的其他份额持有人利益参见附注（七）31交易性金融负债。

5.在未纳入合并财务报表范围的结构化主体中的权益

在未纳入本集团合并财务报表合并范围的相关结构化主体中的权益系本集团通过投资，在其他机构发行或管理的结构化主体中持有的权益，包括合伙企业基金投资及理财产品，本集团只持有投资份额，无控制权，因此不合并这些结构化主体。

于2019年度，本集团未对该类结构化主体提供过流动性支持。

下表列示了于2019年12月31日，除在长期股权投资中核算的未合并结构化主体外，本集团持有的未合并结构化主体中的权益在合并资产负债表中的账面价值信息及对应的最大风险敞口信息。”

单位：人民币千元

项目	年末数		
	投资额	最大风险敞口	列报项目
基金	26 210 160	26 210 160	交易性金融资产/其他非流动金融资产
资管及信托计划	1 694 285	1 694 285	交易性金融资产
资产支持证券	1 139 508	1 139 508	交易性金融资产
理财产品	564 970	564 970	交易性金融资产

■ 实例3–10

“（七）在其他主体中的权益—续

4.在未纳入合并财务报表范围的结构化主体中的权益

与本集团相关联、但未纳入本集团合并财务报表范围的结构化主体主要从事实业投资，以有资源优势的住宅项目为投资标的，进行投资管理和投资咨询。此外，本集团还从事结构化主体的投资、不具有重大影响的股权投资及若干股票投资等。截至2019年12月31日，与本集团相关联的结构化主体相关信息披露如下：

（1）投资于房地产开发项目：本集团之子公司作为合伙企业的有限合伙人，合计出资额计人民币27 130.45万元，该投资在长期股权投资核算。本集团的最大风险敞口为人民币27 130.45万元，以出资额为限。本集团本年对该等结构化主体合计确认投资收益计人民币13 859.86万元。

（2）投资于房地产基金和城市更新项目：本集团之子公司作为普通合伙人在合伙企业中合计出资额计人民币4 355.23万元，该投资在其他权益工具投资核算；本集团之子公司作为有限合伙人在合伙企业中合计出资额计人民币172 086.71万元，其中人民币171 731.91万元在长期股权投资核算，人民币354.80万元在其他非流动金融资产核算。本集团的最大风险敞口为人民币176 441.94万元，以出资额为限。本集团本年对该等结构化主体合计确认投资损失计人民币576.94万元。

（3）投资于结构化产品：本集团之子公司作为合伙企业的有限合伙人，合计出资额计人民币53 468.54万元，该投资在其他非流动金融资产核算；本集团之子公司作为次级权益的投资人，合计出资额计人民币2 281.40万元，该投资在其他非流动金融资产核算。本集团的最大风险敞口为人民币55 749.94万元，以出资额为限。本集团本年未对该等结构化主体确认投资收益。”

20.4 拟IPO企业对“对赌条款”的会计处理

20.4.1 概述

对赌协议对应的英文是Valuation Adjustment Mechanism，直译的意思是“估值调整机制”。拟IPO企业引入资金时的对赌协议是投资方与融资方在达成融资协议时，对于未来不确定的情况进行的一种约定。当约定的条件出现或不出现的时候，融资方或投资方可以行使某种约定的权利，实际是期权的一种形式。这种约定通常是为了保护投资方的利益，因此通常是以被投资企业的业绩实现情况或成功上市作为条件，约定在一定的期间内被投资企业若未能完成预期的业绩或未能成功IPO，则投资方可根据约定获得相应的补偿。拟IPO企业如果在融资的时候签订有对赌协议，有可能会对其业绩或股权结构带来不确定性的影响，也会对引入资金作为金融负债还是权益工具处理产生影响。

20.4.2 对赌条款的类型

根据对赌条款的触发条件、求偿方式、偿付义务人等，可将对赌条款分成以下几种类型：

20.4.2.1 按对赌条款触发条件划分，可分为

（1）未完成特定事件（如完成首次公开发行上市）；

（2）企业业绩未达到承诺；

（3）其他触发条件。

20.4.2.2 按求偿方式划分，可分为

（1）现金补偿；

（2）低价或无偿转让目标公司股权；

（3）回购投资人持有的目标公司股权；

（4）其他求偿方式。

20.4.2.3 按对赌条款的义务人划分，可分为

（1）控股股东、实际控制人作为义务人；

（2）目标公司作为义务人；

（3）控股股东、实际控制人与目标公司共同作为义务人；

（4）其他义务人。

20.4.3 IPO审核对“对赌协议”相关规定

20.4.3.1 一般要求

（1）原则上要求发行人在申报前清理对赌协议，但同时满足以下要求的可以不清理：〔详见《首发业务若干问题解答（2020年修订）》问题5《深圳证券交易所创业

板股票首次公开发行上市审核问答》问题13和《上海证券交易所科创板股票发行上市审核问答（二）》问题10〕

①发行人不作为对赌协议当事人；

②对赌协议不存在可能导致公司控制权变化的约定；

③对赌协议不与市值挂钩；

④对赌协议不存在严重影响发行人持续经营能力或其他严重影响投资者权益的情形。

（2）保荐机构及发行人律师应当就对赌协议是否符合上述要求发表明确核查意见。

（3）发行人应当在招股说明书中披露对赌协议的具体内容、对发行人可能存在的影响等，并进行风险提示。

20.4.3.2　红筹企业

针对红筹企业在科创板/创业板上市之前对赌协议中普遍采用向投资人发行带有约定赎回权等优先权利的股份或可转换债券，相关监管要求如下（见《关于红筹企业申报科创板发行上市有关事项的通知》《深圳证券交易所创业板股票首次公开发行上市审核问答》问题13）：

（1）申报和发行过程中。

①发行人和投资人应当约定并承诺在申报和发行过程中不行使优先权利，并于上市前终止优先权利、转换为普通股。投资人按照其取得优先股的时点适用相应的锁定期要求。

②发行人应当在招股说明书中披露优先股的入股和权利约定情况、转股安排及股东权利变化情况等的影响，股份锁定安排和承诺等，并进行充分风险提示。

③保荐人、发行人律师及申报会计师应当对优先股投资人入股的背景及相关权利约定进行核查，并就转股安排和转股前后股东权利的变化，转股对发行人的具体影响，相关承诺及股份锁定期是否符合要求等发表专项核查意见。

（2）获准发行上市后。

①发行人获准发行上市后，应当与投资人按照约定和承诺及时终止优先权利、转换为普通股。

②发行人应当在上市申请中，说明转股结果及其对发行人股本结构、公司治理及财务报表等的实际影响。

③保荐人、发行人律师及会计师应当对优先股转股完成情况及其影响进行核查并发表意见。

20.4.4　涉及对赌条款会计处理的基本原则

20.4.4.1　金融负债和权益工具区分的基本原则

（1）是否能无条件地避免交付现金或其他金融资产的合同义务；

（2）以发行方自身权益工具进行结算的，是否符合“固定对固定”原则。

不能无条件避免交付现金或其他金融资产的合同义务应列报为金融负债，而非权益工具。

20.4.4.2　附有或有结算条款的金融工具

（1）是否及如何结算，需要由发行方和持有方均不能控制的未来不确定事项的发生或不发生来确定，例如：股价指数、消费价格指数变动、利率或税法变动、发行方未来收入、净收益或债务权益比率、发行方是否IPO等。

（2）发行方不能无条件地避免交付现金、其他金融资产或以其他导致该工具成为金融负债的方式进行结算的，应当分类为金融负债，除非满足以下条件：

①或有结算条款几乎不具有可能性，即相关情形极端罕见、显著异常且几乎不可能发生。

②只有在发行方清算时，才需以现金、其他金融资产或以其他导致该工具成为金融负债的方式进行结算。

③按照新金融工具准则分类为权益工具的可回售工具。

20.4.4.3　企业集团的考虑

（1）在合并财务报表中对金融工具（或其组成部分）进行分类时，企业应当考虑企业集团成员和金融工具的持有方之间达成的所有条款和条件。

（2）企业集团作为一个整体，因金融工具承担了交付现金、其他金融资产或以其他导致该工具成为金融负债的方式进行结算的义务的，该工具在企业集团合并财务报表中应当分类为金融负债。

20.4.5　IPO实务中对于对赌条款的处理

（一）在递交上市申请前，通过与投资方签署补充协议等方式彻底终止对赌条款，并在招股说明书中进行披露。

（二）自带“效力中止和恢复”条件，即IPO前约定对赌条款的效力中止；若成功上市则对赌条款彻底终止；若未通过审核等情形，对赌条款自动恢复效力。就近年的案例来看，这类企业大多数后来在审核或上会过程中也彻底解除了对赌条款。

（三）对赌未涉及发行人，是投资人和大股东、实际控制人及关联企业之间的对赌。在审核过程中几经修改对赌协议，但直到审核过会也没有清理，最终带着对赌成功上市。

20.4.6　案例分析—对赌条款

以下各案例所述情形彼此独立。各案例共同的背景信息如下：

甲公司为拟上市公司，其控股股东为乙公司。

2×19年1月1日，甲公司引入战略投资人丙公司，丙公司向甲公司增资3亿元人民币。

增资后，甲公司进行了注册资本变更，丙公司持有甲公司20%的股权，乙公司仍然控制甲公司。

丙公司增资前，除普通股外，甲公司无其他权益工具。

20.4.6.1 情形1：股份回购条款

甲、乙、丙公司签署的增资协议约定，如果甲公司未能在2×22年12月31日之前完成IPO，丙公司有权要求甲公司以现金回购其持有的甲公司股权，回购价格为丙公司增资款3亿元和按8%年化收益率及实际投资期限计算的收益之和。

按照相关法律规定，甲公司回购股份需要履行必要的减资程序。

除上述外，不考虑其他情况。

问题：

上述增资款应如何进行会计处理？

分析：

丙公司具有回售权，该回售权取决于发行人（甲公司）和持有人（丙公司）均不能控制的未来不确定事项（即甲公司能否在2×22年12月31日前完成IPO）的发生或不发生，属于或有结算条款，且不满足CAS 37金融工具列报规定的“或有结算条款几乎不具有可能性”等应分类为权益工具的条件，甲公司不能无条件地避免以现金回购自身权益工具的义务。

虽然按照相关法律规定，甲公司回购股份需要履行必要的减资程序，但这只是甲公司履行合同义务的必要法律程序。“存在回购义务”和“履行回购义务”是两个不同的概念，对履行交付现金合同义务能力的限制，并不能解除甲公司就该金融工具所承担的合同义务，也不表明甲公司无须承担合同义务。

结论：

因此，在2×19年1月1日，甲公司（发行人）应当将丙公司（投资人）的增资确认为一项金融负债，按照回购所需支付金额的现值计量。

后续期间，甲公司应按照对赌协议约定的回购收益率（本案例中为年化8%）逐年计提与上述金融负债相关的利息，借记“财务费用——利息支出”（除非满足借款费用资本化的条件，下同），贷记上述金融负债。后续若甲公司在约定期限内实现IPO，相应地回购义务解除，则在回购义务解除时点，按照届时该项金融负债的账面价值（含累计利息）将该项金融负债重分类为权益。需要注意的是：此时前期累计就该项金融负债确认的利息费用不可以冲回。

20.4.6.2 情形2：中止和恢复回售权

2×19年1月1日，甲、乙、丙公司签署的增资协议约定，如果甲公司（发行人）未能在2×22年12月31日之前完成IPO，丙公司（投资人）有权要求甲公司以现金回购其持有的甲公司股权，回购价格为丙公司增资3亿元和按8%年化收益率及实际投资期限计算的收益之和。

按照相关法律和监管规定，甲公司需在IPO前清理所有特殊权益，因此，甲、乙、丙公司于2×19年6月30日签署补充协议，约定自补充协议签署之日起中止丙公司的上述回售权，如果甲公司在2×22年12月31日前未能完成首次公开募股，则于2×23年1月1日自动恢复该回售权。

除上述外，不考虑其他情况。

问题：

如何考虑中止和恢复回售权？

分析：

虽然丙公司的回售权自补充协议签署日起中止，但协议同时约定恢复回售权的条件，即甲公司未能按期完成IPO，而回售权的恢复同样取决于发行方甲公司不能控制的事项，这与原回售条款在本质上没有差别。

丙公司是否享有并行使回售权以使甲公司承担以现金回购自身权益工具的义务，取决于甲公司和丙公司均不能控制的未来不确定事项的发生或不发生，协议包含或有结算条款，且不满足“或有结算条款几乎不具有可能性”等应分类为权益工具的条件，甲公司不能无条件地避免以现金回购自身权益工具的义务。

结论：

（1）在原对赌条款下，2×19年1月1日，甲公司应当将丙公司的增资确认为一项金融负债，按照回购所需支付金额的现值计量。

（2）签署补充协议时，依据其中的中止及恢复条款：2×19年6月30日，甲公司应当继续丙公司的增资作为一项金融负债处理。

上述期间内，甲公司就该项回购义务确认利息支出的处理同情形1。

（3）如果甲公司在2×22年12月31日前完成IPO，丙公司丧失回售权，甲公司应当在上市日将丙公司的增资连同累计确认的利息（即该项金融负债的届时账面价值）重分类为一项权益工具。

20.4.6.3 情形3：补充协议导致发行人义务变化

甲、乙、丙公司签署的增资协议约定，如果甲公司（发行人）未能在2×22年12月31日之前完成IPO，丙公司（投资人）有权要求甲公司或乙公司（控股股东）以现金回购其持有的甲公司股权，回购价格为丙公司增资3亿元和按8%年化收益率及实际投资期限计算的收益之和。

按照相关法律和监管规定，需在IPO申报前清理所有特殊权益，甲、乙、丙公司于2×19年6月30日签署补充协议，约定自补充协议签署之日起中止丙公司的上述回售权；并约定若甲公司在2×22年12月31日前未能完成IPO，丙公司自2×23年1月

1日起有权要求乙公司以现金回购其持有的甲公司股权，但无权再向甲公司提出回购要求。

除上述外，不考虑其他情况。

问题：

如何考虑补充协议导致发行人义务变化的情形？

分析：

日期	甲公司层面	乙公司个别报表层面	乙公司合并报表层面
增资日： 2×19年1月1日	不能无条件地避免以现金回购自身权益工具的义务，故应当将丙公司的增资确认为一项金融负债，按照回购所需支付金额的现值计量。 该项回购义务存续期间内，相关利息支出的确认同情形1	承担的回购甲公司股权的义务实质上为向丙公司签出的一项看跌期权（put option），按照公允价值确认为一项衍生金融负债，后续公允价值变动计入损益	合并集团整体不能无条件地避免交付现金的义务，故应当将丙公司的增资确认为一项金融负债，按照回购所需支付金额的现值计量。 该项回购义务存续期间内，相关利息支出的确认同情形1
补充协议日： 2×19年6月30日	回购义务终止且不再恢复，即甲公司不再承担回购自身权益工具的义务，可以无条件地避免交付现金的义务。此时，作为金融工具合同的修改，将金融负债按账面价值转为权益工具确认	仍存在或有结算条款下的回购甲公司股权义务，应当继续将承担的回购义务确认为一项衍生金融负债	集团整体仍不能无条件地避免交付现金的义务，应当继续将丙公司的增资作为一项金融负债。 该项回购义务存续期间内，相关利息支出的确认同情形1

需要注意的是：在目前的某些实务案例中，发行人最初在引入外部投资人时签订了要求发行人在特定条件下履行回购义务的对赌条款，后续在IPO申报过程中，根据证券监管要求将对赌条款予以废止，并声明对赌条款“自始无效”。对此需要注意：能否以废止对赌条款的补充协议中约定对赌条款“自始无效”就对前期财务报表进行追溯调整，视同对赌条款自始不存在，始终将接受的投资款确认为发行人的权益工具？对此我们认为：除非对赌条款在最初订立时就违反当时有效的法律法规中的强制性、禁止性规定（因而自始不具有法律效力），否则，发行人在对赌条款订立时，依据该条款确认一项与回购自身权益工具的合同义务相关的金融负债，是符合企业会计准则规定的，并不构成一项前期差错。对赌义务的后续解除是在此后新出现的，并且在最初订立对赌条款时无法合理预见到的新的情况，因而应将对赌条款的解除作为一项新发生的交易进行会计处理，即在对赌条款解除之前的各年度或期间仍需确认金融负债，在解除协议生效日才能将其转为权益。如果解除协议的生效是在申报期内，则在IPO申报财务报表中需体现出“从负债到权益”的转换过程。

20.4.6.4　建议

针对IPO实务中的对赌条款安排，作为会计师，建议关注以下问题：

（1）了解和审阅拟IPO企业增资条款和补充协议，关注是否存在对赌条款和类似安排，协议的义务方和具体条款，以及如何在申报前修订或终止；

（2）了解会计准则相关要求，考虑改制报告和申报财务报表的会计处理；

（3）与发行人、券商和其他中介机构积极沟通，并及时了解监管要求。

第二十一章　金融资产转移——以应收款项保理等“出表”问题为例

21.1　金融资产转移的会计处理原则

21.1.1　金融资产转移会计处理的基本原则

21.1.1.1　金融资产终止确认应满足的条件：（CAS 22：11）

（1）解除：收取该金融资产现金流量的合同权利终止；或

（2）转移且符合终止确认条件：该金融资产已转移，且该转移满足《企业会计准则第23号——金融资产转移》（CAS 23）关于终止确认的规定。

21.1.1.2　金融资产转移的两种情形：（CAS 23：6）

（1）法定转移：企业将收取金融资产现金流量的合同权利转移给其他方。

（2）“过手安排”：企业保留了收取金融资产现金流量的合同权利，但承担了将收取的该现金流量支付给一个或多个最终收款方的合同义务时，当且仅当同时符合CAS 23第六条所规定的三个条件（详见21.1.3）时，转出方才能按照金融资产转移的情形进行后续分析及处理，否则，被转移金融资产应予以继续确认。

21.1.1.3　转移的终止确认条件：评估企业保留金融资产所有权上的风险和报酬的程度，以及在“既未转移也未保留”的情形下，评估是否保留了对金融资产的控制（CAS 23：7）

（1）未保留：企业转移了金融资产所有权上几乎所有风险和报酬的，应当终止确认该金融资产，并将转移中产生或保留的权利和义务单独确认为资产或负债。

（2）保留：企业保留了金融资产所有权上几乎所有风险和报酬的，应当继续确认该金融资产。

（3）既未转移也未保留：企业既没有转移也没有保留金融资产所有权上几乎所有风险和报酬的，则应进一步分析企业是否保留了对金融资产的控制：

①未保留控制：应当终止确认该金融资产，并将转移中产生或保留的权利和义务单独确认为资产或负债。

②保留控制：应当按照其继续涉入被转移金融资产的程度继续确认有关金融资产，并相应确认相关负债。

继续涉入被转移金融资产的程度，是指企业承担的被转移金融资产价值变动风险或报酬的程度。

21.1.1.4 “控制”的概念

不同会计准则中的“控制”概念，其适用场景和判断条件并不相同。对照说明如下：

（1）《企业会计准则第33号——合并财务报表》中的“控制”：指投资方拥有对被投资方的权力，通过参与被投资方的相关活动而享有可变回报，并且有能力运用对被投资方的权力影响其回报金额。

（2）《企业会计准则第14号——收入》中的“控制”：取得相关商品控制权，是指能够主导该商品的使用并从中获得几乎全部的经济利益。

（3）《企业会计准则第23号——金融资产转移》中的“控制”：根据转入方是否具有出售被转移金融资产的实际能力以确定转出方是否保留了对金融资产的控制。在判断转入方是否具有出售被转移金融资产（如将转入的金融资产不受额外条件限制地整体出售给与其不相关的第三方）的实际能力时，应当关注转入方实际上能够采取的行动。即转入方实际上能够做什么，而不是合同规定转入方可以做什么或不可以做什么。

如果转入方有实际能力单方面决定将转入的金融资产整体出售给与其不相关的第三方，且没有额外条件对此项出售加以限制，则表明企业作为转出方未保留对被转移金融资产的控制；在除此之外的其他情况下，则应视为转出方保留了对金融资产的控制。

21.1.2 金融资产转移能否终止确认—判断流程

21.1.3 现金流量过手安排

企业将金融资产转移给另一方，但保留收取金融资产现金流量的权利，并承担将收取的现金流量支付给最终收款方的义务，当且仅当同时符合“过手安排”的三原则（实务中通常统称为“三不原则”）时，转出方才能按照金融资产转移的情形进行后续分析及处理，否则，被转移金融资产应予以继续确认：

（1）不垫款原则。

①企业从该金融资产收到对等的现金流量时，才有义务将其支付给最终收款方；

②企业发生短期垫付款，但有权全额收回该垫付款并按照市场上同期银行贷款利率计收利息的，视同满足本条件。

（2）不挪用原则。

根据合同约定，企业不能出售该金融资产或将其作为担保物，但可以将其作为对最终收款方支付现金流量（仅限于该项金融资产所产生的现金流量）的保证。

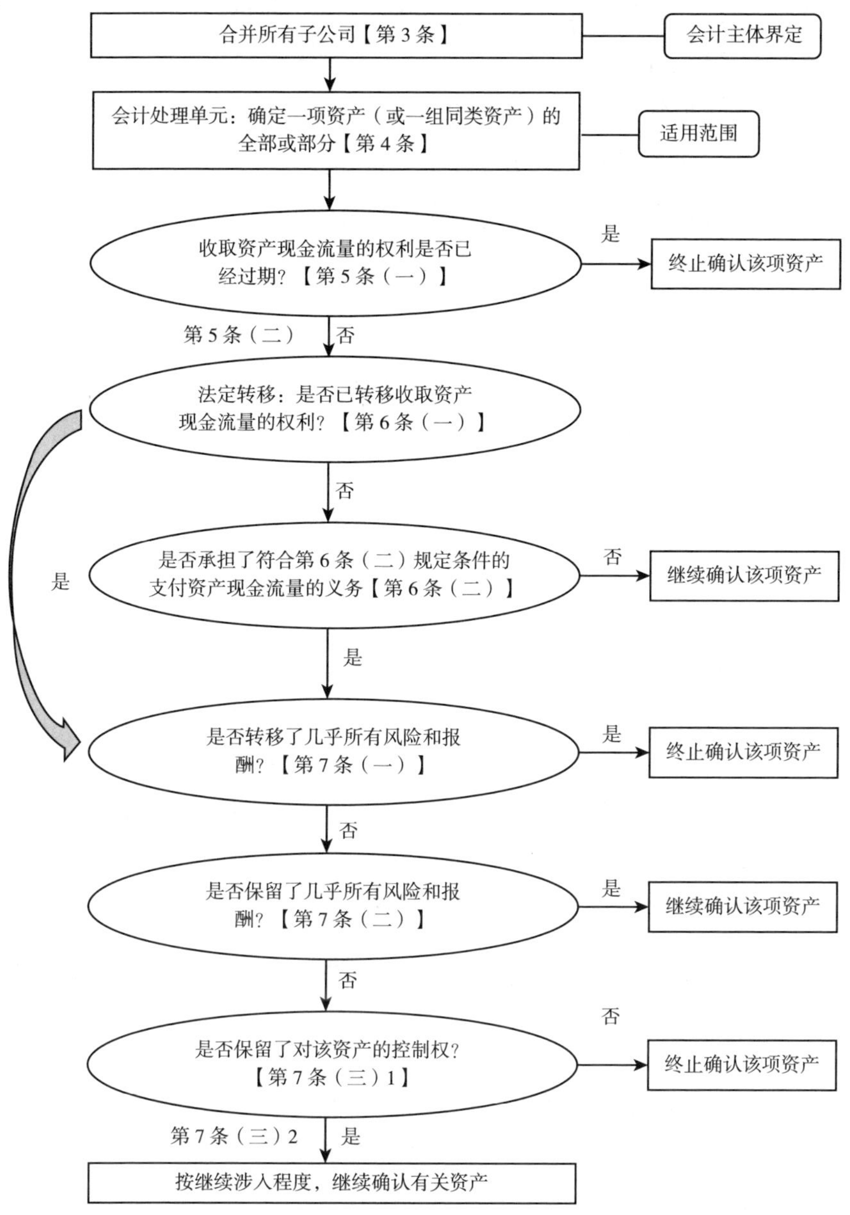

图21-1 金融资产转移能否终止确认—判断流程

（3）不延误原则。

企业有义务将代表最终收款方收取的所有现金流量及时支付给最终收款方，且无重大延误。企业无权将该现金流量进行再投资，但同时满足以下两个条件的除外：

①企业按照合同约定在收付款短暂间隔期内将所收到的现金流量进行现金或现金等价物投资；

②企业按照合同约定将所有投资收益支付给最终收款方。

在通常情况下，如果根据合同条款，企业自代为收取现金流量之日起至最终划转给最终收款方的期间超过三个月，则视为有重大延误，进而该过手安排不满足“不延误原则”，因此不构成金融资产转移。

21.1.4 金融资产转移能否“出表”的不同情形

“出表”是金融资产和金融负债终止确认的通俗表达。金融资产转移能否终止确认，应根据企业保留金融资产所有权上的风险和报酬的程度来确定。

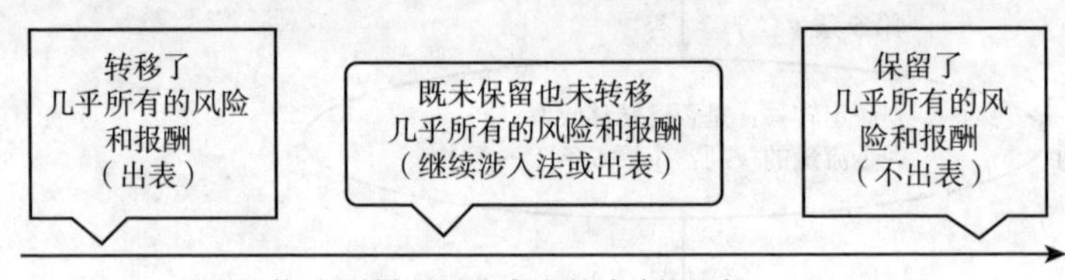

（1）不出表：企业承担的金融资产未来净现金流量现值变动的风险没有因转移而发生显著变化的，表明该企业仍保留了金融资产所有权上几乎所有风险和报酬。例如，将贷款整体转移并对该贷款可能发生的信用损失进行全额补偿，或者出售一项金融资产但约定以固定价格或者售价加上合理的资金成本回购该金融资产。

（2）出表：企业承担的金融资产未来净现金流量现值变动的风险与金融资产的未来净现金流量现值的全部变动风险相比不再重要的，表明该企业已经转移了金融资产所有权上几乎所有风险和报酬。例如，无条件出售金融资产，或者出售金融资产且仅保留以其在回购时的公允价值进行回购的选择权。

21.2 通过保理等方式转移应收款项能否“出表”的若干实务问题

21.2.1 概述

应收账款保理是常见的金融资产转移方式。对保理涉及的标的应收账款能否终止确认，实质上也就是判断其所有权上主要风险和报酬是否转移给保理商，以及是否放弃了对标的应收账款的控制权。对此需要注意：并不能简单地依据保理合同形式上为“无追索权”即认为标的应收账款满足终止确认条件（本章后续内容将对这一点展开具体分析）。

如前所述，应收账款保理能否“出表”关键在于判断：

（1）其所有权上主要风险和报酬是否转移给保理商；及

（2）转出方是否放弃了对标的应收账款的控制权。

21.2.2 应重点关注的保理合同条款

在分析一项保理协议能否实现被保理应收账款的“出表”时，实务中通常应重点关注以下相关条款：

（1）对“商业纠纷”的定义（是否界定合理，是否不恰当地扩大范围）；

（2）是否涉及循环购买；

（3）保理融资利率的确定；

（4）融资利息金额的确定和支付安排，支付融资利息的期限或金额有无封顶安排；

（5）有无投保信用保险的要求；

（6）保理融资款支付时的折扣率与预期信用损失率之间的关系、有无“基本收购款+追加收购款”的分次支付安排；

（7）是否存在仅以一笔应收账款的一部分作为保理标的，同时要求该笔应收账款整体的回款优先用于偿还保理融资款的安排；

（8）标的应收账款发生逾期或债务人状况恶化时的处理，如果要求回购的，则回购价格如何确定，回购价格是否代表回购当时的公允价值；

（9）“交叉违约条款”和“预期违约条款”被触发的可能性是否可以忽略不计；

（10）可能导致保理商单方面对已接受保理的应收款项停止保理服务的情形具体包括哪些，这些事项的发生与否能否由保理申请人自主控制。

对这些条款的分析中的具体关注点，详见21.2.4节。

21.2.3 重要提示

能否终止确认被保理的应收账款，对保理合同条款的分析固然重要，但不能只看对保理合同条款的分析结果，还应当关注被保理应收账款的信用风险特征和其他相关因素。

实务中，有些企业在拟开展保理业务时，仅仅依据潜在保理商提供的空白合同模板（关键条款多为空白的待填写内容，对其中的可选项也没有注明具体的选择）进行分析而选择合作方。这些空白模板里可能也未就拟保理的应收账款的信用风险特征的定性、定量信息预留个性化条款设置，这种情况是无法进行具体分析的，也就不可能直接依据该合同模板而得出能否终止确认被保理的应收账款的结论。

21.2.4 实务中“无追索权保理合同”无法实现应收账款“出表”的若干常见情形

根据我们在实务中的观察，我们提示读者关注，实务中“无追索权保理合同”无法实现应收账款“出表”的若干常见情形包括（但不限于）以下各项：

（1）保理合同约定在应收账款实际收回之前，均需按应收账款的原始金额和一定的利率（基本相当于市场利率）向保理商支付利息或资金占用费，且无期限长度或金额的封顶限制。

如果保理合同中存在此类条款，意味着如果标的应收账款不能收回或者不能完全收回，则保理申请人需要按照资金缺口金额和约定利率逐期支付资金占用费，相当于承担了一笔永续年金的支付义务。众所周知，永续年金现值=各期需支付金额÷约定利率=债务本金。故此时保理申请人仍需确认一项负债，其金额等于所获得的保理融资的本金（全部或未收回的部分），实质上仍然相当于一项以应收账款为质押的借款融资，无法实现将被保理的应收账款“出表”的效果。

（2）保理合同对“商业纠纷”概念作出扩大化解释，将涉及债务人信用风险的事项也纳入“商业纠纷”范畴，或者不恰当地授予保理商裁定“商业纠纷是否合理”的自由裁量权；或者对“债务人信用风险”的概念作出不恰当的严格限定。

应收账款保理业务的初衷是使债权人（基础商务合同中的卖方）获得融资和转移债务人（通常为基础商务合同中的买方）信用风险，因而保理商不应对由商业纠纷导致的无法收回的应收账款承担责任。企业会计准则对“信用风险”的定义是“金融工具的一方不履行义务，造成另一方发生财务损失的风险”，其中并未限定“不履行义务”的具体原因和理由。通常的无追索权保理合同中都会约定将涉及商业纠纷的应收账款定义为“不合格应收账款”，保理商对其可回收性不承担责任。因而，保理合同对“商业纠纷”和“信用风险”的定义实际上是界定了保理商的保证责任范围，对被保理应收账款能否终止确认的判断有直接影响。在实务中，部分保理合同不恰当地扩展对“商业纠纷”的范围界定（相应地，也就不恰当地限缩了保理商应承担保证责任的“信用风险”事项的范围）。例如，将“商业纠纷”扩大到基础商务合同中卖方履约瑕疵以外的领域，将合同价款结算过程中的纠纷也视作“商业纠纷”；或将“信用风险”严格限定为债务人破产清算后仍无法收回的款项；或者要求保理申请人举证债务人已发生信用风险等，人为增加保理申请人获得信用保障的难度。

在实务中，“商业纠纷”和“债务人信用风险”有时是难以截然区分的。例如，某些信用不良的债务人可能穷尽一切方法挖掘卖方在基础商务合同项下履约过程中极其微小的瑕疵，并以此为理由拒付合同价款，这种超出合理限度的“商业纠纷”实际上是债务人信用风险的反映。因此，对“商业纠纷”是否合理的判断主导权由谁掌握也很重要。实务中有些保理合同将判断商业纠纷是否合理的完全自由裁量权授予保理商，从而使保理申请人处于相当不利的地位，这也可能成为妨碍被保理应收账款“出表”的不利因素。

（3）保理合同约定触发回购义务的情形不限于标的应收账款存在瑕疵（即不是法律上认可的具有强制执行效力的债权），而包括了因为债务人信用风险或其他原因导致在一段时间内未能收回的情形。

回购条款是保理合同中的最基本条款之一，主要涉及何时触发回购义务和如何确定回购价格两方面问题。如前所述，保理商对“不合格应收账款”的回收不承担责任，因此在出现“不合格应收账款”时要求保理申请人回购该应收账款是合理的。但是，此时的回购义务应当仅限于针对标的应收账款存在瑕疵（即不是法律上认可的具有强制执行效力的债权）的情形。但实务中有些保理合同约定触发回购义务的情形并不限于这种情况，还可能包括因不可抗力因素导致应收账款无法收回，或者在逾期一定天数后仍未收回款项等。这些扩大回购义务触发事项范围的做法也很可能导致被保理的应收账款不满足“出表”条件。

（4）保理合同约定申请人需向保险公司投保信用保险，并以有效的信用保险合同的成立和存续作为承接该项保理业务的前提，且约定被保险公司拒赔或属于免赔范围的坏账损失仍需由申请人承担，即保理商完全是基于信用保险而承接该项保理业务，但并未向申请人提供任何增信。

我们通过【例21-1】对此类基于保单的应收账款保理予以详细分析说明：

【例21-1】基于保单的应收账款转让是否可以终止确认？

问题

如下文背景资料所述，A公司转让该类基于保单的应收账款转让是否可以终止确认？

背景

A公司与银行拟签订《应收账款转让协议》（以下简称“协议”），拟将部分项目的应收账款转让给银行（对拟转让的应收账款均已投保）。其中：A公司为转让人，银行为受让人，A公司客户为债务人。

协议相关条款摘录如下：

9.1 本协议项下应收账款的转让为无追索权的转让，但发生下列任何事件时除外：

（a）发生保险合同项下的短期出口信用保险特定合同保险单第二条所述情形之外的其他任何风险（包括但不限于保险合同项下的短期出口信用保险特定合同保险单第三条所述情形），并因此导致债务人无法支付应收账款；

（b）交易文件的任何合同或其条款成为或被认定为不合法、不可执行或无效，并因此对受让人受让应收账款后行使相关权利造成重大影响，或可能导致全部或部分应收账款逾期支付；

（c）因转让人原因（仅需保险公司口头或书面认定为转让人原因，与索赔申请文件有关的原因应视为转让人原因），保险公司未在融资款最终到期日进行保险赔偿；

（d）因转让人原因（仅需保险公司口头或书面认定为转让人原因，与索赔申请文件有关的原因应视为转让人原因），保险公司撤销、驳回或拒付保险合同项下的保险；

（e）债务人向转让人支付应收账款，但转让人未能在收到前述支付款项后的10个营业日内将收到的相关款项足额支付给受让人；

（f）因转让人的原因，致使受让人或转让人无法根据保险合同提出索赔要求；

（g）因转让人的原因，导致保险公司在定损核赔时扣除有关款项；

（h）转让人在其他融资文件项下构成违约；

（i）转让人在本协议项下向受让人转让的应收账款不符合本协议第2.1条（合格的应收账款）的约定；

（j）转让人欺诈转让给受让人的不是源于正当交易的应收账款；

（k）转让人违反其在保险合同项下义务并且导致受让人无法获得赔付的；

（l）发生如下情形，并且有关情形不属于承保风险：

（i）在本协议生效后，因任何适用法律法规或其解释的颁布、实施或变更，及/或为了遵守对受让人有管辖权的中央银行、财政、金融监管机构或其他行政机关的要求，导致或将导致受让人履行本协议项下的义务（包括但不限于筹措资金、发放融资款项或维持任何融资余额）成为不合法或违反监管规定的，受让人应当在知悉该等情况后尽快通知转让人，并说明导致该等不合法或违反监管规定的原因及依据，转让人据此对应收账款余额进行回购；

（ii）转让人违反商务合同的规定，导致债务人到期未能支付应收账款；

（iii）转让人在本协议中所作的任何声明或陈述在实质性方面不真实、不正确或具有误导性，或违反其在本协议中所作的任何声明、陈述或承诺；

（iv）债务人在其他融资文件项下构成违约；

（v）因为法院颁发止付令、禁付令、冻结令或其他具有相同或类似功能的司法命令，导致受让人无法从债务人处收到应收账款款项，或导致基于付款指令的相关收款权无法实现。

9.3 若保险公司根据保险合同的规定应当支付的保险赔款少于受让人已经发放的融资款，则转让人应在收到受让人发出的补足书面通知之日起3个营业日内向受让人支付补足款项。

9.6 若受让人未能在融资款最终到期日或相关款项到期日足额收到融资款、相关利息或其他任何款项，就上述未足额清偿或支付部分款项，转让人应当自相关款项到期日起至该等款项实际足额清偿或支付之日止，向受让人支付逾期利息。逾期利息率为融资利率上浮2%。未付款项所产生的逾期利息（如未付）

在每一利息期结束时与未付款项合并计算复利。本条项下累计的任何利息在受让人提出要求时转让人须即时支付。

9.7 除本协议第9.1（c）条另有约定外，若保险公司未在融资款最终到期日进行保险赔偿，则转让人可向受让人申请融资款最终到期日的展期；受让人可自行判断决定是否同意对融资款最终到期日进行展期，若受让人未批准融资款最终到期日的展期，则转让人应当根据受让人的要求代保险公司向受让人支付受让人根据保险合同的规定计算的保险赔款。

分析

我们理解本案例很可能是基于企业投保出口信用保险，保理商（如银行）基于已投保的应收账款向企业提供质押融资，此类业务模式的典型特征是：

（1）完全基于有效的保单，因此要求保理申请人随时保证保单的有效性，一旦保单失效，保理即终止；

（2）对保险公司免赔或拒赔的坏账损失，保理商不承担保付义务，会反转让给保理申请人或者要求保理申请人差额补足。

在这类业务模式下，保理商实际上并未提供任何增信，保理申请人在保理前后所面临的被转让金融资产所有权上的风险和报酬特征并未因转让而发生任何变化，其所有权上的主要风险和报酬并未转移给保理商。因此，对此类保理业务模式，通常认为保理申请人不满足终止确认被保理应收账款的条件。

就本案例而言，保理合同中9.3、9.6、9.7等条款表明，如果相关应收账款不能获得足额保险赔偿，则A公司（转让人）有义务向银行支付差额；如果保险公司未能在融资到期日进行赔偿，则银行有权选择A公司（转让人）代替保险公司支付保险赔款。如果银行在融资到期日或应收账款到期日前未能收到足额融资款及利息等，则A公司（转让人）有义务就到期日和实际清偿日之间支付按照上浮利率标准计算的逾期利息，即：只要应收账款没有得到清偿，A公司就要一直支付利息。从上述几个条款分析，该应收账款“转让协议”经济实质上是A公司以应收账款作为质押的融资行为，应收账款所有权上的主要风险和报酬并没有转移，因此，不满足终止确认的条件。

（5）仅以一笔应收账款的一部分作为保理标的，同时要求应收账款的回款优先用于偿还保理融资。

针对此类条款对于应收账款保理终止确认的影响，我们以【例21-2】予以分析说明：

【例21-2】仅转让部分应收账款给保理公司时能否终止确认

问题

如下文背景资料所述，A公司是否可以终止确认已保理的应收账款？如果不能终止确认，被保理的标的应收账款在新金融工具准则下如何计量和列报？坏账准备如何计提？相关融资咨询服务费如何处理？

背景

A公司在销售数控机床设备时账期较长，下游客户不能及时付款，为保证公司的现金流，A公司与保理公司签订了对应收账款的无追索权保理业务合同。假定《保理合同》正文并未出现导致被保理的应收账款不能终止确认的条款。

A公司该保理合作采取明保理的形式，保理双方（甲方为保理公司、乙方为A公司）将应收账款转让事宜通知债务人，通知方式为将《保理合同》附件之一甲乙双方盖章确认的《应收账款转让通知书》送达债务人并获取债务人盖章确认的书面回执。

甲乙双方一致确定的向债务人发出的《应收账款转让通知书》的固定格式为：

应收账款转让通知书

编号：

致：________________（债务人名称）

根据我司（A公司）于____年__月__日与保理公司（以下简称“受让人”）签订的保理业务合同，我司已将对贵司享有的如下应收账款债权转让给保理公司。原由我司作为销售方承担的全部义务仍由我司承担。

我司本次转让的应收账款债权金额为人民币__________元，应收账款明细如下：

（明细表格略）

鉴于上述应收账款仅为基础交易合同中的部分应收款项，为保障受让人的权益，我司同意贵司将基于上述基础交易合同项下的所有回款优先支付至下述受让人指定的银行账户，直至受让人全额受偿我司上表所载金额的应收账款。如在受让人全额受偿前贵司向其他账户回款的，不免除贵司的付款义务，同时我司将承担连带责任。

请贵司将上述应收账款直接支付至受让人指定的银行账户（账户信息略）。

最后，请贵司依随本通知书前述《应收账款转让通知签收回执》，并将签署后的回执交回受让人，特此通知。本通知书一式三份，一份交贵司，一份交受让人，一份我司留存。

签收回执

1.我司已收到________号（应收账款转让通知书），A公司已完成上述基础交易合同中的全部义务，应收账款金额无误，不存在债务抵销情形，我司承诺不向贵司及受让人主张任何抗辩与抵销并同意按照《应收账款转让通知书》所述要求执行。我司未按照《应收账款转让通知书》约定方式向受让人履行清偿义务的，导致受让人未能足额受偿受让的应收账款的，我司应当承担错误清偿的责任。

2.为保障受让人的权益，我司将基于上述基础交易合同项下的所有回款优先支付至受让人指定的银行账户，直至受让人全额受偿上表所载金额的应收账款。如在受让人全额受偿前我司向其他账户支付回款的，不免除我司的付款义务。

A公司首期转让1.5亿元应收账款，并收到1.5亿元保理款项，同时向保理公司支付了800多万元的融资咨询服务费。《保理合同》对保理融资利率约定为0，但A公司与保理公司同时签订的《融资咨询服务合同》约定的服务内容为：根据A公司的融资需求，保理公司为A公司提供保理融资个性化设计咨询服务、保理融资业务交易结构咨询服务。融资咨询服务费的收费标准=融资金额×融资期限（自然日）×9%÷360。

分析

1.关于被保理的标的应收账款能否终止确认问题

虽然从《保理合同》本身的正文条款来看不会导致标的应收账款无法终止确认，但是，《保理合同》附件《应收账款转让通知书》中提及“鉴于上述应收账款仅为基础交易合同中的部分应收款项，为保障受让人的权益，我司同意贵司将基于上述基础交易合同项下的所有回款优先支付至下述受让人指定的银行账户，直至受让人全额受偿我司上表所载金额的应收账款……”《应收账款转让通知书》回执中也有类似意思的表达。

上述表述体现出：（1）A公司并非将针对某一债务人的全部应收账款全部转让给保理公司，而仅仅是转让了部分款项下的权益；（2）债务人的还款需优先保证保理公司的融资款回收，保理公司全部融资款回收后继续收回的应收账款归属于A公司。

例如，A公司对某个客户有应收账款4 000万元，但仅转让了其中3 000万元给保理公司，并通过上述转让通知书条款，确保在客户偿还应收账款时，保理公司在其所发放的保理融资款（3 000万元）的额度内有优先收款权，剩余部分的还款才是归属于A公司的。例如，客户最终还款3 800万元，则3 000万元归保理公司，800万元归A公司。

根据CAS 23第四条规定（详见下文权威指引），对照本案例，本案例中的应收账款部分保理不属于CAS 23第四条中所述的任何一种情形（特定可辨认现金流量、完全成比例的现金流量、特定可辨认现金流量中完全成比例的部分），因此只能针对该客户的应收账款整体（而不仅仅是转移给保理公司的部分）运用终止确认的判断标准。例如，A公司对某个客户有应收账款4 000万元，但仅转让了其中3 000万元给保理公司，企业需要判断的是与该4 000万元相关的风险和报酬是否已经完全转移，而不仅仅是与被纳入保理额度的3 000万元相关的风险和报酬是否已经完全转移。

由于《应收账款转让通知书》中的上述安排，事实上在A公司和保理公司之间形成了一项“优先/劣后”的分层架构，保理公司持有优先级份额，A公司作为原始权益人自持全部劣后级份额，对保理公司所持有的优先级份额起到风险缓冲作用。在此情况下，如果在签订保理合同之前，通过对基础资产信用质量的评估，认为基础资产最终回收金额低于保理融资额度的可能性极低（例如，应收账款原始金额4 000万元，预计可收回金额不低于3 800万元；保理融资3 000万元），则最终的处理结果，A公司（原始权益人）仍然是保留了基础资产所有权上的几乎全部信用风险，即其最终经济利益实现情况仍取决于债务人的回款情况。相应地，我们认为这种情况下该笔4 000万元应收账款全部不满足终止确认条件。A公司的应收账款不能终止确认，仍应在资产负债表中确认应收账款4 000万元；所收到的保理融资款应确认为一项负债（其他流动负债）。

2.被保理的标的应收账款在新金融工具准则下的计量和列报

如前所述，由于该保理并未转移应收账款所有权上的主要风险和报酬，因此不能终止确认。即A公司该项业务并不会导致金融资产的“出售”，其实质是仍然继续持有该金融资产并以该金融资产质押取得融资。因此，该项保理业务的开展并不会导致管理层管理该金融资产的业务模式发生变化。若此前管理层是以收取合同现金流量为目标，那么仍应当继续按照摊余成本计量，列示于“应收款项”中。对该部分应收账款，继续按照常规方法在年末计提坏账准备。坏账准备的计提方法与其他不涉及保理的应收账款相同。

3.关于800多万元“融资咨询服务费”的处理

本案例中《保理合同》约定的保理融资利率为零，但另外签订了《融资咨询服务合同》收取保理融资服务费800多万元，对应的服务内容为“保理融资个性化设计咨询服务”“保理融资业务交易结构咨询服务”等无实质性内容，而与保理融资本身关系密切的“服务”，且该“服务”的收费标准实际与保理商提供的资金和资金使用期间挂钩，可以认为实质上属于保理融资利息。鉴于根据上述分析，被保理的应收账款整体不能终止确认，故该800多万元“服务费”应作为收到的保理融资款的折价，列入“其他流动负债——利息调整”，在后续保理融资期间（各笔应收账款的原定到期日之前的期间内）摊销，确认为各期利息支出。

权威指引

CAS 23 第四条：

金融资产的一部分满足下列条件之一的，企业应当将终止确认的规定适用于该金融资产部分，除此之外，企业应当将终止确认的规定适用于该金融资产整体：

（一）该金融资产部分仅包括金融资产所产生的特定可辨认现金流量。如企业就某债务工具与转入方签订一项利息剥离合同，合同规定转入方有权获得该债务工具利息现金流量，但无权获得该债务工具本金现金流量，终止确认的规定适用于该债务工具的利息现金流量。

（二）该金融资产部分仅包括与该金融资产所产生的全部现金流量完全成比例的现金流量部分。如企业就某债务工具与转入方签订转让合同，合同规定转入方拥有获得该债务工具全部现金流量一定比例的权利，终止确认的规定适用于该债务工具全部现金流量一定比例的部分。

（三）该金融资产部分仅包括与该金融资产所产生的特定可辨认现金流量完全成比例的现金流量部分。如企业就某债务工具与转入方签订转让合同，合同规定转入方拥有获得该债务工具利息现金流量一定比例的权利，终止确认的规定适用于该债务工具利息现金流量一定比例的部分。

企业发生满足本条（二）或（三）条件的金融资产转移，且存在一个以上转入方的，只要企业转移的份额与金融资产全部现金流量或特定可辨认现金流量完全成比例即可，不要求每个转入方均持有成比例的份额。

（6）保理合同约定的应收账款收购款包括“基本收购款”和“追加收购款”两部分，其中“基本收购款”在合同成立、应收账款完成交割时支付，但“基本收购款”占标的应收账款面值的比例远低于【1-标的应收账款的预计最终坏账率】（如，预计最终坏账率低于5%，但基本收购款为面值的80%或90%）。同时约定：根据后续应收款项的实际收回情况支付“追加收购款”。

这种情况实际上是上文（5）的一种变形。这种模式下标的应收账款不能“出表”的原因与上文（5）类似，可以总结为：

①此类应收账款不满足CAS 23第四条所指的“将终止确认的规定适用于该金融资产部分”的条件，故只能在应收账款整体的层面上考虑“出表”问题。相应地，尽管已经收到的“基本收购款”不会再被索回，但不能据此认为金额与“基本收购款”相对应的这部分应收账款可以终止确认。

②由于“基本收购款”占标的应收账款面值的比例远低于（1–标的应收账款的预计最终坏账率），而保理合同约定在全部应收账款收回后，将保理融资本息扣回后的剩余部分以“追加收购款”的名义支付给保理申请人，因此应收账款实际可收回金额与应收账款名义金额之间的差额仍然全部由保理申请人享有或承担，即保理申请人保留了几乎全部信用风险。

在此情形下，根据CAS 23第四条的规定考虑是否能终止确认部分金融资产时，需要关注已转移和继续保留的金融资产全部现金流量是否完全成比例。举例说明如下：

【例21–3】

情形1：A公司2×17年10月与某保理商签订了无追索权的应收款项保理业务合同，将A公司于2×17年9月份发生的一笔销售业务形成的应收账款1 000万元转让给保理商，该债务人财务状况良好，历史上均能按照合同约定的付款时间支付货款。

保理合同约定：若因债务人原因无法得到偿付，相关风险由保理商自行承担，A公司不对保理商未收到的款项承担赔付责任。

关于转让价款的约定：保理商按照A公司转让的应收账款清单合计金额的60%支付基本转让价款；视情况支付追加转让价款。追加转让价款=保理商收到的合同项下应收账款债权额–已支付的基本转让价款–款项逾期催收发生追索的费用等（计算结果大于零为限）。

A公司于合同签订后第2天收到保理商拨付的基本转让价款600万元。合同另外约定了保理期间的融资费率。

情形2：A公司2×17年10月与某保理商签订了无追索权的应收款项保理业务合同，将A公司于2×17年9月份发生的一笔销售业务形成的应收账款1 000万元的60%转让给保理商，转让价款580万元。该债务人财务状况良好，历史上均能按照合同约定的付款时间支付货款。

保理合同约定：若因债务人原因无法得到偿付，相关风险由保理商自行承担，A公司不对保理商未收到的款项承担赔付责任。

关于应收账款后续管理的约定：保理商委托A公司向债务人催收款项，债务人每偿付一笔本合同项下的应收账款，该款项由保理商和A公司按照60%：40%的比例分别享有，A公司应在收到债务人清偿资金的2个工作日内，将保理商应享有的部分汇至保理商指定账户。

A公司于合同签订后第2天收到保理商拨付的转让价款580万元。

分析

情形1：在本案例中，虽然合同中约定了A公司不承担债务人的信用风险，但由于应收款项的转让价格的设计，使A公司实际承担了与该应收款项的主要风险和报酬。具体而言，可能发生的情形见下表列示：

单位：万元

假设情形	债务人偿还资金总额	A公司相关记录			保理商相关记录			
		基本转让价款	追加转让价款	信用风险损失	基本转让价款	追加转让价款	收到债务人偿还资金	信用风险损失
1	900	600	300	100	600	300	900	0
2	600	600	0	400	600	0	600	0
3	500	600	0	400	600	0	500	100

从上表示例中可看出，保理合同中关于转让价款的安排，使债务人偿付应收款项的金额大于或等于600万元时，未收回的损失全部由A公司来承担；只有收回金额低于600万元时，A公司承担400万元的损失，收回金额低于600万元的差额部分形成的损失由保理商承担。由于案例背景中提及该债务人财务状况良好，历史上均能按照合同约定的付款时间支付货款。对于账龄仅1个月的应收账款，1 000万元原值得到债务人偿付的金额低于600万元的情况几乎不可能发生，因此，保理合同中转让价款条款安排，相当于债务人的信用风险仍几乎全部由转让方A公司承担，此种情形下，A公司不能终止确认该应收款项。

情形2：本案例中，由于转让给保理商的应收款项的60%份额，与A公司持有的40%份额，享有的该应收款项未来全部现金流量同样按照60%：40%的比例分享，双方按照各自对应收款项的持有份额同比例承担可能的信用风险。在与情形1中债务人偿还款项的假设情形完全一致的情况下，A公司与保理商分别承担的信用风险损失却与情形1不同，具体结果如下：

单位：万元

假设情形	债务人偿还资金总额	A公司相关记录		保理商相关记录	
		收到资金	信用风险损失	收到资金	信用风险损失
1	900	360	40	540	60
2	600	240	160	360	240
3	500	200	200	300	300

从上述不同情形结果的比较中可明显得知，情形1中，虽然保理合同虽然约定了不附追索权，但保理商与A公司通过很低的转让率的设计以确保保理商的资金收回。即便收到保理商支付的600万转让资金是确定的、任何情形下无需退还的，但是由于转让给保理商的600万元（60%）与A公司保留的剩余份额（债务人还款超过600万元时以追加转让价款的名义享有的部分现金流量）与保理商持有的份额其现金流量显著不同，该设计相当于是将该应收账款1 000万元分级，优先保证保理商的600万元（60%）的收回（优先级），其次能收回的金额才归转让方A公司（劣后级），转让方A公司实际承担并享有了与债务人信用风险有关的主要风险和报酬，因此不能终止确认全部或部分应收账款。但是情形2中，债务人信用风险中的60%的部分已转移由保理商实际承担，因此可终止确认60%的应收款项，将该部分应收款项账面价值与转让价款580万元的差额确认为金融资产转让损失，计入当期损益。

上述（5）（6）两种情形在实务中常见于信用质量较好的应收账款，例如电厂应收电网公司的上网电价款。实务中在遇到以此类应收款项作为保理标的的情形时，要特别关注是否存在这两种情况。

（7）合同中约定在发生债务人信用风险事件时，保理申请人有义务按照应收款项的“公允价值”回购该应收款项。但存在以下问题：

①合同约定的“公允价值”计算方法不符合《企业会计准则第39号——公允价值计量》（CAS 39）的规定；

②合同约定的“公允价值”仅仅是合同成立日或者最初基准日的公允价值，未根据合同成立后债务人信用状况的变化、市场利率和收益率的波动等因素而相应调整。（“公允价值”是时点数，同一项资产或负债在不同时点上的公允价值可能有很大差异。）

根据CAS 23：13，“企业出售金融资产，同时约定按回购日该金融资产的公允价值回购”是“企业转移了金融资产所有权上几乎所有风险和报酬，应当终止确认被转移金融资产的常见情形”之一。但是，实务中的一些“按公允价值回购”的约定却可能导致被保理的应收账款不满足“出表”的条件。

【例21-4】是某个保理案例中关于“公允价值”回购所签订的应收账款公允价值估值协议：

【例21-4】应收账款公允价值估值协议

甲方：×××资产管理有限公司（代表“【 】专项资产管理计划”）

乙方：

鉴于：

甲、乙双方签订了编号为____的《应收账款交易合同》(以下简称《应收账款交易合同》。根据《应收账款交易合同》：受让（乙方回购）时标的应收账款受让单价=该笔标的应收账款的公允价值。标的应收账款的公允价值由甲方按照甲、乙双方共同认可的估值模型评估确定。

为进一步明确应收账款公允价值估值的相关事项，甲、乙双方经协商一致达成如下协议：

第一条　应收账款公允价值估值模型

1.模型依据

根据财政部会计司编写的《企业会计准则讲解2010》：

（1）应收款项公允价值的估计数是以信用等级相当的类似金融工具的当前市场利率，对所有未来现金收款额折现所得出的现值。

（2）用于估计特定金融工具公允价值的估值技术，应当涵盖可观察到的市场数据，这些数据涉及可能影响金融工具公允价值的市场条件和其他因素。

2.估值对象

对每笔标的应收账款逐笔进行估值。

3.估值思路

以风险折现率对应收账款未来预期现金流入进行折现。由于标的应收账款属于预期有固定现金流入的金融资产，具有债券的一般性质，因此风险折现率通过无风险利率加风险溢价的方式确定。

4.估值模型

$$P_i = \sum_{t=1}^{n} \frac{NCF_t}{(1 + r_i)^t}$$

$$r_i = \sqrt[12]{(1 + R_i)} - 1$$

$$R_i = R_f + \Delta R_i$$

式中：P_i为第i笔标的应收账款的公允价值估值，t为折现期数，NCF_t为该笔标的应收账款第t期的预期现金流入，r_i为该笔标的应收账款的周期折现利率，R_i为该笔标的应收账款的年化风险折现率，R_f为年化无风险利率，ΔR_i为该笔标的应收账款的风险溢价。

5.模型参数的确定

（1）折现期数t。

折现周期为一个月。折现期数t的实际取值由估值时点所处月份向后推算，例如，2014年3月份对第i笔标的应收账款进行估值，则该笔标的应收账款2014年4月份预期现金流入的折现期数t取值为1，2014年5月份预期现金流入的折现期数t取值为2，以此类推。

同时，折现期数t取值遵循以下规则：

①若估值时点该笔标的应收账款尚未到期，由于甲、乙双方交易的标的应收账款期限均不超过1年，故折现期数t取值范围为［1,12］区间内的整数。

②若估值时点该笔标的应收账款已到期，根据历史经验数据，应收账款债务人一般最迟可在标的应收账款到期日后3个月内完成付款，故折现期数t取值范围为［1,3］区间内的整数。

（2）预期现金流入NCF_t。

预期现金流入NCF_t取值按以下规则确定：

①若估值时点该笔标的应收账款未到期，则预期现金流入NCF_t按照甲、乙双方签订的《应收账款交易合同》之附件1.4.2《应收账款明细表》中所载信息确定。若《应收账款明细表》中载明的预期现金流入在估值时点之前但截至估值时点并未全部实现，则未实现部分的预期流入日期统一调整为标的应收账款到期日。

②若估值时点该笔标的应收账款已到期，则预期现金流入NCF_t为该笔标的应收账款项下所有未实现款项之和。

③预期现金流入已实现部分，以《应收账款转让合同》中指定的资金账户/托管账户收到的现金为准。

（3）年化无风险利率R_f。

根据估值资产的期限特征，本估值模型中年化无风险利率R_f取值为估值时点一年期整存整取人民币存款基准利率（以中国人民银行公告数据为准）。

（4）风险溢价ΔR_i。

从风险溢价指标的实质——衡量特定资产的实际风险特征出发，本估值模型中的风险溢价ΔR_i通过以下方式确定：

$$\Delta R_i = \alpha \times \beta_i \times (X - R_f)$$

其中：α是经营风险调整因子，反映宏观因素对应收账款债务人经营状况的影响；β_i是企业信用风险调整因子，反映第i笔标的应收账款的债务人相对于整个行业的违约状况；X为同类或类似金融资产平均回报水平，$(X - R_f)$反映同类或类似金融资产的平均风险溢价水平。

①参数α的确定。本模型中参数α使用估值时点的经济景气度指标PMI和通货膨胀指标CPI增幅来反映，规则如下：

$$\alpha = \ln\left(\frac{50\%}{PMI} + \frac{CPI}{3\%}\right)$$

ln为自然对数公式，PMI和CPI均采用估值时点国家统计局最近发布的月度数据，CPI为居民消费价格指数同比涨幅（%）、PMI为制造业采购经理指数（%）。

②参数β_i的确定。参数β_i反映第i笔标的应收账款债务人个体因素，用以衡量应收账款债务人个体信用水平对应收账款价值的影响。本模型中参数β_i计算规则如下：

$$\beta_i = 0.55 \times A_i + 0.2 \times B_i + 0.25 \times C_i$$

其中，指标A_i反映第i笔标的应收账款延期状况，指标B_i反映第i笔标的应收账款债务人整体信用状况，指标C_i反映第i笔标的应收账款债务人的整体实力。根据数据的可信性和有用性分别对A_i、B_i、C_i分别赋与0.55、0.2和0.25的权重，权重赋值逻辑如下表所示：

个体信用因素权重打分表

项目及评分标准		A值			B值			C值			合计
		资产收益的实现程度			银行征信记录			企业实力			
数据的可得性	0.14	自行统计	0.50	0.07	间接可查	0.30	0.04	间接可查	0.20	0.03	0.14
数据的精准性	0.12	可连续	0.60	0.07	临界跳跃	0.20	0.02	临界跳跃	0.20	0.02	0.12
数据测算的客观性	0.15	客观	0.40	0.06	较客观	0.25	0.04	相对客观	0.35	0.05	0.15
违约风险敏感性	0.35	直接体现	0.50	0.18	间接（历史）	0.20	0.07	间接（当前）	0.30	0.11	0.35
延期风险敏感性	0.24	直接体现	0.70	0.17	微弱间接	0.10	0.02	间接	0.20	0.05	0.24
合计	1.00			0.55			0.20			0.25	1.00

指标A_i、B_i、C_i确定方式如下：

i. 指标A_i

$$A_i = \frac{F_{i1} - F_{i2}}{F_{i1}}$$

其中：F_{i1}为截至估值时点该笔标的应收账款的预期现金流入之和，按照甲、乙双方签订编号为______的《应收账款交易合同》之附件1.4.2《应收账款明细表》中所载信息确定；F_{i2}为截至估值时点该笔标的应收账款的实际回款金额，以甲方指定资金账户/托管账户所收到的实际金额为准。若截至估值时点，该笔标的应收账款的F_{i1}值为0，则指标A_i值取值为：$A_i=0$。

ii. 指标B_i

指标B_i参考第i笔标的应收账款债务人的实际经营情况及其在中国人民银行征信系统的信用记录确定。指标B_i取值规则如下：

• 若估值时点第i笔标的应收账款债务人经营出现重大困难，面临破产或诉讼等不利境地，则指标B_i直接取最大值：$B_i=4$；

• 若估值时点第i笔标的应收账款债务人经营正常，指标B_i按照该笔标的应收账款债务人在中国人民银行征信系统的信用记录情况确定取值，逻辑如下：

银行征信状况	无违约记录	有违约记录，但近3年无违约记录	最近3年内有违约记录
B_i取值	1	1.1	1.3

iii. 指标C_i

指标C_i参照第i笔标的应收账款债务人的资质、规模和评级等情况确定，取值规则如下：

• 若第i笔标的应收账款债务人是政府类机构（含政府机构、政府预算单位、政府融资平台），则指标C_i依据该笔标的应收账款债务人所属级别按照如下逻辑取值：

C_i取值	等级	第i笔标的应收账款债务人所属级别
1.1	A级	中央级
1.2	B级	省级（含直辖市）
1.3	C级	一线城市区县级
1.4	D级	其他

• 若第i笔标的应收账款债务人非政府类机构、且是上市公司，则指标C_i根据该笔标的应收账款债务人的总资产规模按如下逻辑分别赋值，总资产规模数据以应收账款债务人最新披露的信息为准：

C_i取值	等级	第i笔标的应收账款债务人的总资产规模
1.1	A级	总资产大于100亿
1.2	B级	总资产大于50亿，但不超过100亿
1.3	C级	总资产大于20亿，但不超过50亿
1.4	D级	总资产不超过20亿

• 若第i笔标的应收账款债务人非政府类机构、且非上市公司，则指标C_i根据该笔标的应收账款债务人的公开评级情况按如下逻辑分别赋值：

C_i取值	等级	第i笔标的应收账款债务人的公开评级
1.1	A级	AAA级
1.2	B级	A级及以上
1.3	C级	B级及以上
1.4	D级	B级以下或无公开评级

③同类或类似金融资产平均回报水平X

由于应收账款本质是对债务人的债权主张，与企业债务融资的风险特征比较一致，综合考虑数据可靠性和可获得性等因素，本估值模型中同类或类似金融资产平均回报水平X取估值日前3个月银行间市场发行的非金融企业债务融资工具平均票面利率。实际取值规则方式如下：

$$X=\frac{\sum_{x=1}^{m}(Q_x\times S_x)}{\sum_{x=1}^{m}Q_x}$$

其中：

i. 所有数据均来源于Wind资讯金融终端，取值路径为：债券－专题统计－一级市场；

ii. x为上市日期在估值日前3个月至估值日前一日之间、债券类型为债券分类（WIND）项下一般短期融资券或超短期融资债券的每一支债券；

iii. Q_x为第x支债券的发行金额；

iv. S_x为第x支债券的票面利率。

6. 其他约定

本估值模型是在充分考虑参数可获取性和相关性的基础上确定的。由于模型中各项参数的取值方式及其对估值的影响均是在综合考虑历史经验数据和对未来合理预期的基础上确定的，因此，为避免极端情况发生时个别参数的异常波动对估值模型的整体稳定性造成扰动，从而影响评估结果的公允程度，需要对以下参数的合理取值区间和极端情况下的取值方式进一步加以约定。

（1）年化无风险利率R_f。

基于历史数据和合理预期，未来18个月内R_f的合理取值区间为［2%，4%］。若估值时点R_f的实际值小于2%，则直接赋值为$R_f=2\%$；若估值时点R_f的实际值大于4%，则直接赋值$R_f=4\%$；若估值时点无法取得R_f数据，则直接赋值$R_f=3\%$。

（2）制造业采购经理指数（%）PMI。

基于历史数据和合理预期，未来18个月内PMI的合理取值区间为［45%，55%］。若估值时点PMI的实际值小于45%，则直接赋值PMI=45%；若估值时点PMI的实际值大于55%，则直接赋值PMI=55%；若估值时点无法获取PMI信息，则直接赋值PMI=50%。

（3）居民消费价格指数同比涨幅（%）CPI。

基于历史数据和合理预期，未来18个月内CPI的合理取值区间为［1%，6%］。若估值时点CPI的实际值小于1%，则直接赋值CPI=1%；若估值时点CPI的实际值大于6%，则直接赋值CPI=6%；若估值时点无法获取CPI信息，则直接赋值CPI=4%。

（4）同类或类似金融资产平均回报水平X。

基于历史数据和合理预期，未来18个月内X的合理取值区间为［4%，6%］。若估值时点X的实际值小于4%，则直接赋值X=4%；若估值时点X的实际值大于6%，则直接赋值X=6%；若估值时点无法获取X信息，则直接赋值X=5%。

第二条　估值程序

1.甲方要求乙方对标的应收账款进行受让时，需按照本协议第一条所述的估值模型评估标的应收账款的公允价值，并将之作为标的应收账款的受让单价。标的应收账款的受让单价需在甲方签发的《应收账款受让通知书》中明确载明。

2.乙方有义务按照甲方签发的《应收账款受让通知书》中载明的受让单价对标的应收账款进行受让。

第三条　估值模型及其评估结果的有效性

甲、乙双方共同认可以下事项：

1.上述估值模型客观、有效，充分反映了应收账款公允价值估值的相关因素及其影响；

2.运用上述估值模型评估出来的应收账款公允价值客观、公允，是乙方向甲方受让标的应收账款时确定各笔标的应收账款受让单价的依据；

3.甲、乙双方均充分理解上述估值模型，针对上述估值模型评估出来的应收账款公允价值，甲、乙双方放弃任何抗辩和异议。

第四条　附则

1.本协议自双方法定代表人、负责人或授权代表签字或加盖签名章并加盖公章或合同专用章之日起生效。

2.本协议为《应收账款交易合同》的附件，构成《应收账款交易合同》不可分割的组成部分。本协议与《应收账款交易合同》、商务合同及其附属文件的约定有不一致的地方，以本协议为准。本协议未约定的内容，以《应收账款交易合同》的约定为准。

3.本协议一式贰份，本协议双方各执壹份，具有同等法律效力。

分析

根据协议约定，我们理解双方对应收账款回购估值所采取的计算方法为现金流量折现法（该估值技术详见本专题22.1.4）。对该协议中所约定的"公允价值"计算方法，我们认为存在的问题包括但不限于：

1.合同第一条5（2）中对"预期现金流入NCF_t"所约定的取值规则使得其与期望现金流量（以概率为权重反映未来所有可能的现金流量）并不相符，即直接采用该应收账款的合同现金流量作为NCF。

2.合同第一条5（4）中对"风险溢价ΔR_i"所约定的各项参数：以内部打分表的形式约定了取值的范围，这些取值完全由甲方所掌控，这些参数的调整使甲方有较大权利对该公允价值的估值施加影响。

3.合同第一条6"其他约定"对各项完全市场化的参数进行了取值范围的限定。

上述2、3均为针对折现率确定的问题。一般理解，采用现金流折现法估算债权类资产的公允价值时，可以选择两种方法之一：（1）以预期的未来可收回金额按照估值时点的无风险利率折现；（2）以合同现金流按照估值时点的针对特定风险因素调整后的市场利率折现。本案例中的"估值协议"应当采用的是上述方法（2），但无法证明依据上述条款对折现率所作的调整能够恰当反映特定风险因素对折现率的影响程度，也就无法核实此处所用的折现率的恰当性。

4.公允价值是一个时点数，合同中并没有对公允价值的估值时点做出明确约定。如果此处各项估值参数的取值时点并不是实际回购时点，则使用该方式并不能得出标的应收账款于回购时点的公允价值。

上述各项问题的存在使得回购应收账款时作为回购价格确定依据的"公允价值"很可能不同于根据CAS 39确定的回购时点公允价值，从而导致应收账款的几乎所有风险和报酬并没有转移。相应地，被转让的应收账款不应予以终止确认。

21.2.5　若干实务案例分析

21.2.5.1　"无追索权国内保理合同"的条款摘录分析

在某个应收账款保理的案例中，企业和保理公司签订了一份"无追索权国内保理合同"，【例21-5】中我们摘录了这份合同的部分主要条款，并就这些条款对被保理的应收账款能否终止确认的影响进行分析：

【例21-5】"无追索权国内保理合同"的条款摘录分析：

本案例中甲方为企业（保理申请人），乙方为保理公司（银行）。

摘录1

第五条　乙方有权根据买方或甲方的资信情况的变化对已经核准的保理预付款最高额度、信用风险担保额度、买卖方关联限额、保理预付款比例等单方予以变更（该变更包括但不限于增加或减少额度、延长或缩短额度有效期及取消额度、变更预付款比例等），乙方应在做出上述变更决定后书面通知甲方。该等变更决定自甲方收到变更通知时生效。甲方理解并同意：在紧急情况下，乙方有权通过录音电话或传真等方式通知上述变更决定，该等变更通知在甲方雇员接听电话或收到传真时生效，乙方将在电话或传真通知后的3个工作日内及时补交书面通知。如双方通过补充合同协商调整额度的，则额度调整的生效由双方签订的相关补充合同予以约定。

分析1

上述条款可能影响应收账款由"已核准应收账款"转变成"未受核准应收账款"，即被乙方单方面撤销已确认的保理交易，从而导致应收账款的风险和报酬并未转移。

摘录2

第八条　在本合同有效期内，甲乙双方协商一致，甲方应将以赊销方式向特定买方（清单另附）销售货物/提供服务/进行交易所产生的下列应收账款转让给乙方（选中则在□中划"√"）：

□ 全部，甲方应将其以赊销方式向特定买方销售货物/提供服务/进行交易所产生的全部应收账款（包括现有的与未来的）自本合同生效时转让给乙方。除非本合同终止，即使乙方停止向甲方提供保理预付款，如乙方仍有保理预付款、预付款利息、发票处理费、应收账款管理费、保理资信调查费、延期管理费、信用风险担保费等任何款项未获偿付，甲方仍应向乙方履行应收账款的转让义务。

□ 部分，甲方应将其以赊销方式向特定买方销售货物/提供服务所产生的部分应收账款转让给乙方。甲方承诺在办理应收账款转让后，未经乙方书面同意，不再将与该特定买方产生的其他应收账款转让给乙方之外的其他第三方。

分析2

可转让的应收账款可能是全部也可能是部分，需关注如果涉及部分转让，则可能存在21.2.4（5）节所述"仅以一笔应收账款的一部分作为保理标的，同时要求应收账款的回款优先用于偿还保理融资”的情形。从而导致判断能否终止确认的标的应是全部的应收账款，很可能得出无法终止确认所转让的应收账款的结论。

即使所转让的标的是一定期间内来自特定买方的全部应收账款，也不能简单认为其可以终止确认，例如【摘录3】的情形说明了这一点。

摘录3

第二十二条　对于乙方收到的买方支付的款项，无论买方是否指定该款项所清偿的应收账款，乙方均有权将该款项用于清偿乙方认为应当先予清偿的对该买方的应收账款。

为避免疑问，甲方理解并同意：无论买方的付款所指定清偿的应收账款是否为受核准的应收账款（即使买方在付款时指定该付款是针对未受核准应收账款），乙方均有权（但无义务）将该款项用于清偿针对该买方的任何一笔受核准的应收账款。对于买方的任何付款，只要甲方在本合同项下对乙方还有未结清款项（无论该款项是否到期），乙方均有权首先用买方支付的款项冲抵乙方向甲方支付的针对该买方的任何一笔应收账款项下的保理预付款以及相应未结清的保理预付款利息、未结清的应收账款管理费（如有）、未结清的保理资信调查费（如有）、未结清的发票处理费（如有）、未结清的延期管理费（如有）、未结清的信用风险担保费（如有）、逾期违约金（如有）及乙方有权收取的其他款项，如有剩余，将余额存入甲方在乙方开立的账户。甲方承诺不提出任何异议。

甲方理解并同意：对于买方提出争议的应收账款，即使乙方已按上述约定进行账务处理，乙方有权重新进行账务处理，将该笔应收账款作为尚未受清偿的应收账款要求甲方对该等应收账款进行偿付。

分析3

该条实际上是将甲方应收该买方的所有应收账款（不限于纳入保理合同的部分）视作一个整体资产池。由于甲方与买方之间的经济业务持续发生，该应收账款资产池甚至包括甲方未来产生的收款权利，银行可以自行决定来自买方的还款与各笔保理交易之间的对应关系。该条导致不同基础商务合同项下形成的应收款项的信用风险发生混同，对应于21.2.4（5）节中“仅以一笔应收账款的一部分作为保理标的，同时要求应收账款的回款优先用于偿还保理融资”的情形。因此，判断应收账款能否终止确认适用该整体应收账款资产池，而非保理合同约定的“受核准的应收账款”，任一单笔受核准应收账款的信用风险不能认为已经转移。

摘录4

第二十四条　受核准应收账款在到期日前及到期日后90天内未发生任何争议，且甲方提出确切证据证明买方因信用风险原因未能付款、并书面同意乙方采取诉讼手段向买方催收的，则乙方应在应收账款到期日后第91天承担担保付款责任。

除前款规定情形外，乙方对任何其他情形所发生的买方拒绝或延迟支付全部或部分应收账款的，均不承担任何信用风险担保责任。

乙方承担信用风险担保责任之后，甲方应按乙方要求采取相应措施协助乙方行使追索权。如甲方未协助乙方进行追索，则乙方有权要求甲方返还乙方担保付款的相应款项并按逾期利率向乙方支付自担保付款至甲方实际返还全部款项之日的全部逾期利息。

分析4

需由甲方承担发生信用风险的举证责任，而不是由乙方（银行）反过来举证不属于买方信用风险。该安排可能会将受核准应收账款的信用风险仍然由甲方来承担，从而导致应收账款转让不能终止确认。如果合同对“证明买方因信用风险原因未能付款”的充分、适当的确切证据提出了进一步要求时，可能需要进一步分析相关条款。

较有限的情况下，转让的应收账款有可能满足终止确认条件，但是这种合同条款在实务中极为罕见。例如，若保理合同约定甲方在应收账款到期前3个工作日、到期当日、当期后30日三次发出书面付款提示并通知乙方，在约定期间内买方既未对基础商务合同条款及甲方的履约情况提出异议又未按期足额付款，则表明甲方已提供确切证据证明买方存在信用风险。

实务中绝大多数情况下，保理合同并未对甲方证明买方因信用风险原因未能付款的“确切证据”提出明确要求，或者明确或隐含由乙方判断相关证据是否充分适当，则该条款赋予乙方的自由裁量权过大，乙方可以根据该条款将本该属于买方的信用风险认定为非信用风险，从而导致实质上标的应收账款的主要信用风险未能转移。

摘录5

第二十九条　如果乙方收到买方（含同一买方或多个买方）对甲方的合理争议超过三次（含三次），乙方有权（但无义务）终止对甲方的无追索权保理服务，乙方有权对甲方转让的全部应收账款不提供保理预付款和信用风险担保服务，并有权要求甲方向乙方偿付全部保理预付款本息及全部应付款项。

分析5

这一条同样会导致不同笔应收账款之间信用风险的互相“感染”，包括对原先已经接受的无追索权保理业务也将终止。同样需按照本章21.2.4考虑（五）中“仅以一笔应收账款的一部分作为保理标的，同时要求应收账款的回款优先用于偿还保理融资”的情形。

摘录6

第三十一条　发生下列情形之一时，乙方有权立即宣布所涉及的应收账款为不合格应收账款（无论乙方先前是否已将该等应收账款确认为合格应收账款），乙方有权宣布其在本合同项下对该等应收账款的信用风险担保责任（如有）立即解除，并有权要求甲方立即偿付该等应收账款项下保理预付款本息及全部费用，甲方应按照乙方的要求立即无条件偿付：

1.对于受核准应收账款，在应收账款到期日前或到期日后90天内发生争议；

2.对于受核准应收账款，在应收账款到期日前及到期日后90天内既未发生争议，亦未收到买方的付款，但甲方未按乙方要求书面同意乙方采取法律手段（包括但不限于诉讼）向买方催收，或未按乙方要求配合乙方向买方催收的；

3.发生本合同所约定的间接付款情形，而甲方未按约定履行相关义务的；

4.发生本合同约定的其他情形；

5.甲方违反本合同的任何约定，乙方认为需要要求甲方偿付或/及提前偿付的。

第三十二条　如应收账款在保理预付款到期日前未按时足额回收，则在甲方提出申请并经乙方同意后，乙方可暂不要求甲方清偿保理预付款，并适当延后相应保理预付款到期日，但甲方理解并同意，乙方有权自行判断是否给予甲方相应保理预付款到期日的延后，且自行决定延后的时间，甲方承诺不提出任何异议。并且，如乙方同意延期处理，则甲乙双方应签署补充协议，甲方承诺按补充协议的约定向乙方履行支付延期管理费等相关义务。

分析6

第三十一条第5款和第三十二条对乙方权限的约定具有随意性，乙方自由裁量权过大。

摘录7

第三十八条　甲方保证无条件按本合同的约定按时、足额向乙方支付保理预付款本息及全部应付款项。如保理预付款到期日时，应收账款尚未足额回收且无法确定是否发生信用风险，除非经乙方同意并向乙方继续支付保理预付款利息及全部应付款项，甲方承诺在保理预付款到期日向乙方偿付保理预付款本息及全部应付款项。甲方同意，在乙方向甲方反转让应收账款之前，乙方有权作为应收账款的债权人向买方进行追索，且乙方向买方追索不影响、削弱乙方向甲方追索的权利，乙方有权同时向甲方与买方进行追索，甲方承诺不提出任何异议。

分析7

当买方未能按期足额还款时，乙方不仅可向买方追索，也可向甲方追索，因此为本条是比较典型的附追索权的转让。

此外，即使加粗部分作出修改，甲方未承诺偿付保理预付款本息，而仅是承诺在买方未能按期足额支付应收账款时，甲方向乙方继续支付保理预付款利息（无需偿付保理预付款本金），则基于21.2.4（一）中的“保理合同约定在应收账款实际收回之前，均需按应收账款的原始金额和一定的利率（基本相当于市场利率）向保理商支付利息或资金占用费，且无期限长度或金额的封顶限制”的分析，甲方依然不能终止确认转让的应收账款。

摘录8

第五十八条　本合同有效期内，甲方的财务指标，应持续满足以下限制：（具体略）

第六十一条　发生下列情形之一的，视为甲方在本合同项下违约及/或发生危及乙方债权的情形：

1.甲方违反本合同任一约定的或者甲方明确表示或以其行为表示将不履行本合同项下任一约定的；

2.发生可能危及乙方债权的情形；

3.买方对应收账款提出争议；

4.甲方违反法律法规或合同约定的其他义务。

第六十二条　在发生甲方违约或危及乙方债权的情况下，乙方有权采取下列措施中的任何一项或同时采取几项措施：

1.减少或取消保理预付款最高额度、信用风险担保额度，或降低保理预付款比例，或拒绝向甲方提供保理预付款，或拒绝承担信用风险担保责任，或将已审核为合格的应收账款立即宣布为不合格的应收账款。

2.乙方的全部信用风险担保责任立即解除；

3.宣布全部或部分保理预付款提前到期，要求甲方立即偿付乙方已受让的全部或部分应收账款项下的保理预付款本息及全部应付未付款项，并承担乙方因此而遭受的损失。在甲方未足额向乙方支付全部应付未付款项前，乙方作为应收账款的债权人，仍享有该等应收账款的一切权利。

4.单方解除、中止或提前终止本合同，甲方应按乙方要求将本合同项下乙方提供给甲方的保理预付款无条件全部或部分偿还乙方，并向乙方支付保理预付款利息、未结清的应收账款管理费（如有）、未结清的保理资信调查费（如有）、未结清的发票处理费（如有）、未结清的信用风险担保费（如有）、延期管理费（如有）、逾期违约金（如有）及任何甲方应向乙方偿还或支付的款项。

5.处分担保财产，以所得价款优先受偿或者向保证人追索。

6.要求甲方追加保证金或乙方认可的其他担保。

7.对于甲方的任何应付款项，乙方有权从甲方在乙方开立保理收款账户直接划收或从甲方在乙方系统开立的其他账户划收，或从甲方的任何应收款中划收；

8.要求甲方赔偿因其违约给乙方造成的全部损失。

9.法律允许的其他救济措施。

分析8

第五十八条对合同期内甲方应达到的财务指标有要求；第六十一条约定“甲方违反本合同任一约定”即视为违约；第六十二条约定“在发生甲方违约或危及乙方债权的情况下，乙方有权采取下列措施中的任何一项或同时采取几项措施”，其中包括“2.乙方的全部信用风险担保责任立即解除；3.宣布全部或部分保理预付款提前到期，要求甲方立即偿付乙方已受让的全部或部分应收账款项下的保理预付款本息及全部应付未付款项，并承担乙方因此而遭受的损失”。由于甲方的财务指标并不是甲方可以自主控制的，而一旦财务指标低于约定要求将导致违约，进而可能导致保理业务解除，故该情况也不能视为被保理的应收款项相关的主要信用风险已经转移。

21.2.5.2　应收账款保理业务中违约条款对应收账款终止确认的影响

【例21-6】

问题

如下文“背景”资料所述，买断式保理合同中的“交叉违约条款”和“预防性违约条款”是否可能导致保理项下的应收款项不能终止确认？

背景

A公司（甲方）与B银行（乙方）于2×11年11月签订了《国内保理业务合同》，约定以甲方与购货方（C公司）的应收账款向乙方办理买断式（无追索权）保理业务。

其中第八条“违约及违约责任”规定如下：

8.1　一般原则：

8.1.1　甲乙双方中的任何一方违反本合同的约定，视为该方违约，违约方应当依法或依本合同的约定承担相应的违约责任。

8.2　下述任一事项均构成甲方的违约：

8.2.1　甲方未履行本合同项下义务或未被其在本合同项下所作的陈述或保证；

8.2.2　交叉违约事件，包括下述任一情形：

（1）甲方任何其他债务在规定的到期日之前需要支付或被宣布为应付；

（2）甲方任何其他债务在约定的到期日未能支付；

（3）任何其他债权人取得甲方的全部或任何部分业务或资产的所有权，或针对甲方任何资产的裁决或判决被强制执行，从而实质性地影响甲方履行本合同项下义务的能力。

8.2.3　预期违约事件，包括下述任一情形：

（1）甲方停止或可能停止经营其业务或其业务的任何重要部分，或甲方处置其业务或资产的全部或任何重要部分，从而重大实质性地影响甲方履行本合同项下义务的能力；

（2）甲方的财务状况发生任何重大实质性的不利变化，或其在本合同项下履约能力发生重大实质性的不利变化；

（3）甲方涉及或可能涉及重大经济纠纷，或资产被查封、扣押或被强制执行，从而对其履行本合同项下义务的能力产生重大不利影响的；

（4）甲方发生下列情形之一，影响或可能影响其在本合同项下义务的履行或对乙方权益产生严重影响：甲方或其关联方被司法机关或税务、工商等行政执法机关和行政管理机关依法立案查处或依法采取处罚措施；甲方与其关联方之间的控制或被控制关系发生变化；甲方的关联方涉及或可能涉及重大经济纠纷、诉讼、仲裁；甲方的主要投资者个人、关键管理人员异常变动或涉嫌违法犯罪行为而被司法机关依法调查或限制人身自由；甲方的关联方发生的可能对甲方产生不利影响的其他事项；

（5）甲方利用与关联方之间的虚假合同，以无实际贸易背景的应收票据、应收账款等债权办理保理业务，套取乙方资金或授信的，或甲方通过关联交易，有意逃废乙方债权的。

8.3　发生上述任一违约事件，乙方有权自行决定采取下列一项或多项措施：

8.3.1　要求甲方纠正其违约行为；

8.3.2　停止对甲方办理保理业务，解除本合同；

8.3.3　宣布已办理的保理业务即刻到期，从保理账户中扣收相应款项以清偿全部融资款项本息和其他应付费用；

8.3.4　应收账款到期时，直接向购货方追索。

8.4　甲方未本合同约定用途使用借款的，乙方有权自借款挪用之日起，在原借款利率基础上加收50%计收罚息，借款被挪用期间未按时支付的利息，按本条约定的罚息利率计收复利。

分析

就本案例中的买断式（无追索权）保理合同条款看，其中的“交叉违约条款”和“预期违约条款”不是导致保理申请人不能终止确认相关应收账款的实质性条款，而是一项“一般保护条款”。因为虽然银行是向保理申请人提供融资，但是最终影响银行融资本金安全的是债务人（而不是在商务合同中作为债权人的保理申请人）的财务状况。在绝大多数情况下，债权人自身的信用状况与银行的融资本金的安全没有直接联系。

在应收款项的保理合同中通常都会约定，当商务合同项下出现履约纠纷等情况，导致标的应收账款不能成为法律上具有强制执行效力的债权时，保理银行有权将其反转让给保理申请人（该条款通常不认为会导致标的应收款项不能终止确认）。银行设置此类“交叉违约条款”和“预期违约条款”的主要目的，是防止以下情况出现：在万一出现甲方（商务合同中的卖方、债权人）因其在商务合同项下发生履约瑕疵，导致标的应收账款不能成为法律上具有强制执行效力的债权，因而需将其“反转让”给甲方时，甲方因为其自身信用状况出现问题而无力承接被反转让的标的应收款项，从而导致银行承担商务合同项下的履约风险。

因此，该“交叉违约条款”和“预期违约条款”更多的是一项与标的应收款项的信用质量无直接关系的一般保护条款。如果保理申请人可以合理估计在保理期间发生此类情况的可能性很低，则该等一般保护条款不会构成不能终止确认标的应收款项的实质性障碍。即，不能仅仅因为该等“一般保护条款”的存在，就认为标的应收款项不能终止确认。

在本案例中，背景资料中的保理合同并未约定在债务人因信用风险或者其他原因（包括不可抗力等不能归属于买方信用风险的原因）无力付款的情况下，保理银行有权向债权人追索的条款。因此，如果银行仅仅在此处的“一般保护条款”被触发时有权将应收款项反转让给A公司，且A公司能够合理估计此处的“一般保护条款”被触发的可能性极低，则该等“一般保护条款”本身不会成为A公司在无追索权保理合同中不能终止确认保理项下应收款项的理由。

21.2.5.3 关联方之间开具的商业承兑汇票背书转让后能否终止确认应收票据

【例21-7】

问题

关联方之间开具的商业承兑汇票背书转让后，能否终止确认应收票据？

背景

A公司西安分公司向子公司B公司开具400万元的商业承兑汇票，B公司将该张票据背书转让给A公司长沙分公司，长沙分公司又将该张商业承兑汇票背书转让，该张承兑汇票的出票日期为2×19年8月20日，到期日为2×20年2月20日。2×19年12月31日，A公司长沙分公司编制财务报表时将该笔承兑汇票终止确认。

分析

关于商业承兑汇票的背书转让，背书人能否将其终止确认的问题，可参照《企业会计准则解释第5号》第三条的相关规定处理：

三、企业采用附追索权方式出售金融资产，或将持有的金融资产背书转让，是否应当终止确认该金融资产？

答：企业对采用附追索权方式出售的金融资产，或将持有的金融资产背书转让，应当根据《企业会计准则第23号——金融资产转移》的规定，确定该金融资产所有权上几乎所有的风险和报酬是否已经转移。企业已将该金融资产所有权上几乎所有的风险和报酬转移给转入方的，应当终止确认该金融资产；保留了金融资产所有权上几乎所有的风险和报酬的，不应当终止确认该金融资产；既没有转移也没有保留金融资产所有权上几乎所有的风险和报酬的，应当继续判断企业是否对该资产保留了控制，并根据《企业会计准则第23号——金融资产转移》的规定进行会计处理。

即，判断金融资产是否终止确认的条件明确为“金融资产所有权上几乎所有的风险和报酬是否已经转移”。即使采用附追索权方式出售的金融资产，如果经过判断企业已将该金融资产所有权上几乎所有的风险和报酬转移给转入方的，仍旧应当终止确认该金融资产。即与此前的规定相比，《企业会计准则解释第5号》的本条规定更注重对风险和报酬的承担和转移情况的实质性判断，而不是以法律形式上是否附有追索权作为唯一的判断标准。另外，除了企业会计准则的上述规定以外，证监会公告〔2010〕37号也明确“对于已贴现应收票据等金融资产应以风险和报酬的转移作为终止确认的主要依据，公司已将金融资产所有权上几乎所有的风险和报酬转移给了转入方的，应当终止确认金融资产。”证监会公告〔2011〕41号和证监会公告［2012］42号都要求运用“实质重于形式”原则处理“风险实质性转移与形式上追溯权的关系”。

鉴于《票据法》明确规定“背书人以背书转让汇票后，即承担保证其后手所持汇票承兑和付款的责任。背书人在汇票得不到承兑和付款时，应当向持票人清偿本法第七十条、第七十一条规定的金额和费用。”根据该规定，后手被背书人法定享有对背书人的追索权。因此，从法律形式上看，无论背书合同如何约定，后手均对背书人享有该票据的追索权。

但，不附追索权出售金融资产，或即使采用附追索权方式出售的金融资产，如果经过判断企业已将该金融资产所有权上几乎所有的风险和报酬转移给转入方的，仍旧应当终止确认该金融资产。因此，能否终止确认取决于票据承兑方的信用情况（兑付能力、兑付意愿）进行判断。票据承兑方信用良好，从其支付能力来看不存在不能兑付的情况，则可以视同相关资产风险和报酬实质可以实现完全转移。对此，实务中一般掌握的口径为：如果不附有追索权，或者虽然附有追索权但被贴现的应收票据为由信誉良好的大型股份制商业银行开具的商业汇票的，则一般在贴现时即终止确认相关应收票据；其他情况，应在贴现时不能终止确认，应将收到的款项确认为一项金融负债，如短期借款。

也即：商业承兑汇票背书时一般不能终止确认；银行承兑汇票背书时，如果是大型股份制商业银行，则可以终止确认（如中农工建、交通、民生、中信、浦发等全国性的股份制银行）；若是中小银行，一般也不能终止确认，在管理层对中小银行的资信能力、历史兑付情况等进行充分评估后认为其无法兑付的风险可以忽略不计的，可以接受背书时终止确认（监管机构有更为严格要求的，按照其规定执行，具体可见“实务提示”）。

但是本案例存在特殊之处。在本案例中，由于之前的转让均在A公司的分公司和子公司之间进行，最后由长沙分公司将其对外转让，因此，需要根据票据承兑方（出票人）的情况进行判断。如商业承兑票据出具方商业信用良好，从其支付能力来看不存在不能兑付的情况，则可以视同相关资产风险和报酬实质可以实现完全转移，作为持票人的长沙分公司在将票据背书转让出去时就可以终止确认该应收票据（在本案例中，对于长沙分公司而言出票人的票据责任最终由作为同一个法人的A公司承担，我们认为出现不能兑付情况的可能性应当是可以忽略不计的）。

就A公司的汇总报表（将各分公司纳入汇总范围，即年报中披露的个别财务报表）而言，作为最终承担出票人票据责任的法律主体，其个别报表层面在期末总是会列报该项400万元的应付票据。因此本案例中长沙分公司能否终止确认该应收票据的问题对最终的年报披露没有任何影响。

实务提示

上述处理意见是基于企业会计准则的一般原理所作出的分析。在实务中，如果某些监管机构对此问题给出了比上述处理意见更严格的指导意见的，则在该监管机构监管范围内的相关事项的处理，应从其规定。

中国证监会会计部历年发布的《上市公司年报会计监管报告》中关于该问题的指导意见汇总如下：

•《2014年上市公司年报会计监管报告》：

（四）复杂专业判断及其经济影响未能清晰说明

1.没有充分披露应收票据终止确认后承担的风险

实务中，为加快资金周转速度，公司通常将收到的应收票据向银行贴现取得现金，或者背书转让给供应商，以支付采购款。年报分析中发现，对于已背书或贴现且尚未到期的银行承兑汇票，部分上市公司予以终止确认。根据票据法，追索权是票据持有人的法定权利，即在承兑人不支付票据款项，持票人可以向任何票据背书转让人予以追索。因此，票据在背书或贴现后，其所有权相关的风险很可能没有完全转移，在后续持票人追索时，还可能存在支付的义务。年报分析发现，绝大多数上市公司对已背书或贴现且尚未到期的银行承兑汇票予以终止确认后，未在财务报表中补充披露终止确认的票据，未对票据被追索时可能存在的支付风险予以清晰说明。

•《2017年上市公司年报会计监管报告》：

3.应收商业承兑汇票的终止确认

根据企业会计准则及有关规定，金融资产的终止确认取决于金融资产所有权上主要风险和报酬的转移程度，并且风险与报酬的转移程度是对交易前后风险变动相对值的度量，而非风险本身的绝对值度量。风险与报酬的转移不应仅针对信用风险，还应综合考虑其他风险，如利率风险、延期付款风险、外汇风险等。商业承兑汇票的主要风险为信用风险和延期付款风险。

年报分析发现，部分上市公司将背书转让的商业承兑汇票终止确认。根据我国票据法对追索权的规定，在背书转让合同未明确约定无追索权的情况下，该类金融资产所有权相关的主要风险并没有转移，背书公司不应终止确认相关资产。

•《2018年上市公司年报会计监管报告》：

6.错误地将未到期已保理的商业汇票终止确认

根据票据法及企业会计准则相关规定，在转让合同中未明确约定不附追索权的情况下，商业承兑汇票即使贴现、背书或保理，与其所有权相关的主要风险并没有转移，不满足终止确认条件。年报分析发现，部分上市公司终止确认了未到期已保理的商业承兑汇票，票据到期被拒付，公司对相关的追索诉讼确认预计负债，并披露为非经常性损益。商业承兑汇票的信用风险较高，在附有追索权进行保理的情况下不应终止确认，同时应确认相关金融负债；如果保理后被拒付，上市公司应当对该应收票据计提坏账准备，并计入经常性损益。

21.2.5.4 小贷公司将应收款项资产转让给第三方自然人/企业/契约型基金后，所转让的原应收款项资产能否终止确认

【例21-8】

问题

如下文背景资料所述，小贷公司将小额贷款业务形成的应收款项资产，通过签订资产转让协议的方式转让给第三方自然人/企业/契约型基金，所转让的原应收款项能否终止确认？

背景

小贷公司将小额贷款业务形成的应收款项资产，通过签订资产转让协议的方式转让给第三方自然人/企业/契约型基金，转让协议的主要条款约定如下：

（一）关于标的债权转让

1.根据资产转让协议，受让方和转让方（小贷公司）一致确认并同意，转让方向受让方转让其在开展经双方认可的特定类型小额贷款业务的过程中在该等小额贷款业务的《贷款合同》《借款抵押合同》项下对各债务人的全部债权（包括但不限于贷款本金、利息、逾期滞纳金、违约金等）及其附属担保权益。转让方确认仅转让《贷款合同》《借款抵押合同》项下的权利，而并不向受让方转让转让方在该等合同项下或与之有关的任何义务或责任（这里所指的责任义务，在实务中是指定期发送提醒还款日期等）。

2.受让方全权委托转让方管理及维护标的债权的全部权益，其管理及维护内容包括但不限于：代为接收、转付和催收标的债权项下的贷款本金、利息、逾期滞纳金、违约金等任何款项；办理与标的债权相关的诉讼、仲裁或申请强制执行等事宜；保管与标的债权有关的记录、凭证以及证明文件；还款提醒、到期通知、逾期通知等。受让方兹授权转让方，在出现债务人逾期还款情形时，转让方可代受让方将受让方持有的标的债权及其附属担保权益转让给第三方

（转让方的关联公司除外）。

（二）关于结算与贷款手续费

1. 双方应以每自然季度/月末月第20日作为一个结算日，截至该结算日所取得的贷款利息、逾期滞纳金、违约金等（贷款本金除外）按如下约定方案进行结算。每一结算日的结算款项原则上应在10个工作日内完成转付。向受让方结算的金额=∑单笔按时付息债权金额 ×【 】%/年 × 受让方持有单笔债权的实际天数 ÷365，如有剩余，则全部结算给转让方，作为转让方提供贷后管理服务的贷款手续费；若结算期内，债务人逾期，则转让方不向受让方结算该单笔债权的贷款利息，债务人逾期还款的，转让方将于收到相应款项的下一结算日向受让方支付，不足以按照前述公式向受让方结算的金额，转让方不予以补足，如有剩余，则作为转让方的贷款手续费。如遇债务人提前还款，转让方仅向受让方转付截至提前还款日前一日的贷款利息。

2. 小贷公司现有资产转让贷款手续费测算如下表：

受让方	发生时间	平均贷款利率	平均转让给受让人享有利率	利差占比（实质上的服务费比例）
机构/个人	2×17.07	8.85%	7.20%	18.64%
机构/个人	2×17.08	9.06%	7.55%	16.64%
机构/个人	2×17.09	9.26%	7.73%	16.56%
机构/个人	2×17.10	9.10%	8.01%	12.01%
机构/个人	2×17.11	9.02%	7.77%	13.85%
基金-半年	2×17.10	8.74%	7.22%	17.35%
基金-一年		11.13%	8.12%	27.06%
机构/个人		11.13%	8.00%	28.14%

分析

对照21.1.2节的“金融资产转移终止确认流程图”（原图见CAS 23应用指南（2018）第24页）中的各步骤分析。以下分析假设该流程图的第1、2步已经满足，且受让方不与转让方同处于一个合并报表集团内。

第3步，取得资产现金流量的权利是否已经满期：取得《贷款合同》《借款抵押合同》项下的现金流量的权利尚未满期（即尚未过期失效），故判断结果为“否”；

第4步，企业是否已转让收取资产现金流量的权利：由于受让方全权委托转让方管理及维护标的债权的全部权益，其管理及维护内容包括但不限于：代为接收、转付和催收标的债权项下的贷款本金、利息、逾期滞纳金、违约金等任何款项，收取资产现金流量的权益并未转让，故判断结果为“否”。

第5步，企业是否承担了资产现金流量过手的义务：对照IFRS 9的原文，该步骤系对应于IFRS 9第3.2.4（b）段，即“retains the contractual rights to receive the cash flows of the financial asset, but assumes a contractual obligation to pay the cash flows to one or more recipients in an arrangement that meets the conditions in paragraph 3.2.5.”中文翻译：主体保留了收取金融资产现金流量的合同权利，但却承担了在符合第3.2.5段规定的安排中向一个或多个收款人支付该现金流量的合同义务。

而第3.2.5段的原文是：

3.2.5 When an entity retains the contractual rights to receive the cash flows of a financial asset（the ‘original asset’）, but assumes a contractual obligation to pay those cash flows to one or more entities（the ‘eventual recipients’）, the entity treats the transaction as a transfer of a financial asset if, and only if, all of the following three conditions are met.

（a）The entity has no obligation to pay amounts to the eventual recipients unless it collects equivalent amounts from the original asset. Short–term advances by the entity with the right of full recovery of the amount lent plus accrued interest at market rates do not violate this condition.

（b）The entity is prohibited by the terms of the transfer contract from selling or pledging the original asset other than as security to the eventual recipients for the obligation to pay them cash flows.

（c）The entity has an obligation to remit any cash flows it collects on behalf of the eventual recipients without material delay. In addition, the entity is not entitled to reinvest such cash flows, except for investments in cash or cash equivalents（as defined in IAS 7 Statement of Cash Flows）during the short settlement period from the collection date to the date of required remittance to the eventual recipients, and interest earned on such investments is passed to the eventual recipients.

中文翻译：

3.2.5 如果主体保留了收取一项金融资产（“原始资产”）现金流量的合同权利，但却承担了将这些现金流量支付给一个或多个主体（“最终收款人”）的合同义务，那么，当且仅当同时满足下述三个条件时，主体可以将该交易作为金融资产的转移处理。

（a）除非主体从原始资产收取了相等的金额，否则没有义务向最终收款人支付款项。主体提供短期垫款但有权利完全收回借出的金额以及按市场利率应计的利息，并不违反本条件。

（b）转移合同的条款禁止主体出售或抵押原始资产，除非这种出售或抵押是作为向最终收款人支付现金流量义务的保证。

（c）主体有义务无重大延误地划拨代最终收款人收取的任何现金流量。此外，主体无权将该现金流量进行再投资，除非是在从收款日到最终收款人要求划拨日之间的短暂结算期内对现金或现金等价物（遵循《国际会计准则第7号——现金流量表》相关定义）的投资，并且这些投资取得的利息将交付给最终收款人。

即，上述IFRS 9第3.2.5段实际上是对应于CAS 23第六条所列的金融资产转移两种情形中的第二种，即：企业保留了收取金融资产现金流量的合同权利，但承担了将收取的该现金流量支付给一个或多个最终收款方的合同义务，且同时满足下列条件：

（1）企业只有从该金融资产收到对等的现金流量时，才有义务将其支付给最终收款方。企业提供短期垫付款，但有权全额收回该垫付款并按照市场利率计收利息的，视同满足本条件。

（2）转让合同规定禁止企业出售或抵押该金融资产，但企业可以将其作为向最终收款方支付现金流量义务的保证。

（3）企业有义务将代表最终收款方收取的所有现金流量及时划转给最终收款方，且无重大延误。企业无权将该现金流量进行再投资，但在收款日和最终收款方要求的划转日之间的短暂结算期内，将所收到的现金流量进行现金或现金等价物投资，并且按照合同约定将此类投资的收益支付给最终收款方的，视同满足本条件。

在本案例中，根据转让协议约定“受让方兹授权转让方，在出现债务人逾期还款情形时，转让方可代受让方将受让方持有的标的债权及其附属担保权益转让给第三方（转让方的关联公司除外）”，因此不满足上述“根据合同约定，不能出售该金融资产或作为担保物，但可以将其作为对最终收款方支付现金流量的保证”这一条件。因此，上述“过手义务”条款不满足。

第6步，企业是否已转移了金融资产所有权上几乎所有风险和报酬：根据前述背景信息，转让方在收到债务人的付款时，并不是将其全额转付给受让方，而是“向受让方结算的金额=∑单笔按时付息债权金额×【 】%/年×受让方持有单笔债权的实际天数÷365，如有剩余，则全部结算给转让方，作为转让方提供第4.3款项下贷后管理服务的贷款手续费”，这种情况表明收回款项优先满足向受让方结算固定收益的需要，而转让方获得的服务费是浮动的，即转让方仍在一定程度上承担债务人信用风险，标的资产所有权上的主要风险和报酬并未完全转移。

第7步，企业是否仍保留了金融资产所有权上几乎所有风险和报酬：如前面分析所述，收回款项优先满足向受让方结算固定收益的需要，而转让方获得的服务费是浮动的，即转让方仍在一定程度上承担债务人信用风险，转让方和受让方并不是同步、同比例地承担坏账损失。具体而言，如果从债务人收回的款项金额超出按约定应结算给受让方的款项，但并未全部收回名义本息金额，则相当于因债务人信用风险导致的坏账损失全部由转让方承担；只有当从债务人收回的款项金额小于按约定应结算给受让方的款项时，受让方才在【实际结算给转让方的金额–按约定应结算给受让方的款项金额】的范围内承担坏账损失。而一般此类证券化产品的设计，都会充分考虑基础资产的信用质量，导致受让方不能收回本金和约定收益的可能性极小，因此本案例中转让方仍保留了金融资产所有权上几乎所有风险和报酬。

综上，根据上述判断流程，转出方应继续确认该金融资产。

21.2.5.5　应收债权资产包转让给关联方时价格过高能否“出表”

【例21–9】

问题

如下文背景资料所述，保理公司该应收债权资产包由于转让价格过高，是否表明该交易没有商业实质，不能“出表”？

背景

某央企下属商业保理公司（以下简称“保理公司”）拟将部分应收债权打包转让给同一集团内的资产管理公司（以下简称“资管公司”，交易系集团内关联交易，交易双方在管理口径下属同一考核单位）。资管公司支付对价的形式为协议签订后30日内向保理公司开具不超过一年期的商业承兑汇票，无现金支付。转让的同时交易双方签订《委托经营协议》，约定受让方受让标的债权后委托转让方继续管理和经营保理合同以及应收账款（即标的债权仍先收回到保理公司账户后，由保理公司转汇给资管公司）。为激励受托人勤勉尽责，委托人向受托人支付委托管理费。双方拟于未来年度进行多次同类交易，因此上述两协议为框架协议，每次转让明细和定价单独约定。

就2×20年拟进行的第一次债权转让交易，其方案如下：拟转让的多笔应收保理款项于转让时点均未到期，转让时账面余额仅包含应收本金和截至转让时点的应收利息29 786万元，本次转让是将未来的利息收益权益和逾期罚息收益权利一并转让。双方初步拟按照29 750万元的对价转让，折价率0.12%；同时因资管公司支付对价的形式为商业承兑汇票，双方约定该商票贴现费由资管公司承担，贴现利率采用向集团内财务公司询价的商票贴现率确定，贴现费亦使用商业承兑汇票支付，由于贴现费约500万元，导致最终双方确定的该保理款项的转让价款高于保理公司对该多笔款项的账面余额。

分析

本案例中，由于转让价款的支付方式是商业承兑汇票，期限为一年以内，故为了补偿资金时间价值损失，由受让方向转让方补偿贴现息的安排本身是合理的。在约定的贴现率公允的情况下，因受让方承担贴现息而导致的转让价款的增加并不影响对是否“出表”（即转让方能否终止确认所转让的应收债权）的判断。

本案例的关键主要在于不考虑贴现息情况下的转让价格的确定，仅折价0.12%，几乎是平价转让。通常情况下，因为考虑债务人的信用风险，应收款项保理转让价款会低于其账面余额，尤其在无追索权的保理下，该折价比率很可能较高。在交易对手方是非关联方的情况下，通常该转让价格是接近于标的资产的公允价值的。转让价格高于账面余额，意味着标的债权的公允价值高于以摊余成本计量的账面余额。该情形，通常只有当标的债权原合同约定的利率远高于市场利率（或高于债务人于转让时点的融资利率）时，由于确定公允价值时是用合同未来现金流采用市场利率折现，而摊余成本采用原合同初始确定的利率折现，才有可能出现前者折现结果大于后者。但是，在考虑债务人的信用风险对合同未来现金流带来的预期损失后，公允价值通常还是会小于账面余额的，除非是债务人信用极好，预期信用损失对公允价值的减少影响小于前述利息差的影响额（但此时“债务人信用极好”和“标的债权原合同约定的利率远高于市场利率”这两点之间又会出现可能难以合理解释的逻辑矛盾）。本案例假定发生在非关联方之间，基本平价转让（仅0.12%的折价率）的安排，通常可以导致得出该交易没有商业合理性的判断结论，或合理怀疑转让方与受让方在该无追索权的安排之外是否存在其他回购、补差等事实上并没有转让与标的债权所有权有关的主要风险和报酬的安排。即，非关联方之间的无追索权的保理，根据转让价格基本平价转让的这一条约定，通常可直接得出不能“出表”的结论。

但是，本案例中由于受让方是同一集团内的关联方，由于该交易价格可能涉及关联方之间的权益性交易成分（见下文“实务提示”）的影响，因此交易价格的公允性与是否“出表”的判断关系并不大。在关联方之间的债权转让业务，交易价格公允性问题所涉及的是：在确定可以满足“出表”条件的前提下，基础资产转让价格与基础资产账面价值之间的差额中，有多少金额作为转让对价、有多少金额需计入资本公积的问题。

在判断本案例中保理公司能否终止确认相关债权时，仍应以标的债权所有权上的主要风险和报酬是否转移为依据，应进一步结合相关合同中的其他条款进行判断。例如，保理公司收取的委托经营费用的金额是否与基础资产的实际回收情况挂钩，如对于应收款项无法回收的情形是否需扣除部分委托经营费用、委托经营费用是否需到款项全部收回后才有权收取，或者根据实际回款金额按比例收取等；保理公司收到的标的债权的回款并转付给资管公司是否满足“过手测试”的要求；等等。总之，发生在关联方之间的该业务，不能简单根据转让价格不公允，就直接得出该债权转让不能“出表”的结论。

实务提示

《2020年上市公司年报会计监管报告》:

6. 未正确对权益性交易进行会计处理

年报分析发现，个别上市公司以前年度存在应收关联方款项，关联方经营陷入困难、偿债能力下降，上市公司未能对此恰当计提信用减值损失。后续报告期内上市公司将上述债权转让给同一控制下的其他关联方，其他关联方向上市公司全额支付了款项，上市公司亦未将此作为权益性交易进行处理，未将转让价款与该应收款项公允价值之间的差额计入资本公积。

21.2.5.6 “福费廷”（Forfaiting）业务的处理

【例21–10】

问题

如下文背景资料所述，A公司开展的“福费廷”（Forfaiting）业务进行的贴现能否终止确认相关票据或信用证？

背景

A融资租赁有限公司现开展一项名为“福费廷”（Forfaiting）的售后租回的租赁业务，福费廷又称票据包买或买断，是指出口地银行或金融机构对出口商的远期债权（远期/延期付款信用证、远期商业本票、远期银行本票、远期汇票）进行无追索权的贴现，使出口商得以提前取得现款的一种出口融资方式。A公司对该项业务的会计处理如下：

1. 签订租赁合同、售后租回协议成立，购买承租人设备假定金额为1亿元：

借：租赁资产　　　　1亿

　　贷：应付票据——商业承兑汇票　　　　1亿

　　　　确认租赁债权：

借：租赁应收款　　　　1亿

　　贷：租赁资产　　　　1亿

2. 承租人以信用证提前归还租金，结束租赁关系

借：应收票据——信用证

　　贷：租赁应收款

　　　　主营业务收入

3. 支付商业承兑汇票

借：应付票据——商业承兑汇票

　　财务费用

　　贷：银行存款

4. 无追索权转让信用证给某银行

借：银行存款

　　投资收益

　　贷：应收票据——信用证

A公司与银行签订了《国内信用证委托收款申请书》，其中有如下条款约定：

为确定购买相关债权及/或单据的价格，双方同意从单据面值或开证行承兑金额中扣除：

一、价格

1. 融资利息：自包买行（银行）向客户（A公司）提供融资付款之日起至债权到期日或开证行承兑到期日为止。

融资利息=融资金额×融资利息率×融资期/360，其中：融资利率以%.表示；

2. 相关的成本和费用，包括但不限于银行扣费、电报费、快邮费等，按照实际发生额计算；

3. 福费廷业务手续费。

包买行提供了单据和报文等的审核、传送等服务，申请人应按照___的标准支付手续费。

4.风险承担费。

包买行承担了开证行/保兑行等银行支付风险，申请人应按照___的标准支付风险承担费。

如果由于银行扣费等原因使开证行/保兑行最终付款额少于包买行向申请人融资金额时，申请人保证在接到包买行书面证明后7个工作日内将差额及相关利息补还给买方。

二、保证与承诺

如开证行在到期日未能全额支付信用证项下的款项，申请人应采取一切必要的行动协助包买行从开证行取得信用证项下未付款项，这些行动包括但不限于：应包买行要求，代表包买行进行追索或起诉，或以申请人的名义追索或起诉，或根据信用证采取的其他任何为追讨信用证项下未付款项所必须的行动；

如开证行因当地法院发出止付令的原因而未能履行信用证项下付款责任，申请人必须向包买行返还相当于单据面值或开证行承兑金额的款项，并赔偿包买行由此而产生的一切损失，包括但不限于利息损失（按本合同第五条规定的相同利率计算的从到期日到包买行收到该款项日期间的利息）、电报费、律师费及其他费用。如申请人未能按要求返还该款项，包买行有权随时从申请人开立在包买行总行及任何分支机构的账户上扣除上述款项。

分析

本案例不对信用证是否属于应收票据进行讨论，该事项实务中一直存有争议。

“福费廷”（Forfaiting）模式，我们理解问题的核心还是无追索权的票据（此处为国内信用证）转让，被转让的应收票据（或信用证）是否应当终止确认？

根据《企业会计准则解释第5号》第三条的相关规定：

三、企业采用附追索权方式出售金融资产，或将持有的金融资产背书转让，是否应当终止确认该金融资产？

答：企业对采用附追索权方式出售的金融资产，或将持有的金融资产背书转让，应当根据《企业会计准则第23号——金融资产转移》的规定，确定该金融资产所有权上几乎所有的风险和报酬是否已经转移。企业已将该金融资产所有权上几乎所有的风险和报酬转移给转入方的，应当终止确认该金融资产；保留了金融资产所有权上几乎所有的风险和报酬的，不应当终止确认该金融资产；既没有转移也没有保留金融资产所有权上几乎所有的风险和报酬的，应当继续判断企业是否对该资产保留了控制，并根据《企业会计准则第23号——金融资产转移》的规定进行会计处理。

CAS 23第七条规定：

企业在发生金融资产转移时，应当评估其保留金融资产所有权上的风险和报酬的程度，并分别下列情形处理：（一）企业转移了金融资产所有权上几乎所有风险和报酬的，应当终止确认该金融资产，并将转移中产生或保留的权利和义务单独确认为资产或负债。

即，判断金融资产是否终止确认的条件明确为“金融资产所有权上几乎所有的风险和报酬是否已经转移”。《企业会计准则解释第5号》的规定更注重对风险和报酬的承担和转移情况的实质性判断，而不是以法律形式上是否附有追索权作为唯一的判断标准。另外，证监会公告〔2010〕37号也明确“对于已贴现应收票据等金融资产应以风险和报酬的转移作为终止确认的主要依据，公司已将金融资产所有权上几乎所有的风险和报酬转移给了转入方的，应当终止确认金融资产。”证监会公告〔2011〕41号和证监会公告〔2012〕42号都要求运用“实质重于形式”原则处理“风险实质性转移与形式上追溯权的关系”。

在本案例中，我们认为对“能否终止确认”的判断影响最大的问题是《国内信用证委托收款申请书》第一条价格中的“风险承担费”条款。我们理解该项“风险承担费”的金额计算标准、收取的条件和方式等问题将对该应收票据（或信用证）能否终止确认的判断产生关键性的影响。例如，如果根据最终包买行从开证行收回款项与合同约定到期应收回款项金额之差由申请人予以补足，则实质上该应收票据所有权上的主要风险和报酬并未转移，因而不满足终止确认条件；而如果该金额是一个事先约定的固定比例或固定金额，与最终实际发生信用损失的金额无关，则可能不会影响应收票据的终止确认。

另外，根据保证与承诺的相关约定，如果付款人或开证行在到期日未能全额付款（尤其是在付款人资信较差的情况下，该种情况易于发生），A公司继续涉入被转移金融资产并承担了被转移金融资产价值变动风险，可能不满足金融资产终止确认的条件。

参考21.2.5.3“关联方之间开具的商业承兑汇票背书转让后能否终止确认应收票据”，在实务中，如果监管机构对此问题给出了指导意见的，则在该监管机构监管范围内的相关事项的处理，应从其规定。

对于IPO企业，部分板块（如科创板）的窗口指导意见直接明确了商业承兑汇票贴现或背书不能终止确认，银行承兑汇票中，除15家信用级别较高的银行（包括6家大型商业银行和9家上市股份制商业银行，其中：6家大型商业银行分别为中国银行、中国农业银行、中国建设银行、中国工商银行、中国邮政储蓄银行、交通银行；9家上市股份制商业银行分别为招商银行、浦发银行、中信银行、中国光大银行、华夏银行、中国民生银行、平安银行、兴业银行、浙商银行）开出的银行承兑汇票之外，其他银行开出的银行承兑汇票背书或者贴现不能终止确认。对于有明确的窗口指导意见的情形（如科创板发行人），应按窗口指导意见处理；在没有明确适用于发行人的监管窗口指导的情况下，应判断除该15家银行外的票据签发行信用条件及兑付能力（例如是否已因流动性问题而被监管机构采取监管措施，以及考虑公开权威的信用评级信息等），在不违背《企业会计准则解释第5号》第三条及证监会公告〔2010〕37号的相关规定的情况下，如已将金融资产所有权上几乎所有的风险和报酬转移给了转入方的，持票人将票据背书转让出去时就可以终止确认该应收票据。

本案例中的信用证，也可参考上述标准进行处理。

21.2.5.7　以“金单”支付工程进度款风险及应收应付项目终止确认问题

【例21-11】

问题

如下文背景资料所述，

1. A公司取得业主以“金单”支付工程进度款，A公司面临的持单风险及注意事项有哪些？

2. A公司持有金单后可与保理商签订融资协议，是否满足终止确认条件？A公司将金单通过协议转让给其供应商时，相关的金融资产是否符合终止确认条件？

3. 附票无追索权保理方式下，是否符合债权终止确认条件？

背景

A建筑公司承接的某项目施工总承包合同中与发包人B公司关于工程进度款的支付方式约定如下：

支付方式

业主采用“××平台——金单”和银行转账方式支付，具体如下：

（1）质保金通过银行转账方式支付给乙方（A公司）；

（2）除质保金外的全部结算款由甲方（业主）开具期限12个月的金单，若办理保理，则保理费用由乙方（A公司）自行承担。

金单产品介绍详见下文，金单的融资利率不高于商业承兑汇票贴现。

“××平台——金单”情况：××平台是××信息科技公司依托互联网、云计算、区块链等技术，以提供核心企业应付账款凭证（金单）流转为主要功能，以保理商、核心企业、供应商及出资方等参与的线上供应链金融平台。B公司在××平台建立了自己的“××平台——金单”信用支付系统，并由B集团旗下C保理公司及D财务公司负责平台的日常业务管理，服务于B集团成员单位及其上游各级供应商/承包商伙伴。业务操作模式：C保理公司负责为B集团各成员单位所开金单提供持单人随时融资支持。开单企业在所开金单到期时，将款项支付给C保理公司，由C保理公司将款项支付给最终持单人。B集团可根据其产业链特性，对用户注册（成员企业/供应商/资金方）、用户权限、融资利率、授信额度、交易审核和交易数据等内容进行个性化管理。注册用户也可以使用金单的开、转、融、回购等所有功能。

《××平台认证用户服务协议》中所述的四种金单保兑模式，除了仅限于××平台持有方所在企业集团下属企业适用的第一种模式外，其余三种模式约定如下：

（1）买方保理商模式：在开单人（注，开单人指在××平台申请开具金单并负有金单偿付义务的债务人）选择买方保理商模式的情况下，买方保理商根据平台业务规则和指引，在每一手持单人或卖方保理商受让金单后，自动授权平台立即将金单转让至其名下，并暂不支付转让对价。如开单人在金单到期后未能向买方保理商偿付款项的，在金单到期日后三个工作日内买方保理商仍应向持单人或卖方保理商履行转让对价的支付义务。

（2）核心企业模式：核心企业根据入驻协议，自愿承诺对其关联企业的开单承担连带付款责任，或由该核心企业指定的机构对关联企业的开单承担连带付款责任；

（3）开单人保兑模式：开单人指定其他第三方保兑或开单人无条件兑付。

《××平台金单融资协议》中规定：

9.3本协议生效后，卖方保理商未能在金单到期日完全收取金单项下金额，卖方保理商将不会向融单人（注，融单人指签收金单并享有金单项下到期收到对应资金的权利人，即持单人）追索，只能要求买方保理商支付转让对价，但发生以下情况除外：

（1）未经卖方保理商书面同意，融单人与开单人就金单项下的债权的内容做出变更、终止、宽延或放弃；

（2）融单人以其伪造、变造、欺诈等方式或违反《服务协议》的行为而获取的金单办理本协议项下的金单融资业务；

（3）融单人在《服务协议》及/或本协议项下所作的任何陈述与保证在任何方面被证明与事实不符；

（4）融单人违反其在《服务协议》及/或本协议项下的任何其他义务、保证或承诺；

（5）其他因融单人的原因而导致金单无效、存在法律瑕疵或有碍开单人履行金单项下的付款义务的情况。

9.4在发生第9.3条的情形而导致卖方保理商未能在金单到期日向开单人及/或《服务协议》项下约定的付款义务方完全收取金单项下金额的，卖方保理商有权要求融单人立即归还其在本协议项下实收的融资金额、赔偿卖方保理商因此遭受的所有损失，并有权要求融单人承担其他法律责任。

11.2下述任一事项均构成融单人的违约：

（1）融单人未履行本协议、《服务协议》项下义务或违背其在本协议、《服务协议》项下所作的陈述、保证或承诺。

（2）融单人停止或可能停止经营其业务或其业务的任何重要部分，或融单人处置其业务或资产的全部或任何重要部分，从而对其履行本协议项下义务的能力产生重大不利影响的。

（3）融单人发生其他影响或可能影响其在本协议项下义务的履行或对保理商权益产生严重影响的事件：包括且不限于经营情况恶化，破产，丧失商业信誉，财产被国家机关查封冻结。

（4）融单人通过提供虚假合同，以无实际贸易背景的应收账款债权办理本协议项下或其他保理商提供的金单融资业务的，套取卖方保理商资金的。

（5）融单人发生与卖方保理商共同签署的其他协议或合同项下违约情形的。

11.3发生11.2项下任一违约事件，卖方保理商有权采取下列一项或多项措施：

（1）要求融单人限期纠正违约行为。

（2）停止对融单人办理任何业务。

（3）立即单方解除本协议。

（4）申请冻结、划扣融资方及其关联公司在所有金融机构、保理商及其关联公司、××平台、××信息科技公司及其关联公司开立的一切账户（包括网站虚拟账户）中与本协议项下融单人违约责任相当的资金或其他金融财产。

（5）申请××平台公示违约方的违约情况。

（6）申请××平台对违约方采取限制或暂停使用××平台服务，暂停或关闭用户账户。

13.协议权利义务转让

13.1未经卖方保理商的事先书面同意，融单人不得将其在本协议项下的任何权利和义务转让给第三人。

13.2卖方保理商有权将本协议项下权利全部或部分转让给买方保理商或其他第三方。

《××平台金单转让协议》中约定：

收单人对转单人或转单人的前手不具有追索权，转单人亦无义务对金单项下债权的实现提供任何保证。

收单人在受让金单后，不得将金单或其项下应收账款的全部或部分通过××平台以外的途径转让、质押、融资或其他形式的处分给任何第三方。否则收单人不可撤销地放弃要求买方保理商根据《服务协议》或本协议履行本协议项下的坏账担保义务，放弃要求买方保理商履行就其持有的其他金单的坏账担保义务，且同意接买方保理商或××平台对其账户及其在××平台用户权利采取的任何所限制措施。

本协议转单人、收单人双方对买方保理商承诺和保证如下：双方均为××平台认证用户，双方承诺遵守《服务协议》。

转单人承诺所转让的金单项下债权在自向前手签收金单后未曾与债务人（即开单人）有约定抵销、禁止或限制向收单人转让等事宜。

收单人对转单人或转单人的前手不具有追索权，转单人亦无义务对金单项下债权的实现提供任何保证。

分析

问题1：A公司取得业主以“金单”支付工程进度款，A公司面临的持单风险及注意事项有哪些?

根据《××平台认证用户服务协议》中所述的三种金单保兑模式约定，对于持单人而言，其持有的金单除了开单人的偿付义务之外，另外享有了买方保理商、核心企业集团公司或指定第三方的保兑予以增信。鉴于金单的开单人只能是负有基础合同项下款项支付义务及金单偿付义务的债务人，因此除非买方保理商、核心企业集团或指定的第三方的资信能力劣于开单人的资信，否则，持有金单并会不对持单人造成风险高于原有“应收账款”的情况。

需提醒的是，对买方保理商的资信能力需特别关注。鉴于金单模式属于金融创新领域，其业务开支可能规避了现有的金融监管，因此，买方保理商在未支付对价的情况下自动受让平台上所有未到期金单，该类买方保理商利用该类金单及相应的基础资产如另作他用（例如：另行投资），则对金单的到期兑付可能会形成风险。

问题2：A公司持有金单后可与保理商签订融资协议，是否满足终止确认条件？A公司将金单通过协议转让给其供应商时，相关的金融资产是否符合终止确认条件？

根据本案例的具体情况，需分为以下几种情况分别讨论：

（1）转让金单时，前手持有人（即转单人）能否终止确认相关金融资产。

《票据法》规定：“汇票到期被拒绝付款的，持票人可以对背书人、出票人以及汇票的其他债务人行使追索权”。金单的转让，鉴于《××平台金单转让协议》中约定：“收单人对转单人或转单人的前手不具有追索权，转单人亦无义务对金单项下债权的实现提供任何保证。”意即参与金单业务的收单人均知晓该权利义务约定，因此，我们理解对于转单人而言，能否终止确认金单，核心判断在于在金单作为金融创新的新型产品，其是否属于《票据法》规定的适用范围。若金单不受《票据法》的约束，则可以终止确认相关金融资产。但是金单是否适用《票据法》的相关规定，对此判断属于法律专业范畴，因此建议企业向相关法律专家咨询，在法律专家未明确表示金单不受《票据法》约束的情况下，不建议终止确认相关债权。以下内容是我们对此的理解，仅供参考：

①若保兑人买方保理商或者指定的第三方是一家商业银行，如前述买方保理商模式下所述“开单人在金单到期后未能向买方保理商偿付款项的，在金单到期日后三个工作日内买方保理商仍应向持单人或卖方保理商履行转让对价的支付义务。”我们理解，在这种情况下，商业银行对该金单的到期兑付进行了承诺，该承诺的效力与传统的银行承兑汇票类似，在此情形下，即使按照《票据法》的规定处理，在转让时可以采取与A公司对传统的银行承兑汇票背书是否终止确认相同的原则进行处理。

②在保兑人是开单人所属的企业集团公司或集团内其他关联方的情况下，若金单被纳入《票据法》规定的票据范畴，则该转让一般而言并不符合金融资产的终止确认条件。

需提示的是，根据“××——金单”平台的要求，因为金单无法在××平台外流通转让，因此A公司拟向其供应商转让金单时，不仅A公司需要申请成为××平台认证用户，拟终止确认应付账款的交易对手（供应商）也需申请成为××平台认证用户。

（2）从卖方保理商处获得保理融资时，保理申请人能否终止确认相关金融资产。

与卖方保理商签订保理融资协议，相应从卖方保理商处获得保理融资，此时能否终止确认相关金融资产，与传统的应收账款保理是否可以终止确认的判断条件一致，就本案例所附的《××平台金单融资协议》第9.3条、第9.4条、第11.2条、第11.3条来看，需要融单人履行回购义务的约定条款主要是保理业务合同中一般都存在的保护性条款，不构成无法终止确认相关债权的实质性障碍。

（3）金单自动转让至买方保理商的处理。

原始持单人或后续的收单人在平台自动受让金单后，自动授权平台立即将金单转让至买方保理商的处理。金单系列协议中约定的每一手持单人受让金单后，自动授权平台立即将金单转让至买方保理商名下，且买方保理商暂不支付转让对价。如持单人计划对金单进行转让或融资，则可自主随时申请买方保理商反转让金单，且该反转让买方保理商无需审核，授权平台自动完成反转让。因此，金单自动转让给买方保理商的环节，更多的是买方管理商基于平台为更好地对金单项下债权进行管理、催收及坏账担保，根据归集的信息自动筛查平台中的三角债或更多层次的债权债务关系，以便更好地通过金单在平台上的流通以满足基础业务需求。也因为其受让并不支付转让款，未因为开单人的信用风险不同而核定不同的转让价格系数，该自动转让并没有转让金融资产的实质，持单人对此无需作出会计处理。

问题3：附票无追索权保理方式下，是否符合债权终止确认条件？

若保理附票，则相关票据受《票据法》“背书人以背书转让汇票后，即承担保证其后手所持汇票承兑和付款的责任”等相关规定的限制，对受让人负有法定偿还义务，该义务不因保理合同如何约定而豁免，因此一般情况下不符合债权的终止确认条件。

21.2.5.8 商业承兑汇票已背书未到期不终止确认时对应负债的会计处理

【例21-12】

问题

资产负债表日，企业将商业承兑汇票背书给供应商，因不符合终止确认条件不终止确认应收票据，对应负债（应付账款）应如何处理？

分析

应收票据的背书转让（例如，A取得B开立的商业承兑汇票，将其背书转让给C，以清偿A欠C的货款）不满足终止确认条件，并不影响A与C之间原先的债权债务关系（基于原始购销合同）已经结算的事实，后续存在的是基于票据关系的前后手追索关系，这是不同于原始购销合同债权债务关系的另一项法律关系。因此A对C的应付账款应终止确认，同时基于A在该票据关系中的继续涉入而确认一项新的负债，列报为其他流动负债。

第二十二章　金融资产公允价值的计量及披露

22.1　公允价值计量及披露的相关规定

22.1.1　概述

《企业会计准则第39号——公允价值计量》（CAS 39）明确了公允价值的定义及该准则的适用范围，主要规范企业应当如何计量相关资产或负债的公允价值，以及应当披露哪些公允价值相关信息，但企业是否应当以公允价值计量相关资产或负债、何时进行公允价值计量、公允价值变动应当计入当期损益还是其他综合收益等会计处理问题，由要求或允许企业采用公允价值进行计量或披露的其他相关会计准则进行规范。

22.1.2　公允价值的定义

公允价值，是指市场参与者在计量日发生的有序交易中，出售一项资产所能收到或者转移一项负债所需支付的价格（退出价格）（CAS 39：2）。

公允价值计量的相关要素：

22.1.2.1　相关资产或负债的考量

（1）相关资产或负债的特征。

相关资产或负债的特征，是指市场参与者在计量日对该资产或负债进行定价时考虑的特征，企业在计量公允价值时应考虑这些特征，例如：

①资产的状况及所在位置：如地理位置和环境、使用功能、结构、新旧程度、可使用状况等。

②对资产出售或使用的限制（CAS 39：6）。但需注意：

a.仅考虑对资产自身的限制。

b.不考虑针对资产持有者的限制。

c.两者的区分：针对资产自身的限制，是属于该资产的一项特征，任何持有该资产的企业都会受影响，该限制因素在资产转移之后仍适用；针对资产持有者的限制，只会影响当前持有该资产的企业，该资产转移给其他企业之后则可能将不再适用，因此该类限制并不是资产自身的特征。

（2）计量单元。

计量单元，是指相关资产或负债以单独或者组合方式进行计量的最小单位。企业是以单项还是以组合的方式对相关资产或负债进行公允价值计量，取决于该资产或负债的计量单元，而相关资产或负债的计量单元应当由要求或者允许以公允价值计量的其他相关会计准则规定，这些计量单元在企业确认相关资产或负债时就已确定（CAS 39：7）。

特殊情形：市场风险或信用风险可抵销的金融资产和金融负债的公允价值计量，在满足CAS 39第十章所规定条件的情况下，可选择以该金融资产和金融负债组合作为计量单元（该会计政策一经确定，不得随意变更）。

22.1.2.2　有序交易

企业应用于相关资产或负债公允价值计量的有序交易，是在计量日前一段时期内该资产或负债具有惯常市场活动的交易，不包括被迫清算和抛售（CAS 39：8）。

（注：计量日后一段时间内的惯常市场活动的交易价格可以为计量日确定的相关资产或负债的公允价值提供一定佐证。）

（1）企业在确定一项交易是否为有序交易时，应当全面理解交易环境和有关事实。企业应当基于可合理获取的信息，运用专业判断对交易行为和交易价格进行分析，以判断该交易是否为有序交易。当企业成为交易一方时，通常假定该企业有充分的信息来判断该交易是否为有序交易。

（2）通常不应作为有序交易的几种情形：

①不存在惯常市场：在当前市场情况下，市场在计量日之前一段时间内不存在相关资产或负债的惯常市场交易活动。

②市场参与者单一：在计量日之前，相关资产或负债存在惯常的市场交易，但资产出售方或负债转移方仅与单一的市场参与者进行交易。

③被迫交易：资产出售方或负债转移方已陷入财务困境；或资产出售方为满足法律或者监管规定而被要求出售资产。

④价格异常：与相同或类似资产或负债近期发生的其他交易相比，出售资产或转移负债的价格是一个异常值。

22.1.2.3　主要市场或最有利市场的识别

企业应当以主要市场（或者在不存在主要市场情况下的最有利市场）上相关资产或负债的价格为基础，计量该资产或负债的公允价值（CAS 39：9）。

（1）首先考虑主要市场：企业以公允价值计量相关资产或负债，应当假定出售资产或者转移负债的有序交易在该资产或负债的主要市场进行。

其次考虑最有利市场：不存在主要市场的，企业应当假定该交易在相关资产或负债的最有利市场进行。

（2）主要市场的特征包括：①交易量最大；②交易活跃程度最高。

（3）最有利市场：在考虑交易费用和运输费用后，能够以最高金额出售相关资产或者以最低金额转移相关负债的市场。

（4）判断主要市场或最有利市场的角度：基于企业自身角度而不是市场参与者角度。

相关资产或负债的主要市场（或者在不存在主要市场情况下的最有利市场）应当是企业可进入的市场，因此不同企业可能具有不同的主要市场（或者在不存在主要市场情况下的最有利市场）。

①企业在识别主要市场（或者在不存在主要市场情况下的最有利市场）时，应当考虑所有可合理取得的信息，但没有必要考察所有市场。

②通常情况下，如果不存在相反的证据，企业正常进行资产出售或者负债转移的市场可以视为主要市场（或者在不存在主要市场情况下的最有利市场）。

③不要求企业于计量日在该市场上实际出售资产或者转移负债。

（5）交易费用及运输费用对交易价格的影响（CAS 39：12）。

①交易费用：企业在根据主要市场或最有利市场的交易价格确定相关资产或负债的公允价值时，不应根据交易费用对该价格进行调整。

交易费用是指企业发生的可直接归属于资产出售或者负债转移的费用。交易费用在进行相关资产或负债交易时不可避免。交易费用直接由交易引起，并且是企业进行交易所必需的，如果企业未决定出售资产或转移负债，该费用将不会产生。

企业应当根据其他相关会计准则对交易费用进行会计处理。如CAS 22第三十三条规定：对于以公允价值计量且其变动计入当期损益的金融资产和金融负债，相关交易费用应当直接计入当期损益；对于其他类别的金融资产或金融负债，相关交易费用应当计入初始确认金额。

②运输费用：相关资产所在地理位置是该资产的特征，企业应当根据使该资产从当前位置转移到主要市场（或者在不存在主要市场情况下的最有利市场）的运输费用调整相应市场的交易价格。

22.1.2.4　公允价值的计量角度

企业以公允价值计量相关资产或负债，应当采用市场参与者在对该资产或负债定价时为实现其经济利益最大化所使用的假设，而不应考虑企业自身持有资产、清偿或者以其他方式履行负债的意图和能力（CAS 39：14）。

（1）基于市场参与者角度。

市场参与者，是指在相关资产或负债的主要市场（或者在不存在主要市场情况下的最有利市场）中，同时具备下列特征的买方和卖方：

①相互独立，不存在《企业会计准则第36号——关联方披露》所述的关联方关系。但如果企业有证据表明，关联方之间的交易是按市场条款达成的，则关联方之间的交易可以作为市场参与者之间的交易，交易价格可作为公允价值计量的基础。

②熟悉情况，根据可获得的信息，包括通过正常的尽职调查获取的信息，对相关资产或负债以及交易具备合理认知。

③非被迫交易：有能力并自愿进行交易，而非被迫或以其他强制方式进行交易。

（2）不考虑企业自身持有资产、清偿或者以其他方式履行负债的意图和能力。

22.1.3 公允价值初始计量

企业应当根据交易性质和相关资产或负债的特征等，判断初始确认时的公允价值是否与其交易价格相等（CAS 39：16）。

22.1.3.1 不得以交易价格作为资产或负债的初始计量公允价值的情形

企业以公允价值对相关资产或负债进行初始计量时，如取得资产或者承担负债的交易价格不符合本章1.2所述的基本要求，则不应将该交易价格作为该资产或负债的公允价值：

（1）关联方之间的交易。但企业有证据表明关联方之间的交易是按照市场条款进行的，该交易价格可作为确定其公允价值的基础。

（2）被迫进行的交易，或者资产出售方（或负债转移方）在交易中被迫接受价格的交易。例如，资产出售方或负债转移方为满足监管或法律的要求而被迫出售资产或转移负债，或者资产出售方或负债转移方正陷于财务困境。

（3）交易价格所代表的计量单元不同于以公允价值计量的相关资产或负债的计量单元。例如，以公允价值计量的相关资产或负债仅是交易（如，企业合并）中的一部分，而交易除该资产或负债外，还包括按照其他会计准则应单独计量但未确认的无形资产。

（4）进行交易的市场不是该资产或负债的主要市场（或者不存在主要市场情况下的最有利市场）。例如，某商业银行是银行间债券市场的做市商，既可以与其他做市商在银行间债券市场进行交易，也可以与客户在交易所市场进行交易，但对于该银行而言，债券交易的主要市场（或者在不存在主要市场情况下的最有利市场）是与其他做市商进行交易的银行间债券市场，交易所债券市场上的交易价格则有可能不同于银行间债券市场上的交易价格。

其他相关会计准则要求或允许企业以公允价值对相关资产或负债进行初始计量，并且交易价格与公允价值不相等的，交易价格与公允价值的差额应当按照其他相关会计准则的要求进行处理（如CAS 22第三十四条规定）。如果其他相关会计准则对此未作出明确规定的，企业应当将该差额计入当期损益（CAS 39：17）。

22.1.3.2 金融工具交易价格与初始确认时的公允价值关系及其差异处理（CAS 22：34）

对于初始确认时金融资产或金融负债公允价值与交易价格存在差异的，企业应当区别下列情况进行处理：

（1）在初始确认时，金融资产或金融负债的公允价值依据相同资产或负债在活跃市场上的报价或者以仅使用可观察市场数据的估值技术确定的，企业应当将该公允价值与交易价格之间的差额确认为一项利得或损失。

（2）在初始确认时，金融资产或金融负债的公允价值以其他方式确定的，企业应当将该公允价值与交易价格之间的差额递延。初始确认后，企业应当根据某一因素在相应会计期间的变动程度将该递延差额确认为相应会计期间的利得或损失。该因素应当仅限于市场参与者对该金融工具定价时将予以考虑的因素，包括时间等。

22.1.4　估值技术

企业使用估值技术的目的是，估计市场参与者在计量日当前市场情况下的有序交易中出售资产或者转移负债的价格（CAS 39：18）。

22.1.4.1　估值技术的方法

估值技术通常包括市场法、收益法和成本法。

（1）市场法。

市场法，是利用相同或类似的资产、负债或资产和负债组合的价格以及其他相关市场交易信息进行估值的技术。以市场参与者在相同或类似资产出售中能够收到或者转移相同或类似负债需要支付的公开报价为基础。

①直接使用相同或类似资产或负债的公开报价。在上述公开报价的基础上，根据企业资产或负债的特征对其进行调整。

②使用市场乘数法等。市场乘数法是一种使用可比企业市场数据估计公允价值的方法，包括上市公司比较法、交易案例比较法等。

企业应当进行职业判断，考虑与计量相关的定性和定量因素，在上述公开报价的基础上选择恰当的市场乘数（如市盈率、市净率、企业价值/税息折旧及摊销前利润乘数等）。

（2）收益法。

收益法，是将未来金额转换成单一现值的估值技术。企业使用的收益法包括现金流量折现法、多期超额收益折现法、期权定价模型（包括布莱克—斯科尔斯模型、二叉树模型、蒙特卡洛模拟法等）等估值方法。以下简要介绍常用的现金流量折现法：

企业在计量日应从市场参与者角度考虑相关资产或负债的未来现金流量、现金流量金额和时间的可能变动、货币时间价值、因承受现金流量固有不确定性而要求的补偿（即风险溢价）、与负债相关的不履约风险（包括企业自身信用风险）、市场参与者在当前情况下可能考虑的其他因素等。

为避免重复计算或忽略风险因素的影响，折现率与现金流量应当保持一致，例如：

估计的现金流量	应采用的折现率
合同现金流量	能够反映预期违约风险的折现率
概率加权现金流量	无风险利率
包含了通货膨胀影响的现金流量	名义折现率
排除了通货膨胀影响的现金流量	实际利率
税后现金流量	税后折现率
税前现金流量	税前折现率
人民币现金流量	与人民币相关的利率

根据对风险的调整方式和采用现金流量类型，现金流量折现法可分为传统法和期望现金流量法：（见CAS 39应用指南）

①传统法（即折现率调整法）。传统法是使用在估计金额范围内最有可能的现金流量和经风险调整的折现率的一种折现方法。

• 现金流量：包括合同现金流量、承诺现金流量或者最有可能的现金流量等。

这些现金流量都以特定事项为前提条件，例如，债券中包含的合同现金流量或承诺现金流量是以债务人不发生违约为前提条件。

• 折现率：经风险调整的折现率，来自市场上交易的类似资产或负债的可观察回报率。在不存在可观察的市场回报率情况下，企业也可以使用估计的市场回报率。

②期望现金流量法。期望现金流量法是使用风险调整的期望现金流量和无风险利率，或者使用未经风险调整的期望现金流量和包含市场参与者要求的风险溢价的折现率的一种折现方法。

期望现金流量是以概率为权重反映未来所有可能的现金流量，不再以特定事项为前提条件。风险溢价的调整可体现在期望现金流量中也可体现在折现率中，对应关系如下：

估计的现金流量	应采用的折现率
期望现金流量扣除风险溢价	采用无风险利率
期望现金流量	采用期望回报率（无风险利率加风险溢价）

使用期望现金流量法的上述两种方法，得到的现金流量现值应当是相同的。选择哪一种方法取决于被计量资产或负债的特征和环境因素，企业是否可获取足够多的数据，以及企业运用判断的程度等。

（3）成本法。

成本法，是反映当前要求重置相关资产服务能力所需金额（通常指现行重置成本）的估值技术。根据资产的折旧贬值情况（包括实体性损耗、功能性贬值以及经济性贬值），对市场参与者获得或构建具有相同服务能力的替代资产的成本进行调整。

22.1.4.2 估值技术的选择

企业应当采用在当前情况下适用并且有足够可利用数据和其他信息支持的估值技术。企业应当运用更多职业判断，确定恰当的估值技术。

（1）企业根据实际情况采用一种或多种估值技术，如企业对未上市企业股权投资的估值，将采用市场法和收益法。

（2）企业使用多种估值技术计量公允价值的，应当考虑各估值结果的合理性，选取在当前情况下最能代表公允价值的金额作为公允价值。

（3）企业应当优先使用相关可观察输入值，只有在相关可观察输入值无法取得或取得不切实可行的情况下，才可以使用不可观察输入值。这些输入值应当与市场参与者对该资产或负债定价时所使用的输入值相一致。

（4）企业在应当定期校准估计模型，以确保所使用的估值模型能够反映当前市场状况，并识别估值模型本身可能存在的潜在缺陷。

（5）公允价值计量使用的估值技术（包括估值程序）应遵循可靠性、可比性和一致性原则，一经确定，不得随意变更，但变更估值技术或其应用能使计量结果在当前情况下同样或者更能代表公允价值的情况除外，例如：

①出现新的市场；②可获得新的信息；③以前使用的信息无法再获取；④改进了估值技术；⑤市场状况发生变化等。

企业变更估值技术或其应用的，应当按照《企业会计准则第28号——会计政策、会计估计变更和差错更正》的规定作为会计估计变更，该会计估计变更的披露遵循CAS 39的披露要求而不是CAS 28。

（6）企业应当根据金融工具的合同条款及其所反映的经济实质而非仅以法律形式（实质重于形式），结合金融资产和金融负债的定义，采取恰当的估值方法确定公允价值。

（7）企业合并报表范围内各主体对相同金融工具的估值方法应当一致，若主体之间采用不同方法，导致相同金融工具的估值结果存在差异的，企业应对该差异进行分析，调整改进估值方法；对于调整后仍存在差异的，应有充分合理的依据，确保估值的合理性和可靠性，并按相关规定对估值方法进行披露。

22.1.4.3 特殊选择权对估值的影响

对合同中规定附有特殊选择权的金融工具，包括但不限于投资人回售选择权、发行人赎回选择权、投资人可调换选择权、定向转让选择权、合并选择权、延期兑付选择权等，企业在评估其公允价值时，应考虑该类选择权对金融工具估值的影响。

22.1.4.4 对第三方估值及第三方报价的应用考虑

（1）第三方估值。

企业并不能因其使用第三方估值机构提供的估值结果就可以免除其作为估值结果责任主体的责任。

企业在使用第三方估值机构提供的价格数据计量相关资产或负债的公允价值时，应选取可靠的、信誉良好的第三方估值机构。企业作为估值的第一责任人，应充分了解第三方所使用的估值技术及估值结果的产生过程是否符合会计准则要求，定期评估其估值质量，并对估值结果进行检验，防范可能出现的估值偏差。

（2）第三方报价。

如果相关资产或负债的交易量或交易活跃程度出现大幅下降，企业应当评估第三方报价机构在形成报价过程中是否使用了反映有序交易的当前信息或是反映市场参与者假定（包括有关风险的假定）的估值技术。

企业在权衡作为公允价值输入值的报价时，应当考虑报价中的性质，例如，报价是参考价格还是具有约束性的要约，对第三方报价机构提供的具有约束性要约的报价应赋予更多权重，并对不能反映交易结果的报价赋予较低的权重。

22.1.4.5 基金业协会、证券业协会发布的相关估值指引

企业在对金融工具进行估值时也可参考这些行业协会发布的估值指引。

（1）基金业协会相关估值指引。

中国证券投资基金业协会出台了诸多针对不同金融工具的估值指引（主要是基于基金管理人面向基金投资者的视角对所投金融工具进行估值的指引），包括不限于：

①《关于发布〈私募投资基金非上市股权投资估值指引（试行）〉的通知》（中基协〔2018〕1号），该《指引》于2018年3月5日经协会第二届理事会表决通过，并经中国证券监督管理委员会批准，于2018年3月30日正式发布，自2018年7月1日起施行。

②《关于发布〈中国基金估值标准2018〉（China Fund Valuation Guidebook 2018）的通知》（2018年12月11日发布）。

③《关于发布〈证券投资基金投资流通受限股票估值指引（试行）〉的通知》（中基协发［2017］6号）。采用《指引》对流通受限股票进行估值的基金管理人和相关基金托管人，应当在2017年12月31日前完成《指引》的实施工作。基金管理人应当根据法律法规及合同约定，与基金托管人协商一致后确定估值标准切换时点，并履行信息披露等义务。

④《关于发布〈基金中基金估值业务指引（试行）〉的通知》（发布日期：2017年5月4日，自发布之日起实施）。

⑤《证券投资基金参与同业存单会计核算和估值业务指引（试行）》（中基协发〔2015〕12号，2016年3月29日发布）。

（2）证券业协会相关估值指引。

中国证券业协会2018年9月发布了《证券公司金融工具估值指引》和《非上市公司股权估值指引》（中证协发〔2018〕216号）。这些指引是以证券公司为会计主体站在投资者（持有人）视角对证券公司所持金融工具的估值提供的工作层面的参考指引。

22.1.5　公允价值层次及披露

22.1.5.1　输入值

输入值，是指市场参与者在给相关资产或负债定价时所使用的假设，包括可观察输入值和不可观察输入值。（CAS 39：19）

（1）折溢价调整。

在企业能够获得相同或类似资产或负债在活跃市场的报价、市场参与者将考虑与相关资产或负债的特征相关的溢价或折价的情况下，企业应当根据这些溢价或折价，如控制权溢价、少数股东权益折价、流动性折价等，对相同或类似资产或负债的市场交易价格进行调整。

企业在考虑公允价值计量的折价和溢价因素的时候不应当考虑与相关资产或负债计量单元不一致的折溢价，如反映企业持有规模特征（即"大宗持有因素"）的折溢价（该因素不是资产或负债本身的特征）。

（2）以出价和要价为基础的输入值。

企业应当以在出价和要价之间最能代表当前情况下公允价值的价格确定该资产或负债的公允价值。在此前提下：

①企业计量资产头寸可使用出价，出价是经纪人或做市商购买一项资产或处置一项负债所愿意支付的价格。

②企业计量负债头寸可使用要价，要价是经纪人或做市商出售一项资产或承担一项负债所愿意收取的价格。

③企业也可使用市场参与者在实务中使用的在出价和要价之间的中间价或其他定价惯例计量相关资产或负债。

22.1.5.2　公允价值所属层次

（1）输入值的层次划分。

优先顺序	层次	定义
优先使用	第一层次输入值	在计量日能够取得的相同资产或负债在活跃市场上未经调整的报价
其次适用	第二层次输入值	除第一层次输入值外相关资产或负债直接或间接可观察的输入值
最后使用	第三层次输入值	相关资产或负债的不可观察输入值

①异常报价不应作为第一层次输入值。

②对于具有特定期限（如合同期限）的相关资产或负债，第二层次输入值必须在其几乎整个期限内是可观察的。第二层次输入值包括：

一是活跃市场中类似资产或负债的报价。

二是非活跃市场中相同或类似资产或负债的报价。

三是除报价以外的其他可观察输入值，包括在正常报价间隔期间可观察的利率和收益率曲线等。

四是市场验证的输入值等。市场验证的输入值，是指通过相关性分析或其他手段，主要来源于可观察市场数据的输入值或者经过可观察市场数据验证的输入值。

③企业只有在相关资产或负债几乎很少存在市场交易活动，导致相关可观察输入值无法取得或取得不切实可行的情况下，才能使用第三层次输入值。

④企业在确定不可观察输入值时，应当使用在当前情况下可以合理取得的最佳信息，包括所有可合理取得的市场参与者假设。企业不必为获取关于市场参与者假设的信息而不计成本，但应当考虑所有可合理获得的有关市场参与者假设的信息，而这需要企业进行判断。

（2）公允价值计量结果所属层次。

①公允价值计量结果所属层次的确定。公允价值计量结果所属层次，由对公允价值计量整体而言重要的输入值所属的最低层次决定，取决于估值技术的输入值，而不是估值技术本身。

企业使用重要的不可观察输入值对第二层次输入值进行调整，且该调整对公允价值计量整体而言是重大的，公允价值计量结果应当划分为第三层次。

②输入值重要性的评估。

其一，企业应当在考虑相关资产或负债特征的基础上判断输入值的重要性。

其二，企业在进行重要性评估时，应当考虑公允价值计量本身，而不是考虑公允价值的变动以及这些变动的会计处理。

其三，企业应当在书面文件中记录其如何评估输入值对于公允价值计量的重要性，并一致应用该政策。

③企业在确定公允价值计量所属的层次时，不应考虑为取得基于公允价值的其他计量所做的调整，例如计量公允价值减去处置费用时的处置费用。

④第三方报价机构的估值。第三方报价机构提供的估值本身通常并不是输入值。企业应当了解第三方报价机构的估值服务中应用到的输入值，并根据该输入值的可观察性和重要性，确定相关资产或负债公允价值计量结果的层次。

22.1.5.3 公允价值披露

CAS 39 对持续的公允价值计量、非持续的公允价值计量分别规定了披露的最低要求，并要求对相关资产或负债进行分组、分别规定各组在第一层次、第二层次、第三层次公允价值计量信息的不同披露要求，这些要求在应用指南中列示了具体披露格式。

持续的公允价值计量，是指其他相关会计准则要求或者允许企业在每个资产负债表日持续以公允价值进行的计量，例如对交易性金融资产公允价值的计量。

非持续的公允价值计量，是指其他相关会计准则要求或者允许企业在特定情况下的资产负债表中以公允价值进行的计量，例如，对持有待售的非流动资产公允价值的计量。

此外，公允价值的披露要求还包括以下方面：

（1）公允价值计量各层次之间转换的披露要求（例如，当企业持有的某被投资方IPO成功后的限售股解禁时可能会面临本项披露要求）；

（2）非金融资产最佳用途不同于当前用途的披露要求；

（3）不以公允价值计量但以公允价值披露项目的要求（例如，CAS 37：71要求，除了该准则第七十三条规定的豁免情况外，企业应当披露每一类金融资产和金融负债的公允价值，并与账面价值进行比较）。CAS 39进一步对这些不以公允价值计量的项目需披露的公允价值所属的层次、第二层次和第三层次的公允价值使用的估值技术和输入值等信息作出披露要求。

22.2 公允价值计量及披露的若干实务问题

22.2.1 金融资产公允价值层次的准确划分

证监会会计部发布的《2019年上市公司年报会计监管报告》中关于“未准确划分金融资产的公允价值层次”的提示如下：

根据企业会计准则及相关规定，企业应当将公允价值所使用的输入值划分为三个层次：第一层次输入值是在计量日能够取得的相同资产或负债在活跃市场上未经调整的报价，第二层次输入值是除第一层次输入值外相关资产或负债直接或间接可观察的输入值，第三层次输入值是相关资产或负债的不可观察输入值。公允价值计量结果所属的层次，取决于估值技术的输入值，而不是估值技术本身。企业使用重要的不可观察输入值对第二层次输入值进行调整，且该调整对公允价值计量整体而言是重要的，公允价值计量结果应当划分为第三层次。

年报分析发现，部分上市公司未准确划分金融资产公允价值的层次：一是部分上市公司对非上市股权的公允价值采用市场法的估值技术计量，相关输入值包括市净率、流动性折价等，但将其划分为第二层次的公允价值。由于流动性折价为不可观察输入值，企业使用该流动性折价对可观察的输入值进行调整，如果该调整对该金融资产的公允价值计量具有重大影响，则公允价值计量结果应当被划入第三层次的公允价值计量；二是个别上市公司以按照第三方估值报告估计公允价值为由，将非上市股权投资的公允价值划分为第二层次。企业使用了第三方报价机构提供的估值，应当了解估值服务中应用到的输入值，并根据该输入值的可观察性和重要性，确定相关资产或负债公允价值计量结果的层次，而不是简单作为第二层次。

《2020年上市公司年报会计监管报告》中关于“未恰当划分公允价值计量层次”的提示如下：

年报分析发现，部分上市公司未准确划分金融资产公允价值计量的层次，也未按要求披露公允价值相关信息：一是部分公司对应收款项融资的公允价值采用现金流量折现法计量，大量使用无法观察的估计数据，且对公允价值计量结果具有重大影响，但未将公允价值计量结果划入第三层次的公允价值计量；二是部分上市公司将结构性存款公允价值列在第一层次，由于结构性存款业务嵌入了金融衍生产品，与汇率、利率、指数等挂钩，如果该种产品存在公开市场报价或其他可参考信息，结合合同约定、产品类型及风险等级等信息对其进行公允价值计量的，一般列为第二层次较为合理；三是部分公司存在较大其他权益工具投资期末余额，相关公允价值作为第三层次列示，但未按要求披露相关信息。

CAS 39关于第二层次输入值的相关规定如下：

第二十六条 企业在使用第二层次输入值对相关资产或负债进行公允价值计量时，应当根据该资产或负债的特征，对第二层次输入值进行调整。这些特征包括资产状况或所在位置、输入值与类似资产或负债的相关程度（包括本准则第三十四条（二）规定的因素）、可观察输入值所在市场的交易量和活跃程度等。

对于具有合同期限等具体期限的相关资产或负债，第二层次输入值应当在几乎整个期限内是可观察的。

第二层次输入值包括：

（1）活跃市场中类似资产或负债的报价；

（2）非活跃市场中相同或类似资产或负债的报价；

（3）除报价以外的其他可观察输入值，包括在正常报价间隔期间可观察的利率和收益率曲线、隐含波动率和信用利差等；

（4）市场验证的输入值等。市场验证的输入值，是指通过相关性分析或其他手段获得的主要来源于可观察市场数据或者经过可观察市场数据验证的输入值。

企业使用重要的不可观察输入值对第二层次输入值进行调整，且该调整对公允价值计量整体而言是重要的，公允价值计量结果应当划分为第三层次。

对于无风险利率、远期汇率等，如非完全满足上述条件，在使用其作为输入值时，我们倾向于将相关公允价值计量结果划分为第三层次。

22.2.2　成本能否代表公允价值

关于成本能否代表公允价值，根据CAS 22的规定，仅当属于该准则第四十四条所述的“用以确定公允价值的近期信息不足，或者公允价值的可能估计金额分布范围很广，而成本代表了该范围内对公允价值的最佳估计”的“有限情况”，该成本方可代表其在该分布范围内对公允价值的恰当估计（详见22.2.4.4节【例22-4】）。

第四十四条 企业对权益工具的投资和与此类投资相联系的合同应当以公允价值计量。但在有限情况下，如果用以确定公允价值的近期信息不足，或者公允价值的可能估计金额分布范围很广，而成本代表了该范围内对公允价值的最佳估计的，该成本可代表其在该分布范围内对公允价值的恰当估计。

企业应当利用初始确认日后可获得的关于被投资方业绩和经营的所有信息，判断成本能否代表公允价值。存在下列情形（包含但不限于）之一的，可能表明成本不代表相关金融资产的公允价值，企业应当对其公允价值进行估值：

（1）与预算、计划或阶段性目标相比，被投资方业绩发生重大变化。

（2）对被投资方技术产品实现阶段性目标的预期发生变化。

（3）被投资方的权益、产品或潜在产品的市场发生重大变化。

（4）全球经济或被投资方经营所处的经济环境发生重大变化。

（5）被投资方可比企业的业绩或整体市场所显示的估值结果发生重大变化。

（6）被投资方的内部问题，如欺诈、商业纠纷、诉讼、管理或战略变化。

（7）被投资方权益发生了外部交易并有客观证据，包括发行新股等被投资方发生的交易和第三方之间转让被投资方权益工具的交易等。

第四十五条 权益工具投资或合同存在报价的，企业不应当将成本作为对其公允价值的最佳估计。

证监会会计部发布的《2020年上市公司年报会计监管报告》中关于“未恰当计量权益工具投资的公允价值”的相关提示：

年报分析发现，个别上市公司将其持有的权益工具投资指定为以公允价值计量且其变动计入其他综合收益的金融资产。报告期内，相关被投资方进行了多轮融资，估值结果发生了重大变化，上市公司仍以权益工具初始投资成本作为后续公允价值的估计，且未披露充分恰当的理由，不符合准则规定。

22.2.3　新三板证券的公允价值及同一证券有多个交易市场时的公允价值

22.2.3.1　证券公司作为新三板做市商持有的新三板挂牌公司的股票能否以股转系统中的价格作为其公允价值？

关于新三板股票的公允价值确定问题，当存在做市商交易的情况下，新三板挂牌股票的估值可在满足以下说明条件的前提下，以“出价—要价价差（bid-ask spread，即买卖价差）”范围内的适当价格进行估值。在某些情况下，也可以接受以该价差范围的中间价进行估值。

出价（bid price）是指经销商或做市商愿意购买一项资产（或处置一项负债）的价格。要价（ask price）是指经销商或做市商愿意出售一项资产（或承担一项负债）的价格。两者之间的价差代表了经销商或做市商为特定证券进行做市交易（即，提供双向流动性）所要求的利润空间。

准则允许但不强制要求在计量资产时使用出价，在计量负债时使用要价。相反地，对于在使用“出价—要价价差”报价的市场（如场外交易市场）中买卖的资产和负债，主体应当使用在出价—要价价差范围内最能代表当前情况下公允价值计量的价格。在进行评估时，主体应当评估近期交易记录以支持资产或负债能够在出价—要价价差内的哪个金额脱手其头寸。在某些情况下，对于某些主体而言，这可能导致以出价计量资产和以要价计量负债；但对于其他情况，需要运用判断以确定出价—要价价差范围内最能代表公允价值的金额。不论输入值（即出价或要价）是可观察还是不可观察的（即输入值属于哪个层次），都应当使用出价—要价价差范围内最能代表公允价值的价格（详见IFRS 13第70段）。

主体需要在此概念的运用上保持一致。在没有证据表明资产的脱手价格在出价—要价价差的范围内可有多个不同金额时，按照出价—要价价差范围内不同的价格计量类似资产的做法是不恰当的。

（1）市场中间价。

如IFRS 13的第71段所述，IFRS 13不限制使用市场参与者在公允价值计量中作为实务权宜做法采用的、在出价—要价价差之间的市场中间价或其他定价惯例。采用市场中间价的定价惯例会导致对资产或负债在出价—要价价差的中间点进行估值。

指南并没有限定或限制仅可对特定类型的工具或主体采用市场中间价。然而，我们认为采用该种实务权宜做法的主体应当建立并持续应用关于市场中间价的会计政策，也建议对该政策的选取进行披露。

（2）买卖价差包含哪些方面？

IFRS 13的结论基础认为，IAS 39的AG70段中的现有指引指出买卖价差仅包含交易费用。尽管国际会计准则理事会（IASB）和美国财务会计准则委员会（FASB）决定不明确规定除交易费用外买卖价差还包括哪些项目，但他们明确指出，买卖价差并不包含针对交易对方信用风险的调整（见IFRS 13的“结论基础”部分第BC164段）。

IASB没有明确指出，IFRS 13中有关交易费用的指引（即，交易费用不属于资产或负债自身的属性，因而在公允价值计量中不考虑交易费用）和使用买卖价差内价格的指引之间的相互关系和相互影响。如果交易费用包含在买卖价差内，则按照出价计量资产就包括该资产公允价值计量中的某些未来交易费用。

鉴于针对该问题缺乏明确的指引，实务中企业考虑交易费用的方式可能存在多样性。尽管如此，我们希望企业在其自身的所有公允价值计量中采取一致的方法。

企业管理层和注册会计师可以根据上述指引，通过对标的证券股份在报告期内（尤其是资产负债表日前最后20个交易日内）成交量、交易活跃度和成交价格波动等因素的分析，考虑能否直接以期末买卖价差的中间价作为期末公允价值。

22.2.3.2　同一只证券在不同市场有交易，是否需要取主要市场的报价进行估值?

关于同时在两个以上的市场有交易的证券的公允价值计量，根据CAS 39第九条规定："企业以公允价值计量相关资产或负债，应当假定出售资产或者转移负债的有序交易在相关资产或负债的主要市场进行。不存在主要市场的，企业应当假定该交易在相关资产或负债的最有利市场进行。主要市场，是指相关资产或负债交易量最大和交易活跃程度最高的市场。最有利市场，是指在考虑交易费用和运输费用后，能够以最高金额出售相关资产或者以最低金额转移相关负债的市场。"

该准则第十一条规定："主要市场（或最有利市场）应当是企业在计量日能够进入的交易市场，但不要求企业于计量日在该市场上实际出售资产或者转移负债。由于不同企业可以进入的市场不同，对于不同企业，相同资产或负债可能具有不同的主要市场（或最有利市场）。"

该准则第十二条规定："企业应当以主要市场的价格计量相关资产或负债的公允价值。不存在主要市场的，企业应当以最有利市场的价格计量相关资产或负债的公允价值。"

据此，对于同一券种，其能否同时使用不同市场上的交易价格作为公允价值计量的依据，应区分不同情况分别处理：

（1）如果该券种在发行和交易时，严格限定了在不同市场分别发行和交易的数量，企业不能自行将该券种进行跨市场交易流通，则事实上对于在不同市场流通的部分应视作各自独立的不同券种，分别按照各自所在市场的交易价格进行估值。（例如，持有同一家上市公司的A股股票和H股股票。）

（2）如果企业可以自行将该券种进行跨市场交易流通的，则应当依据该券种的主要市场的价格对所持有的全部该券种（包括在非主要市场交易的部分）计量其公允价值。

通常理解，对于国债而言，银行间市场上债券的存量和交易量都显著大于交易所市场，因此银行间市场应视作国债的主要市场（假设两个市场都是企业可进入市场的情况下）。

22.2.4 若干实务案例分析

22.2.4.1 特殊情况下的股票市价是否代表其公允价值

【例22-1】

问题

如下文背景资料所述，A公司对金融资产公允价值的确定，可否不以股票收盘价，而采用评估机构出具的估值报告作为其期末公允价值的确定依据？

背景

A公司于2×15年12月受让B公司（H股上市公司）H股1.5亿股，经分拆、出售以后，截至2×18年12月31日，A公司共计持有B公司H股1亿股，占B公司股本总额的比例为4.3%，成本为0.60元/股（金额单位：港币，本案例下同）。A公司将该股权计入“以公允价值计量且其变动计入损益的金融资产”核算。

2×17年12月31日B公司H股收盘价为0.98元。2×18年6月，B公司遭沽空机构狙击，2×18年12月31日B公司H股收盘价为0.10元，降幅达90%，2×19年1月进一步有所下跌。截至2×18年12月31日，B公司每股账面净资产为0.31元。

A公司管理层考虑，虽然持有的B公司股票存在活跃市场报价，但由于沽空机构对其做空，该事件导致了2×18年12月31日的收盘价并不能代表其计量日的公允价值，拟采用评估机构出具的估值报告确定的估值作为该项金融资产期末公允价值的确定依据。

分析

CAS 39第二十五条规定：“第一层次输入值为公允价值提供了最可靠的证据。在所有情况下，企业只要能够获得相同资产或负债在活跃市场上的报价，就应当将该报价不加调整地应用于该资产或负债的公允价值计量，但下列情况除外：

……

（二）活跃市场报价未能代表计量日的公允价值，如因发生影响公允价值计量的重大事件等导致活跃市场的报价未能代表计量日的公允价值。”

CAS 39应用指南：“企业使用相同资产或负债在活跃市场的公开报价对该资产或负债进行公允价值计量时，通常不应进行调整。但下列情况除外：

……

（2）因发生影响公允价值计量的重大事件等导致活跃市场的报价不代表计量日的公允价值。例如，在证券市场闭市之后但在计量日之前发生的买卖双方直接交易、经纪人交易或公告等重大事项。企业应当制定相应会计政策并一致应用，以识别那些可能影响公允价值计量的重大事项。企业根据该新信息而对报价有所调整的，公允价值计量应当划入较低层次。”

本案例的这种情况，我们理解，首先应当判断未经调整的期末收盘价是否不再是公允价值计量的最佳依据。建议考虑的因素包括（但不限于）：近期标的股票的股价波动方向和幅度与大盘、同行业上市公司的走势比较；股价下跌与做空机构报告发布是否同步；资产负债表日后股价是否在一段较短时间内快速回升；等等。不建议仅以“做空机构报告影响”为由将其认定为异动。

如果确定资产负债表日属于“活跃市场报价不能代表公允价值”的极特殊情况，则可以不直接使用第一层次的输入值，而使用第二层次的输入值来计量相关股票的公允价值，如以股票市价为基础，考虑相同或类似企业的价格进行调整，不宜直接使用第三层次输入值。

22.2.4.2　上市股票的买入价格不同于其在交易所的报价时的初始计量问题

【例22-2】

问题

投资方以不同于公开市场交易价格的价格购入上市公司股份时，应如何进行初始计量？

背景

A公司为投资方，B公司（在境外某交易所上市）为被收购方。股权收购的事项如下：

第一次收购：2×19年8月13日，A公司以0.2美元/股的价格认购B公司定向发行的4 000万股新股，上述新股发行价格是双方综合考虑B公司股票近期的交易价格、未来的成长空间、盈利水平以及境内外资本市场类似公司估值情况后的沟通谈判结果，较B公司股票2×19年8月13日的收盘价0.189美元/股溢价约5.82%。认购完成后，A公司将持有B公司14.15%的股权（未包括B公司现有库存股），为B公司单一持股最大股东。但是，该次收购交易完成后。A公司对B公司尚不具备控制、共同控制或重大影响。

第二次收购：2×20年2月19日，A公司与B公司的股东（持有全部已发行股份的7.07%）签署了《股权转让合同》，以0.2美元/每股从B公司的股东受让股份，共计2 000万股，转让价格是双方综合考虑B公司股票近期的交易价格、未来的成长空间、盈利水平以及境内外资本市场类似公司估值情况后的沟通谈判结果为参考依据，与A公司2×19年8月认购B公司增发新股价格相同。A公司本次对B公司原股东的部分股份进行收购完成后将累计持有B公司21.22%股份，仍为B公司单一持股最大股东。B公司股票于2×20年2月19日的收盘价0.20美元/股。

A公司出于战略需要对B公司进行投资，以期实现经营相关领域的资源整合。

分析

1.根据CAS 39第二条对“公允价值”的定义是“市场参与者在计量日发生的有序交易中，出售一项资产所能收到或者转移一项负债所需支付的价格”，即公允价值是指“退出价格”（exit price）。该准则第十二条规定：“企业应当以主要市场的价格计量相关资产或负债的公允价值。不存在主要市场的，企业应当以最有利市场的价格计量相关资产或负债的公允价值”。

综合上述两条规定，公允价值应当是该项资产或负债于计量日在主要市场（不存在主要市场时，则为最有利市场）中的“退出价格”。其中主要市场“是指相关资产或负债交易量最大和交易活跃程度最高的市场”。

由于本案例中B公司的股票在境外某交易所上市交易，应当认为该交易所是其“主要市场”，除非A公司无法进入该市场出售其所持有的B公司股票。相应地，应当依据B公司股票在该市场上的成交价格计量其公允价值。因此，在交易完成日，应当以所取得的B公司股票在该交易所的当日收盘价作为初始计量金额，该初始计量金额（0.189美元/股）与实际交易价格（0.2美元/股）之间的交易价格为“首日损失”，应计入当期损益。须注意这不是金融资产后续计量引起的，因此“首日损失”（day 1 loss）应当是计入损益而不是其他综合收益。

参考《国际会计准则第39号——金融工具：确认和计量》附录B“应用指南”部分第AG76段：The best evidence of the fair value of a financial instrument at initial recognition is normally the transaction price（ie the fair value of the consideration given or received, see also IFRS 13）. If an entity determines that the fair value at initial recognition differs from the transaction price as mentioned in paragraph 43A, the entity shall account for that instrument at that date as follows:

（a）at the measurement required by paragraph 43 if that fair value is evidenced by a quoted price in an active market for an identical asset or liability（ie a Level 1 input）or based on a valuation technique that uses only data from observable markets. An entity shall recognise the difference between the fair value at initial recognition and the transaction price as a gain or loss.

(b) in all other cases, at the measurement required by paragraph 43, adjusted to defer the difference between the fair value at initial recognition and the transaction price. After initial recognition, the entity shall recognise that deferred difference as a gain or loss only to the extent that it arises from a change in a factor (including time) that market participants would take into account when pricing the asset or liability.

中文翻译：

《国际会计准则第39号——金融工具：确认和计量》附录B“应用指南”部分第AG76段：初始确认时，金融工具公允价值的最好证据是交易价格（即，收取或支付的对价的公允价值，参见《国际财务报告准则第13号》）。如果主体可以确定初始计量时金融工具公允价值与上面43A段中提到的交易价格不同，就应当按照以下两种方式在计量日对该工具进行会计处理：

（1）按照第43段要求的计量，如果相同金融资产或金融负债在活跃市场的报价（即第一层次输入值），或基于仅以可观察市场数据为变量的估值技术，可以证明该金融工具的公允价值，主体应将初始计量时金融工具的公允价值与其交易价格的差额计入利得或损失。

（2）在任何其他情况下，按照第43段要求的计量，主体应将初始计量时金融工具的公允价值与其交易价格的差额予以递延，在初始确认后将递延的差额确认为利得或损失，但仅确认市场参与者在制定价格所考虑的因素（包括时间）的变动而产生的利得或损失。

CAS 22第三十四条规定与上述规定相一致。

2.根据背景资料介绍，在第二次股权收购完成后，“A公司本次对B公司原股东的部分股份进行收购完成后将累计持有B公司21.22%股份，仍为B公司单一持股最大股东”；且A公司对B公司的投资是战略性的，其目的是“实现经营相关领域的资源整合”，并非单纯的以获取买卖差价和股息收益为目的的财务性投资。在此情况下，应关注在第二次股权收购完成后，A公司对B公司是否具有重大影响。如果具有重大影响的，则A公司对B公司的股权投资应适用《企业会计准则第2号——长期股权投资（2014年修订）》，确认为长期股权投资并以权益法核算，而不是作为金融资产核算，此时无论对其初始计量还是后续计量都不存在以公允价值计量的要求。如果A公司对B公司不具有控制、共同控制和重大影响，则无论其是否具有在短期内出售所持B公司股份的意图，均应作为金融资产以公允价值进行初始计量和后续计量。

22.2.4.3 持有限售股的估值和核算问题

【例22-3】

问题

持有上市公司限售股如何核算?

背景

2×16年，A公司以战略投资者身份对B公司投资4 960万元，持有其13.33%股权（计1 500万股）。A公司因其当时对B公司派有董事，对被投资单位的财务和经营决策有重大影响，因此对该投资采用了权益法核算。

2×19年12月31日，B公司上市成功，当日收盘价为34.66元/股，A公司承诺自B公司股票上市之日起一年内，不转让所持有的该公司公开发行股票前已发行的股份。因B公司上市，根据国家规定社保基金转持扣划A公司350万股后，A公司仍持B公司1 050万股，账面价值为7 304.15万元，每股账面价值（即每股投资成本）约6.96元，按2×19年12月31日收盘价计算股票市值36 393.00万元。

A公司持有的B公司股票限售解禁期终止日为2×21年1月4日。B公司上市时，A公司管理层考虑，其中500万股拟在解禁时出售，其余550万股视解禁后的情况再考虑是出售还是继续长期持有。于是，2×19年12月31日，A公司将持有的B公司500万股转入交易性金融资产，550万股转入其他权益工具投资，并按当日上市流通股的收盘34.66元/股分别确认公允价值变动损益及其他综合收益。

2×20年，B公司每10股送配股10股，A公司持有B公司的股票由1 050万股变为2 100万股。2×20年年末，A公司根据B公司已上市流通股股票的收盘价（8.62元/股）调整了其股票的账面价值。

分析

1.关于长期股权投资的分类和适用的会计准则。

根据《企业会计准则第2号——长期股权投资（2014年修订）》第二条规定，如果对被投资单位具有控制、共同控制或者重大影响的，则无论该项长期股权投资有无活跃市场，公允价值能否可靠确定，均应采用《企业会计准则第2号——长期股权投资（2014年修订）》规定的权益法或成本法核算，而不能采用金融工具模式核算。但是，长期股权投资准则规范的权益性投资不包括风险投资机构、共同基金以及类似主体（如投资连接保险产品）持有的、在初始确认时按照《企业会计准则第22号——金融工具确认和计量（2017年修订）》的规定以公允价值计量且其变动计入当期损益的金融资产，投资性主体对不纳入合并财务报表的子公司的权益性投资，以及该准则未予规范的其他权益性投资。

在本案例中，原先被投资企业（B公司）上市之前，A公司持有其13.33%股权，因具有重大影响（派驻董事）而采用权益法核算。因此，在被投资企业上市后，也应当考虑该重大影响是否继续得以保持。如果是，则应继续采用权益法核算。在继续采用权益法核算（即B公司上市后，仍然是A公司的联营企业）的情况下，对于B公司在IPO过程中因引入社会公众股东导致A公司持股比例被稀释但增加享有的权益份额，A公司应当按照《企业会计准则第2号——长期股权投资（2014年修订）》第十一条规定，将其计入“资本公积——其他资本公积”，并在后续处置股权或者丧失对其重大影响时将这部分资本公积按比例或者全部转入投资收益。

如果B公司上市后，A公司不再对其具有重大影响的，则A公司应根据《企业会计准则第2号——长期股权投资（2014年修订）》第十五条第一款的规定，自B公司上市之日起将该项长期股权投资转为金融资产模式核算，即将该限售股权分类为以公允价值计量且其变动计入当期损益的金融资产（或将非交易性的权益工具投资指定为以公允价值计量且其变动计入其他综合收益的金融资产），其作为金融资产的初始计量金额为丧失重大影响之日的公允价值，该公允价值与原先权益法下对联营企业的长期股权投资的账面价值之间的差额确认为丧失重大影响当期的投资收益，以前年度权益法核算期间确认的在B公司的其他综合收益中按比例享有的份额则采用与被投资单位直接处置相关资产或负债相同的基础进行会计处理。

在采用金融资产模式核算的前提下，由于本案例下A公司拟处置部分权益工具投资，因此该项投资不符合“非交易性”的要求，应整体分类为以公允价值计量且其变动计入当期损益的金融资产；或者，如果能够明确划分拟在短期内处置和拟长期持有这两个不同部分，也可以将前者作为以公允价值计量且其变动计入损益的金融资产，而将后者指定为以公允价值计量且其变动计入其他综合收益的权益工具投资（其他权益工具投资）。

2.关于限售期间限售股权公允价值的确定。

限售期间限售股权公允价值的确定，应遵循CAS 39所规定的原则和方法。

由于限售股在限售期内的流通受到限制，因此不能直接依据对应的无限售条件股份的收盘价作为限售股的公允价值，而是应当采用估值技术加以确定。其中，在本案例中，2×19年年末，限售期刚刚开始，该日限售股公允价值与无限售条件股份的市场价格可能存在较大差异（2×19年末转为金融资产时，因为被投资单位的上市首日恰好为2×19年12月31日，故也是应当依据估值技术确定的年末限售股公允价值转为金融资产）；2×20年年末，限售期已经非常临近结束，此时限售股的公允价值应当已经与无限售条件股份在2×20年年末的收盘价基本一致。

在实务操作中，对于限售期间限售股权公允价值的确定，可参考中国证监会《关于证券投资基金估值业务的指导意见》（证监会公告〔2017〕13号）和中国证券投资基金业协会发布的《证券投资基金投资流通受限股票估值指引（试行）》（中基协发〔2017〕6号）的相关规定（详见22.1.4.5）。

22.2.4.4 对原准则下作为可供出售金融资产核算的股权投资在新金融工具准则下如何处理

【例22-4】

问题

A公司在原金融工具准则下作为可供出售金融资产核算的股权投资，在新金融工具准则下分别应如何处理？A公司于首次衔接日拟进行的处理是否恰当？

背景

A公司持有多项对外股权投资，拟长期持有、获取稳定分红，且对这些被投资方均不构成控制、共同控制或重大影响。在原金融工具准则下，A公司将这些权益投资均作为可供出售金融资产核算，以成本或公允价值进行后续计量。相关股权投资主要分为以下几类：

1.持有的上市公司的股权投资，原准则下按公允价值进行后续计量，每个资产负债表日以股票市场收盘价调整可供出售金融资产的账面价值；

2.持有的新三板公司的股权投资，原准则下对创新层公司按公允价值进行后续计量，对基础层公司按成本进行后续计量。

3.持有的非公众公司，以成本进行后续计量。其中：有多项投资，由于多年来均无法取得被投资方存续状态的证据资料，某些已全额计提可供出售金融资产减值准备。

A公司于2021年1月1日开始执行新金融工具准则，在首次执行日，A公司管理层对前述投资拟分别如下处理：

1.持有的上市公司的股权投资，考虑到上市公司股票有活跃的交易市场，因此将该类股权投资分类为“以公允价值计量且其变动计入当期损益的金融资产”，在财务报表“交易性金融资产”项目列示，公允价值以资产负债表日股票市场收盘价。

2.持有的新三板公司的股权投资，考虑到创新层公司股票有活跃的交易市场，因此将该类股权投资分类为“以公允价值计量且其变动计入当期损益的金融资产”，在财务报表“交易性金融资产”项目列示，公允价值以股票市场收盘价为依据；对基础层公司股权没有活跃的交易市场，A公司将该类股权投资指定为“以公允价值计量且其变动计入其他综合收益的金融资产”，在“其他权益工具投资”项目列示，公允价值以被投资方公开的年度财务报表的每股净资产为依据。

3.持有的对非公众公司的股权投资，考虑到被投资方的股权均没有活跃的交易市场，A公司将该类股权投资均指定为“以公允价值计量且其变动计入其他综合收益的金融资产”，在“其他权益工具投资”项目列示。在确定相关投资公允价值时，由于该类投资均无市场可参考计价，用以确定公允价值的近期信息不足，A公司经考虑，拟采取如下处理：可以取得被投资方经审计的财务报表的，以被投资方资产负债表记录的净资产为公允价值确定依据（对某农商行的投资除外），无法取得被投资方财务报表的，以投资成本作为公允价值确定依据。其中，持有的A公司参与筹建的某农商行的股权投资，自2016年开始至2020年均未取得过该农商行的年度审计报告或财务报表，但每年可以获得农商行提供的分配股利所采用的资产负债表。根据该资产负债表，农商行的净资产×A公司持有份额的计算结果小于A公司的投资成本，但由于农商行每年都分红，A公司认为该股权投资不存在减值迹象，在原准则下未计提减值准备；新准则下，A公司认为该股权投资的市价相比投资成本并不存在减值迹象，相比根据被投资方净资产确定的金额，历史投资成本更能代表其公允价值，因此以投资成本作为公允价值确定依据。

分析

1.相关投资的分类。

权益性投资合同的现金流量特征并非与基本借贷安排相一致，由于不能通过“合同现金流量特征”的测试，根据CAS 22的规定，应分类为“以公允价值计量且其变动计入当期损益的金融资产”，但是对于非交易性权益工具投资，依据该准则第十九条规定，企业在初始确认时可以将其指定为“以公允价值计量且其变动计入其他综合收益的金融资产”（列报在“其他权益工具投资”），该指定一经做出，不得撤销。根据该准则第七十八条的规定，在本准则施行日，企业应当以该日的既有事实和情况为基础，根据本准则的相关规定，对相关金融资产进行指定或撤销指定，并追溯调整：（一）……（二）在本准则施行日，企业可以根据本准则第十九条规定，将非交易性权益工具投资指定为以公允价值计量且其变动计入其他综合收益的金融资产。

因此，在首次执行日，A公司应重新评估其管理相关股权投资的模式是交易性的还是非交易性的。如果是交易性的，则分类为“以公允价值计量且其变动计入当期损益的金融资产”，在财务报表“交易性金融资产”项目或者“其他非流动金融资产”项目列示。如果是非交易性的，可以指定为以公允价值计量且其变动计入其他综合收益的金融资产”（列报在“其他权益工具投资”），但如果不作出指定，则仍分类为“以公允价值计量且其变动计入当期损益的金融资产”。需要说明的是，该项指定仅考虑管理层管理金融工具的业务模式，是交易性的还是非交易性的，与标的股权是否存在活跃市场并不相关。即，A公司持有的上市公司或新三板创新层挂牌公司的股票，如果管理层持有相关投资不以交易为目的，也可以选择将其指定为“以公允价值计量且其变动计入其他综合收益的金融资产”。此外，即使持有相关股权不以交易为目的，该项指定是一项选择而非必须，管理层也可以选择不指定，仍然将相关投资分类为“以公允价值计量且其变动计入当期损益的金融资产”。管理层作出相关指定的，应当形成具有适当权限的正式书面文件。

2. 公允价值的确定。

（1）对持有的上市公司的股权（或股票）投资，以收盘价确定公允价值，对此我们赞同。

（2）对持有新三板挂牌公司的股票，我们理解创新层、基础层由于交易规定分别是不同撮合频率的集合竞价交易，并非投资者自发的连续竞价交易，且从交易规模来看远低于同期沪市深市或精选层股票的交易额。有限的成交额中相当一部分比例为挂牌公司的职工或控股股东及其关联方等内部人认购而贡献；全市场每天都有成交的挂牌公司只有几家（个位数）。因此，无论是基础层、还是创新层，该市场层次并不符合CAS 39对“活跃交易市场”的要求。因此，我们理解不能简单根据新三板市场收盘价作为公允价值确定依据，A公司还应关注该公司股票的交易频率、前后交易价格是否差额较大、交易对手的信息是否为挂牌公司的内部人或关联方等等，来判断相关交易价格是否公允。我们理解，只有该公司股票长期交易频繁且存在大量外部投资者参与交易时，收盘交易价格才能代表其公允价值。

（3）对于A公司以被投资方的净资产为依据确定股权投资的公允价值的，

需要关注的是，根据获取的财务报表，也应判断净资产能否代表公允价值的最佳估计。A公司在能获取农商行的财务报表的情况下，认为历史成本比被投资方的净资产更能合理代表其公允价值，就是对这一方式的一个“反例”。在某些情况下，净资产并不能较好地代表对公允价值的估计，例如：被投资方账面有多年前以较低价格取得的土地使用权以“成本—摊销—减值”的模式计量，由于所在城市快速发展，该地块的公允价值远高于账面价值；再如，被投资方是某高科技企业，存在大量的研发业务，相关研发支出可能因为并不符合会计准则规定的资本化条件而直接计入损益，但是研发成果可能市场价值较高。通常来讲，只有通过分析后，被投资方可辨认各项资产、负债的公允价值与其账面价值接近，且不存在重大的自创商誉溢价或自创无形资产时，才可接受以被投资方的净资产作为其股权的公允价值。

（4）对于A公司以投资成本为依据确定股权投资的公允价值的，需要判断成本是否代表对公允价值的最佳估计。需要提醒的是，根据CAS 22第四十四条规定，成本代表公允价值的最佳估计是非常有限的情况。新金融工具准则下对“三无”（无控制、无共同控制，无重大影响）权益工具投资采用成本进行后续计量的条件远比原准则下严格（在原准则下，只要是“在活跃市场中没有报价且其公允价值不能可靠计量的权益工具投资，以及与该权益工具挂钩并须通过交付该权益工具结算的衍生金融资产”，就应当按照成本计量）。

理论上，对于不满足上述“用以确定公允价值的近期信息不足，或者公允价值的可能估计金额分布范围很广，而成本代表了该范围内对公允价值的最佳估计”的“有限情况”的“三无”权益工具投资，不论其后续公允价值变动是计入当期损益还是其他综合收益，都应按照CAS 39的规定确定其公允价值。其中，除了满足第一层次公允价值计量条件的金融资产以外，都应采用估值技术确定其期末公允价值。

特别是本案例中的某些被投资方“多年来均无法取得其存续状态的证据资料”，我们理解从背景提供的信息看，难以作出其成本代表公允价值最佳估计的结论。

但另一方面，任何会计政策的运用都受制于重要性原则和成本效益原则。针对本案例情况，A公司可以采用以下应对策略：

（1）考虑被投资方是否属于上述准则条文中的可用成本作为公允价值最佳估计的“有限情况”。一般理解，如果对被投资方股权采用收益法或者市场法进行估值不切实可行，且近期内该被投资方并无引入外部投资者、股东之间转让股权等可作为确定公允价值的参考依据的交易实际发生，且自本公司对其投资以来其基本面未发生重大变化的，可以认为属于该条规定的可用成本作为公允价值最佳估计的“有限情况”。

（2）考虑重要性原则和谨慎原则等“修订性惯例”的影响。如果本案例涉及的“三无”权益工具投资额远低于被审计方的合并净资产和净利润，并且本案例中金融资产的公允价值变动是计入其他综合收益，并不影响净利润，则A公司应结合相关股权投资计量金额对财务报表整体的影响程度（尤其是该项其他综合收益的扣税后净额对净资产的影响程度），考虑能否接受以成本计量的会计处理。

如果A公司拟以重要性原则作为接受简化处理的依据，则首先需测算该项投资占A公司总资产和净资产的比例，以及公允价值的最大可能变动范围的上下限与投资成本之间的差额，考虑该差额是否远低于财务报表整体重要性水平，在此基础上谨慎确定能否接受基于重要性原则的简化处理。

3.新准则首次执行日的具体衔接处理。

对于上述权益投资，应以新准则施行日的公允价值计量，公允价值与原账面价值（如果全额计提减值准备，则账面价值为零）的差额，调整首次执行日期初（2021年1月1日）的留存收益或者其他综合收益。对于新准则下的以公允价值计量且其变动计入其他综合收益的权益工具投资，应将以前年度计提减值准备的影响金额从留存收益转入其他综合收益。

22.2.4.5 购入不良债权及其后续处置问题

【例22–5】

问题

收购不良债权作为投资时如何确认？收回收购的不良债权时是否可以确认投资收益？

背景

2×19年12月30日，A公司与B银行签订《债权转让合同》，以175 000 000.00元的价格收购B银行对C公司的债权285 225 850.00元；2×19年12月31日；A公司与某地方国资委签订《债权转让合同》，以36 000 000.00元的价格收购某地方国资委对D公司的债权50 000 000.00元。

经法院裁决，C公司将其持有的某ST上市公司限售股2 277万股抵偿欠A公司收购的上述债权中的51 225 850.00元，股权变更日根据该ST上市公司的收盘价计算的2 277万股的价格为122 733 900.00元，与抵偿债务（51 225 850.00元）

的差额为71 508 050.00元。

分析

1.关于“不良债权投资”这一金融资产的分类和计量问题。

（1）分类。由于A公司所收购的是银行对债务人放贷形成的不良债权，在不考虑特殊情况下，相关贷款合同的现金流量特征通常符合仅为对本金和基于未偿付本金的利息支付的安排（下文讨论均基于此假设前提）。A公司对该等“不良债权投资”的分类主要取决于A公司管理该类不良债权的业务模式，分别为：

①若企业取得该类不良债权后以催收债务人以收取合同现金流量为目标，在这一业务模式下，企业应将取得的不良债权分类为以摊余成本计量的金融资产，列报为“其他流动资产”或者“债权投资”；

②若企业既以催收为目的，也寻求在市场上溢价转让的机会以伺机出售，表明企业管理该不良债权同时以收取合同现金流量和出售金融资产为目标，在这一业务模式下，企业应将取得的不良债权分类为以公允价值计量且其变动计入其他综合收益的金融资产，列报为“其他流动资产”或者“其他债权投资”；

③其他业务模式下，企业应将取得的不良债权分类为以公允价值计量且其变动计入当期损益的金融资产，列报为“交易性金融资产”或者“其他非流动金融资产”。

（2）初始计量。金融资产初始确认应当按照公允价值计量。本案例中，若A公司与B银行和某地方国资委（统称：转让方）之间不存在关联关系，则可以接受按照A公司的收购对价即作为取得的债权的公允价值。在第①和第②分类下，发生的交易费用计入金融资产的初始确认金额，在第③类下交易费用直接计入当期损益。

（3）后续计量。由于此类不良债权在很多情况下已经逾期，因此通常属于购买时已发生信用减值的金融资产。在分类为①以摊余成本计量的金融资产时，后续计量应按照CAS 22第三十九条的规定，采用的实际利率应为购买时将减值后的预计未来现金流量折现为摊余成本的利率，即“经信用调整的实际利率”。在分类为②以公允价值计量且其变动计入其他综合收益的金融资产时，应首先采用与①一致的实际利率计算摊余成本，将实际利息计入当期损益，然后再将账面价值调整为公允价值，将摊余成本与公允价值的差额调整其他综合收益；在合同权利义务结算或处置时，将累计的其他综合收益结转至当期损益。在分类为③以公允价值计量且其变动计入当期损益的金融资产时，按照公允价值进行后续计量，且公允价值变动直接计入当期损益。另外，在上述①②两种分类下，期末还应按照CAS 22第八章规定的“预期损失模型”进行减值测试和确认减值损失。

2. C公司以限售股抵偿部分债务，A公司的账务处理。

C公司将其持有的某上市公司限售股2 277万股抵偿欠A公司收购的上述债权中的51 225 850.00元，对A公司而言，属于一项债务重组业务。A公司取得并初始确认一项新的金融资产（限售股投资），同时终止确认一项原有的金融资产（不良债权）。对取得的权益工具投资可能涉及以下准则适用问题：

（1）根据2019年修订后的《企业会计准则第12号——债务重组》第四条的规定，取得的限售股适用CAS 22时，应按公允价值确认并初始计量，放弃债权的公允价值与取得的限售股入账价值之间的差额计入当期损益。

（2）若取得的限售股属于《企业会计准则第2号——长期股权投资（2014年修订）》规范的对联营企业或合营企业的股权投资，则按照债务重组准则（2019年版，下同）第六条的规定，应当以放弃债权的公允价值和可直接归属于该资产的税金等其他成本作为该股权投资的初始投资成本，放弃债权的公允价值与账面价值之间的差额计入当期损益。

就本案例而言，出现对当期损益的重大影响，尤其是形成收益时，需要特别关注以下两个问题：

（1）通常理解，放弃债权的公允价值与取得的限售股的公允价值不应出现重大差异。如果差异较大，意味着所付出的对价和所获取的资源两者的公允价值不对等，在公允的市场交易中通常不应出现这一情形，因此该差异应得到关注。一方面，关于上市公司限售股权的计量问题，对于限售股权，由于其流通受到限制，因此其公允价值不能直接以活跃交易市场的收盘价格来确定，其一般低于无限售条件股份的收盘价，通常可采用期权定价模型估计流通股收盘价中所包含的流通权的价值，从流通股收盘价中扣除流通权价值后即为限售股的公允价值。另一方面，放弃债权的公允价值通常也没有活跃交易市场，很可能也需要使用估值模型确定其公允价值，可靠性相对较低。因此，A公司在分别考虑原不良债权和限售股的公允价值时，应当以当前可获得的信息为基础，运用适当的估值模型，对其中可能涉及的不确定性要予以充分、谨慎的考虑，在此基础上合理确定各金融资产的公允价值。只有当有确凿证据表明限售股权的公允价值不同于所偿还的债权的公允价值时，才能确认相关损益。

（2）无论A公司此前对取得的不良债权采用哪一种分类，放弃债权的账面价值与放弃债权的公允价值之间也不应存在重大差异（特殊情形除外）。

①当A公司对该不良债权按照公允价值计量时，其账面价值等于即时的公允价值，不存在差异。

②当A公司对该不良债权按照摊余成本计量时，其公允价值与预期信用损失模型下的结果出现较大差异的情况，无论孰高，除非公允价值计量日的市场利率与该债券投资的实际利率之间存在较大的偏差，否则我们认为都不太合理，因为公允价值本身反映的是对该资产未来现金流的预期按市场利率折现的结果，或者合同现金流量按风险调整后的市场收益率折现后的结果，而预期信用损失模型也是基于对未来现金流的预期，尤其是在第二和第三阶段时也需完整考虑整个存续期，因此二者之间，理论上不应出现重大差异。但当公允价值计量日的市场利率或该金融工具未来存续期间的预计市场利率与该债权的实际利率之间存在较大的偏差时，该债权的公允价值反映市场利率的波动，但摊余成本仍以其实际利率计量，此时账面价值与公允价值之间可能存在差异。

综上，无论A公司此前对该债权投资按照何种分类进行确认和计量，取得的限售股是作为一项长期股权投资还是一项金融资产，在交易完成的当期若出现重大影响损益的事项，都应得到充分的关注并进一步核实形成大额损益的原因。

此外，对于剩余尚未偿还部分的债权，A公司若作为摊余成本或以公允价值计量且其变动计入其他综合收益的金融资产时，需在期末对其预期信用损失作出合理、谨慎的估计。

22.2.4.6　融券业务的会计处理

【例22-6】

问题

如下文背景资料所述，C公司所持资产管理计划份额如何核算？其融入的X股票如何核算？

背景

某资产管理计划分为A、B两类份额，A类份额为某银行出资3 000万元，该银行按固定利率收取固定收益；B类份额由C公司持有，出资2 000万元，该计划合计金额5 000万元用于投资X股票定向增发，持有X股票500万股，该股票锁定期一年。X股票500万股为一个整体，无法分割对应为A、B类份额各持有多少股。A类份额持有人可随时收取3 000万元本息（年利率为8.1%）退出或在资产管理计划处置后收回本息。同时该资产管理计划的《资产管理合同》约定“在本合同存续期满并清算时，计划资产优先偿付全部A类份额的本金及基准收益，除本合同另有规定外，剩余部分归B类份额所有。如全部计划资产尚未补足对A类份额的本金及基准收益，则B类份额持有人需对差额部分进行补偿，全体B类份额持有人对此承担无限连带责任”。

假设资产管理计划中X股票500万股成本为10元/股。

同时，C公司向券商融入同种类同数量X股票500万股，融入后在高于10元/股的价位卖出。C公司待该资产管理计划一年到期，X股票解禁后，先支付原A份额银行3 000万本金及利息，该资产管理计划所持有的全部X股票500万股都归属于C公司，C公司再将X股票500万股数归还券商。

分析

1.通过上述背景描述，C公司作为该计划的B类份额（劣后级份额）唯一持有人，实际上承担了保证A类份额持有人本金安全和获取固定收益的责任，因而享有或承担了该资产管理计划的几乎所有剩余风险和报酬，故需把该资产管理计划作为其可控制的结构化主体纳入合并报表范围（参考《〈企业会计准则第33号——合并财务报表（2014年修订）〉应用指南》中关于结构化主体控制权判断的四条主要考虑因素和相关举例，见该准则应用指南单行本第40—44页）。

2.在C公司的合并报表层面，该交易的实质就是C公司向该银行按年利率8.1%借入一年期借款（资产管理计划所持有的限售股是事实上的抵押物）用于购买该限售股（X 股票500万股），因此在合并报表层面按照CAS 22有关规定应分类为“以公允价值计量且其变动计入当期损益的金融资产”或在符合条件时指定为“以公允价值计量且其变动计入其他综合收益的金融资产”。但由于本案例中C公司计划以通过资管计划持有的X股票用于归还融券，因此持有的X股票不属于非交易性权益工具投资，因此不符合指定为“以公允价值计量且其变动计入其他综合收益的金融资产”的条件。在确定公允价值时，因为是限售股，所以其公允价值不能完全根据对应的无限售条件股份的股价确定，而需根据CAS 39的规定，采用一定的估值技术加以调整，实务中可参照中国证券投资基金业协会发布的《证券投资基金投资流通受限股票估值指引（试行）》（中基协发〔2017〕6号）等指引进行估值）。在合并报表层面，向银行还本付息由C公司还是资产管理计划操作没有本质区别。

另外，C公司通过融券交易，融入相同品种和数量的证券，应当在融入证券时，按照融入证券的公允价值，确认一项交易性金融资产，并同时确认一项等额的交易性金融负债（因为后续需归还相同品种、数量的证券，因此该负债的偿还义务金额与该证券的公允价值挂钩），后续对该交易性金融负债需按期末公允价值计量，公允价值的变动计入当期损益。融入的证券卖出时，出售价款和融入证券的初始计量金额之间的差额可以确认为当期投资收益。

3.我们通过对背景描述的理解，认为很可能购入资产管理计划和融券交易这两个事项是有关联的，通过这两个金融产品的组合，可以实现一定程度的风险对冲（通过资产管理计划持有现券，并通过融券交易实现卖出，金融资产投资和交易性金融负债的公允价值变动可以互相抵销；同时通过融券交易，也可解决资产管理计划所持有的限售股的流动性问题），最终可能会使C公司获取固定的收益。但两个产品的交易对手不同，因此应当作为两项独立的金融产品交易分别进行会计处理，不允许在产品未到期前按照两者组合后形成的“固定收益率”计提利息收入，对持有资产管理计划份额和融券交易的公允价值变动损益应当分别确认（尽管到最后可能可以抵销）。

综上所述，本案例中C公司合并报表层面的账务处理如下（为了更清楚地说明交易的经济实质，此处将C公司及其所控制的资产管理计划作为一个整体，以C公司的合并报表主体作为账务处理的会计主体，考虑相关交易对C公司合并报表层面所反映的财务状况和经营成果的影响）：

1. C公司建立资产管理计划并从银行取得3 000万元，期限1年，年息8.1%的短期借款：

借：银行存款　　3 000万元

　　贷：短期借款　　3 000万元

2.资产管理计划以5 000万元购入X股票（限售股）500万股：

借：交易性金融资产——X股票500万股（限售股）　　5 000万元

　　贷：银行存款　　5 000万元

同时，C公司向券商融入500万股X股票（无限售条件股份），随即出售。假设当日无限售条件的X股票的市价为12元/股：

借：银行存款　　6 000万元

　　贷：交易性金融负债　　6 000万元

3.资产管理计划到期日（假设与融券到期日为同一日）的账务处理：

（1）计提银行利息：3 000×8.1%=243（万元）

借：财务费用——利息支出　　243万元

　　贷：应付利息　　243万元

（2）向银行还本付息：

借：短期借款　　3 000万元

　　应付利息　　243万元

　　贷：银行存款　　3 243万元

（3）资产管理计划所持有的限售股到期解禁，假设当日X股票（无限售条件）的市价为13元/股：

借：交易性金融资产——X股票500万股（无限售条件）　6 500万元

　贷：交易性金融资产——X股票500万股（限售股）　5 000万元

　　公允价值变动损益　1 500万元

（4）确认交易性金融负债公允价值变动：

借：公允价值变动损益　500万元=（13-12）×500万股

　贷：交易性金融负债　500万元

（5）用已经解禁的X股票500万股归还当初从证券公司借入的证券（假设不考虑融券利息支出）：

借：交易性金融负债　6 500万元

　贷：交易性金融资产——X股票500万股（无限售条件）　6 500万元

经过上述处理，C公司在整个交易过程中可获利757万元，即500万股限售股购入当日的市价（12元）与购入成本（10元）之间的价差减去向银行支付的融资利息243万元。通过这一交易安排，一方面锁定了限售股买卖的价差收益，不再受到限售期间内X股票市价波动的影响，且有效利用了银行杠杆；另一方面通过融券安排解决了限售股的流动性限制导致的资金占用问题。

22.2.5 上市公司披露案例摘录①

我们选取了40家上市公司，对其新金融工具准则首次执行日公允价值相关披露情况进行了汇总分析。

22.2.5.1 公允价值计量相关政策的披露

部分公司在“重要会计政策和会计估计”部分或“公允价值披露”的开始部分披露相关政策：

“公允价值计量结果所属的层次，由对公允价值计量整体而言具有重要意义的输入值所属的最低层次决定：

第一层次：相同资产或负债在活跃市场上未经调整的报价；

第二层次：除第一层次输入值外相关资产或负债直接或间接可观察的输入值；

第三层次：相关资产或负债的不可观察输入值。”

以及类似如下的汇总描述：

“对于在活跃市场上交易的金融工具，本集团以其活跃市场报价确定其公允价值；对于不在活跃市场上交易的金融工具，本集团采用估值技术确定其公允价值。所使用的估值模型主要为现金流量折现模型和市场可比公司模型等。估值技术的输

① 以下摘录信息仅供参考，不代表编者赞同其会计处理和相关披露。

入值主要包括无风险利率、基准利率、汇率、信用点差、流动性溢价、税息折旧及摊销前利润乘数、缺乏流动性折价等。”

22.2.5.2　各公司披露的具体公允价值估计情况

第一层次公允价值估计的披露各公司相对一致，如“活跃市场期末时点的收盘价”。

第二层次和第三层次公允价值估计情况的披露界限则不是特别清晰。

（1）部分公司（002083孚日股份、002415海康威视、601669中国电建、600221海航控股、600637东方明珠、300498温氏股份、000961中南建设等十多家）采取列表方式详细披露了第二层次和第三层次各项目明细对应的估值技术及相应的可观察或不可观察输入值。

①第二层次披露的估值技术和对应的可观察输入值摘录：

■ 实例22-1

单位：人民币千元

	期末的公允价值	估值技术	输入值
交易性金融资产	130 450	现金流量折现法	预期回报率、折现率
其他权益工具投资	291 669	近期交易法	相同或类似资产的报价

■ 实例22-2

单位：人民币元

	2019年末公允价值	估值技术	可观察输入值	
			名称	范围
交易性金融资产				
—欧元期权合同	13 571 924	现金流量折现模型	人民币兑换欧元远期外汇	7.8518至7.9009
—英镑期权合同	8 663 320	现金流量折现模型	人民币兑换英镑远期外汇	9
交易性金融负债				
—欧元远期外汇合同	7 312 741	现金流量折现模型	人民币兑欧元远期外汇	7.8331至7.8518

②第三层次披露的估值技术和对应的不可观察值摘录：

■ 实例22-3

单位：人民币千元

	期末的公允价值	估值技术	输入值
其他权益工具投资	336 795	上市公司比较法	流动性折扣
其他非流动金融资产	500 970	底层投资项目的公允价值法	底层投资项目的公允价值

实例22-4

单位：人民币元

	2019年末公允价值	估值技术	可观察输入值	
			名称	加权平均值
交易性金融资产				
—权益工具投资	8 438 278	现金流量折现模型	加权平均资金成本	11%
应收款项融资	406 408 604	现金流量折现模型	类似公开市场借款利率	4.4%
其他权益工具投资	61 981 268	市场可比公司模型	流动性折扣、 可比公司市净率	29% 1.2

实例22-5

单位：人民币元

	2019年末公允价值	估值技术	输入值	重大无法观察的输入数据	无法观察的输入数据与公允价值的关系
金融资产					
权益工具投资	157 625 390.30	可比公司法	每股股价 与每股净资产比率/总资产价值价值比率	缺乏流通性折扣	较高的缺乏流通性折扣率，较低的公允价值
衍生金融资产	3 846 000.00	期权定价模型	目标公司100%股权价值，无风险利率，可比公司平均股价波动率	目标公司100%股权价值	较高的目标公司100%股权价值，较高的公允价值
衍生金融资产	169 892 100.00	期权定价模型/蒙特卡洛模型	目标公司100%股权价值，净利润预测值，无风险利率，可比公司平均股价波动率	净利润预测值	较高的净利润预测值，较低的公允价值

实例22-6

单位：人民币元

项目	期末公允价值	估值技术
短期理财产品	3 013 267 098.43	本金加上截至期末的预期收益确定
其他非流动金融资产	178 664 400.00	公允价值与账面价值差异较小，故采用其账面价值作为公允价值
衍生金融资产（外汇远期合约）	699 449.58	均系公司购买的远期结售汇合约，其应计公允价值=卖出（买入外币金额）×（合同约定的远期汇率–期末与该远期结售汇合约近似交割日的远期汇率）/（1+折现率×资产负债表日至交割日天数/360）
衍生金融负债（外汇远期合约）	956 529.59	

（2）部分非详细列表式披露的公司摘录如下：

公司	第二层次	第三层次
公司A	第二层次公允价值计量之金融资产主要包括银行间债券市场交易的债券、同业存单、货币互换合约、资产支持证券、银行承兑汇票及货币基金等。银行间债券市场交易的债券、同业存单公允价值采用资产负债表日债券登记托管机构公布的估值价格确定；货币互换合约公允价值自交易对手处询价确定；资产支持证券公允价值依据债券收益率按现金流量折现价格确定；银行承兑汇票公允价值依据贴现率按现金流量折现价格确定。货币基金公允价值依据产品净值法，按相关投资组合的估值结果而厘定。第二层次公允价值计量之金融负债主要包括货币互换合约	第三层次公允价值计量之金融资产主要包括未上市股权（私募股权）、有限售条件之股票投资、理财计划及信托计划。本集团采用一系列估值技术对第三层次的金融资产公允价值进行评估，使用的估值模型包含了缺乏市场流动性的折扣率等不可观察的参数。若根据合理可能替代假设改变一个或多个不可观察参数，这些金融资产的公允价值也会相应改变。本集团持有之有限售条件之股票公允价值采用市价折扣法，参考活跃市场未经调整的报价并考虑流动性折价确定；未上市股权（私募股权）公允价值采用上市公司比较法，参考类似证券价格并考虑流动性折扣确定；底层资产存在限售特征的资产管理计划、理财计划及信托计划公允价值采用产品净值法，按相关投资组合的估值结果而厘定。第三层次公允价值计量之金融负债之公允价值系根据对应结构化主体所投资之金融资产的公允价值，并基于结构化主体相关合同条款而确定
公司B	非上市权益工具投资，对该等投资的公允价值主要采用市场法估算得出 本公司下属子公司上港集团BVI控股有限公司采用持续第二层次公允价值计量项目为可交换债券的可交换选择权的公允价值，可交换选择权的公允价值采用期权定价模型（二叉树模型）计算确定。无风险利率、标的股票市价为主要输入变量	
公司C	投资性房地产按照现行资产评估准则及有关规定，由专业评估机构按照估值模型计算得出	主要为本公司及所属企业持有的未上市股权投资及所属企业香港公司持有的货币互换合约 对于持有的重大的未上市股权投资，本公司及所属企业聘请专业评估机构依据资产评估准则及有关规定进行评估并考虑流动性折扣等因素确定其公允价值 对于货币互换合约采用以下方法进行估值：远期汇率是根据利率平价理论，计算出两种货币的利差，用升水或贴水表示，与即期汇率相加减，得出远期汇率。期末，根据估值时间节点的即期汇率水平以及当时的远期升贴水点数计算当期远期汇率，并用此汇率与货币互换期初约定的执行汇率进行轧差计算乘以当期本金得到当期估值损益。本公司所属企业香港公司叙做的货币互换产品的交易方向为未来卖出欧元买入美元。因此，如果当期计算出的欧元兑美元远期汇率高于期初执行汇率，则货币互换估值为负值；反之估值为正值

续表

公司	第二层次	第三层次
公司D	直接（即价格）或间接（即从价格推导出）地使用除第一层次中的资产或负债的市场报价之外的可观察输入值 远期结售汇合约的公允价值累计变动=（外汇远期合约交割本金×（约定交割汇率-评价日远期汇率） 其中：①评价日为资产负债表日 ②约定交割汇率为外汇远期合约中约定的交割汇率 ③评价日远期汇率为评价日对手银行（无对手银行报价的，采用中国银行）在相同或近似交割日的远期汇率报价	资产或负债使用了任何非基于可观察市场数据的输入值（不可观察输入值） 提示：此处在“不可观察输入值”前加上“重大”更为合适
公司E	属于第二层级公允价值计量的资产和负债主要为结构性存款、应收款项融资和外汇远期合约，采用市场法和收益法估值	就该部分其他非流动金融资产而言，价格采用现金流量折现法进行厘定。将公允价值归为第三层次的判断主要是基于不可观察输入值对计量整体公允价值的重要性厘定。其中，重要不可观察数值主要有目标公司财务数据、风险调整折现率
公司F	衍生金融资产及负债的公允价值是基于当期市场获取的报价模型和公式计算得出的。在公式运用的变量包括远期点（ForwardPoint，用于确定远期汇率和即期汇率之差的基点数）、即期汇率、波动假设及基准利率，并同时考虑合同方付款的频率、有效性及到期日	

公司	第三层次
公司G	主要是本公司及其子公司持有的未上市股权投资。本公司及其子公司对重大投资采用估值技术确定其公允价值，所使用的估值模型主要为上市公司比较法，估值技术的输入值主要包括处于同一行业的上市公司的公允市场价值、比率乘数及不可流通折扣率
公司H	（1）应收款项融资为公司持有的银行承兑汇票和商业承兑汇票，鉴于其期限不超过一年，资金时间价值因素对其公允价值影响不重大，因此可以近似认为期末的公允价值等于面值 （2）对于非上市公司股权投资、基金投资，公司使用估值技术确定其公允价值，包括净资产价值、市场可比法等。其公允价值的计量采用了重要的不可观察参数，比如流动性折扣、波动率、风险调整折扣和市场乘数等。非上市公司股权投资、基金投资的公允价值对这些不可观察输入值的合理变动无重大敏感性
公司I	披露了各科目的估值技术 短期理财产品：本金加上截至期末的预期收益确定 其他非流动金融资产：公允价值与账面价值差异较小，故采用其账面价值作为其公允价值； 外汇远期合约：公允价值=卖出（买入）外币金额 ×（合同约定的远期汇率-期末与该远期结售汇合约近似交割日的远期汇率）/（1+折现率 × 资产负债表日至交割日天数/360）
公司J	本集团分类为第三层次的金融资产为商业银行的理财产品、结构性存款以及未上市公司的股权。所使用的估值模型主要为现金流量折现模型和市场可比公司模型等。估值技术的输入值主要包括未来现金流量、银行每日报价数据以及预期收益率等 对于投资性房地产，本集团委托外部评估师对其公允价值进行评估。所采用的方法主要包括租金收益模型、可比市场法和重置成本法等。所使用的输入值主要包括租金增长率、资本化率、租金和成新率等 并列表披露了各科目明细对应的估值技术和输入值
公司K	主要为本集团持有的未上市股权投资。本集团采用估值技术进行了公允价值计量，所使用的估值模型主要为市场可比公司模型等，估值技术的输入值主要包括市销率乘数、缺乏流动性折价等

注意

金融资产公允价值层次的准确划分请参阅22.2.1节的相关提示。上述上市公司中披露为第二层次的公允价值计量结果，根据提示中的规定，相当一部分很可能应归类为第三层次。

（3）部分公司披露第三层次的估值技术与成本法相关。

公司	第三层次
600096云天化	对于重要的权益工具投资，其公允价值计量以净资产估值作为公允价值计量依据 对于不重要的权益工具投资，在被投资单位净资产及经营状况未发生重大变化时，以成本作为公允价值计量依据；在被投资单位净资产及经营状况未发生重大变化时，参考投资单位净资产账面值进行调整作为公允价值计量依据
000725京东方	对于以公允价值计量的理财产品，其公允价值按照现金流量折现法确定，于资产负债表日，其摊余成本与公允价值无重大差异。对于附赎回条款的股权投资-换股义务，其公允价值采用蒙特卡洛方法评估确定

续表

公司	第三层次
000725京东方	未上市股权：对于本集团持有的本年度发生新一轮融资的被投资单位的股权，本集团按融资价格作为公允价值的合理估计进行计量；对于本集团持有的其他未上市股权投资，因被投资单位经营环境和经营情况、财务状况等未发生重大变化，故本集团按投资成本作为公允价值的合理估计进行计量
601877正泰电器	期末其他非流动金融资产，其应计公允价值以其成本计量 期末其他权益工具投资，其应计公允价值以未来现金流折现的方法确定 期末应收款项融资均为持有的应收票据，对于该应收票据，采用票面金额确认其公允价值
002761多喜爱	对于持有的应收银行承兑汇票，采用票面金额确定其公允价值 对于持有的权益工具投资，采用购买成本、按照持股比例享有的被投资单位净资产份额等合理方法作为公允价值的合理估计进行计量
000564供销大集	出租的建筑物及土地使用权：收益法/市场法；其他权益工具投资：成本法

注意

关于成本能否代表公允价值请参阅22.2.2节的相关提示。

（4）“不以公允价值计量的金融资产和金融负债的公允价值情况”的披露

这部分信息的披露普遍较为简略，摘录如下：

（1）601360三六零：

“8. 不以公允价值计量的金融资产和金融负债的公允价值情况

本公司管理层认为，财务报表中按摊余成本计量的金融资产和金融负债的账面价值接近该等金融资产和金融负债的公允价值。”

（2）002083孚日股份：

“4. 不以公允价值计量的金融工具

不以公允价值计量的金融资产和金融负债包括：货币资金、应收商业承兑票据、应收账款、其他应收款、其他流动资产、长短期借款、应付票据、应付账款、其他应付款、长期应付款、应付债券、其他流动负债等，不以公允价值计量的金融资产和金融负债的账面价值与公允价值相差较小。”

（3）002024苏宁易购：

“（3）不以公允价值计量但披露其公允价值的资产和负债

本集团以摊余成本计量的金融资产和金融负债主要包括：发放贷款及垫款、应收票据、应收账款、其他应收款、长期应收款、债权投资、短期借款、长期借款、应付票据、应付账款、其他应付款、长期应付款和长期借款及应付债券等。

本集团不以公允价值作为后续计量的金融资产和金融负债的账面价值与公允价值差异不重大。”

专题Ⅳ

社会资本方对政府和社会资本合作（PPP）项目合同的会计处理

引　言

财政部于2021年1月26日发布《企业会计准则解释第14号》(财会〔2021〕1号),其中的第一部分内容明确了社会资本方对政府和社会资本合作(PPP)项目合同的会计处理(简称《PPP会计处理规定》)。

2021年8月10日,财政部会计司发布2021年第4期(总第5期)《企业会计准则实施问答》。该期实施问答共11个问题,均是对社会资本方对PPP项目合同在实施中具体问题的回应。这11个问题主要涉及适用《PPP会计处理规定》的PPP项目范围、社会资本方的会计处理原则、执行《PPP会计处理规定》的过渡与衔接要求三个方面。同时,财政部会计司配套发布了3个PPP项目合同社会资本方会计处理应用案例,分别说明了项目资产属于无形资产模式、金融资产模式和混合模式下社会资本方的具体会计处理。

在《企业会计准则解释第2号》(财会〔2008〕11号)问题五中,财政部曾经对BOT项目的会计处理进行了规范,随着经济的发展、实务的变化以及《企业会计准则第14号——收入(2017年修订)》(新收入准则)的颁布实施,需要对上述规范进行修订。在《PPP会计处理规定》发布之日起(2021年1月26日),《企业会计准则解释第2号》中关于“五、企业采用建设经营移交方式(BOT)参与公共基础设施建设业务应当如何处理”(简称《BOT会计处理规定》)的内容同时废止。

第二十三章　适用范围

23.1　PPP项目合同

本解释所称PPP（Public-Private-Partnership）项目合同，是指社会资本方与政府方依法依规就PPP项目合作所订立的合同，该合同应当同时符合“双特征”，并同时符合“双控制”条件。

双特征	双控制
（1）社会资本方在合同约定的运营期间内代表政府方使用PPP项目资产提供公共产品和服务 （2）社会资本方在合同约定的期间内就其提供的公共产品和服务获得补偿	（1）政府方控制或管制社会资本方使用PPP项目资产必须提供的公共产品和服务的类型、对象和价格 （2）PPP项目合同终止时，政府方通过所有权、收益权或其他形式控制PPP项目资产的重大剩余权益

注意

（1）同时满足“双控制”和“双特征”条件，是适用《PPP会计处理规定》的充分必要条件：

①不同时满足“双控制”和“双特征”的条件的，不按照《PPP会计处理规定》进行会计处理；

②同时满足“双控制”和“双特征”的条件，但未纳入全国PPP综合信息平台项目库的特许经营项目协议，应按照《PPP会计处理规定》进行会计处理。

（2）应用“双特征”条件的关键要点：

合同约定的运营期间	指社会资本方对PPP项目资产的使用期或运营期，通常在PPP项目合同中有明确约定
社会资本方代表政府方使用PPP项目资产提供公共产品和服务	指根据合同约定或政府方授权，社会资本方享有建设、运营、管理、维护本项目设施等权利，同时承担代表政府方提供公共产品和服务的义务。社会资本方至少需要负责基础设施管理和相关服务中的一部分工作，而不能仅为政府方的代理人
社会资本方就其提供的公共产品和服务获得补偿	指社会资本方就其在运营期内运营或维护项目资产等按照合同约定获得回报

（3）应用“双控制”条件时，条件（1）的关键要素及其常见表现形式：

控制	指政府方通过具有法律效力的合同条款等方式，有权决定社会资本方提供的公共产品和服务的类型、对象和价格	通常情况下，政府方和社会资本方在PPP项目合同中应当明确规定社会资本方提供的公共产品和服务的类型、对象和价格
管制	指社会资本方提供的公共产品和服务的类型、对象和价格，虽未在PPP项目合同中进行明确规定，但受有关法律法规或监管部门规章制度的约束	如果某PPP项目合同涉及政府方及与政府方相关联的代表公共利益的监管方，则在应用“双控制”条件（1）时应当将这些主体一起考虑

满足“双控制”条件（1）的情形，既包括由政府方购买项目资产的全部产出，也包括由其他使用者购买项目资产的全部或部分产出。

如果定价的基础或框架受到监管约束，政府方对价格的“控制或管制”不需要完全控制价格，这种情况下仍然符合控制或管制标准。如设定政府调价机制，社会资本方进行调价前应当经过政府方审核同意，或者设定有实质性的价格上限机制，即满足“双控制”条件（1）中的价格控制或管制要求。如果项目合同条款给予社会资本方自主定价权，但约定超额收益全部归政府方所有，社会资本方的收益被限定，则仍然满足“双控制”条件（1）中的价格控制或管制要求。

（4）应用“双控制”条件时，条件（2）的关键要素及其常见表现形式：

重大剩余权益	指PPP项目合同终止时，在项目资产剩余使用寿命内使用、处置该项目资产所能获得的权益。	政府方对“重大剩余权益”的控制具体表现为以下两种情形： 一是PPP项目合同终止时，社会资本方应当将项目资产移交给政府方或者政府指定的第三方，且移交的项目资产预期仍能为政府方带来经济利益流入或者产生服务潜力 二是政府方能够通过合同条款限制社会资本方处置或抵押项目资产，并拥有在合同期内持续控制项目资产使用的权利，保障重大剩余权益不受损害

当政府方满足了“双控制”条件（1）规定的控制条件并保留了PPP项目资产的重大剩余权益时，表明社会资本方只是代表政府方管理PPP项目资产，尽管很多情况下社会资本方有一定管理自主权，但是此时社会资本方的“管理”不应视为“双控制”条件中的“控制”。

社会资本方应当按照假定PPP项目资产已经处在PPP项目合同期末时预期的寿命和状况，对其现值进行估计，以确定项目资产的剩余权益。在合同约定的运营期间，社会资本方对不可分离的PPP项目资产进行更新改造的（包括更换部分设施设备等），应当将更新改造前后的项目资产视为一个整体来考虑。如果政府方控制了更新改造后项目资产的重大剩余权益，则该项目合同整体满足“双控制”条件（2）。

“双控制”条件（2）的判断包含这一特殊情形：对于运营期占项目资产全部使用寿命的PPP项目合同，即使项目合同结束时项目资产不存在重大剩余权益，如果项目合同符合“双控制”条件（1）的，仍符合“双控制”条件。

（5）“双控制”和“双特征”的本质特征：

①政府方拥有对PPP项目资产如何使用的主导权和控制权。这一主导或控制权是通过政府对社会资本方应达到的建造和运营维护服务的定性和定量标准，以及服务收费标准等方面进行控制或者管制的方式体现出来的。

②社会资本方并不真正承担或享有PPP项目资产所有权上的主要风险与报酬，也没有PPP项目资产使用的主导权和控制权。尽管合同可能授予社会资本方一定的自主决策权力，但这些决策权力所针对的往往是行政性、事务性的事项，并且受到如前所述的“政府方主导权”框架的严格限制和制约。社会资本方实质上只是受托提供标的的建造和运营管理服务，并就其所提供的建造和运营管理服务获取报酬。该会计模式下社会资本方所确认的金融资产和/或无形资产所代表的只是就其所提供的PPP项目资产建设和运营管理服务取得报酬的权利，其中固定金额且无条件的报酬索取权为金融资产，非固定金额的报酬索取权为无形资产。这也就是在PPP会计模式下为何“社会资本方不得将本解释规定的PPP项目资产确认为其固定资产”的原因。

实务中需要注意的是：在实务中某些合同名为PPP合同，但约定社会资本方对所购建的资产“自主经营、自负盈亏”（或者虽然没有明确提出这一点，但其合同条款的约定实质上体现了这一点）。对这类合同，应当基于实质重于形式的原则，谨慎判断其是否符合《PPP会计处理规定》的适用条件。我们认为，关于社会资本方“自主经营、自负盈亏”的约定与“双控制”条件存在内在的逻辑冲突，凡是约定社会资本方“自主经营、自负盈亏”或者实质上体现出这一原则的合同，即使其具有“PPP合同”的名义，也有很大可能性并不适用《PPP会计处理规定》，而应按照其他适用的会计准则（如《企业会计准则第4号——固定资产》）进行会计处理。

【例23-1】PPP项目资产部分受到政府方控制（《企业会计准则实施问答》）

问题

当PPP项目资产部分受到政府方控制时，应当如何应用“双控制”条件？

分析

PPP项目资产部分受政府方控制的，分为以下两种情形：

一是项目资产在功能设置和空间分布上可分割且能独立运营，并且满足《企业会计准则第8号——资产减值》（财会〔2006〕3号）中资产组的定义，应当单独进行分析。如果政府方不能控制该部分资产，则该部分资产不适用《PPP会计处理规定》。

二是社会资本方使用PPP项目资产提供不受政府方控制的辅助性服务，并不减损政府方对PPP项目资产的控制，在应用“双控制”条件时不应当考虑该项服务。

社会资本方如果有权使用上述情形一中不受政府控制的项目资产组成部分，

或者有权使用情形二中用于提供不受政府方控制的辅助性服务的项目资产时，应当根据其业务性质判断适用的企业会计准则，例如对于实质上构成政府方对社会资本方的租赁，则应按照《企业会计准则第21号——租赁》进行会计处理。

23.2 社会资本方

社会资本方指与政府方签署PPP项目合同的社会资本或项目公司。

注意

（1）《PPP会计处理规定》仅规范了社会资本方的会计处理，并没有涉及授予方（政府授权或指定的机构）的处理。

政府方对PPP项目的会计处理属于政府会计的规范内容，目前由《政府会计准则第10号——政府和社会资本合作项目合同》及其应用指南规范。

（2）《PPP会计处理规定》主要适用于对项目公司具有控制权的社会资本方在其合并报表层面对PPP项目的会计处理。至于对项目公司本身，在某些情况下并不完全适用。

例如，PPP合同约定社会资本方在运营期满时将项目公司的股权无偿转让给政府，以实现社会资本方的退出，但项目公司作为该项公共服务的运营主体将会长期存续。这种情况下，项目公司应将所购建的PPP项目资产确认为其自身的固定资产，相应地在项目公司自身报表中不能确认基础设施的建造收入。这是因为，在这种模式下，项目公司不是社会资本方的延伸（代表社会资本方提供与PPP项目资产相关的建造和运营服务），而更多的是该PPP项目资产自身的实体化，相应地，这类项目公司在其自身的会计核算和报表编制中应体现出该“视角差异”的影响。

23.3 政府方

政府方是指政府授权或指定的PPP项目实施机构。

23.4 PPP项目资产

社会资本方不得将《PPP会计处理规定》规定的PPP项目资产确认为其固定资产。

注意

由于符合“双控制”的条件，PPP项目资产是由政府方控制的，对社会资本方来说，不符合会计准则中的“资产”定义，因此不能将其作为社会资本方的资产。

同时，社会资本方也不拥有PPP项目资产使用的控制权，而仅仅是有权依据合同明确的条款代表授予方经营PPP项目资产以提供公共服务，并就其提供的建造和运营服务获得补偿的权利。因此也不能将其确认为租赁资产（使用权资产）。

第二十四章　会计处理原则

24.1　PPP项目收入的确认和计量

24.1.1　建造服务的收入确认与向客户收取合同对价的权利

社会资本方提供建造服务（含建设和改扩建，下同）或发包给其他方等，应当按照新收入准则确定其身份是主要责任人还是代理人，并进行会计处理，确认合同资产。

注意

（1）建造服务收入的“总额法”或“净额法”。

《PPP会计处理规定》实施后，社会资本方应按照新收入准则关于主要责任人和代理人的判断原则确定是采用总额法还是净额法确认收入，自身是否提供建造服务不再是其是否确认建造收入的判断标准。已经同步废止的《BOT会计处理规定》中“项目公司未提供实际建造服务，将基础设施建造发包给其他方的，不应确认建造服务收入”的规范不再适用。此前实务中，由于该条规范与新收入准则判断主要责任人和代理人的要求相悖，很多项目实际上已经没有按照《BOT会计处理规定》处理。《PPP会计处理规定》的实施，为实务操作提供了更为明确的原则依据。

如23.2节中所述，《PPP会计处理规定》主要适用于对项目公司具有控制权的社会资本方在其合并报表层面对PPP项目的会计处理。如果社会资本方合并报表内多个会计主体参与该PPP项目，例如，施工企业作为社会资本方设立PPP项目公司，以项目公司作为PPP项目合同的承接、投资及运营主体，项目公司再将建造服务发包给该施工企业（项目公司的母公司）的这一常见模式下，各会计主体的个别报表以及社会资本方合并报表的抵销处理需要关注：

①项目公司自身财务报表对建造服务收入是“总额法”还是“净额法”。

项目公司就建造服务是主要责任人还是代理人的身份，即项目公司自身财务报表中对建造服务是采用总额法还是净额法确认收入的问题，仍有待进一步明确，项目公司编制自身个别报表时，需结合具体的PPP项目合同及PPP业务开展的实际情况进行分析和判断。

作为一项基本原则，在项目公司自身报表中，也应当基于新收入准则第三十四条规定的原则考虑其是主要责任人还是代理人。理论上不能仅仅依据项目公司自身是否直接提供了建造服务来判断，但也不能仅仅因为PPP合同中项目公司通常具有法律上的主要责任人身份就认为必定可以采用总额法。我们认为，虽然项目公司是PPP合同中建造和运营服务的首要责任人，但可以参照专题Ⅱ“新收入准则实务案例解析”中针对联合体牵头方的收入确认是“总额法”还是“净额法”中的讨论，对项目公司明显不具备提供建造、运营服务能力，但可以较为容易地将该等责任转嫁给其母公司或其他分包商的情况，考虑将项目公司作为代理人（只是其母公司或者其他分包商向政府方提供基础设施建造服务的载体或通道），按净额法确认收入。但无论如何，不影响其母公司合并报表层面的处理。

②合并财务报表中是否应抵销承包方的建造服务收入及发包方对应的成本。

根据《企业会计准则第33号——合并财务报表》（财会〔2014〕10号）的相关规定，合并财务报表是站在企业集团的角度，以纳入合并范围的企业的个别财务报表为基础，根据其他有关资料，抵销集团合并范围内公司相互之间发生的内部交易，考虑了特殊交易事项对合并财务报表的影响后编制的，旨在反映企业集团作为一个整体的财务状况、经营成果和现金流量。因此，社会资本方合并报表内部由不同主体分别作为PPP项目承接方（发包人）和建造服务承包人时，应以合并集团的角度保留对政府的建造服务收入。也即：

PPP项目承接方（发包人）在向政府方提供建造服务业务中的身份	
主要责任人	代理人
由于发包人与承包人重复确认了建造服务收入，因此合并报表中应抵销发包人成本和承包人收入	发包人层面未确认建造服务收入，因此无需抵销承包人建造服务收入①

（2）建造期项目资产的核算与列报。

由于PPP合同对价的两种形式（金融资产和无形资产）在建造阶段都不满足新收入准则对“应收账款”（仅取决于时间流逝即可获得无条件收款权）的要求，因此社会资本方在确认收入同时确认的是“合同资产”（而非“应收账款”）。但需要注意的是：

①确认“合同资产”可能不仅限于PPP项目资产在“提供建造服务”阶段。当资产达到预定可定使用状态转入运营期，对于无形资产模式的部分，应由合同资产转入无形资产；但合同资产转金融资产的时点并非是进入运营期时一次性结转（由于建造服务的对价可能还取决于运营服务的履约情况，因此即使进入运营期，对建造

① 发包人为代理人时，虽然会计处理上不存在需要抵销的发包方成本和承包方收入，但是从社会资本方企业集团的角度出发，还需要考虑合并财务报表层面的“视角调整”。例如，发包人和承包人之间的内部交易作价不公允，无法代表合并集团作为一个整体向政府方提供的基础设施建造服务的公允价值时，合并报表中应以向政府方收取的建造服务对价为基础计量建造服务收入。

服务的收款权利也并非无条件的收款权）。

②虽然建造期社会资本方将相关PPP合同对价均计入“合同资产”核算，但列报时需要区分：未来将转为无形资产的部分，建造期间应当在资产负债表“无形资产”项目中列报；其余部分，应当根据其预计是否自资产负债表日起一年内变现，在资产负债表“合同资产”或“其他非流动资产”项目中列报。

（3）建造期项目资产的减值。

此处规定“建造期间确认合同资产”，即不论最终对价形式是金融资产还是无形资产，在建造期间均先确认为“合同资产”，到运营期开始时再根据具体情况分别转为金融资产或者无形资产。但由此可能产生减值计提方面的疑问。在现行准则体系下，《企业会计准则第22号——金融工具确认和计量》要求合同资产的减值应适用该准则第八章中规定的“预期损失模型”，即仅针对债务人的信用风险确认减值。这种减值模型对于PPP会计中的“金融资产模式”当然是适用的，但并不适用于“无形资产模式”，因为无形资产模式下影响社会资本方回报和资产可收回金额的主要因素是社会公众对相关公共服务的需求风险，而不是债务人信用风险。因此，在建造期间的会计处理中，虽然暂时不区分金融资产和无形资产，但在期末对合同资产进行减值测试时，仍应区分不同模式，对应采用不同的减值模型。对于将形成无形资产的合同资产，其减值应当适用《企业会计准则第8号——资产减值》，这也与该项合同资产在资产负债表的“无形资产”项目内列报的做法保持一致。

另外，如24.2节所述，在判断建造期间的利息等借款费用能否资本化时，也要根据合同资产将转换为金融资产还是无形资产作出不同的处理。只有将转换为无形资产的合同资产，才是《企业会计准则第17号——借款费用》所指的“符合资本化条件的资产”，纯金融资产模式下借款费用不能资本化。

24.1.2 将交易价格分摊至各项履约义务

社会资本方根据PPP项目合同约定，提供多项服务（如既提供PPP项目资产建造服务又提供建成后的运营服务、维护服务）的，应当按照新收入准则的规定，识别合同中的单项履约义务，将交易价格按照各项履约义务的单独售价的相对比例分摊至各项履约义务。

注意

上述交易价格的分摊规定更多适用于金融资产模式。在无形资产模式下，运营期间内可获得的收入并非固定金额，而是取决于预定用户（如社会公众）对PPP项目资产的使用情况，因此不存在固定的合同总价。在无形资产模式下实际上存在两项不同的合同：一是基础设施建造服务，其客户为政府，对价形式为取得一项运营收款权（无形资产）；二是运营服务，其客户为该基础设施及其相关的公共服务的使用者（如社会公众），对价形式一般为现金（具体付费方式可以是使用者直接付费，也可以是政府根据使用情况代使用者付费，但后一种情况相当于政府向使用者提供的补助，对社会资本方而言仍视作使用者付费）。后者只有在该基础设施被使用时才会成立一项合同。因此，对于无形资产模式而言，建设期间确认的收入直接等于建造服务的公允价值，不存在与“另一项履约义务”分摊合同价款的问题。

如果单独售价无法直接观察的，或者缺少类似的市场价格的，社会资本方可以考虑市场情况、企业特定因素以及与客户有关的信息等相关信息，采用市场调整法、成本加成法、余值法等方法合理估计单独售价。实务中，社会资本方可参照同期提供同类项目的毛利率水平及预计总成本等合理估计建造服务的单独售价。由于实务中较难直接找到仅提供基础设施运营维护服务的情形，运营维护服务的单独售价难以通过直接市场观察的方式确定，因此实务中通常采用“余值法”，即首先确定PPP合同约定的运营期内每期收款额中用于回收建造服务对价的部分，再将其从每期收款总额中扣除，剩余部分即为每期收款总额中作为运营维护服务对价的部分；或者，在某些情况下，如果运营维护服务的单独售价更容易确定（例如，采用成本加成法），也可以先确定运营维护服务的单独售价，再将剩余部分作为建造服务的单独售价。关于金融资产模式下两部分对价的分摊和相关会计处理，可参考【例24-1】。

【例24-1】PPP项目多项履约义务的价格分摊

问题

A公司已完成所有硬件系统的采购安装，且其客户已提供硬件系统安装的完工验收单。对于该项目，A公司应如何确认收入成本？按三年期间分摊收入成本，或是先按硬件成本总额确认收入，剩余期限内分摊剩余的收入金额及后续发生的服务成本？

背景

A公司为信息科技公司，主要为客户提供智慧城市项目服务。现有一监控系统安装及提供后续服务的项目，A公司与其客户（A公司通过其客户服务的最终客户）最终签订了技术服务合同，以技术服务费的形式确认合同收入，而其业务实质为自带大量硬件采购的技术服务，且硬件采购收入与技术服务收入无法分拆，合同约定内容如下：

（1）服务内容为按照预定的技术标准（技术标准包括提供高清治安监控系统、高清治安卡口系统、视频共享平台、一套全新的适合大规模视频监控系统的存储系统、一套液晶大屏幕拼接系统、UPS不间断电源系统、210调运营商光纤线路等等硬件系统及相关服务）提供220个定点的技术服务。

（2）费用标准及支付。

视频监控	单价（元/点/月）	服务期限	总价（合计）（元）
220点位	1 018.50	36个月	8 066 520.00

（3）客户每年向A公司结算一次技术服务费（增值税率6%），每年在收到最终用户支付的相关款项后支付A公司服务费，金额分别为2 522 520.00元、2 772 000.00元、2 772 000.00元。

分析

本例中，如果除了此处的设备安装、采购及系统集成以外，在后续36个月内，A公司还需要负责系统的运营和维护，并承担相应成本，则本案例可参照《PPP会计处理规定》中的“金融资产模式”进行会计处理。说明如下：

本案例中系统的建造成本为3 192 998.42元，假设建设阶段的成本加成率为10%，即总价款为3 512 298.26元，分3年平均收回，折现率为6%，则每年的收款金额（不含税）为：1 313 985.25元［3 512 298.26/（P/A，3，6%）］，未折现的收款额合计3 941 955.74元（1 313 985.25×3）。相应地，第1、2、3年的收款额（均除以1.06换算到不含税金额）中，用于弥补后续运维成本的金额各为1 094 052.49元、1 301 109.09元、1 301 109.09元。相关会计处理如下（以建成时和第一年为例）：

（1）项目建成时确认设备安装、采购及系统集成相关收入：

借：长期应收款　　3 941 955.74

　　贷：未实现融资收益　　429 657.47

　　　　主营业务收入　　3 512 298.26

借：主营业务成本　　3 192 998.42

　　贷：合同履约成本　　3 192 998.42

（2）确认第一年的运维收入：

借：应收账款　　1 094 052.49

　　贷：主营业务收入　　1 094 052.49

（3）确认长期应收款对应的第一年利息收入：

借：未实现融资收益　　210 737.90

　　贷：其他业务收入——利息收入　　210 737.90

（4）收到第一年服务费：

借：银行存款　　2 552 520.00

　　贷：长期应收款　　1 313 985.25

应收账款	1 094 052.49
应交税费——应交增值税（销项税额）	144 482.26

24.1.3 运营服务的收入确认

PPP项目资产达到预定可使用状态后，社会资本方应当按照新收入准则确认与运营服务相关的收入。

24.2 PPP项目资产的建造过程中发生的借款费用

在PPP项目资产的建造过程中发生的借款费用，社会资本方应当按照《企业会计准则第17号——借款费用》的规定进行会计处理。对于确认为无形资产的部分，社会资本方在相关借款费用满足资本化条件时，应当将其予以资本化，并在PPP项目资产达到预定可使用状态时，结转至无形资产。除上述情形以外的其他借款费用，社会资本方均应予以费用化。

注意

上述规定中的借款费用可以资本化是有前提条件的，即仅适用于无形资产模式或混合模式中确认为无形资产的部分。

根据《PPP会计处理规定》，交易对价无论是金融资产还是无形资产，在建造阶段都确认“合同资产”，依据国际财务报告解释委员会（IFRIC）在2019年3月的讨论议题结论“以‘收取现金或其他金融资产’为预期用途的合同资产不属于符合资本化条件的资产”，将形成金融资产的合同资产不属于符合资本化条件的资产。但是，在无形资产模式下，社会资本方取得的对价为无形资产（许可权），而无形资产属于符合资本化条件的资产（一般而言，直到PPP资产建造完成，许可权才可以使用），因此可以按照《企业会计准则第17号——借款费用》的规定对符合条件的借款费用予以资本化。在实务操作中，在建造期间，资本化的借款费用单独核算计入“PPP借款支出”科目，期末，“PPP借款支出”科目的借方余额应在资产负债表“无形资产”项目中列报；至PPP项目资产达到预定可使用状态（运营期开始）时，将计入“PPP借款支出”科目的金额结转至“无形资产”科目。

但在金融资产模式下，社会资本方取得的对价是“金融资产”，金融资产不属于符合资本化条件的资产，因此，社会资本方应将相关借款费用予以费用化，计入财务费用。

24.3 自政府方取得其他资产

社会资本方根据PPP项目合同，自政府方取得其他资产，该资产构成政府方应付合同对价的一部分的，社会资本方应当按照新收入准则的规定进行会计处理，不作为政府补助。

注意

如前所述，PPP项目资产不能确认为社会资本方自身的资产，但是如果政府方提供给社会资本方其他资产，社会资本方能够按其意愿保持或处理这些资产（能控制资产），则社会资本方应按照通常的会计准则进行处理，如确认资产并承担相应义务（例如合同负债）。如果这些资产属于对价的组成部分，则不满足《企业会计准则第16号——政府补助》规范的“无偿性”特点，不应作为政府补助。

PPP合同本身是一种包含“政府购买服务”成分的协议，因此社会资本方依据该合同从作为合同对手方的政府（或政府的授权代表）获得的对价均不符合政府补助的“无偿性”特征，相应地不能确认为政府补助。但在实务中，可能存在由合同授予方的上级政府对PPP项目予以补助的情形，此时由于上级政府并不是PPP合同的一方，其对PPP项目的补助有可能满足政府补助的“无偿性”特征，故社会资本方或项目公司收到上级政府的补助资金，有可能满足作为政府补助进行会计处理的条件。

24.4　维护支出

为使PPP项目资产保持一定的服务能力或在移交给政府方之前保持一定的使用状态，社会资本方根据PPP项目合同提供的服务不构成单项履约义务的，应当将预计发生的支出按照《企业会计准则第13号——或有事项》的规定进行会计处理。

注意

上述预计发生的支出是由社会资本方自行承担的部分，政府方不就这部分维护支出单独予以补偿。通常情况下，在金融资产模式下，可以识别出合同对价中用于补偿该项维修或重置义务的金额，相应地不会采用确认预计负债的处理方式；但在无形资产模式下，由于政府方一般不会单独对此予以补偿，故需在运营期内（如两次大修理或重置之间）确认预计负债，并按实际利率法确认该项与预计负债相关的利息费用。

24.5　建造支出的现金流量列报

社会资本方在PPP项目建造期间发生的建造支出在现金流量表中按如下原则列示：

无形资产部分	非无形资产部分
投资活动现金流量	经营活动现金流量

第二十五章　会计处理模式

25.1　金融资产模式

条件：在项目运营期，社会资本方有权收取可确定金额的现金（或其他金融资产）。

确认和计量原则：在社会资本方拥有收取该对价的权利（该权利仅取决于时间流逝的因素）时确认为应收款项，并按照《企业会计准则第22号——金融工具确认和计量》的规定进行会计处理。

注意

（1）在金融资产模式下，来自公共服务使用者的现金流量不足以弥补投资的风险（需求风险）由授予方承担。

（2）根据《国际财务报告解释公告第12号——服务特许权协议》（IFRIC 12）第16段规定："经营方具有无条件收取现金的权利，如果授予方从合同上保证向经营方支付：（1）规定或可确定的金额，或者（2）应收公共服务使用者的金额与规定或可确定金额之间的差额（如果有的话），即使支付是依经营方确保基础设施符合规定的质量或效率要求而定。"

（3）后续结论基础部分（BC44、BC45段）中对此作出了进一步解释。即使支付是依社会资本方确保PPP项目资产符合规定的质量或效率要求而定（注：实务中常见的例子是根据运营维护的业绩考核评分确定可用性付费的金额），仍应确认为金融资产，而不是无形资产。在授予方被要求因建造服务向经营方提供支付之前，经营方必须确保基础设施有能力提供授予方确定的公共服务或者达到或超过授予方确定的运营标准或效率目标，以保证特定水平的服务或能力被提供。

（4）实务中，金融资产模式经常见于可经营性系数低或不具备盈利性的公益行业。如，垃圾焚烧、污水处理、市政道路、河道治理、公共安全监控服务等。

25.2　无形资产模式

条件：在项目运营期，社会资本方有权向获取公共产品和服务的对象收取费用，但收费金额不确定的，该权利不构成一项无条件收取现金的权利。

确认和计量原则：在PPP项目资产达到预定可使用状态时，将相关PPP项目资产的对价金额或确认的建造收入金额确认为无形资产，并按照《企业会计准则第6号——无形资产》的规定进行会计处理。

注意

（1）在无形资产模式下，来自公共服务使用者的现金流量不足以弥补投资的风险（需求风险）由社会资本方承担。

（2）社会资本方的收入视PPP资产的使用情况而定。在某些情况下，经营方资产的需求风险很低，可能从实质上排除了社会资本方回报的金额变动性。但是社会资本方不应以资产回报变动性风险很低作为理由，将回报确认为金融资产，因为只要合同没有授予其无条件收取现金的权利，就不满足金融资产的确认条件。

（3）实务中，无形资产模式经常见于可经营性系数高、财务效益较好的行业。如，高速公路、供水供气、机场等。

25.3　混合模式

相关PPP项目资产的对价金额或确认的建造收入金额，超过有权收取可确定金额的现金（或其他金融资产）的差额，确认为无形资产。

注意

（1）混合模式下，来自公共服务使用者付费的现金流量不足以弥补投资的风险（需求风险）由社会资本方和政府授予方共同承担。

（2）授予方向社会资本方的服务部分支付金融资产，部分给予其向公共服务使用者收费的权利（无形资产）。因此，社会资本方要将授予方的对价分为金融资产（现金流入得到保障），剩余部分作为无形资产。

25.4　金融资产模式与无形资产模式的异同

阶段	金融资产模式	无形资产模式
建设期		
提供建造服务	确认“合同资产”和“营业收入”	确认“合同资产”和“营业收入”
	提示：应首先确定身份是主要责任人还是代理人；其次还应关注建造收入应在一个时点还是一段时间内确认（一般理解，涉及不动产建造的项目通常满足在一段时间内确认收入的条件；不涉及不动产建造的项目，可能只有在完成时点一次性确认收入）	
借款费用	费用化	（符合条件的）资本化，计入“PPP借款支出”
运营期		
PPP资产达到可使用状态时		1.“合同资产”转入“无形资产” 2.“PPP借款支出”转入“无形资产”

续表

阶段	金融资产模式	无形资产模式
满足应收款项确认条件	从“合同资产”转入“长期应收款”（收款权利仅取决于时间流逝的因素）	
利息收入	“长期应收款”按实际利率法确认利息收入	无
提供运营服务	1.确认运营期收入 2.收取的现金流入：分为“运营期收入”和冲减“长期应收款”两部分（按收入准则分摊交易价格）	1.确认运营期收入 2.收取的现金流入全部为运营期收入
无形资产摊销	无	需要摊销，计入运营期成本

25.5 会计处理模式示例①

背景：

PPP协议要求社会资本方修建一条公路，建设期2年，运营期8年（从第3年至第10年）。社会资本方为该建设项目借入专门借款1 000万元，每年借款利息50万元。

情形1：授予方第3—10年每年末支付社会资本方400万元，共计3 200万元。根据协议约定，社会资本方有义务在第8年年末重铺路面（假设重铺路面不构成单项履约义务），预计将为此发生成本100万元，授予方将全额支付给社会资本方重铺路面实际发生的费用。

情形2：社会资本方运营期可向公路使用者收取过路费，无论收取费用是否能够弥补建设成本，授予方均不予补偿。根据协议约定，社会资本方有义务在第8年年末重铺路面，预计将为此发生成本100万元，授予方不单独支付重铺路面的费用。

情形3：授予方第3—10年每年年末支付社会资本方200万元，共计1 600万元，同时社会资本方可在运营期向公路使用者收取过路费。

情形1：金融资产模式

（1）由于在项目运营期，社会资本方有权收取可确定金额的现金，因此采用金融资产模式进行会计处理。

（2）在合同中，社会资本方有项目建设、项目运营两个单项履约义务，应按照各项履约义务单独售价的相对比例将交易对价分摊至各项履约义务。假设第3—10年每年收取的400万元中，分摊至项目建设的交易价格为300万元，分摊至运营服务的交易价格为100万元。

（3）分摊至建设期的300 × 8=2 400（万元）对价，按照实际利率法折现，假设折现后的交易对价为2 200万元（未实现融资收益为200万元）。

① 本案例背景及后续分析部分的具体数据均采用极简方式，仅供理解。

（4）具体会计处理：

单位：万元

金融资产模式	
建设期：	
确认建设期收入（2年合计）	借：合同资产　2 400 　贷：主营业务收入（建造收入）　2 200 　贷：未实现融资收益　200
归集建设期成本	借：合同履约成本　××× 　贷：存货、应付职工薪酬等　×××
确认建设期成本	借：主营业务成本（建造成本）　××× 　贷：合同履约成本　×××
利息收入摊销（在10年内按实际利率法摊销）	借：未实现融资收益 　贷：财务费用（利息收入）
专门借款费用（2年合计）	借：财务费用　100 　贷：银行存款　100
运营期：	
第3年至第10年，每年末在拥有无条件收取对价的权利（该权利仅取决于时间流逝的因素）时：	借：应收账款　300 　贷：合同资产　300
确认运营期收入（8年合计，包括第8年末因重铺路面获得授予方补偿而确认的相关收入）	借：银行存款　3 300 　贷：主营业务收入（运营收入）　900 　贷：应收账款　2 400
归集运营期成本（第3—10年8年合计，包含第8年末重铺路面发生的成本）	借：合同履约成本　××× 　贷：存货、应付职工薪酬等　×××
确认运营期成本（第3—10年8年合计，包含第8年末重铺路面发生的成本）	借：主营业务成本（运营成本）　××× 　贷：合同履约成本　×××
利息收入摊销（在10年内按实际利率法摊销）	借：未实现融资收益 　贷：财务费用（利息收入）

情形2：无形资产模式

（1）由于在项目运营期，社会资本方有权收取的收费金额不确定，该权利不构成一项无条件收取现金的权利，因此采用无形资产模式进行会计处理。

（2）假设社会资本方项目建造成本预计为2 100万元，按照成本加成率5%估计的建造项目公允价值为2 205万元。

（3）社会资本方认为路面的磨损程度与使用公路的车流量成正比关系，假设其预计情况如下表：

年度	3	4	5	6	7	8	合计
各年利润表中确认的总费用	12	14	15	17	20	22	100
其中：各年产生的义务（按实际利率折现后）	12	13	14	15	16	17	87
以前年度准备应确认的财务费用（利息支出）	0	1	1	2	4	5	13

（4）具体会计处理：

无形资产模式	
建设期：	
确认建设期收入（2年合计）	借：合同资产 2 205 贷：主营业务收入（建造收入） 2 205
归集建设期成本	借：合同履约成本 ××× 贷：存货、应付职工薪酬等 ×××
确认建设期成本（2年合计）	借：主营业务成本（建造成本） 2 100 贷：合同履约成本 2 100
专门借款费用（2年合计）	借：PPP借款支出 100 贷：银行存款 100
运营期：	
PPP资产达到可使用状态时	借：无形资产 2 205 贷：合同资产 2 205
建设期资本化借款费用转入无形资产	借：无形资产 100 贷：PPP借款支出 100
确认运营期收入	借：银行存款 ××× 贷：主营业务收入（运营收入） ×××
归集运营期成本（不含为第8年末的重铺路面义务预提的相关成本及其利息支出）	借：合同履约成本 ××× 贷：存货、应付职工薪酬等 ×××
无形资产摊销（8年合计）	借：合同履约成本 2 305 贷：无形资产（摊销） 2 305
确认运营期成本（不含为第8年末的重铺路面义务预提的相关成本及其利息支出）	借：主营业务成本（运营成本） ××× 贷：合同履约成本 ×××
运营期第1年末（项目第3年）重铺路面费用	借：主营业务成本（运营成本） 12 贷：预计负债 12
运营期第2年末（项目第4年）重铺路面费用及以前年度准备随时间流逝应确认的财务费用（后续第5—8年均按相同模式处理）	借：主营业务成本（运营成本） 13 借：财务费用（利息支出） 1 贷：预计负债 14
运营期第8年末支付重铺路面费用	借：预计负债 100 贷：银行存款（或其他） 100

情形3：混合模式

（1）假设社会资本方项目建造成本预计为2 100万元，按照成本加成率5%估计的建造项目公允价值为2 205万元。而社会资本方有权从授予方取得的确定金额为1 600万元，低于建造项目的公允价值，其余部分由向公路使用者收取过路费弥补，因此该PPP合同的需求风险由授予方和社会资本方共同承担。社会资本方应采用混合模式进行会计处理。

（2）授予方支付的对价200×8=1 600（万元），按照实际利率法折现，假设折现后的交易对价为1 500万元（未实现融资收益为100万元）。公允价值2 205万元超过1 500万元的705万元，作为无形资产。

（3）在建造项目公允价值中，无形资产部分所占比例为705÷2 205=32%，相应借款费用应资本化的部分为100×32%=32（万元）。

（4）具体会计处理：

混合模式	
建设期：	
确认建设期收入（2年合计）	借：合同资产　2 305 　贷：主营业务收入（建造收入）　2 205 　贷：未实现融资收益　100
归集建设期成本	借：合同履约成本　××× 　贷：存货、应付职工薪酬等　×××
确认建设期成本（2年合计）	借：主营业务成本（建造成本）　2 100 　贷：合同履约成本　2 100
专门借款费用（2年合计）	借：PPP借款支出　32 　贷：银行存款　32
利息收入摊销（在10年内按实际利率法摊销）	借：未实现融资收益 　贷：财务费用（利息收入）
运营期：	
PPP资产达到可使用状态/满足应收款项确认条件时（8年合计）	借：无形资产　705 借：长期应收款/应收账款　1 600 　贷：合同资产　2 305
建设期资本化借款费用转入无形资产	借：无形资产　32 　贷：PPP借款支出　32
确认运营期收入（8年合计）	借：应收账款　××× 　贷：主营业务收入（运营收入）　×××
运营期收到授予方、资产使用方支付款项	借：银行存款　××× 　贷：长期应收款/应收账款　×××
归集运营期成本	借：合同履约成本　××× 　贷：存货、应付职工薪酬等　×××
无形资产摊销（8年合计）	借：合同履约成本　737 　贷：无形资产（摊销）　737
确认运营期成本（8年合计）	借：主营业务成本（运营成本）　××× 　贷：合同履约成本　×××
利息收入摊销（在10年内按实际利率法摊销）	借：未实现融资收益 　贷：财务费用（利息收入）

第二十六章　PPP项目合同有关实务案例

在本部分中，我们选取了实务中在执行《PPP会计处理规定》时常见的一些问题进行讨论，以期通过这些实务案例更加清晰地呈现《PPP会计处理规定》的规定及如何理解和执行。这些问题集中于以下三类：

一是实务中PPP模式复杂多样且入库项目并不等同于适用《PPP会计处理规定》的PPP项目，因此相关交易合同是适用《PPP会计处理》或其他适用准则是实务中面临的一大判断；

二是适用《PPP会计处理规定》时，形成的项目资产属于金融资产还是无形资产，这一判断将会影响借款费用能否资本化、减值测试适用准则、现金流量列报等会计处理结果；

三是前文“第二十四章　会计处理原则”提及的具体情形下的处理。

26.1　是否适用《PPP会计处理规定》的判断

26.1.1　PPP会计处理模式与租赁模式之间的区分

《企业会计准则第21号——租赁（2018年修订）》（新租赁准则）第三条规定“采用建设经营移交等方式参与公共基础设施建设、运营的特许经营权合同，不适用本准则”。而新租赁准则与《PPP会计处理规定》对通过合同获取资源的处理存在一致之处：企业不能将其确认为自身的固定资产。但是，某些情况下可能会面临相关资产应适用《PPP会计处理规定》确认为金融资产或无形资产，还是按照新租赁准则的处理确认为使用权资产的准则适用问题。

【例26-1】PPP会计模式和租赁模式的区分

问题

依据下文“背景”部分中的信息，站在A公司的角度：

1. 对A公司依据特许经营协议获得的特许经营权，是否适用《企业会计准则解释第14号》中的“PPP会计模式”？如不适用，应如何进行会计处理？

2. 以预付租金方式将该特许经营权转租给B公司，应如何进行会计处理？

背景

A公司与当地政府以“PPP项目”的名义签订特许经营协议，由A公司出资建设展览园，获得为期30年的特许经营权。该项目占地8 000平方米，房产建筑面积1 300平方米，造价1 000万元，其他附属设施造价900万元。协议书约定A公司自主经营，自负盈亏，特许经营期满后，应将该项目及其全部建筑、附属设施无偿移交政府指定机构。

同期，A公司与B公司签订转租协议，B公司以预付租金的方式获得该特许经营权（30年），租金总额为2 400万元，其中：签订协议当日B公司支付租金总额的70%；该PPP项目竣工验收合格并完成工程决算后，支付租金总额的20%；项目移交给B公司运营满两年后，支付剩余租金。A公司在每次B公司支付时向B公司开具等额发票。

分析

本案例两个方面的问题：

1. A公司与政府之间就30年的“PPP项目”如何进行会计处理；

2. A公司与B公司之间的“转租”交易如何进行会计处理。

问题1：A公司与政府之间就30年的“PPP”交易如何进行会计处理

我们认为，这个交易名为“PPP”，但实际上不符合《企业会计准则解释第14号》规定的PPP会计模式的适用条件，其实质为一项自政府租赁8 000平方米土地、租期30年的交易。该交易的租金为30年后交还给政府或其指定机构的房屋建筑物和附属设施的届时价值。

需要说明的是：为什么本案例中A公司与政府之间的交易不适用“PPP会计模式”，而是适用“租赁模式”？这涉及这两个会计模式的一个根本区别点，即对资产本身使用的控制权归属于谁的问题。我们认为，这是区分一项交易应否采用“PPP会计模式”的根本标准。

（1）本案例中的交易不适用PPP会计模式。《企业会计准则解释第14号》规定的PPP会计模式的适用条件之一是“双控制”。其一是政府方控制或管制社会资本方使用PPP项目资产必须提供的公共产品和服务的类型、对象和价格；其二是PPP项目合同终止时，政府方通过所有权、收益权或其他形式控制PPP项目资产的重大剩余权益。“双控制”的要求说明，政府方对目标资产（基础设施）如何使用实际上是有主导权和控制权的，并通过在合同中对回报金额的约定或者对收费标准的管制，限制了社会资本方可以从中获取的经济利益。社会资本方只是在政府规定的框架内提供资产（基础设施）的建设和运营管理服务，并就其所提供的建设和运营管理服务获取收费的权利，该权利可能是固定金额的，也可能是根据最终用户对该资产（基础设施）的使用情况而定的变动金额。其中固定金额部分确认为金融资产，变动金额部分确认为无形资产。所以PPP会计模式中社会资本方确认的金融资产和无形资产实际上是“收费权资产”，这也就说明了为何“社会资本方不得将本解释规定的PPP项目资产确认为其固定资产”，这个固定资产实际上是政府方的，只是将其建设和运营外包给社会资本方而已。

而在本案例中，“协议书约定A公司自主经营，自负盈亏”，也就是政府并不对其经营活动，包括提供服务的对象、收费标准及后续调整等问题进行控制或者管制，A公司拥有所建造的房屋建筑物和附属设施的完全自主使用权（后续将其转租给B公司就是这一自主使用权的体现），与PPP会计模式的经济实质不符，所以不应适用PPP会计模式。

（2）本案例的实质是企业与政府之间的土地租赁交易。根据新租赁准则第二条、第五条的规定，“租赁，是指在一定期间内，出租人将资产的使用权让与承租人以获取对价的合同”“为确定合同是否让渡了在一定期间内控制已识别资产使用的权利，企业应当评估合同中的客户是否有权获得在使用期间内因使用已识别资产所产生的几乎全部经济利益，并有权在该使用期间主导已识别资产的使用”。这是从经济实质上判断一项安排是否包含租赁应满足的两个基本条件，即一是合同存在某特定的已识别资产，二是企业能够控制该已识别资产的使用。

从本案例的情况看，该安排取决于特定资产（该8 000平方米的土地使用权），同时将30年内该资产的使用权转移给了A公司，因此该交易是政府与A公司之间的土地租赁交易，应按新租赁准则进行会计处理。

该交易的租金为30年后交还给政府或其指定机构的房屋建筑物和附属设施的届时价值。因为房屋建筑物和附属设施的总造价为1 900万元，假设使用寿命为50年，则30年期满时的折余价值为760万元（不考虑残值，下同），相当于是30年期满时一次性支付租金，应采用760万元的折现值确定租赁负债，并据此确定使用权资产。假定当日A公司的增量借款利率为5%，则760万元按30年折现的现值为1 758 468.61元，不考虑初始直接费用、复原成本等其他因素，使用权资产、租赁负债的初始计量金额均为1 758 468.61元。

相应地，A公司的会计处理如下：

①在租赁期开始日，对使用权资产和租赁负债进行初始确认和计量：

借：使用权资产　　1 758 468.61

　　租赁负债——未确认融资费用　　5 841 531.39

　　贷：租赁负债——租赁付款额　　7 600 000.00

租赁期间内，使用权资产按照30年摊销，租赁负债按固定的周期性利率进行后续计量。

②在建设时，A公司对该自建房屋应作出如下处理：

借：固定资产　　　　　　　　　　　　　　　　　1 900万元

　　贷：银行存款、其他应付款等　　　　　　　　　　　1 900万元

注：因为《企业会计准则第4号——固定资产》第三条规定“固定资产，是指同时具有下列特征的有形资产：（一）为生产商品、提供劳务、出租或经营管理而持有的；（二）使用寿命超过一个会计年度。”A公司在租来的土地上建造房屋建筑物，该房屋建筑物有实物资产形态、为出租而持有、且使用超过一个会计年度，因此，无法取得产权证不会对确认固定资产形成障碍。实务中，亦有观点认为，由于A公司对房屋建筑物无产权，因此应参照“经营租赁改良支出”（见《〈企业会计准则第4号——固定资产〉应用指南》第五条“经营租入固定资产改良”）计入长期待摊费用。这一观点，我们认为也可以接受。

③如果不存在后续A公司和B公司之间的“转租”交易，由A公司自己经营，则该项固定资产扣除作为土地使用权租金对价的部分，剩余按照30年摊销，A公司使用的前30年每年摊销38万元〔（1 900万元–760万元）÷30年〕。同时，对使用权资产也按照30年摊销，每年摊销金额58 615.62元（1 758 468.61元 ÷30年），同时确认租赁负债的利息费用，第一年确认的金额为87 923.43元（1 758 468.61元 ×5%）。到30年期满时，固定资产和租赁负债的余额各为760万元，使用权资产的账面价值为零，在将房屋移交给政府时，将固定资产和租赁负债两项余额对冲结零即可（但因为有了该项转租交易，后续的处理就不是这样的，详见下文“2.A公司与B公司之间的‘转租’交易如何进行会计处理”中的相关内容。）

2. A公司与B公司之间的“转租”交易如何进行会计处理

对于A公司作为转租的出租人对与B公司之间的租赁进行分类时，按照新租赁准则第三十七条的规定，转租出租人应当基于原租赁产生的使用权资产，而不是原租赁的标的资产，对转租赁进行分类。由于A公司将该土地使用权其取得的所有剩余年限的使用权全部转租给B公司，与该土地使用权有关的主要风险和报酬已转移，因此该项转租赁构成了一项融资租赁。A公司在转租赁的租赁期开始日可以终止确认使用权资产。

同时，因为“同期，A公司与B公司签订转租协议，B公司以预付租金的方式获得该特许经营权（30年）”，并约定了明确的租金支付时间表，且转租协议约定的租金总额（2 400万元）大于A公司建造这些房屋和附属设施的成本（1 900万元），能够保证A公司全部收回所发生的建造成本并获得收益，可以认

为A公司事实上已将该房屋建筑物所有权上的主要风险和报酬均转移给B公司，就该设施而言，该转租交易也构成融资租赁（因为转租是针对的使用权资产和房屋建筑物和附属设施）。

相应地，A公司应当在上述房屋建筑物和附属设施建成并移交给B公司时，将使用权资产和固定资产终止确认，并确认终止确认该等资产的处置损益。因为本案例中A与B签订的转租协议约定的30年租金总额为2 400万元，在项目移交给B时已经收取90%，假定转租赁的内含利率为5%，则移交时的会计分录为：

借：银行存款　　480万元（第二笔20%）

　　其他应付款/预收账款　　1 680万元（第一笔签约时收到的70%）

　　长期应收款　　240万元（注：假设不考虑折现因素，下同）

　　贷：固定资产　　1 140万元（=1 900万元–760万元，即保留相当于后20年的价值760万元）

　　　　使用权资产　　1 758 468.61元

　　　　资产处置损益　　10 841 531.39元（=2 400万–1 140万–1 758 468.61元）

后续30年内每年：

借：财务费用——利息支出　　（第1年为87 923.43元）

　　贷：租赁负债——未确认融资费用　　（第1年为87 923.43元）

26.1.2 无到期移交条款是否适用PPP会计处理模式

【例26-2】无到期移交条款的特许经营项目是否适用PPP会计处理模式

问题

如下文背景所述，A公司供水的特许经营业务是否适用《企业会计准则解释第14号》中的PPP会计处理规定?

背景

A公司与某地政府签订了自来水供水业务的特许经营合同，当地政府出具了独家经营的证明。该特许经营所涉及的水厂、管网等主要供水设施的预计使用寿命与特许经营权年限相同，均为30年，故对当地政府而言，特许经营权期满时接收一套使用寿命已满的基础设施，并无实际意义。因此，该特许经营合同中并未要求在合同期满，A公司将水厂、管网等供水设施无偿移交给当地政府。

分析

根据《企业会计准则解释第14号》的规定，适用该解释的PPP项目合同应当同时满足“双特征”和“双控制”条件。

其中：

“双特征”是指：（1）社会资本方在合同约定的运营期间内代表政府方使用PPP项目资产提供公共产品和服务；（2）社会资本方在合同约定的期间内就其提供的公共产品和服务获得补偿。

“双控制”是指：（1）政府方控制或管制社会资本方使用PPP项目资产必须提供的公共产品和服务的类型、对象和价格；（2）PPP项目合同终止时，政府方通过所有权、收益权或其他形式控制PPP项目资产的重大剩余权益。

对于“双控制”的条件（2），《企业会计准则解释第14号》特别指出：对于运营期占项目资产全部使用寿命的PPP项目合同，即使项目合同结束时项目资产不存在重大剩余权益，如果该项目合同符合前述“双控制”条件中的第（1）项，则仍然适用本解释。

《企业会计准则解释第14号》有关PPP项目的会计处理规定是参考IFRS体系下的IFRIC 12制定的。IFRIC 12规定的该会计模式适用条件为（见该解释公告第5段）：

This Interpretation applies to public-to-private service concession arrangements if:

（a）the grantor controls or regulates what services the operator must provide with the infrastructure，to whom it must provide them，and at what price；and

（b）the grantor controls—through ownership，beneficial entitlement or otherwise—any significant residual interest in the infrastructure at the end of the term of the arrangement.

中文翻译：本解释公告适用于具备如下条件的公共—私营服务特许权协议：（1）授予方控制或管制经营方使用基础设施必须提供的服务类型、提供服务的对象和服务的价格；以及（2）在服务协议期末，授予方通过所有权、收益权或其他形式控制该基础设施的重大剩余权益。

另外，IFRIC 12第6段特别指出：Infrastructure used in a public-to-private service concession arrangement for its entire useful life（whole of life assets）is within the scope of this Interpretation if the conditions in paragraph 5（a）are met.（中文翻译：如果满足第5段（1）的条件，公共—私营服务特许权协议使用的基础设施，在其全部有用期间内（资产的全部寿命期间）都在本解释公告的范围之内。）（对应《企业会计准则解释第14号》就“双控制”条件（2）的特别指出内容。）

由此可见，在IFRIC 12和《企业会计准则解释第14号》，均特别提到了可能存在其使用寿命等于特许经营期的基础设施，这种情况下，只要仍满足“双控制”的条件（1），即政府方能够控制社会资本方使用该基础设施提供公共产品和服务的类型、对象和价格，或者能对这些事项实施管制（因而社会资本方只是受托提供该基础设施的建造和运营管理服务，事实上不具备对该基础设施的完全自主使用权），则仍然认为符合该解释中所规定的“PPP会计处理规定”的适用条件。因此，“在合同期满，合同投资方负有将有关基础设施移交给政府方的义务，并对基础设施在移交时的性能、状态等作出明确规定”并不是运用PPP会计处理规定的必要条件，不能仅仅因为特许经营合同中未对特许经营期满时基础设施的移交问题作出约定，而认为不满足该会计模式的适用条件。

根据上述案例背景所述，结合我国水务实务管理模式，虽然A公司与当地政府均未签订“在合同期满，A公司将水厂、管网等供水设施无偿移交给当地政府”相关条款，但从水务经营的业务性质而言，其实质为政府对各公司的特许授权经营，深入对比分析投建资产经济使用年限与特许经营权年限，如果两者极其接近，且《企业会计准则解释第14号》所规定的除了到期移交以外的其他适用条件均已满足，则应将基础设施建设及收益权作为特许经营权整体考虑，运用《企业会计准则解释第14号》中所规定的“PPP会计处理规定”进行会计处理。

26.1.3 项目期满时按公允价值移交项目资产是否适用PPP会计处理模式

【例26-3】项目运营期满时按评估值作价移交的基础设施是否适用PPP会计处理模式

问题

1. 如下文背景资料所述，A公司在经营期满后将项目设施按评估价转移给特许经营权授予方，该业务是否适用《企业会计准则解释第14号》中的PPP会计处理模式？

2. 按照24.1.1节中的解释：PPP项目相关建造成本，由项目公司外包给母公司的，项目公司按照“净额法”处理时，母公司确认的建造服务收入、成本形成的“内部损益”，在合并报表层面不用抵销。如果本案例中B公司将项目设施确认为固定资产的话，这个不抵销内部损益的处理是否还成立？

3. 如果该PPP项目资产仍按无形资产确认，则这项期末的评估移交价值，该如何处理，是否应在收到时确认为资产处置收益？

背景

A公司于2×14年12月与某县经济开发区管委会签订了新医药产业园区污水处理项目的特许经营合同，A公司被授予拥有本项目设计、建设并在约定的30年特许经营期（不包括投资建设期）内运营本项目，并取得特许经营期内相关收益的权利。

《特许经营合同》中明确该项目的模式为建设、运营和移交模式，但是经营期满后项目设施按照双方共同聘请双方认可的第三方评估机构评估价格进行有偿转移，而不是无偿移交。

A公司为此成立了全资子公司B负责该项目的运营。项目的建设由A公司负责。

《特许经营合同》约定，在特许经营期限内政府方若需要对污水处理项目收购，以收购当时同类污水处理厂的市场价格为参考，根据A公司的成本（包括但不限于建设、运营、维护、相关财务成本）、特许经营期（按30年）剩余收益及违约补偿等相关因素协商收购价款。

分析

问题1.是否适用PPP会计处理模式

《企业会计准则解释第14号》规定的PPP会计处理模式需同时满足以下条件：

双特征	双控制
（1）社会资本方在合同约定的运营期间内代表政府方使用PPP项目资产提供公共产品和服务 （2）社会资本方在合同约定的期间内就其提供的公共产品和服务获得补偿	（1）政府方控制或管制社会资本方使用PPP项目资产必须提供的公共产品和服务的类型、对象和价格 （2）PPP项目合同终止时，政府方通过所有权、收益权或其他形式控制PPP项目资产的重大剩余权益

该适用条件是参照IFRS体系下的IFRIC 12的规定而制定，根据IFRIC 12的规定，PPP会计处理模式（服务特许权模式）运用应同时满足以下条件：

5.本解释公告适用于具备如下条件的公共—私营服务特许权协议：

（1）授予方控制或管制经营方使用基础设施必须提供的服务类型、提供服务的对象和服务的价格；以及

（2）在服务协议期末，授予方通过所有权、收益权或其他形式控制该基础设施的重大剩余权益。

6.如果满足第5段（1）的条件，公共—私营服务特许权协议使用的基础设施，在其全部有用期间内（资产的全部寿命期间）都在本解释公告的范围之内。应用指南第1段至第8段对确定公共—私营的服务特许权协议是否、以及在多大程度上适用本解释公告提供了指南。

AG4 就条件（2）而言，授予方对所有重大剩余权益的控制既限制了经营方

出售或抵押基础设施的能力，也赋予授予方在协议期间持续使用的权利。对基础设施的剩余权益按照其假定已处在协议期末预期的寿命和状况的现行价值进行估计。

AG6 条件（1）和条件（2）一起用来认定何时基础设施（包括规定的替换，参见第21段）在其整个经济寿命内被授予方控制。例如，如果经营方在协议期内必须更换基础设施某项目的一部分（比如路面或者楼基），则该基础设施项目应被视为整体来考虑。因此，如果授予方控制该部分被最终更换时的重大剩余权益，则整个基础设施（包括被更换的部分）都满足条件（2）。

根据上述第6段，如果公共基础设施已经确定满足第5（1）段，且其使用寿命与特许经营年限一致，则该情况下的公共基础设施仍在该解释公告的适用范围之内。

根据本案例背景资料介绍，30年特许经营期满后的转让价格确定原则是“按照双方共同聘请双方认可的第三方评估机构评估价格进行有偿转移”。据此，本案例中能否适用“服务特许权会计模式”（即《企业会计准则解释第14号》中的“PPP会计模式”），主要需考虑以下问题：

（1）预计通过30年特许经营期内的运营收费，能否足以保证A公司收回其建设、运营成本和合理利润；

（2）预计特许期满时该基础设施的转让价格是否为重大的；

（3）预计特许期满时的转让价格能否事先合理预计，其波动性是否重大。

总体上看，如果预计通过30年特许经营期内的运营收费，已足以保证A公司收回其建设、运营成本和合理利润，因而在特许期满时A公司已不再在该基础设施中享有重大剩余权益；或者期满时的转让价格的量级或可变性不重大，则该项目采用PPP会计处理模式的可能性就较大。反之，则需具体分析。

问题2.B公司将项目资产确认为固定资产时，合并报表中应否抵销母公司的建造服务收入

“PPP项目相关建造成本，由项目公司外包给母公司的，项目公司按照‘净额法’处理时，母公司确认的建造服务收入、成本形成的‘内部损益’，在合并报表层面不用抵销。”这一结论成立的前提是该项目在母公司合并报表层面仍可运用PPP会计处理模式，即在合并报表层面可以看作合并集团向政府方提供的一项基础设施建造和运营服务。合并报表层面确认的无形资产或金融资产实质上代表社会资本方就该等服务向政府方取得对价的权利。如果在合并报表层面将该基础设施确认为社会资本方的固定资产，则意味着该项目不存在适用PPP会计模式的基础，相应地，在合并报表层面不应确认基础设施的建造收入（即

母公司个别报表层面确认的对项目公司的建造收入需抵销)，而是将其视作一项自行建造固定资产，在运营期内计提固定资产的折旧费用。

问题3.如果该项目仍适用PPP会计模式，有偿移交价款的处理

（1）如果该PPP项目资产应确认无形资产，则该无形资产应按其特许经营权年限（30年）摊销，但应按照《企业会计准则第6号——无形资产》第十八条的规定，考虑其预计净残值（即预计期满时可收到的处置价款）；

（2）如果该PPP项目资产应确认金融资产，则在测算该金融资产的未来现金流量时，应将期满移交处置可获得的预计价款包含在其未来现金流量预测之内。

26.2　项目资产核算模式的判断

【例26-4】与【例26-5】分别从“保底量”和“挂钩于运营服务绩效建造服务可用性付费”的常见安排说明我们对此类合同中项目资产适用金融资产模式或无形资产模式的观点。

【例26-4】PPP合同约定公共产品或服务的保底量和单价确定和调整机制时项目资产的核算模式

背景和问题

在一项污水处理厂项目的PPP合同中，该合同对于污水处理的保底水量、水价均有明确规定，即实际污水处理量未达到保底水量时，按照保底水量结算收入。但各期的污水处理量也可能存在超保底现象，超过多少无法预计。另对于水价的定期调整有明确的计算公式，但公式中的参数如：某年的工业用电价、职工平均工资等均为变量。由于保底水量使社会资本方并不承担相应的需求风险，社会资本方是否应将该合同作为混合模式进行处理？

分析

《企业会计准则解释第14号》规定“社会资本方根据PPP项目合同约定，在项目运营期间，满足有权收取可确定金额的现金（或其他金融资产）条件的，应当在社会资本方拥有收取该对价的权利（该权利仅取决于时间流逝的因素）时确认为应收款项”。

原则上，对于此类保底量安排是否构成金融资产，企业应当充分考虑历史经验、行业惯例、法律法规以及司法实践等因素，审慎分析其在项目运营期间是否取得了无条件收取可确定（含保底）金额的合同权利。

如果特许经营权合同规定，在项目公司提供经营服务的收费总额低于某

一限定金额的情况下，政府方按照合同规定负责将有关差价补偿给项目公司的，则该限定金额为社会资本方有权收取的可确定金额，应当在社会资本方拥有无条件收取该部分对价的权利时确认应收款项，并按照《企业会计准则第22号——金融工具确认和计量》的规定处理。但对于有规定的保底量合同，如果仅仅是保证最低处理量，由于水价的调整取决于多项参数，这些参数可能并非单向的调增，因此水价的调整机制并未保证社会资本方可以从政府方或用户收到不低于某一确定的货币金额的款项，该合同并未授予社会资本方收取确定金额的货币或其他金融资产的无条件合同权利，不符合确认为金融资产的条件。该合同应整体作为无形资产模式进行处理。

【例26-5】PPP项目运作方式及项目资产的核算模式的判断

背景

2×17年11月，某县人民政府与甲公司签订PPP投资合同，由甲公司主导在该县注册组建项目公司，项目公司承接甲公司在PPP投资合同项下的权利义务，具体负责县中学整体搬迁项目的投资、建设、运营养护和移交。

2×17年12月，县政府所属的城投公司与甲公司共同签订合资合同成立A项目公司，约定A公司注册资本5 000万元，城投公司代表政府方认缴250万元，占比5%，甲公司认缴4 750万元，占比95%。估算项目总投资60 000.00万元，应占估算总投资30%的项目资本金与A公司现有注册资本的差额由甲公司随工程建设进度逐步融资到位。

2×18年4月县教育局和A公司签订《县中学整体搬迁工程PPP项目合同》，合同主要条款如下：

乙方（A公司）系项目投资、建设、运维养护和移交的项目公司，项目总投资约6亿元。本项目政府采购价款包括：可用性服务费和运维绩效服务费。本项目投资回报采取政府按效付费方式，将政府采购价款与社会资本绩效考核挂钩，将可用性投资回报的30%与运维绩效考核挂钩。如当运维绩效考核为70分以下时，不仅相应扣减运维绩效服务费，在当期应付可用性服务费的30%范围同比例扣减可用性服务费。可用性资产投资年化投资收益率为6.3%，起算日自项目整体竣工验收合格次日起开始计算，政府付费起始日支付。项目整体竣工验收合格次日起即进入运维期，政府方对项目公司支付的可用性付费以及运维绩效服务费，通过绩效考核评价，在维护期每个自然年末支付一次。

运维管理，主要指项目资产的日常维护维修，分为房屋和配套设施。

1.房屋管理。包括教学楼、行政办公楼、综合实验楼、艺术楼、体育馆、学生宿舍、学生食堂、教师周转宿舍、地下停车场等建筑（对外承包的经营场所除外）。

（1）物业服务，含保安保洁、水电气网维护。

（2）房屋使用配套设备设施维护，不包括空调、风扇、电视、教学设施等。

（3）环境保洁：环境保洁要求做到全覆盖，依相关部门的要求及时做好环保环卫及垃圾清运工作。

（4）安保及秩序管理。值班、巡逻人员及时到岗，消防器材、反恐器材等按照规范要求摆放，突发事件处置及时合理；及时维持教学生活秩序，确保教职工学生财产和人身安全，确保治安事故无伤亡；自行车、小汽车、客车等车辆停放管理有序。

（5）甲方要求的其他应纳入运维的内容。

以上维护维修管理范围和标准以乙方编制的经甲方审核确认的维护维修管理范围和标准为准。

2.配套设施的维护维修管理。包括围墙、桥梁、校门、道路、绿化、运动场、水泵房、配电房、污水处理站及排污管网等相关公用辅助工程等，应当按照有关标准和规范进行维护维修管理，及时修复故障设施，确保设施完好和正常运行。

（1）绿化养护，实现植物长势良好，无死株缺株，无病虫危害，保持树型整齐美观；时令花卉更换及时，草坪适时修剪，生长无裸露，观赏草坪无杂草，绿地植物、绿地无人为侵害。

（2）道路清洁养护。

（3）围墙清洁养护。

具体养护标准以乙方编制的经甲方审核通过的养护标准为准。

根据政府方物有所值评价结果，预计支付的绩效维护费4 500.00万元，占项目总投资额的比例约为7.5%。A公司管理层对该项目是否为PPP项目存在疑虑，认为该项目类似BT项目运作方式，合同各方人为设立一个运营模式（即“O”）。但因学校为特定的机构，甲公司作为乙方运维主要是对项目资产的日常维护维修，严格上来说并不是运营管理学校。如为PPP项目，经政府决算审计核定的总投资70%作为金融资产核算，另外30%与运维绩效挂钩的政府付费部分由于可收到的金额不确定，相应的项目资产是否应确认为无形资产？在建设期和运维期对项目资产及收入确认应如何处理？

分析

理论上讲，在典型的PPP项目中，可用性付费总额应为项目投资总额加上融资成本以及社会资本的合理投资收益，以项目竣工验收合格为依据，以建设可用性绩效指标为标准，自项目运营日起向社会资本方逐年支付；而绩效付费仅限定为运营维护绩效付费，依据约定的运营维护绩效考核标准及考核程序，根据考核结果支付运营维护费用。可用性付费与运营维护绩效付费是两部分单独的内容，费用性质不同，不应互相影响。

但在PPP项目快速发展期，有很多严格意义上更贴近于BT项目的PPP项目大量涌现，出现大量的政府付费类项目，通过“工程可用性付费”+少量“运营绩效付费”方式，提前锁定政府大部分支出责任。

比如本项目，政府方在物有所值评价中预计支付的绩效维护费4 500.00万元，占项目总投资额约7.5%。假设不考虑运营绩效与可用性付费的30%挂钩的条款约定，那意味着项目有92.5%都是政府通过可用性付费的方式来兜底风险。为了规避政府实质兜底的风险，财政部于2×17年11月开始清理退库并提出严格的入库标准。

本PPP项目合同中运维绩效与可用性付费的30%挂钩的规定，是为了符合《关于规范政府和社会资本合作（PPP）综合信息平台项目库管理的通知》（财办金〔2017〕92号）中第二条“严格新项目入库标准”的要求，避免出现不得入库的第（三）类情形：“存在下列情形之一的项目，不得入库：

（一）不适宜采用PPP模式实施。包括不属于公共服务领域，政府不负有提供义务的，如商业地产开发、招商引资项目等；因涉及国家安全或重大公共利益等，不适宜由社会资本承担的；仅涉及工程建设，无运营内容的；其他不适宜采用PPP模式实施的情形。

（二）前期准备工作不到位。包括新建、改扩建项目未按规定履行相关立项审批手续的；涉及国有资产权益转移的存量项目未按规定履行相关国有资产审批、评估手续的；未通过物有所值评价和财政承受能力论证的。

（三）未建立按效付费机制。包括通过政府付费或可行性缺口补助方式获得回报，但未建立与项目产出绩效相挂钩的付费机制的；政府付费或可行性缺口补助在项目合作期内未连续、平滑支付，导致某一时期内财政支出压力激增的；项目建设成本不参与绩效考核，或实际与绩效考核结果挂钩部分占比不足30%，固化政府支出责任的。”

虽然合同中可用性付费的30%与运营绩效挂钩，名义上属于可变动的价款。但仍需注意：

（1）企业应结合运营维护的细则约定，例如运营维护的工作内容清单、绩效打分的评判标准等规定，评估是否能合理确定使运营绩效分值在70分以上。如果企业能合理确定这些运营工作的要求没什么技术难度，合理确定能较容易实现合同约定的绩效目标，则该部分30%的可变对价为实质的固定对价。

（2）由于合同约定将可用性付费的30%与运营绩效挂钩，名义上会对项目公司的回款形成风险（可能收不到至多30%的款项），30%的比例远高于一般施工企业的毛利率，社会资本方对项目的可行性研究中如何化解风险？

（3）该可变对价的安排势必会对社会资本方及项目公司融资带来风险，例如金融机构不敢放款、社会资本方及项目公司融资难等负面影响，这些风险企业又是如何化解的？除了本PPP合同的约定外，政府方（含政府平台公司）是否有对项目公司或社会资本方提供额外的承诺、担保等？

前述第（1）项主要是核实运营绩效低于70%的情形是否几乎不可能发生，如果是，则可用性付费的该30%部分应属于实质固定的付款金额；若否，则进一步核实第（2）、（3）项，对于可能发生的风险，企业如何规避，是否有充分的商业合理性？以及如何佐证是否各方都认为"运营绩效低于70%的情形几乎不可能发生"？

若运营绩效低于70分的可能性几乎不可能发生，则本项目中建安投资和政府自主委托的勘察、设计但由项目公司提供资金的前期费用形成项目资产，应按照金融资产模式进行处理（建设期内计入"合同资产"）。

若不满足"运营绩效低于70%的情形几乎不可能发生"这一条件，则项目公司在测算未来现金流量时需谨慎估计绩效扣分因素的影响，谨慎、合理地估计每年的现金流入（可参照新收入准则第十六条关于可变对价的相关规定，包括考虑"极可能不会发生重大转回"的限制条件的影响），在此基础上合理确定可收取的合同对价，并据此计算分摊至建造服务的部分。需注意的是，"绩效扣分"因素不是将30%部分确认为无形资产的恰当理由（见后附"权威指引"部分中引用IFRIC 12的相关规定）。

综上，如果在本案例中，项目公司的主要职能是基础设施建设和提供融资，后续的运营管理职能仅仅是形式上的（如本例中，社会资本方并非运营项目资产，仅是提供项目资产的维护和修理服务，不涉及"使用"项目资产），因此并不符合"双特征"的条件（1）"社会资本方在合同约定的运营期间内代表政府方使用PPP项目资产提供公共产品和服务"。因此，该名义上的PPP项目合同，本质上属于一项分期付款的BT项目，应按照"建造服务+提供融资"的模式进行会计处理。即，形成的向政府方的收款权利，由于其收取取决于运维服务的提供，因此在建设期内尚不构成无条件的收款权，应计入合同资产，待该权利成为无条件的收款权时转为应收款项。

权威指引

1. IFRIC 12正文中相关规定：

经营方应将因建造服务而应从授予方，或在授予方指示下，收取现金或其他金融资产的无条件的合同权利确认为一项金融资产；授予方没有或几乎没有拒绝支付的权利，这通常是因为协议是法律强制执行的。经营方具有无条件收取现金的权利，如果授予方从合同上保证向经营方支付：（1）规定或可确定的金额，或者（2）应收公共服务使用者的金额与规定或可确定金额之间的差额（如果有的话），即使支付是依经营方确保基础设施符合规定的质量或效率要求而定。

2. IFRIC 12“结论基础”部分中的相关规定：

经营方现金流量视其是否满足具体的质量或效率要求而定

BC44 国际财务报告解释委员会认为，即使收到现金的合同权利视经营方是否满足具体的质量或效率要求或目标而定，仍符合金融资产的定义。在授予方被要求因建造服务向经营方提供支付之前，经营方必须确保基础设施有能力提供授予方确定的公共服务或者达到或超过授予方确定的运营标准或效率目标，以保证特定水平的服务或能力能被提供。这样经营方的状况与其他主体根据所购买的商品和服务的后续表现而支付的状况一样。

BC45 因此，《国际财务报告解释公告第12号》将授予方给予经营方的对价作为金融资产处理，无论应收合同款项是否视经营方满足标准或效率目标水平而定（但需注意，即使是金融资产模式，由于在运营绩效打分前，该收款权并非无条件的收款权，应计入“合同资产”，而非“应收款项”）。

26.3 建造服务收入的确认

【例26–6】对24.1.1节所述的“合并财务报表中是否应抵销承包方的建造服务收入及发包方对应的成本”进行了举例说明，【例26–7】则是对社会资本方采用权益法核算持有的项目公司股权时相关建造服务构成顺流交易的处理进行了说明。

【例26–6】社会资本方合并报表层面对PPP项目建造服务收入的确认

问题

在PPP项目合同中，项目公司（自身不提供建造服务）将建造服务分包给社会资本方合并范围内其他公司时，在社会资本方合并报表层面是否应按PPP会计模式确认收入?

背景

A公司主要从事环境产业投资及相关资产管理、环境卫生、环境保护咨询服务、环境污染治理（甲级）、环境技术开发。A公司下设C公司等子公司。

目前A公司主要投资经营业务为垃圾焚烧发电，先由A公司与项目所在地政府签订PPP协议，获取垃圾焚烧发电在一定期间内的特许经营权，特许经营期结束后无偿向所在地政府移交项目。

A公司为此设立了项目公司D公司、E公司、F公司、G公司、H公司，负责各项目的建设和运营。各项目建设期间由A公司的子公司C提供实际提供建造服务。

分析

由于站在A公司合并集团的角度，该交易实质是合并集团向政府方提供了建造服务（无论该建造服务是项目公司自身提供，或发包给A公司合并范围内的其他公司），因此社会资本方合并财务报表中可以按照PPP会计模式确认建造服务收入。

A公司在合并报表层面需关注C公司向各项目公司收取的建造服务价款是否体现了建造服务的公允价值（按合同包含的多项履约进度的单独售价分摊的部分），即是否因为关联方关系的存在而导致建造服务的内部交易定价存在不公允情况。如果存在不公允情况的，应在A公司的合并财务报表层面对内部交易确认的建造服务收入进行调整，使之反映建造服务的公允价值，作为后续确认金融资产和/或无形资产的成本基础。

另外，如果除了C公司之外，各PPP项目还有其他承包商的（由C公司聘用的分包商除外），则由其他承包商完成的部分也可能导致A公司合并财务报表层面确定的履约进度与C个别报表层面就同一项目确定的履约进度不同，需要作出调整。

权威指引

《企业会计准则实施问答》[2021年第4期（总第5期），2021年8月10日]：

问：社会资本方执行《企业会计准则解释第14号》时，集团合并范围内甲公司（发包方）承接PPP项目，但将实质性建造服务发包给集团合并范围内乙公司（承包方）的，在编制集团合并财务报表时，是否应抵销承包方的建造服务收入及发包方对应的成本?

答：根据《企业会计准则第33号——合并财务报表》（财会〔2014〕10号）

的相关规定，合并财务报表是站在企业集团的角度，以纳入合并范围的企业的个别财务报表为基础，根据其他有关资料，抵销集团合并范围内公司相互之间发生的内部交易，考虑了特殊交易事项对合并财务报表的影响后编制的，旨在反映企业集团作为一个整体的财务状况、经营成果和现金流量。因此，集团合并范围内甲公司（发包方）自政府方承接PPP项目，并发包给集团合并范围内的乙公司（承包方），企业集团编制合并报表时应当按照《企业会计准则第33号——合并财务报表》有关规定对内部交易进行抵销，以体现企业集团整体对外提供的建造服务收入和成本。如甲公司作为主要责任人的，从企业集团角度看，在会计处理上需要抵销发包方成本和承包方收入等；如甲公司作为代理人的，从企业集团角度看，在会计处理上不存在需要抵销的发包方成本和承包方收入等。

【例26–7】社会资本方采用权益法核算对PPP项目公司的投资，社会资本方承担施工总承包业务时，在其合并报表层面是否抵销建造服务收入

问题

如下文背景资料所述，A公司作为社会资本方采用权益法核算对PPP项目公司的投资，A公司同时承担施工总承包业务时，在其合并报表层面是否抵销建造服务收入?

背景

A公司的业务以工业厂房内环境治理、大气环境烟气脱硫脱硝脱汞治理（超细颗粒物PM2.5治理）为主，业务范围涵盖重金属废水废气废渣治理、土壤修复、污水治理、农环治理、环境服务等环保业务。

A公司为一家中央企业下属的三级单位，由于央企压缩企业级次的限制，A公司准备在新承接的PPP项目中，不取得对项目公司的控制权，而仅有重大影响，相应地以权益法核算对项目公司的投资。A公司通过招投标取得PPP项目后与当地政府相关部门签订特许经营协议并成立项目公司开展业务，由于项目公司没有承建能力，项目公司委托A公司进行建设（EPC总包），属于A公司与项目公司之间的顺流交易。项目公司层面未确认建安服务收入。

A公司在编制合并财务报表时，对于和项目公司之间的顺流交易是否应抵销建筑服务收入、营业成本和投资收益有如下不同观点：

观点一：参照财政部会计司发布的《企业会计准则实施问答》（2021年第4

期（总第5期），2021年8月10日）（详见【例26-6】“权威指引”部分）一致的处理原则，A公司合并报表层面不应抵销相关建造服务的收入与成本。

观点二：根据《企业会计准则第2号——长期股权投资》第十三条的规定，对于投资方向联营企业或合营企业投出或出售资产的顺流交易，在该交易存在未实现内部交易损益的情况下（即有关资产未对外部独立第三方出售或未被消耗），投资方在采用权益法计算确认应享有联营企业或合营企业的投资损益时，应抵销该未实现内部交易损益的影响，同时调整对联营企业或合营企业长期股权投资的账面价值。因此，本案例中需要根据该部分损益是否实现分别进行处理，又出现了2种观点：

观点A：认为该部分损益未实现，需要抵销。此观点认为PPP业务不同于一般的商品买卖，顺流交易的损益是随着项目建造期结束之后进入运营期才可以认为真正的实现，所以在建造期间A公司编制合并报表时需要将该部分未实现的损益抵销。

观点B：认为该部分损益已经实现，不需要抵销。因为项目公司在接受A公司的服务时会根据工程进度的进展取得政府出具的进度单，相应的收入损益随着建造服务的提供已经实现，所以对于该部分已经实现的损益在A公司合并报表层面不需要进行抵销。

分析

首先，需要提醒的是，A公司是否应合并项目公司这一判断应谨慎对待。根据背景所述的“由于央企压缩企业级次的限制，A公司准备在新承接的PPP项目中，不取得对项目公司的控制权，而仅有重大影响，相应地以权益法核算对项目公司的投资。”以及“A公司通过招投标取得项目后与当地政府相关部门签订特许经营协议并成立项目公司开展业务，由于项目公司没有承建能力，项目公司委托A公司进行建设（EPC总包），属于A公司与项目公司之间的顺流交易”等信息，考虑该项目公司的设立目的和设计，更多是A公司为承接该PPP项目而主导设立，因此A公司很有可能应该合并项目公司，而不是采用权益法核算。

其次，以下内容是假定A公司对项目公司采用权益法核算是合理的（本案例是否适用该前提仍需判断），在此假设前提之下，我们对投资方的处理意见：

投资方个别报表中应当按比例抵销顺流交易未实现损益，即编制“借：投资收益，贷：长期股权投资”的调整分录；合并报表中应当编制“借：主营业务收入；贷：主营业务成本、投资收益”的抵销分录。理由如下：

理由一：如前述《企业会计准则实施问答》（2021年第4期（总第5期），2021年8月10日）中的处理原则，PPP项目公司和承建公司均在社会资本方合并报表范围内时，对相关收入、成本不作抵销处理，是因为作为对价的金融资产或者无形资产也同样是体现在社会资本方的合并报表中，相当于社会资本方直接向政府提供了基础设施的建造和运营服务。但当项目公司为联营企业时，其特许经营收费权（无论是无形资产还是金融资产）都不在社会资本方的合并报表中体现，即社会资本方合并报表层面并未体现一项与政府之间的购买服务交易，而只是体现了社会资本方作为承建商与项目公司（发包方）之间的合同关系，所以应按常规方法按比例抵销未实现损益。因此，当PPP项目公司为社会资本方的联营企业，社会资本方为其提供基础设施建造服务时，不能简单比照PPP项目公司和承建子公司均在合并报表范围内时的处理，不抵销PPP项目的建造服务收入，而应当按照常规的与联营企业之间顺流交易未实现损益的抵销原则，予以按比例抵销。

理由二：即使如A公司管理层所述观点B中认为该部分损益已实现，假定项目公司按照同样的金额确认建筑服务收入和建筑服务成本。已经实现的部分，从合并报表的角度来看，其建筑服务的成本应是A公司的原始成本，也就是说项目公司个别报表层面的利润虚减了（虚减的部分为A公司向项目公司提供服务的收入、成本之差），相应地，A公司在个别报表层面权益法核算中少确认该部分的投资收益，需要在合并报表层面的调整分录中补回来。因此，即使已实现，也应编制该笔“借：主营业务收入；贷：主营业务成本、投资收益”的抵销分录。

26.4 维护支出的处理

为使PPP项目资产保持一定的服务能力或在移交给政府方之前保持一定的使用状态而发生的维护支出应如何考虑，相应支出是类似于固定资产的弃置义务予以资本化还是应费用化？当预计维护支出发生变动时应如何处理？【例26–8】与【例26–9】对这些疑问进行了回应。

【例26–8】按照《企业会计准则第13号——或有事项》处理的PPP合同后续支出的处理

问题

《企业会计准则解释第14号》中规定“为使PPP项目资产保持一定的服务能力或在移交给政府方之前保持一定的使用状态，社会资本方根据PPP项目合同而提供的服务不构成单项履约义务的，应当将预计发生的支出，按照《企业会计准则第13号——或有事项》的规定进行会计处理。”实务中特许经营期通常较长，很多为25—30年，因期限较长，对未来资产的重置、维修支出很难合理预计，且每项资产的剩余年限均不相同，预计期后30年的情况，操作非常困难。应如何确定预计负债的金额？对于已经确认的预计负债，是否需要区分费用性支出和资本性支出，以确定预计负债的对应科目是无形资产还是成本费用？

分析

对于确认金融资产或无形资产的PPP项目合同，经营期间的支出应该区分为资本性支出和费用性支出。

企业为使有关基础设施保持一定的服务能力或在移交给政府方之前保持一定的使用状态而发生的支出，并未增加与该项基础设施相关的未来经济利益流入，故不符合资本化条件，属于费用性支出。

对合同约定的大修、部分使用寿命届满的设备的替换等支出，应当作为费用性支出，按照《企业会计准则第13号——或有事项》预计将发生的支出，确认为预计负债，相应计入各受益期间的损益（参考IFRIC 12所附的示范性举例第IE19、IE20段，以及《PPP项目合同社会资本方会计处理应用案例——无形资产模式》中对于“路面翻修义务”的会计处理举例）；在不能可靠预计时，在发生时计入损益。

在经营期间，对于新建、扩建基础设施等可增加特许经营期间项目公司的未来经济利益流入的支出，应该资本化，并按《企业会计准则解释第14号》第一条“（一）相关会计处理”的第5条规定的原则处理。

【例26-9】PPP污水处理厂预计大维修费用变动的相关问题

问题

PPP污水处理厂预计大维修费用变动如何处理？

背景

某公司以PPP模式运营污水处理厂，特许经营年限为30年（2×10年年初至2×39年年末）。按照《企业会计准则解释第14号》的规定，对于未来移交时的恢复性大修理费用进行了预计，确认为公司预计负债。在污水处理厂投运时，公司预计未来移交前需要发生的大修理费用总额为8 805 328元，各年应提大修理费用如下：

单位：元

年份	2×10	2×11	2×12	2×13	…	2×39	累计
年内计提预计负债（折现后）	69 378	87 125	91 175	95 414		102 267	4 986 634
应计利息	0	3 225	7 426	12 010		134 989	3 818 694
年末预计负债余额	69 378	159 729	258 329	365 753		8 805 328	8 805 328

截至2×12年年末公司预计负债余额为258 329元。

（注：上表中“年内计提预计负债（折现后）”行中的各年份金额，是按照预计每年污水处理量的比例确定的，每年不同，相当于本金；“应计利息”等于每年年初（上年年末）的预计负债乘以折现率4.65%；到2×39年年末，累计的预计负债余额等于预计将发生的恢复性大修理支出。相关的计提原理可参考IFRIC 12后附的举例2、3对合同约定的大修理义务计提的说明以及《PPP项目合同社会资本方会计处理应用案例——无形资产模式》中对于“路面翻修义务”的处理。需要指出的是：尽管在一般情况下，对固定资产的大修理并不构成企业的一项现时义务，因此企业不能在固定资产使用期间内计提大修理相关的预计负债，但是本案例中所涉及的是PPP合同项下所约定的合同义务，因此该公司作为PPP项目的社会资本方，可以在运营期间就其所承担的期满移交时的恢复性大修理的合同义务确认预计负债。）

2×13年公司对移交前的大修理费用进行了重新估计，认为原预计金额过大，新的估计金额为4 226 557元。新计算的各年度应提大维修费用如下：

单位：元

年份	2×10	2×11	2×12	2×13	…	2×39	累计
年内计提预计负债（折现后）	33 302	41 820	43 764	45 799		49 088	2 393 584
应计利息	0	1 548	3 564	5 765		64 795	1 832 973
年末预计负债余额	33 302	76 670	123 998	175 561		4 226 557	4 226 557

按照新的计算表，截至2×12年年末应计提的大修理费用相关预计负债的余额应为123 998元，与账面已提金额差异134 331元。

对该项差额的处理有两种观点：

（1）将差异134 331元全部计入2×13年度的当期损益，2×13年度按照新的计算表计提，预计负债余额调整为175 561元；

（2）此处对于大修理费用的预计属于会计估计变更，其影响额应当在2×13年及未来期间调整，而不是全部处理在2×13年。即按照新的测算应计提大修理支出4 226 557元，截至2×12年年末已计提了258 329元，还需要计提3 968 228元，自2×13年年初开始，将3 968 228元重新在2×13—2×39年期间内分期预计。

分析

赞同上述观点（2），即本案例中公司对于大维修费用的预计属于会计估计变更，其影响额应当在2×13年及未来期间调整，即按照新的测算应提大修理费用4 226 557元，截至2×12年年末已计提了258 329元，还需要计提3 968 228元，自2×13年年初开始，将3 968 228元重新在2×13—2×39年内分期预计。

结论基础

根据《企业会计准则第28号——会计政策、会计估计变更和差错》第八条规定："……会计估计变更，是指由于资产和负债的当前状况及预期经济利益和义务发生了变化，从而对资产或负债的账面价值或者资产的定期消耗金额进行调整。"由此可知，会计估计变更就其内容而言可分为两类：一类是直接涉及资产和负债账面价值调整的变更，即其估计变更直接影响本报告期期末相关资产、负债的账面价值；另一类是对资产的定期消耗金额的调整。当然后一类变更最终也影响到资产和负债的账面价值，但其侧重点是对定期消耗金额的系统调整，更侧重于对资产、负债的总额在其受益期间内如何进行系统分摊的问题。

《企业会计准则第28号——会计政策、会计估计变更和差错更正》第九条规定："企业对会计估计变更应当采用未来适用法处理。会计估计变更仅影响变更当期的，其影响数应当在变更当期予以确认；既影响变更当期又影响未来期间的，其影响数应当在变更当期和未来期间予以确认。"

综合上述规定分析可知：直接决定本报告期末资产、负债账面价值的会计估计变更（如对资产减值准备金额的调整）的损益影响应全部立即确认在本报告期内；涉及资产定期消耗金额调整的会计估计变更，其影响的期间包括当期和未来期间，因此其损益影响应当在受影响的各期内采用系统的方式逐步予以体现，而不能一次性全部体现在变更当期的损益中。

分析本案例中的预计大修理费用变更，是如何在一段时间内逐步确认预计负债及其损益影响的问题。虽然会计准则对"会计估计变更"的定义中没有提到"对负债的定期计提金额的调整"，但我们理解，由于此处预计负债定期计提金额确定的基础是相关基础设施的使用程度，其性质与"资产定期消耗金额的调整"相类似，根据《企业会计准则第28号——会计政策、会计估计变更和差错更正》第九条的规定，本案例中预计大修理费用的变更既影响变更当期又影响未来期间，故变更金额应该在当期及未来期间进行分摊。

本案例中所涉及的是相关预计负债未在无形资产初始确认时计入资产成本，

而是在运营过程中逐步计提并确认为损益。在某些情况下，如果此类预计负债在无形资产初始确认时按折现值计入无形资产的初始成本，后续按期计提摊销，并就折现影响的释放逐步确认利息支出，则在此情况下预计负债金额的调整应按照《企业会计准则解释第6号》第一条所述原则处理，即“由于技术进步、法律要求或市场环境变化等原因，特定固定资产的履行弃置义务可能发生支出金额、预计弃置时点、折现率等变动而引起的预计负债变动，应按照以下原则调整该固定资产的成本：（1）对于预计负债的减少，以该固定资产账面价值为限扣减固定资产成本。如果预计负债的减少额超过该固定资产账面价值，超出部分确认为当期损益；（2）对于预计负债的增加，增加该固定资产的成本。按照上述原则调整的固定资产，在资产剩余使用年限内计提折旧。一旦该固定资产的使用寿命结束，预计负债的所有后续变动应在发生时确认为损益。”由此可见，如果将相关预计负债在初始确认时计入资产成本，则其后续变更所产生的损益影响是通过对相关资产在剩余使用年限内的折旧或摊销的调整体现出来的，与此处所述的“相关预计负债未在无形资产初始确认时计入资产成本，而是在运营过程中逐步计提并确认为损益”情况下预计负债发生会计估计变更的损益影响的处理原则一致。

另外，还需要补充说明的是：根据《企业会计准则解释第14号》的规定，“为使PPP项目资产保持一定的服务能力或在移交给政府方之前保持一定的使用状态，社会资本方根据PPP项目合同而提供的服务不构成单项履约义务的，应当将预计发生的支出，按照《企业会计准则第13号——或有事项》的规定进行会计处理”。在具体操作中，应注意区分此类支出在什么情况下应在相关无形资产达到可供使用状态时按折现值一次性确认并计入相关无形资产的原值，什么时候应在使用期间内逐期计提并计入该期内的生产成本或者期间费用。参照《国际会计准则第16号——不动产、厂场与设备》（IAS 16）的有关规定（见下文），其主要的依据应当是：该等支出义务的产生是与特定无形资产的购建或者在特定期间内将其用于生产产品以外的用途相关，还是与在特定期间内使用该基础设施生产产品或提供服务相关。如属于前一情况的，应在资产取得时，将预计弃置费用的现值资本化计入无形资产成本中，并在后续使用寿命内采用摊销方法将其计入营业成本；如属于后一情况的，应当在将该基础设施用于生产产品或提供服务的期间内逐期予以确认，并计入营业成本。

IAS 16对此类支出会计处理的相关规定如下：

1. 参照IAS 16第16（c）段规定，固定资产的成本应包括“主体在购置该项目时，或者在特定期间内出于生产存货以外的其他目的而使用该项目所产生的拆卸、搬运和场地清理义务的费用的初始估计金额”。

2.该准则第18段进一步指出："主体应根据《国际会计准则第2号——存货》核算在特定期间内由于使用资产项目生产存货而发生的设备拆卸、搬运和场地清理义务的费用。主体应根据《国际会计准则第2号》或《国际会计准则第16号》核算设备的拆卸、搬运和场地清理义务的费用，并根据《国际会计准则第37号——准备、或有负债和或有资产》进行确认和计量。"

3.关于这一问题，可进一步参阅IAS 16后附的"结论基础"部分的BC13—BC16段，尤其是其中的BC15段，其表述为："理事会注意到，不论该义务是在购买该项目时产生的还是在使用该项目过程中产生的，其潜在性质及与资产的联系都是相同的。因此，理事会决定，项目的成本应包括主体在特定期间除用于生产存货外使用该项目而发生的拆卸、搬运和场地清理义务的费用。主体应根据《国际会计准则第2号——存货》核算在特定期间内因使用该项目生产存货而发生的这些义务的费用。理事会注意到，按照《国际会计准则第2号》对上述费用进行初始会计处理表明了其性质。而且，这样会计处理与将其作为不动产、厂场和设备项目的成本，在随后的生产期间计提折旧并将折旧费用作为生产其他资产（存货）的成本的结果是相同的。在这种情况下，折旧费用构成了该其他资产成本的组成部分。"

26.5 社会资本方合并范围内不同主体对现金流量、借款费用资本化等事项的处理

【例26-10】社会资本方及项目公司对PPP项目借款费用、现金流量处理等

问题

社会资本方参与PPP项目建设，与政府方代表共同设立PPP项目公司，在社会资本方向项目公司提供施工服务且可以控制PPP项目公司时，对于项目资产的不同核算模式下相关资产核算、借款费用、现金流列示应如何处理？

问题1.在金融资产模式、无形资产模式或混合模式下，为购建项目支付的资金、运营期项目公司收到的使用者付费或政府付费，在个别现金流量表和社会资本方合并现金流量表中如何列示？

问题2.在金融资产模式、无形资产模式或混合模式下，建设期贷款利息在个别报表和社会资本方合并报表是资本化还是费用化处理？

问题3.在新收入准则下，项目公司个别报表和社会资本方合并报表应如何

核算项目资产？

分析

问题1.在金融资产模式、无形资产模式或混合模式下，为购建项目支付的资金、运营期项目公司收到的付款，在个别现金流量表和社会资本方合并现金流量表中如何列示？

1.为购建项目支付的现金在现金流量表中的列示。

如果项目公司自身未提供基础设施建造服务，但按照新收入准则的规定判断自身就建造服务承担“主要责任人”的身份，则项目公司按照《企业会计准则解释第14号》的规定将建造过程中支付的工程价款等分别确认为金融资产或无形资产，则：在无形资产模式下，其业务实质是项目公司支付资金购建一项无形资产，因此应作为购建长期资产的投资活动现金流出；在金融资产模式下，则该业务实质是项目公司向授予方提供建造服务的支出，相关资金流在项目公司个别报表均计入经营活动现金流出。如果项目公司就建造服务承担“代理人”的身份，则项目公司向建筑服务提供方支付的资金应作为向授予方提供一项长期债权并享有实际利率收益的投资活动现金流出。

而在社会资本方的报表中，则由于该部分资金流出相当于企业提供建筑服务所支付资金，应分类为经营活动现金流出。即：

（1）关于个别报表层面的现金流量列示，母公司个别报表相关支出是“购买商品、接受劳务支付的现金”。

（2）合并报表层面，由于母公司提供了建造服务，在合并报表层面需确认相关建造收入，因此其采购支出属于成本支出的一部分，仍然属于“购买商品、接受劳务支付的现金”，无需转入“购建固定资产、无形资产和其他长期资产支付的现金”。

2.运营期收到的使用者付费或政府付费在现金流量表中的列示。

（1）在金融资产模式下，项目公司个别报表层面，与“购建项目支付的现金”相对应。若项目公司就建造服务是“主要责任人”的身份，则收到的款项为授予方就建造服务支付的对价，应计入“销售商品、提供劳务收到的现金”中；若项目公司就建造服务是“代理人”的身份，该业务实质是项目公司向授予方提供一项长期债权并享有实际利率收益，收回资金的构成为长期债权本金及相应的收益，根据《企业会计准则讲解（2010）》第三十二章有关“收回投资收到的现金”相关说明“债权性投资收回的本金，在本项目反映，债权性投资收回的利息，不在本项目中反映，而在‘取得投资收益所收到的现金’项目中反映。”收到同时包含本息的资金，如合同约定了本金、利息各自的金额，则按照合同约定分别填列；若合同未约定，应视同先收回利息（以累计确认的实际利息收入尚未收回的部分为限）、差额部分作为收回本金。

（2）在无形资产模式下，项目公司运营期取得的使用者付费对应于营业收入，属于“销售商品、提供劳务收到的现金”，计入经营活动现金流入。

（3）对于混合模式下取得的资金，首先，属于金融资产收回的部分，项目公司应参照①分别计入“经营活动现金流入”或“投资活动现金流入”；其次，超出金融资产部分的收款应属于“经营活动现金流入”。

（4）社会资本方合并报表层面对收到的使用者付费或政府付费的现金流列示，均作为经营活动现金流入。

问题2.在金融资产模式、无形资产模式或混合模式下，建设期贷款利息在个别报表和社会资本方合并报表中是资本化还是费用化处理？

通常所提及的建设期贷款利息是项目公司作为投资建设主体就该特定项目取得的借款发生的利息，少数情况下，社会资本方为了项目的顺利施工也会发生相关的借款。

1.金融资产模式下，在项目公司个别报表层面和社会资本方合并报表层面应将借款费用全部费用化（因为金融资产不属于《企业会计准则第17号——借款费用》所定义的“符合资本化条件的资产”）。若社会资本方以其自身名义发生相应借款，可在其个别报表层面将借款费用予以资本化（如果其个别报表层面确认的不是金融资产），但在合并报表层面也应基于“视角调整”而予以费用化。

《企业会计准则解释第14号》规定：在PPP项目资产的建造过程中发生的借款费用，社会资本方应当按照《企业会计准则第17号——借款费用》的规定进行会计处理。对于确认为无形资产的部分，社会资本方在相关借款费用满足资本化条件时，应当将其予以资本化，并在PPP项目资产达到预定可使用状态时，结转至无形资产。除上述情形以外的其他借款费用，社会资本方均应予以费用化。

参照IFRIC 12第22段的如下规定：

22 根据《国际会计准则第23号》，可归属于协议的借款费用应在发生时确认为费用，除非经营方根据合同有取得无形资产的权利（向公共服务使用者收费的权利）。

IFRIC 12所附的结论基础中对此有进一步解释：

BC57《国际会计准则第23号———借款费用》允许将借款费用资本化为符合条件的资产成本的组成部分，即可直接归属于资产达到可使用或可销售状态的购置建造或生产成本。该准则将符合条件的资产定义为“需要经过相当长时间才能达到可使用或可销售状态的资产”。

BC58 对于本解释公告范围内的协议，国际财务报告解释委员会认为无形资产（即授予方给予经营方向公共服务使用者收费的权利作为建造服务的回报）满足经营方符合条件的资产的定义，因为一般而言，直到基础设施建造或改良完毕，许可权才可以使用。金融资产（即授予方给予经营方收取现金或其他金融资产的合同权利作为建造服务的回报）不满足经营方符合条件的资产的定义。国际财务报告解释委员会注意到利息一般依附于金融资产的账面价值。

我国《企业会计准则第17号——借款费用》第四条同样规定：符合资本化条件的资产，是指需要经过相当长时间的购建或者生产活动才能达到预定可使用或者可销售状态的固定资产、投资性房地产和存货等资产。显然，金融资产不属于该类可资本化的资产范畴，因此当项目公司个别报表、社会资本方合并报表中对项目资产采用金融资产的核算模式时，相关借款费用应当费用化。而在母公司个别报表中，其提供施工服务形成的资产为“合同履约成本”，等同于经过相当长时间的购建才能达到预定可销售状态的存货，因此，相关借款利息支出可能满足资本化的条件（如果母公司在建设期间满足新收入准则第十一条“在某一时段内履行履约义务”的条件，则在母公司个别报表层面，也不应将借款费用予以资本化）。

2. 无形资产模式下，由于无形资产属于“符合资本化条件的资产”范畴，因此符合条件的利息支出，在项目公司个别报表层面和社会资本方合并报表层面可以将借款费用资本化。

3. 混合模式下，应按照无形资产、金融资产初始确认金额的比例将借款费用分摊，对于归属于金融资产的部分予以费用化；对于归属于无形资产的部分进一步按照《企业会计准则第17号——借款费用》规定确定可资本化的金额。

问题3. 在新收入准则下，项目公司个别报表和社会资本方合并报表应如何核算项目资产？

《企业会计准则解释第14号》规定：社会资本方提供建造服务（含建设和改扩建，下同）或发包给其他方等，应当按照《企业会计准则第14号——收入》确定其身份是主要责任人还是代理人，并进行会计处理，确认合同资产。

由于PPP合同对价的两种形式（金融资产和无形资产）在建造阶段都不满足新收入准则对“应收账款”（仅取决于时间流逝即可获得无条件收款权）的要求，因此社会资本方合并报表与项目公司个别报表在确认建造服务收入的同时确认的是“合同资产”（而非“应收账款”）。但需要注意的是：

（1）确认“合同资产”可能不仅限于PPP项目资产在“提供建造服务（含建造和改扩建）”阶段。当资产达到预定可定使用状态转入运营期，对于无形资产模式的部分，应由合同资产转入无形资产；但合同资产转金融资产的时点并非是进入运营期时一次性结转（由于建造服务的对价可能还取决于运营服务的履约情况，因此即使进入运营期，对建造服务的收款权利也并非无条件的收款权）。

（2）虽然建造期社会资本方将相关PPP合同对价均计入“合同资产”核算，但列报时需要区分：未来将转为无形资产的部分，相关建造期间应当在资产负债表“无形资产”项目中列报；其余部分，应当根据其预计是否自资产负债表日起一年内变现，在资产负债表“合同资产”或“其他非流动资产”项目中列报。

第二十七章　附注披露

社会资本方应当按照重要性原则，在附注中披露各项PPP项目合同的下列信息，或者将一组具有类似性质的PPP项目合同合并披露下列信息：

（1）PPP项目合同的相关信息，包括PPP项目合同的概括性介绍；PPP项目合同中可能影响未来现金流量金额、时间和风险的相关重要条款；社会资本方对PPP项目资产享有的相关权利（包括使用、收益、续约或终止选择权等）和承担的相关义务（包括投融资、购买或建造、运营、移交等）；本期PPP项目合同的变更情况；PPP项目合同的分类方式等。

（2）社会资本方除应当按照相关企业会计准则对PPP项目合同进行披露外，还应当披露相关收入、资产等确认和计量方法；相关合同资产、应收款项、无形资产的金额等会计信息。

在披露PPP项目合同的会计信息和合同信息时，对于重要的PPP项目合同，社会资本方可单独披露，也可按不同服务性质分类，将一组类似服务的合同合并予以披露，例如将多项高速公路收费的PPP项目合同的信息合并披露。允许分组披露可在保证财务报表信息质量的前提下适当降低社会资本方信息披露的成本。

例如，某上市公司于2021年半年报中对PPP项目合同的会计处理政策披露如下：

PPP项目合同，是指本集团与政府方依法依规就PPP项目合作所订立的合同，该合同同时符合下列特征（以下简称“双特征”）：

（1）本集团在合同约定的运营期间内代表政府方使用PPP项目资产提供公共产品和服务；

（2）本集团在合同约定的期间内就其提供的公共产品和服务获得补偿。

同时符合下列条件（以下简称“双控制”）：

（1）政府方控制或管制本集团使用PPP项目资产必须提供的公共产品和服务的类型、对象和价格；

（2）PPP项目合同终止时，政府方通过所有权、收益权或其他形式控制PPP项目资产的重大剩余权益。

PPP合同项下通常包括建设、运营及移交活动。根据PPP项目合同约定，本集团提供多项服务（如既提供PPP项目资产建造服务又提供建成后的运营服务、维护服务）的，按照《企业会计准则第14号——收入》的规定，识别合同中的单项履约义务，将交易价格按照各项履约义务的单独售价的相对比例分摊至各项履约义务。

于建设阶段，本集团提供建造服务（含建设和改扩建，下同）或发包给其他方等，按照《企业会计准则第14号——收入》确定本集团身份是主要责任人还是代理人，并进行会计处理。若本集团为主要责任人，建造服务收入按照收取或有权收取的对价计量，并在确认收入的同时，确认合同资产。

于运营阶段，本集团分别以下情况进行相应的会计处理：

（1）根据PPP项目合同约定，在项目运营期间，本集团满足有权收取可确定金额的现金（或其他金融资产）条件的，在本集团拥有收取该对价的权利（该权利仅取决于时间流逝的因素）时，在确认收入的同时确认应收款项，并按照《企业会计准则第22号——金融工具确认和计量》的规定进行会计处理。

（2）根据PPP项目合同约定，在项目运营期间，本集团有权向获取公共产品和服务的对象收取费用，但收费金额不确定的，该权利不构成一项无条件收取现金的权利，在PPP项目资产达到预定可使用状态时，将相关PPP项目资产的对价金额或确认的建造收入金额确认为无形资产，并按照《企业会计准则第6号——无形资产》的规定进行会计处理。

PPP项目资产达到预定可使用状态后，本集团按照《企业会计准则第14号——收入》确认与运营服务相关的收入。发生的日常维护或修理费用，确认为当期费用。

在PPP项目资产的建造过程中发生的借款费用，本集团按照《企业会计准则第17号——借款费用》的规定进行会计处理。对于确认为无形资产的部分，本集团在相关借款费用满足资本化条件时，将其予以资本化，并在PPP项目资产达到预定可使用状态时，结转至无形资产。除上述情形以外的其他借款费用，本集团均予以费用化。

合同规定本集团为使有关基础设施保持一定服务能力或在移交给合同授予方之前保持一定的使用状态，预计将发生的支出中本集团承担的现时义务部分确认为一项预计负债。

此外，在无形资产的会计政策描述部分增加了如下内容：

合同规定本集团对政府和社会资本合作项目（“PPP项目”）有权向获取公共产品和服务的对象收取费用，但收费金额不确定的，该权利不构成一项无条件收取现金的权利，本集团在PPP项目资产达到预定可使用状态前，将相关PPP项目资产的对价金额或确认的建造收入金额确认为合同资产；本集团在PPP项目资产达到预定可使用状态时，将相关PPP项目资产的对价金额或确认的建造收入金额确认为无形资产。在PPP项目资产达到预定可使用状态前发生的可资本化的借款利息支出确认为PPP借款支出。本集团将建设阶段和运营阶段的该类PPP项目资产（含PPP借款支出）列报为无形资产——特许经营权，并在该项目竣工验收之日起至运营期及其延展期届满或特许经营权终止之日的期间采用车流量法或直线法摊销。

在披露PPP项目的合同信息时，该上市公司披露了PPP项目的汇总情况，以及按照实施阶段分别披露了各大项目的主要合同信息：

截至2021年6月30日，经统计（本集团对外签约并负责融资的并表项目，如有变化以最新统计数据为准），本集团BOT类项目累计签订合同投资概算为4 460.41亿元，累计完成投资金额为2 264.06亿元。特许经营权类进入运营期项目25个（另有17个参股项目），上半年运营收入为38.10亿元，净亏损为11.64亿元。

（1）新签基础设施等投资类项目（金额单位：亿元）

序号	项目名称	项目类型	总投资概算	按公司股比确认合同额	预计建安合同额	是否经常性项目	是否并表	建设期（年）	收费期/运营期（年）
	××								

（2）特许经营权类在建项目（金额单位：亿元）

序号	项目名称	总投资概算	按公司股比确认合同额	本期投入金额	累计投入金额
	××				

（3）特许经营权类进入运营期项目（单位：亿元）

序号	项目名称	累计投资金额	本期运营收入	总收费期限（年）	已收费期限（年）
	××				

在披露PPP项目的会计信息时，该上市公司在合并财务报表的多处注释中披露了与PPP项目有关的细化信息：

（1）无形资产的披露中，将“特许经营权”作为单独一类予以披露，并以文字说明+列表的方式补充披露了与特许经营权有关的资本化利息的情况：

项目	土地使用权	特许经营权	软件	商标、专利权、专有技术及版权	合计
……					

截至2021年6月30日，本集团无形资产特许经营权账面价值中包含处于建设期PPP项目合同资产账面价值为人民币48 902 865 252元（截至2020年12月31日：人民币50 447 000 000元）。涉及借款费用资本化的无形资产主要为特许经营权项目，其中本期借款费用资本化的主要项目分析如下：

项目名称	利息资本化累计金额	本期利息资本化金额	本期利息资本化率
××			

（2）其他非流动资产的披露中，单独列示“PPP项目合同资产”的期末数、期初数，以及“PPP项目合同资产减值准备的变动”的期初数、本期计提数、本期转回数和期末数。

（3）财务费用中单独披露PPP项目的利息收入。

第二十八章　新旧衔接

2020年12月31日前开始实施且至《PPP会计处理规定》施行日尚未完成的有关PPP项目合同，未按照以上规定进行会计处理的，应当进行追溯调整，追溯调整时社会资本方需要合理估计PPP项目合同历史期间的折现率、单独售价等信息。

追溯调整不切实可行的，应当从可追溯调整的最早期间期初开始应用《PPP会计处理规定》。社会资本方应当将执行《PPP会计处理规定》的累计影响数，调整《PPP会计处理规定》施行日当年年初留存收益及财务报表其他相关项目金额，对可比期间信息不予调整。

符合《PPP会计处理规定》“双特征”和“双控制”但未纳入全国PPP综合信息平台项目库的特许经营项目协议，应当按照《PPP会计处理规定》进行会计处理和追溯调整。

注意

（1）衔接方法。

《PPP会计处理规定》对于PPP项目合同采用简单的衔接追溯方法：

①仅对2020年12月31日前开始、且2021年1月26日尚未完成的PPP项目合同进行追溯调整；

②仅将累计影响数调整至2021年1月1日的留存收益和财务报表其他项目，对可比期间不予调整。

（2）需衔接的“尚未完成”的PPP项目合同。

“尚未完成”，指的是PPP项目合同的建造、运营和移交等一项或多项义务在《PPP会计处理规定》施行日之前尚未全部完成，也即，在《PPP会计处理规定》施行日已进入运营期的PPP项目也属于此处所述的“尚未完成”的PPP项目合同的范畴。这一释义意味着，实务中绝大多数PPP项目合同可能都会面临实施《PPP会计处理规定》的追溯调整。

（3）首次执行《PPP会计处理规定》的披露。

社会资本方为了向财务报表使用者提供与理解当期财务报表有关的信息，可以披露与追溯调整有关的信息，如假设调整可比期间信息、对财务报表相关项目的影响等。

附录：《PPP 会计处理规定》与原《企业会计准则解释第 2 号》第五条的主要差异

项目	《企业会计准则解释第14号》之《PPP会计处理规定》	《企业会计准则解释第2号》之《BOT会计处理规定》	差异
适用范围	社会资本方与政府方订立的满足“双控制”和“双特征”的合同 双特征： （1）社会资本方在合同约定的运营期间内代表政府方使用PPP项目资产提供公共产品和服务 （2）社会资本方在合同约定的期间内就其提供的公共产品和服务获得补偿 双控制： （1）政府方控制或管制社会资本方使用PPP项目资产必须提供的公共产品和服务的类型、对象和价格 （2）PPP项目合同终止时，政府方通过所有权、收益权或其他形式控制PPP项目资产的重大剩余权益 ［对于运营期占项目资产全部使用寿命的PPP项目合同，即使项目合同结束时项目资产不存在重大剩余权益，如果该项目合同符合前述“双控制”条件中的第（1）项，则仍然适用本解释］	本规定涉及的BOT业务应当同时满足以下条件： 1.合同授予方为政府及其有关部门或政府授权进行招标的企业 2.合同投资方为按照有关程序取得该特许经营权合同的企业（以下简称合同投资方）。合同投资方按照规定设立项目公司（以下简称项目公司）进行项目建设和运营。项目公司除取得建造有关基础设施的权利以外，在基础设施建造完成以后的一定期间内负责提供后续经营服务 3.特许经营权合同中对所建造基础设施的质量标准、工期、开始经营后提供服务的对象、收费标准及后续调整作出约定，同时在合同期满，合同投资方负有将有关基础设施移交给合同授予方的义务，并对基础设施在移交时的性能、状态等作出明确规定	解释14号比解释2号新增“双控制”的要求，该要求与IFRIC 12及其应用指南相同；同时说明解释14号下的“PPP会计模式”是基于“对PPP项目资产的控制权归属于政府方”这一基本前提 “双控制”特征表明了此处“控制”的两层含义：一是政府方在运营期内对PPP项目资产日常使用的控制；二是政府方在PPP协议结束时对PPP项目资产的重大剩余权益的控制。其中前者相对更为重要；后者并非在所有案例中均存在 另外，从字面上看，解释2号更侧重于对项目公司本身的会计处理作出规范；而解释14号是从社会资本方的视角，考虑对其合并报表的影响

续表

项目	《企业会计准则解释第14号》之《PPP会计处理规定》	《企业会计准则解释第2号》之《BOT会计处理规定》	差异
建造服务和运维服务	社会资本方根据PPP项目合同约定，提供多项服务[如既提供PPP项目资产建造服务（含建设和改扩建，下同）又提供建成后的运营服务、维护服务]的，应当按照《企业会计准则第14号——收入》的规定，识别合同中的单项履约义务，将交易价格按照各项履约义务的单独售价的相对比例分摊至各项履约义务	按照特许经营权合同规定，项目公司应提供不止一项服务（如既提供基础设施建造服务又提供建成后经营服务）的，各项服务能够单独区分时，其收取或应收的对价应当按照各项服务的相对公允价值比例分配给所提供的各项服务	解释14号：以新收入准则下的“五步法模型”作为分析框架，按新收入准则识别单项履约义务，按照单独售价的比例分摊分摊交易价格（仅针金融资产模式），单独售价如果不能直接观察，可按照新收入准则进行估计 解释2号：按照各项服务的相对公允价值比例分配交易价格
建造期收入确认及项目资产核算	社会资本方提供建造服务或发包给其他方等，应当按照《企业会计准则第14号——收入》确定其身份是主要责任人还是代理人，并进行会计处理，确认合同资产	项目公司未提供实际建造服务，将基础设施建造发包给其他方的，不应确认建造服务收入，应当按照建造过程中支付的工程价款等考虑合同规定，分别确认为金融资产或无形资产	1.建造阶段能否确认建造收入的标准由“是否直接由项目公司提供建造服务”变为引用新收入准则下区分主要责任人/代理人的相关规定 2.无论采用金融资产还是无形资产模式，解释14号在建设期均确认“合同资产”；而解释2号则在建设期区分实际情况分别确认应收款项或无形资产
建设期借款费用资本化	在PPP项目资产的建造过程中发生的借款费用，社会资本方应当按照《企业会计准则第17号——借款费用》的规定进行会计处理。对于确认为无形资产的部分，社会资本方在相关借款费用满足资本化条件时，应当将其予以资本化，并在PPP项目资产达到预定可使用状态时，结转至无形资产。除上述情形以外的其他借款费用，社会资本方均应予以费用化	建造过程如发生借款利息，应当按照《企业会计准则第17号——借款费用》的规定处理	解释14号进一步明确：只有在运营期将会确认为“无形资产”的部分才能考虑借款费用资本化 这一差异的原因是对资本化对象的界定发生变化：解释2号直接将“建造合同形成的资产”作为资本化的对象（与原建造合同准则下的借款费用资本化原则一致），而解释14号的资本化对象是日后将确认的无形资产

续表

项目	《企业会计准则解释第14号》之《PPP会计处理规定》	《企业会计准则解释第2号》之《BOT会计处理规定》	差异
无形资产模式	社会资本方根据PPP项目合同约定，在项目运营期间，有权向获取公共产品和服务的对象收取费用，但收费金额不确定的，该权利不构成一项无条件收取现金的权利，应当在PPP项目资产达到预定可使用状态时，将相关PPP项目资产的对价金额或确认的建造收入金额确认为无形资产，并按照《企业会计准则第6号——无形资产》的规定进行会计处理	合同规定项目公司在有关基础设施建成后，从事经营的一定期间内有权利向获取服务的对象收取费用，但收费金额不确定的，该权利不构成一项无条件收取现金的权利，项目公司应当在确认收入的同时确认无形资产	确认无形资产的时间不同： 解释14号：在运营期，PPP项目资产达到预定可使用状态时确认无形资产，并规范了无形资产的初始计量原则； 解释2号：在建设期，确认收入的同时确认无形资产
金融资产模式/混合模式	社会资本方根据PPP项目合同约定，在项目运营期间，满足有权收取可确定金额的现金（或其他金融资产）条件的，应当在社会资本方拥有收取该对价的权利（该权利仅取决于时间流逝的因素）时确认为应收款项，并按照《企业会计准则第22号——金融工具确认和计量》的规定进行会计处理。社会资本方应当在PPP项目资产达到预定可使用状态时，将相关PPP项目资产的对价金额或确认的建造收入金额，超过有权收取可确定金额的现金（或其他金融资产）的差额，确认为无形资产	合同规定基础设施建成后的一定期间内，项目公司可以无条件地自合同授予方收取确定金额的货币资金或其他金融资产的；或在项目公司提供经营服务的收费低于某一限定金额的情况下，合同授予方按照合同规定负责将有关差价补偿给项目公司的，应当在确认收入的同时确认金融资产，并按照《企业会计准则第22号——金融工具确认和计量》的规定处理	1. 确认应收款项的时间不同： 解释14号：在运营期（且满足仅随时间流逝的条件）确认应收款项 解释2号：在建设期，确认收入的同时确认应收款项 2. 解释14号明确混合模式的处理方法
从政府取得的其他资产	社会资本方根据PPP项目合同，自政府方取得其他资产，该资产构成政府方应付合同对价的一部分的，社会资本方应当按照《企业会计准则第14号——收入》的规定进行会计处理，不作为政府补助	在BOT业务中，授予方可能向项目公司提供除基础设施以外其他的资产，如果该资产构成授予方应付合同价款的一部分，不应作为政府补助处理。项目公司自授予方取得资产时，应以其公允价值确认，未提供与获取该资产相关的服务前应确认为一项负债	解释14号：根据新收入准则，从政府取得的作为合同对价一部分的资产，作为非现金对价处理（如果公允价值能够合理估计，则按其公允价值作为交易价格，否则参照其承诺向客户转让商品的单独售价间接确定交易价格） 解释2号：仅规范按照资产的公允价值确认

续表

项目	《企业会计准则解释第14号》之《PPP会计处理规定》	《企业会计准则解释第2号》之《BOT会计处理规定》	差异
资产维持支出	为使PPP项目资产保持一定的服务能力或在移交给府方之前保持一定的使用状态，社会资本方根据PPP项目合同而提供的服务不构成单项履约义务的，应当将预计发生的支出，按照《企业会计准则第13号——或有事项》的规定进行会计处理	按照合同规定，企业为使有关基础设施保持一定的服务能力或在移交给合同授予方之前保持一定的使用状态，预计将发生的支出，应当按照《企业会计准则第13号——或有事项》的规定处理	解释14号强调：该服务不构成单项履约义务 如果该服务构成单项履约义务，则应按照新收入准则的规范分摊交易价格并确认收入
附注披露	社会资本方应当按照重要性原则，在附注中披露各项PPP项目合同的下列信息，或者将一组具有类似性质的PPP项目合同合并披露下列信息： 1. PPP项目合同的相关信息，包括PPP项目合同的概括性介绍；PPP项目合同中可能影响未来现金流量金额、时间和风险的相关重要条款；社会资本方对PPP项目资产享有的相关权利（包括使用、收益、续约或终止选择权等）和承担的相关义务（包括投融资、购买或建造、运营、移交等）；本期PPP项目合同的变更情况；PPP项目合同的分类方式等 2. 社会资本方除应当按照相关企业会计准则对PPP项目合同进行披露外，还应当披露相关收入、资产等确认和计量方法；相关合同资产、应收款项、无形资产的金额等会计信息	未规范	解释14号详细规范应披露的事项

后 记

《计学撮要》自出版以来，成为会计审计实务前沿专题研究的典范。技术团队每年整理编写实务案例研究，并在此基础上2011年出版《计学撮要》、2013年出版《计学撮要2013》、2015年出版《计学撮要2015》、2018年出版《计学撮要2018》、2021年推出《计学精要2021》。

本书自2021年5月启动，历时半年，编委会经过多次讨论和修改，于2021年11月完成定稿。感谢管委会委员张立文、雷闻、李岳军、李新首、韩振平、崔松宁、钟建兵、刘宁宇、吕洪仁对本书的大力支持。

同时技术团队的闵超、陈擎、张颖、陶有宜等参与相关实务案例咨询和讨论，为本书的编写提供了丰富的基础资料。在此表示感谢!